TK_QT73t63aJB5qsY

REHABILITACIÓN URBANA Y PROTECCIÓN DEL PATRIMONIO CULTURAL

REFORMAS ADMINISTRATIVAS E INTERVENCIONES PARA LA RESILIENCIA Y LA RECUPERACIÓN ECONÓMICA

DERECHO ADMINISTRATIVO Y SOCIEDAD DIGITAL

Actas del XXIII Congreso Ítalo-Español de Profesores de Derecho Administrativo, *in memoriam* del profesor Luciano Vandelli

LUIS MIGUEZ MACHO
GIUSEPPE PIPERATA
(Directores)

MARCOS ALMEIDA CERREDA
TOMMASO BONETTI
(Coordinadores)

REHABILITACIÓN URBANA Y PROTECCIÓN DEL PATRIMONIO CULTURAL

REFORMAS ADMINISTRATIVAS E INTERVENCIONES PARA LA RESILIENCIA Y LA RECUPERACIÓN ECONÓMICA

DERECHO ADMINISTRATIVO Y SOCIEDAD DIGITAL

Actas del XXIII Congreso Ítalo-Español de Profesores de Derecho Administrativo, *in memoriam* del profesor Luciano Vandelli

Tomàs Font i Llovet
Fabio Alberto Roversi Monaco
(Presidentes)

Universidad de Santiago de Compostela

26, 27 y 28 de mayo de 2022

ARANZADI

Editorial Aranzadi, S.A.U.
C/ Collado Mediano, 9
28231 Las Rozas (Madrid)
Tel: 91 602 01 82
e-mail: clienteslaley@aranzadilaley.es
https://tienda.aranzadilaley.es/
https://www.aranzadilaley.es/aranzadi

Primera edición: 2024

Depósito Legal: M-10487-2024
ISBN versión impresa: 978-84-1162-492-3
ISBN versión electrónica: 978-84-1162-493-0
Incluye soporte electrónico

Diseño, Preimpresión e Impresión: Editorial Aranzadi, S.A.U.
Printed in Spain

Índice General

Página

PONENCIAS

COMUNICACIONES

PONENCIAS

Página

SEGUNDA SESIÓN
REFORMAS ADMINISTRATIVAS E INTERVENCIONES PARA LA RESILIENCIA Y LA RECUPERACIÓN ECONÓMICA

LA GESTIÓN DE LOS FONDOS DEL INSTRUMENTO EUROPEO DE RECUPERACIÓN DESDE LA PERSPECTIVA DEL DERECHO ADMINISTRATIVO

PONENCIAS

Página

Presentación

FABIO A. ROVERSI MONACO
Presidente ASVA – Associazione sezione italiana dell'Associazione amministrativisti italo-spagnoli "Luciano Vandelli"

TOMÀS FONT I LLOVET
Presidente AAIS – Asociación sección española de la Asociación de administrativistas ítalo-españoles

La celebración del XXIII Congreso de la Asociación Ítalo-española de Profesores de Derecho administrativo en el mes de mayo de 2022, y el hecho de que tuviera lugar en la Universidad de Santiago de Compostela, revisten una especial significación.

Como es ya habitual, después de los Congresos de Benidorm-Alicante en 2016 y de Messina en 2018 la cadencia bianual conducía a celebrar este Congreso en el año 2020. Y así se preparó y organizó hasta el mínimo detalle: encargos de las ponencias, designación de las presidencias de mesa, previsión de alojamientos, de financiación, etc. Pero dos meses antes de su celebración hubo que suspenderlo a causa de la pandemia del COVID-19. Desde aquí agradecemos a todos los que aceptaron nuestro encargo su disponibilidad de entonces y de ahora, y cuando ha sido preciso, su adaptación –su resiliencia, diríamos hoy– a la convocatoria actual.

Mientras tanto, gracias al empuje de los colegas italianos, celebramos en julio de 2020 un Seminario Web sobre "La distancia en el Derecho administrativo", de candente actualidad por razón precisamente de la pandemia, que además nos sirvió para interrumpir la prescripción.

Y afortunadamente dos años después se pudo recuperar el hilo, y la Universidad de Santiago mantuvo el compromiso adquirido para organizar el Congreso. Esto nos permite rememorar que Santiago ya fue la sede del III Congreso de la Asociación, en junio de 1970. Es una muestra clara de la temprana implicación de esta Universidad, y de sus administrativistas, en las relaciones Ítalo-españolas. Implicación hasta la médula, nos atrevemos a decir, que se ha mantenido a lo largo del tiempo y la ha llevado a ser hoy un verdadero nodo en la tupida y fructífera red de intercambios entre los administrativistas de ambos países.

Sin ninguna duda, no ha sido ajeno a ello el Profesor D. José Luis Carro Fernández-Valmayor, maestro y animador de la nutrida escuela compostelana, a quien en nombre de todos le expresamos nuestro profundo reconocimiento y nuestra sincera amistad.

* * *

Comenzó este hilo, hoy ya sólida cadena que a tantos une y a ninguno ata, comenzó, decimos, hace cincuenta y seis años, en 1966, en Sevilla, bajo la presidencia de Massimo Severo Giannini y de Luis Jordana de Pozas, y con el impulso inicial de Giovanni Miele, Feliciano Benvenuti, Vittorio Ottaviano, Sebastián Martín-Retortillo, Eduardo García de Enterría, Manuel Clavero Arévalo, entre otros grandes maestros que abrieron el camino que luego muchos más han, hemos, transitado.

Una tarea de esta envergadura no se explica sin la intervención decisiva de las personas concretas que merecen nuestro reconocimiento. Acabamos de citar algunas. Añadimos ahora otras, que han ejercido la Presidencia de la sección española: Fernando Garrido Falla, Rafael Entrena, cuya reciente pérdida lamentamos profundamente, y Fernando López Ramón.

A lo largo de casi seis décadas, el intercambio y la confrontación de ideas, de ordenamientos, de instituciones y de sistemas entre Italia y España, hoy en el contexto común de la Unión Europea, han enriquecido enormemente el desarrollo de la ciencia jurídico-administrativa. La evolución del ordenamiento jurídico-administrativo de uno y otro país en el último medio siglo simplemente no es comprensible sin tomar en consideración el flujo recíproco de intercambio intelectual y académico producido en torno a la Asociación Ítalo-española de Profesores de Derecho administrativo y a sus periódicos Congresos.

Una relación fructífera, y fraternal. Porque el saber científico no está reñido con los lazos de afecto y amistad. Antes al contrario, nuestra Asociación ha unido no solo ideas sino también, sobre todo, personas. Y estaremos de acuerdo en que, en las últimas décadas, el artífice de mantener y aumentar esta estrecha conexión ha sido nuestro querido Luciano Vandelli.

Luciano, persona entrañable y universitario completo, fue primero secretario y después presidente, durante muchos años, de la Sección italiana, y es quien ha dado el impulso definitivo a la que hoy es la gran familia de administrativistas de ambas riberas del Mediterráneo ... e incluso del Atlántico.

Por este motivo, el Congreso lleva por título "*In memoriam* del profesor Luciano Vandelli", y se le dedicó una sesión especial conmemorativa en la que intervinieron, en nombre de sus muchos discípulos, Gianluca Gardini y Alfredo Galán, a quienes les expresamos el afecto de la Asociación.

El Congreso también reservó un tiempo para recordar al colega y amigo Alfonso Massucci, recientemente fallecido, tan vinculado a la Asociación y a la Universidad de Santiago de Compostela. Y por parte española queremos dedicar un recuerdo emocionado a los compañeros que nos han dejado en este lapso de tiempo: Martín Bassols, José Bermejo, -los vemos todavía en plenitud en nuestro anterior Congreso, en Messina-, Joaquín Ferret y más recientemente, el maestro Manuel Clavero Arévalo y el ya recordado Rafael Entrena. También nos ha dejado el profesor Alejandro Nieto que, aunque no era habitual de nuestros congresos, sí participó como ponente en el citado III Congreso, en Santiago, en 1970 y ha ejercido su magisterio sobre muchos de nosotros. Por fortuna todos ellos nos han dejado un legado inmenso.

* * *

Los temas a tratar en las sesiones académicas del Congreso fueron establecidos, como siempre se ha hecho, de común acuerdo entre los responsables de las secciones italiana y española, con la intención de ofrecer focos diversos que cubran un amplio espectro de las preocupaciones actuales del Derecho administrativo en nuestros países: en primer lugar, Rehabilitación urbana y patrimonio cultural; a continuación, las reformas administrativas e intervenciones para la resiliencia y la recuperación económica; en fin, el derecho administrativo y la sociedad digital.

La exposiciones y debates fueron de gran interés, haciendo honor a la altura de la calidad científica de la Asociación, como es fácil comprobar a través de esta publicación de las Actas del Congreso. Por este motivo, queremos reiterar ahora nuestra gratitud a los ponentes, comunicantes y presidentes de mesa, sin cuya generosa implicación hubiera sido imposible ni siquiera imaginar el Congreso.

En fin, todos sabemos que organizar un Congreso de estas características es una tarea, sí muy satisfactoria, pero sobre todo muy compleja y laboriosa. Organizarlo por dos veces, después suspenderse la primera, pues no os decimos nada. Por este motivo queremos agradecer de forma muy especial a todos los compañeros del área de Derecho administrativo de la Universidad de Santiago los esfuerzos realizados para que el XXII Congreso fuera todo un éxito y para que hoy podamos estar leyendo la publicación de sus Actas. Y en particular, agradecemos y felicitamos al coordinador del Congreso, profesor Luis Miguez, por su eficacia y amabilidad, y cuyos desvelos no descuidaron ningún detalle durante los días pasados en Santiago; y por supuesto, al coordinador de la organización italiana, profesor Giuseppe Piperata, así como a sus respectivos colaboradores. Nuestro reconocimiento también a los responsables del Grupo de referencia competitiva Empresa y Administración de la Universidad Santiago de Compostela, al director de la SPISA de Bolonia Prof. Giuseppe Caia y al Director de la Fundación Democracia y Gobierno Local, Prof. Alfredo Galán, por su contribución al Congreso y a la publicación de las presentes Actas.

* * *

En el Congreso de Santiago se acordó celebrar la siguiente edición bianual, el número XXIV, en la Universidad de Turín, acogiendo así el ofrecimiento de los profs. Roberto Cavallo Perin y Gabriella Racca, y en este sentido ha sido ya convocado para los días 23, 24 y 25 de mayo de 2024. Asimismo, también se acordó celebrar en Bolonia una Jornada conmemorativa del centenario del nacimiento del Profesor Eduardo García de Enterría, que efectivamente tuvo lugar los días 9 y 10 de junio de 2023 en el Real Colegio de España y en la SPISA bajo el título *Realtà e prospettive del Diritto amministrativo in italia e Spagna. Convegno di studi in onore di Eduardo García de Enterría per il centenario della sua nascita.* Desde aquí reiteramos en nombre de la Asociación nuestra gratitud a ambas instituciones por su generosa hospitalidad.

En definitiva, podemos decir con orgullo y satisfacción que la Asociación Ítalo-española de Profesores de Derecho administrativo, tras una andadura de más de medio siglo, sigue mostrando su plena y renovada vitalidad y acreditando sin discusión su incomparable aportación al desarrollo científico del Derecho administrativo y al enriquecimiento de las relaciones humanas entre sus profesores e investigadores. ¡Que sea por muchos años! *Tanti auguri!!*

Programa Del XXIII Congreso Ítalo-Español De Profesores De Derecho Administrativo

In Memoriam Del Profesor Luciano Vandelli

Salón Noble del Colegio de Fonseca

Universidad de Santiago de Compostela

26 de mayo de 2023

Sesión de apertura

Prof. Dr. Antonio López Díaz

Sr. Rector Magnífico de la Universidad de Santiago de Compostela

Prof.ª Dra. Sonia Rodríguez-Campos González

Directora de la Escola Galega de Administración Pública

Prof. Dr. Tomàs Font i Llovet

Presidente de la Sección española de la Asociación de Administrativistas Ítalo-Españoles (AAIS)

Prof. Dr. Fernando López Ramón

Presidente de la Asociación Española de Profesores de Derecho Administrativo (AEPDA)

Prof. Dr. Fabio Alberto Roversi Monaco

Presidente de la Sezione italiana de la Associazione Amministrativisti Italo-Spagnoli - Luciano Vandelli (AAIS)

Prof. Dr. Francesco Manganaro

Presidente de la Associazione Italiana dei Professori di Diritto Amministrativo (AIPDA)

Prof. Dr. Luis Miguez Macho

Coordinador del Congreso

Prof. Marco Dugato

Director de Taller de Investigación de la SPISA - Universidad de Bolonia

Primera sesión. Rehabilitación urbana y protección del patrimonio cultural

Las actuaciones de regeneración y renovación urbanas y el patrimonio cultural

Presiden:

Prof. Dr. José Luis Carro Fernández-Valmayor

Universidad de Santiago de Compostela

Prof. Dr. Marco Cammelli

Universidad de Bolonia

Ponentes:

Prof.ª Dra. María Rosario Alonso Ibáñez

Universidad de Oviedo

Prof. Giuseppe Piperata

Universidad Iuav de Venecia

Las limitaciones urbanísticas para la protección de los bienes de protección cultural y de su entorno

Presiden:

Prof.ª Dra. Concepción Barrero Rodríguez

Universidad de Sevilla

Prof. Dr. Aristide Police

Universidad Luiss "Guido Carli" de Roma

27 de mayo de 2023

Segunda sesión. Reformas administrativas e intervenciones para la resiliencia y la recuperación económica

La gestión de los fondos del Instrumento Europeo de Recuperación desde la perspectiva del Derecho administrativo

Presiden:

Prof. Dr. José Luis Martínez López-Muñiz

Universidad de Valladolid

Prof. Dr. Remo Morzenti Pellegrini

Universidad de Bérgamo

Ponentes:

Prof.ª Dra. Elisenda Malaret i García

Universidad de Barcelona

Prof. Dr. Fulvio Cortese

Universidad de Trento

Las reformas administrativas para la resiliencia y la recuperación económica

Presiden:

Prof. Dr. Luis Martín Rebollo

Universidad de Cantabria

Prof.ª Dra. Margherita Ramajoli

Universidad Statale de Milán

Ponentes:

Prof.ª Dra. Dolors Canals Ametller

Universidad de Girona

Prof.ª Dra. Anna Romeo

Universidad de Messina

Homenaje al profesor Luciano Vandelli

Luciano Vandelli, el jurista amigo

Intervienen:

Prof. Dr. Alfredo Galán Galán

Universidad de Barcelona

Prof. Dr. Gianluca Gardini

Universidad de Ferrara

28 de mayo de 2022

Tercera sesión. Derecho administrativo y sociedad digital, en recuerdo del profesor Alfonso Masucci

Intervención en memoria del profesor Alfonso Masucci

Intervienen:

Prof. Dr. José Luis Carro Fernández-Valmayor

Universidad de Santiago de Compostela

Prof. Dr. Aldo Travi

Universidad Católica del Sacro Cuore

Los retos del Derecho administrativo en la nueva sociedad digital

Presiden:

Prof. Dr. Alfonso Pérez Moreno

Universidad de Sevilla

Prof. Dr. Giuseppe Morbidelli

Universidad de Roma "La Sapienza"

Ponentes:

Prof. Dr. José Luis Piñar Mañas

Universidad CEU San Pablo de Madrid

Prof. Dr. Roberto Cavallo Perin

Universidad de Turín

Sesión de clausura

Prof.ª Dra. Daria de Pretis

Vicepresidenta del Tribunal Constitucional - Universidad de Trento

Prof. Dr. Tomàs Font i Llovet

Presidente de la Sección española de la Asociación de Administrativistas Ítalo-Españoles (AAIS)

Prof. Dr. Fabio Alberto Roversi Monaco

Presidente de la Sezione italiana de la Associazione Amministrativisti Italo-Spagnoli - Luciano Vandelli (AAIS)

Prof. Dr. Luis Miguez Macho

Coordinador del Congreso

COMITÉ CIENTÍFICO

Presidentes:

Prof. Dr. Tomàs Font i Llovet

Prof. Dr. Fabio Roversi Monaco

Miembros:

Prof. Dr. José Luis Carro Fernández-Valmayor

Prof. Dr. Fernando López Ramón

Prof.ª Dra. Concepción Barrero Rodríguez

Prof. Dr. Luis Miguez Macho

Prof. Dr. Alfredo Galán Galán

Prof. Dr. Giuseppe Caia

Prof.ª Dra. Marcella Gola

Prof. Dr. Fabrizio Figorilli

Prof. Dr. Marco Dugato

Prof.ª Dra. Maria Alessandra Sandulli

ORGANIZACIÓN

Prof. Dr. Luis Miguez Macho

Coordinador del Congreso

Prof. Dr. Marcos Almeida Cerreda

Secretario de la organización

Prof. Dr. Giuseppe Piperata

Coordinador de la organización italiana

Prof. Dr. Tommaso Bonetti

Secretario de la organización italiana:

COLABORADORES Y PATROCINADORES

Universidad de Santiago de Compostela

Grupo de referencia competitiva "Empresa y Administración" (ED431C 2019/15) – Ayudas para la consolidación y estructuración de unidades de investigación competitivas en las universidades del Sistema universitario de Galicia y en otras entidades del sistema gallego de I+D+i

Fundación Democracia y Gobierno Local

Scuola di Specializzazione in Studi sull'Amministrazione Pubblica de la Universidad de Bolonia – SPISA

SECRETARÍA TÉCNICA

Empresa Sant Yago Congresos

Primera sesión

Rehabilitación urbana y protección del patrimonio cultural

Las actuaciones de regeneración y renovación urbanas y el patrimonio cultural

Intervenciones de los Presidentes de Mesa

Intervención del Presidente de Mesa español

JOSÉ LUIS CARRO FERNÁNDEZ-VALMAYOR
Catedrático de Derecho Administrativo. Profesor emérito de la Universidad de Santiago de Compostela

El honroso papel que se me ha adjudicado, junto a mi colega y amigo el profesor Marco Cammelli de la Universidad de Bolonia, de introducir en esta primera sesión de nuestro Congreso la exposición oral de las excelentes ponencias presentadas por la profesora María Rosario Alonso Ibáñez de la Universidad de Oviedo, una gran especialista en el tema que hoy nos ocupa, y por nuestro colega italiano, el prestigioso profesor Giuseppe Piperata de la Universidad Iuav de Venecia, sobre actuaciones de regeneración y renovación urbanas en relación con el patrimonio cultural, me permite adoptar, como premisa metodológica, una perspectiva introductoria más general que podría ser, en mi opinión, de alguna utilidad para un posterior debate. En este sentido me parece que en esta temática habrían de dilucidarse con carácter previo tres cuestiones que, estoy seguro, quedarán clarificadas en las intervenciones de los ponentes: la cuestión competencial, la cuestión conceptual y la cuestión más concreta, derivada de la anterior, de la precisa determinación de la idea de rehabilitación urbana.

La cuestión competencial, que ha sido estudiada con detenimiento por nuestra doctrina (con inclusión, en su caso, de la perspectiva europea como hizo, por ejemplo, el profesor Luis Martín Rebollo), se ha presentado siempre como especialmente ardua, dada la concurrencia en el Derecho español de una serie de distintas competencias en este campo. En primer lugar, la competencia en materia de "defensa del patrimonio cultural, artístico y monumental español contra la exportación y la expoliación", competencia exclusiva estatal prevista en al artículo 149.1.28ª de la Constitución (CE) y ampliamente interpretada por nuestra Ley 16/1985, de 25 de junio, del Patrimonio Histórico Español (LPHE) y ya, con anterioridad a la misma, por nuestra doctrina y por la jurisprudencia constitucional. En este punto habría de tenerse en cuenta el alcance que a la expresión "defensa contra la expoliación" le dio la Sentencia del Tribunal Constitucional (STC) 17/1991, de 31 de enero, la cual, por lo demás, como nos recordó en su día la profesora Alonso, no respondió a las expectativas que había despertado sobre la clarificación definitiva de la aludida cuestión competencial. En segundo lugar, sería necesario profundizar en la exacta significación de la expresión de "patrimonio monumental de interés de la Comunidad Autónoma" que utiliza el apartado 16º del artículo 148.1 CE. Tarea complicada, pues, como atinadamente observó hace tiempo el profesor Fernando López Ramón, dada la amplitud del concepto de "patrimonio cultural" que suele utilizar la legislación autonómica, sería harto difícil que un determinado objeto fuese excluido de su ámbito. En todo caso habrían de tenerse en cuenta las limitaciones a la competencia autonómica derivadas de lo dispuesto en el apartado 1º del artículo 149.1 CE (referidas, en nuestro tema, al derecho de propiedad en sus condiciones básicas) y de las posibles manifestaciones de la función estatal de vigilancia dirigidas a evitar la expoliación. En tercer lugar, es claro que, en este campo, incide también la competencia concurrente en materia de cultura prevista en el artículo 149.2 CE, de compleja interpretación, como es conocido. En cuarto y último lugar, y como asunto de especial relevancia, habría de abordarse el papel de la competencia en materia de urbanismo como materia conexa con nuestro tema, teniendo en cuenta el alcance que le dio la STC 61/1997, de 20 de marzo, que tanta polémica suscitó en su momento y cuyas consecuencias para la LPHE fueron analizadas por la profesora Concepción Barrero. En lo referente a la incidencia de la materia del urbanismo, cuya panorámica jurisprudencial describió minuciosamente hace años el profesor Juan Manuel Alegre, el problema planteado ha sido siempre el de encontrar un seguro criterio delimitador en la aplicación de una legislación como la cultural, de indudable carácter horizontal y con función de deslinde competencial, respecto de la legislación urbanística, sin olvidar, eso sí, que, como nos advirtió el maestro García de Enterría, no sería posible una política de protección del patrimonio cultural al margen de la política urbanística. En esta línea creo recordar que la profesora Alonso, siguiendo una doctrina ciertamente mayoritaria, nos propuso la utilización del criterio formal de la previa declaración formal por parte de la Administración cultural (estatal o autonómica) como requisito decisivo para la aplicación preferente de la legislación del patrimonio histórico; legislación que, por su parte, contiene ya, como nos recordaron el profesor Luciano Parejo y la misma profesora Alonso, determinaciones legales sustantivas de ordenación de directa aplicación, con previsión, además, de una serie de criterios que, sin perjuicio de las competencias autonómicas, vinculan a los instrumentos de planeamiento municipal a través de la utilización de conceptos jurídicos indeterminados en los denominados estándares urbanísticos. De otro lado, conviene señalar que en dicha legislación se ha previsto la redacción obligatoria (último inciso del artículo 20.1 LPHE) por parte de los Municipios de los llamados Planes Especiales de Protección como eficaz mecanismo autónomo de protección de los bienes declarados como conjuntos históricos. Todo ello ha planteado, naturalmente, el problema de la relación de dichos Planes con los distintos Planes urbanísticos y con el instrumento complementario que constituyen los Catálogos. Lo cierto es, en todo caso, que los mencionados Planes Especiales de Protección contribuyen de manera importante al desarrollo (y aquí utilizo una expresión de nuestro Tribunal Constitucional) de las "políticas de ordenación de la ciudad".

Es evidente que cuando se aborda la cuestión competencial ha de tenerse en cuenta en nuestra temática la materia de ordenación del territorio, en especial en lo referente a los llamados "espacios culturales", estudiados monográficamente por la profesora Alonso, y, más en general, a la normativa protectora de la naturaleza, que también incide en nuestro objeto de estudio en cuanto constituye el desarrollo del derecho constitucional a disfrutar de un medio ambiente adecuado para el desarrollo de la persona (artículo 45.1 CE).

Quisiera advertir, por último, que la cuestión competencial no podría venir considerada, por muy importante que sea, como una mera cuestión formal de mero carácter organizativo, pues en ella se ve implicada la delimitación del derecho de propiedad monumental. Y esta es ya una cuestión de índole exquisitamente material o sustantiva.

La segunda cuestión a la que antes aludía sería la cuestión conceptual. Cuestión, por lo demás, como se comprende, íntimamente ligada a la cuestión competencial, pues su necesaria y previa clarificación aparece como algo imprescindible para determinar el verdadero alcance de la normativa protectora en el campo de la Administración cultural. A este respecto convendría no olvidar las dificultades planteadas en la definición misma de "bien cultural" como noción unitaria que las conocidas aportaciones de los profesores Máximo Severo Giannini y Bruno Cavallo intentaron superar desde perspectivas distintas. El primero desde la original distinción (en la línea de Pugliatti) entre cosa y bien o utilidad de la que sería portadora (y que la convertiría, en expresión gianniniana, en un bien de "fruición universal", garantizada por los poderes públicos y de carácter prevalente sobre los derechos de pertenencia individuales). El segundo desde el carácter constitutivo de la declaración formal de la Administración del bien como bien cultural; noción esta última a la que Cavallo consideró como una simple "síntesis verbal". También entre nosotros las posiciones conceptuales han sido variadas como lo demuestran, entre otras, las distintas propuestas de las profesoras Barrero y Alonso o del profesor Alegre. Estos dos últimos, críticos, con distintos matices, con la propuesta gianniniana. Recordemos asimismo que en Italia la conocida Comisión Franceschini (creada, según creo, por una ley de 1964) pareció inclinarse en sus conclusiones, sin mucha precisión, por una determinación conceptual de carácter, diríamos, objetivo-descriptivo, al considerar como "bien cultural" (expresión que dicha Comisión adoptó como concepto unificador) a todo aquel bien que *costituisca testimonianza materiale avente valore di civiltà.*

La diversidad conceptual a la que asistimos en este campo se ha visto, además, acrecentada de alguna forma al vincularse a los bienes culturales a un determinado concepto (estricto o amplio, según distintas opiniones doctrinales) de "ambiente". En este sentido la perspectiva a adoptar sería ahora, por consiguiente, la de la proyección territorial de dichos bienes. Y así, desde esta concreta perspectiva, ha podido hablarse de "bienes culturales ambientales" (terminología, por cierto, que adoptó la citada Comisión Franceschini) o de "espacios culturales", estos últimos estudiados detenidamente por nuestra ponente la profesora Alonso y sobre los que, en mi opinión, existe una cierta indefinición conceptual, dada la ausencia de un concepto unívoco de los mismos que permitiría la aplicación de una normativa uniforme. Todas estas cuestiones están, por lo demás, relacionadas con lo que se ha descrito como el "entorno de los bienes culturales", ámbito que se ve sometido a un régimen jurídico distinto del aplicable a dichos bienes. A mi juicio esta temática tendría también que ocupar algún tiempo en nuestro debate.

La tercera cuestión de posible análisis que antes proponía se refería a la necesidad de clarificación del alcance de la idea misma de rehabilitación de los conjuntos históricos. A este respecto habría que partir, a mi juicio, de un examen previo de las causas de la degradación de los centros históricos de nuestras ciudades históricas; degradación que se ha querido vincular a una legislación urbanística basada tradicionalmente en el ensanche de las ciudades en el marco de un urbanismo expansivo, relegando su reforma interior. Por otro lado, en las zonas rurales la degradación de los inmuebles de carácter histórico-artístico habría que vincularla también al problema de la despoblación al que el Estado y las Comunidades Autónomas han intentado hacer frente a través de una variada serie de instrumentos jurídicos que, por cierto, han sido analizados en una reciente investigación colectiva dirigida por la profesora Diana Santiago y por los profesores Luis Miguez y Javier Ferreira de la Universidad de Santiago. Conviene dejar constancia, en este sentido, que el grave problema de la despoblación rural tiene una incidencia directa sobre nuestro rico y diverso patrimonio cultural como ha destacado recientemente otro de nuestros ponentes, el profesor Sánchez-Mesa de la Universidad de Granada.

Frente a los concretos problemas planteados por la rehabilitación de los centros históricos se han ido proponiendo, como ustedes saben, distintas soluciones entre las que hoy recordaría la valoración económica de dichos centros a través, entre otras técnicas, de medidas de fomento del llamado turismo cultural, de evolución actualmente creciente, el cual pretende complementar las actuaciones de conservación y ser vía de protección de los mismos; todo ello, naturalmente, dentro de un marco de sostenibilidad en el que ha de darse una eficaz coordinación de todos los elementos que la componen.

En un plano más general podría ser objeto también de nuestros debates, por su estrecha relación con la temática de esta sesión, el estudio de las posibles vías de superación de las dificultades que se plantean en las actuaciones de rehabilitación, regeneración y renovación en el suelo urbano especialmente en lo referente en concreto a las actuaciones integradas. En este sentido, a mi juicio, habría de irse quizás a una nueva y más precisa configuración jurídica del deber de conservación previsto en el artículo 36 de nuestra LPHE, en particular en lo que se refiere a los conjuntos históricos. La determinación más exacta del papel que, en este caso, incumbe a la Administración cultural merecería alguna reflexión en la medida que estamos ante la exigencia de un deber *propter rem* que, en virtud del valor cultural de los inmuebles, va más allá del contemplado en la legislación urbanística y que tiene un claro fundamento constitucional.

El análisis del deber de conservación en materia histórico-artística nos llevaría ineludiblemente, como se puede suponer, al problema del alcance de la limitación a tal deber constituida por la declaración de ruina (en sus distintas modalidades) de los inmuebles considerados como bienes culturales, a la que se refiere la LPHE (artículos 24, 25, 37). Problema, como se comprende, directamente relacionado con la idea de rehabilitación que merecería también alguna reflexión en el marco de nuestro Congreso, sobre todo en lo referente a la relación entre los supuestos de ruina de los edificios históricos y la modulación que, en este caso, sufre la posibilidad de su demolición. La concreta determinación del papel de la Administración cultural en el supuesto de inmuebles ruinosos de nuestro patrimonio histórico sería un interesante punto de discusión, en especial en lo referido a la financiación de los trabajos de conservación y al eventual papel que correspondería en ella a los propietarios de los bienes en cuestión. Asunto este, por cierto, sobre el que no hay una postura doctrinal unánime. En todo caso quisiera recordar que una autora especialista en estos temas como es la profesora M.ª Jesús García propuso, criticando la regulación de la LPHE, que debería postularse legalmente, con la única excepción de la ruina inminente, la imposibilidad de proceder a la demolición de los inmuebles históricos.

Al principio de mi intervención aludía como tercera cuestión a dilucidar a la necesidad de precisar de manera más concreta la idea de rehabilitación en relación con otros términos que le son cercanos como, entre otros, los de conservación, restauración o consolidación. Y ello a pesar de las declaraciones que, en esta línea, se contienen en el preámbulo del actual Texto Refundido de la Ley del Suelo y Rehabilitación Urbana del 2015 y en la legislación autonómica (por ejemplo, en la Ley gallega 1/2019, de rehabilitación y de regeneración y renovación urbanas de Galicia). Creo recordar, en este sentido, que el profesor Lorenzo Martín-Retortillo había criticado, precisamente, la vaguedad e intercambiabilidad de los citados términos exigiendo del legislador una mayor precisión y la utilización de conceptos de significado indudable. En esta línea, y antes de finalizar, me gustaría traer aquí, a los efectos de nuestros debates, la polémica surgida entre nosotros alrededor del término "reconstrucción"; polémica fruto de la rigidez de la norma contenida en el artículo 39.2 LPHE que, como ustedes saben, prohibió con carácter general la reconstrucción de monumentos ("salvo cuando se utilicen partes originales de los mismos y pueda probarse su autenticidad"), no permitiendo a la Administración cultural margen alguno de apreciación sobre las concretas medidas de intervención a adoptar en cada caso. Este, como digo, podría ser también un importante punto a discutir, tanto más cuanto que la norma citada ha sido objeto, en mi opinión con fundamento, de una dura crítica por parte de nuestra doctrina (profesores Lorenzo Martín-Retortillo, Tomás Ramón Fernández, profesora María Jesús García, entre otros). A este respecto me permitiría recordarles la excelente obra del profesor Santiago Muñoz Machado, "La reconstrucción de las ruinas", en donde, con ocasión del análisis de la conocida sentencia del Tribunal Supremo de 16 de octubre de 2000 sobre el teatro romano de Sagunto, consideró, con sólida argumentación, que la regla del articulo 39.2 LPHE era poco razonable y absolutamente inconveniente para la conservación de nuestro patrimonio histórico-artístico al asentarse sobre los postulados de las corrientes más radicales de la teoría de la restauración de monumentos. Se trata, en todo caso, de un tema abierto que, por consiguiente, sería muy oportuno, a mi juicio, someter a las opiniones, sin duda interesantes y fundamentadas, de los participantes de este Congreso.

Debo terminar ya mi intervención, que ha pretendido tener un mero carácter introductorio y que se ha extendido más allá del tiempo disponible. Mi única justificación para ello reside, no solo en el indudable interés e importancia de la temática de nuestro Congreso, sino también, y, sobre todo, en mi intención de resaltar de alguna forma, con estas reflexiones preliminares, la evidente calidad de las ponencias presentadas como se podrá comprobar seguidamente.

Intervención del Presidente de Mesa italiano

Politiche urbane e protezione del patrimonio culturale

MARCO CAMMELLI
Università di Bologna

Mi unisco ai saluti del carissimo collega e amico José Luis Carro Fernández-Valmayor, insieme al quale ho l'onore e il piacere di presiedere questa prima sessione del XXIII congresso italo-spagnolo dei professori di diritto amministrativo, e aggiungo il ringraziamento per l'invito e il piacere di trovarmi con tanti colleghi spagnoli e italiani ai quali mi legano molti anni di profonda stima e amicizia. Si tratta di un incontro importante per gli argomenti trattati e perché riprende, dopo l'interruzione cui ci ha costretto la pandemia, gli incontri tra le nostre comunità scientifiche.

La ricca tabella di marcia del Convegno mi assegna cinque minuti. Un tempo, come tutti sappiamo, troppo breve per affrontare nel modo dovuto qualunque argomento, che approfondiranno gli illustri relatori che interverranno tra breve, ma più che sufficienti per dire sciocchezze. Mi limiterò dunque a esprimere i punti di attenzione con cui ascolterò le relazioni che ci verranno proposte.

Il primo riguarda il contesto, e le dinamiche innescatesi sul piano della tecnologia, del risparmio energetico e della progressiva caduta demografica, destinate ad incidere in modo profondo (a cominciare dallo smart working) su mille aspetti della nostra vita economica e sociale, dalla logistica alle modalità d'uso degli spazi pubblici. A ulteriore conferma che l'oggetto del nostro incontro è segnato dal carattere della necessaria pluralità soggetti pubblici e privati, e che dunque ogni intervento che lo riguardi deve sapere rispettare con equilibrio entrambi i profili in gioco.

Se questo è vero, si tratta dell'inevitabile incrocio tra una pluralità di elementi, come sanno bene i nostri due relatori. Mi limiterò a sottolinearne due, entrambi rilevanti. Il primo riguarda il partenariato, che per definizione è come il tango: non si balla da soli. Ma proprio qui nascono problemi non indifferenti: in parte tradizionali, almeno in Italia, vale a dire la difficoltà del MIC (ministero della cultura) a superare lo storico (e a suo tempo fondato) binomio *protezione = separazione* del bene in senso fisico (musealizzazione), professionale (riserva ad una burocrazia tecnica dedicata) e giuridico (limitazione o totale indisponibilità rispetto al titolare del bene del godimento e delle ordinarie facoltà). In parte recenti, perché da un lato la convenzione di Faro sostiene fortemente il coinvolgimento del contesto sociale e economico alla valorizzazione e gestione del bene (fino alla comunità di patrimonio), ma dall'altro questo riferimento al versante "esterno" apre ad una pluralità di soggetti assai più eterogenea delle semplificazioni dualistiche (pubblico/privato) correnti. Tant'è che in Italia, per limitarsi al privato, oltre ai singoli e alle imprese abbiamo il volontariato e il c.d. terzo settore, realtà destinate ad avere un peso crescente, cui vanno aggiunte le fondazioni (di origine bancarie e altre) e gli enti ecclesiastici (dalle diocesi alle congregazioni o gli ordini) che giuridicamente, nel nostro ordinamento, sono collocati tra i soggetti privati. Con la conseguenza che parallelamente sono destinate a variare estensione, contenuti e regime delle diverse forme di partenariato.

Le autorità preposte alla protezione dei beni culturali e quindi innanzitutto il MIC si sono essenzialmente dedicate a precisare esclusioni, limiti, controlli, il che è comprensibile data la missione loro affidata, ma se non ci si preoccupa anche del resto si rischia di restare da soli, il che non è esattamente quello che serve. È giusto allora prestare particolare attenzione anche a come agevolare il partenariato, il che mi pare passi essenzialmente per tre modalità.

In primo luogo, azioni dedicate, cioè progetti immaginati e avviati esattamente per stimolare più soggetti pubblici e privati a convergere e a immaginare insieme il futuro, perché il partenariato non è un pomo che si aspetta cada dall'albero stando seduti come la mela di Newton ma il punto d'arrivo di un processo che richiede tempo, energia e capacità. Un buon esempio è rappresentato dall'iniziativa "capitale italiana della cultura" avviata annualmente dal Ministro della cultura Dario Franceschini a partire dal 2014. Il valore aggiunto dell'iniziativa non sono solo le risorse finanziarie in vario modo riconosciute e la forte valorizzazione mediatica del vincitore, ma il fatto che ogni città partecipante ha costituito per concorrere un tavolo con tutti i soggetti istituzionali, sociali e economici del proprio territorio per elaborare un credibile progetto integrato di infrastrutturazione e valorizzazione culturale, turistica e economica del proprio patrimonio culturale e paesaggistico, talvolta in collegamento funzionale con territori limitrofi. Con il risultato che se il processo è serio e ben condotto, uno solo sarà il premiato ma molti di più saranno i vincitori e cioè le altre città che avendo elaborato un progetto complesso e condiviso tra i diversi attori della propria comunità hanno tutto l'interesse ad attuarlo indipendentemente dalle risorse (peraltro limitate) messe a disposizione dal MIC. Mi pare un buon esempio di incentivo a iniziative di partenariato;

Il secondo punto è più strettamente giuridico. È chiaro che un versante decisivo è rappresentato dal regime delle forme contrattuali e delle modalità di gestione del bene o delle attività oggetto del partenariato, ma queste variano in base alla natura sia dei soggetti titolari dei beni e che dei beni medesimi, dando luogo a un ampio e variegato numero di combinazioni. Il risultato è spesso problematico per l'incertezza giuridica che accompagna l'esito di soluzioni sbrigative di silenzio assenso o altre forme di semplificazione, perché i partner (non solo quelli privati) non hanno la piena garanzia che la soluzione adottata sia poi condivisa da *tutte* le autorità amministrative che anche indirettamente, e magari in un tempo successivo, potrebbero essere coinvolte. Né questo pare scongiurabile con il ricorso a clausole generali derogatorie e conseguente (potenzialmente completa) atipicità (v. art. 151.3 D.lgs 50/2016). C'è da chiedersi se non andrebbe favorita una progressiva convergenza verso un quadro comune, in modo da orientare verso principi unitari l'operato dell'amministrazione, le aspettative degli interessati e i riferimenti a disposizione delle sedi giurisdizionali chiamate a dirimere possibili controversie.

Il terzo profilo riguarda non tanto la cornice di riferimento ma il governo di questi processi e in particolare le istituzioni cittadine. I relatori che seguiranno esprimeranno molto meglio e certo a maggior titolo le proprie valutazioni, ma sono convinto che la nostra materia, specie quando riguarda come nella presente sezione il patrimonio culturale, ha necessità di concentrare in un unico (e prossimo) centro di riferimento i principali strumenti di regolazione operativa della materia. Non so se altrettanto avviene in Spagna, ma in Italia l'enorme espansione della domanda turistica che investe le singole città richiede ad esempio un'azione integrata in materia di contingentamento, localizzazione e conformazione qualitativa delle autorizzazioni commerciali insieme a norme per la regolarizzazione degli affitti turistici e la dotazione di strumenti incisivi per poter intervenire su edifici e spazi pubblici abbandonati. La dottrina più attenta ha colto da tempo questi problemi (Giuseppe Severini, Città d'arte e centri storici: occorre una legge speciale o politiche speciali? Aedon, 2/2015) ed è una richiesta dei sindaci delle più importanti città d'arte italiane (Roma, Napoli, Firenze e Venezia) nel corso di un recente incontro (29 ottobre 2021). Una richiesta che costringe a ripensare seriamente a precedenti liberalizzazioni in materia (decreti Bersani, 1999 e 2007) che in questi casi, e nelle mutate condizioni attuali, non appaiono sempre e del tutto sostenibili.

Vorrei concludere con l'accenno a un problema sul quale, se condiviso, si dovrebbe attirare l'attenzione di chi si occupa di questi temi. I centri storici della maggior parte delle città italiane e di tutte le città d'arte europee non sono letteralmente definibili senza i beni religiosi (per lo più ecclesiastici) di interesse culturale. Ma i processi culturali ben noti, primo dei quali la secolarizzazione, stanno cambiando le fondamenta di tutto questo e gli enti ecclesiastici ne sono investiti frontalmente con il massimo della pressione e il minimo delle risorse disponibili. Qualche "ponte" tra queste dinamiche va posto per evitare i due estremi dell'abbandono-degrado o della riutilizzazione selvaggia a fini commerciali. Santiago di Compostela è forse il luogo più indicato in Europa per parlarne con la massima serietà e autorevolezza.

Ponencias

Las actuaciones de regeneración y renovación urbanas y el patrimonio cultural

MARÍA ROSARIO ALONSO IBÁÑEZ
Catedrática de Derecho Administrativo
Universidad de Oviedo

I.- A lo largo de la segunda mitad del siglo XX, la práctica totalidad de las ciudades españolas se han visto sometidas a un implacable proceso de destrucción de su patrimonio cultural urbano, sobre todo el menos reconocido por no estar clasificado con arreglo a las categorías de protección de la legislación sectorial (no declarado monumental, no inventariado, no catalogado, catalogado con menor nivel), o estar menos reconocido por ser patrimonios más contemporáneos, como el patrimonio industrial, o por presentar menor interés estético o arquitectónico…

Una pérdida que, en una primera aproximación, pudo deberse a la conjunción muchos factores. Al menos, destaco:

- La dispersión por la trama urbana.
- La escasa o nula conciencia de su valor cultural, en un contexto urbanístico, el de los años sesenta y setenta del pasado siglo, presidido por la práctica de la renovación urbana, entendida por sustituir lo viejo por lo nuevo.
- Pero, sobre todo, por el alto valor estratégico de los emplazamientos de este patrimonio: una circunstancia que, habitualmente, fuerza el cambio a usos residenciales, para aprovechar las plusvalías derivadas del crecimiento de la demanda de nuevos inmuebles para este uso.

Por fortuna, el cambio de paradigma en materia de protección patrimonial a partir de los ochenta del pasado siglo contribuyó a facilitar el tránsito de la simple percepción del patrimonio urbano como ruina, viejo, abandonado...a entenderlo como una reliquia digna de ser conservada y puesta en valor, aunque presentara un interés cultural menor.

II.- Aunque la diversidad de las formas de intervención y puesta en valor del patrimonio urbano dificulta cualquier propósito clasificador, parece evidente que este patrimonio ha servido, y sirve, para desarrollar, entre otras, al menos tres grandes intervenciones urbanísticas:

1.- En primer lugar, para completar la dotación de equipamientos, especialmente cuando los elementos patrimoniales están enclavados en viejos barrios y pertenecen o han engrosado por compra o permuta el patrimonio municipal de suelo.

2.- En segundo lugar, para dar cabida a uno de los usos más rentables en la estrategia competitiva desplegada por las grandes ciudades: el uso cultural y turístico, dado que, sobre todo en el caso del patrimonio industrial, tanto los edificios como los grandes conjuntos fabriles han sido remodelados para aprovechar su enorme capacidad para aceptar nuevos usos por los particulares componentes que tienen sus estructuras.

3.- La tercera de las intervenciones urbanísticas en patrimonio urbano ha consistido en la aniquilación, a veces de forma radical (demolición completa), como fórmula para generar un nuevo ciclo de revalorización del suelo.

Para evitar su desaparición, el patrimonio urbano al que me refiero se encuentra ante una enorme contradicción, ya que si el edificio, la construcción, apenas tiene interés en sí mismo y es muy costosa su transformación para otros usos, el emplazamiento, el suelo que ocupa, por su ubicación normalmente en el centro de la ciudad, tiene un valor incalculable, tanto mayor cuanta menos protección encuentren.

III.- La posibilidad de que este patrimonio pueda ser reconocido como algo que tiene valor cultural y, por tanto, pueda ser visto por la sociedad como patrimonio, no depende solo de su interés intrínseco (por razón de Arquitectura, o de Historia, sino de su aceptación social, de su vinculación emocional con la ciudadanía del lugar. Esto es lo que dota de valor cultural a los bienes integrantes del patrimonio cultural en general.

Así lo establecido la Ley de Patrimonio Histórico Español de 1985, cuando, con claridad, su Preámbulo señala que:

> "El Patrimonio Histórico Español es una riqueza colectiva que contiene las expresiones más dignas de aprecio en la aportación histórica de los españoles a la cultura universal. Su valor lo proporciona la estima que, como elemento de identidad cultural, merece a la sensibilidad de los ciudadanos, porque los bienes que lo integran se han convertido en patrimoniales debido exclusivamente a la acción social que cumplen, directamente derivada del aprecio con que los mismos ciudadanos los han ido revalorizando."

Edificaciones, construcciones, barrios, tramas urbanas, en ellas puede asentarse la identidad de grupos humanos en ese lugar, organizar el espacio "vivido" por una determinada población.

IV.- Esta "sutileza" no suele encontrarse satisfactoriamente atendida en el tratamiento que el ordenamiento jurídico da al patrimonio cultural, menos aún en la gestión patrimonial, en la que difícilmente podemos percibir una gestión próxima a la población del lugar, y a las necesidades reales de la población en ese lugar.

En el marco del Derecho internacional se viene estableciendo la importancia que tiene la toma en consideración de los elementos subjetivos en el tratamiento del patrimonio por parte de los Estados concernidos.

La definitiva consagración del proceso de fusión del patrimonio cultural con el espacio, con el lugar, vino de la mano de distintos documentos específicos dedicados al paisaje, entre los que debe destacar el Convenio Europeo del Paisaje hecho en Florencia el 20 de octubre de 2000 (ratificado por España en 2007, entró en vigor el 1 de marzo de 2008).

Lo destaco porque, en su definición de paisaje contenida en su art. 1, ("Cualquier parte del territorio tal como la percibe la población cuyo carácter sea el resultado de la acción y la interacción de factores naturales y/o humanos") destaca un elemento objetivo: un territorio resultado de la acción y la interacción de factores naturales y/o humanos: lo que implica que puede haber paisajes exclusivamente urbanos, no son solo paisajes culturales los espacios naturales donde se aprecie la acción del hombre. Pero junto a ese elemento objetivo, se destaca un elemento subjetivo: que se identifica con la percepción que del lugar tiene la población.

Cabe, igualmente, notar que para que un espacio, sea reconocido y protegido como paisaje cultural, no se requiere la presencia de valores excepcionales, pueden también serlo lugares en los que no concurran valores de primer nivel, pero en los que existan vestigios de civilización relevantes en su conjunto. Y esta es la clave. La misma sobre la que la mejor doctrina italiana construyera dogmáticamente el concepto de bien cultural (ser "testimonio de civilización"), que los legisladores, como el español, posteriormente acogieron.

En la misma línea siguieron otros textos internacionales, como el Convenio Marco sobre el Valor del Patrimonio Cultural para la Sociedad, adoptado por el del Consejo de Europa en Faro el 27 de octubre de 2005 (España lo ratificó el 12 de diciembre de 2018)

V.- Estos textos representan no solo un claro abandono de la monumentalidad a la hora de identificar a los bienes culturales.

Sin embargo, cuando hablamos de patrimonio cultural, todavía hoy, por mucho que las normas lo hayan superado, la mente rápidamente se dirige a imágenes de palacios, catedrales, iglesias, conventos... cuesta visionar otras construcciones como patrimonio. El paisaje urbano no es una excepción. Resulta un componente del patrimonio cultural muy desconocido.

A la hora de identificar al patrimonio urbano, la atención del legislador se ha focalizado tradicionalmente en el centro histórico de la ciudad.

A la vista del marco jurídico español podríamos pensar que una adecuada protección del patrimonio urbano sería posible. No solo sería posible, es lo que el marco jurídico está demandando. Sin embargo, no encontramos un manifiesto deseo por parte de las distintas Administraciones con competencias en las ciudades, la local y la regional, de ir más allá del punto en el que las leyes sectoriales dejan definido lo que sea "patrimonio cultural" en su propia normativa.

VI.- El planeamiento urbanístico y territorial integran con fines protectores normalmente solo aquello que viene ya etiquetado como bien cultural por haber sido declarado como tal aplicando las categorías de protección de la legislación sectorial, dejando fuera al resto. ¿Y qué es el resto? ¿Qué identificar y seleccionar como patrimonio urbano cuando no está declarado?

Si bien existe un corpus normativo que desde hace décadas trata de salvaguardar la identidad de los centros históricos, sigue habiendo un amplio margen de discrecionalidad para llevar a planes, programas, y proyectos urbanísticos patrimonio cultural urbano no etiquetado. Y cuesta encontrar en los instrumentos urbanísticos atención a este patrimonio.

La Recomendación de la Conferencia General de la UNESCO de 10 de noviembre de 2011 sobre el Paisaje Urbano Histórico, señala que acontecimientos tales como los modelos económicos neoliberales, el turismo de masas, la explotación comercial del patrimonio, entre otros, someten a las ciudades a problemas y presiones no existentes cuando se gestaron normas y principios consagrados en los instrumentos internacionales para salvaguardar los centros históricos, por lo que considera que resulta necesario complementarlos y ampliarlos.

En dicha Recomendación es donde con mayor claridad encontramos aquello que podremos identificar y seleccionar como patrimonio cultural urbano, que lo considera como "paisaje urbano histórico", comprendiendo "la zona urbana resultante de una estratificación histórica de valores y atributos culturales y naturales, lo que trasciende la noción de "conjunto" o "centro histórico" para abarcar el contexto urbano general y su entorno geográfico.

Este contexto general incluye otros rasgos del sitio, principalmente su topografía, geomorfología, hidrología y características naturales; su medio urbanizado, tanto histórico como contemporáneo; sus infraestructuras, tanto superficiales como subterráneas; sus espacios abiertos y jardines, la configuración de los usos del suelo y su organización espacial; las percepciones y relaciones visuales; y todos los demás elementos de la estructura urbana. También incluye los usos y valores sociales y culturales, los procesos económicos y los aspectos inmateriales del patrimonio en su relación con la diversidad y la identidad.

El apéndice de esta Recomendación contiene un glosario de definiciones, procedentes de distintos instrumentos internacionales, como las de:

- Ciudad histórica.
- Conjunto urbano histórico.
- La más novedosa es la de "Patrimonio urbano" (procedente del informe de investigación nº 16 (2004) de la Unión Europea, conocido como proyecto "Desarrollo sostenible de áreas históricas urbanas a través de una integración activa dentro de las ciudades" SUIT [Sustainable development of Urban historical areas through an active Integration within Towns]).

Este proyecto divide en tres grandes categorías el patrimonio urbano:

- El patrimonio monumental de excepcional valor cultural.
- Elementos del patrimonio que no son excepcionales, pero están presentes de forma coherente y relativamente abundante.
- Nuevos elementos que deben tenerse en cuenta, tales como la configuración urbanística, los espacios abiertos, calles, espacios públicos, las infraestructuras, redes físicas y equipamientos urbanos.

VII.- No encontramos en el ordenamiento jurídico español, ni anterior ni posterior al año 2011, una aproximación explícita al patrimonio urbano con estas características, ni tampoco en la normativa específica sobre paisaje cultural (dicho sea de paso, solo 4 de las 17 CCAA han producido normativa específica al respecto).

Ciertamente esto no quiere decir que no quepa desarrollar políticas protectoras de patrimonio urbano no etiquetado desde el urbanismo, pero es significativo.

En cualquier caso, el problema ya no puede venir del desconocimiento de aquello a lo que deba prestarse atención a la hora de llevar a cabo transformaciones urbanísticas, o intervenir en la ciudad ya existente.

VIII.- Las actuaciones urbanísticas en la ciudad ya existente se promueve habitualmente a partir de espacios concebidos para el consumo de tiempo libre, ocio, entretenimiento y cultura, pero no de cualquier espacio, sino de aquéllos que posean suficiente atractivo anterior y capacidad para generar nuevas identidades revestidas de nueva arquitectura en las que poder enmascarar el negocio real que es el negocio inmobiliario.

Por paradójico que parezca, apenas existe respuesta o contestación ante estas y otras manifestaciones; en cierto modo, una sociedad crecientemente adormecida se ha habituado a contemplar con normalidad que las nuevas promociones urbanísticas necesiten de un elemento emblemático que las identifique, ya que sólo cuando los equipamientos son singulares la nueva ciudad es vendible y relevante.

La sociedad también se ha habituado a que se vacíe un lugar con el pretexto de su renovación, a que se afronte el coste de esta para permitir aprovechamientos lucrativos del nuevo suelo (promociones de viviendas, por ejemplo).

La experiencia de muchas ciudades españolas ha permitido comprobar la estrecha relación entre estas operaciones especulativas y la transformación urbanística de barrios enteros de ciudades históricas, sin cuestionarse cómo ello estaba repercutiendo en el resto de la ciudad.

Y esto ya no es posible. La ciudad hoy ya no es forma, es proceso. Es sistema. Es intercambio y comunicación. Ésta es la base sobre la que se sostienen, después, el resto de los componentes que acaban por constituir la ciudad. Su estructura, la forma de producir la ciudad, la nueva urbanización, la transformación de la urbanización, el paisaje urbano, su monumentalidad, su patrimonio, la movilidad, incluso el mercado [...], son aspectos secundarios o parciales en relación con aquello que es esencial de la ciudad, que es la interacción entre personas, colectivos e instituciones.

La emergencia del cambio climático y la dureza de las sucesivas crisis de todo tipo que se vienen sucediendo en este siglo está reforzando la atención a esta especie de microcosmos en que se han convertido las ciudades, porque en ellas se encuentran presentes la mayor parte de los desafíos a los que se enfrentan las sociedades, que son eminentemente urbanas. Y es el escenario donde se está desenvolviendo un debate de profunda reconsideración de las políticas públicas que deban ordenarlas, de los instrumentos con lo que deba intervenirse, no siendo ni útiles ni suficientes las aproximaciones tradicionales de carácter sectorial, específicamente de carácter urbanístico y local.

IX.- Las reglas e instrumentos que la ordenación urbanística predispone en España para intervenir en la ciudad ya existente siguen todavía sin acompasarse plenamente al nuevo escenario.

En realidad, la legislación vigente, estatal y autonómica, apenas hace perceptible que el urbanismo español sigue estando inmerso en una profunda crisis, alejado de los desafíos que los espacios urbanizados enfrentan hoy, donde nada les es ajeno, lo que no solo obliga a tener que tomar en consideración los plurales aspectos de la sostenibilidad (trabajo, vivienda, seguridad, salud, biodiversidad, movilidad, economía, cultura, inclusión, eficiencia energética, accesibilidad), obliga sobre todo a tomarlos en consideración con una metodología distinta a la que acompaña a las intervenciones urbanísticas clásicas y ya hemos visto con qué resultado para el patrimonio urbano.

Una nueva metodología que asegure una sólida coordinación horizontal, transectorial y vertical de todos los elementos de la sostenibilidad.

De lo que se trata ya no es solo de buscar soluciones a "las partes" que presenten alguna patología dentro de la ciudad –vulnerabilidad, obsolescencia, abandono–, sino de no generar más efectos perversos con las intervenciones puntuales descoordinadas.

Es decir, de actuar para que funcione de manera cohesionada del entero sistema urbano, donde "todo" se relaciona con "todo", y sin actuar sobre "todo" difícil será hablar de cambios en la buena dirección.

A esto se reconduce en última instancia el debate acerca de la operatividad del desarrollo sostenible, que sirva para garantizar calidad de vida a toda la población de la ciudad, y no para unos pocos que se puedan beneficiar de intervenciones urbanísticas puntuales, intervenciones que en España el legislador de lo básico –el estatal– ha articulado en torno a la expresión "Actuaciones sobre el Medio Urbano", a donde se ha llevado el régimen de las llamadas entre nosotros 3 erres: rehabilitación, renovación y regeneración urbanas, contenido en la actualidad en el Real Decreto Legislativo 7/2015, de 30 de octubre, por el que se aprueba el texto refundido de la Ley de Suelo y Rehabilitación Urbana.

Todas ellas se consideran actividad derivada de la acción urbanística, y de manera simplificada, induciendo a confusión, se han aglutinado bajo la expresión "rehabilitación urbana".

El preámbulo del Real Decreto Legislativo7/2015, de 30 de octubre, dice expresamente que el texto refundido prescinde en su título de los términos regeneración y renovación urbanas, por considerar que el término rehabilitación urbana engloba, de manera comúnmente admitida, todo, también la regeneración y renovación de los tejidos urbanos".

Se evidencia así cuán limitada es la aproximación del legislador estatal de lo básico a la compleja realidad de las intervenciones en la ciudad existente, dificultando con ello la normalización en España de la metodología de la sostenibilidad urbana protocolarizada en el nivel comunitario europeo, y fomentada por la política de cohesión de la UE.

X.- Paradójicamente, así como encontramos en la legislación sectorial protectora del patrimonio cultural el reconocimiento de ser el patrimonio cultural componente del desarrollo sostenible, en la construcción inicial del propio principio de desarrollo sostenible no encontró un reconocimiento claro, como sí lo tuvo lo económico, lo social y lo ambiental.

Los aspectos patrimoniales no se encuentran en la formulación inicial del concepto. Y que el patrimonio cultural tenga un valor social, un valor económico, y un valor ambiental, no es óbice para echar en falta el desconocimiento inicial que supuso no singularizar lo patrimonial como un componente de la sostenibilidad. Ciertamente a posteriori se está corrigiendo este olvido.

En España hemos tenido que esperar al año 2013 para ver integrado en un texto con alcance de normativa básica al patrimonio cultural dentro del principio de desarrollo urbano y territorial sostenible. Lo hizo la Ley 8/2013, de 26 de junio, de rehabilitación, regeneración y renovación urbanas, y hoy luce en el art. 3 Texto Refundido precitado.

Paradójicamente también –en realidad, no tanto–, cuando se ha alcanzado la plena institucionalización del desarrollo urbano sostenible como principio general del Derecho, cuando los pronunciamientos judiciales del orden contencioso-administrativo incluyen ya apelaciones a este principio como criterio hermenéutico, a pesar de la ambigüedad inherente al mismo, o de las contradicciones que el principio encierra, cuando el legislador estatal de lo básico, insisto, lo impone como el marco de referencia de todas las actuaciones y estrategias, en todo tipo de políticas relativas a la regulación, ordenación, ocupación, transformación y uso del suelo, a la hora de hacerlo operativo en la ciudad existente, claudica.

Me explicaré. Tienen la consideración legal de "actuaciones sobre el medio urbano", art. 2.1 TRLSRU:

> "Las que tienen por objeto realizar obras de rehabilitación edificatoria, cuando existan situaciones de insuficiencia o degradación de los requisitos básicos de funcionalidad, seguridad y habitabilidad de las edificaciones, y las de regeneración y renovación urbanas cuando afecten, tanto a edificios, como a tejidos urbanos, pudiendo llegar a incluir obras de nueva edificación en sustitución de edificios previamente demolidos.
>
> Las actuaciones de regeneración y renovación urbanas tendrán, además, carácter integrado, cuando articulen medidas sociales, ambientales y económicas enmarcadas en una estrategia administrativa global y unitaria.
>
> A todas ellas les será de aplicación el régimen estatutario básico de deberes y cargas que les correspondan, de conformidad con la actuación de transformación urbanística o edificatoria que comporten".

XI.- Un ordenamiento jurídico finalista como el español, obligado a hacer operativo el principio de desarrollo urbanístico y territorial sostenible, precisa de una metodología a su servicio, una metodología que el acervo urbano europeo ha ido protocolarizando.

El Texto Refundido de 2015 es muy deficiente en este sentido, sobre todo, porque el enfoque integrado aplicado a la intervención en la ciudad, elemento esencia de esta metodología al servicio de la sostenibilidad del medio urbano, está siendo mal interpretado por el legislador. Realmente está ausente.

Conforme a la regulación española de las 3 erres, caben actuaciones sobre el medio urbano integradas y no integradas. Y nunca debiera ser una opción.

La protocolarización a la que antes me refería, definida en el ámbito de la política de cohesión aplicada a las ciudades, las actuaciones deben caracterizarse por una previa aproximación estratégica que coordine a los diferentes actores en presencia en función de sus respectivas funciones, herramientas y escalas de intervención, asegurando que los ciudadanos participen activamente, con integración intersectorial, que impulse a actuar a través de ámbitos de políticas públicas, con la integración de múltiples fuentes de financiación, promoviendo lógicas orientadas a resultados, y estableciendo marcos para el seguimiento y la evaluación. Y donde debe importar menos el concreto proyecto urbano a realizar, la concreta intervención puntual –y la ayuda económica que la acompaña–, que la valoración a medio y largo plazo de los efectos en el territorio y en la colectividad.

Por otro lado, conceptualmente, la renovación y la regeneración urbanas están equiparadas, en el ordenamiento español, se definen, erróneamente, como si fueran exactamente lo mismo. Y no lo son.

Así como el concepto "renovación urbana" está bien identificado en la práctica urbana, aunque utilice indistintamente y sin rigor los términos rehabilitación y renovación urbanas, no pasa lo mismo con el de "regeneración urbana". No parece que con la utilización del término regeneración urbana por el legislador español estemos realmente ante una innovación conceptual mediante la cual el ordenamiento jurídico quiera acoger un nuevo concepto jurídico, distinto al de la renovación urbana. El legislador estatal ha desaprovechado, hasta la fecha, todas las ocasiones que ha tenido para hacerlo. Tampoco lo ha hecho el legislador autonómico. Mientras tanto, el concepto "regeneración urbana" se viene utilizando con profusión en el contexto comunitario europeo, está en los documentos que conforman el acervo urbano europeo –en particular en la Declaración de Toledo de 24 de junio de 2010–, y es de obligada referencia si se quiere acceder a la cofinanciación de proyectos de desarrollo urbano con ayudas procedentes de la política comunitaria de cohesión.

En todo caso, en la regulación española, las actuaciones de Renovación/ Regeneración no están concebidas como actuaciones desde y para el medio urbano en su totalidad, al no imponerse el enfoque integrado.

Esto es, prima la aproximación a la intervención en "partes" de la ciudad, sin que se demande necesariamente una perspectiva que contemple las necesidades de la "totalidad".

Pero, sobre todo, lo que con esta regulación de las actuaciones en el medio urbano que ha hecho el legislador español, lo que está evidenciándose es inercia, pura inercia.

XII.- Lo que se ha llevado a la ley es lo mismo que se ha venido haciendo a través de las reglamentaciones de los sucesivos Planes Estatales de Vivienda desde hace tres décadas. Un marco jurídico de regulación que tiene un carácter inespecífico en el que el fomento de la rehabilitación de viviendas se lleva a cabo utilizando las llamadas "áreas de rehabilitación integrada" (ARI) como una modalidad de acción por perímetros urbanos, contrapuesta a la rehabilitación "aislada", edificio a edificio. En este mismo marco inespecífico se han acuñado también las llamadas "áreas de renovación urbana" (ARU). Y las finalidades asociadas a ambas "áreas" dan explicación a lo recogido ahora en el texto Refundido de 2015.

Ni rastro de referencias a los desafíos de la sostenibilidad. La toma en consideración de algunos de estos desafíos solo se tiene en cuenta a los meros efectos de calificar a estas actuaciones como "integradas", pero sin asociar a esta calificación ningún efecto jurídico.

Muy lejos por tanto de poder derivar de esta previsión la recepción en nuestro ordenamiento de la metodología de intervención en la ciudad ya protocolarizada como he dicho en el contexto de la reglamentación de las ayudas para la cofinanciación de proyectos de desarrollo urbano con fondos estructurales y de inversión europeos, mucho mejor orientada.

Muy lejos también de poder considerar que en la regulación de las3Rs se acojan las llamadas "estrategias de desarrollo urbano sostenible" (EDUSI) cofinanciadas por la política comunitaria de cohesión como herramientas al servicio de la nueva metodología de intervención en la ciudad existente.

XIII.- El tratamiento de las actuaciones de regeneración y renovación urbanas, como actuaciones urbanísticas clásicas, implica exclusivamente la identificación de la degradación urbana con el mero deterioro de la edificación y de la urbanización y, simétricamente, identifica la regeneración y la renovación con obra nueva y con rehabilitación edificatoria.

Es cierto que en muchos casos la degradación urbana y el deterioro social, económico, ambiental, patrimonial, van de la mano, pero no siempre; y es cierto también que las inversiones en obras de nueva edificación, rehabilitación o urbanización lo pueden ahuyentar. Pero ni lo viejo es incompatible con un barrio sostenible, ni lo nuevo garantiza que la ciudad sirva para que apetezca vivirla.

Sin embargo, entre nosotros está generalizada la concepción de que nuevo es igual a bueno, lo que convierte a la renovación urbana en un objetivo en sí mismo. La regulación vigente se ajusta milimétricamente a esta visión, solo en parte explicable teniendo en cuenta el contexto económico en el que se ha promulgado, como normativa coyuntural, anticíclica, en tanto en cuanto pretende reactivar el sector inmobiliario y de la construcción, mediante la creación o potenciación de mecanismos que miran a la ciudad consolidada.

En definitiva, la atención que nuestro ordenamiento viene dando a las actuaciones en el medio urbano no lo es hacia un nuevo modelo de desarrollo sostenible que apueste por la regeneración integrada, que es donde en última instancia debe encontrar tratamiento el patrimonio cultural urbano, en la línea apuntada en textos comunitarios e internacionales.

XIV.- Y más aún, la regulación básica estatal tampoco sirve para revertir el problema, mejor dicho, para enfrentar la magnitud del problema que supone intervenir en la ciudad consolidada, que no es otro que hacer viables económicamente las actuaciones de rehabilitación, regeneración y renovación urbanas, contemplando las exigencias de la sostenibilidad.

En nuestra tradición, la experiencia viene demostrando que el sector inmobiliario solo invierte en actuaciones urbanísticas que sean rentables, midiendo la rentabilidad con aumentos de edificabilidad: solo se aportan recursos privados en la medida en que la inversión cubre los costes de la actuación. El incremento de edificabilidad siempre ha servido para garantizar la viabilidad a corto plazo de una operación urbanística.

Ahora bien, cuando los costes de una actuación no puedan cubrirse con la edificabilidad prevista con la operación, se romperá un axioma clásico del urbanismo español, algo a lo que no parece puedan escapar los propietarios de suelos y edificaciones afectadas por actuaciones 3 erres, a los que se impone el deber de ejecutar las previsiones que contenga el instrumento de ordenación urbanística y asumir su coste, en régimen de equidistribución, no pudiendo separarse de la actuación.

Es muy probable que las actuaciones que deba el propietario llevar a cabo le resulten antieconómicas, teniendo en cuenta la extensión que la regulación vigente da al deber de conservación.

La ampliación del deber de conservación complementa el nuevo régimen de las actuaciones en el medio urbano. Se han elevado significativamente los costes que los propietarios tienen que asumir por la vía de la regulación del deber de conservación. Lo cual quiere decir que para que una actuación sobre el medio urbano sea viable económicamente a corto plazo, el coste de las intervenciones que deban ejecutarse con cargo a los propietarios, distribuidas equitativamente, no debería superar el límite de su deber de conservación.

Y no es fácil que sea así. Realmente, va a ser muy difícil. Con lo cual en la regulación vigente la viabilidad económica de las actuaciones de renovación o regeneración urbanas queda en entredicho, que son además las que no se van a ver beneficiadas con fondos públicos. Y lo mismo las actuaciones de rehabilitación edificatoria cuando los propietarios sean insolventes.

XV.- Quiero terminar mi intervención con unas referencias al Plan "ESPAÑA 2050. Fundamentos y propuestas para una Estrategia Nacional de Largo Plazo". En este Plan las referencias a la regeneración urbana se sustancian en un Programa de Rehabilitación de Vivienda y Regeneración, y para su desarrollo se apoya explícitamente en el sector de la construcción: "El sector de la construcción –dice este Plan– deberá centrarse menos en la creación de nuevos edificios y más en la rehabilitación, restauración y regeneración de aquellos que ya existen. Los criterios medioambientales serán clave, promoviendo la durabilidad, la reutilización y reciclaje de materiales, el uso de materiales alternativos que reduzcan la huella de carbono, la mayor presencia de infraestructuras verdes, la mejora de la eficiencia energética, la instalación de sistemas que permitan un mejor aprovechamiento de los recursos, y el fomento de la construcción de viviendas de emisiones nulas".

¿Echamos en falta algo? Si, una atención más completa al patrimonio urbano. Además de que todo lo que considera deba tomarse en consideración está ausente en la definición de esa sui generis "regeneración urbana" a la que se refiere el TRLSRU de 2015.

El Plan España 2050 recoge previsiones de inversión del Programa de Rehabilitación de Vivienda y Regeneración:

- 6000 millones de euros, en la rehabilitación de viviendas con motivo de eficiencia energética.
- 1000 millones de euros para la rehabilitación de edificios públicos.

Ninguna previsión de financiación para otras actuaciones sobre el medio urbano.

Y lo mismo sucede con el Plan Estratégico Nacional de Recuperación, Transformación y Resiliencia (PERTE) que se nutre de Fondos UE NextGeneration. No contempla la financiación de programas de regeneración urbana. Financia cuestiones sectoriales, principalmente la rehabilitación energética de edificios y la creación de oficinas para gestionarla, la renaturalización, la movilidad y la digitalización. Aunque se prevé la acción rehabilitadora a nivel de barrio, la misma financia solo la rehabilitación de los edificios residenciales y la mejora del espacio público a través de la figura de los denominados "Entornos de Rehabilitación Residencial Programada".

XVI.- Aun así, va a seguir siendo posible utilizar fondos públicos procedentes de la política de cohesión para la intervención en la ciudad, con otros enfoques, más acompasados con la sostenibilidad urbana. La mala noticia es que no todas las ciudades podrán hacer este camino. Para llevarlo a cabo necesitan contar con una identificación clara de su patrimonio cultural urbano y haber definido previamente un modelo de ciudad a alcanzar a medio plazo. Y no se trata solo de contar con unas Agendas urbanas en donde se enumeren objetivos e indicadores de sostenibilidad alineados con los objetivos de la Agenda 2030 para el desarrollo sostenible, sino de una verdadera idea de ciudad en donde el patrimonio urbano se ponga al servicio de la regeneración urbana.

Para ello se requiere audacia desde la política, puesto que poner el patrimonio cultural en el centro de la visión de recuperación de nuestras ciudades es en España, un reto transformador, pero también ambicioso, y que va contracorriente de un marco jurídico que como he tratado de explicarles, está necesitado de correcciones.

Y lo que está fuera de duda es que ninguna ciudad será capaz de hacer una transición sostenible, y aumentar de manera relevante el nivel de calidad de vida de su población, si hace una proyección hacia el futuro que deje a su patrimonio urbano desprotegido.

Rigenerazione urbana e patrimonio culturale nell'esperienza amministrativa italiana di ripresa e resilienza

GIUSEPPE PIPERATA
Professore ordinario di diritto amministrativo
Università Iuav di Venezia

1. RIGENERAZIONE URBANA E PATRIMONIO CULTURALE: L'ATTUALITÀ DI UNA RELAZIONE VIRTUOSA

Da quando la rigenerazione urbana ha acquisito una sua centralità all'interno delle strategie di governo del territorio in Italia, l'esperienza amministrativa locale ha registrato una stretta relazione tra le pratiche attraverso le quali essa può essere realizzata e gli interventi riguardanti il patrimonio culturale. In realtà, già da tempo è stato messo in evidenza, quantomeno in dottrina[1], che anche la funzione urbanistica affidata agli enti locali può contribuire a rendere effettivi i compiti di tutela del patrimonio culturale, nel rispetto di quanto previsto dall'art. 9 della Costituzione italiana, articolo che, affidando alla Repubblica e non ad un singolo ente la tutela del paesaggio e del patrimonio storico e artistico della Nazione, coinvolge tutte istituzioni pubbliche nello svolgimento di questo fondamentale compito. Del resto, anche la Corte costituzionale[2], coerentemente a tale previsione, ha precisato che la materia del governo del territorio consente al legislatore regionale di prevedere una disciplina di tutela dei beni culturali ulteriore rispetto a quella già prevista dalla legislazione statale: un'apertura che legittima, oltre l'intervento legislativo delle Regioni (e alle condizioni

1. Cfr., tra i tanti, A. Bartolini, *Patrimonio culturale e urbanistica*, in *Riv. giur. urb.*, 2016, 12 ss., e anche Id., *Urbanistica*, in *Enc. Dir.*, *I Tematici, III, Funzioni amministrative*, a cura di M. Ramajoli, B.G. Mattarella, Milano, Giuffrè, 2022, spec. 1265 ss., nella parte in cui si segnala il rafforzamento della sensibilità a favore della tutela del patrimonio culturale urbanistico.
2. Cfr., tra le tante, Corte cost., 8 giugno 2005, n. 232.

da questo previste), anche un più concreto intervento dei poteri locali in sede di pianificazione diretto a salvaguardare, attraverso prescrizioni ulteriori, i cc.dd. beni culturali urbanistici[3] o ad estendere con appositi strumenti strategie di protezione verso alcune opere di valore artistico o architettonico che, non raggiungendo la soglia minima di storicizzazione per essere ricondotti sotto al regime previsto dal Codice dei beni culturali e del paesaggio, d.lgs. 22 gennaio 2004, n. 42, altrimenti rimarrebbero fuori da ogni opportuna azione di tutela[4].

Tra gli strumenti in questione, i processi di rigenerazione urbana risultano, oggi, meglio di ogni altro, funzionali ad implementare dinamiche di intervento sui beni del patrimonio culturale che sul territorio dell'ente locale sono localizzati. C'è una precisa ragione in ciò, e si può rintracciare nella particolare natura che la rigenerazione urbana presenta, grazie alla quale essa può essere messa in campo per raggiungere obiettivi che vanno oltre la prospettiva unica dell'intervento urbanistico. La rigenerazione urbana, infatti, è un fenomeno al quale è stata attribuita natura polisemica, nel senso che i processi nei quali essa si sostanzia sono pensati prioritariamente come strumenti per contrastare il consumo di suolo, ma possono anche operare come azioni strategiche per contribuire a realizzare altre politiche importanti per l'ente locale: la promozione della partecipazione civica e di nuovi scenari per il diritto alla città, i percorsi per favorire la resilienza, limitare le conseguenze negative del cambiamento climatico e diffondere pratiche virtuose di risparmio energetico e, in questa prospettiva, anche la protezione e la valorizzazione del patrimonio culturale[5].

---

3. F. Salvia, *Spunti di riflessione per una teoria sui beni culturali urbanistici*, in *Riv. giur. ed.*, 2018, II, 129 ss.
4. Cfr. M. Calabrò, *Nuove prospettive di tutela per l'architettura contemporanea: il ruolo dell'urbanistica*, in *Riv. giur. ed.*, 2023, II, 95 ss., il quale anche precisa che «non sussist[e] affatto un rapporto di estraneità tra il diritto urbanistico e la tutela dei beni culturali, ma che, al contrario, i piani urbanistici poss[o]no ed anzi debb[o]no porre al centro della propria azione anche la protezione del patrimonio culturale».
5. Sulla natura polisemica della rigenerazione urbana, il rinvio è a G.A. Primerano, *Il consumo di suolo e la rigenerazione urbana*, Napoli, Editoriale scientifica, 2022, spec. 219 ss., e A. Giusti, *La rigenerazione urbana*, Napoli, Editoriale scientifica, 2018, 17 ss., qui testualmente ripresi. Si v. anche L. Giani, *L'amministrazione tra appropriatezza dell'organizzazione e risultato: spunti per una rilettura del dialogo tra territorio, autorità e diritti*, in *Nuove autonomie*, 2021, 3, 551 ss., L. Giani, M. D'Orsogna, *Diritto alla città e rigenerazione urbana. Esperimenti di resilienza*, in *Scritti in onore di Eugenio Picozza*, III, Napoli, Editoriale scientifica, 2019, 2005 ss., e sia consentito rinviare anche G. Piperata, *Riflessione di un giurista sul futuro dell'urbanistica*, in *Studi in onore di Filippo Salvia. Quale piano per il futuro dell'urbanistica?*, a cura di G. Corso e M. Immordino, Napoli, Editoriale scientifica, 2022, 539 ss. Per una prospettiva urbanistica, cfr. F. Musco, *Rigenerazione urbana e sostenibilità*, Milano, Franco Angeli, 2016.

Si aggiunga, poi, che la rigenerazione è diventata anche una fondamentale strategia delle politiche di ricostruzione e rilancio del sistema economico e del tessuto sociale del nostro Paese dopo il drammatico periodo della pandemia. Il Piano Nazionale di Ripresa e Resilienza (PNRR), approvato nel 2021, infatti, ha destinato quote importanti di finanziamento a specifiche strategie rigenerative, alcune delle quali riguardanti il recupero di parti del patrimonio culturale nazionale, come quello rurale o ecclesiastico o come quello rappresentato dai parchi e giardini storici.

Ma non è solo il dato di attualità del PNRR a rendere interessante l'intreccio che spesso si coglie tra le prassi rigenerative e le politiche culturali sul patrimonio locale. Ancora più interessante è la valenza bidirezionale che caratterizza questo rapporto, nel senso che se, da un lato, la cultura può funzionare come *driver* dei processi di rigenerazione urbana, dall'altro lato, tali processi hanno anche ad oggetto beni, spazi, luoghi di valore culturale, contribuendo in questo modo a garantirne la tutela e a promuoverne la valorizzazione. Si deve inoltre segnalare che, all'implementazione di tale rapporto, si accompagna anche l'affermazione di dinamici modelli di collaborazione tra istituzioni pubbliche o tra questi e gli attori privati, nonché di innovativi strumenti giuridici. Ed è proprio sugli aspetti adesso richiamati che la nostra attenzione si concentrerà nelle pagine che seguono.

2. LE MISSIONI DI RIGENERAZIONE URBANA E CULTURALE NEL PIANO NAZIONALE DI RIPESA E RESILIENZA

Nel PNRR approvato dal Governo italiano nel 2021 la missione rigenerativa viene prevista e finanziata con riferimento a specifici interventi sui contesti territoriali locali e anche come dimensione strategica per la realizzazione di precise politiche culturali. Anche se le line di intervento si collocano su due differenti missioni del Piano, tra le strategie di valorizzazione del patrimonio culturale e le azioni di rigenerazione urbana sono presenti numerosi punti di contatto, che confermano quanto sopra sostenuto a proposito del collegamento tra i due fenomeni[6].

La Missione 1 del Piano copre diversi ambiti tra i quali anche i settori della cultura e del turismo, prevedendo numerosi interventi finalizzati al recupero e al rilancio del patrimonio culturale italiano. Gli investimenti sono prioritariamente indirizzati verso le aree interne, le zone rurali, i piccoli borghi, contesti territoriali spesso fragili, ma sempre ricchi di tradizioni culturali e testimonianze storiche e artistiche preziose, come tali da proteggere e promuovere. Alcune misure interessano nello specifico l'architettura

---

6. Segnala tale aspetto M.C. Cavallaro, *La cultura nel PNRR e la cultura del PNRR: alcune considerazioni*, in *PA Persona e amministrazione*, 2023, n. 1, spec. 456.

e il paesaggio rurale, beni da recuperare anche nella prospettiva del contrasto ai fenomeni di spopolamento e, allo stesso tempo, di attivazione di processi di sviluppo locale. Ad una scala più ampia e generale possono, invece, essere ricondotte le strategie ipotizzate per la valorizzazione dei parchi e giardini storici, luoghi identitari per le comunità locali, da riqualificare secondo una strategia integrata con le azioni di rigenerazione urbana. E sempre analoga portata rigenerativa caratterizza le ulteriori linee di intervento presenti all'interno della medesima Missione: quelle per rimuovere le barriere nei musei, biblioteche e archivi o per migliorare l'efficienza energetica in cinema, teatri e musei, o ancora per rendere sismicamente più sicuri i luoghi di culto, per restaurare i beni del patrimonio del Fondo per gli edifici di culto e per realizzare i siti di ricovero per le opere d'arte.

La Missione 5 del PNRR è, invece, dedicata –in parte– alla rigenerazione urbana[7]. In particolare, essa elenca le tipologie di interventi e i relativi finanziamenti destinati ai comuni italiani per promuovere strategie rigenerative. Nelle intenzioni del Governo, però, il punto di arrivo delle azioni rigenerative non ha solo valenza urbanistica, ma la rigenerazione dei luoghi e dei patrimoni edilizi è impostata soprattutto come una tappa intermedia all'interno di un processo più ampio rivolto al contenimento delle situazioni di emarginazione e degrado sociale, nonché al miglioramento della qualità del decoro urbano e del contesto sociale e ambientale delle città. In tale prospettiva, allora, i processi di rigenerazione possono essere visti come strumenti di welfare urbano, i quali attraverso le trasformazioni fisiche degli spazi operano anche per incidere sui contesti sociali ed economici dei luoghi e delle comunità locali su di essi stanziati[8].

La strategia rigenerativa disegnata dal PNRR è stata anche supportata con alcuni interventi legislativi successivi, mediante i quali sono stati individuati gli attori locali, definite le procedure esecutive e ripartiti anche parte dei fondi a disposizione. Per esempio, con la legge di bilancio per il 2022[9] è stata assegnata una prima parte dei fondi PNRR proprio «al fine di favorire gli investimenti in progetti di rigenerazione urbana, volti alla riduzione di fenomeni di marginalizzazione e degrado sociale nonché al miglioramento della qualità del decoro urbano e del tessuto sociale e ambientale». Destinatari sono i comuni con più di 15.000 abitanti, che possono richiedere i contributi per diverse tipologie di opere, tra le quali troviamo le opere di

7. In termini più ampi, cfr. A. Giusti, *La rigenerazione urbana come strategia di ripresa e resilienza*, in *Munus*, 2021, 2, 329 ss.
8. Cfr. al riguardo ancora G.A. Primerano, *Il consumo di suolo e la rigenerazione urbana*, cit., 2022, spec. 299 ss.
9. Cfr. art. 1, commi 534 e ss., l. 30 dicembre 2021, n. 234.

manutenzione e riuso e le opere per la mobilità sostenibile, ma anche le opere di miglioramento della qualità del decoro urbano e del tessuto sociale e ambientale, anche mediante interventi di ristrutturazione edilizia di immobili pubblici, con particolare riferimento allo sviluppo dei servizi sociali e culturali, educativi e didattici, ovvero alla promozione delle attività culturali e sportive.

Alle città metropolitane, invece, sono stati assegnati i fondi per la realizzazione dei Piani urbani integrati, anche questi ultimi da tradurre in progetti di rigenerazione urbana orientati alla migliore inclusione sociale e riguardanti «la manutenzione per il riuso e la rifunzionalizzazione ecosostenibile di aree pubbliche e di strutture edilizie pubbliche esistenti per finalità di interesse pubblico, il miglioramento della qualità del decoro urbano e del tessuto sociale e ambientale, con particolare riferimento allo sviluppo e potenziamento dei servizi sociali e culturali e alla promozione delle attività culturali e sportive, nonché interventi finalizzati a sostenere progetti legati alle *smart cities*, con particolare riferimento ai trasporti ed al consumo energetico» [10]. In particolare, i Piani urbani integrati sono interventi di progettazione urbanistica partecipata, che promuovono la rigenerazione delle grandi aree urbane degradate con il coinvolgimento del terzo settore e di investimenti privati nella misura massima del 25%.

Si deve, tuttavia, al riguardo segnalare che la Terza relazione del Governo italiano sullo stato di attuazione del PNRR[11] ha evidenziato la presenza di specifiche criticità nella realizzazione proprio di alcune misure riguardanti la missione di rigenerazione urbana, anche se riconducibili a eventi e circostanze oggettive. Per tale ragione, in sede di revisione del PNRR, alcuni finanziamenti per la rigenerazione urbana originariamente previsti nel PNRR sono stati riprogrammati e spostati su fondi e risorse nazionali.

3. IL PATRIMONIO CULTURALE: FATTORE RIGENERANTE OD OGGETTO DA RIGENERARE?

Ad uno sguardo superficiale potrebbe risultare paradossale che le pratiche di rigenerazione urbana vengano accostate ai beni del patrimonio culturale. Le strategie di rigenerazione implicano sempre interventi trasformativi su luoghi, siti, spazi, beni, viceversa i patrimoni culturali esigono

10. Cfr. art. 21, d.l. 6 novembre 221, n. 152, conv. in l. 29 dicembre 2021, n. 233.
11. Cfr. *Relazione sullo stato di attuazione del piano nazionale di ripresa e resilienza (PNRR)*, del 31 maggio 2023 (trasmessa alla Presidenza della Camera dei deputati il 7 giugno 2023).

azioni prioritariamente rivolte alla loro conservazione. A ben vedere, tuttavia, tale contrapposizione è solamente apparente. È, al riguardo, sufficiente ricordare che le azioni che interessano il patrimonio culturale non si esauriscono con le politiche di protezione e, tra l'altro, le più importanti riforme legislative in materia di beni culturali e paesaggistici degli ultimi anni hanno posto accanto alla tradizionale funzione di tutela degli stessi anche altri fondamentali titoli di intervento dei pubblici poteri, in particolare rivolti ad assicurarne la fruizione e la valorizzazione[12]. Ed è proprio con riferimento alla valorizzazione che gli interventi di rigenerazione urbana sui beni del patrimonio culturale trovano giustificazione, anche alla luce di quanto disposto, prima, dall'art. 148, d.lgs. 31 marzo 1998, n. 112, che qualificava come azioni di valorizzazione ogni attività finalizzata a migliorare le condizioni di conoscenza e di conservazione dei beni culturali e ambientali, e, ora, dall'art. 6 del c.d. Codice Urbani (d.lgs. n. 42/2004), per il quale la valorizzazione (soprattutto del paesaggio e dei beni paesaggistici) comprende anche la riqualificazione degli immobili e delle aree sottoposti a tutela compromessi o degradati[13].

Si aggiunga anche che il felice connubio tra rigenerazione urbana e patrimonio culturale, oggi così presente nei processi di trasformazione delle nostre città, beneficia dell'indeterminatezza che connota la nozione di rigenerazione urbana, il cui perimetro è così ampio da ricomprendere azioni indirizzate verso plurimi obiettivi, tra i quali possono sicuramente trovare adeguato riconoscimento quelli strumentali alla tutela e alla valorizzazione del patrimonio culturale. Intorno alla rigenerazione urbana, è stato detto, si muovono dinamiche che innovano la città, caratterizzate da indubbi tratti di novità e di difficile classificazione[14]. Prima ancora che politica pubblica o procedura amministrativa, essa è soprattutto una tecnica di intervento attraverso la quale si recupera e si rigenera un bene, un luogo, uno spazio della città. Volendo ammetterlo, intese come pratiche urbanistiche, le dinamiche di rigenerazione e di riqualificazione sono sempre esistite: le storie delle nostre città sono piene di esempi di quartieri, edifici, luoghi che nel

12. Segnala il superamento di quella visione che considerava totalizzante la funzione di tutela del patrimonio culturale, G. Sciullo, *Beni culturali e principi della delega*, in *Aedon*, 1998, n. 1.

13. Sottolinea il forte legame tra dinamiche di valorizzazione del patrimonio culturale e le strategie di rigenerazione urbana G. Manfredi, *Rigenerazione urbana e beni culturali*, in *La rigenerazione di beni e spazi urbani. Contributo al diritto delle città*, a cura di F. Di Lascio, F. Giglioni, Bologna, Il Mulino, 2017, spec. 280 ss.

14. Cfr. al riguardo *Rigenerazione urbana. Un glossario*, a cura di G. Lupatelli, A. De Rossi, Roma, Donzelli, 2022.

corso degli anni sono stati trasformati, recuperati, assumendo nel tempo gli usi e le funzioni più varie[15].

Rispetto a quanto avveniva in passato, tuttavia, qualcosa oggi è cambiato, in primo luogo, sotto il profilo quantitativo e, in secondo luogo, rispetto allo scenario giuridico di riferimento. Ma andiamo con ordine. È un dato oggettivo: negli ultimi anni gli interventi di rigenerazione di edifici e spazi urbani si sono moltiplicati. Ciò è avvenuto per diverse ragioni. Innanzitutto, sono aumentati esponenzialmente i «vuoti urbani», consistenti in edifici abbandonati, beni rifiutati, aree dismesse (solo queste ultime corrispondenti ad un 3% del territorio nazionale[16]). Per tali spazi, pertanto, si è reso necessario immaginare nuove politiche integrate di recupero, in modo da risolvere i problemi ambientali e di sicurezza che li caratterizzano, oltre a quelli collegati al loro possibile utilizzo.

Sulle pratiche rigenerative, poi, incide anche il recente aumento dei limiti legali al consumo di suolo. La vicenda è nota. Anche per contrastare gli effetti negativi del cambiamento climatico, il suolo deve essere difeso da fenomeni naturali di rischio idrogeologico e da fenomeni antropici di trasformazione o impermeabilizzazione. Esigenza, questa, che negli ultimi anni ha portato in sede europea all'adozione di numerose misure rivolte a favorire un maggiore adattamento dei territori rispetto agli eventi estremi e a contenere l'azione diretta dell'uomo sul suolo. In particolare, con riferimento a questo secondo fronte d'azione, l'UE fin dal 2011 ha imposto ai Paesi membri come obiettivo comune quello di arrivare, entro il 2050, alla c.d. quota zero, ossia all'azzeramento del consumo di suolo netto, e nel 2021 la Commissione ha adottato la nuova Strategia dell'UE per il suolo per il 2030, con la quale, oltre a ribadire che la salute di tale bene è preziosa e fondamentale per conseguire gli obiettivi sul clima e sulla biodiversità fissati dal *Green Deal* europeo, ha elaborato le misure concrete per consentire che i suoli siano protetti e rigenerati nella prospettiva di una loro utilizzazione in modo sostenibile[17]. Come conseguenza di tale situazione, già diverse leggi regionali hanno introdotto limitazioni all'indiscriminato uso del territorio per nuove costruzioni, affermando un principio di divieto di

15. Analoghe considerazioni in T. Bonetti, *Perequazione e rigenerazione urbana*, in *La perequazione delle disuguaglianze: tra paesaggio e centri storici*, a cura di P. Stalla Richter, Milano, Giuffrè, 2018, 313 ss.

16. Sul punto sia consentito rinviare a G. Piperata, *La rigenerazione dei* brownfields*: una prospettiva giuridica*, in *Diritto e rigenerazione dei* brownfields. *Amministrazione, obblighi civilistici, tutele*, a cura di M. Passalacqua e B. Pozzo, Torino, Giappichelli, 2019, XXVII ss.

17. Cfr. Comunicazione della commissione al parlamento europeo, al consiglio, al comitato economico e sociale europeo e al comitato delle regioni, 17.11.2021 COM(2021) 699 final, *Strategia dell'UE per il suolo per il 2030. Suoli sani a vantaggio delle persone, degli*

consumo di suolo, riconoscendone l'importanza e ampliandone l'ambito di applicazione. Il Parlamento nazionale, invece, è da anni impegnato nella discussione di progetti di legge dedicati ad una disciplina organica in materia di contenimento del consumo del suolo e di rigenerazione urbana, che però stentano a vedere la luce. L'obiettivo di tale intervento legislativo, anche in questo caso, è quello di porre dei limiti stringenti a processi che implicano consumo di nuovo suolo, in modo da dare priorità agli interventi di rigenerazione e di riuso dell'esistente[18].

Per la scienza del diritto, la rigenerazione urbana merita attenzione non solo per il ruolo che essa gioca nell'ambito delle politiche legislative di contenimento di consumo di suolo, ma anche per i tanti profili di innovazione giuridica che ne accompagnano la qualificazione e lo sviluppo attuativo[19]. Tale fenomeno, infatti, presenta alcune peculiarità che lo differenziano rispetto ad altri fenomeni simili come la ristrutturazione edilizia o altre dinamiche di recupero o di riqualificazione urbanistica, da tempo conosciuti e regolati dal diritto[20]. Si continua a discutere se gli interventi rigenerativi sulle città siano manifestazione di una nuova funzione di governo locale[21] o, invece, una maniera alternativa di operare sugli spazi urbani pur sempre riconducibile alle tradizionali funzioni urbanistiche e pianificatorie[22]. Pur mancando ancora una definizione giuridica condivisa della rigenerazione urbana e che tenga insieme tutti i possibili modi attraverso i quali essa si realizza, tuttavia, ci pare non azzardato evidenziare quei due elementi che

---

alimenti, della natura e del clima. Cfr. anche la del. Consiglio del Sistema Nazionale per la Protezione dell'Ambiente, 11.10.2023, doc. n. 218/23, contenente il rapporto *Consumo di suolo, dinamiche territoriali e servizi ecosistemici*. Edizione 2023, in www.snpambiente.it. Per una ricostruzione più ampia, D. Bevilacqua, E. Chiti, Green Deal. *Come costruire una nuova Europa*, Bologna, Il Mulino, 2024.

18. Per alcune riflessioni e commenti al recente progetto di legge in materia di rigenerazione urbana si rinvia a L. De Lucia, *Il nuovo testo unificato sulla rigenerazione urbana. Osservazioni critiche*, in *RGA*, 2022, 2, 7 ss.

19. Mettono bene in evidenza il rapporto tra rigenerazione urbana e innovazione amministrativa M. Cammelli, *Re-cycle: pratiche urbane e innovazione amministrativa per ricomporre le città*, e E. Fontanari, *Re-cycle: una visione urbana*, entrambi in *Agenda RE-CYCLE. Proposte per reinventare la città*, a cura di E. Fontanari, G. Piperata, Bologna, Il Mulino, 2017, risp. 53 ss., e 231 ss.

20. Per un inquadramento del fenomeno sia consentito rinviare a G. Piperata, *Rigenerare i beni e gli spazi della città: attori, regole e azioni*, in *Agenda RE-CYCLE. Proposte per reinventare la città*, a cura di E. Fontanari, G. Piperata, cit., 21 ss.

21. Come sostiene E. Chiti, *La rigenerazione di spazi e beni pubblici: una nuova funzione amministrativa*, in *La rigenerazione di beni e spazi urbani. Contributo al diritto delle città*, a cura di F. Di Lascio, F. Giglioni, Bologna, Il Mulino, 2017, 15 ss.

22. Come sembrerebbe propendere, invece, A. Bartolini, *Urbanistica*, in *Enc. Dir.*, *I Tematici, III, Funzioni amministrative*, a cura di M. Ramajoli, B.G. Mattarella, cit., 1294.

ne connotano natura e identità, conferendole una possibile sfera di autonoma rispetto ad altre dinamiche di intervento. Il primo elemento riguarda la direzione verso la quale muovono le azioni di rigenerazione. Esse, infatti, sono orientate non all'uso, ma soprattutto al riuso del patrimonio immobiliare esistente, al quale così vengono riassegnati una nuova funzione e un nuovo ciclo di vita urbanistica. Il secondo elemento distintivo, poi, attiene alla strumentalità teleologica della rigenerazione rispetto ad altri obiettivi, i quali si pongono come plurimi traguardi, a spettro più ampio, da raggiungere attraverso specifiche azioni rigenerative su beni e spazi. Ciò emerge, in particolare, dal quadro legislativo dedicato a tali azioni, quadro al quale contribuiscono singole disposizioni dettate dal legislatore statale[23] e più ampi regimi regolativi introdotti da vari legislatori regionali[24]: tutte norme che promuovono la rigenerazione, ma per realizzare precise tappe intermede, passaggi obbligati e soprattutto orientati verso scopi più ambiziosi tendenti al miglioramento della qualità degli spazi urbani e della vivibilità delle nostre città.

In tale prospettiva, la rigenerazione urbana non è un'azione che può essere ridotta alla eliminazione del preesistente e alla sua sostituzione con un nuovo intervento edilizio. Essa è qualcosa in più, corrisponde ad interventi che possono anche sostituire ciò che già c'è, ma soprattutto devono rigenerare il bene, riciclandolo e dandogli una nuova missione funzionale. E' stato scritto che il riciclo urbano è un processo frutto di un «anelito verso l'invenzione di nuovi cicli di vita per le cose e gli esseri di questo mondo» e supportato da una spinta innovativa, dato che «il ragionamento a favore di una conservazione non imbalsamatrice ma capace di attribuire nuovi significati vitali alle cose, deve sapere esercitare sulle "cose" (nella nostra fattispecie, le "cose" dell'architettura, della città e del paesaggio) un esercizio di fantasia creatrice e quindi di "progetto"»[25]. In questo modo vengono anche "ricuciti" passato e futuro di un contesto urbano e territoriale, operando in maniera diversa da fenomeni analoghi, come il restauro, ad esempio, dato che la conservazione del bene non è l'unico e ultimo obiettivo dell'intervento progettato: «in questo senso il riciclo si coniuga strettamente con l'eredità del passato, ma cercando in quell'eredità o "tradizione" germi di futuro, a favore di nuovi processi evolutivi»[26].

23. Si v., ad esempio, l'art. 5, d.l. 18 aprile 2019, n. 32, conv. in l. 14 giugno 2019, n. 55.
24. Si rinvia alle leggi regionali che verranno citate a titolo di esempio nelle pagine successive.
25. R. Bocchi, *Riciclo*, in Recycled Theory: *Dizionario illustrato*, a cura di S. Marini e G. Corbellini, Quodlibet, Macerata, 2016, 571 s.
26. R. Bocchi, *Riciclo*, in Recycled Theory: *Dizionario illustrato*, a cura di S. Marini e G. Corbellini, cit., 575.

Intese in questo modo, le pratiche di rigenerazione urbana sono destinate ad interagire profondamente con i vari scenari che interessano il patrimonio culturale urbano. Quantomeno in una duplice prospettiva: il patrimonio culturale (o le pratiche culturali in senso ampio) può operare come fattore di rigenerazione urbana (il patrimonio culturale rigenerante) e la rigenerazione urbana può riguardare direttamente o indirettamente il patrimonio culturale (il patrimonio culturale rigenerato). Ecco allora che sulle due dinamiche appena indicate è necessario spendere qualche ulteriore riflessione.

4. LA RIGENERAZIONE CULTURALE DEL PATRIMONIO URBANO

Lo abbiamo detto più volte: c'è ovviamente un forte legame tra le pratiche di rigenerazione urbana e il patrimonio culturale. Se è vero che, come dicono gli architetti, la rigenerazione urbana può essere rappresentata anche con un verso di una poesia della Wislawa Szymborska, *Rinascere quando occorre da ciò che abbiamo salvato*, allora tra quanto abbiamo salvato c'è soprattutto il patrimonio culturale. Ma questo patrimonio prima di essere oggetto diretto di rigenerazione, opera anche indirizzando e influenzando gli interventi rigenerativi sugli spazi e i beni della città. Per usare uno slogan: la cultura che rigenera.

La dottrina più recente ha dimostrato un grande interesse verso questo fenomeno, definendolo come rigenerazione "su base culturale"[27] o "a guida culturale"[28], proprio con lo scopo di enfatizzare non tanto il collegamento –sempre esistito– tra sviluppo culturale e sviluppo urbanistico, ma soprattutto evidenziare il potenziamento di strategie di governo del territorio urbano che pongono al centro la promozione delle politiche relative ai patrimoni o alle attività culturali. Si aggiunga, inoltre, che –come segnalato– l'interazione tra cultura e rigenerazione urbana cambia a seconda dell'obiettivo da perseguire, potendo orientare di volta in volta le strategie ora verso i prodotti culturali, ora verso i luoghi, ora verso le persone e così via[29].

27. C. Vitale, *Rigenerare per valorizzare. La rigenerazione urbana "gentile" e la riduzione delle disuguaglianze*, in *Aedon*, 2021, n. 2
28. E. Petrilli, *La rigenerazione urbana a guida culturale, ovvero come usare la rigenerazione urbana per creare utilità attraverso la cultura*, in *Ri-conoscere la Rigenerazione. Strumenti giuridici e tecniche urbanistiche*, a cura di M. Passalacqua, A. Fioritto, S. Rusci, Rimini, Maggioli, 2018, 265 ss.
29. Cfr. al riguardo la tassonomia degli interventi strategici proposta da E. Petrilli, *La rigenerazione urbana a guida culturale, ovvero come usare la rigenerazione urbana per creare utilità attraverso la cultura*, in *Ri-conoscere la Rigenerazione. Strumenti giuridici e tecniche urbanistiche*, a cura di M. Passalacqua, A. Fioritto, S. Rusci, cit. 267 ss.

Gli esempi che si potrebbero fare sono tantissimi e riguardano la rigenerazione di immobili o spazi in disuso attraverso la fornitura di servizi culturali per le comunità di riferimento, oppure la rigenerazione di parti di città attraverso manifestazioni culturali o ancora il riuso di luoghi abbandonati per consentire pratiche di valorizzazione di beni del patrimonio culturale, solo per ricordarne alcuni.

Si aggiunga, inoltre, che tale prospettiva potrà essere incrementata in futuro anche per effetto di quanto previsto nella Convenzione quadro del Consiglio d'Europa sul valore del patrimonio culturale per la società del 2005, c.d. Convenzione di Faro (ratificata con l. 1° ottobre 2020, n. 133), che valorizza il ruolo delle popolazioni locali nell'uso delle risorse culturali, anche attraverso un dialogo costante con le autorità per integrare l'utilizzazione del patrimonio culturale nelle più ampie strategie di governo del territorio[30]. Tutti gli aspetti patrimoniali dell'ambiente culturale dovranno, infatti, contribuire ad arricchire anche «i processi di sviluppo economico, politico, sociale e culturale e di pianificazione dell'uso del territorio», come impone l'art. 8 della Convenzione.

È opportuno ricordare che la diffusione di tali pratiche è stata accompagnata anche da importanti innovazioni in campo giuridico. Il legislatore (spesso regionale), in particolare, è intervenuto in una duplice prospettiva: riconoscere, da un lato, l'interazione necessaria tra urbanistica e cultura, vincolando le azioni rigenerative e di riqualificazione del tessuto e del patrimonio urbano anche agli obiettivi perseguiti con quelle di promozione sociale e culturale; dall'altro, disegnare nuovi strumenti e quadri regolativi di riferimento attraverso i quali essere realizzare tale integrazione.

È sufficiente un rapido sguardo alla legislazione regionale per trovare conferma a quanto appena detto. Tutte le leggi regionali, infatti, che si occupano di rigenerazione urbana sottolineano la stretta integrazione tra le pratiche rigenerative e le strategie culturali. La legge della Regione Puglia, 29 luglio 2008, n. 21, ad esempio, dichiara di voler promuovere la rigenerazione di parti di città e dei sistemi urbani, coerentemente con le altre strategie comunali, comprese anche quelle finalizzate al miglioramento delle condizioni ambientali e culturali degli insediamenti umani (art. 1); dettaglia alcuni specifici interventi, affidando il risanamento dell'ambiente urbano anche a sentieri museali (art. 2); affida ad un unico documento, secondo una

30. Su tali aspetti, M. Cammelli, *La ratifica della convenzione di Faro: un cammino da avviare*, in *Aedon*, 2020, n. 3, e V. Di Capua, *La Convenzione di Faro. Verso la valorizzazione del patrimonio culturale come bene comune?*, in *Ibidem*, 2021, n. 3, e in termini più ampi, P. Carpentieri, *La Convenzione di Faro sul valore dell'eredità culturale per la società (da un punto di vista logico)*, in *Federalismi.it*, 2017, n. 4.

logica di integrazione, non solo la definizione degli obiettivi di riqualificazione urbana da perseguire a livello comunale o intercomunale, ma anche le politiche pubbliche paesaggistico-ambientali e culturali, che concorrono al loro conseguimento (art. 3). Dello stesso tenore la l.r. Emilia-Romagna 21 dicembre 2017, n. 24, la quale, tra l'altro, impone alla Regione di assicurare che nella realizzazione degli interventi di riuso e rigenerazione urbana siano rispettati gli obblighi di inserimento di opere d'arte negli interventi di costruzione o ricostruzione di edifici pubblici (art. 12). Insomma, sono numerosi gli esempi di disposizioni legislative regionali che valorizzano lo scenario culturale o anche i beni del patrimonio culturale come fattore di promozione della rigenerazione urbana.

Non solo. Si aggiunga anche che tali leggi, oltre a favorire l'integrazione tra processi rigenerativi e culturali nell'ambito di una strategia di governo del territorio, hanno anche predisposto innovativi strumenti giuridici utili a realizzare in concreto gli interventi necessari. È il caso degli usi temporanei, ossia dell'utilizzazione temporanea di un bene abbandonato o dismesso per un uso diverso da quello originariamente concesso, giustificato dal fatto che tale utilizzazione consente di attivare processi di recupero e valorizzazione di immobili e spazi urbani e favorire, nel contempo, lo sviluppo di iniziative anche culturali. La già ricordata l.r. Emilia-Romagna n. 24/2017, all'art. 16 ha disciplinato gli usi temporanei, chiarendo che debbono essere autorizzati dai comuni, possono riguardare sia immobili privati che edifici pubblici per la realizzazione di iniziative di rilevante interesse pubblico e non comportano il mutamento della destinazione d'uso delle unità immobiliari interessate. L'uso temporaneo presuppone anche la stipula di una convenzione, tra l'ente e i soggetti utilizzatori, con la quale definire i criteri e le modalità di utilizzo degli spazi.

Dal punto di vista procedurale, come è facile notare, la dinamica sottostante agli usi temporanei è molto diversa da quella riguardante il più tradizionale strumento del mutamento d'uso avente ad oggetto un edificio o un immobile, disciplinato dal TU dell'edilizia (d.P.R. 6 giugno 2001, n. 380). Da ciò derivano non solo alcuni problemi interpretativi relativi alle condizioni legittimanti e ai limiti applicativi[31], ma anche le resistenze ad utilizzare la fattispecie in questione da parte degli operatori, stante in particolare l'esistenza di alcuni margini di incertezza rispetto allo scenario delle responsabilità che il quadro regolativo ancora non ha chiarito. Tuttavia, segnali positivi al riguardo si registrano nella giurisprudenza, la quale in

31. Cfr. G. Torelli, *Le ultime frontiere del recupero e della valorizzazione del patrimonio urbano: gli usi temporanei*, in *Dir. amm.*, 2021, 475 ss.

alcuni casi (ancora limitati) ha manifestato una favorevole apertura verso le utilizzazioni temporanee di spazi urbani[32].

5. LA RIGENERAZIONE URBANA DEL PATRIMONIO CULTURALE

E veniamo all'altra faccia del fenomeno che qui ci interessa, ossia il patrimonio culturale non fattore, bensì oggetto della rigenerazione urbana. Come abbiamo già ricordato, per il paesaggio e i beni paesaggistici possibili strategie rigenerative in chiave di riqualificazione sono espressamente ammesse dal legislatore statale: l'art. 6, d.lgs. n. 42/2004, afferma che la valorizzazione del paesaggio comprende anche la riqualificazione degli immobili e delle aree sottoposti a tutela compromessi o degradati, mentre l'art. 135, precisa che spetta ai piani paesaggistici definire anche le prescrizioni e le previsioni ordinate alla riqualificazione delle aree suddette.

Il discorso cambia quando si tratta del patrimonio culturale in senso stretto, ossia di beni immobili culturali, la cui riconducibilità a dinamiche di rigenerazione urbana non può essere data per scontata. Ciò, è evidente, deriva dallo specifico regime giuridico cui tali beni sono sottoposti[33]. Tale regime stabilisce che i beni culturali in questione «non possono essere distrutti, deteriorati, danneggiati o adibiti ad usi non compatibili con il loro carattere storico o artistico oppure tali da recare pregiudizio alla loro conservazione» (art. 20, c. 1, d.lgs. n. 42/2004). Di conseguenza, ogni mutamento di destinazione d'uso dei beni medesimi deve essere comunicato al soprintendente, al quale, inoltre, spetta il potere di autorizzare l'esecuzione di opere e lavori di qualunque genere su tali beni (art. 21, c. 4, d.lgs. n. 42/2004).

Considerata la specificità del regime e dei limiti sopra richiamati, si capisce il perché alcune leggi regionali di disciplina delle strategie di rigenerazione urbana hanno espressamente escluso i beni immobili culturali presenti nel contesto urbano dal perimetro di azione di tali strategie. Lo ha fatto, in particolare, la Regione Toscana, la quale ha escluso dall'ambito di applicazione delle disposizioni regionali per la rigenerazione delle aree urbane degradate gli edifici e i tessuti urbanistici riconosciuti di pregio per

---

32. Cfr., ad esempio, la sentenza del Tar Veneto, sez. I, 8 marzo 2018, n. 273, con la quale è stato dichiarato illegittimo un provvedimento negativo espresso dal demanio sulla richiesta da parte di una associazione di una concessione per l'uso temporaneo per finalità di interesse generale dell'isola di Poveglia a Venezia, in assenza di altre possibili destinazioni alternative del bene: F. Giglioni, *A proposito di concessioni temporanee per finalità di interesse generale: quali procedure tra bandi, privatizzazione e rilascio immediato?*, 6 maggio 2018, in www.labsus.org.
33. Per una ricostruzione di tale regime si rinvia a C. Barbati, M. Cammelli, L. Casini, G. Piperata, G. Sciullo, *Diritto del patrimonio culturale*[2], Bologna, Il Mulino, 2020.

il loro valore storico, architettonico, tipologico e culturale dagli atti di governo del territorio (art. 122, l.r. Toscana, 10 novembre 2014, n. 65).

Non è detto, però, che sui beni immobili culturali sia possibile intervenire solamente con azioni di tutela e conservazione, coperte dal ricordato regime "ordinario" rappresentato dal c.d. Codice Urbani. A determinate condizioni tali beni possono anche essere ricompresi in strategie di recupero, che, oltre ad assicurarne la protezione, perseguono anche altre finalità in una prospettiva più ampia di governo del territorio. Ciò, tuttavia, implica il dover affrontare almeno tre profili di criticità riguardanti la natura degli interventi, la tipologia degli strumenti e la competenza dei soggetti.

La rigenerazione del patrimonio culturale è un'azione che rientra nella funzione di tutela o nella strategia della valorizzazione? Quando i beni immobili del patrimonio culturale vengono interessati da dinamiche rigenerative non è facile orientarsi e dirimere il quesito appena posto. Tuttavia, non pare corretto far rientrare ogni azione rigenerativa esclusivamente all'interno della funzione di tutela, poiché così facendo si confonderebbero i due fenomeni. Gli interventi di rigenerazione urbana sui beni immobili del patrimonio culturale sono diversi dagli interventi di conservazione degli stessi, poiché, pur garantendo in ogni caso la loro tutela, i primi perseguono finalità che vanno oltre gli scopi dei secondi. Quindi, le strategie di rigenerazione del patrimonio culturale implicano qualcosa in più e di diverso rispetto agli interventi di protezione ai quali lo stesso patrimonio può essere assoggettato. Pertanto, è la valorizzazione del patrimonio culturale, più che la tutela, il titolo cui ricondurre i fenomeni di rigenerazione urbana riguardanti tale patrimonio. E si deve concordare con quella dottrina che ha qualificato la rigenerazione urbana come uno dei modi attraverso i quali realizzare i processi di valorizzazione del patrimonio cultuale, inteso sia come beni paesaggistici, sia come beni culturali[34]. Ovviamente, rimane come punto fermo quanto previsto dall'art. 6, d.lgs. n. 42/2004, che nel dare priorità alla tutela, precisa che gli interventi di valorizzazione del patrimonio culturale non possono essere promossi se mettono in pericolo i beni che lo compongono.

E veniamo agli strumenti che possono essere messi in campo per realizzare dinamiche di rigenerazione urbana coinvolgendo anche beni immobili culturali. A tal fine, fermo restando la necessità di fare riferimento sempre al regime settoriale contenuto nel d.lgs. n. 42/2004, e alle disposizioni in materia di rigenerazione urbana presenti nella legislazione statale o regionale, è interessante segnalare che recenti interventi legislativi riguardanti

34. Cfr. G. Manfredi, *Rigenerazione urbana e beni culturali,* in *La rigenerazione di beni e spazi urbani. Contributo al diritto delle città,* a cura di F. Di Lascio, F. Giglioni, cit.

altre materie hanno disciplinato alcuni istituti che potrebbero tornare utili nella predisposizione di progetti di recupero urbano aventi ad oggetto beni culturali, in particolare di proprietà pubblica. Due di questi meritano di essere richiamati. Il primo è regolato nel d.lgs. 3 luglio 2017, n. 117, contenente il Codice del Terzo settore. L'art. 71, in particolare, stabilisce che i beni culturali immobili di proprietà degli enti pubblici, se inutilizzati e bisognosi di restauro, possono essere dati in concessione agli enti del terzo settore per essere riqualificati[35]. La dinamica da attivare è di tipo rigenerativo, dato che i beni possono essere riconvertiti e riadattati a nuove destinazioni d'uso attraverso interventi di recupero, restauro, ristrutturazione a spese del concessionario. Ovviamente, restano ferme le disposizioni contenute nel Codice Urbani, a conferma di quanto detto sopra sul fatto che ogni dinamica di rigenerazione deve avvenire nel rispetto del principio della priorità della tutela. Inoltre, l'iniziativa non si esaurisce solo con la realizzazione dell'intervento edilizio di riqualificazione, ma la strategia rigenerativa viene successivamente sviluppata anche grazie ad un progetto di gestione del bene, che, allo stesso tempo, assicuri la corretta conservazione e la fruizione, nonché la migliore valorizzazione dello stesso.

L'altro strumento utilizzabile per realizzare progetti di rigenerazione aventi ad oggetto il patrimonio culturale è rappresentato dalle forme speciali di partenariato previste dal nuovo Codice dei contratti pubblici (d.lgs. 31 marzo 2023, n. 36). Si tratta di dinamiche collaborative attivabili dai poteri pubblici statali, territoriali e locali, coinvolgendo altri soggetti pubblici o privati con lo scopo di consentire il recupero, il restauro, la manutenzione programmata, la gestione, l'apertura alla pubblica fruizione e la valorizzazione di beni culturali. La peculiarità dello strumento sta nel fatto che l'individuazione del partner privato può avvenire tramite non meglio precisate «procedure semplificate» diverse da quelle ordinarie. La disposizione, come già segnalato dalla dottrina[36], stante la sua laconicità, si presta ad alcune incertezze interpretative, ma presenta sicuramente delle potenzialità applicative con riferimento alle dinamiche che qui ci interessano, dato che anche in questo caso può essere rilevato un intento legislativo a

35. Cfr. B. Accettura, *PNRR e diritti sociali: una nuova declinazione del diritto all'abitazione. Il paradigma della rigenerazione urbana*, in *Società e diritti*, 2023, 226 ss., e P. Michiara, *Religione, urbanistica e terzo settore. Destinazioni d'uso in deroga, attività consentite e rigenerazione urbana nell'ermeneutica dell'art. 71, d.lgs. 3 luglio 2017, n. 117 (codice del terzo settore)*, in *Munus*, 2022, 205 ss.

36. Cfr. G. Sciullo, *Il partenariato pubblico-privato in tema di patrimonio culturale dopo il Codice dei contratti*, in *Aedon*, 2021, n. 3., e in termini più ampi, A. Sau, *La disciplina dei contratti pubblici relativi ai beni culturali tra esigenze di semplificazione e profili di specialità, Ibidem*, 2017, n. 1.

promuovere modelli collaborativi di rigenerazione come strumento di valorizzazione del patrimonio culturale.

L'ultima possibile criticità sopra richiamata a proposito di rigenerazione urbana del patrimonio culturale riguarda il piano delle competenze. Infatti, i due contesti fanno riferimento a titoli competenziali, legislativi e amministrativi, che attivano autorità diverse con possibili rischi di sovrapposizione o conflitto. Un primo rischio è riscontrabile a livello di competenze legislative: la rigenerazione urbana rientra nella materia governo del territorio di competenza regionale, mentre la tutela del patrimonio culturale è di competenza esclusiva del legislatore statale. Non è sempre facile, però, tracciare la linea di demarcazione tra i due ambiti di intervento legislativo. In ogni caso, le regioni possono intervenire, anche disegnando piani e programmi di rigenerazione urbana in chiave di valorizzazione del patrimonio culturale, ma evitando di intervenire nelle dinamiche di tutela, di disporre di beni di proprietà dello Stato e rispettando i principi fondamentali di riferimento.

Un'altra fonte di rischio attiene al riparto di competenze amministrative nelle dinamiche di rigenerazione urbana del patrimonio culturale. A seconda degli interventi da realizzare, le amministrazioni pubbliche da coinvolgere nelle strategie rigenerative potrebbero essere diverse, con differente peso e ruolo, e diversi anche i procedimenti amministrativi da portare a termine. Ovviamente, in questi casi si dovrà fare ricorso a strumenti di semplificazione o coordinamento procedurale previsti dalla legislazione generale o di settore. Ma potrebbe anche tornare utile anticipare la sovrapposizione competenziale o il conflitto, attivando il percorso rigenerativo nell'ambito di più ampie strategie di collaborazione previste dall'ordinamento, come ad esempio, gli accordi di valorizzazione del patrimonio culturale disciplinati dall'art. 112, c. 4, d.lgs. n. 42/2004.

Insomma, i processi di rigenerazione urbana quando interagiscono con le politiche riguardanti il patrimonio culturale vanno incontro a differenti gradi di complessità. Quando il fattore culturale, anche patrimoniale, è messo "a guida" del processo di rigenerazione urbana il percorso procedurale non pare subire particolari appesantimenti. Situazione diversa, invece, si registra quando il patrimonio culturale viene posto come oggetto di intervento diretto in un progetto di rigenerazione urbana, dato che in questi casi, come visto, diversi regimi giuridici e competenze amministrative di riferimento si sovrappongono, con possibili criticità operative, che, tuttavia, possono essere –almeno in linea di massima– risolte.

Un utile contributo in tal senso potrà venire in futuro dall'approvazione in sede statale di un testo legislativo in materia di rigenerazione urbana che affronti e risolva anche i problemi relativi all'interazione della stessa con le politiche riguardanti il patrimonio culturale. Come sopra ricordato, sono stati diversi i tentativi di arrivare ad una legge generale in materia. Uno di questi è rappresentato dall'Atto Senato n. 1131, disegno di legge contenente misure per la rigenerazione urbana, presentato a marzo del 2019 nel corso della 18ª Legislatura. Al riguardo, il testo si limitava a prevedere che gli interventi rigenerativi sono ammessi anche sugli immobili tutelati ai sensi del Codice del patrimonio culturale, ferme restando le misure di protezione e conservazione dallo stesso previste (art. 11). Niente più. C'è da augurarsi che nella nuova legislatura i progetti dedicati alla disciplina degli interventi di rigenerazione urbana vadano oltre il solo riconoscimento dell'estensione di tali dinamiche anche al patrimonio culturale, con uno sforzo regolativo ulteriore che possa meglio raccordare le due discipline e configurare efficacemente gli interventi come strumenti di valorizzazione del patrimonio culturale e non di semplice riqualificazione dello stesso.

Comunicaciones

Riflessioni minime sui rapporti tra rigenerazione urbana e rilevanza dei servizi ecosistemici

FABRIZIO FRACCHIA
Professore ordinario di diritto amministrativo
Università Bocconi

1. PREMESSA: RIGENERAZIONE URBANA E SERVIZI ECOSISTEMICI

L'analisi del tema, assai ampio, della rigenerazione urbana[1] suggerisce di impostare una riflessione che abbracci anche i temi delle caratteristiche del territorio onde indagare le conseguenze giuridiche che potrebbero scaturire dalle stesse.

Va premesso che, in seno alla rigenerazione urbana, il territorio va inteso non già "nel significato tradizionale di luogo vocato alla trasformazione urbanistica, e neppure di inventario di eccellenze estetico-culturali, bensì nel senso di suolo"[2].

La rigenerazione, pur certamente non esaurendosi in ciò, mira più precisamente anche a contrastare il consumo di suolo (o, per usare un'ulteriore espressione, la riduzione della superficie non urbanizzata) e, dunque, a proteggere questa risorsa.

---

1. *Ex multis,* v. G.F. Cartei, *Note critiche a margine di un disegno di legge in materia di rigenerazione urbana,* in *Munus,* 2022, 133 e ss.; G. Primerano, *Il consumo di suolo e la rigenerazione urbana. La salvaguardia di una matrice ambientale mediante uno strumento di sviluppo sostenibile,* Napoli, 2022; A. Giusti, *La rigenerazione urbana. Temi, questioni e approcci nell'urbanistica di nuova generazione,* Napoli, 2018; F. Di Lascio - F. Giglioni (a cura di), *La rigenerazione di beni e spazi urbani. Contributo al diritto delle città,* Bologna, 2017; G. F. Cartei, *Rigenerazione urbana e governo del territorio,* in *Istituzioni del federalismo,* 3/2017, 603 e ss.
2. G.F. Cartei, *Rigenerazione urbana e governo del territorio,* 609, nonché id., *Note critiche a margine,* cit., 135 e ss.

Poiché essa è non rinnovabile, strategica e "produttrice di servizi"[3], si impone la necessità di trattare brevemente di servizi ecosistemici[4] e del problema della loro evidenziazione e valorizzazione.

Tale argomento è presente pure nella letteratura spagnola[5], anche in ragione del fatto che la Ley 21/2013, de evaluación ambiental (LEA), alla Disposición adicional octava contempla la possibilità di effettuare una compensazione degli effetti negativi di un intervento sul territorio ricorrendo alla compravendita di alcuni crediti che incorporano opere ambientalmente positive precedentemente svolte ("que representan valores naturales creados o mejorados específicamente"): "Los créditos de conservación podrán constituir las medidas compensatorias o complementarias previstas en la legislación de evaluación ambiental". Un cenno ai servizi emerge anche nel Plan estratégico del patrimonio natural y de la biodiversidad 2011-2017: "El Plan recoge una meta general, consistente en detener la pérdida de biodiversidad y la degradación de los servicios de los ecosistemas y afrontar su restauración, y ocho metas específicas".

2. ESEMPI DI VALORIZZAZIONE DI SERVIZI ECOSISTEMICI E LORO CONSIDERAZIONE IN SENO ALLE FONTI EUROPEE E NAZIONALI

Con l'intento di indicare alcuni esempi di valorizzazione dei servizi ecosistemici, la dottrina[6] ricorda le esperienze in cui i proprietari si impegnano a svolgere servizi di manutenzione sui propri terreni per migliorare la conservazione della biodiversità, a fronte del pagamento da parte dell'amministrazione di somme di denaro per compensare il minore reddito

3. V., in generale, G. Primerano, *Il consumo di suolo e la rigenerazione urbana,* cit., M. Munafò, (a cura di), *Consumo di suolo, dinamiche territoriali e servizi ecosistemici,* 2021, Report SNPA 22/21 e G. F. Cartei, *Rigenerazione urbana e governo del territorio,* cit., 610.

4. V. M. Cafagno, *Principi e strumenti di tutela dell'ambiente,* Torino, 2007, 122; id., *L'ambiente nei contratti pubblici: due angoli visuali e una morale,* in *Diritto e processo amministrativo,* 2021, 859 e ss.; id., *Analisi economica del diritto e ambiente. Tra metanarrazioni e pragmatismo,* in *Dir. dell'economia,* 2019, 162 e ss. V., altresì, A. Farì, *Beni e funzioni ambientali. Contributo allo studio della dimensione giuridica dell'ecosistema,* Napoli, 2013, nonché M. Masiero, A. Leonardi, R. Polato, G. Amato, *Pagamenti per Servizi Ecosistemici. Guida tecnica per la definizione di meccanismi innovativi per la valorizzazione dei servizi idrici e la governance ambientale,* Etifor Srl e Università di Padova, 2017.

5. *Ex multis,* v. J. Conde Antiquera, *La compensación de impactos ambientales mediante adquisición de créditos de conservación: ¿una nueva fórmula de prevención o un mecanismo de flexibilización del régimen de evaluación ambiental?,* in *Revista Vasca de Administración Pública,* 2014, 979 e ss.

6. Per un'analisi più distesa e completa, v. M. Cafagno, *Analisi economica del diritto e ambiente. Tra metanarrazioni e pragmatismo,* cit., 162 e ss.

ottenuto, così come quelle in cui il pagatore sia non già un'amministrazione, ma un soggetto privato (assai noto è il caso del produttore di acque minerali che si obbliga a compensare economicamente i servizi ecosistemici assicurati dai proprietari agricoli e forestali, vincolati a porre in essere pratiche sostenibili). Il tema, dunque, è trattato soprattutto con riferimento a contesti extraurbani.

A questi servizi fanno cenno anche alcune fonti europee.

La Dir. 2004/35/CE, all'art. 2 li menziona onde definire la nozione giuridica di ambiente nella disciplina del danno ambientale[7]; ai servizi ecosistemici, quali "contributi diretti e indiretti degli ecosistemi ai benefici economici, sociali, culturali e di altro tipo che le persone traggono da tali ecosistemi", si riferisce più di recente il Reg. 2020/852/UE (art. 2, n. 14).

Sul versante italiano, l'art. 70, l. 221/2015, aveva delegato il Governo a dettare uno o più decreti per disciplinare un sistema di pagamento dei servizi ecosistemici e ambientali (PSEA), ma la delega non ha trovato attuazione.

Il tentativo di offrirne una definizione minima, pur se a livello meramente descrittivo, può essere percorso facendo riferimento a quell'insieme di prestazioni che l'ambiente procura, a vantaggio del genere umano, mediante una complessa rete di processi e di reciproci adattamenti dei fattori abiotici e biotici, dai quali dipende il mantenimento dell'intervallo di condizioni fisiche adatte alla vita[8].

Tali prestazioni sono distinte in varie classi di servizi, che spaziano da quelli di regolazione (si pensi alla formazione del suolo), a quelli di produzione (cattura dell'energia solare), per giungere ai servizi culturali (consentendo l'ecosistema attività ricreative, esperienze estetiche ecc.).

I servizi ecosistemici, in ogni caso, si collegano –anche intuitivamente– ai concetti di ecosistema e di biodiversità.

---

7. Più nel dettaglio, viene definito danno "un mutamento negativo misurabile di una risorsa naturale o un deterioramento misurabile di un servizio di una risorsa naturale, che può prodursi direttamente o indirettamente".
8. V, ancora M. Cafagno, *Analisi economica del diritto e ambiente. Tra metanarrazioni e pragmatismo,* cit., 162, nt. 16.

3. SERVIZI ECOSISTEMICI E RIFORMA COSTITUZIONALE

Quanto testé annotato consiglia di verificare la rilevanza della recente riforma costituzionale[9] che, modificando gli articoli 9 e 41, in particolare dispone che la Repubblica tutela "l'ambiente, la biodiversità e gli ecosistemi, anche nell'interesse delle future generazioni" (art. 9).

Ai nostri fini merita sottolineare come nel tessuto costituzionale vi sia ora un espresso riferimento agli ecosistemi: riceviamo da altre scienze l'indicazione secondo cui gli individui si aggregano in popolazioni e le popolazioni in comunità; i complessi di componenti e di fattori biotici e abiotici danno luogo agli ecosistemi; risalendo ancora, troviamo paesaggi, biomi e biosfera[10].

La norma, poi, raccoglie nella prospettiva della tutela, accanto agli ecosistemi, anche la biodiversità[11], che, in linea di principio, accrescendo la resilienza, è presupposto per la produzione di servizi da parte degli ecosistemi. Invero, vi sono ipotesi in cui la garanzia dei secondi potrebbe cozzare con la protezione della biodiversità: si pensi al caso dei servizi ricreativi, l'incremento della cui fruizione (a favore dell'uomo) potrebbe compromettere (ad esempio comportando interventi su di una foresta per renderla sicura e accessibile ai turisti); pure alcune prestazioni di produzione (legno, biomasse) riducono la biodiversità.

Infine, va osservato che la disposizione costituzionale, pur non menzionando espressamente i principi ambientali, in realtà evochi il più rile-

9. Sia consentito rinviare a F. Fracchia, *L'ambiente nell'art. 9 della Costituzione: un approccio in "negativo"*, in www.ildirittodelleconomia, 2022. V., poi, F. De Leonardis, *La riforma "bilancio" dell'art. 9 Cost. e la riforma "programma" dell'art. 41 Cost. nella legge costituzionale n. 1/2022: suggestioni a prima lettura*, in *ApertaContrada*, 2022; M. Cecchetti, *La revisione degli artt. 9 e 41 della Costituzione e il valore costituzionale dell'ambiente: tra rischi scongiurati, qualche virtuosità (anche) innovativa e molte lacune*, in œ, 2021, 285 e ss.; G. Grasso, *L'espansione della categoria dei doveri costituzionali nella riforma costituzionale sull'ambiente*, in *Menabò di Etica ed Economia*, 2022; M. Delsignore-A. Marra- M. Ramajoli, *La riforma costituzionale e il nuovo volto del legislatore nella tutela dell'ambiente*, in *Riv. Giur. Dell'ambiente*, 2022, 1 e ss. Si è tra l'altro discusso se la riforma registri modifiche già avvenute nel tessuto ordinamentale o costituisca un vero programma per il futuro. In generale, sul tema della "revisione-bilancio", G. Silvestri, *Spunti di riflessione sulla tipologia e sui limiti della revisione costituzionale*, in *Scritti* in onore di Paolo Biscaretti di Ruffia, Milano, 1987, 1187 e ss. V. A.L. De Cesaris, *Ambiente e Costituzione*, in *Federalismi*, 2021, 3; T.E. Frosini, *La Costituzione in senso ambientale. Una critica, ivi*, 2021; L. Cassetti, *Salute e ambiente come limiti "prioritari" alla libertà di iniziativa economica?*, ivi, 2021

10. Si v., sul punto, M. Cafagno, *Principi e strumenti di tutela dell'ambiente*, cit., 77.

11. Si v. A. Chiariello, *La funzione amministrativa della biodiversità nella prospettiva dello sviluppo sostenibile*, Napoli, 2022.

vante degli stessi, che, a giudizio di chi scrive, tutti gli altri fonda e vivifica: decretando l'ingresso in Costituzione dell'interesse delle generazioni future, infatti, l'art. 9 indubbiamente fa anche riferimento allo sviluppo sostenibile, principio cardine dei processi di rigenerazione urbana, che debbono esibire caratteri di profondità intergenerazionale.

4. QUALI COMPITI ATTENDONO LA DOTTRINA: CENNI

Svariati i compiti che il giurista deve apprestarsi a svolgere.

In primo luogo, vi è quello di elaborare uno statuto giuridico dei servizi ecosistemici. A tali fini, in via di primissima approssimazione, sembra di interesse rilevare come il riferimento all'ecosistema suggerisca di adottare un approccio sistemico, che consenta di mettere a tema la valorizzazione delle relazioni di interdipendenza tra gli elementi che "interagiscono" e, cioè, la considerazione del *surplus* che la relazione tra gli "addendi" genera rispetto alla mera somma degli stessi.

Occorrerà in secondo luogo definire le modalità di censimento dei servizi, la fisionomia giuridica e lo spazio di applicazione degli strumenti, non solo monetari, che possono fare emergere il valore dei servizi ecosistemici[12], spingendosi fino a verificare la plausibilità (alla luce degli artt. 41 e 42 Cost.) di una imposizione, in capo ai privati, di vincoli di comportamento finalizzati a preservare la capacità degli ecosistemi di produrre servizi.

Infine, sarà necessario studiare come tali servizi possano "reagire" su funzioni, obiettivi e istituti del diritto amministrativo, quali appunto la rigenerazione urbana.

5. RIGENERAZIONE PER I SERVIZI ECOSISTEMICI; SERVIZI ECOSISTEMICI PER LA GENERAZIONE; SERVIZI ECOSISTEMICI QUALE MISURA DEL SUCCESSO DELLA RIGENERAZIONE

Da quest'ultimo punto di vista occorre distinguere tre piani di indagine, comunque ribadendo che la rigenerazione ha uno spettro applicativo più ampio (si pensi alla riqualificazione delle aree degradate e degli edifici) di quello "catturato" dal mero riferimento ai servizi ecosistemici.

12. Sul tema, in generale, v. R. Costanza, R. d'Arge, R. de Groot, S. Farber, M. Grasso, B. Hannon, K. Limburg, S. Naeem, R.V. O'Neill, J. Paruelo, G.R. Raskin, P. Sutton, M. van der Belt, *The Value of the World's Ecosystem Services and Natural Capital*, in *Nature* 387, 1997, 253 e ss.

In primo luogo (*rigenerazione per i servizi ecosistemici*), la rigenerazione urbana è uno strumento in grado di arginare il consumo di suolo, avendo, tra i propri obiettivi, proprio questa finalità[13]: essa assolve la propria missione, dunque, se e in quanto riesca a preservare il territorio come risorsa sostanzialmente non rinnovabile che esplica funzioni e produce servizi ecosistemici. Si può così ipotizzare l'opportunità di una riduzione della discrezionalità nelle scelte pianificatorie e di una loro più marcata funzionalizzazione alla tutela, appunto, dei servizi ecosistemici. Più in generale, occorre fare in modo che le strategie di pianificazione mantengano e rispettino i servizi ecosistemici[14].

In secondo luogo (*servizi ecosistemici per la generazione*), la preservazione, la valorizzazione e l'accrescimento dei servizi ecosistemici possono essere strumenti e fattori della rigenerazione urbana nel suo complesso. È sufficiente porre mente al tema del verde, che può essere declinato non solo come pubblico, ma anche come verde di arredo, attrezzato, incolto e, aspetto sempre più importante, verde privato[15]. I servizi ecosistemici offerti dal verde (quali lo stoccaggio di carbonio nell'atmosfera, la regolazione della temperatura, la ricreazione) costituiscono un fattore di rigenerazione urbana essenziale, nel senso che consentono certamente di fare "rinascere" o, comunque, migliorano ciò che siamo finora riusciti a salvare dallo sfruttamento umano. In questo senso, le politiche e gli strumenti giuridici di rigenerazione possono arricchirsi fino ad abbracciare misure di evidenziazione e meccanismi di ricompensa dei compiti forniti anche dai privati o loro imposti (*recte*: delle loro attività volte a mantenere la capacità dell'ecosistema di produrli). Il ruolo dei cittadini, in particolare, potrebbe diventare importante non già in relazione alla c.d. macrorigenerazione" (o rigenerazione dall'alto), bensì in ordine alla "microrigenerazione" (o rigenerazione

13. V., in particolare, art. 125, l.r. Toscana n. 65/2014, che configura l'insieme degli interventi di rigenerazione urbana "quale alternativa strategica al nuovo consumo di suolo" e art. 1, l.r. Piemonte n. 16/2018, ai sensi del quale "al fine di limitare il consumo di suolo e riqualificare la città esistente, aumentare la sicurezza statica dei manufatti, le prestazioni energetiche degli stessi, favorire il miglioramento della qualità ambientale, paesaggistica e architettonica del tessuto edificato, la Regione promuove interventi di riuso e di riqualificazione degli edifici esistenti, interventi di rigenerazione urbana e il recupero dei sottotetti e dei rustici". V. altresì art. 1, comma 1, l.r. Emilia-Romagna n. 24/2017, secondo cui il governo del territorio favorisce la rigenerazione dei territori urbanizzati e ha quale obiettivo anche quello di "contenere il consumo di suolo quale bene comune e risorsa non rinnovabile che esplica funzioni e produce servizi ecosistemici".
14. G.F. Cartei, *Note critiche a margine,* cit., 138 e ss.
15. Per citare un esempio virtuoso, si veda il Piano strategico dell'infrastruttura verde del Comune di Torino (http://comune.torino.it/torinosostenibile/documenti/piano_strategico_infrastuttura_verde_2021.pdf).

dal basso), trasfigurandosi in ulteriore (perché collocato a un livello diverso di incidenza, anche concernente il tessuto sociale e la dimensione dell'inclusione sociale) meccanismo di rigenerazione basato sulla partecipazione attiva dei cittadini e sul loro coinvolgimento in una logica di prossimità.

In terzo luogo (*i servizi ecosistemici quale indice del successo della rigenerazione*), e in ogni caso, l'ulteriore ricaduta teorico-applicativa di quanto testé osservato consiste nel fatto che il mantenimento e il rafforzamento dei servizi ecosistemici possono costituire, assieme ad altri indicatori, un criterio oggettivamente misurabile del successo della rigenerazione.

¿Deben someterse a evaluación ambiental los Planes de Protección y/o Rehabilitación? [1]

ALICIA ESPEJO CAMPOS
Profesora Ayudante Doctora de Derecho Administrativo
Universidad de La Laguna

1. PLANTEAMIENTO

En febrero de 2022, el Tribunal Supremo declaró nulo el Plan Especial de Protección y Rehabilitación del Barrio de Ferrol Vello (PEPRFV) por omisión del trámite de evaluación ambiental estratégica[2]. La controversia que se resuelve en este litigio versa sobre los vicios del plan y su posible subsanación, sin embargo, hay otra cuestión que subyace en este asunto y que es el objeto de reflexión de este trabajo: ¿deben estar sometidos a eva-

---

1. Este trabajo fue defendido, en el XXIII Congreso Ítalo-Español de Profesores de Derecho Administrativo, celebrado en Santiago de Compostela en mayo de 2022, con la ayuda otorgada por la Universidad de La Laguna a través de su plan propio de formación.
2. El Ayuntamiento de Ferrol aprobó definitivamente el PEPRFV, el 16 de diciembre de 2015, en cumplimiento del artículo 45 de la Ley 8/1995, de 30 de octubre, de patrimonio cultural de Galicia -hoy derogada-, que obligaba a redactar un plan especial de protección para este conjunto declarado BIC por el Decreto de la Xunta 33/2011, de 10 de febrero. El PEPRFV fue recurrido por omisión de la evaluación ambiental por una serie de propietarios a los que se les redujo el aprovechamiento y la edificabilidad de sus parcelas. El órgano ambiental había acordado, en 2013, no someter a evaluación el Plan. No obstante, *a posteriori* de esta decisión, se amplió la superficie del mismo con lo que el pronunciamiento del órgano ambiental se había producido sobre un Plan cuya nomenclatura y ámbito territorial no coincidían con el finalmente aprobado. El Tribunal Superior de Justicia de Galicia (TSJG) –Sentencia núm. 63/2020 de 31 enero (JUR 2020, 131137)–, acogiendo lo aducido por el Concello de Ferrol, consideró que se trataba de un error y, aun declarando la nulidad del Plan, permitió su subsana-

luación ambiental los planes de protección y/ o de rehabilitación?[3]. Por planes de protección se entiende aquellos cuya finalidad es preservar el espa-

ción en ejecución de sentencia con la aportación de un documento complementario. Para los recurrentes, la Sentencia del TSJG incurre en infracción de los artículos 47.2, 51 y 52 de la Ley 39/2015, de 1 de octubre, –imposibilidad de subsanar en supuestos de nulidad– así como de los artículos 6 y 9 de la Ley 21/2013, de 9 de diciembre, de evaluación ambiental (LEA) y de la legislación urbanística gallega (art. 46 de la Ley 2/2016, de 10 de febrero, del suelo de Galicia, LSG), que obligan someter a evaluación ambiental (ordinaria o simplificada) los instrumentos de planeamiento. La Administración recurrida mantiene que la decisión de no someter el PEPRFV a evaluación ambiental estratégica continuaba vigente tras su aprobación definitiva e invoca la jurisprudencia que permite concretar la nulidad de pleno derecho del artículo 47.2 LPAC. La cuestión que tiene interés casacional objetivo para la formación de jurisprudencia consiste en "determinar si es posible subsanar, en ejecución de sentencia, la omisión del procedimiento de evaluación ambiental estratégica en un instrumento de planificación urbanística declarado nulo por dicha causa". El TS, –Sentencia núm. 234/2022 de 23 febrero (JUR 2022, 96773)–, reitera la doctrina de la STS no. 569/2020, de 27 de mayo, que establece que los vicios de procedimiento esenciales en la elaboración de los Planes de Urbanismo comportan la nulidad de pleno derecho de todo el Plan impugnado, sin posibilidad de subsanación del vicio y, por ende, no puede tomar en consideración el informe aportado para la subsanación pues, además, si así lo hiciera, se estaría vulnerando el derecho de defensa de la parte recurrente y conculcando el régimen procesal. Por tanto, no considera ajustada a derecho la decisión del TSJ de Galicia y, aun teniendo presente su loable intención, anula el PEPRFV.

3. La Evaluación Ambiental Estratégica de planes y programas –así como la Evaluación de Impacto ambiental de proyectos– es una materia intensamente trabajada por la doctrina, sin ser exhaustivos, pueden consultarse los siguientes libros: Galera Rodrigo, Susana (2007): *La evaluación ambiental de planes y programas*, Montecorvo, 205 pp.; Cuyás Palazón, M.ª Mercedes (2007): *Urbanismo ambiental y evaluación estratégica*, Atelier, 408 pp.; Fernández Torres, Juan Ramón (2009): *La evaluación ambiental estratégica de planes y programas urbanísticos*, Aranzadi-Thomson Reuters, 296 pp.; Lozano Cutanda, Blanca (2009): Derecho Ambiental Administrativo, Dykinson, Madrid, (10.ª edición), 337 pp.; Nieto Moreno, Juan Emilio (2011): *Elementos estructurales de la evaluación ambiental de planes y programas*, Monografía asociada a la Revista Aranzadi de Derecho Ambiental, n.º 17, Thomson Reuters, 279 pp.; Quintana López, Tomás (Dir.) (2014): *Evaluación de Impacto Ambiental y Evaluación Estratégica*, Tirant Lo Blanch, 468 pp.; Ruiz de Apodaca Aspinosa, Ángel M.ª (Dir.) (2014): *Régimen jurídico de la Evaluación ambiental, Comentario a la Ley 21/2013, de 9 de diciembre, de evaluación ambiental*, Aranzadi, Navarra, 498 pp.; López Ramón, Fernando (2018): *Manual de derecho ambiental y urbanístico*, Prensas de la Universidad de Zaragoza, Zaragoza, 148 pp.
Otros trabajos a destacar, más recientes: Valenzuela Rodríguez, Mª José (2020): "La evaluación ambiental estratégica de los estudios de detalle la disparidad de pronunciamientos del Tribunal Constitucional", *Práctica urbanística: Revista mensual de urbanismo*, N.º 164, (Ejemplar dedicado a: Aspectos prácticos del urbanismo); Tolosa Tribiño, César (2020): "La evaluación ambiental estratégica: problemas procesales y procedimentales", *Práctica urbanística: Revista mensual de urbanismo*, N.º 164, (Ejemplar dedicado a: Aspectos prácticos del urbanismo); Hernández González, Francisco (2020): "La conflictiva delimitación de los instrumentos sometidos a evaluación ambiental: el concepto de «plan y programa»", *Nuevo Derecho Urbanístico: simplificación, sostenibilidad, rehabilitación*, Dirigido por Andrés M. González Sanfiel, Aranzadi Thomson Reuters, 273-315 pp.; Gutiérrez Colomina, Venancio (2021): "Especialidades

cio, ya sea urbano –como los planes que protegen Conjuntos Históricos o Bienes de Interés Cultural (BIC)[4]– o natural –como los Planes de Ordenación de los Recursos Naturales (PORN) o los planes de gestión de espacios naturales protegidos o de los lugares de la Red Natura 2000–. Por planes de rehabilitación se alude a aquellos cuyo objeto es mejorar espacios urbanos existentes, como pueden ser Planes Especiales de Reforma Interior (PERI), renovación o cualquier otra denominación realizada por las legislaciones urbanísticas.

El interrogante se plantea porque la evaluación ambiental estratégica (EAE) tiene por objeto promover el desarrollo sostenible y proteger el medio ambiente y, como consecuencia de esto, exige evaluar los planes y programas que puedan tener efectos significativos –negativos– en el mismo[5]. *A priori,* los efectos de los planes de protección y/o rehabilitación son positivos. En este sentido se pronunció el órgano ambiental en el caso del PEPRFV al afirmar que "el conjunto de actuaciones que se deriven de este Plan tendrá efectos positivos sobre el ambiente urbano del ámbito y de su entorno". No obstante, sin perjuicio de que la finalidad principal de estos planes es proteger o mejorar, no se puede obviar que es posible que los mismos amparen actuaciones transformadoras con posibles "efectos significativos sobre el medio ambiente". Qué se entiende por tal es una de las claves del asunto.

---

en materia de evaluación ambiental", *Revista de estudios locales,* N.º 238, (Ejemplar dedicado a: Guía rápida para la gestión por las Entidades Locales de proyectos vinculados al "Next Generation EU" y otros para la modernización, recuperación y resiliencia) 92-105 pp.

4. Sobre esto se pronunció A. González Sanfiel (2008:193) a colación de analizar la normativa canaria vigente en aquel momento que imponía evaluar ambientalmente a todos los instrumentos de planeamiento siendo más exigente que la normativa comunitaria y estatal. González Sanfiel, Andrés (2008): "Problemas de la planificación de los Conjuntos Históricos (A propósito de su regulación en Canarias)", *El Derecho Urbanístico del Siglo XXI,* Vol.3, Libro Homenaje al profesor Martín Bassols Coma, Editorial Reus, Madrid, pp. 175-234 (193).

5. La Evaluación de Impacto Ambiental de proyectos tiene su origen en la Directiva 85/337/CE, mientras que la Evaluación Ambiental Estratégica de planes y programas, se introduce, años más tarde, a través de la Directiva 2001/42/CE. Estas normas fueron transpuestas por el Estado español, en el primer caso, vía Real Decreto Legislativo 1302/86 de 28 de junio y, en el segundo, por la Ley 9/2006, de 28 de abril, sobre evaluación de los efectos de determinados planes y programas en el medio ambiente. La norma actualmente vigente, que refunde ambas evaluaciones, es la Ley 21/2013, de 9 de diciembre, de evaluación ambiental. Sobre esta materia, tal y como se ha indicado en una nota anterior, existe abundante bibliografía.

2. EL REQUISITO *SINE QUA NON*: LOS EFECTOS SIGNIFICATIVOS SOBRE EL MEDIO AMBIENTE

Los planes y programas que se evalúan son aquellos que tengan o puedan tener efectos significativos sobre el medio ambiente, así lo establece la Directiva 2001/42/CE del Parlamento Europeo y del Consejo, de 27 de junio de 2001, relativa a la evaluación de los efectos de determinados planes y programas en el medio ambiente (arts. 1 y 3) –Directiva 2001– y la Ley 21/2013, de 9 de diciembre, de Evaluación ambiental (art. 1.1) –LEA–. Estos efectos se presumen cuando el plan o programa establece un marco para la futura autorización de los proyectos enumerados en los anexos I y II de la Directiva 85/337/CEE y en los que deban someterse a evaluación según la Directiva 92/43/CEE del Consejo, de 21 de mayo de 1992 relativa a la conservación de los hábitats naturales y de la fauna y flora silvestres –Directiva Hábitats, en adelante– (art. 3.2 Directiva 2001). En el resto de los supuestos son los Estados miembros los que han de determinar dichos efectos considerando los criterios establecidos en la Directiva 2001, esto es, las características de los planes o programas y las características de los efectos y de la zona de influencia probable. Dentro del primer criterio, se atiende a si el plan o programa establece "un marco para proyectos", y, en ese caso, su ubicación, características o dimensiones. En cuanto al segundo, se aprecia la magnitud y alcance espacial de los efectos (zona geográfica y tamaño de la población) o el valor y la vulnerabilidad de la zona (anexo II Directiva 2001)[6]. Para el Tribunal de Justicia de la Unión Europea (TJUE), la Directiva 2001 debe interpretarse "en el sentido de que supedita la obligación de someter un plan concreto a una evaluación medioambiental al requisito de que el plan pueda tener efectos significativos en el medio ambiente o, en otras palabras, afectar el lugar de que se trate de manera significativa"; para verificar si concurre dicho requisito la cuestión clave es si el plan o programa puede excluirse, sobre la base de elementos objetivos, porque no afecta de manera significativa el lugar de que se trata[7].

En nuestro ordenamiento jurídico, inicialmente, la Ley 9/2006, de 28 de abril, sobre evaluación de los efectos de determinados planes y programas en el medio ambiente, no precisó qué se entendía por "efectos significativos

6. La Guía de aplicación de la Directiva 2001 dispone que los criterios no están enumerados por orden de importancia y presume que cuanto mayor sea el grado de cumplimiento de los criterios, más probable es que tengan efectos significativos en el medio ambiente, aunque admite que puede ocurrir que, en algún caso, un único criterio sea suficiente. Además, aclara que estos criterios no son un *numerus clausus*, sino que cada Estado miembro puede establecer aquellos que considere oportunos; oportunidad no aprovechada por la legislación española (que contempla los criterios de manera idéntica en el Anexo V de la LEA2013).

7. Sentencia TJUE de 10 septiembre 2015 2015\452.

en el medio ambiente". Fue la LEA –en su redacción original– la que dispuso que por "impacto o efecto significativo" se entendía: la "alteración de carácter permanente o de larga duración de un valor natural y, en el caso de espacios Red Natura 2000, cuando además afecte a los elementos que motivaron su designación y objetivos de conservación" (art. 5.1 b). De modo que, se trata de "alterar", esto es, según la RAE, "cambiar la esencia o forma de algo", "estropear, dañar" de manera significativa un valor natural[8]. Tras la modificación efectuada por la Ley 9/2018, de 5 de diciembre, esta definición sufre una aparente ampliación pasando a tener el siguiente tenor: "alteración de carácter permanente o de larga duración de uno o varios factores mencionados en la letra a)". La letra "a)" hace alusión a factores tales como la población, la salud humana, la flora, la fauna, la biodiversidad, la geodiversidad, la tierra, el suelo, el subsuelo, el aire, el agua, el clima, el cambio climático, el paisaje, los bienes materiales, incluido el patrimonio cultural, y la interacción entre todos los factores mencionados[9]. La enumeración de estos factores de medición –algunos de ellos controlados urbanísticamente a través de los estándares, como la población (densidad), o por informes sectoriales como, el hidrológico o el de patrimonio–, da apariencia de que casi cualquier plan o programa puede tener efectos significativos sobre el medio ambiente, pero la esencia de la evaluación ambiental sigue ahí, se trata de alterar significativamente valores naturales, de causar efectos negativos sobre los mismos. Siendo esto así, los planes que protegen o mejoran el espacio, no causan dichos efectos, al contrario, sus efectos son positivos. Ejemplo de ello son los planes de los espacios naturales y de la Red Natura 2000 cuya finalidad protectora los exime de evaluación ambiental.

3. LA EXCLUSIÓN DE LOS PLANES DE LOS ESPACIOS NATURALES Y DE LA RED NATURA 2000[10]

La Directiva 92/43/CEE del Consejo, de 21 de mayo de 1992, relativa a la conservación de los hábitats naturales y de la fauna y flora silvestres (Directiva Hábitats) establece que únicamente deben evaluarse los planes o proyectos que no tengan relación directa con la gestión del lugar o no sean necesarios para la misma y puedan afectar de forma apreciable a dichos

8. Asimismo, se ha de añadir que en el Anexo VI de la LEA, se entiende por efecto significativo, a efectos de la evaluación de impacto ambiental, "aquel que se manifiesta como una modificación del medio ambiente, de los recursos naturales, o de sus procesos fundamentales de funcionamiento, que produzca o pueda producir en el futuro repercusiones apreciables en los mismos".
9. Estos factores son los que la Directiva 2001 contempla en su anexo I (apartado f) como criterios que debe contener el informe medioambiental.
10. Sobre los espacios naturales y los espacios Red Natura 2000 pueden verse, entre otros, los siguientes trabajos: Sosa Wagner, Francisco (1983): "Espacios Naturales protegidos

lugares (art. 6.3). Esta previsión se contempla, de manera casi idéntica, en la Ley 42/2007 , de 13 de diciembre, del Patrimonio Natural y de la Biodiversidad (LPNB) – art. 46.4, en origen art. 45.4–. Por tanto, si el plan o programa tiene relación directa con la gestión del lugar o no afecta a la misma no tiene que someterse a evaluación. Este fue el argumento que sostuvo el Tribunal Supremo en sus Sentencias de 30 septiembre 2014 (RJ 2014, 4862) –sobre el PORN y el PRUG del Parque Natural Cabo de Gata-Níjar– y de 8 julio 2015 (RJ 2015, 3466) –sobre la ampliación de la Red de Zonas de Especial Protección para las Aves (ZEPA) de la Comunidad Valenciana–; afirmando que "la exigencia de evaluación ambiental estratégica de planes y programas impuesta por el ordenamiento comunitario europeo e interno español excluye precisamente aquellos planes que tienen como genuina finalidad la protección ambiental de un lugar o zona concretos, ya que, como es lógico, estos planes colman las exigencias de evaluación ambiental que para otros planes y programas exige tanto nuestro ordenamiento interno como el comunitario europeo". Así se establece, además, en la Disposición adicional séptima de la LEA sobre "evaluación ambiental de los planes, programas y proyectos que puedan afectar a espacios de la Red Natura 2000"[11] y en la Disposición adicional décima de la LPNB –añadida por la Ley 33/2015, de 21 de septiembre– sobre "evaluación ambiental de los planes de gestión de espacios naturales protegidos o de los lugares de la Red Natura 2000", que dispone que solo los planes de gestión de espacios

---

y Comunidades Autónomas", *Revista española de derecho administrativo,* Nº 38, 343-352 pp.; Pérez Moreno, Alfonso (1992): "Los espacios naturales protegidos", *Administración de Andalucía: revista andaluza de administración pública,* Nº 10, 11-26 pp.; López Ramón, Fernando (coord.) y Aldayturriaga Gómez, Idoia (coord.) (1995): *Régimen jurídico de los espacios naturales protegidos,* Kronos, Zaragoza, 232 pp.; Jiménez Jaén, Adolfo (2000): *El régimen jurídico de los Espacios Naturales Protegidos,* McGraw-Hill, Madrid, 424 pp.; Pizarro Nevado, Rafael (2010): "Recursos naturales, directiva hábitats tipos de espacios protegidos, procedimiento de declaración, medidas preventivas de protección", *Revista General de Derecho Administrativo,* Nº. 25; González-Varas Ibáñez, Santiago (2016): "El Patrimonio Natural y de la Biodiversidad. Red Natura 2000. ZEPA, LIC y ZECON. Algunas tensiones con el urbanismo", *El derecho de la ciudad y el territorio: estudios en homenaje a Manuel Ballbé Prunés,* Judith Gifreu i Font (Dir.), Martín Bassols Coma (Dir.), Ángel Menéndez Rexach (Dir.), Instituto Nacional de Administración Pública, Madrid, 474-484 pp.; Blasco Hedo, Eva y López Pérez, Fernando (2016): "Red Natura 2000 estado general de la Red en España", *Observatorio de políticas ambientales 2016,* coord. por Fernando López Ramón, Centro de Investigaciones Energéticas, Medio Ambientales y Tecnológicas (CIEMAT), Madrid, 723-751 pp.; López Pérez, Fernando (2022): "Ejecución de planes y proyectos en Red Natura 2000. El artículo 6 de la Directiva de Hábitats y las medidas compensatorias", *Revista Aragonesa de Administración Pública,* Nº Extra 23, 2022, 85-116 pp.

11. Esta disposición fue modificada por la Ley 9/2018, de 5 de diciembre en el sentido de aclarar cómo acreditar que un plan, programa o proyecto tiene relación directa con la gestión del espacio.

naturales protegidos o de los lugares de la Red Natura 2000 que establezcan el marco para la futura autorización de proyectos sometidos a evaluación de impacto ambiental deben someterse a evaluación ambiental estratégica[12].

No hay duda, por tanto, de que, la regla general es que los planes de gestión de espacios naturales protegidos o de los lugares de la Red Natura 2000, dada su finalidad protectora y sus nulos efectos –negativos– sobre el medio ambiente no están sometidos a evaluación ambiental. Solo lo estarán cuando establezcan el marco para la futura autorización de proyectos sometidos a evaluación de impacto ambiental. El resto de los planes que no tengan relación directa con la gestión del lugar o que no sean necesarios para la misma, se someterán a evaluación ambiental cuando puedan afectar de forma apreciable a los citados lugares. Esta es la referencia para considerar la exclusión de los planes de protección y/o rehabilitación.

4. POSIBILIDAD DE EXCLUIR DE EVALUACIÓN AMBIENTAL LOS PLANES DE PROTECCIÓN Y/O REHABILITACIÓN

Partiendo de la base de que lo que se ha de evaluar son los planes y programas con efectos significativos sobre el medio ambiente y, teniendo en cuenta el bien jurídico al que sirve dicha evaluación –el medio ambiente, algunas Comunidades Autónomas-CCAA– han excluido determinados instrumentos de ordenación de evaluación ambiental por sus escasos efectos sobre el medio ambiente. Estas CCAA son, entre otras, Baleares, Canarias, Murcia, y Andalucía[13].

---

12. En este sentido se ha pronunciado el Tribunal Supremo en sendas sentencias, pueden verse, entre otras: Sentencia núm. 2650/2016 de 16 diciembre (RJ 2016, 6596) sobre el Plan Especial de Protección del Medio Natural y del Paisaje del Parque del Montseny (Cataluña) y Sentencia núm. 58/2019 de 24 enero (RJ 2019\573) sobre el Plan especial de protección del medio natural y del paisaje Aiguamolls de l'Alt Empordà (Posterior Sentencia núm. 1119/2020 de 27 julio, RJ 2020, 2907).

13. Además, se ha de destacar que, en julio de 2020, Castilla-La Mancha modificó el Decreto Legislativo 1/2010, de 18 de mayo, por el que se aprueba el texto refundido de la Ley de Ordenación del Territorio y de la Actividad Urbanística, a través de la Ley 5/2020, de 24 de julio, en la que eximía de evaluación ambiental a los catálogos de bienes y espacios protegidos, los catálogos de suelos residenciales públicos, los estudios de detalle, las ordenanzas de edificación y las ordenanzas de urbanización por su escasa entidad y nula capacidad innovadora respecto a la ordenación urbanística (art. 17.4). Dicho precepto fue modificado por la Ley 1/2022, de 14 de enero de 2022, con la siguiente redacción: "Dada su escasa entidad y su casi nula capacidad innovadora desde el punto de vista de la ordenación urbanística, los Estudios de Detalle no se hallarán sometidos a evaluación ambiental estratégica. Los Catálogos

En el caso balear, fue la Ley 12/2016, de 17 de agosto, de evaluación ambiental la que intentó, sin éxito, eximir de evaluación ambiental un listado de planes y programas (art. 9.4) –hoy derogada por el Decreto Legislativo 1/2020, de 28 de agosto–. Este precepto fue objeto de un recurso de inconstitucionalidad resuelto por la Sentencia del Tribunal Constitucional núm. 109/2017 de 21 septiembre (RTC 2017, 109). Para el Abogado del Estado excluir categorías completas de planes, programas y proyectos, supone una rebaja del nivel de protección previsto en la normativa básica (arts. 6 y 8 LEA). A juicio del Abogado de la Comunidad Autónoma no se produce tal vulneración porque los planes y programas excluidos, por su naturaleza y contenido, no tienen efectos significativos sobre el medio ambiente además de que se respetan los criterios de la Directiva 2001 (art. 3.5). Para el Tribunal Constitucional lo que se discute no es la adecuación o no a la Directiva en cuestión por la norma autonómica sino si la norma autonómica respeta el principio de distribución de competencias. El alto tribunal afirma que nada impide al Estado fijar normas medioambientales que establezcan un estándar de protección más elevado, ya que el orden de distribución de competencias obedece exclusivamente a las pautas del Derecho interno. Además, según el Tribunal no es posible determinar *a priori* que todos los planes o sus modificaciones a las que se refiere el art. 9.4 puedan considerarse "beneficiosos o respetuosos con el medio ambiente". Como consecuencia de lo anterior declara dicho precepto inconstitucional y nulo[14].

---

de Bienes y Espacios Protegidos y los Catálogos de Suelos Residenciales Públicos, a los que se refieren las letras a) y b) respectivamente de la letra B) del apartado 2, se someterán a dicho procedimiento únicamente en la medida que establezcan el marco para la futura autorización de proyectos legalmente sometidos a evaluación de impacto ambiental" (art. 17.3).

La legislación cántabra, por su parte, decidió, inicialmente, someter a evaluación ambiental simplificada los estudios de detalle cuando, en ámbitos de suelo urbano no consolidado, establezcan la ordenación detallada, o bien modifiquen la ordenación o completen las determinaciones contenidas en los planes Generales de Ordenación Urbana (art. 26 bis 2 d) de la Ley 17/2006, de 11 de diciembre, de control ambiental integrado de Cantabria modificada por Ley 12/2020, de 28 de diciembre). No obstante, dicho precepto fue modificado por la Ley 5/2022, de 15 de julio, sometiendo a evaluación ambiental simplificada exclusivamente a los "estudios de detalle especiales" y no a los "comunes", véase Ley 5/2022, de 15 de julio, de Ordenación del Territorio y Urbanismo de Cantabria (arts. 53.5, 82.3 y 101.3).

14. El Tribunal Constitucional se volvió a pronunciar sobre la normativa balear de evaluación ambiental en la STC núm. 113/2019 de 3 octubre (RTC 2019, 113). Esta vez con respecto a la modificación que efectuó la Ley 9/2018, de 31 de julio al art. 9.4 y al art. 14 de la Ley 12/2016, de 17 de agosto de evaluación ambiental de las Islas Baleares. El Abogado del Estado fundamenta su recurso en que los preceptos de la ley autonómica

Otra norma que introduce algún matiz sobre esta cuestión es la Ley 4/2017, de 13 de julio, del Suelo y de los Espacios Naturales Protegidos de Canarias (LSENPC, en adelante). El supuesto es radicalmente distinto al anterior en el sentido de que el legislador canario no excluye un listado de planes y programas de evaluación ambiental, sino que al calor de regular cada uno de los instrumentos, exonera de evaluación ambiental a los Estudios de detalle (art. 150.4 LSEPNPC)[15]. Para los recurrentes, esta exclusión contraviene el artículo 149.1.23 CE en relación con el artículo 6 LEA pues este no permite la exclusión, *a priori,* de la evaluación ambiental. Para los letrados del Gobierno y Parlamento canario la clave es la naturaleza complementaria de los Estudios de detalle, así como su subordinación al planeamiento general y al de desarrollo y sus escasos efectos sobre el medio ambiente. La sentencia que resuelve el asunto –STC 86/2019 de 20 junio (RTC 2019, 86)– desestima el motivo de impugnación al considerar que los Estudios de detalle son instrumentos de escasa entidad, con casi nula capacidad innovadora y subordinadas a planes superiores, aspectos con los que considera se puede afirmar que no tienen efectos significativos sobre el medio ambiente[16]. Con todo, el Tribunal Constitucional admite que los Estudios de detalle se excluyan de evaluación ambiental.

---

impugnados someten los planes y programas aprobados por la Administración General del Estado al régimen de evaluación ambiental. Esta sujeción, según el recurrente, infringe los títulos competenciales exclusivos del art. 149.1. 20, 22, 23 y 24 CE y afirma que la competencia que la CCAA ostenta en materia de medio ambiente no le habilita para establecer dicha regulación. Para la representación procesal del Gobierno de las Islas Baleares tal regulación se ampara en la competencia autonómica para dictar normas adicionales de protección en materia medioambiental (art. 30.46 del Estatuto de Autonomía). Para el Tribunal Constitucional, la modificación no tiene sustento en las competencias que en materia de medio ambiente tiene la CCAA. El carácter instrumental o adjetivo que caracteriza a la evaluación ambiental respecto de la competencia sustantiva sobre las obras, instalaciones o actividades lo impide. En consecuencia, declara inconstitucional la mención "del Consejo de Ministros," y ordena que se interprete que la referencia a la "administración pública" como administración autonómica, insular o local de las Islas Baleares no comprende a la Administración General del Estado. Para mayor abundamiento sobre esta sentencia puede verse Valencia Martin, Germán (2020): "La inmunidad de los planes, programas y proyectos de competencia estatal (una nota sobre la STC 113/2019)", *Revista Aranzadi de Derecho Ambiental,* número 46 (mayo-agosto), sin paginado.

15. Artículo 150.4 LSENPC "Para la elaboración y la aprobación de los estudios de detalle se estará a lo previsto para los planes parciales y especiales en cuanto sea conforme con su objeto, quedando excluidos, en todo caso, del procedimiento de evaluación ambiental por su escasa dimensión e impacto".

16. El recurso resuelve, además, la cuestión de la exigencia de la evaluación ambiental en otros instrumentos de ordenación urbanística como son las ordenanzas provisionales insulares y municipales. Para el Tribunal Constitucional, del precepto que las regula

En el caso de Murcia, la Ley 10/2018, de 9 de noviembre, de Aceleración de la Transformación del Modelo Económico Regional (...) modificó el art. 145.4 de la Ley 13/2015, de 30 de marzo, de ordenación territorial y urbanística para introducir la posibilidad de que el Consejo de Gobierno acordara la suspensión, en casos excepcionales, de la vigencia de los instrumentos de planeamiento urbanístico para garantizar su adecuación a los instrumentos de ordenación del territorio. El régimen jurídico de dicho acuerdo se concretaría en unas normas transitorias que "no tendrán la consideración de instrumento de planeamiento a efectos urbanísticos ni ambientales..." cuando se dieran una serie de requisitos. Como en el caso Balear, el Tribunal Constitucional, en la STC 161/2019, de 12 de diciembre (RTC 2019, 161), declara nulo, entre otros, el inciso "ni ambientales", pues esto suponía que estas normas transitorias no tenían que someterse a evaluación ambiental[17].

El último supuesto, por la fecha de la sentencia que resuelve el asunto, es el andaluz. En este caso, se enjuicia la modificación efectuada por el Decreto-ley 3/2015, de 3 de marzo del art. 40.4 de la Ley 7/2007, de 9 de julio de Gestión Integrada de la Calidad Ambiental (LGICA). El mismo exonera de evaluación ambiental estratégica los estudios de detalle y los planes parciales y planes especiales que desarrollen determinaciones de instrumentos de planeamiento general que hayan sido sometidos a evaluación ambiental estratégica y sus revisiones o modificaciones respectivas. La STC núm. 123/2021 de 3 junio (RTC 2021, 123) que resuelve este asunto es, por un lado, clarificadora, en el sentido de que aclara que "lo determinante para someter un plan urbanístico a la correspondiente evaluación ambiental es que establezcan el marco para la futura autorización de proyectos legalmente some-

---

(art. 154.1 LSENPC) no puede deducirse que, en todos los casos, las ordenanzas provisionales no estén sometidas a evaluación ambiental estratégica ordinaria o simplificada, sino que habrá que estar al contenido que dichas ordenanzas asuman en cada caso. Atendiendo a esto desestima, de nuevo, el motivo de impugnación.
También impugnan los recurrentes, el tratamiento que el legislador canario otorga a las modificaciones menores (art. 165.3 LSENPC) por infringir el artículo 5.2 f) LEA2013. Alegan que el artículo 165.3 LSENPC somete al procedimiento simplificado de evaluación ambiental estratégica a las modificaciones menores lo que contradice la legislación estatal básica, y, por extensión, la europea por introducir excepciones no previstas que disminuyen la protección ambiental. Para el TC "lo que parecen cuestionar los recurrentes no es tanto el sometimiento de las modificaciones menores al procedimiento simplificado de evaluación ambiental estratégica (art. 165.3), como su propia definición (art. 164). Como señalan los representantes del Gobierno y del Parlamento canario, es necesario hacer una lectura integradora del texto legal para alcanzar una correcta interpretación". Para el TC no cabe apreciar contradicción alguna entre la legislación canaria y la legislación básica estatal.

17. Tras la sentencia el precepto fue modificado por la Ley 6/2020, de 29 de diciembre eliminando los incisos declarados nulos por el alto Tribunal.

tidos a evaluación del impacto ambiental o que puedan tener efectos significativos en el medio ambiente". Pero, por otro lado, es un tanto confusa porque si bien se desestima la cuestión de inconstitucionalidad del art. 40.4, el Tribunal solo se pronuncia expresamente sobre los apartados a) y c), esto es, sobre los estudios de detalle y sus modificaciones, pero no se pronuncia sobre el apartado b), esto es, sobre los planes parciales y especiales –a pesar de que el mismo había sido igualmente impugnado–[18].

Las sentencias anteriores evidencian que la cuestión de los planes o programas que están sometidos a evaluación ambiental y de si las CCAA pueden, en el ámbito de sus competencias, establecer exclusiones por los escasos efectos sobre el medio ambiente de determinados planes, no estaba totalmente clara[19]. No obstante, el Tribunal Supremo en su Sentencia núm. 1050/2021 de 19 julio (RJ 2021, 384), atendiendo a lo establecido por el Tribunal Constitucional en las sentencias anteriormente citadas, ha fijado la siguiente doctrina "cuando en la normativa de desarrollo autonómica en materia de medio ambiente, conforme a las potestades que confiere la normativa básica estatal, se excluye de la evaluación ambiental a determinados planes, programas o proyectos, por no tener efectos significativos sobre el medio ambiente; debe estarse a lo establecido en la misma. Ahora bien, cuando no exista dicha normativa, sino que ha de aplicarse la legislación básica estatal, esto es, el régimen establecido en la LEA, los planes, programas y proyectos quedan, en principio, sujetos a dicha evaluación, a salvo de que en casos particulares se someta al órgano ambiental competente y éste declare la no sujeción a dicha evaluación, por no tener esos efectos significativos sobre el medio ambiente, sin que le sea dable a la autoridad competente para la elaboración de dichos planes, programas y proyectos, hacer esa declaración de exclusión de la evaluación medioambiental (...)"[20].

18. Este interrogante se disipa con la modificación efectuada al art. 40 de la LGICA por la Ley 7/2021, de 1 de diciembre, que establece que los únicos instrumentos excluidos de evaluación ambiental son: los planes especiales que tengan por objeto establecer reservas de terrenos para la constitución o ampliación de los patrimonios públicos de suelo y los que delimiten las áreas del ejercicio del derecho de tanteo y retracto para controlar los asentamientos irregulares en suelo rústico, así como los estudios de detalle y los instrumentos complementarios.
19. Estos asuntos han llamado la atención de la doctrina, así, por ejemplo, CHINCHILLA PEINADO, escribió una entrada en el blog del Instituto de Derecho Local de la Universidad Autónoma de Madrid titulada: "Donde dije digo, digo Diego. La contradicción de las sentencias del Tribunal Constitucional 109/2017 y 86/2019 sobre la evaluación ambiental estratégica de los estudios de detalle y su exclusión por ley".
20. En el caso concreto se enjuicia el Acuerdo Plenario del Ayuntamiento de Madrid de aprobación definitiva del Plan Especial de Control Urbanístico Ambiental de Usos

Esta última sentencia del Tribunal Supremo, sin duda, aporta luz sobre el asunto y alienta a las CCAA a prever, en sus respectivas legislaciones, matizaciones sobre esta cuestión.

5. CONCLUSIONES

El requisito esencial para someter un plan o programa a evaluación ambiental es que tenga efectos significativos –negativos– sobre el medio ambiente. No existe claridad en torno a este concepto, ni en la legislación ni en la jurisprudencia. Lo que sean o no esos efectos también puede precisarse a la luz de los instrumentos excluidos. Entre ellos, los planes de protección de los espacios naturales, porque su finalidad es proteger y conservar los valores naturales. Exclusión que se debería extender a los planes de protección de los espacios urbanos pues su objeto es el mismo, proteger y conservar, con la única diferencia de que lo que se protege y conserva son valores patrimoniales. En cuanto a los planes de rehabilitación, renovación, reforma, etc., como planes de mejora, la regla general, debería ser que estén excluidos de evaluación ambiental, pues su objeto es mejorar la ciudad y, por ende, la calidad de vida de la ciudadanía. Por tanto, sus efectos, son positivos. Ahora bien, todo ello siempre que tras dichos planes no se amparen actuaciones sometidas a evaluación de impacto ambiental[21].

(PECUAU). Dado que en la Comunidad de Madrid no existe normativa autonómica de desarrollo que establezca lo contrario, el TS resuelve que el PECAU, cuando menos, está sujeto "a la declaración del órgano ambiental sobre la declaración de falta de sometimiento a la evaluación ambiental por no tener efectos significativos para el medio ambiente, que es lo que con acierto concluyó la Sala de instancia".

21. Destaca en este sentido la regulación que hace la Ley 1/2019, de 22 de abril, de rehabilitación y de regeneración y renovación urbanas de Galicia al establecer un procedimiento de tramitación simplificado, exento de evaluación ambiental, para las modificaciones puntuales no sustanciales -del plan general, de los planes especiales de reforma interior y de los planes especiales de protección-, que tengan por objeto actuaciones de rehabilitación edificatoria y regeneración y renovación urbanas siempre que no se aumente el aprovechamiento lucrativo y se cumplan un conjunto de determinaciones. Entre ellas, se exige que la modificación "no constituya una variación fundamental de la estrategia, las directrices y las propuestas o de la cronología del planeamiento que se va a modificar, y que además no produzca diferencias en los efectos previstos o en su zona de influencia" (art. 17.1). Para garantizar que no se producen diferencias en los efectos previstos o en su zona de influencia se ha de solicitar informe al órgano ambiental de la Comunidad Autónoma, que ha de emitirlo en el plazo de un mes –con posible ampliación-, en caso de no hacerlo se considera que la tramitación ambiental no es necesaria. Además, la norma define que se consideran modificaciones puntuales no sustanciales del plan aquellas de escasa entidad y de alcance reducido y local que cumplan los requisitos siguientes: que la superficie de la modificación no supere los diez mil metros cuadrados, que no afecten a una superficie superior al equivalente al uno por ciento del suelo urbano del municipio y que no modifique la clasificación del suelo (art. 16).

Las limitaciones urbanísticas para la protección de los bienes de patrimonio cultural y su entorno

Intervenciones de los Presidentes de Mesa

Intervención de la Presidenta de Mesa española

CONCEPCIÓN BARRERO RODRÍGUEZ
Catedrática de Derecho Administrativo
Universidad de Sevilla

Ocurre en ocasiones, y esta es una de ellas, que no se necesitan muchas palabras para expresar las cosas importantes y que realmente se sienten. Y lo que sentimos, estoy segura de hablar en nombre de todos los que participamos en esta obra y, más ampliamente, de todos los asistentes al encuentro del que estas Actas traen causa, es una inmensa alegría por la celebración del anhelado "XXIII Congreso Ítalo-Español de Profesores de Derecho Administrativo" que nos permitió encontrarnos, de nuevo, tras tiempos difíciles marcados por los momentos más duros de la pandemia que se instaló entre nosotros en la primera de 2020 y que aún nos acompaña. Es además una satisfacción que ese reencuentro tuviera lugar en Santiago de Compostela, final de un camino que atesora y simboliza tantos valores de esa cultura común que nos une y de la que siempre ha sido parte esencial su centenaria Universidad que nos acogió, además, en su sede más emblemática, y más bella, invitándonos a olvidar los difíciles años vividos y a afrontar con esperanza el futuro. Como concluyera la declaración, en 1987, del "Camino de Santiago como itinerario cultural europeo", la misma "fe que animó a los peregrinos en el curso de la historia y que los reunió en un anhelo común, más allá de las diferencias y los intereses nacionales", debe animarnos hoy, estoy segura de que es así, "en la construcción de una sociedad fundada en la tolerancia, el respeto a los demás, la libertad y la solidaridad".

Desde luego, italianos y españoles podemos sentirnos orgullosos de la cultura que compartimos y del patrimonio que lo simboliza, patrimonio sobre el que, precisamente, versó la mesa que me correspondió presidir, circunstancia que no puedo dejar de agradecer a los responsables de este Congreso. Y nos acercamos a ese Patrimonio, como corresponde a un congreso de administrativistas, desde la perspectiva jurídica, en la que, una vez más, resulta obligado reconocer la decisiva contribución de la doctrina italiana de "los bienes culturales" a una nueva concepción del Patrimonio cultural y al ordenamiento jurídico de tantos Estados, desde luego al español. Cómo no recordar aquí al maestro M. S. Giannini y su fundamental estudio "I beni culturali", referente para muchas generaciones de juristas italianos y españoles, como lo fueron también, en época más reciente, los profesores L. Vandelli y A. Masucci a los que el Congreso recordó con motivos de sus aún recientes fallecimientos.

Es, en verdad, un acierto que los organizadores de este encuentro hayan querido dedicar una de sus sesiones al siempre sugerente tema, siempre de actualidad, de la "Rehabilitación urbana y la protección del Patrimonio cultural", dos conceptos en permanente tensión en la búsqueda de un difícil, pero necesario equilibrio entre intervención y conservación, entre tradición y progreso. Un debate que se proyecta sobre múltiples campos del saber en un común deseo de alcanzar unas ciudades que, respetando su pasado, satisfagan las necesidades de los hombres y mujeres del hoy y del mañana.

Tras las excelentes ponencias de la profesora Rosario Alonso y del profesor Giuseppe Piperata, sobre "las actuaciones de regeneración y renovación urbanas y el patrimonio cultural", la segunda parte de la sesión, que me correspondió el honor de presidir, nos invitó a adentrarnos en una cuestión más puntual, pero cuya relevancia a nadie escapa, "las limitaciones urbanísticas para la protección del patrimonio cultural y su entorno", espacio en el que, me atrevería a decir, el régimen de este patrimonio tiene actualmente uno de sus mayores retos, desde luego, así es en España. Un ámbito, expresivo probablemente como ningún otro, de la necesaria reflexión sobre los pros y los contras, la propia virtualidad en el tiempo presente, de ese modelo de intervención en la ciudad, nuestro modelo tradicional, asentado en dos órdenes legislativos distintos. De una parte, una ordenación protectora especial inspirada por la idea de la conservación y, de otra, una legislación urbanística general encaminada exclusivamente, durante mucho tiempo, a la creación de nueva ciudad y a la que la rehabilitación le resultaba un concepto prácticamente ajeno. Ahora bien, son muchos y muy importantes los cambios acaecidos en la realidad y el Derecho de los últimos años que nos obligan a replantearnos este modelo. Así, y en el plano de la legislación urbanística general, hemos asistido a un auténtico giro copernicano en la medida en que el Derecho va a poner su atención en la ciudad existente, en su regeneración y renovación, en definitiva, en su tratamiento y mejora, lo que, sin duda, obliga a plantear desde otras bases su relación con esa legislación que específicamente tiene a su cargo la defensa de la "monumentalidad". Pero, además, y en este último ámbito, se han producido, se están produciendo, profundos cambios que vienen a poner de manifiesto la insuficiencia de esta legislación, al menos, con el contenido y sentido con el que históricamente la hemos conocido. Me permitirán que solo destaque uno singularmente importante, el que hace relación a la extraordinaria extensión alcanzada por la realidad jurídica protegida por este orden normativo en un proceso en el que confluyen factores de índole diversa, pero en el que tiene mucho que ver, tema sobre el que deberíamos reflexionar seriamente, la proliferación de declaraciones de bienes culturales o históricos por las Administraciones autonómicas, una vez que adquirieron la competencia para ello, tras la Sentencia del Tribunal Constitucional 17/1991, de 31 de enero, sobre la Ley 16/1985, de 25 de junio, del Patrimonio español vigente, olvidándose, quizás, que por el solo hecho de declarar más, se protege más y mejor. Una expansión de los bienes al amparo de este ordenamiento a la que, sin duda, no ha sido ajena tampoco la creación por las Leyes autonómicas de diferentes categorías de protección, no siempre bien delimitadas en lo que hace a los presupuestos que le sirven de base y no siempre del todo justificadas si se atiende a las consecuencias que a ellas se adhieren. En esta nueva realidad, y en un Derecho tan distinto del de hace, tan solo, unos años, la dialéctica rehabilitación/conservación ha de encontrar un equilibrio diferente y las "limitaciones urbanísticas para la protección del Patrimonio cultural y su entorno" una regulación distinta ajustada a las características y circunstancias del momento que vivimos, una regulación que, quizás, ya no pueda ser tan dependiente, como hasta ahora, de las técnicas de policía, ha de avanzar en otros ámbitos como los de la planificación o el fomento.

Ahora bien, no me corresponde elucubrar sobre ello. He tenido siempre para mí que un buen moderador, ahora ya presentadora o introductora de los estudios de otra persona, es aquel que no se deja llevar por la tentación de adentrarse en el tema, por más que el tema le sea, como me ocurre en esta ocasión, especialmente querido, pues forma parte de mis primeras inquietudes investigadoras –y de eso hace ya bastante tiempo–, y me ha acompañado desde entonces. Son los profesores Leonardo Sánchez-Mesa y Antonio Bartolini los que han recibido el encargo de abordar la materia en los ordenamientos español e italiano, respectivamente, y a ellos, pues, les corresponde la tarea.

Yo concluyo mi cometido presentando, brevemente, al profesor Leonardo Sánchez-Mesa Martínez, con el que me une la pasión, desde que nos iniciamos en la vida universitaria, por el estudio del Derecho del Patrimonio cultural. Profesor titular de Derecho Administrativo de la Universidad de Granada es, con independencia de otros muchos méritos en su ya larga y lucida trayectoria académica e investigadora, un gran conocedor del ordenamiento de los bienes históricos, como ha dejado demostrado, tras su doctorado por la Universidad de Bolonia en 2003, origen de la importante obra titulada "La restauración inmobiliaria en la regulación del patrimonio histórico", publicada por la editorial Aranzadi en 2004, en su amplia actividad docente y de gestión de este patrimonio y en tantos estudios, que no creo que sea necesario detallar. Estudios siempre sugerentes y llenos de propuestas, como el que nos ofrece en las Actas de este Congreso.

Intervención del Presidente de Mesa italiano

Il governo del territorio: dal piano al progetto. Una introduzione

ARISTIDE POLICE
Professore ordinario di diritto amministrativo
Università LUISS "Guido Carli" di Roma

1. LA FUNZIONE DI GOVERNO DEL TERRITORIO A MEZZO DI ATTI DI PIANIFICAZIONE

Per introdurre il tema degli strumenti di governo del territorio per la protezione del patrimonio culturale (tema che sarà affrontato dalla relazione di Antonio Bartolini (agli atti del Convegno che ha occasionato questo lavoro), sarà utile una introduzione sull'evoluzione degli strumenti di governo del territorio in Italia.

Condiviso da diversi livelli istituzionali in un'ottica di sussidiarietà, il governo del territorio in Italia si concreta attraverso diversi atti giuridici di carattere più o meno generale. Tali atti sono per lo più riconducibili a strumenti di pianificazione[1] e cioè ad atti che con un disegno (possibilmente) razionale, in via preventiva, assegnano o riconoscono le caratteristiche proprie e le potenzialità di impiego delle diverse porzioni di un determinato territorio, determinandone con diverso grado di dettaglio le potenzialità di sviluppo o, se si tratta di aree di territorio già urbanizzate, di sviluppo residuo.

1. Sulla nozione generale si veda sempre M.S. Giannini, voce *Pianificazione*, in *Enc. dir.*, vol. XXXIII, Milano, 1983, pp. 629 ss. Con riferimento invece alla pianificazione del territorio G. Morbidelli, voce *Piano territoriale*, in *Enc. dir.*, vol. XXXIII, Milano, 1983, pp. 710 ss.

È proprio attraverso tali atti che vengono esercitate le funzioni di governo del territorio assegnate dalla Costituzione ai diversi enti esponenziali delle collettività che in un determinato territorio vivono e hanno il centro dei propri affari e interessi[2]. Accanto alle funzioni di tutela e di conservazione dell'ambiente e del paesaggio del proprio territorio, gli enti locali hanno infatti il compito istituzionale di governarne l'impiego e lo sviluppo e di contemperare, cioè di rendere compatibili, i diversi interessi pubblici e privati che insistono con riguardo ai possibili (ed eventualmente anche contrastanti) impieghi di ciascuna porzione di territorio.

L'impiego degli strumenti di pianificazione è assai risalente: sin dalle leggi di unificazione nazionale del 1865[3] il legislatore italiano fece ricorso a strumenti di pianificazione, i quali poi diedero luogo alle grandi esperienze di pianificazione dei primi del Novecento. È però con la c.d. legge urbanistica del 1942 che nel nostro ordinamento fu introdotto un sistema di piani con diversa estensione e con funzioni differenziate, affidate alla competenza e alla responsabilità dei diversi livelli di governo in cui era articolata l'amministrazione pubblica del tempo[4]. Questo sistema di pianificazione restò tuttavia in gran parte lettera morta, forse anche in ragione degli eventi bellici che colpirono il mondo poco dopo, e solo negli anni '50 dello scorso secolo il legislatore si occupò nuovamente del tema introducendo modifiche minori[5].

L'avvento delle Regioni e le competenze ad esse attribuite dalla Costituzione in materia di governo del territorio hanno poi determinato una frammentazione della disciplina urbanistica e una differenziazione della legge urbanistica, che da quel momento in poi si declinò al plurale, con una diversa legge urbanistica in ciascuna Regione ad integrazione della disciplina della legge statale che è comunque restata in vigore. È a questo differenziato quadro normativo che nei paragrafi che seguono si cercherà di dare

2. Sul punto si veda A. Predieri, *Pianificazione e Costituzione*, Milano, 1963.
3. Il riferimento è alla legge 25 giugno 1865, n. 2359.
4. Il riferimento è alla legge 17 agosto 1942, n. 1150, che disegnava una pluralità di strumenti di pianificazione: i piani territoriali di coordinamento di competenza del Ministro dei lavori pubblici, i piani regolatori generali di competenza comunale e gli strumenti di attuazione di questi ultimi (piani particolareggiati, di iniziativa pubblica e piani di lottizzazione, di iniziativa privata).
5. I primi interventi modificativi della legge urbanistica si ebbero con la legge 3 novembre 1952, n. 1902, poi modificata dalla legge 21 dicembre 1955, n. 1357 e dalla legge 30 luglio 1959, n. 615. Un secondo significativo intervento si ebbe con la legge 16 agosto 1954, n. 640, mentre un terzo e più significativo intervento fu operato dalla legge 6 agosto 1967, n. 765, nota con il nome di «legge ponte». Tale ultima legge, modificando alcuni istituti della legge urbanistica anche in modo significativo, si proponeva di essere un ponte verso una nuova legge urbanistica statale che, però, ad oggi non ha mai visto la luce.

ordine con una trattazione unitaria che ponga in evidenza i tratti comuni e più significativi della disciplina, indipendentemente dalle peculiarità regionali.

Il principale tratto unificante si rinviene proprio nella sostanza della funzione di pianificazione[6], la quale per tradizione è sempre stata considerata come espressione massima del potere discrezionale delle pubbliche amministrazioni, di quel nucleo essenziale di politicità della scelta che pondera (soppesa e compone) interessi contrapposti e che individua gli strumenti ritenuti più adeguati per la loro tutela e il loro perseguimento[7]. Pur non negando un margine significativo di discrezionalità nelle scelte di pianificazione urbanistica, occorre però segnalare che esso è di gran lunga meno corposo di quanto non accada per altri poteri di pianificazione o di programmazione. Nell'ambito della pianificazione urbanistica, infatti, il margine di discrezionalità è fortemente contenuto sia dai vincoli legali, sia dai vincoli derivanti dalla natura delle cose (e dal loro apprezzamento tecnico).

È, quindi, nei procedimenti di formazione dei diversi strumenti di piano che ciascun livello di governo territoriale avrà modo di apprezzare l'insieme di vincoli e limiti posti alla scelta pianificatoria e, nel rispetto dei medesimi e del contributo partecipativo degli eventuali soggetti interessati, regolare il futuro assetto del territorio e le sue potenzialità di uso, di conservazione e di sviluppo. E tali diversi livelli si disporranno in una sequenza anche logica «a cascata» o, come anche si è detto, «a cannocchiale», partendo dal generale e scendendo fino al massimo grado di dettaglio.

2. LA PIANIFICAZIONE SOVRACOMUNALE DI AREA VASTA E DI SETTORE

Le previsioni degli artt. 5 e 6 della legge urbanistica pongono, come primo e più generale livello di pianificazione, il piano territoriale regionale. Tale strumento dovrebbe in linea di principio limitarsi a indicazioni di carattere assai generale e, quindi, senza disposizioni che entrino nel dettaglio o che contengano previsioni di carattere immediatamente precettivo sul territorio. La *ratio* che aveva ispirato il legislatore nell'introdurre questo livello di pianificazione era, infatti, quella di introdurre a mezzo di esso una serie di indicazioni e di direttive indirizzate agli enti territoriali investiti

6. Sul punto fondamentale P. Stella Richter, *Profili funzionali dell'urbanistica*, Napoli, 2016.
7. Sul punto fra i molti G. Pagliari, *Corso di diritto urbanistico*, V ed., Milano, 2015, p. 34. Fra gli approfondimenti monografici, si vedano N. Assini, *Pianificazione urbanistica e governo del territorio*, Padova, 2000 e L. Casini, *L'equilibrio degli interessi nel governo del territorio*, Milano, 2005.

della pianificazione territoriale vera e propria e di quella di dettaglio o attuativa (e quindi le Province ed i Comuni).

Sono poi le leggi urbanistiche regionali a precisare il grado di dettaglio di tale potere di indirizzo, che deve comunque rispettare il limite delle stesse attribuzioni regionali garantito dalla Carta costituzionale.

Unica eccezione a questa regola, e quindi unica deroga alle competenze riconosciute in capo agli enti territoriali più vicini ai cittadini, è consentita nel caso di inerzia di tali enti. In tali casi infatti è consentito, sempre nel rispetto del principio di leale cooperazione e a tutela di interessi di livello regionale, che la legislazione regionale attribuisca poteri sostitutivi alle Regioni medesime, in linea con gli analoghi poteri sostitutivi che l'art. 120 Cost. prevede in capo allo Stato in caso di inerzia delle stesse Regioni[8].

Nel 1990, poi, è stato attribuito alle Province il compito di adottare piani territoriali di coordinamento, oggi disciplinati in linea generale dall'art. 20 del d.lgs. 18 agosto 2000, n. 267 e, in dettaglio, dalle leggi regionali delle singole Regioni, che dovranno prevedere anche le modalità procedimentali per la predisposizione di tali piani e per la partecipazione al procedimento dei Comuni la cui attività pianificatoria sia incisa da tali strumenti. Siamo in presenza di un atto di «programmazione intermedia» tra gli indirizzi del piano regionale e le disposizioni di dettaglio contenute nei piani regolatori generali di competenza comunale, che recepisce e pondera le diverse esigenze di tutela e di sviluppo del territorio, con una individuazione delle maggiori infrastrutture e delle principali reti che sul quel territorio dovranno insistere, delle aree che dovranno conservare una destinazione naturalistica anche a mezzo della istituzione di parchi e riserve naturali, precisando altresì le linee guida per l'assetto idrico e l'equilibrio idrogeologico del territorio interessato.

Come già per i piani regionali, anche quelli di livello provinciale non dovrebbero contenere disposizioni che entrino nel dettaglio o che rechino previsioni di carattere immediatamente precettivo sul territorio.

È appena il caso di osservare che la legge 7 aprile 2014, n. 56, attribuisce alle città metropolitane –definite Enti territoriali di area vasta, al pari delle province– la cura dello sviluppo strategico del territorio metropolitano (art. 1, comma 2), assegnando loro funzioni di pianificazione territoriale generale, secondo quanto ulteriormente disposto dal successivo art. 1, comma 44.

8. In tal senso si esprimono anche la Corte cost., sent. 2 marzo 2004, nn. 69, 70, 71, 72, 73, e la Corte cost., sent. 6 aprile 2004, n. 112.

3. LA PIANIFICAZIONE COMUNALE GENERALE E DI ATTUAZIONE

Lo strumento di pianificazione territoriale più significativo resta il piano regolatore generale, già previsto dalla legge urbanistica, di competenza dei Comuni[9]. È tale piano a contenere una effettiva e puntuale disciplina precettiva circa l'impiego, la tutela e le potenzialità di sviluppo del territorio comunale; previsioni che sono in grado di incidere sulla sfera giuridica soggettiva dei singoli (siano essi cittadini, imprese o altre persone giuridiche, anche pubbliche) e conseguentemente di conformare il loro diritto di proprietà sulle rispettive aree.

Il contenuto essenziale del piano regolatore generale è l'articolazione del territorio comunale in diverse zone (c.d. zonizzazione), ciascuna con una precipua vocazione funzionale in ragione delle sue caratteristiche fisiche, delle esigenze di conservazione e delle potenzialità di sviluppo. Ciascuna zona dovrà avere una destinazione d'uso omogenea che individui la prevalente funzione assegnata a quella porzione di territorio: avremo così porzioni di *centro storico* (zona A), di *completamento* e di *espansione* dell'abitato (zone B e C), aree a vocazione *industriale* o *agricola* (zone D ed E), ovvero destinate a *infrastrutture* (zone F).

Ogni zona risulta caratterizzata da *standard* urbanistici. Si tratta di una specie di limiti –introdotti dall'art. 17 della c.d. legge ponte n. 765/1967 e, poi, disciplinati con decreto del Ministero dei lavori pubblici del 2 aprile 1968, n. 1444– che orientano le scelte dell'amministrazione.

In tale prospettiva, spetta al piano regolatore anche l'individuazione precisa delle aree da destinare ad opere pubbliche di urbanizzazione (come strade, parcheggi, rete fognaria e così via), ovvero ad altre opere pubbliche o, comunque, ad opere di interesse sociale o collettivo (piste ciclabili, piscine, impianti sportivi e così via).

Per ciascuna zona dovranno essere indicate dal piano anche regole di edificazione[10], dando conto per ciascuna della superficie e dei volumi edificabili, dell'altezza degli edifici e delle distanze fra di essi, delle diverse

9. Su cui si veda, per tutti, L(eopoldo) Mazzarolli, *I piani regolatori urbanistici nella teoria giuridica della pianificazione*, Padova, 1962 e, anni dopo, E. Picozza, *Il piano regolatore generale urbanistico*, Padova, 1987.

10. Al riguardo merita ricordare che fanno parte del contenuto obbligatorio del PRG le Norme Tecniche di Attuazione, le quali consistono in previsioni volte all'identificazione dei caratteri e delle limitazioni di sfruttamento edilizio di ciascuna zona. Si tratta di una funzione speculare a quella svolta dal regolamento edilizio (cfr. *infra*) che, tuttavia, detta norme valide per l'intero territorio comunale.

tipologie di edifici, nonché di eventuali vincoli di carattere storico o artistico o ambientale che su ciascuna zona insistono; senza dire che ciascuna zona potrà, a sua volta, essere articolata in c.d. «sottozone» con destinazioni diverse (come ad esempio abitazioni, uffici, negozi, e così via).

La procedura di formazione del piano regolatore generale varia a seconda delle diverse previsioni legislative regionali[11].

Limitandoci allo schema procedimentale dettato dalla legge urbanistica e seguito da molte Regioni, il procedimento si articola sostanzialmente in tre distinte fasi: l'adozione del piano da parte del Comune, la fase delle osservazioni dei privati sul piano adottato e, infine, l'approvazione del piano all'esito dello scrutinio da parte della Regione (o, più di recente a seguito della devoluzione di tale competenze da parte delle leggi regionali, da parte dei medesimi Comuni), che precede la sua definitiva pubblicazione. Ciascuna di queste fasi procedimentali si articola variamente in diversi segmenti e in diversi atti endoprocedimentali. Essi traggono di regola avvio da una delibera di indirizzo dell'organo consiliare che fissa le linee guida della politica urbanistica, cui si dà prima attuazione nella redazione tecnica del progetto di piano che viene, poi, recepito con deliberazione di adozione del Consiglio comunale. Il piano adottato viene così depositato presso la Casa comunale e di tale deposito si dà ampia comunicazione alla popolazione a mezzo di pubblicazione e altre forme di pubblicità, onde consentire che tutti gli interessati possano formulare entro un ben preciso termine le proprie osservazioni e fornire il proprio apporto partecipativo, con funzione collaborativa od oppositiva (a tutela di ben specifiche situazioni giuridiche soggettive di vantaggio). Allo scadere del termine per il deposito delle osservazioni l'amministrazione comunale procederà all'esame di tali documenti e con valutazione motivata deciderà, con deliberazione consiliare, le eventuali modifiche da apportarsi al progetto di piano a suo tempo adottato; in tal caso darà mandato agli uffici tecnici di apportare le modifiche conseguenti, onde consentire la definitiva approvazione da parte dell'organo consiliare regionale (o comunale) competente per legge. Il piano così approvato verrà, infine, pubblicato e potrà iniziare a produrre i suoi effetti.

Il piano regolatore generale, peraltro, non è l'ultimo strumento di pianificazione: pur avendo valenza immediatamente precettiva, infatti, esso

11. Sul punto fra i molti G. Pagliari, *Corso di diritto urbanistico*, cit., pp. 164 ss. e, con riferimento specifico alla legislazione regionale, pp. 202 ss.; più in dettaglio, il volume a cura di A. Camillo-F. Minucci, *Le nuove leggi urbanistiche regionali. Esperienze a confronto*, Torino, 2008.

non contiene, di massima, quelle prescrizioni di dettaglio, o attuative, che sono rimesse a specifici strumenti propriamente esecutivi.

Dal punto di vista astratto, nel disegno della legge urbanistica il piano attuativo più comune avrebbe dovuto essere il piano particolareggiato, disciplinato dagli artt. 13 e ss. Tale piano è strumento che, seguendo le indicazioni del piano regolatore generale, dovrebbe dettare disposizioni di dettaglio o esecutive ad esso conformi; esso costituisce «lo strumento tipico di attuazione del piano regolatore generale, con il quale si provvede alla determinazione degli impianti urbanistici, dei vincoli concreti della proprietà privata, dei limiti quantitativi e tipologici dell'attività edilizia, del riassetto del tessuto preesistente»[12]. Nella prassi, però, la pianificazione particolareggiata non ha trovato grande spazio: ciò, da un lato, per il carattere sufficientemente dettagliato dei piani regolatori generali da cui discende il carattere autoesecutivo delle relative prescrizioni, già di per sé idonee a conformare l'assetto della proprietà delle aree e le relative modalità di edificazione, dall'altro lato, per l'onere economico e burocratico derivante dallo svolgimento di un ulteriore procedimento di pianificazione di dettaglio non strettamente necessario. Più frequente, invece, è stato l'impiego del piano particolareggiato come strumento in variante del piano regolatore generale o di alcune minori parti di esso attraverso i comparti edificatori (disciplinati dall'art. 23 della legge urbanistica)[13]. Impiego consentito soprattutto dall'interpretazione in tal senso di alcune leggi regionali.

Quanto al procedimento, esso è in ogni caso di competenza dell'amministrazione comunale e, sulla scorta del procedimento previsto per il piano regolatore generale, l'*iter* procedimentale si compone di una fase di redazione e di adozione, di una fase di partecipazione dei privati anche in funzione oppositiva, di una fase di definitiva approvazione e pubblicazione. Giova, peraltro, ricordare che l'approvazione spetta al medesimo consiglio comunale e che il termine di operatività delle prescrizioni contenute nel piano particolareggiato è pari a dieci anni.

Di ben maggiore successo pratico sono gli strumenti di attuazione noti come piani di lottizzazione di iniziativa privata[14]: si tratta di forme di pia-

12. Così Cons. Stato, Sez. IV, 3 giugno 1980, n. 622, in *Foro amm.*, I, 1980, p. 1190. In dottrina si veda A. Travi, voce *Piano di lottizzazione e comparti edificatori*, in *Dig. disc. pubbl.*, vol. IX, Torino, 1996, pp. 151 ss.
13. Su cui si vedano P. Stella Richter, voce *Comparto edificatorio*, in *Enc. dir.*, vol. VII, Milano, 1960, pp. 1027 ss.; V. Mazzarelli, voce *Comparto edificatorio*, in *Enc. giur.*, vol. VII, Roma, 1988, *ad vocem*.
14. Fra gli studi monografici si veda E. Dalfino, *L'interesse pubblico nelle lottizzazioni*, Milano, 1981.

nificazione che, nel rispetto delle prescrizioni più generali contenute nel piano regolatore, si fanno carico dell'articolazione del dettaglio attuativo su base consensuale e su proposta delle parti private interessate allo sviluppo di determinate zone o comparti oggetto della pianificazione generale. Allo stesso modo di quanto accade per i piani particolareggiati, il piano di lottizzazione dovrà indicare e definire, anche a mezzo di elaborati grafici e norme tecniche, la distribuzione degli interventi edificatori su un determinato territorio con la precisa indicazione delle superfici e dei volumi, nonché la localizzazione delle opere di urbanizzazione previste, tra le quali necessariamente le c.d. opere di urbanizzazione primaria che includono la rete stradale, quella idrica e quella fognaria (i cui oneri –ivi inclusa la cessione gratuita delle aree necessarie– saranno per intero addossati in capo ai proponenti il piano di lottizzazione insieme a quota degli oneri per le opere di urbanizzazione secondaria). L'esecuzione del piano di lottizzazione, regolata da apposito strumento consensuale denominato convenzione di lottizzazione[15], dovrà intervenire in un ben preciso termine non superiore ai dieci anni e dovrà essere assistita dalla prestazione di idonee garanzie finanziarie da parte dei proponenti privati onde assicurare l'adempimento delle obbligazioni poste a loro carico.

Senza entrare nel dettaglio degli altri piani attuativi che in diverse epoche storiche hanno avuto maggiore successo, dà conto almeno far menzione dei piani di edilizia economica e popolare, in acronimo p.e.e.p. (divenuti di edilizia residenziale pubblica, in acronimo e.r.p.), disciplinati sin dalla legge n. 167/1962 (modificata con successive leggi fino alla devoluzione delle competenze alle Regioni), i piani per gli insediamenti produttivi, in acronimo p.i.p., come disciplinati dalla legge n. 865/1971 (come poi modificata dalla legge n. 47/1985), i piani di recupero di cui alla legge n. 457/1978, i programmi complessi (programmi integrati di intervento di cui alla legge n. 179/1992, programmi di riqualificazione urbana di cui al d.m. 21 dicembre 1994, come integrato dal d.m. 29 novembre 1995, programmi di recupero urbano di cui alla legge n. 493/1993, programmi di riqualificazione urbana e sviluppo sostenibile di cui al d.m. 8 ottobre 1998, n. 1169).

Tra tutte queste diverse figure di piano attuativo quelle che hanno avuto maggior successo paiono quelle riconducibili all'iniziativa dei privati e, comunque, espressione di procedure di tipo consensuale quali i programmi

15. Si veda fra i primi V. Mazzarelli, *Le convenzioni urbanistiche*, Bologna, 1979 e poi P. Urbani, *Pianificare per accordi*, in *Riv. giur. edilizia*, 2005, pp. 177 ss. e F. Manganaro, *Nuove questioni sulla natura giuridica delle convenzioni urbanistiche*, in *Urb. e appalti*, 2006, pp. 344 ss.

di riqualificazione urbana, i programmi integrati di intervento e i programmi di recupero urbano[16].

4. IL REGOLAMENTO EDILIZIO

Nel panorama degli strumenti di pianificazione non può non ricordarsi brevemente anche il più antico fra essi: il regolamento edilizio. Ciò non tanto e non solo per ragioni di ossequio alla storia della disciplina urbanistica (il regolamento edilizio, prima della legge urbanistica del 1942, costituiva l'unica disciplina che regolasse e limitasse l'attività edilizia[17]; di esso si dava menzione già nel primo codice civile del Regno d'Italia, quello del 1865), quanto per il fatto che detto strumento, prima disciplinato dall'art. 33 della legge urbanistica, è oggi previsto dagli artt. 2 e 4 del t.u. delle disposizioni legislative e regolamentari in materia edilizia (d.p.r. 6 giugno 2001, n. 380 e successive modificazioni), a mente dei quali deve contenere la disciplina delle modalità costruttive, con particolare riguardo alle normative tecnico-estetiche, igienico sanitarie, di sicurezza e di vivibilità degli immobili e delle loro pertinenze. Si tratta di un contenuto più limitato rispetto a quello imposto al regolamento edilizio dalla legge urbanistica del 1942, allorquando esso poteva contenere anche previsioni proprie della pianificazione urbanistica (di cui aveva anche funzione sostitutiva in assenza del piano regolatore).

Nell'attuale prospettiva, quindi, il regolamento edilizio è un atto regolamentare che affianca le previsioni del piano regolatore generale e disciplina specificamente l'attività edilizia con incidenza anche nei rapporti di diritto privato fra i proprietari delle aree[18].

5. LA FUNZIONE DI CONTROLLO DELL'ATTIVITÀ EDILIZIA

Per garantire l'effettività delle prescrizioni di piano, il legislatore ha da tempo previsto una funzione di controllo preventivo a mezzo di poteri di autorizzazione sulle attività a consistenza edilizia. Si è, quindi, stabilito che l'attività edilizia non fosse un'attività libera e che i proprietari non potessero liberamente costruire fabbricati nei propri fondi ovvero modificare fabbri-

16. Su cui si veda P. Urbani, *Urbanistica consensuale*, Torino, 2000 e poi G. Pagliari, *Gli accordi urbanistici tra p.a. e privati*, in *Riv. giur. urbanistica*, II, 2008, pp. 449 ss.

17. Si veda per tutti L. Mazzarolli, voce *Regolamento edilizio*, in *Noviss. Dig. it.*, vol. XV, Torino, 1968, pp. 261 ss. e poi N. Assini-P. Mantini, *Il regolamento edilizio comunale. Profili giuridici ed amministrativi*, Rimini, 1991.Per una ricostruzione storica dell'istituto fra gli ultimi F. Cintioli-S. Bellomia, *Commento all'art. 4*, nel volume a cura di M.A. Sandulli, *Testo unico dell'edilizia*, Milano, 2009, pp. 87 ss.

18. Sul punto T. Bonetti, *Dal regolamento edilizio al regolamento urbanistico ed edilizio*, in *Riv. giur. edilizia*, 2006, pp. 75 ss.

cati già esistenti di loro proprietà in assenza di un previo titolo che a ciò li abilitasse, rilasciato dall'amministrazione comunale dopo aver verificato che l'intervento edilizio risultasse conforme alle previsioni di piano e alle norme edilizie vigenti.

È dal 1935 che il legislatore ha disposto in via generale che la realizzazione di nuove costruzioni o la modifica di costruzioni esistenti fosse sottoposta al preventivo controllo dell'amministrazione comunale, e tale previsione ha poi trovato una più chiara indicazione nella legge urbanistica del 1942. Da quegli anni in poi, passando per le previsioni della c.d. legge ponte (n. 765/1967), della legge n. 10/1977, del d.l. n. 9/1982 (conv. in legge n. 94/1982), si è assistito a un progressivo ampliamento del novero delle attività edificatorie sottoposte al regime autorizzatorio, con un costante mutamento del *nomen* di tali titoli, chiamati prima licenze edilizie, poi concessioni edilizie e infine autorizzazioni edilizie[19]. E la fervida immaginazione dei giuristi ipotizzò che al mutamento del nome seguisse un reale mutamento della sostanza dei titoli abilitativi, e ancor prima del contenuto stesso del diritto di proprietà.

Sul finire degli anni '70 dello scorso secolo, infatti, in conseguenza di una storica sentenza della Corte costituzionale (n. 5/1980), si ipotizzò che il diritto di proprietà non comprendesse anche il diritto di edificare (*ius aedificandi*), suscettibile di essere esercitato solo a seguito della rimozione di un ostacolo legale al suo esercizio a mezzo di atto di autorizzazione (appunto la vecchia licenza edilizia), e si ritenne viceversa che il *ius aedificandi*, a dispetto del nome, fosse una mera aspettativa suscettibile di concretarsi solo a seguito del rilascio di un provvedimento accrescitivo della sfera giuridica soggettiva del proprietario a mezzo di un provvedimento concessorio (la concessione edilizia)[20].

Il dibattito sul punto, che pure è restato centrale per molti anni negli studi di diritto costituzionale per definire l'esatta portata e il reale contenuto del diritto di proprietà privata (salvo poi esser ridimensionato grazie all'affermazione dei più semplici e lineari principi dell'Ordinamento euro-

---

19. L. Mazzarolli, voce *Concessione e autorizzazione edilizia*, in *Dig. disc. pubbl.*, vol. III, Torino, 1989, pp. 269 ss.
20. Sul punto si vedano gli scritti del Prof. Aldo M. Sandulli che – da Giudice costituzionale – ispirò quella decisione: A.M. Sandulli, *I limiti della proprietà privata nella giurisprudenza costituzionale*, in *Giur. cost.*, 1971, pp. 962 ss.; Id., *Profili costituzionali della proprietà privata*, in *Riv. trim. dir. proc. civ.*, 1972, pp. 88 ss. Si vedano anche M. Luciani, *Corte costituzionale e proprietà privata*, in *Giur. cost.*, 1979, pp. 1814 ss., e S. Rodotà, *Il terribile diritto. Studi sulla proprietà privata*, Bologna, 1981.

peo)[21], è oramai meno rilevante con riferimento ai titoli abilitativi, essendo viceversa ancora attualissimo con riferimento al momento in cui la scelta pianificatoria incide con effetto conformativo sui diritti di proprietà fondiaria e immobiliare[22].

Dagli anni '90 dello scorso secolo fino ad oggi, anche in ragione di una spinta verso la semplificazione amministrativa, l'ordinamento, da un lato, ha ridotto il novero di interventi edilizi per i quali si debba preventivamente conseguire un titolo abilitativo, collocando alcuni interventi nel novero dell'attività libera, dall'altro lato, ha ricondotto altri interventi fra quelli suscettibili di esser realizzati previa segnalazione all'autorità comunale (ricorrendo ad istituti di c.d. autoamministrazione). Per gli interventi più significativi, invece, è rimasto in vigore un regime abilitativo che ne subordina l'avvio al conseguimento di un permesso di costruire (che non è più un'autorizzazione, e tantomeno una concessione).

6. SEGUE. I TITOLI EDILIZI

Il quadro attuale trova una sintesi e un apprezzabile unitario ordito normativo nelle previsioni del testo unico delle disposizioni legislative e regolamentari in materia edilizia (d.p.r. n. 380/2001)[23].

Rientrano nell'attività libera e, ai sensi dell'art. 6 del t.u., possono essere eseguiti senza titolo abilitativo, fra gli altri, gli interventi di manutenzione ordinaria; gli interventi volti all'eliminazione di barriere architettoniche che non comportino la realizzazione di ascensori esterni, ovvero di manufatti che alterino la sagoma dell'edificio; le opere temporanee per attività di ricerca nel sottosuolo che abbiano carattere geognostico o siano eseguite in aree esterne al centro edificato; ecc.[24].

Secondo l'art. 10 del t.u., costituiscono interventi di trasformazione urbanistica ed edilizia del territorio e sono subordinati al permesso di costruire: a) gli interventi di nuova costruzione; b) gli interventi di ristrutturazione urbanistica; c) gli interventi di ristrutturazione edilizia che portino

---

21. Sul punto, per tutti, si vedano, sul versante del diritto nazionale A. Moscarini, *Proprietà privata e tradizioni costituzionali comuni*, Milano, 2006 e, sul versante del diritto europeo, M. L. Padelletti, *La tutela della proprietà nella Convenzione europea dei diritti dell'uomo*, Milano, 2003.
22. Cfr. P. Urbani, *Il contenuto minimo del diritto di proprietà nella pianificazione urbanistica*, in *Atti del IX Convegno AIDU*, Milano, 2008, pp. 78 ss.
23. Cfr., fra i molti, R. De Nictolis-V. Poli, *I titoli edilizi nel testo unico e nella legge obiettivo*, Milano, 2003. Si veda anche N. Centofanti, *Permesso di costruire e denuncia di inizio di attività*, Milano, 2004.
24. Per le ulteriori ipotesi si rinvia all'art. 6 del t.u., più volte modificato.

ad un organismo edilizio in tutto o in parte diverso dal precedente e che comportino modifiche della volumetria complessiva degli edifici o dei prospetti, ovvero che, limitatamente agli immobili compresi nelle zone omogenee A, comportino mutamenti della destinazione d'uso nonché gli interventi che comportino modificazioni della sagoma di immobili sottoposti a vincoli ai sensi del d.lgs. n. 42/2004[25].

Ai fini del rilascio del permesso di costruire[26], a norma dell'art. 12 del t.u., è necessario che siano già esistenti le opere di urbanizzazione primaria o vi sia l'impegno del Comune a realizzarle nei successivi tre anni (ovvero l'impegno dello stesso privato interessato ad eseguirle contestualmente alla realizzazione dell'intervento). Il rilascio del titolo è, peraltro, subordinato al fatto che l'intervento edificatorio per il quale esso è richiesto risulti conforme alle statuizioni degli strumenti urbanistici generali e attuativi applicabili all'area oggetto dell'intervento, nonché alle previsioni del regolamento edilizio. È dovuta, altresì, la corresponsione di un contributo commisurato all'incidenza degli oneri di urbanizzazione, nonché al costo di costruzione, secondo le modalità indicate *ex* art. 16 del t.u.

Il rilascio del permesso, che avviene nel rispetto di un procedimento minuziosamente disciplinato dall'art. 20 del t.u., abilita il proprietario a realizzare l'intervento edificatorio in conformità al progetto approvato, con un termine di inizio lavori di non oltre un anno dal rilascio e uno di conclusione di non oltre tre anni dall'avvio dei lavori stessi, decorsi i quali il permesso decade di diritto per la parte non eseguita, tranne che, anteriormente alla scadenza, venga richiesta una proroga. Tale proroga è accordabile con provvedimento motivato per fatti sopravvenuti estranei alla volontà del titolare del permesso, ovvero in considerazione della mole dell'opera da realizzare, delle sue caratteristiche tecnico-costruttive o di difficoltà tecnico-esecutive emerse successivamente all'inizio dei lavori, ovvero quando si tratti di opere pubbliche il cui finanziamento sia previsto in più esercizi finanziari (art. 15).

Sono realizzabili mediante segnalazione certificata di inizio attività (s.c.i.a.), gli interventi di cui all'art. 22, fra i quali anzitutto rientrano: a) gli interventi di manutenzione straordinaria, qualora riguardino le parti strutturali dell'edificio; b) gli interventi di restauro e di risanamento conservativo, qualora riguardino le parti strutturali dell'edificio; c) gli interventi di

25. Per un approfondimento di questi profili, fra i molti, G. Pagliari, *Corso di diritto urbanistico*, cit., pp. 440 ss.
26. Al proprietario dell'immobile o a chi abbia titolo per richiederlo, secondo quanto dispone l'art. 11 del t.u. che, ulteriormente, sancisce la trasferibilità del titolo edilizio, insieme all'immobile, ai successori o aventi causa.

ristrutturazione edilizia diversi da quelli indicati nell'art. 10, comma 1, lett. *c*), sopra menzionato.

Sono, altresì, realizzabili mediante s.c.i.a. le varianti a permessi di costruire che non incidono sui parametri urbanistici e sulle volumetrie, che non modificano la destinazione d'uso e la categoria edilizia, non alterano la sagoma dell'edificio qualora sottoposto a vincolo ai sensi del d.lgs. n. 42/2004 e non violano le eventuali prescrizioni contenute nel permesso di costruire (comma 2); nonché le varianti a permessi di costruire che non configurano una variazione essenziale, purché siano conformi alle prescrizioni urbanistico-edilizie e siano attuate dopo l'acquisizione degli eventuali atti di assenso prescritti dalla normativa sui vincoli paesaggistici, idrogeologici, ambientali, di tutela del patrimonio storico, artistico ed archeologico e dalle altre normative di settore (comma 2-*bis*).

L'art. 23 del t.u. individua, poi, alcune tipologie di intervento (ad esempio gli interventi di ristrutturazione di cui all'art. 10, comma 1, lett. *c*) che possono essere realizzate dietro presentazione di s.c.i.a. in alternativa al permesso di costruire. In tal caso, il proprietario dell'immobile (o altro soggetto legittimato) è tenuto a presentare allo sportello unico per l'edilizia[27], almeno trenta giorni prima dell'effettivo inizio dei lavori, la segnalazione accompagnata da una dettagliata relazione a firma di un progettista abilitato e dagli opportuni elaborati progettuali che asseveri la conformità delle opere da realizzare agli strumenti urbanistici adottati o approvati e ai regolamenti edilizi vigenti, nonché il rispetto delle norme di sicurezza e di quelle igienico-sanitarie. La segnalazione è corredata dall'indicazione dell'impresa cui si intende affidare i lavori ed è sottoposta al termine massimo di efficacia di tre anni. La sussistenza del titolo è provata con la copia della segnalazione di inizio attività da cui risulti la data di ricevimento della segnalazione, l'elenco di quanto presentato a corredo del progetto, l'attestazione del professionista abilitato, nonché gli atti di assenso eventualmente necessari[28].

Il d.P.R. n. 380/2001, in via residuale, contempla gli interventi edilizi non riconducibili agli elenchi di cui agli artt. 6, 10 e 22, ossia non rientranti nei casi di attività libera, permesso di costruire o segnalazione certificata di

---

27. Si tratta di un ufficio che cura tutti i rapporti tra privato e amministrazione tenuta a pronunciarsi sull'intervento edilizio oggetto della richiesta di permesso di costruire o s.c.i.a. In sostanza, lo Sportello Unico per l'Edilizia, previsto dall'art. 5 del t.u., diviene un centro d riferimento per il cittadino in relazione a tutta l'attività istruttoria finalizzata al conseguimento del titolo edilizio.

28. Per un approfondimento P. Marzaro Gamba, *La denuncia di inizio di attività edilizia*, Padova, 2005.

inizio attività. La realizzazione di tali interventi, ai sensi dell'art. 6-*bis*, è subordinata a comunicazione di inizio dei lavori asseverata (c.i.l.a.) all'amministrazione competente da parte di un tecnico abilitato che attesta, sotto la propria responsabilità, che i lavori sono conformi alla normativa vigente. Anche in questo caso occorre indicare i dati identificativi dell'impresa affidataria dell'esecuzione dei lavori.

Con legge 11 settembre 2020 n. 120 è stato convertito con modifiche il D.L. 16 luglio 2020, n. 76 recante "*Misure urgenti per la semplificazione e l'innovazione digitale*". Sono quindi in vigore le numerose modifiche che l'art. 10 "*Semplificazioni e altre misure in materia edilizia*" del D.L. 76/2020 modificato con la legge di conversione 120/2020 apporta al d.P.R. 6 giugno 2011 n. 380 (Testo Unico Edilizia o TUE), con l'obiettivo, declinato al comma 1, di semplificare e accelerare le procedure dell'edilizia, ridurre gli oneri a carico di cittadini e delle imprese, assicurare il recupero e la qualificazione del patrimonio edilizio esistente e lo sviluppo di processi di rigenerazione urbana, decarbonizzazione, efficientamento energetico, messa in sicurezza sismica e contenimento del consumo di suolo.

In primo luogo, la nuova formulazione del TU consente negli interventi di demolizione e ricostruzione di edifici, l'incremento volumetrico se ammesso (dalla pianificazione comunale o dalla legge) con ampliamenti fuori sagoma o con il superamento dell'altezza massima dell'edificio demolito, nei limiti delle distanze legittimamente preesistenti (generalmente in deroga al d.m. 1444/1968). Non sono quindi più previsti i vincoli del rispetto della sagoma e dell'area di sedime, com'era nel testo previgente la modifica

È stata poi ampliata la definizione di manutenzione straordinaria che ora ricomprende anche la modifica alle destinazioni d'uso purché non comportino mutamenti urbanisticamente rilevanti implicanti incremento di carico urbanistico; nonché le modifiche ai prospetti degli edifici legittimamente realizzati, necessarie per mantenere o acquisire l'agibilità o l'accessibilità dell'edificio, che non pregiudichino il decoro architettonico dell'edificio, purché l'intervento risulti conforme alla vigente disciplina urbanistica ed edilizia e non abbia ad oggetto immobili sottoposti a tutela ai sensi del D.Lgs. 42/2004.

È stata ampliata anche la definizione di ristrutturazione edilizia, che ora ammette interventi di demolizione e ricostruzione di edifici esistenti con diversa sagoma, prospetti, sedime, caratteristiche planivolumetriche e tipologiche, con le innovazioni necessarie per l'adeguamento alla normativa antisismica, per l'applicazione della normativa sull'accessibilità, per l'installazione di impianti tecnologici e per l'efficientamento energetico. L'attività di edilizia libera, con semplice comunicazione al Comune, ricomprende ora anche le opere stagionali che si aggiungono a quelle dirette a soddisfare obiettive esigenze, contingenti e temporanee.

7. LA FUNZIONE DI VIGILANZA E LE SANZIONI

L'amministrazione comunale, a mezzo dei competenti uffici, esercita, anche secondo le modalità stabilite dal proprio Statuto o dai regolamenti, la vigilanza sull'attività urbanistico-edilizia nel territorio comunale per assicurarne la rispondenza alle norme di legge e di regolamento, alle prescrizioni degli strumenti urbanistici e alle modalità esecutive fissate nei titoli abilitativi.

L'art. 27 del t.u. sull'edilizia, infatti, prevede che quando si accerti l'esecuzione (anche solo parziale) di opere sprovviste di titolo abilitativo su aree assoggettate, da leggi statali, regionali o da altre norme urbanistiche vigenti o adottate, a vincolo di inedificabilità, o destinate ad opere e spazi pubblici ovvero ad interventi di edilizia residenziale pubblica, nonché in tutti i casi di difformità dalle norme urbanistiche e dalle prescrizioni degli strumenti urbanistici, si provvede alla demolizione e al ripristino dello stato dei luoghi.

Il Titolo IV, parte prima, del t.u. indica poi le diverse sanzioni amministrative che verranno irrogate in uno con la misura della demolizione, nonché i possibili rimedi per conseguire una sanatoria delle difformità meno gravi. Mentre per quelle più gravi l'art. 44 del t.u. prevede che, ferme le sanzioni amministrative, si applicano anche sanzioni penali[29].

In particolare, è prevista un'ammenda per l'inosservanza delle norme, prescrizioni e modalità esecutive previste dal citato Titolo, in quanto applicabili, nonché dai regolamenti edilizi, dagli strumenti urbanistici e dal permesso di costruire. È invece previsto l'arresto fino a due anni, oltre ad un'ammenda nei casi di esecuzione dei lavori in totale difformità o assenza del permesso o di prosecuzione degli stessi nonostante l'ordine di sospensione; e l'arresto fino a due anni e una più cospicua ammenda nel caso di lottizzazione abusiva di terreni a scopo edilizio. La stessa pena si applica anche nel caso di interventi edilizi nelle zone sottoposte a vincolo storico, artistico, archeologico, paesistico, ambientale, in variazione essenziale, in totale difformità o in assenza del permesso.

29. Su cui si veda il volume a cura di D. De Pretis-A. Melchionda, *La disciplina amministrativa e penale degli interventi edilizi*, Trento, 2003 e, anche con taglio pratico e un approfondimento della giurisprudenza, A. Scola, *L'abusivismo urbanistico ed edilizio*, Milano, 2005.

8. DAL PIANO AL PROGETTO: VALUTAZIONI DI IMPATTO E TUTELA DEL PAESAGGIO E DELL'AMBIENTE

Il governo del territorio, però, non si esaurisce con le scelte espresse negli strumenti di pianificazione territoriale (per i quali v. *supra*), ma si estende necessariamente a quelle valutazioni di sostenibilità ambientale di interventi di portata più o meno ampia, per i quali occorre calibrare efficacemente l'esigenza di tutela dell'ambiente e il perseguimento dell'obiettivo di una crescita economica virtuosa.

Fra i principali strumenti di cui le amministrazioni pubbliche dispongono e che anzi sono tenute ad impiegare vi è quello denominato «valutazione di impatto ambientale» (in acronimo, v.i.a.), che rappresenta proprio la concreta espressione di ponderazione e bilanciamento di interessi differenti e contrapposti, costituendo un procedimento di natura tecnico-amministrativo capace di individuare preventivamente[30] gli effetti (impatti) che determinati progetti pubblici o privati possono comportare sull'ambiente, al fine di giudicarne la compatibilità con lo stesso e individuare le soluzioni più adatte ad uno sviluppo sostenibile.

In concreto l'istituto si configura come una fase preliminare e tendenzialmente necessaria nell'ambito del procedimento principale (variamente autorizzatorio o concessorio), per consentire una considerazione contemporanea e unitaria dei molteplici interessi pubblici presenti e capace di condizionare efficacemente e tempestivamente l'opera sin dal momento della sua progettazione.

Ciò in quanto, ponendosi il fine di valutare gli effetti anche indotti di un'opera sull'ambiente, consente di risolvere *ex ante* i contrasti tra i vari interessi concorrenti attraverso l'adozione di tecniche che permettano di

---

30. Sulla funzione preventiva della valutazione di impatto ambientale, da ultimo, Corte cost., sent. 14 novembre 2018, n. 198, secondo cui la v.i.a. «ha rappresentato, sin dalle sue origini, uno strumento per individuare, descrivere e valutare gli effetti di un'attività antropica sulle componenti ambientali e, di conseguenza, sulla stessa salute umana, in una prospettiva di sviluppo e garanzia dei valori costituzionali, [*che*] ha giuridicamente una struttura anfibia: per un verso, conserva una dimensione partecipativa e informativa, volta a coinvolgere e a fare emergere nel procedimento amministrativo i diversi interessi sottesi alla realizzazione di un'opera ad impatto ambientale; per un altro, possiede una funzione autorizzatoria rispetto al singolo progetto esaminato». In dottrina, *ex multis*, P. Dell'Anno (a cura di), *La valutazione di impatto ambientale: problemi di inserimento nell'ordinamento italiano*, Rimini, 1987; R. Ferrara (a cura di), *La valutazione di impatto ambientale*, Padova, 2000; N. Greco, *Processi decisionali e tutela preventiva dell'ambiente. La valutazione di impatto ambientale in Italia e altrove*, Milano, 1989.

conciliare le esigenze sottese all'opera da realizzare con la protezione dei valori ambientali.

La valutazione non si sostanzia in una mera verifica di natura tecnica circa l'astratta compatibilità ambientale dell'opera, ma implica una complessa e approfondita analisi comparativa tesa a valutare il sacrificio ambientale imposto rispetto all'utilità socioeconomica, tenuto conto anche delle alternative possibili e dei riflessi della c.d. opzione-zero[31].

In base all'art. 5, comma 1, lett. *c*), del d.lgs. n. 152/2006, con l'espressione «impatti ambientali» ci si riferisce a «effetti significativi, diretti e indiretti, di un piano, di un programma o di un progetto, sui seguenti fattori: popolazione e salute umana; biodiversità (...); territorio, suolo, acqua, aria e clima; beni materiali, patrimonio culturale, paesaggio; interazione tra i fattori sopra elencati». Negli impatti ambientali, inoltre, rientrano gli «effetti derivanti dalla vulnerabilità del progetto a rischio di gravi incidenti o calamità pertinenti il progetto medesimo».

La v.i.a. si conclude con un provvedimento obbligatorio, espresso e motivato, che è il risultato di una specifica istruttoria tecnica, nonché della consultazione con il pubblico, la quale può svolgersi nelle forme dell'inchiesta pubblica[32]. L'esito di tale provvedimento è vincolante per la conclusione del procedimento di autorizzazione, in quanto nel caso di esito negativo il progetto non può essere autorizzato, mentre nel caso di esito positivo l'autorizzazione deve recepirne tutte le eventuali prescrizioni.

In questo senso l'istituto si trasforma in un vero e proprio procedimento autorizzatorio a contenuto complesso che, proprio per i suoi precipui connotati precauzionali e per la necessaria applicazione trasversale, ha contribuito a realizzare una progressiva mutazione del sistema amministrativo di controllo preventivo, da un meccanismo elementare di «azione-reazione» a un più complesso e ambizioso disegno volto al governo delle attività a rilevanza ambientale nel quadro dello sviluppo sostenibile.

In dottrina si suole far risalire la nascita della v.i.a. al 31 dicembre 1969, allorquando negli Stati Uniti d'America, con l'approvazione del c.d. «*National Environmental Policy Act*» (NEPA), il Congresso impose al Governo federale di accertare anticipatamente gli effetti negativi che derivavano all'ecosistema dalla realizzazione di determinate tipologie di progetti e opere. Il

31. Cfr. Cons. Stato, Sez. IV, 28 febbraio 2018, n. 1230; Cons. Stato, Sez. IV, 26 febbraio 2015, n. 975; Cons. Stato, Sez. V, 31 maggio 2012, n. 3254.
32. Ciò in base al disposto dell'art. 24-*bis* del d.lgs. n. 152/2006, introdotto dall'art. 13 del d.lgs. 16 giugno 2017, n. 104, di attuazione della direttiva 2014/52/UE del Parlamento europeo e del Consiglio, del 16 aprile 2014 (cfr. *infra*).

successo ottenuto oltre oceano dallo strumento di controllo ambientale determinò nel volgere di pochi anni, per un verso, il fiorire di omologhe disposizioni legislative in Paesi particolarmente sensibili alla protezione delle risorse naturali, per altro verso, l'introduzione dell'obbligo di effettuare siffatta analisi in numerosi trattati internazionali nonché in risoluzioni e raccomandazioni di organizzazioni intergovernative[33].

L'onda lunga di tale fenomeno indusse, in epoche più recenti, la Comunità europea all'emanazione di provvedimenti normativi di più ampia portata volti non solo a ponderare *ex ante* gli effetti derivanti dalla realizzazione di opere (v.i.a.), ma anche a valutare anticipatamente le ricadute negative sull'ambiente cagionate dall'esercizio di specifiche attività industriali (IPPC, *Integrated Pollution Prevention and Control*), nonché a stimare quelle conseguenti l'adozione di determinati piani e programmi (v.a.s., *valutazione ambientale strategica*)[34].

Il primo riferimento normativo si rinviene nella direttiva 85/337/CEE del Consiglio del 27 giugno 1985, concernente la valutazione dell'impatto ambientale di determinati progetti pubblici e privati. Tale direttiva è stata nel tempo modificata ed integrata con due successive direttive (direttiva 97/11/CE del Consiglio del 3 marzo 1997 e direttiva 2003/35/CE del Parlamento europeo e del Consiglio del 26 maggio 2003) e da ultimo, per motivi di chiarezza, semplificazione e razionalizzazione, è stata abrogata dall'art. 14 della direttiva 2011/92/UE[35], a sua volta modificata dalla direttiva 2014/52/UE del Parlamento europeo e del Consiglio del 16 aprile 2014[36].

33. Per una compiuta e puntuale ricostruzione storica dell'istituto giuridico in argomento, cfr. R. D'Alessio-A. Tancredi, voce *Valutazione Impatto Ambientale*, in *Enc. giur. Treccani*, vol. XXXII, Milano, 1994, pp. 1-9. In un'ottica di diritto ambientale comparato, cfr. A. Crosetti-R. Ferrara-F. Fracchia-N. Olivetti Rason, *Diritto dell'ambiente*, Roma, 2008; G. Cordini-P. Fois-S. Marchisio, *Diritto ambientale. Profili internazionali europei e comparati*, Torino, 2008; G. Cordini, *Diritto ambientale comparato*, Padova, 2002.

34. Cfr. S. Maglia, *Diritto ambientale*, vol. II, Milano, 2011, p. 59. Come viene precisato anche da TAR Marche, Sez. I, 6 marzo 2014, n. 291, «la differenza sostanziale fra VAS e VIA risiede nel fatto che la prima prende in esame l'incidenza che i piani e i programmi urbanistici, paesaggistici, etc., possono avere su un'area vasta ... la VIA, al contrario, analizza l'impatto ambientale del singolo progetto, il che vuol dire che essa prende in esame impatti inevitabilmente più circoscritti perché il progetto riguarda una porzione del territorio».

35. Direttiva 2011/92/UE del Parlamento europeo e del Consiglio concernente la valutazione dell'impatto ambientale di determinati progetti pubblici e privati, pubblicata nella *G.U.U.E.* 28 gennaio 2012, n. L 26, entrata in vigore il 17 febbraio 2012.

36. Il cui termine di recepimento, da parte degli Stati membri, è stato individuato nella data del 16 maggio 2017.

La direttiva 2011/92/UE chiarisce che specifici progetti pubblici e privati appartenenti a determinate classi che hanno ripercussioni significative sull'ambiente per la loro natura, dimensioni e ubicazione, devono per principio essere sottoposti ad una valutazione sistematica, ovvero deve essere loro applicata una apposita procedura di valutazione. I progetti suscettibili di avere un impatto significativo sull'ambiente sono quelli elencati negli allegati I e II della stessa direttiva.

In particolare, per le opere elencate nell'allegato I, caratterizzate da una maggiore rilevanza dei possibili impatti connessi, le norme dettagliate della direttiva sono immediatamente applicabili ed obbligatorie, avendo gli Stati membri rinunciato ad ogni discrezionalità di attuazione in merito. Per i progetti indicati nell'allegato II la direttiva ha demandato, invece, ai singoli Stati membri la facoltà di determinare la necessità o meno di applicare la procedura di v.i.a. attraverso un esame del progetto «caso per caso» ovvero mediante l'individuazione di soglie o criteri fissati dagli stessi Stati membri[37].

In sostanza, occorre distinguere fra progetti per i quali la v.i.a. è sempre obbligatoria e progetti per i quali è necessario, di volta in volta, effettuare una previa verifica di assoggettabilità (*screening procedure*).

Solo in casi eccezionali è consentito esentare in tutto o in parte uno «specifico progetto» dall'applicazione della valutazione di impatto ambientale, ma in tal caso gli Stati membri: a) esaminano se sia opportuna un'altra forma di valutazione; b) mettono a disposizione del pubblico coinvolto le informazioni raccolte, le informazioni relative alla decisione di esenzione e le ragioni per cui è stata concessa; c) informano la Commissione, prima del rilascio dell'autorizzazione, dei motivi che giustificano l'esenzione accordata e le forniscono le informazioni che mettono a disposizione dei propri cittadini (art. 2, par. 4)[38].

Le informazioni essenziali che il committente deve fornire al fine di attivare una procedura di v.i.a. sono indicate all'art. 5 della direttiva e

37. Gli Stati membri possono decidere di applicare entrambe le procedure sopra dette ma nell'uno o nell'altro caso devono comunque utilizzare i «criteri di selezione» indicati nell'allegato III alla direttiva. I «criteri di selezione» vengono catalogati in base alle «caratteristiche dei progetti», alla «localizzazione» e alle «caratteristiche dell'impatto potenziale».

38. La Commissione trasmette immediatamente i documenti ricevuti agli altri Stati membri e riferisce ogni anno al Parlamento europeo e al Consiglio. Al riguardo si segnala che l'art. 1, par. 3, prevede che gli Stati membri possono decidere, dopo una valutazione caso per caso se così disposto dalla normativa nazionale, di non applicare la direttiva a progetti destinati a scopi di difesa nazionale, qualora ritengano che l'applicazione possa pregiudicare tali scopi. In senso critico cfr., per tutti, F.G. Scoca, *La*

riguardano: a) il progetto, la sua ubicazione, concezione e dimensione; b) le misure di mitigazione e compensazione degli impatti negativi; c) i dati per individuare e valutare i principali effetti del progetto sull'ambiente; d) una descrizione sommaria delle principali alternative prese in esame dal committente, con indicazione delle principali ragioni della scelta, sotto il profilo dell'impatto ambientale; e) una sintesi non tecnica delle informazioni sopra dette.

La direttiva, oltre a prospettare che la v.i.a. possa «essere integrata nelle procedure esistenti di autorizzazione dei progetti negli Stati membri ovvero, in mancanza di queste, in altre procedure, o nelle procedure da stabilire per raggiungere gli obiettivi della [presente] direttiva», ipotizza espressamente che i singoli Stati dell'Unione europea possano prevedere una procedura unica «per soddisfare i requisiti della [presente] direttiva e quelli della direttiva 2008/1/CE del Parlamento europeo e del Consiglio, del 15 gennaio 2008, sulla prevenzione e la riduzione integrate dell'inquinamento».

In linea con la strategia «Europa 2020», in particolare rispetto alla necessità di attribuire priorità a una crescita sostenibile, la direttiva 2014/52/UE prevede alcuni punti chiave, fra cui quello di coinvolgere maggiormente il pubblico interessato nel processo decisionale, limitare il problema del conflitto di interessi fra autorità competente e committente, introdurre misure correttive in caso di monitoraggio *ex post* di un progetto che causa effetti negativi, rendere obbligatoria la v.i.a. per i progetti sui gas non convenzionali come il gas di scisto («*shale gas*»).

Nello specifico le proposte più innovative riguardano le modifiche apportate all'art. 1, paragrafi 2, 3 e 4, che intendono chiarire i termini della direttiva sulla base delle esperienze di attuazione e della giurisprudenza della Corte di giustizia UE. La definizione di «progetto» è stata modificata onde evidenziare che vengono inclusi i lavori di demolizione, conformemente alla sentenza della Corte nella causa C-50/09. Inoltre, la possibilità di deroga viene limitata ai progetti che riguardano la difesa nazionale ed è estesa alla protezione civile, come già avviene per la direttiva 2001/42/CE.

Particolarmente significative sono le modifiche apportate all'art. 4, che razionalizzano la procedura di *screening* e accrescono la coerenza delle strategie adottate dagli Stati membri per assicurare che la v.i.a. sia richiesta solo

---

valutazione di impatto ambientale alla luce della direttiva CEE, in *Tutela dell'ambiente. Procedura di impatto ambientale e legge Galasso* (Atti del convegno di Perugia, 30-31 maggio 1986), Perugia, 1987, pp. 80 ss., richiamato da B. Caravita, *Diritto dell'ambiente*, vol. II, Bologna, 2001, 368, *sub* nota 9.

in presenza di impatti ambientali chiaramente significativi. Infine, viene sostanzialmente modificato l'art. 8 e vengono previste diverse nuove disposizioni. In primo luogo, è fissata una scadenza per la conclusione della procedura di v.i.a. In secondo luogo, l'autorità competente è tenuta a includere nella decisione sull'autorizzazione alcuni degli elementi che stanno alla base della stessa. In terzo luogo, l'obbligatorietà del monitoraggio *ex post* viene introdotta solo per i progetti che avranno significativi effetti negativi sull'ambiente, secondo le consultazioni effettuate e le informazioni raccolte (compresa la relazione ambientale), al fine di valutare l'attuazione e l'efficacia delle misure di attenuazione e compensazione.

9. LA DISCIPLINA NAZIONALE SULLE VALUTAZIONI DI IMPATTO AMBIENTALE

Il percorso di recepimento dei citati atti comunitari nel sistema giuridico italiano è stato lungo e difficoltoso. Esso ha avuto inizio dopo l'approvazione della direttiva 85/337/CEE del Consiglio del 27 giugno 1985, che indicava la data del 3 luglio 1988 quale termine ultimo per il recepimento da parte degli Stati membri.

Con riguardo a tale termine veniva introdotta nell'ordinamento nazionale la valutazione di impatto ambientale con legge 8 luglio 1986, n. 349 (istitutiva del Ministero dell'ambiente) e veniva prevista la presentazione di un disegno di legge entro sei mesi, nonché l'emanazione di un decreto del Presidente del Consiglio dei ministri relativo all'individuazione delle categorie di opere da assoggettare a v.i.a. e le relative norme tecniche.

Negli anni numerose altre disposizioni sono state emanate sia per ampliare il campo di applicazione della procedura sia al fine di superare le censure poste dalla Commissione europea in merito alla non corretta applicazione della direttiva 85/337/CEE e della successiva 97/11/CE.

L'ampio e frammentato quadro di norme sulla v.i.a. necessitava di un riordino che è stato oggetto di diversi disegni di legge. Disegni di legge che non hanno mai terminato il loro *iter* parlamentare.

Nel 2004, con legge 15 dicembre, n. 308, il Governo è stato delegato ad adottare, entro diciotto mesi, uno o più decreti legislativi di riordino, coordinamento ed integrazione delle disposizioni legislative in diverse materie ambientali, tra le quali la v.i.a., la valutazione ambientale strategica e l'autorizzazione ambientale integrata.

In conseguenza di tale delega è stato emanato il d.lgs. 3 aprile 2006, n. 152 relativo a «norme in materia ambientale». L'entrata in vigore della seconda parte, riguardante la v.i.a., è stata prorogata al 31 luglio 2007 in quanto, a causa di aspetti controversi, fin dalla sua emanazione era stata ravvisata la necessità di introdurre disposizioni correttive.

Il 29 febbraio 2008 è stato pubblicato nella Gazzetta ufficiale il d.lgs. 16 febbraio 2008, n. 4 contenente «ulteriori disposizioni correttive ed integrative del d.lgs. 3 aprile 2006, n. 152, recante norme in materia ambientale».

Con legge 18 giugno 2009, n. 69 (art. 12), il Governo è stato nuovamente delegato ad adottare, entro diciotto mesi, uno o più decreti legislativi recanti disposizioni integrative e correttive dei decreti legislativi emanati precedentemente. È stato, quindi, emanato il d.lgs. 29 giugno 2010, n. 128, pubblicato nella Gazzetta ufficiale n. 186 dell'11 agosto 2010[39].

Il c.d. terzo decreto correttivo al codice dell'ambiente[40] ribadisce la funzione della v.i.a. di assicurare che, nella fase di formazione delle decisioni per la realizzazione dei progetti contemplati negli allegati I e II delle direttive comunitarie, siano adeguatamente considerati la protezione della salute, il miglioramento dell'ambiente e della qualità della vita, il mantenimento della varietà delle specie e della capacità di riproduzione dell'ecosistema (art. 4, comma 4, lett. *b*).

Seguendo tale obiettivo la v.i.a. valuta gli effetti diretti e indiretti del progetto su uomo, flora, fauna, suolo, acque, aria, clima, beni materiali e patrimonio culturale, nonché sull'interazione fra questi fattori.

Le principali innovazioni apportate dal d.lgs. n. 128/2010 rispetto a quelle già introdotte dal d.lgs. n. 4/2008 sono così sintetizzabili: a) integrazione nel testo unico ambientale della disciplina di autorizzazione integrata ambientale di cui al d.lgs. n. 59/2005, che viene quindi abrogato e sostituito dalle nuove disposizioni; b) la v.i.a. e le relative procedure sono specificamente applicate per impatti «significativi e negativi per l'ambiente»; c) viene sviluppato un maggior coordinamento tra v.i.a., a.i.a. e v.a.s.; d) vengono ridefiniti e ridotti i termini di procedura e decisione.

---

39. Sul d.lgs. n. 128/2010 cfr. A. Milone, *Le nuove norme in materia di v.i.a. nel d.lgs. n. 128/2010: rapporti tra v.i.a. e a.i.a.*, in *Ambiente e sviluppo*, 2010, 12, p. 28.

40. Si tratta del terzo, incisivo, intervento che ha riguardato il Codice dell'ambiente, che succede al d.lgs. 8 novembre 2006, n. 284, e al citato d.lgs. n. 4/2008. Ulteriori provvedimenti, negli anni, hanno recato specifiche modifiche al codice, fra i quali è possibile ricordare il d.lgs. 3 dicembre 2010, n. 205 (che ne modifica la Parte IV, per dare attuazione alla direttiva 2008/98/CE in materia di rifiuti), il d.lgs. 10 dicembre 2010, n. 219 (di modifica della parte III, in materia di tutela delle acque), il d.lgs. 4 marzo 2014, n. 46, di attuazione della direttiva 2010/75/UE relativa alle emissioni industriali (prevenzione e riduzione integrate dell'inquinamento).

È da evidenziare che, per effetto delle modifiche e integrazioni operate con il d.lgs. n. 128/2010, la procedura di valutazione di impatto ambientale diventa un procedimento più articolato e complesso. Il provvedimento di v.i.a. diviene una sorta di «autorizzazione unica» in materia ambientale, andando a sostituire o coordinare tutte le autorizzazioni, le intese, le concessioni, le licenze, i pareri, i nulla osta in materia ambientale. In questo senso la scelta del legislatore corrisponde a indubbie esigenze di semplificazione, coordinamento e razionalizzazione dei procedimenti ambientali, ma, senza dubbio, comporta una modifica genetica dell'istituto[41].

Infatti, nel momento in cui la v.i.a. si spinge oltre funzioni di mero coordinamento e assume un ruolo sostitutivo nei confronti di licenze, autorizzazioni e/o concessioni in materia ambientale, essa acquisisce anche un effetto autorizzatorio, ovvero di atto in sé e per sé abilitante ad un *facere*. E nella misura in cui le autorizzazioni ambientali che è chiamata a sostituire siano autorizzazioni alla realizzazione e/o al funzionamento (di un impianto o di un'attività il cui progetto rientri nel campo d'applicazione della v.i.a.) il provvedimento di valutazione positiva dell'impatto ambientale acquisisce *ex lege* tutti i connotati e le caratteristiche dell'atto del quale è stato chiamato a «fare luogo»[42].

Nondimeno rilevante il rilievo attribuito all'informazione e alla partecipazione del pubblico, estese a tutte le fasi del procedimento e rese effettive attraverso l'uso di tutti i mezzi di informazione disponibili, e il fatto che il decreto abbia stabilito l'effettuazione della procedura di v.i.a. (non più sul progetto preliminare, bensì) sul progetto definitivo, rappresentando il progetto preliminare il livello di definizione minimo necessario per l'attivazione del procedimento di verifica o di predisposizione dello studio di impatto ambientale (c.d. procedure di *screening* e *scoping*). Ancora, l'introduzione di un sistema di monitoraggi, controlli e sanzioni[43] ha reso effettiva la possibilità di assicurare l'efficienza ambientale del progetto giudicato compatibile a seguito dell'espletamento della procedura di v.i.a. o anche di *screening*. Molto importante, inoltre, è stata l'introduzione della validità temporale del provvedimento di valutazione dell'impatto ambientale che, ai sensi dell'odierno art. 25, comma 5, del d.lgs. n. 152/2006, non è comunque inferiore a cinque

41. Di una «mutazione genetica della v.i.a.» riferisce R. Ursi, *La terza riforma della parte II del Testo Unico Ambientale*, in *Urb. e appalti*, 2011, 1, p. 13. In senso conforme, cfr. G. Manfredi, *Il nuovo procedimento di valutazione di impatto ambientale tra semplificazione amministrativa e specialità del regime dell'ambiente*, in *Urb. e appalti*, 2009, pp. 156 ss.

42. Cfr. A. Muratori, *VIA e AIA: affinità e differenze di finalità e contenuti tra giurisprudenza e norme «espresse»*, in *Ambiente e sviluppo*, 6, 2012, p. 539.

43. Nell'attuale sistema di regole vedi, in particolare, gli artt. 28 e 29 del d.lgs. n. 152/2006, rispettivamente sostituiti dagli artt. 17 e 18 del d.lgs n. 104/2017.

anni, decorsi i quali, ove il progetto non sia stato realizzato, il procedimento di v.i.a. deve essere reiterato (salva la concessione, su istanza del proponente, di una specifica proroga da parte dell'autorità competente).

Il decreto conferma, altresì, l'impostazione propria delle direttive comunitarie che assegnano una funzione preventiva alla v.i.a. nei confronti di determinati progetti qualora gli stessi «possono avere impatti ambientali significativi[44] e negativi, come definiti all'art. 5, comma 1, lett. *c*)» (art. 6, comma 5).

Mentre per le opere elencate negli allegati II e III alla Parte Seconda del d.lgs. n. 152/2006 l'effetto di «impatto significativo e negativo» è assistito da una presunzione *iuris et de iure*, in quanto è sempre richiesto il procedimento di v.i.a., per le opere menzionate negli allegati II-*bis* e IV, l'assoggettabilità alla v.i.a. costituisce l'oggetto di un procedimento di verifica caso per caso, il cui esito può risultar liberatorio ovvero condurre all'attivazione del vero e proprio procedimento autorizzatorio. Peraltro, i progetti di cui agli allegati II-*bis* e IV relativi a opere o interventi di nuova realizzazione che ricadono, anche solo parzialmente, all'interno di aree naturali protette, come definite dalla legge 6 dicembre 1991, n. 394, o all'interno di siti della rete Natura 2000 sono obbligatoriamente assoggettati a v.i.a. La valutazione di impatto ambientale è, altresì, necessaria in caso di modifiche sostanziali o di estensioni da apportare a impianti e opere esistenti, secondo quanto attualmente disposto dall'art. 5, comma 1, lett. *d*) ed *e*), del d.lgs. n. 152/2006.

Nello specifico, sono attribuiti alla competenza statale le opere e i progetti che ricadono negli elenchi degli allegati II e II-*bis*, mentre i progetti elencati negli allegati III e IV ricadono nella competenza regionale[45].

44. La Corte di giustizia, nella causa C-156/07, a seguito della domanda di pronuncia pregiudiziale proposta dal Cons. Stato, Sez. VI, ord. 22 novembre 2006, n. 6836, ha chiarito che la direttiva 85/337/CEE «non richiede che tutti i progetti per i quali si prevede un notevole impatto ambientale siano sottoposti alla procedura di valutazione di impatto ambientale in conformità a quanto previsto da questa direttiva, bensì che debbano esserlo solo quelli che sono citati agli allegati I e II di detta direttiva, nelle condizioni previste all'art. 4 di quest'ultima e fatti salvi gli artt. 1, nn. 4 e 5, nonché 2, n. 3, della medesima direttiva».

45. Cfr. Corte cost., sent. 10 maggio 2012, n. 114; Corte cost., sent. 22 luglio 2011, n. 227. La Consulta muove dalla premessa che la normativa sulla valutazione d'impatto ambientale attiene a procedure che accertano in concreto e preventivamente la «sostenibilità ambientale» e rientrano nella materia della tutela dell'ambiente, sicché, seppure possono essere presenti ambiti materiali di spettanza regionale, deve ritenersi prevalente, in ragione della precipua funzione cui assolve il procedimento in esame, il citato titolo di legittimazione statale. Le Regioni sono dunque tenute, per un verso, a rispettare i livelli uniformi di tutela apprestati in materia; per l'altro, a mantenere la propria legislazione negli ambiti di competenza fissati dal codice dell'ambiente di cui al d.lgs. n. 152/2006. In dottrina cfr. M.T. Sempreviva, *Valutazione di impatto ambientale*, in *Urb. e appalti*, 10, 2011, p. 1157.

Il decreto correttivo n. 128/2010 non ha menzionato la facoltà contemplata dall'art. 1, n. 5 della direttiva 85/337/CEE di escludere, mediante l'adozione di un provvedimento legislativo, determinati progetti dal procedimento di v.i.a.[46]. Inoltre, ha istituzionalizzato il ricorso alla conferenza di servizi istruttoria per consentire all'amministrazione competente di acquisire le determinazioni di tutti i soggetti competenti in materia ambientale interessati, qualora la realizzazione del progetto preveda autorizzazioni, intese, concessioni, licenze, pareri, nulla osta e assensi comunque denominati in materia ambientale. Dunque, attraverso una forma di coordinamento infrastrutturale il legislatore ha dato coerenza e speditezza al procedimento e ha garantito l'effetto voluto, ossia il riconoscimento della v.i.a. come il luogo deputato alla determinazione dell'assetto degli interessi ambientali puntuali.

La disciplina nazionale sulle valutazioni di impatto ambientale è stata, oggetto di un significativo intervento riformatore che ha portato a compimento il travagliato *iter* di recepimento della direttiva 2014/52/UE. Il riferimento è al già menzionato d.lgs. n. 104/2017 che ha innovato sotto vari profili le regole di cui alla Parte Seconda del codice dell'ambiente e, per quanto in questa sede è più di interesse, quelle del Titolo III dedicate alla v.i.a.

Fra le principali novità è possibile ricordare quelle concernenti, per i progetti assoggettati a v.i.a. di competenza statale, la facoltà per il proponente di richiedere, a norma dell'art. 27, il rilascio di un provvedimento unico in materia ambientale che coordina e sostituisce ogni autorizzazione, intesa, parere, concerto, nulla osta o atto di assenso necessario per la realizzazione e l'esercizio del progetto. Un meccanismo analogo è previsto dal successivo art. 27-*bis* rubricato «provvedimento autorizzatorio unico regionale».

Sul piano più strettamente procedurale, poi, si registra l'introduzione dell'allegato IV-*bis* alla Parte Seconda del Codice, relativo ai contenuti dello studio preliminare ambientale da presentare nell'ambito della procedura di verifica di assoggettabilità, cui è dedicato l'art. 19, e, ai fini del rilascio del provvedimento di v.i.a., si prevede la possibilità di presentare elaborati progettuali con un livello informativo e di dettaglio equivalente a quello del «progetto di fattibilità» come definito dall'art. 23, comma 6, del d.lgs. n. 50/2016 o, comunque, con un livello tale da consentire la compiuta valutazione degli impatti ambientali, in conformità con quanto definito in esito

46. Al riguardo va precisato che la giurisprudenza comunitaria ha interpretato tale possibilità di esenzione statuendo che l'atto legislativo idoneo deve essere emanato dal Parlamento a seguito di dibattito parlamentare pubblico (cfr. Corte giust. CE, 19 settembre 2000, in causa C-287/98).

alla procedura di cui all'art. 20, che prevede, a sua volta, la possibilità per il proponente di richiedere, in qualunque momento, una fase di confronto con l'autorità competente finalizzata a definire la portata delle informazioni e il livello di dettaglio degli elaborati progettuali necessari allo svolgimento del procedimento di v.i.a. A tal fine, il proponente trasmette (in formato elettronico) una proposta di elaborati progettuali: spetterà all'autorità competente, entro i successivi trenta giorni, comunicare l'esito delle proprie valutazioni, assicurando che il livello di dettaglio sia di «qualità sufficientemente elevata e tale da consentire la compiuta valutazione degli impatti ambientali» (art. 20, comma 2).

Di notevole rilievo le disposizioni sul c.d. *pre-screening*, in virtù delle quali il proponente può richiedere all'autorità competente una valutazione preliminare del progetto per individuare l'eventuale procedura da avviare (art. 6, comma 9)[47], mentre per quanto concerne la redazione dello studio di impatto ambientale i riferimenti sono rappresentati dagli artt. 21 e 22 del d.lgs. n. 152/2006 e dall'allegato VII alla Parte Seconda, come sostituito dall'art. 22 del d.lgs. n. 104/2017.

Nell'ottica di un procedimento coerente con i principi di efficacia ed efficienza che devono permeare l'azione amministrativa, l'art. 25, comma 7, qualifica tutti i termini del procedimento di v.i.a. come perentori[48]. Ciò ha ripercussioni dirette sotto il profilo della *performance* individuale, della responsabilità disciplinare e di quella amministrativo-contabile del dirigente o funzionario inadempiente, nonché ai fini della individuazione del soggetto cui attribuire il potere sostitutivo in caso di inerzia, ferma restando l'applicazione delle previsioni sul c.d. danno da ritardo.

Degne di nota, altresì, le novità recate dall'art. 26 a proposito dell'integrazione del provvedimento di v.i.a. negli atti autorizzatori o titoli abilitativi alla realizzazione di progetti sottoposti alla valutazione di impatto ambientale, nonché nell'a.i.a. (ove prevista), e quelle relative alla Commissione tecnica di verifica dell'impatto ambientale (art. 8), cui si accompagna l'abrogazione dell'art. 9 del d.P.R. 14 maggio 2007, n. 90.

---

47. Entro trenta giorni dalla presentazione di tale richiesta, l'autorità competente comunica al proponente l'esito delle proprie valutazioni, indicando se le modifiche, le estensioni o gli adeguamenti tecnici devono essere, o meno, assoggettati a verifica di assoggettabilità a v.i.a. ovvero a v.i.a., allorquando il proponente sarà a tenuto a presentare la relativa istanza mediante la trasmissione, in formato elettronico, della documentazione individuata dall'art. 23 del d.lgs. n. 152/2006 (elaborati progettuali, studio di impatto ambientale, sintesi non tecnica, ecc.).

48. In senso analogo dispone l'art. 19, comma 12, del d.lgs. n. 152/2006, a proposito dei termini per il rilascio del provvedimento di verifica di assoggettabilità a valutazione di impatto ambientale, e il comma 8 dei successivi artt. 27 e 27-*bis*, sopra richiamati.

10. LA SEMPLIFICAZIONE DELLE VALUTAZIONI DI IMPATTO AMBIENTALE NEL PIANO NAZIONALE DI RIPRESA E RESILIENZA

Ancor più significative sono le misure di semplificazione apportate in tema di valutazione di impatto ambientale di competenza statale sia con il d.l. n. 76/2020, sia con il d.l. n. 77/2021, quest'ultimo nel contesto del Piano Nazionale di Ripresa e Resilienza. In particolare, l'art. 17 del d.l. n. 77/2021, istituisce una Commissione tecnica VIA per i progetti rientranti nel PNRR estendendo le competenze della previgente Commissione (istituita dal d.l. n. 76/2020). La norma stabilisce che, nella trattazione dei procedimenti di sua competenza, la Commissione dia precedenza ai progetti aventi un comprovato valore economico superiore a 5 milioni di euro, ovvero una ricaduta in termini di maggiore occupazione attesa superiore a quindici unità di personale, nonché ai progetti cui si correlano a scadenze non superiori a dodici mesi, fissate con termine perentorio dalla legge o comunque da enti terzi, e ai progetti relativi a impianti già autorizzati la cui autorizzazione scade entro dodici mesi dalla presentazione dell'istanza.

La norma consente di superare le criticità riguardanti le modalità di funzionamento della Commissione ordinaria VIA-VAS, assicurando personale dedicato a tempo pieno alle pratiche di VIA statale, con specifico riguardo a progettualità strategiche come quelle derivanti dalla piena attuazione del PNRR.

L'art. 18 del d.l. n. 77/2021, attribuisce poi natura di pubblica utilità, indifferibilità e urgenza alle opere, agli impianti e alle infrastrutture necessari alla realizzazione dei progetti strategici per la transizione energetica del Paese inclusi nel PNRR. Si tratta di una previsione molto importante, in quanto, rispetto agli atti di pianificazione sub-statale, consentirà di dare priorità all'attuazione del PNRR, nonché al PNIEC e di superare eventuali situazioni di contrasto tra atti di pianificazione dei diversi livelli di governo, agevolando la realizzazione dei progetti per la transizione energetica previsti dal PNRR

L'art. 19 del d.l. n. 77/2021, modifica l'art. 19 del Codice dell'ambiente, recante modalità di svolgimento del procedimento di verifica di assoggettabilità a VIA e, in estrema sintesi, riduce i termini della procedura di *screening*, prevede una fase di consultazione preventiva tra Autorità competente e proponente, nella quale, in particolare, l'Autorità competente può richiedere al proponente chiarimenti e integrazioni finalizzati alla non assoggettabilità del progetto al procedimento di VIA, senza un aggravio delle tempistiche.

L'art. 20 del d.l. n. 77/2021, interviene sull'art. 25 del Codice dell'ambiente, recante valutazione degli impatti ambientali e provvedimento di VIA. In particolare, con riferimento alla procedura di VIA ordinaria (nuovo art. 25, co. 2 del Codice dell'ambiente), la norma prevede il relativo provvedimento sia adottato dall'Autorità competente entro il termine di sessanta giorni dalla conclusione della fase di consultazione, previa acquisizione del concerto del competente direttore generale del Ministero della cultura entro il termine di trenta giorni.

Invece, con riferimento alla procedura di VIA "veloce", la norma prevede che la Commissione VIA PNRR si esprima entro trenta giorni dalla conclusione della fase di consultazione e comunque entro il termine di centotrenta giorni dalla data di pubblicazione della documentazione ex art. 23 del Codice dell'ambiente, predisponendo lo schema di provvedimento di VIA;

Sia con riferimento alla procedura di VIA ordinaria, che a quella "veloce", la norma prevede peraltro che in caso di inerzia nella conclusione del procedimento da parte delle Commissioni VIA, il titolare del potere sostitutivo provveda al rilascio del provvedimento entro i successivi trenta giorni. In caso di inerzia nella conclusione del procedimento da parte del direttore generale del Ministero della transizione ecologica nonché del direttore generale competente del Ministero della cultura, il titolare del potere sostitutivo, provvede al rilascio del provvedimento entro i successivi trenta giorni. Peraltro, nel caso in cui gli elaborati progettuali siano sviluppati a un livello che consenta la compiuta redazione della relazione paesaggistica, il concerto del competente direttore generale del Ministero della cultura comprende l'autorizzazione paesaggistica.

L'art. 21 del d.l. n. 77/2021, rimodula poi le tempistiche per la procedura di consultazione del pubblico mantenendo, per i progetti PNRR, l'accelerazione procedimentale data dall'avvio, contestuale alla consultazione, dell'istruttoria parallela della Commissione VIA PNRR.

L'art. 22 del d.l. n. 77/2021, interviene sull'art. 27 del Codice dell'ambiente, recante la disciplina del provvedimento unico ambientale: esplicitando i titoli ambientali che possono essere richiesti nel provvedimento unico ambientale; prevedendo la convocazione della conferenza di servizi immediatamente a valle della prima fase di consultazione del pubblico e delle amministrazioni competenti, in luogo della convocazione simultanea.

Il Capo II del Titolo I della Parte II del d.l. n. 77/2021, contiene norme in materia di valutazione di impatto ambientale di competenza regionale.

In particolare, l'art. 23 introduce nel Codice dell'ambiente l'art. 26-bis, recante la disciplina della fase preliminare al provvedimento autorizzatorio unico regionale. Più in dettaglio, la nuova norma prevede che, per i progetti sottoposti a valutazione di impatto ambientale di competenza regionale, il proponente possa richiedere, prima della presentazione dell'istanza, l'avvio di una fase preliminare finalizzata alla definizione delle informazioni da inserire nello studio di impatto ambientale, del relativo livello di dettaglio e delle metodologie da adottare per la predisposizione dello stesso, nonché alla definizione delle condizioni per ottenere le autorizzazioni, intese, concessioni, licenze, pareri, concerti, nulla osta e assensi comunque denominati, necessari alla realizzazione e all'esercizio del progetto.

Le Amministrazioni e gli enti coinvolti si esprimono in sede di conferenza di servizi relativamente alla definizione delle informazioni da inserire nello studio preliminare ambientale, del relativo livello di dettaglio, del rispetto dei requisiti di legge ove sia richiesta anche la variante urbanistica e delle metodologie da adottare per la predisposizione dello studio, nonché alla definizione delle condizioni per ottenere gli atti di assenso, comunque denominati, necessari alla realizzazione e all'esercizio del medesimo progetto. Entro cinque giorni dal termine dei lavori della conferenza preliminare, l'autorità competente trasmette al proponente le determinazioni acquisite. Le determinazioni espresse in sede di conferenza preliminare possono essere motivatamente modificate o integrate solo in presenza di elementi nuovi, tali da comportare notevoli ripercussioni negative sugli interessi coinvolti emersi nel successivo procedimento anche a seguito delle osservazioni degli interessati. Le amministrazioni e gli enti che non si esprimono nella conferenza di servizi preliminare non possono porre condizioni, formulare osservazioni o evidenziare motivi ostativi alla realizzazione dell'intervento nel corso del procedimento di VIA, salvo che in presenza di elementi nuovi, tali da comportare notevoli ripercussioni negative sugli interessi coinvolti emersi nel corso di tale procedimento anche a seguito delle osservazioni degli interessati.

L'art. 24 interviene sull'art. 27-bis del Codice dell'ambiente, recante la disciplina del provvedimento ambientale unico regionale (PAUR). In particolare, la norma prevede che, nel caso in cui sia richiesta anche la variante urbanistica, l'Amministrazione competente effettui la verifica del rispetto dei requisiti per la procedibilità entro trenta giorni dalla pubblicazione della documentazione nel sito *web* dell'Autorità competente; che, entro i successivi trenta giorni, l'autorità competente possa chiedere al proponente eventuali integrazioni anche concernenti i titoli abilitativi che confluiscono nel PAUR; che, laddove uno o più titoli compresi nella determinazione motivata di conclusione della conferenza di servizi attribuiscano carattere di pubblica utilità, indifferibilità e urgenza, gli stessi costituiscano variante agli strumenti urbanistici e vincolo preordinato all'esproprio, la determinazione conclusiva della conferenza ne dà atto. Nel complesso, la disposizione rafforza e chiarisce alcuni aspetti della disciplina del PAUR.

Ancora, il Capo III del Titolo I della Parte II del d.l. n. 77/2021, contiene disposizioni relative a competenze in materia di VIA, monitoraggio e interpello ambientale.

In particolare, l'art. 25 introduce una procedura per individuare con certezza l'autorità competente in caso di dubbi in ordine ai progetti rientranti in parte nella competenza statale e in parte in quella regionale.

L'art. 27 introduce l'istituto dell'interpello ambientale. Il nuovo istituto prevede la possibilità per una serie di soggetti, tra cui le associazioni di categoria, di inoltrare al MiTE istanze di ordine generale sull'applicazione della normativa statale in materia ambientale. Le risposte del MITE costituiscono criteri interpretativi per l'esercizio delle attività di competenza delle pubbliche amministrazioni in materia ambientale. Considerato l'elevato tecnicismo della materia ambientale, l'introduzione di un meccanismo di interpello, simile a quello fiscale, volto ad assicurare agli operatori, attraverso le associazioni imprenditoriali, un confronto con l'amministrazione in grado di evitare sanzioni e sequestri a fronte di regole spesso di difficile interpretazione, rappresenta una misura estremamente positiva.

Infine, il Capo V, del Titolo I della Parte II del d.l. n. 77/2021, contiene disposizioni in materia paesaggistica. In particolare, l'art. 29 del DL istituisce presso il Ministero della cultura la Soprintendenza speciale per il PNRR, che svolge le funzioni di tutela dei beni culturali e paesaggistici nei casi in cui tali beni siano interessati dagli interventi previsti dal PNRR sottoposti a VIA in sede statale oppure rientrino nella competenza territoriale di almeno due uffici periferici del Ministero. La ratio di tale previsione risiede nel voler assicurare la più efficace e tempestiva attuazione degli interventi del PNRR.

11. CONCLUSIONI

Con questo quadro introduttivo sugli strumenti di governo del territorio in Italia si potrà apprezzare al meglio la importanza dei temi e dei problemi che in chiave critica affronta il prof. Antonio Bartolini nel suo contributo, e allo stesso tempo si potranno verificare –in una prospettiva comparata– i tratti comuni e le differenze che connotano l'esperienza spagnola su cui si rinvia al pregiato intervento del prof. Leonardo Sánchez-Mesa Martínez.

Ponencias

La rehabilitación de los bienes culturales y sus límites tradicionales en la normativa del patrimonio cultural

LEONARDO J. SÁNCHEZ-MESA MARTÍNEZ
Profesor Titular de Derecho Administrativo
Universidad de Granada

1. INTRODUCCIÓN

Honor y emoción son los dos sentimientos que, ante la posibilidad brindada de intervenir en el XXIII Congreso Italo-Español de Profesores de Derecho Administrativo (a la que se suma ahora la de poder aportar al presente volumen mi estudio resultante de aquella ponencia), no puedo dejar de expresar en mi debido agradecimiento tanto a la Asociación de Administrativistas Ítalo-españoles (AAIS) como a nuestra universidad anfitriona, la Universidad de Santiago de Compostela, con el Dpto. de Derecho Público y Teoría del Estado y su Área de Derecho Administrativo al frente.

Honor, por cuanto supone tener la oportunidad de hablar, como estudioso del régimen del Patrimonio cultural, en este prestigioso foro (donde, sin ir más lejos, el Prof. Giannini expusiera su *Teoría de los Bienes Culturales*), y hacerlo, además –con permiso de los restantes–, junto a figuras como las de las Profesoras Barrero Rodríguez y Alonso Ibáñez, referentes en esta materia y siempre presentes en mis lecturas, desde mis primeros trabajos de investigación; o como el Prof. Cammelli, a quien siempre agradeceré su cautivador magisterio, tan certero y brillante como próximo, humano y vital, inescindible del especial e inconfundible sello que deja en sus alumnos y discípulos.

En segundo lugar, emoción, la cual proviene de verme a mí mismo en el espejo del tiempo pasado, en este mismo foro, cuando, aún como doctorando, asistí al Congreso de Salamanca del año 2000, donde pude conocer por vez primera a muchos de quienes serían mis maestros y referentes en el estudio de nuestra materia, mientras me afanaba con los primeros compases de mi tesis doctoral. Emoción que también se empapa del recuerdo que dejan las personas a las que se dedica esta edición: el Prof. Massuci, de cuyas enseñanzas pude disfrutar también en mi periodo de doctorando en Italia, y que deja este encuentro huérfano de su inconfundible y siempre blanca sonrisa; y el Prof. Vandelli, el *Profesor español* de la SPISA, de quien tanto hemos heredado, italianos y españoles, y de quien tantas anécdotas y momentos guardamos. No quiero dejar de recordar sólo uno: el de un encuentro nocturno fortuito, acompañado de una larga y emocionante conversación desarrollada en una cafetería de la boloñesa *via Rizzoli*, en la misma noche del 11 de marzo de 2011, justo después de los atentados de la Estación de Atocha acaecidos en ese aciago día. Un compañero y yo recibimos aquella noche de su mano una lección íntima de historia sobre el impacto social y psicológico que la *città rossa* experimentó tras la infame *strage di Bologna* de 1980, que un emocionado, siempre humano, Luciano Vandelli convirtió en consuelo y comprensión para nuestro desasosiego y en un ejemplo más de los muchos que nos hablan de la solidaridad entre nuestros dos países y de los paralelismos de los caminos históricos recorridos.

Vaya por delante, pues, mi más sincero y sentido agradecimiento por esta oportunidad.

2. PRESENTACIÓN Y CONTEXTO DEL ESTUDIO

Paolo Marconi, arquitecto y teórico de la restauración, quien fuera también arquitecto principal de la Soprintendenza ai Monumenti di Roma, analizaba en su obra *Il restauro e l'architetto*, la evolución de la teoría de la restauración, planteando cómo los postulados de las corrientes romántica y científica (dominante esta última durante la primera mitad del s. XX) habrían determinado una suerte de "secuestro" de la disciplina de la restauración arquitectónica por parte de las denominadas artes grafopictóricas, dando una preferencia excesiva a la faceta estética, al aspecto del inmueble, en detrimento, entre otros, de un elemento para él esencial en toda edificación: su utilidad, su uso. Un edificio, a juicio de Marconi, no puede ser intervenido bajo los mismos planteamientos que una pintura o una escultura[1].

1. Marconi, en efecto, se une a un nutrido grupo de teóricos de la arquitectura contemporáneos que promulgan la necesidad de recuperar la restauración como una disciplina propia de la arquitectura (vid. Marconi, P., *Il restauro e l'architetto: teoria e pratica in due secoli di dibattito*, Marsilio, Venecia, 1995, p. 189). En ese sentido, el autor, que

Parto de esta consideración no sólo porque hablemos aquí de rehabilitación edificatoria (lo que impone tomar en consideración la tensión que este fin o modalidad de intervención genera sobre otra no menos relevante para el ordenamiento jurídico: la conservación), sino por el hecho de que nuestros modelos normativos sectoriales de protección del Patrimonio cultural y sus técnicas son herederos efectivos de aquellas corrientes teóricas que Marconi criticara en su día, y que, aún en nuestro tiempo, siguen muy presentes en nuestro modelo normativo de protección del Patrimonio cultural edificado: el fin de la conservación se sigue proponiendo en nuestras normas como fin prioritario en detrimento de aquel referido a la rehabilitación, entendida como intervención que prioriza la recuperación de un uso para el bien, lo que nos deja un modelo de protección Patrimonial basado en técnicas de limitación que no facilita los espacios deseables para la el impulso de la rehabilitación[2].

No negaré que la contraposición entre los fines de conservación y rehabilitación de los que parto en el presente trabajo pueden plantearse, a primera vista, chocantes, al menos cuando abordamos la cuestión desde el

---

fue coordinador de la redacción de la *Carta del Restauro* de 1987, se posicionaba claramente en contra de los dictados de las recomendaciones técnicas incluidas para la intervención en bienes inmuebles en el texto de la *Carta del Restauro* de 1972, que entendía marcadas por un planteamiento excesivamente conservacionista. A su juicio, los partidarios más exacerbados del denominado *criterio científico* o *filológico*, tienden a una "hipervaloración histérica del valor de autenticidad" que deja en segundo plano aspectos esenciales que también han de ser tenidos en cuenta en toda intervención dirigida sobre un inmueble. Ha de notarse, sin embargo, que aun siendo partidario de un mayor margen de intervención sobre los monumentos (superando los límites de la mera conservación de lo existente), Marconi también es consciente del peligro que supone la puesta en práctica de este tipo de actuaciones por arquitectos no preparados y de ahí su insistencia en la adecuada formación de los mismos, particularmente en cuanto afecta al conocimiento de las técnicas y materiales constructivos tradicionales, centrales en la "cultura del mantenimiento" por él preconizada (para el análisis de las aportaciones y planteamientos de este autor dentro de su contexto histórico, vid. Martínez Justicia, M. J.; Sánchez-Mesa Martínez, D. & Sánchez-Mesa Martínez, L. J., *Historia y teoría de la conservación y restauración artística*, Tecnos, Madrid, 2008, pp. 319 y ss.; Sette, M. P., *Il restauro in architettura. Quadro storico*, UTET Librería, Turín, 2001, pp. 189 y ss.; o González-Varas Ibáñez, I., *Conservación de bienes culturales. Teoría, historia, principios y normas*, Ediciones Cátedra, Madrid, 1999, pp. 291 y ss.).

2. Baste apreciar aquí que la tradición normativa que ha dado lugar a nuestro modelo estatal de protección del Patrimonio, que más adelante analizaremos, entronca con los planteamientos teóricos de principios del s. XX, escrupulosos en el respeto de la autenticidad de los bienes (y más reacios, por tanto, ante cualquier intervención que provoque su alteración o modificación). Estos planteamientos quedaron plasmados en un documento técnico internacional de capital importancia como fue la Carta de Atenas de 1931, que resultó muy influyente en el diseño de las leyes nacionales de la época. En este sentido, su influjo resultaría evidente en la Ley de 13 de mayo de 1933, sobre defensa, conservación y acrecentamiento del Patrimonio Histórico-Artístico

plano técnico: no cabe duda de que cuando un arquitecto encara una intervención integral en un inmueble, en su propósito de "conservarlo" (en el sentido común y amplio del término), planificará acciones tendentes tanto a mantener elementos existentes y asegurarles un óptimo estado (o bien recuperar su integridad o sus valores originales), como otras dirigidas a mejorar su adaptación al uso que le es (o será) propio (esto último, sin olvidar que la pervivencia de un uso en el bien es, quizás, la primera garantía de su conservación con miras al futuro). En suma, en este plano, parecen surgir pocas dudas de que "conservar" un inmueble implica también la posibilidad o conveniencia de "rehabilitarlo". Sin embargo, en el plano jurídico bien puede no resultar de la misma manera, como de hecho, a mi juicio, creo que sucede en nuestro ordenamiento. Factores presentes en nuestro modelo de protección (donde se combinan, entre otros, la indefinición de las modalidades de intervención, la falta de prelación entre los fines perseguidos por las mismas sobre el Patrimonio o la pervivencia de un enfoque esencialmente conservacionista en la formulación de los criterios metodológicos impuestos legalmente a las intervenciones) terminan por reducir los espacios de operatividad para la rehabilitación efectiva del Patrimonio cultural inmobiliario y relegan dicho fin a un plano secundario.

En el análisis de las limitaciones y consiguientes espacios con los que cuenta el fin de la rehabilitación es muy importante valorar previamente los elementos que constituyen el contexto, tanto el determinado por la normativa sectorial de Patrimonio, del que me ocuparé principalmente en el presente trabajo, como por otras. A la luz de este contexto podremos identificar algunas claves que nos apuntan, de partida, una innegable tensión entre los objetivos de conservar el patrimonio de un lado y de estimular su rehabilitación de otro.

En este sentido, la pervivencia de un modelo normativo de protección del Patrimonio como el definido por la Ley 16/1985, de 25 de junio, del Patrimonio Histórico Español (en adelante LPHE), constituye un factor que complica el encaje de políticas que pretendan dar prioridad ahora al objetivo de rehabilitar los bienes inmuebles protegidos por aquél. Dicho modelo, fuertemente marcado por un enfoque conservacionista, va a enfocarse prioritariamente al fin de mantener la integridad material de los bie-

---

Nacional, cobrando reflejo, por cuanto afecta al régimen de las intervenciones, en los dictados de su art. 19. Este precepto es después recibido en su esencia por el art. 39 de la Ley 16/1985, de 25 de junio, del Patrimonio Histórico Español (en adelante LPHE), tal y como se analizará (para abundar sobre la influencia de los postulados de la Carta de Atenas en nuestro modelo normativo, permítase el reenvío a Martínez Justicia, M. J. & Sánchez-Mesa Martínez, L. J., *La restauración de bienes culturales en los textos normativos*, Comares, Granada, 2008, espec. pp. 26-28 y p. 91).

nes y de sus valores, haciendo del objetivo de la mejora de su adaptación al uso (fin propio de la rehabilitación) un factor plenamente secundario y condicionado al primero. Me permito, sin perjuicio de que luego profundicemos en ellos, apuntar aquí algunos de los rasgos caracterizantes del modelo de la LPHE (algunos ya presentes en sus precedentes legislativos del pasado siglo).

En primer lugar, tal y como bien ha destacado doctrina autorizada, el de la LPHE se trata de un modelo normativo de protección orientado, ya en sus orígenes, al fin de proteger *los bienes más relevantes*, los más singulares. En coherencia con dicho rasgo, la norma se caracterizaba (al igual que su predecesora) por la previsión de graves técnicas de limitación (que más que relajarse, se han venido implementando, con el paso del tiempo, en el propio Derecho autonómico sectorial), justificadas en la singularidad de los valores de lo que habría de ser un conjunto muy seleccionado de bienes[3].

Por otra parte, debe recordarse que la LPHE es heredera de la Ley de 13 de mayo de 1933, sobre defensa, conservación y acrecentamiento del Patrimonio Histórico-Artístico Nacional, la cual, en el marco de su contexto histórico, centraba su atención sobre el riesgo de abandono y expolio de los bienes como principales amenazas. La LPHE, que recepciona la batería de herramientas dispuestas para responder ante aquéllas, incorpora ahora la preocupación por los efectos del desarrollo y la especulación urbanística propios de los años 70 y 80. En virtud de estas prioridades y sin perjuicio del nuevo impulso del enfoque social pretendido para el modelo estatal de 1985[4], éste, al igual que sus precedentes, nos ofrece un texto normativo particularmente concentrado en la faceta de la protección y de la conservación, donde el fin de la rehabilitación adquiere un carácter marcadamente secundario. Ello cobra pleno reflejo en la dura imposición de la necesaria com-

3. En el mismo sentido de cuanto se sostiene en este párrafo, vid. Férnández Rodríguez, T. R., "La ordenación urbanística de los conjuntos históricos: breve denuncia de los excesos al uso", en Férnández Rodríguez, T. R., *Estudios de Derecho ambiental y urbanístico*, Aranzadi, El Cano, 2001, pp. 249-250; y Alonso Ibáñez, M. R., "La tercera generación de Leyes del Patrimonio Histórico", *Patrimonio Cultural y Derecho*, núm. 18, 2014, p. 25.
4. Dicho enfoque, que pretende colocar al ciudadano en el centro, se proclama en la parte final del propio Preámbulo de la LPHE: "[...] como objetivo último, la Ley no busca sino el acceso a los bienes que constituyen nuestro Patrimonio Histórico. Todas las medidas de protección y fomento que la Ley establece sólo cobran sentido si, al final, conducen a que un número cada vez mayor de ciudadanos pueda contemplar y disfrutar las obras que son herencia de la capacidad colectiva de un pueblo. Porque en un Estado democrático estos bienes deben estar adecuadamente puestos al servicio de la colectividad en el convencimiento de que con su disfrute se facilita el acceso a la cultura y que ésta, en definitiva, es camino seguro hacia la libertad de los pueblos".

patibilidad de los usos con la conservación del bien o en la amplitud que adquiere el deber de autorización preceptiva para cualquier modificación de aquellos (una premisa recibida en la generalidad de las Leyes autonómicas hoy vigentes)[5].

Un tercer elemento clave viene dado por la combinación de dos factores, donde se aúnan un rasgo de su diseño y otro que ha marcado de forma crucial la propia ejecución del modelo. Nos referimos a la progresiva ampliación del concepto jurídico de Patrimonio Cultural (donde las innovaciones legislativas autonómicas han pesado especialmente)[6], así como la inflación de declaraciones acaecidas en nuestro país, especialmente a partir de los años 90 (momento en el que las CC.AA. ven reconocida su competencia al efecto)[7]: se trata de fenómenos que han contribuido a extender de manera determinante el marco de aplicación de aquellas duras limitaciones, pensadas para la conservación de "unos pocos bienes" a multitud de ellos. Si bien es cierto que, en los últimos años, se está produciendo cierta desaceleración en el ritmo de declaraciones (en lo que afecta a los bienes de naturaleza inmueble), no lo es menos que su número no ha dejado de crecer y que, a la luz de los datos aportados en la siguiente tabla, el incremento total de bienes dotados con la máxima protección conferida por la LPHE (la categoría de Bien de Interés Cultural, BIC en adelante), resulta verdaderamente llamativo.

5. El Art. 36.2 LPHE dispone: "La utilización de los bienes declarados de interés cultural, así como de los bienes muebles incluidos en el Inventario General, quedará subordinada a que no se pongan en peligro los valores que aconsejen su conservación. Cualquier cambio de uso deberá ser autorizado por los Organismos competentes para la ejecución de esta Ley".

6. Sobre la configuración abierta del concepto de Patrimonio cultural en nuestra legislación y la evolución expansiva experimentada por el mismo resulta indispensable la lectura de López Ramón, F., "Reflexiones sobre la indeterminación y amplitud del patrimonio cultural", en De Dios, S.; Infante, J.; Robledo, R. & Torijano, E. (Coords.), *Historia de la Propiedad. Patrimonio Cultural*, Servicio de Estudios del Colegio de Registradores de la Propiedad y Mercantiles de España, Madrid, 2003, pp. 525-548.

7. Donde resultaron cruciales los dictados de la STC 17/1991, de 31 de enero, así como la inmediatamente posterior concreción legislativa del alcance de la competencia estatal de defensa contra expolio [para un desarrollo de estas cuestiones, permítasenos el reenvío a Sánchez-Mesa Martínez, L. J., "L'assetto delle competenze in materia di beni culturali nell'ordinamento spagnolo: la centralità della regione", *Rivista di Arte e Diritto On Line (AEDON)*, núm. 3/2003 (http://www.aedon.mulino.it/archivio/2003/3/sanchez.htm, último acceso: 30/10/2022)].

EVOLUCIÓN DE LAS DECLARACIONES DE B.I.C. EN ESPAÑA (2000-2020)[8]					
Modalidad BIC	**2000**	**2000-2010**		**2010-2020**	
	Nº de bienes	**Incremento**	**Nº de bienes**	**Incremento**	**Nº de bienes**
Monumentos	12.001	+ 1.704 (14,2%)	13.705	+ 216 (1,6%)	13.921
Conjuntos Históricos	727	+ 146 (20%)	873	+ 104 (11,9%)	977
Sitios Históricos	135	+ 152 (112,6%)	287	+ 435 (151,6%)	722
Zonas Arqueológicas	671	+ 433 (64,5%)	1.104	+ 1.169 (105,9%)	2.273
Jardines Históricos	78	+ 14 (17,9%)	92	- 4 (- 4,3%)	88
TOTAL BICs inmuebles	**12.962**	**+ 3.099 (23,9%)**	**16.061**	**+ 1.920 (12%)**	**17.981**

Baste referir, como cálculo revelador de la dimensión de estos datos, que en España contaríamos hoy con una ratio de un BIC declarado por cada 2.648 habitantes (contabilizando tan sólo los inmuebles y siendo conscientes de que un importante número de ellos son bienes de conjunto que engloban, a su vez, un importante volumen de edificaciones), o, si queremos referirnos a una categoría específica, de un Monumento declarado por cada 3.420

8. La tabla es de elaboración propia, a partir de los datos ofrecidos por el *Anuario de Estadísticas Culturales*, publicación periódica que ha venido elaborándose a cargo de los Ministerios competentes en materia de cultura (accesible actualmente en el sitio web del Ministerio de Cultura y Deporte y con datos disponibles desde el año 2000

habitantes. Como es evidente –con independencia de su innegable impacto en el grado de eficiencia real del entero sistema–, esta hiperinflación de declaraciones BIC propiciará graves desajustes en la propia esencia conceptual y funcional de un modelo de protección que, en la intensidad de sus previsiones, estaba pensado, tal y como avanzábamos, para ser aplicado a un ámbito objetivo mucho más reducido.

Junto a todo ello, la idea original de proteger unos pocos bienes muy relevantes resultaba coherente con la de interpretar esta normativa ligada a la protección y conservación del Patrimonio como un ejemplo modélico de *régimen especial*, capaz de desplazar a otras normas sectoriales, otorgándole al mismo una suerte de primacía incuestionable[9]. Pero este planteamiento, sumado a los rasgos anteriores (expansión del concepto, inflación de declaraciones, enfoque centrado en la conservación de lo existente) termina por convertir a las duras limitaciones que contiene en obstáculos con

---

en adelante: https://www.culturaydeporte.gob.es/servicios-al-ciudadano/estadisticas/cultura/mc/naec/portada.html, último acceso: 30/10/2022). Algunas variaciones registradas (como el llamativo decrecimiento de Jardines Históricos declarados acecido en la última década) son fruto de procesos de revisión de los listados en algunas CC.AA. En los últimos años, destacan muy especialmente los incrementos manifestados en las categorías de Zona Arqueológica y Sitio Histórico, siendo bastante más contenido en la de Monumentos. No contamos con datos oficiales de la evolución de las declaraciones desde la entrada en vigor de la LPHE, en 1985, hasta el año 2000, donde sabemos que el crecimiento de las mismas fue especialmente acusado tras adquirir las CC.AA. competencia para operarlas (a resultas de los dictados de la STC 17/1991). Pueden valernos, como muestra, las cifras referidas a los Conjuntos Históricos que nos ofrece Fernández Rodríguez (vid. Fernández Rodríguez, T. R., "La ordenación urbanística de los conjuntos históricos: breve denuncia de los excesos al uso", *op. cit.*, p. 247), que contabiliza en 360 los bienes declarados en 1985. Considerando que en el año 2000 se computaban un total de 727, ello nos da un incremento de un 101,9 % en tan sólo 15 años (que tiene lugar esencialmente a partir del año 1991, pues el autor destaca que en el período 1985-1991 tan sólo se declararon un total de 3, a cargo del Estado). La incidencia específica de estas declaraciones presenta un impacto cualificado en el panorama que tratamos de describir, dado que –recordémoslo– constituyen una modalidad destinada a aplicarse sobre áreas territoriales, normalmente de carácter urbano (cascos antiguos, barrios históricos, etc.), razón por la que terminan impactando en un número elevado de inmuebles.

9. López Ramón, en el análisis ligado a su interacción con la normativa urbanística, nos hablará de una "prevalencia completa, en definitiva, de las soluciones previstas por la legislación del Patrimonio Cultural y aplicadas por la Administración del Patrimonio Cultural" (vid. López Ramón, F., "Reflexiones sobre la indeterminación y amplitud del patrimonio cultural", *op. cit.*, p. 540), prevalencia que queda más que patente incluso en las Leyes autonómicas de más reciente aprobación (el art. 34.10 de la Ley 6/2019, de 9 de mayo, de Patrimonio Cultural Vasco dispondrá expresamente, por cuanto respecta a los criterios generales de intervención sobre bienes culturales, que "La aplicación de las normativas sectoriales se supeditará a la conservación de los valores culturales del bien").

frecuencia desproporcionados hacia cualquier fin que trascienda la mera conservación. A la par, una Administración como la de Cultura, claramente limitada en sus medios (más aún dadas las circunstancias apuntadas), se configura aún como una Administración dotada en su operar de una singular incidencia sobre otros sectores, no habiéndose caracterizado precisamente por favorecer enfoques transversales o mecanismos de coordinación administrativa en todos ellos.

Si bien estos rasgos, tal y como profundizaremos en el siguiente epígrafe, arrojan claras limitaciones para los espacios con que contará la rehabilitación de edificaciones dotadas de un valor cultural efectivamente reconocido por la legislación sectorial de Patrimonio, no es menos cierto que el enfoque planteado desde otros sectores apunta en una dirección bien distinta. La rehabilitación edificatoria, en efecto, ha cobrado claro impulso en el marco de otras políticas y bajo claros estímulos propugnados especialmente desde las directrices de la Unión Europea. Así ha ocurrido en los últimos años en diversas líneas de reforma que, impactando principalmente en el apartado ambiental y económico, suelen tener en común el objetivo de la sostenibilidad en el aprovechamiento de concretos recursos.

En este sentido, habría que resaltar el giro experimentado en las políticas urbanísticas en los últimos años, donde, frente a los tradicionales esquemas de crecimiento urbano, se pretende ahora afianzar una apuesta decidida por la regeneración de la ciudad existente, promovida desde el referido principio de sostenibilidad y con una repercusión innegable en el estímulo de la actividad de rehabilitación[10]. En este contexto, también hemos de sumar, como factores favorables al estímulo de rehabilitación, el reciente fenómeno de la promoción de las *smart citties* (en la búsqueda de nuevos modelos urbanísticos que incrementen de la calidad y sostenibilidad de la

10. Fiel reflejo de dicho giro es –partiendo de su propia denominación– la Ley 8/2013, de 26 de junio, de rehabilitación, regeneración y renovación urbanas y el Real Decreto Legislativo 7/2015, de 30 de octubre, por el que se aprueba el texto refundido de la Ley de Suelo y Rehabilitación Urbana. Contamos ya con unos años de recorrido en los que "la sostenibilidad se ha convertido en el fundamento del entero sistema urbanístico, adquiriendo cada vez más nuevas manifestaciones" y la rehabilitación en "elemento esencial del Derecho urbanístico", tal y como afirma González Sanfiel. Pero no es menos cierto, como sostiene el mismo autor, que una cosa es que se esté intentando favorecer más la actuación sobre suelo ya ocupado o transformado frente a la dirigida sobre nuevos suelos a desarrollar y otra que ello se esté efectivamente logrando, pues no son pocas las dificultades que presenta tanto la necesaria implicación de los propietarios como la adaptación de las técnicas propias de los modelos de intervención del urbanismo tradicional: "Faltan experiencias y *leading cases* que permitan ir decantando el sistema. A pesar de que la idea o principio parece estar bas-

vida urbana desde el aprovechamiento de las nuevas tecnologías)[11] y otro, no tan reciente, como es la implementación de la eficiencia energética en la edificación (impulsada desde las políticas europeas desde hace años, como una de las principales vías para afrontar la dependencia energética del continente)[12] que, aunque con los esperables límites, no dejará de proyectarse también sobre los inmuebles históricos[13].

---

stante aceptado (el sistema debe caminar por esta senda), su implementación práctica está siendo muy lenta y poco visible". [vid. González Sanfiel, A. M., "Nuevo derecho urbanístico: simplificación, sostenibilidad, rehabilitación", en González Sanfiel, A. M. (Dir.), *Nuevo derecho urbanístico: simplificación, sostenibilidad, rehabilitación*, Thomson Reuters Aranzadi, Cizur Menor, 2020, pp. 35-39]. En el mismo sentido se pronuncia Alonso Ibáñez, quien afirma que "no va a ser posible implementar el nuevo paradigma urbano aplicando estructuras jurídico-administrativas con lógicas del pasado", resultando preciso, a su juicio, las tareas de contrastar la eficacia de los mismos y, en su caso, plantear las modificaciones precisas para adaptarlos a lo que hoy requiere el cada vez más complejo fenómeno urbano: "una ordenación con visión espacial continua" [vid. Alonso Ibáñez, M. R., "Un territorio para un derecho urbanístico sostenible", en González Sanfiel, A. M. (Dir.), *Nuevo derecho urbanístico: simplificación, sostenibilidad, rehabilitación, op. cit.*, p. 163].

11. Un fenómeno que, a juicio de Luciano Vandelli, comporta un "cambio total" en el enfoque de todo lo urbano (incluyendo aquí también la cuestión patrimonial), que impulsa una reorganización urbana desde una "visión orgánica", integral e integrada, desde la que no se deben contemplar compartimentos-estancos y por la que será necesario "ir más allá de las tradicionales separaciones que a menudo han caracterizado y caracterizan las acciones de las instituciones públicas, en las relaciones entre ellas y con los particulares" (vid. Vandelli, L., "Prólogo", en García Rubio, F. (coord.), *Las nuevas perspectivas de la ordenación urbanística y del paisaje:* smart cities *y rehabilitación. Una perspectiva hispano-italiana,* Fundación Democracia y Gobierno Local, Madrid, 2017, pp. 13-14).

12. Para la identificación y análisis de los instrumentos que estuvieron en el origen de esta línea de acción de la UE, permítasenos el reenvío a Sánchez-Mesa Martínez, L. J., "La normativa europea sobre la eficiencia energética de los edificios: la Directiva 2002/91/CE, de 16 de diciembre", en Torres López, M. A.; Arana García, A. & Moral Soriano, L., *El sector eléctrico en España. Competencia y servicio público,* Comares, Granada, 2007, pp. 241-265.

13. Si atendemos a los contenidos del Real Decreto 390/2021, de 1 de junio, por el que se aprueba el procedimiento básico para la certificación de la eficiencia energética de los edificios, podremos comprobar que en la definición del ámbito objetivo de aplicación de la norma operado en el art. 3 de la misma no se excluye a priori a los "edificios de particular valor arquitectónico o histórico" ni a aquellos "protegidos oficialmente por ser parte de un entorno declarado", salvo en aquellos casos en los que la "actuación de mejora de la eficiencia energética alterase de manera inaceptable su carácter o aspecto", algo que habrá de valorar la Administración cultural competente, en función de los dispuesto en el art. 3.2.a) de la norma. Para una mayor profundización en este concreto apartado, vid. González Ríos, I., "La conservación y rehabilitación de los edificios históricos desde la perspectiva de la sostenibilidad energética", *Revista de Derecho Urbanístico y Medio Ambiente*, núm. 298, 2015, pp. 149-199.

En el apartado económico, no deben descuidarse tampoco las incidencias indirectas que sobre el sector del Patrimonio cultural han conllevado, en primer lugar, las medidas de liberalización implantadas desde Europa (con especial incidencia en la supresión/atemperación de barreras administrativas previas para la prestación de servicios o implantación de actividades económicas)[14] o las medidas anticrisis, tanto las derivadas de la crisis financiera de 2008 como de la más reciente, propiciada por la crisis sanitaria de la Covid-19, con el fin de estimular la recuperación o reactivación de la economía[15]. De las mismas se derivará la necesidad de atemperar enfoques tradicionales en el sector de la protección del Patrimonio que, en el marco de la aludida tensión conservación/rehabilitación de los bienes que lo integran, se volcaban excesivamente en el primero de los objetivos.

A la de las referidas líneas reformistas puede sumarse también la incidencia de concretas políticas de cohesión territorial en el marco europeo, donde el Patrimonio también es contemplado como un recurso socioeconómico dotado de un importante potencial, como es el caso de las iniciativas emprendidas para afrontar el llamado *reto demográfico*, particularmente en cuanto afecta a la despoblación de zonas rurales. En cuanto afecta al Patrimonio, las sugerencias allí planteadas impactan también en un necesario cambio de enfoque: la conservación no deja de ser un elemento previo y crucial, pero el esfuerzo ha de volcarse ahora en *ponerlo en valor*, en generar a partir de él recursos económicos, sin perjuicio de que, en estos contextos, se potencien también especialmente las necesidades de habitabilidad y sos-

14. Aunque la célebre Directiva de Servicios (Directiva 2006/123/CE del Parlamento Europeo y del Consejo, de 12 de diciembre de 2006, relativa a los servicios en el mercado interior) no impactaba directamente en las normas urbanísticas (vid. considerando 9) y reconocía, entre las "razones imperiosas de interés general" capaces de justificar excepciones a su aplicación, a "la protección del medio ambiente y del entorno urbano" y a "la conservación del patrimonio histórico y artístico nacional", es indudable su influjo en ciertas reformas operadas en ambos sectores (algunas de las cuales referiremos) tendentes a lograr una mayor simplificación y agilización de algunos de los procedimientos administrativos que les son propios.

15. Sin ir más lejos, más adelante analizaremos un ejemplo en el Derecho autonómico, con los Decretos-Ley 2/2020, de 9 de marzo, de mejora y simplificación de la regulación para el fomento de la actividad productiva de Andalucía, y 26/2020, de 13 de octubre, por el que se establece una medida extraordinaria y urgente en el ámbito económico para facilitar ayudas a las pymes industriales afectadas por las consecuencias económicas de la pandemia SARS-CoV-2 (ambos con impacto en el apartado de las intervenciones practicables en bienes dotados de protección cultural y determinantes de ciertas reformas sobre la Ley 14/2007, de 26 de noviembre, del Patrimonio Histórico de Andalucía).

tenibilidad de las edificaciones (otro factor que incide en la necesidad de buscar espacios para la intervención rehabilitadora)[16].

Hasta aquí, algunos de los ejemplos más destacados que, en el marco de la iniciativa pública, desde el desarrollo de sus políticas, resultan reveladoras de una toma de conciencia sobre la necesidad de impulsar el uso y aprovechamiento del Patrimonio y, por consiguiente, de su rehabilitación allí donde proceda, llamando a estimular una actuación que trascienda a la mera conservación del mismo. Pero si volvemos la mirada al sector privado, tampoco el mismo se presenta carente de factores que han constituido un estímulo para potenciar la rehabilitación del Patrimonio cultural. Entre los más destacados, por cuanto respecta a las características de nuestro país, se halla el del auge del turismo cultural[17] y del consiguiente crecimiento de la demanda de alojamientos turísticos en nuestras ciudades históricas. En este último apartado se encuadra un fenómeno fuertemente ligado a la tan en boga economía colaborativa como es el del *boom* de los *apartamentos turísticos* que, con independencia de los particulares problemas que de él se han derivado (que es donde parece haberse centrado la intervención pública), sin duda ha constituido un estímulo para la rehabilitación del parque inmobiliario dedicado al uso habitacional, con indudables efectos positivos en los casos en los que dichos inmuebles se hallaban degradados y deshabita-

---

16. Sobre las particularidades que, en el contexto de estas áreas rurales, reviste la acción pública dirigida sobre las manifestaciones del Patrimonio cultural, permítasenos el reenvío a cuanto fue publicado en Sánchez-Mesa Martínez, L. J., "Planning territorial policies against inner areas depopulation in Spain: keys for sustainable management of cultural and environmental resources", *Il Capitale Culturale*, núm. 19, 2019, pp. 53-81 [texto descargable en https://riviste.unimc.it/index.php/cap-cult/article/view/1980 (último acceso: 30/10/2022)]; o en su versión traducida al castellano "La planificación de políticas territoriales contra la despoblación de áreas interiores en España: claves para una gestión sostenible de los recursos culturales", en Santiago Iglesias, D.; Míguez Macho, L. & Ferreira Fernández, A. J. (Dirs.), *Instrumentos jurídicos para la lucha contra la despoblación rural*, Thomson Reuters – Aranzadi, Cizur Menor, 2021, pp. 413-447.

17. Para obtener datos precisos sobre la evolución experimentada por esta modalidad de turismo, permítasenos reenviar a los recopilados en Sánchez-Mesa Martínez, L. J., "La planificación de políticas territoriales contra la despoblación de áreas interiores en España: claves para una gestión sostenible de los recursos culturales", *op. cit.*, pp. 417 y ss. Baste aquí destacar la trascendencia que ha venido cobrando dentro de nuestra economía la aportación de las industrias y actividades productivas que giran en torno a la cultura y el Patrimonio cultural, la cual, en los últimos años, ha oscilado entre un 2,4% y un 2,8% del PIB, llegando a alcanzar hasta un 3,4% cuando computamos también los resultados de actividades económicas vinculadas con la propiedad intelectual ligada a este sector (datos contrastables las ediciones del *Anuario de Estadísticas Culturales*, dentro del aptdo. núm. 18. de cada volumen, bajo el título "Cuenta Satélite de la Cultura" https://www.culturaydeporte.gob.es/servicios-al-ciudadano/estadisticas/cultura/mc/naec/portada.html, último acceso: 30/10/2022)

dos (algo que no es infrecuente en muchos cascos históricos de nuestras ciudades)[18].

3. IDENTIFICANDO EL INCIPIENTE GIRO DE LOS PRINCIPIOS QUE INFORMAN LA INTERVENCIÓN SOBRE EL PATRIMONIO: LAS MÁS RECIENTES RESPUESTAS DESDE LOS MODELOS AUTONÓMICOS

A resultas del contexto descrito, hemos podido comprobar cómo, frente a las limitaciones que contienen o condicionan la rehabilitación en cuanto fin perseguido para nuestro Patrimonio cultural inmueble, han sido múltiples los factores (fundamentalmente económicos y ambientales) que, en estos últimos tiempos, han "empujando" en el sentido contrario en la referida tensión *conservación vs. rehabilitación* a favor de la segunda, reclamando, aunque sea indirectamente, una necesaria relajación de los límites que impone un modelo tradicional de protección centrado en la conservación. Sin embargo, resultaría cuando menos inexacto afirmar que dicho modelo tradicional, heredado en la LPHE, ha permanecido inalterado o plenamente impermeable a la identificada necesidad de favorecer el impulso de la rehabilitación efectiva de nuestro Patrimonio. En ello tiene buena parte de culpa el desarrollo que, con respecto a dicho modelo, ha venido procurando el Legislador autonómico, favorecido, en su capacidad de respuesta, por una circunstancia que preside la evolución de la normativa sectorial en esta concreta materia: el escalonamiento temporal presente en la formulación y

18. Coincide con esta visión Arana García, no sólo en la medida en que mediante esta actividad se reactivan "bienes y recursos infrautilizados", sino porque en ella se puede identificar un verdadero "incentivo para la rehabilitación regeneración de los cascos históricos de muchas ciudades de nuestro país" (vid. Arana García, E., "La intervención local en las viviendas de uso turístico a través de la zonificación urbanística: requisitos y consecuencias", *Revista de Estudios de la Administración Local y Autonómica*, núm. 10, 2018, pp. 7-8). La mayor parte de los estudios se centran, sin embargo, en el análisis de las externalidades negativas que se derivan del fenómeno (que son también las que estimulan el grueso de la intervención administrativa), entre las que, por cuanto afecta a la conservación del Patrimonio, destacará el desplazamiento de habitantes por turistas y la consiguiente desvinculación entre los bienes y el tejido social que albergaban, resultado que malogra el perfil social de los objetivos y principios de la conservación monumental actual (vid. al respecto Tapia-Gómez, M., "La rehabilitación de los centros históricos: criterios de análisis para una intervención inclusiva en Galicia", *Ciudad y Territorio*, núm. 209, 2021, pp. 670-671). Siendo éste un problema real, como decimos, sorprende que no sea posible hallar estudios que cuantifiquen los beneficios (aunque se hayan proyectado solo en la recuperación de los bienes materiales y no en su dimensión social) que para la rehabilitación del Patrimonio ha tenido la proliferación de una praxis que ha dado ya lugar, en nuestro país, a más del doble de plazas que las ofertadas desde el sector hotelero.

sucesivas reformas de las Leyes autonómicas del Patrimonio cultural[19]. De este modo, si bien en muchos casos pervivirán allí buena parte de los rasgos heredados del modelo estatal (origen del desajuste o desequilibrios apuntados), también será posible identificar otros, especialmente en las normas autonómicas de última generación, donde parece cobrarse conciencia de los desajustes y, en ocasiones, incluso apuntar intentos de respuesta.

Es el propósito del presente apartado del trabajo, pues, identificar dichas novedades en las que podría atisbarse un giro del modelo de protección hacia otro que trascienda claramente la tradicional preeminencia del fin de la estricta conservación, que resulte más flexible ante las necesidades de adaptar los bienes protegidos a nuevos usos, más proclive, por tanto, a la apertura de mayores espacios de operatividad al fin de la rehabilitación (aun a costa de ciertos sacrificios o renuncias en la estricta conservación de los bienes, tal y como han llegado a nuestros días).

Para ello, se seleccionan una serie de ítems en los que se manifiesta de manera más evidente la presencia de límites legales o condicionantes para la rehabilitación bajo el régimen de protección clásico (todos ellos estrechamente ligados a algunos de los factores generales ya apuntados en el apartado anterior) para, tras profundizar en su análisis, tratar de identificar las concretas novedades introducidas en la regulación autonómica que salen a su paso, corrigiéndolos o atenuándolos. Sin perjuicio de que en el transcurso del análisis se apunten algunas valoraciones sobre el efectivo impacto que dichas novedades comportan para la apertura de mayores espacios a la intervención de rehabilitación, dejaremos para el apartado final de conclusiones una reflexión crítica de conjunto.

3.1. LA INDEFINICIÓN DE LOS CONCEPTOS JURÍDICOS CORRESPONDIENTES A LAS MODALIDADES DE INTERVENCIÓN Y SU CORRECCIÓN EN LOS GLOSARIOS DE LAS NUEVAS LEYES AUTONÓMICAS

Si hemos de comenzar por el análisis de algún concreto factor, ése es, sin duda, el presente. No en vano, como se tratará de argumentar, esta carencia tradicional presente en modelo de la LPHE y heredada por la mayor parte de Leyes autonómicas constituye, en buena parte, el principal

19. Si en 2014, Alonso Ibáñez nos hablaba de "la tercera generación de Leyes del Patrimonio Histórico" (así se titula su trabajo publicado en el número 18 de la revista *Patrimonio Cultural y Derecho*, citado en páginas anteriores), hoy deberíamos hablar ya de una *cuarta*, en la que se englobarían los nuevos textos aprobados en Galicia (2016), Canarias (2019), País Vasco (2019) y Comunidad de Madrid (2023), que analizaremos en varios puntos del presente trabajo.

germen de los desajustes allí identificados que afectan a nuestro objeto de estudio: los límites que ha venido presentando el régimen de protección del Patrimonio cultural para la puesta en práctica de la rehabilitación de los inmuebles que lo integran.

La efectiva regulación de conceptos jurídicos que permitan acotar los distintos fines o modalidades de intervención legalmente practicables sobre un bien cultural, lejos de representar un cometido meramente teórico o formal, comporta una dimensión práctica de enorme relevancia. De arranque, resulta ya de por sí sumamente complejo –a la par que confuso– tratar de disponer un régimen jurídico concreto sobre un ámbito objetivo previamente indefinido. Por otro lado, la ausencia de definición de dicho ámbito objetivo complica enormemente la calificación jurídica de los hechos, lo que tiene un importantísimo impacto en sede interpretativa y aplicativa. Baste referir, como prueba reciente de la aludida trascendencia práctica de la cuestión, el impacto que ello tuvo en el proceso judicial que afectó a una intervención ejecutada nada más y nada menos que en la Mezquita-Catedral de la ciudad de Córdoba (inmueble dotado de la máxima protección conforme a la normativa estatal y autonómica, reconocido, además, con la mención de Patrimonio de la Humanidad por parte de la UNESCO). En el caso, el análisis de la legalidad de la intervención practicada partía de la propia calificación de su naturaleza, la cual, de poder ser entendida como una "rehabilitación" (pretensión de la Administración que la autorizó), resultaría admisible como actuación comprendida en el marco legal de la LPHE (que admite expresamente dicha modalidad entre las diversas finalidades que puede revestir una actuación sobre el Patrimonio protegido). Sin embargo, ante la ausencia de un concepto jurídico de "rehabilitación" en la normativa aplicable, a la hora de revisar la correcta o incorrecta caracterización de la intervención (no aportada por la propia Administración en sus resoluciones), el Juez de instancia se vio obligado a recurrir a la acepción común otorgada al término por el Diccionario de la Real Academia de la Lengua Española, factor que resultaba determinante en la calificación jurídica de la naturaleza de la intervención[20].

La LPHE, en su artículo 39 (precepto de referencia para nuestro análisis), citará, entre los fines a los que habrá de tender la actuación de los poderes

20. Nos referimos aquí al caso resuelto por la Sentencia de la Sala de Contencioso-Administrativo del TSJ de Andalucía, núm. 824/2020, de 18 de mayo, en respuesta al recurso de apelación presentado por la Junta de Andalucía y la Agrupación de Cofradías de Córdoba contra la Sentencia del Juzgado de lo Contencioso-Administrativo núm. 4 de Córdoba, de 22 de abril de 2019, por la que se declaró nula por falta de legitimación la resolución de la Consejería de Cultura que autorizó una intervención practicada una de las celosías fijas que cerraban el monumento de la Mezquita hacia el adyacente

públicos en relación con los por ella bienes protegidos, los de la "conservación", "consolidación" y "mejora" (aptdo. 1). Para el caso específico de los bienes de carácter inmueble (aptdo. 2), aludirá a los de "conservación", "consolidación", "rehabilitación" y "reconstrucción" (con carácter excepcional y muy limitado para este último supuesto)[21]. A ello habrá de añadirse la referencia a la intervención de "restauración" (aptdo. 3), aplicable tanto a bienes inmuebles como muebles, a la que el aludido precepto dedica ciertas imposiciones metodológicas a tener en cuenta en su eventual puesta en práctica. Ni rastro, sin embargo, de definición alguna. Cabe apreciar, sin embargo, que el contenido del texto se aproxima a los referidos conceptos de forma diversa: en la mayor parte de los casos lo hace en cuanto "fines" u

Patio de los Naranjos. La intervención consistió en la sustitución de la citada celosía por una puerta batiente de nueva factura, destinada a habilitar un nuevo acceso al interior del inmueble, que se entendía necesario al objeto de facilitar el tránsito de las procesiones religiosas de Semana Santa por el templo. Con independencia de la riqueza del caso (donde también se abordan valoraciones de sumo interés relacionadas con los criterios legales de intervención, en lo relativo a las condiciones exigidas para la eliminación de partes de un bien declarado), a nosotros nos interesa la parte en la que se pone de manifiesto la trascendencia que revistió en la resolución del caso la efectiva ausencia de un concepto jurídico de rehabilitación tanto en la normativa estatal como en la andaluza. El Juez de instancia, para evaluar la legitimidad de la autorización administrativa, debía determinar si la intervención descrita constituía o no una "rehabilitación" del inmueble, tal y como alegaba la Consejería autorizante, siendo éste un factor determinante del caso, al resultar admisibles sobre los bienes tan sólo intervenciones que respondan a los fines previstos en la Ley aplicable (dispuestos por el art. 39 LPHE y reiterados en el art. 20 de la Ley 14/2007, de 26 de noviembre, del Patrimonio Histórico de Andalucía). Ante la ya aludida ausencia de concepto jurídico, el Juez de instancia recurrió en sus razonamientos a la definición prevista en el Diccionario de la Real Academia, donde por rehabilitación se entiende el "conjunto de métodos que tiene por finalidad la recuperación de una actividad o *función perdida* o disminuida" (cursivas añadidas). A la luz de dicha definición, el Juez pone de manifiesto que "no se ha controvertido en el procedimiento que el uso religioso procesional constituyera una función perdida" (de hecho, se trataba de un uso más bien reciente). Cierto es que, en la fundamentación del fallo terminaría pesando mucho más el hecho de la falta de motivación presente en la eliminación de una parte del bien que, a la luz de los criterios regulados en las normas, ha de ser siempre excepcional, en virtud del exigido respeto de las aportaciones de diversas épocas en el bien (incumplimiento del 39.3 LPHE). Piénsese, sin embargo, que distinta habría resultado la cuestión de la calificación jurídica de la intervención si hubiera debido operarse bajo el régimen de la actual Ley del Patrimonio Cultural de Galicia, que sí cuenta con un concepto jurídico para la actividad de rehabilitación (que analizaremos en seguida) y que, además, a diferencia del Diccionario de nuestra Real Academia de la Lengua, la concibe como una intervención que puede proyectarse a recuperar tanto usos originales como *nuevos usos*. Ningún problema se habría dado desde el operar jurídico, en este caso, para poder entender en la actuación referida la práctica de una rehabilitación.

21. Admitiéndose tan sólo las reconstrucciones por *anastilosis*, consistentes en la reunión de sus partes o fragmentos dispersos, una vez constatada su autenticidad, recuperando su disposición original.

"objetivos" deseados, se entiende, de toda intervención practicada sobre los bienes; por el contrario, en el caso de la referencia a la "restauración", la mención parece abordarse en calidad de concreta tipología de intervención (en la medida en que el precepto no la incluye expresamente como fin y se limita a precisar después los criterios técnicos que deben regirla)[22].

Esta indefinición de los conceptos constituye un rasgo históricamente arrastrado por la normativa española en materia de protección[23] que ha venido a favorecer una notable confusión terminológica[24], así como a complicar la identificación de espacios para la legalidad de las diferentes tipologías de intervenciones contempladas. "Nos encontramos ante nociones vagas, lábiles, difusas y, a veces, intercambiables"[25], donde no sólo resulta muy complejo determinar su alcance y diferenciación, sino también cualquier orden de prelación entre las mismas (con la salvedad, quizás, de la "reconstrucción", que parecería situarse a la cola de todas dado el carácter excepcional y residual con la que es tratada). Este último aspecto, además, resultará crucial desde el momento en que las diversas tipologías de intervención presentan, al menos en su plano técnico, grados de impacto sobre el bien muy diferentes y, en ese sentido, aquellas que se manifiestan más invasivas pueden llegar a resultar incompatibles con los propósitos conna-

22. Resulta muy importante aclarar este uso dual de los términos, pues se halla en la raíz de la confusión generada. ¿Cuándo se habla de conservación como fin y cuándo como concreta modalidad de intervención? La acepción general o amplia del término "conservación" en cuanto fin de una intervención puede presentar un carácter omnicomprensivo, capaz de aglutinar diversas modalidades de intervención (así, la conservación de un bien podría implicar su consolidación, su restauración, su rehabilitación o, incluso, su reconstrucción, total o parcial), pero no puede decirse lo mismo cuando nos referimos a la conservación como concreta *modalidad de intervención* (que, como tal, habrá de distinguirse de las restantes: una intervención de restauración no puede consistir en lo mismo que una de rehabilitación u otra de mantenimiento).
23. Un punto de partida interesante es identificar esta circunstancia presente ya, en grado muy acusado y llamativo, en nuestra Ley de Monumentos de 1915 (Vid. al respecto cuanto analizado sobre los términos y conceptos empleados por la norma en Sánchez-Mesa Martínez, L. J., La restauración inmobiliaria en la regulación del Patrimonio histórico, Thomson – Aranzadi, Cizur Menor, 2004, p. 148).
24. Confusión que, en parte, se hereda también de la esfera técnica donde, como pone de manifiesto un célebre restaurador como Gianluigi Colalucci, se constata una acusada *incertidumbre lexical* que hace necesario definir "una base común sobre el significado de las palabras, porque de lo contrario los discursos en restauración, a pesar de usar las mismas palabras, pueden significar cosas distintas", (Vid. Colalucci, G., "El léxico de la restauración", *Restauración & Rehabilitación*, núm. 72, 2003, p. 16).
25. El entrecomillado pertenece a Martín-Retortillo Vaquer, L., "Los conceptos de consolidación, rehabilitación y restauración en la Ley del patrimonio histórico español", en AA.VV., *El Derecho Administrativo en el umbral del siglo XXI*, Tirant lo Blanc, Valencia, 2000, p. 3188.

turales a las que implican modalidades de intervención no invasiva (como el mantenimiento o la conservación *stricto sensu*).

En esta circunstancia, resulta más que obligado volver la vista a los dictados de la jurisprudencia, pero la misma no ha venido a establecer, en ninguno de sus pronunciamientos, algo parecido a una acotación de los conceptos jurídicos correspondientes a las modalidades de intervención. Sí puede inferirse, por el contrario, el signo de una pauta clara en lo que afecta a la prelación de los diversos fines apuntados en la Ley: la conservación será el fin prevalente sobre todos los demás. Así se desprende de múltiples sentencias del TS, sin que se llegue a determinar nada, sin embargo, por cuanto respecta a los espacios que restan para la operatividad de otros fines distintos[26]. Ello, sumado a otras notas que se aportarán con respecto a la rigidez

26. La jurisprudencia en este sentido se ha manifestado siempre proclive a la priorizar, en cualquier intervención sobre el Patrimonio, la función conservativa. Así lo pone de manifiesto en su contenido el ingente trabajo de recopilación y análisis de sentencias operado en la aportación de Abad Liceras, J. M., *Patrimonio Histórico y Jurisprudencia (1930-2003)* [publicación en CD-ROM a cargo de la revista internacional "Restauración & Rehabilitación", la Asociación Española de Empresas Restauradoras del Patrimonio Histórico (ARESPA), la Asociación Española de Gestores de Patrimonio Cultural, América Ibérica y S.O.S. Patrimonio, (2003)]. A la luz de las Sentencias del TS, la adecuada garantía del Derecho social a la cultura, por cuanto afecta al Patrimonio, pasa por reconocer la centralidad del fin de la conservación como parámetro de interpretación de la normativa. Valga por todas el siguiente extracto de la STS de 6 de abril de 1992: "Esta Sala viene reiteradamente declarando (...) que las atribuciones de los organismos protectores del Patrimonio Histórico Artístico obedecen a la exigencia de defender el derecho social a la cultura y ello obliga —conforme al art. 53.3 de la Constitución— a *interpretar la legislación protectora de dicho patrimonio en el sentido más favorable a la conservación del mismo*, en cumplimiento del mandato constitucional de conservar y promover el enriquecimiento del patrimonio histórico, cultural y artístico de los pueblos de España y de los bienes que lo integran (art. 46) y otorgar cobertura legal para impedir o demoler obras que pudieran producir daño a dicho patrimonio y perjuicios irreparables, y en consecuencia aquellos organismos pueden, separándose incluso, si ello fuera necesario, de las normas urbanísticas y de las licencias que se hubieran otorgado por otros organismos, adoptar o imponer las limitaciones que discrecionalmente estimen necesarias para tal fin, si bien el ejercicio de esa potestad ha de ser razonable y limitar lo menos posible los derechos de los propietarios afectados" (cursivas añadidas). Pocas referencias, pues, en cuanto a los espacios que quedan para otros fines, como el de rehabilitación. Una situación muy diversa de la experimentada en Italia, donde desde bien temprano se contaba al menos con un documento técnico que abordaba la caracterización de las diversas intervenciones (la Circular de 6 de abril de 1972, n. 117) y donde la Corte Constitucional había ya emprendido algunos intentos de deslinde entre aquéllas (entre otras, en su Sentencia de 10 de junio de 1993, núm. 277). La situación de indefinición tampoco puede ser resuelta desde las aportaciones de otros sectores, que sí habían operado detalladas caracterizaciones con respecto a las diversas modalidades de intervención, como es el caso del Derecho urbanístico: la concepción de la rehabilitación que se tenga en el

de los criterios técnicos de intervención previstos en la LPHE[27], permite ratificar el enfoque acusadamente conservacionista del régimen dispuesto por el modelo estatal de protección, donde los espacios de operatividad para las intervenciones de rehabilitación quedarían ampliamente limitados.

Como avanzábamos, esta indefinición identificada en el modelo estatal constituyó una herencia ampliamente extendida en los textos de las Leyes autonómicas. No es hasta finales de los 90 que puede identificarse un primer intento de operar un tratamiento más detallado de la cuestión. Tal fue el caso de la Ley 4/1999, de 15 de marzo, de Patrimonio Histórico de Canarias, hoy ya derogada, cuyo art. 46, dentro de la regulación dedicada los BIC Conjunto Histórico, impone, para los "catálogos arquitectónicos municipales" de obligada aprobación por parte de los Ayuntamientos, las definiciones correspondientes a las distintas modalidades de intervención practicables sobre los bienes que allí se incluyan[28]. Contempla el precepto concretamente los conceptos correspondientes a las intervenciones de

marco del urbanismo o de la edificación no resulta válido para el sector del Patrimonio cultural, pues no existe plena identidad en el ámbito objetivo de los diversos sectores (vid., en este sentido, De Santis, B., "Il restauro", en Ferri, P. G. & PACINI, M., *La nuova tutela dei beni culturali e ambientali*, Il Sole 24 ore, Milán, 2001, p. 98).

27. Vid. infra, epígrafe 2.5.

28. Llama la atención que estos conceptos se aporten como consecuencia de una intervención del Legislador autonómico sobre los contenidos de una herramienta urbanística propia de la competencia local como son los Catálogos urbanísticos (donde, por otra parte, resultaba ya de por sí común la praxis de acotar normativamente los conceptos y naturaleza de cada una de las tipologías de intervención). El precepto rezaba del siguiente modo: "Sin perjuicio de que establezcan ulteriores especificaciones para cada uno de los grados de protección, los catálogos determinarán las intervenciones de conservación, restauración, consolidación, rehabilitación y remodelación permitidas en cada una de las unidades catalogadas, según las definiciones que a continuación se indican: a) Son medidas de conservación las que tienen por finalidad la realización de estrictas actuaciones de mantenimiento, en cumplimiento de las obligaciones de los titulares o poseedores de los bienes sobre las condiciones de seguridad, salubridad y ornato de las edificaciones, así como las reparaciones y reposiciones de las instalaciones. b) Son intervenciones de restauración aquellas que pretenden, mediante una reparación o reposición de elementos estructurales o accesorios del edificio, restituir sus condiciones originales, sin incluir aportaciones que deterioren los valores que motivaron su catalogación. c) Son intervenciones de consolidación las que tienen por objeto el afianzamiento y refuerzo de elementos estructurales e instalaciones para asegurar la estabilidad y adecuado funcionamiento del edificio en relación con las necesidades del uso a que sea destinado. d) Son intervenciones de rehabilitación las de adecuación, mejora de las condiciones de habitabilidad o redistribución del espacio interior, manteniendo las características tipológicas del edificio. e) Son intervenciones de remodelación las que tienen por finalidad la adecuación o transformación del edificio, incluyendo la demolición total o sustitución parcial de los elementos estructurales y de modificación de los parámetros de altura, ocupación y volumen".

"conservación", "restauración", "consolidación", "rehabilitación" y "remodelación". Las definiciones allí contempladas no difieren demasiado de las que habitualmente se incluyen en los catálogos urbanísticos al uso (conviene recordar que la Ley las operaba para un ámbito objetivo que trasciende al de los bienes protegidos por la normativa de Patrimonio, proyectándose también sobre aquellos otros inmuebles de menor interés cultural que serán objeto de protección urbanística). Aunque no se trate de una definición caracterizante de las diferencias que habrían de presentar, frente a otros sectores, las modalidades de intervención en el Patrimonio cultural, permite apreciar una clara diferenciación en la naturaleza de las intervenciones de conservación y las de rehabilitación, asociando la primera a actuaciones esencialmente ligadas al mero mantenimiento del inmueble y la segunda a otras de mayor impacto sobre el bien ("adecuación", "mejora", "redistribución interior") y encaminadas, como es obvio, a su adaptación al uso.

La aún reciente nueva Ley del Patrimonio Cultural de Canarias (2019) que viniera a derogar la versión apenas referida no abandonará su afán aclaratorio en este apartado y, con independencia de las novedades de contenido (se amplía considerablemente el número de modalidades de intervención definidas, añadiendo ahora las de "investigación", "valorización", "mantenimiento", "reconstrucción", "reestructuración", "remonta" y "ampliación"), la diferencia más relevante con la regulación anterior adviene en un plano cualitativo: los conceptos ahora acuñados son, ahora sí, específicamente referidos a las intervenciones practicables en los bienes protegidos por la normativa sectorial de Patrimonio cultural[29]. Aun así, por cuanto afecta al concepto jurídico dispuesto para la "rehabilitación" (art. 11.1 g) no se produce ninguna innovación en relación con la redacción previa (no ocurrirá así con el concepto de "conservación", donde se incorpora a la redacción previa un añadido final que impone, para este tipo de intervenciones, la preferencia por el uso de materiales originales u otros similares)[30]. En cualquier caso, la ausencia de ulteriores matices hace difícil discernir, por cuanto a estas dos modalidades respecta, alguna peculiaridad de peso que permita distinguir la entidad y alcance de las mismas con los

29. El art. 11 de la Ley 11/2019, de 25 de abril, de Patrimonio Cultural de Canarias, titulado "Tipos de intervención", se encuadra en el Título II de la Ley, en el que se definen las bases del modelo de protección dispuesto por la norma.

30. Permítasenos, por su interés, reproducir aquí el contenido del citado precepto: "1. Las intervenciones en bienes inmuebles se clasifican, a los efectos de la presente ley, en las siguientes categorías: a) Investigación: acciones que tengan como objetivo ampliar el conocimiento sobre el bien o su estado de conservación y que afecten directamente a su soporte material. Incluye acciones y procedimientos necesarios para elaborar un

que les son propios en el marco del Derecho urbanístico (es decir, en el marco de una intervención inmobiliaria convencional).

Distinto es el caso de la nueva Ley gallega, emanada con anterioridad (2016). Apostando también por ofrecer un amplio catálogo de definiciones para los diversos tipos de intervenciones practicables sobre los bienes protegidos, en esta ocasión sí que aportará, en su acometida, un enfoque mucho más interesante para nuestro estudio, precisando singularidades en cada una de ellas (claramente derivadas del particular valor cultural que presentan los inmuebles a intervenir): no estaremos, pues, ante caracterizaciones que puedan entenderse intercambiables con las que operan en la nor-

---

diagnóstico y caracterizar los materiales y los riesgos que afectan al bien. b) Valorización: medidas y acciones sobre los bienes culturales o su ámbito próximo que tengan por objeto permitir su apreciación, facilitar su interpretación y acrecentar su difusión, especialmente en el ámbito educativo, y su función social. c) Mantenimiento: actividades cotidianas, continuas o periódicas de escasa complejidad técnica sobre el soporte material de los bienes o su ámbito próximo para que mantengan sus características, funcionalidad y longevidad, sin que se produzca ninguna sustitución o introducción de nuevos elementos. d) Conservación: intervenciones que tengan por finalidad la realización de estrictas actuaciones de mantenimiento, en cumplimiento de las obligaciones de las personas titulares o poseedoras de los bienes, sobre las condiciones de seguridad, salubridad y ornato de las edificaciones, así como las reparaciones y reposiciones de las instalaciones. En este tipo de intervenciones se deberán utilizar materiales originales o, en todo caso, sustituirlos por otros de las mismas características. e) Consolidación: acciones que tengan por objeto el afianzamiento y refuerzo de elementos estructurales e instalaciones para asegurar la estabilidad y el adecuado funcionamiento del inmueble en relación con las necesidades del uso a que sea destinado. En este tipo de intervenciones se utilizarán materiales cuya función estructural sea la misma que la original, debiendo justificarse la introducción de materiales y sistemas constructivos diferentes cuando fuera necesario. f) Restauración: acciones que pretendan, mediante la reparación o reposición de elementos estructurales o accesorios del inmueble, restituir sus condiciones originales. g) Rehabilitación: intervenciones de adecuación, mejora de las condiciones de habitabilidad o redistribución del espacio interior manteniendo las características tipológicas del inmueble. h) Reconstrucción: intervenciones de carácter excepcional que tengan por objeto la reposición parcial de elementos destruidos o desaparecidos, debidamente documentados, debiendo respetar en todo caso la autenticidad del inmueble, entre otros, en cuanto a materiales y técnicas constructivas. i) Reestructuración: intervenciones de carácter excepcional que tengan por objeto la construcción de una nueva estructura, manteniendo las fachadas y cerramientos exteriores de las edificaciones originales y aquellos elementos singulares o representativos de la edificación. j) Remonta y ampliación: acciones de carácter excepcional que impliquen la modificación motivada de los parámetros de altura y de crecimiento horizontal en los inmuebles con protección ambiental y parcial, siempre que no se produzcan efectos negativos en el inmueble o en el ambiente urbano o rural en el que se insertan" (art. 11 de la Ley 11/2019, de 25 de abril, de Patrimonio Cultural de Canarias).

mativa urbanística para las modalidades de intervención aplicables en inmuebles convencionales[31].

31. En efecto, el art. 40 de la Ley 5/2016, de 4 de mayo, del patrimonio cultural de Galicia, aunque no implemente las categorías ya contempladas en la Ley canaria sí que resulta mucho más detallada en su caracterización para este sector normativo. A pesar de su extensión, por el interés que presenta, entendemos oportuno reproducir aquí su contenido: "Artículo 40. Modelos de intervenciones. A los efectos de esta ley, las intervenciones en los bienes materiales protegidos por su valor cultural o, en su caso, en su entorno de protección o en su zona de amortiguamiento pueden clasificarse en algunos de los siguientes tipos: a) Investigación: acciones que tengan como objetivo ampliar el conocimiento sobre el bien o su estado de conservación y que afecten directamente a su soporte material. Incluye las acciones y procedimientos necesarios para elaborar un diagnóstico y caracterizar los materiales y los riesgos que afectan al bien. b) Valorización: medidas y acciones sobre los bienes culturales o su ámbito próximo que tengan por objeto permitir su apreciación, facilitar su interpretación y acrecentar su difusión, especialmente en el ámbito educativo, y su función social. c) Mantenimiento: actividades cotidianas, continuas o periódicas de escasa complejidad técnica sobre el soporte material de los bienes o su ámbito próximo para que mantengan sus características, funcionalidad y longevidad, sin que se produzca ninguna sustitución o introducción de nuevos elementos. Procedimientos y actuaciones de monitorización que tengan por objeto realizar el seguimiento y la medición de las lesiones, de los agentes de deterioro o de los posibles factores de riesgo, y los dirigidos a implantar y desarrollar acciones de conservación preventiva. d) Conservación: medidas y acciones dirigidas a que los bienes conserven sus características y sus elementos en adecuadas condiciones, que no afecten a su funcionalidad, a sus características formales o a su soporte estructural, por lo que no supondrán la sustitución o la alteración de sus principales elementos estructurales o de diseño, pero sí actuaciones en su ámbito con el objeto de evitar las causas principales de su deterioro. e) Consolidación: acciones y medidas dirigidas al afianzamiento, el refuerzo o la sustitución de elementos dañados o perdidos para asegurar la estabilidad del bien, preferentemente con el uso de materiales y elementos de la misma tipología que los existentes, o con alteraciones menores y parciales de sus elementos estructurales, respetando las características generales del bien. f) Restauración: acciones para restituir el bien o sus partes a su debido estado, siempre que se disponga de la documentación suficiente para conocerlo o interpretarlo, con respeto a sus valores culturales. La restauración puede implicar la eliminación de elementos extraños o añadidos sin valor cultural o la recuperación de elementos característicos del bien, conservando su funcionalidad y estética. g) Rehabilitación: acciones y medidas que tengan por objeto permitir la recuperación de un uso original perdido o nuevo compatible con los valores originales de un bien o de una parte de él, que pueden suponer intervenciones puntuales sobre sus elementos característicos y, excepcionalmente y de manera justificada, la modificación o la introducción de nuevos elementos imprescindibles para garantizar una adecuada adaptación a los requerimientos funcionales para su puesta en uso. Se incluyen las acciones destinadas a la adaptación de los bienes por razón de accesibilidad. h) Reestructuración: acciones de renovación o transformación en inmuebles en los que no se pueda garantizar su mantenimiento o su uso por sus malas condiciones de conservación o por deficiencias estructurales y funcionales graves y que pueden suponer una modificación de su configuración espacial y la sustitución de elementos de su estructura, acabado u otros determinantes de su tipología, con un alcance puntual, parcial o general. i) Ampliación: acciones destinadas a complementar en altura o en planta bienes inmuebles existentes con criterios de integración compositiva y coherencia formal

Puede apreciarse, en la comparación que antes realizábamos, un claro deslinde entre la naturaleza de las intervenciones de "rehabilitación" y "conservación", con precisiones más detalladas que en la propuesta canaria. En la primera se incluyen actuaciones finalizadas a la recuperación del uso, que podrá ser el que fuera original del bien o uno nuevo, condicionado, en este caso, a que "resulte compatible con los valores originales" del bien o de una parte de él. Este matiz/limitación constituye la singularidad principal que esta modalidad de intervención presentaría con respecto a su operación ordinaria en el marco del derecho urbanístico, la cual se concreta en sus consecuencias sobre las cautelas que incorpora la definición en relación con el alcance efectivo de las intervenciones que podrían llevarse a cabo aquí, tanto las dirigidas "sobre los elementos característicos" del bien como aquellas que impliquen modificaciones o la inclusión de nuevos elementos. En el primer caso, las intervenciones han de ser "puntuales" (limitadas, se entiende, a cuanto exija la adecuación al uso), mientras que en el segundo se manifiesta su admisibilidad sólo de forma excepcional y requiriendo motivación expresa de su carácter imprescindible para dicha adaptación al uso (se incluyen, como ejemplo, las intervenciones dirigidas a facilitar la accesibilidad al inmueble). Por su parte, las intervenciones de "conservación" quedan clara y estrictamente limitadas al fin de la evitación del deterioro del bien, incidiendo a tal fin en las causas que lo motiven y, junto a ello, una frontera bien definida: nunca resultará admisible "la sustitución o alteración de sus principales elementos estructurales o de diseño".

De este modo, la rehabilitación se configura como una modalidad de intervención que puede incidir, a priori, en la materialidad del bien (aunque sea muy puntualmente), y que cuenta, excepcionalmente, con un cierto margen para su modificación, aunque la misma deba ser adecuadamente motivada siempre. Todo lo contrario ocurre en la conservación: la incidencia sobre la materialidad del bien, si hubiera de darse, resultará ínfima y, en todo caso, limitada al fin de la evitación de su deterioro (al igual que hace con respecto a otras modalidades de intervención[32], la redacción del precepto es clara en este deslinde con respecto a la rehabilitación desde el momento en el que requiere, expresamente, que las actuaciones de conservación "no afecten a su funcionalidad").

---

compatibles y respetuosos con sus valores culturales preexistentes. j) Reconstrucción: acción destinada a completar un estado previo de los bienes arruinados utilizando partes originales de estos cuya autenticidad pueda acreditarse. Por razones justificadas de recomposición, interpretación y correcta lectura del valor cultural o de la imagen del bien, se admitirán reconstrucciones parciales de carácter didáctico o estructural que afecten a elementos singulares perfectamente documentados".

32. Las actividades de "mantenimiento", por ejemplo, aunque no queden del todo desligadas de la funcionalidad del bien y presenten también incidencia sobre su materia-

Ant e la aportación de estos glosarios podemos, por fin, concluir que, en el plano jurídico –al menos en el contexto de la vigencia de dichas Leyes–, conservar y rehabilitar no son modalidades de intervención intercambiables, ni siquiera similares. Sin embargo, de la referida distinción no se deriva que el ya apuntado *uso dual* que con frecuencia se hace del término "conservación" (como tipo de intervención y como fin amplio o genérico) no perdure también incluso en las normas que han emprendido la tarea de acotar conceptos. Aún en presencia de estas definiciones, pues, resultará importante otra tarea: discernir cuándo la Ley, al referirse al término "conservación", esté aludiendo a la concreta modalidad de intervención o bien a la acepción laxa de aquél, que se refiere al fin general de garantizar la protección de los bienes, en términos generales (término capaz de aglutinar en sí a toda acción favorable a la preservación de sus valores culturales).

Una última advertencia por cuanto afecta a este apartado: de la aportación efectiva de un concepto jurídico no se deriva nada más (y nada menos) que una mínima certeza sobre aquello que estamos regulando. En este sentido, no cabe duda de que un primer paso para potenciar una concreta modalidad de intervención es diferenciarla de las restantes para poder singularizar su régimen jurídico. Pero cosa muy distinta es que el aludido régimen jurídico diferenciador se concrete posteriormente en la letra de la Ley: para que pueda hablarse de un verdadero giro con respecto al modelo tradicional (que venía priorizando la atención sobre una modalidad bien concreta: la de conservación) deberíamos hallar preceptos que no se limiten a distinguirla, sino también a concertar sus espacios operativos, dándoles contenido, así como a fomentarlos o favorecerlos. Es ahí donde se podrá evaluar el grado de impulso con el que efectivamente se quiere dotar a la rehabilitación en este sector, aclarando, de paso, si la misma constituye un objetivo prioritario o si permanece, por el contrario, como un fin secundario y subordinado.

---

lidad, sí quedan deslindadas con respecto a las de rehabilitación por el carácter ordinario que presentan ("actividades cotidianas, continuas o periódicas"), así como por su "escasa complejidad técnica" [vid. art. 40.c) de la Ley 5/2016, de 4 de mayo, del patrimonio cultural de Galicia]. Por su parte, en la "restauración", a la luz de lo dispuesto en el aptdo. f), la funcionalidad del bien, central en la rehabilitación, no se nos presenta como fin de la intervención sino más bien como un factor sobre el que esta tipología de intervención no ha de incidir (al igual que ocurre con la propia estética del bien).

3.2. LA REHABILITACIÓN (O ADAPTACIÓN AL USO) COMO FIN SECUNDARIO: LOS CONDICIONAMIENTOS IMPUESTOS POR LA CONSERVACIÓN EN CUANTO FIN PREVALENTE

Como avanzábamos en la descripción del contexto, el modelo de protección propuesto desde la LPHE presentaba ciertas notas que incidían considerablemente en la operatividad de la rehabilitación en el marco de las intervenciones legalmente posibles sobre el Patrimonio cultural. A la luz del contenido del art. 36.2 LPHE, la cuestión del uso de los bienes protegidos (punto capital en el que impacta la actividad de rehabilitación) se convertía en un apartado fuertemente condicionado por el carácter prioritario dado a la finalidad de conservación: para la Ley sólo tendrán cabida los usos compatibles con la conservación del bien (de donde se desprende, recordemos, la obligada autorización previa a la asignación de cualquier nuevo uso). Aunque exista una concienciación bien extendida en la práctica con respecto al hecho de que la pervivencia de usos en un bien es la primera garantía para su pervivencia futura[33], en esta manifiesta tensión entre uso y conservación la LPHE apuesta con claridad por la segunda (probablemente porque, recordemos, constituía un modelo pensado para unos pocos bienes muy relevantes, algo que, como hemos evidenciado, no se corresponde con la realidad ante el ejercicio operado de la potestad de declaración de BICs): la única rehabilitación que cabe para un bien es aquella que no afecte a su efectiva conservación. No debe, pues, confundirnos el hecho, ya abordado, de que la LPHE aparente colocar en un mismo nivel a todas las finalidades admisibles en una intervención sobre el Patrimonio (tal y como se pudiera desprender de las enumeraciones formuladas en el art. 39 LPHE). No en vano, aunque no se trate de un argumento estrictamente jurídico, el aludido carácter prevalente del fin de la conservación frente al de la rehabilitación es algo que trasluce del propio léxico del texto de la LPHE en el

33. Se trata de un factor ante el que ya resultaba muy sensible un documento internacional referencial y muy influyente en los diseños normativos nacionales, como fue la Carta de Venecia, cuyo art. 5 proclamará que "la conservación de los monumentos se ve siempre favorecida por su utilización en funciones útiles a la sociedad". Bien es cierto que el precepto, acto seguido, no prescinde de una inmediata prevención: "tal finalidad es deseable, pero no debe alterar la distribución y el aspecto del edificio. Las adaptaciones realizadas en función de la evolución de los usos y costumbres deben, pues, contenerse dentro de estos límites", los límites que acompañarán a toda rehabilitación de bienes culturales inmuebles. Otros influyentes documentos técnicos de ámbito nacional, como la *Carta del Restauro* italiana de 1987 (coordinada por Paolo Marconi) también insistirían en la trascendencia del uso (Cfr. Martínez Justicia, M. J. & Sánchez-Mesa Martínez, L. J., *La restauración de bienes culturales en los textos normativos, op. cit.*, pp. 76-80).

dato de la frecuencia con la que ambos términos son empleados: el primero es citado en 21 ocasiones mientras el segundo tan sólo en 4[34].

El aludido enfoque, decíamos, se ha proyectado sin excepciones significativas a la totalidad de las Leyes autonómicas aprobadas con posterioridad, donde siempre encontraremos un precepto con contenidos prácticamente calcados a los del art. 36.2 LPHE. En algunos casos, dicha prevalencia del fin de la conservación puede verse incluso intensificado cuando el Legislador autonómico ha optado por incorporar referencias expresas al principio de "mínima intervención", algo que limitaría aún con mayor claridad los espacios esperables para las intervenciones de rehabilitación (como vimos, habitualmente dotadas de efectos mucho más invasivos sobre los bienes)[35].

Sin embargo, esta sólida configuración del modelo tradicional puede entenderse, si no corregida, sí al menos compensada desde la dicción de algunas Leyes autonómicas en cuyos preceptos encontramos una mayor apertura al impulso del necesario uso de los bienes. Así sucede incluso en normas más antiguas, como es el caso de la Ley 4/1998, de 11 de junio, del Patrimonio Cultural Valenciano, la cual, en el arranque de su capítulo dedicado a las normas generales de protección, efectúa toda una declaración de intenciones en el sentido apuntado, afirmando que "la acción de las administraciones públicas se dirigirá de modo especial a facilitar la incorporación de los bienes del patrimonio cultural a usos activos y adecuados a su naturaleza, como medio de promover el interés social en su conservación y restauración"[36].

---

34. Somos conscientes, en este sentido, de que el término conservación puede ser empleado en ocasiones en su acepción más genérica (no reducible a la concreta modalidad de intervención), pero el mero hecho de que el término rehabilitación se emplee tan poco implica claramente que no se trata de un elemento prioritario entre los contenidos de la norma.

35. Esta mención expresa en el texto legal, que sin duda trae causa de la ya mencionada línea jurisprudencial del propio TS en favor de priorizar el fin de la conservación, va a generar un cierto efecto redundante en dicho sentido. Un ejemplo nos viene dado por la Ley 4/2013, de 16 de mayo, de Patrimonio Cultural de Castilla-La Mancha, en el contenido dado a la parte inicial de su art. 28, dedicado a los "Criterios de intervención en bienes inmuebles" (donde, nótese, ni siquiera se menciona el fin de la rehabilitación): "1. Cualquier intervención en un inmueble incluido en el Patrimonio Cultural de Castilla-La Mancha estará encaminada a su conservación y preservación, de acuerdo con los siguientes criterios: a) Se establecerá como criterio básico de actuación la mínima intervención, con el objeto de asegurar la conservación y adecuada transmisión de los valores del bien de acuerdo con el artículo 1.2".

36. El contenido corresponde al art. 9.2 de la Ley. Esta afirmación, lejos de quedar limitada a una declaración programática, cobra reflejo también en el capítulo dedicado por la

Otras normas más recientes han emprendido enfoques semejantes con respecto a categorías específicas en las que la problemática de la tensión uso vs. conservación requiere, singularmente, una respuesta bien diferente a la otorgada por el modelo tradicional. Tal es el caso del denominado Patrimonio industrial (surgido como una categoría singular de aquel Patrimonio etnográfico al que se refería la LPHE), el cual, en sus manifestaciones inmuebles, plantea no pocos condicionantes en el abordaje de su efectivo destino a un uso, particularmente cuando se trata de inmuebles ligados a actividades industriales abandonadas e irrecuperables[37]. Ante ello, tanto la Ley 5/2016, de 4 de mayo, del Patrimonio Cultural de Galicia, como la Ley 6/2019, de 9 de mayo, de Patrimonio Cultural Vasco, preverán con carácter expreso la necesidad de favorecer la implantación de nuevos usos en tales

referida Ley a las medidas de fomento, donde se incluirán técnicas novedosas encaminadas a potenciar el uso de los bienes protegidos. Destacamos especialmente la prevista en su art. 90, que arbitra un sistema para potenciar el uso preferente de bienes protegidos infrautilizados ante la presencia de nuevas necesidades de infraestructuras públicas y arbitra también la posibilidad de su cesión a terceros cuando ello resulte beneficioso para su conservación. Medidas semejantes también cobran eco en otras normas, como el art. 89 de la Ley 14/2007, de 26 de noviembre, del Patrimonio Histórico de Andalucía (para el comentario de estas y otras medidas de fomento atinentes a la cesión en uso y rehabilitación a cargo de terceros, permítasenos el reenvío a Sánchez-Mesa Martínez, L. J., "El fomento del Patrimonio cultural a través de vías no fiscales o presupuestarias: nuevos canales para el estímulo de la participación privada en el sector", *Anuario de la Facultad de Derecho de la Universidad Autónoma de Madrid*, núm. 19, 2015, pp. 512 y ss.).

37. El carácter no convencional de las estructuras y distribución que presentan este tipo de inmuebles condiciona notablemente su reutilización para fines diferentes al uso industrial original, circunstancia que parece haber fomentado que, en las experiencias acometidas, hallan primado adaptaciones a usos turísticos tales como centros de interpretación o ecomuseos (vid. Pardo Abad, C. J., "La reutilización del patrimonio industrial como recurso turístico. Aproximación geográfica al turismo industrial", *Treballs de la Societat Catalana de Geografía*, núm. 57, 2004, espec. pp. 15 y ss.). La problemática que revisten la rehabilitación de este tipo de inmuebles y sus particularidades será objeto de atención por parte de documentos especializados. No pasa desapercibida en la *Carta de Nizhny Tagil sobre el Patrimonio Industrial* (adoptada por el Comité Internacional para la Conservación del Patrimonio Industrial (TICCIH) el 17 de julio de 2003), donde se reconoce la importancia que adquiere en dichos casos la implantación de nuevos usos que, sin embargo, deben plantearse desde una posición de prudencia y bajo ciertos condicionantes (dispondrá el texto, en su art. 5. IV., que "la adaptación de un sitio industrial a un nuevo uso como forma de asegurar su conservación suele ser aceptable, excepto en el caso de sitios de especial importancia histórica. Los nuevos usos deben respetar el material significativo y mantener los patrones originales de circulación y actividad, y debe ser tan compatible con el uso original o principal como sea posible. Es recomendable habilitar un área donde se represente el uso anterior"). Estos planteamientos también se plasmarán en el *Plan Nacional del Patrimonio Industrial* (elaborado en el seno del Instituto del Patrimonio Cultural de España en el año 2000), donde una de sus propuestas, ante las dificultades que presiden aquí la implantación de actividades contemporáneas, abunda en la

bienes, lo que necesariamente impondrá dar preferencia a la intervención rehabilitadora, sin perjuicio del establecimiento de algunas cautelas para que los resultados de tal intervención no desvinculen al inmueble de sus orígenes ni propicien la desaparición de su significación histórica y cultural[38].

Referíamos también más arriba el impacto limitador que implicaba el reconocimiento expreso al principio de mínima intervención, especialmente cuando el mismo se operaba de forma genérica, tal y como sucediera, entre otros, en el caso de la vigente Ley de Castilla-La Mancha. En nuestro análisis del derecho autonómico en busca de enfoques más abiertos y equilibrados, el ejemplo antes citado encontrará su contrapunto en la solución aportada por el texto de la Ley 3/2013, de 18 de junio, de Patrimonio Histórico de la Comunidad de Madrid, donde el aludido principio de mínima intervención ya no se formulaba de forma genérica, sino que era predicado para el conjunto de las posibles intervenciones legalmente previstas (véase, en este sentido, el art. 20 de la Ley madrileña)[39]. Bajo esta dicción queda

oportunidad de difundir ejemplos de buenas prácticas en la reutilización del Patrimonio industrial (vid. documento del Plan nacional del Patrimonio Industrial, accesible en : https://www.culturaydeporte.gob.es/planes-nacionales/dam/jcr:88a504bd-a083-4bb4-8292-5a2012274a8c/04-maquetado-patrimonio-industrial.pdf, espec. p.40, último acceso: 30/10/2022).

38. Sírvanos de ejemplo el art. 62.2 de la Ley de Patrimonio Cultural Vasco: "1. La protección de bienes del patrimonio industrial no será incompatible con las concesiones de carácter administrativo que permitan su explotación, aunque determinará la necesidad de una conservación de los elementos en los que se identifican los valores culturales que aconsejan dicha protección. 2. En el caso de actividades industriales abandonadas o irrecuperables, se promoverá la implantación de usos de otra naturaleza, tanto públicos como privados, que resulten compatibles con la conservación y protección de los bienes del patrimonio industrial". En un sentido similar se movían las previsiones del art. 105 de la Ley gallega.

39. El art. 20 de la Ley 3/2013, de 18 de junio, de Patrimonio Histórico de la Comunidad de Madrid, dedicado al "Uso y criterios de intervención", rezaba, en su parte inicial, del siguiente modo: "1. La utilización de los bienes declarados de Interés Cultural quedará subordinada a que no se pongan en peligro los valores que justifican su protección legal. Cuando se incumpla dicha obligación la Administración podrá ordenar el cese del uso. A tal efecto los propietarios deberán comunicar a la Consejería competente el cambio de uso. 2. Se establecen los siguientes criterios de intervención en los Bienes de Interés Cultural: a) Toda intervención estará basada en los siguientes principios: 1.º *Mínima intervención: se actuará lo imprescindible para la conservación, restauración o puesta en uso del bien, evitando tratamientos o actuaciones innecesarias que pongan en peligro su integridad*. La reintegración o reconstrucción sólo se efectuará cuando resulte necesaria y se disponga de información suficiente para evitar falsedades históricas" (cursivas añadidas). Debe advertirse, también, que la nueva Ley madrileña, aprobada hace pocos meses (Ley 8/2023, de 30 de marzo, de Patrimonio Cultural de la Comunidad de Madrid), mantiene en su esencia esta misma dicción en su art. 45 a).

mucho más claro que el mandato legal operado no impone que dicho principio sea considerado como un factor que seleccione la viabilidad o preferencia de las distintas modalidades de intervención (donde, obviamente, las más invasivas contarían con un margen mucho más reducido) sino que ha de operar como un criterio aplicable en todas y cada una de ellas (tanto cuando pretendamos conservar, como cuando el objetivo sea restaurar o rehabilitar, habrá de plantearse la concreta intervención desde las opciones técnicas que faciliten el menor impacto o alteración sobre el bien). Este último enfoque, como advertíamos, no era fácil de deducir ante una proclamación abierta o genérica del principio de mínima intervención (más aún a la luz de la jurisprudencia del TS operada en relación con la preferencia del fin de la conservación, ya apuntada más arriba), por lo que ha de entenderse su inclusión como un factor positivo que reduce su incidencia en la limitación de espacios para las eventuales intervenciones de rehabilitación.

Con independencia de todos estos matices, sin embargo, la generalizada implantación en los modelos autonómicos del condicionamiento de los usos a su compatibilidad con la conservación del bien sigue operando un límite no menor para la práctica de la rehabilitación. La rehabilitación continúa siendo, pues, un fin secundario, algo que se traduce también en los escasos espacios que merece para el Legislador autonómico dentro de los contenidos de sus normas sectoriales. De hecho, comparativamente con la atención prestada al fin de la conservación, ni siquiera en las Leyes más recientes puede identificarse un incremento verdaderamente significativo del número de preceptos dedicados expresamente a incidir sobre el régimen de la rehabilitación, manteniendo prácticamente inalterada la desproporción que ya identificábamos en el texto de la LPHE[40]. Resulta complejo, en este sentido, afirmar que la tendencia futura de los modelos de protección sea

40. En efecto, referíamos más arriba que la proporción del uso de los términos "conservación" y "rehabilitación" era, respectivamente, de 21 por 4. Conscientes de que esta referencia no es un verdadero argumento jurídico, sí que puede, al menos, constituir un indicador de la atención que a la regulación merece el tratamiento de la rehabilitación. Aunque sea sólo para evidenciar de una forma gráfica que la aludida desproporción se mantiene también en plano autonómico, expresamos los resultados que arroja cada una de las Leyes vigentes en el binomio que les acompaña entre paréntesis, comenzando por las más antiguas: Ley 9/1993, de 30 de septiembre, del Patrimonio Cultural Catalán (42/3); Ley 4/1998, de 11 de junio, del Patrimonio Cultural Valenciano (78/14); Ley 11/1998, de 13 de octubre, de Patrimonio Cultural de Cantabria (110/13); Ley 12/1998, de 21 de diciembre, de Patrimonio Histórico de las Islas Baleares (45/4);

la de potenciar su práctica apartándose de la tradicional centralidad otorgada a la estricta conservación de los bienes protegidos.

3.3. LA EXTENSIÓN DE LA PROTECCIÓN AL ENTORNO Y SU IMPACTO EN EL RÉGIMEN AUTORIZATORIO: LA CONTRACCIÓN DEL ALCANCE OBJETIVO DE LA AUTORIZACIÓN PRECEPTIVA COMO RESPUESTA

La inseparabilidad del bien del entorno constituye una de las principales aportaciones de un documento técnico internacional de primer orden en la protección del Patrimonio cultural como fue la Carta de Venecia[41]. El modelo de protección de la LPHE hereda claramente esta aportación, tal y como se desprende del tenor literal de su art. 18[42], lo que tendrá por efecto la extensión de las competencias tutelares de la Administración de cultura, plasmada en el alcance dado al instrumento de la autorización preceptiva:

Ley 3/1999, de 10 de marzo, del Patrimonio Cultural Aragonés (38/3); Ley 2/1999, de 29 de marzo, del Patrimonio Histórico y Cultural de Extremadura (46/6); Ley 1/2001, de 6 de marzo, de Patrimonio Cultural del Principado de Asturias (72/9); Ley 12/2002, de 11 de julio, de Patrimonio Cultural de Castilla y León (43/2); Ley 7/2004, de 18 de octubre, de Patrimonio Cultural, Histórico y Artístico de La Rioja (101/16); Ley 14/2005, de 22 de noviembre, del Patrimonio Cultural de Navarra (76/1); Ley 4/2007, de 16 de marzo, de Patrimonio Cultural de la Comunidad Autónoma de la Región de Murcia (37/4); Ley 14/2007, de 26 de noviembre, del Patrimonio Histórico de Andalucía (56/7); Ley 4/2013, de 16 de mayo, de Patrimonio Cultural de Castilla-La Mancha (76/2); Ley 3/2013, de 18 de junio, de Patrimonio Histórico de la Comunidad de Madrid (46/5); Ley 5/2016, de 4 de mayo, del Patrimonio Cultural de Galicia (130/13); Ley 11/2019, de 25 de abril, de Patrimonio Cultural de Canarias (110/7); Ley 6/2019, de 9 de mayo, de Patrimonio Cultural Vasco (64/2). Comprobamos, pues, que la desproporción en favor de la conservación persiste y que ni siquiera se ha corregido con el paso del tiempo. De las Leyes más recientes, tan sólo la gallega parece haber incrementado el número de referencias a la rehabilitación, mientras que, entre aquellas que han tenido un mayor recorrido, despuntan las de Cantabria, Comunidad Valenciana y la Rioja.

41. Este prestigioso e influyente documento técnico, resultante del II Congreso Internacional de Arquitectos y Técnicos de los Monumentos Históricos (celebrado en Venecia, del 25 al 31 de mayo de 1964), proclamará, en su art. 7, que "El monumento no puede ser separado de la historia de la que es testimonio, ni del ambiente en el que se encuentra. Por lo tanto, el cambio de una parte o de todo el monumento no puede ser tolerado más que cuando la salvaguardia de un monumento lo exija, o cuando esté justificado por causas de relevante interés nacional o internacional" (para una breve aproximación a las aportaciones de este documento, remitimos a cuanto comentado en Martínez Justicia, M. J. & Sánchez-Mesa Martínez, L. J., *La restauración de bienes culturales en los textos normativos, op. cit.*, pp. 28-29.

42. Se dispone allí: "Un inmueble declarado Bien de Interés Cultural es inseparable de su entorno. No se podrá proceder a su desplazamiento o remoción, salvo que resulte imprescindible por causa de fuerza mayor o de interés social y, en todo caso, conforme al procedimiento previsto en el artículo 9.º, párrafo 2.º, de esta Ley" (art. 18 LPHE).

cualquier tipo de obra o actuación que se acometa ahora en el entorno de un bien declarado precisará de la aludida autorización a su cargo[43].

El carácter expansivo del ámbito objetivo de la normativa propia del sector no sólo depende, pues, de la amplitud del propio concepto de Patrimonio cultural, sino de la naturaleza de los instrumentos de protección, que también tienden, como aquél, a expandirse territorialmente. A la presencia de categorías de protección que, ya de por sí, trascienden a un inmueble singular para proyectarse sobre los llamados "bienes de conjunto" (como los Conjuntos Históricos o los Sitios Históricos previstos en la LPHE), se añade ahora la comunicación de su especial régimen jurídico a los entornos que de los mismos se tenga a bien delimitar. Todo ello, sumado al fenómeno de la inflación de declaraciones, comportará una más que notable dilatación del alcance material de los postulados *pro-conservación* que ya hemos identificado en el modelo de la LPHE (y, con ello, también el de los límites y condicionamientos que se derivan para la rehabilitación por su subordinación al fin de la conservación).

Si volvemos la vista hacia la legislación sectorial dictada en las CC.AA. encontraremos que, de un lado, la extensión del régimen de control al entorno del bien que opera la LPHE ha sido recibida sin excepciones[44]. De otro, no son pocas las normas autonómicas que han abundado en la línea abierta por el modelo estatal, ya sea a través de la implementación de las tipologías de BIC de conjunto (diseñadas para ser aplicadas no sobre bienes concretos sino sobre áreas del territorio) o la de las propias herramientas destinadas a incidir en la protección del entorno inmediato de los bienes protegidos. En el primer caso, podemos citar como ejemplo la figura de las *Zonas Patrimoniales*, incorporada por la Ley 14/2007, de 26 de noviembre,

---

43. Reflejo de ello es la disposición art. 19 LPHE con respecto a los Monumentos y Jardines Históricos y sus respectivos entornos.

44. Podemos encontrar ejemplos de ello en todas y cada una de las diversas "generaciones" de Leyes autonómicas del Patrimonio cultural. Como muestra de ello, de las más reciente a la más antigua, podemos citar los siguientes ejemplos (en muchas ocasiones, con preceptos que prácticamente reproducen la dicción de su homólogo estatal): el art. 22.3 de la Ley 11/2019, de 25 de abril, de Patrimonio Cultural de Canarias; el art. 34 de la Ley 4/2007, de 16 de marzo, de Patrimonio Cultural de la Comunidad Autónoma de la Región de Murcia; el art. 35 de la Ley 12/2002, de 11 de julio, de Patrimonio Cultural de Castilla y León; o el art. 37 de la Ley 9/1993, de 30 de septiembre, del Patrimonio Cultural Catalán. En este último caso, al igual que en otros, la aludida inseparabilidad del bien con respecto a su entorno cobra reflejo también en la concreción de criterios de intervención específicamente previstos para ser aplicados en dicha área de influencia del bien (vid. art. 35.3).

del Patrimonio Histórico de Andalucía[45], la cual, en alguna de sus más recientes aplicaciones prácticas, ha revelado el afán, cada vez más expansivo, de dotar a la Administración cultural de una mayor incidencia en el control de los usos[46]. En el segundo caso, uno de los ejemplos más recientes es el propuesto por la Ley 5/2016, de 4 de mayo, del patrimonio cultural de Galicia, donde a la regulación de los entornos viene a sumarse la creación de una nueva figura, la *zona de amortiguamiento,* que abre la posibilidad a que se extiendan determinadas cautelas aún más allá de aquéllos: tratándose de un instrumento de protección potestativo (no es obligada su operatividad sobre todos los bienes declarados), la regulación otorgada por el art. 13 de la Ley no predetermina a priori el impacto que la misma tendrá por cuanto respecta a la identificación de las actuaciones que habrán de ser objeto de autorización preceptiva, sino que remite a cada caso concreto, indicando únicamente la obligación de identificar "las actividades, dotaciones, instalaciones o infraestructuras que, por su potencial afección a sus valores culturales, requieran la autorización previa para su ejecución".

En buena medida compartimos, en relación con estas novedosas instituciones, la opinión de la doctrina que las critica, en la medida en que, por

45. La nueva tipología de BIC inmueble de conjunto se incorpora como novedad que pretende, tal y como se declarar en el preámbulo de la norma, "afrontar la protección del Patrimonio Histórico desde un enfoque territorial, de acuerdo con los planteamientos doctrinales más recientes". Se definen como "aquellos territorios o espacios que constituyen un conjunto patrimonial, diverso y complementario, integrado por bienes diacrónicos representativos de la evolución humana, que poseen un valor de uso y disfrute para la colectividad y, en su caso, valores paisajísticos y ambientales" (art. 26.8 de la Ley 14/2007, de 26 de noviembre, del Patrimonio Histórico de Andalucía). Junto a los "Lugares de Interés Etnológico" y los "Lugares de Interés Industrial", constituyen las categorías de protección BIC no contempladas en la LPHE que incluye en legislador andaluz.

46. La aludida "dimensión territorial" con la que quiere caracterizarse a la figura termina por dotar a la Administración de cultura de una capacidad de intervención "omnívora", confiriendo un impacto aún mayor a la operatividad del principio de especialidad en relación con la normativa del Patrimonio cultural. Baste analizar, en la más reciente experiencia, el caso de la declaración BIC-Zona Patrimonial del Valle del Darro, en Granada (declaración que afecta a los términos municipales de Beas de Granada, Granada y Huétor Santillán): el Decreto 43/2017, de 14 de marzo, por el que se inscribe dicho bien en el Catálogo General del Patrimonio Histórico andaluz, dispone, en su art. 7, un extensísimo conjunto de Instrucciones particulares atinentes al uso e intervenciones sobre el área protegida, en los que se impone la intervención de cultura (en ocasiones, a través incluso de autorización preceptiva) sobre actividades que no sólo se proyectan sobre las edificaciones, sino también sobre las actividades agrícolas y los usos deportivos o turísticos llevados a cabo en el río y su entorno natural. Ello determinará, con toda probabilidad, la interferencia con las competencias propias de otras Administraciones sectoriales (con la particularidad añadida de que en este caso se inserta también, en la zona protegida, la parte del dominio público hidráulico correspondiente al río Darro).

regla general, no contribuyen realmente a suplir las carencias de instrumentos de protección ya consolidados y bajo los cuales podrían lograrse los mismos fines, evitándose así una multiplicidad de figuras y técnicas que pudieran solaparse y, en todo caso, aportar más confusión que beneficio.

Sin perjuicio de la presencia de estas "novedades" que insisten en la línea del modelo estatal, concretas experiencias autonómicas han optado por transitar en el sentido opuesto: ofrecer propuestas de atenuación del régimen del régimen autorizatorio, ya sea recurriendo a la configuración de nuevas subcategorías de protección atenuada o flexibilizando el régimen tradicionalmente aplicable a los entornos de protección a través de una revisión de los criterios que les son aplicables. Prestamos atención, a continuación, a algunos de estos ejemplos poniendo el foco en la incidencia que específicamente tendrían sobre las intervenciones consistentes en una rehabilitación de los bienes afectados y el efectivo grado de flexibilización que podrían implicar para la apertura de mayores espacios al fin de la recuperación de los usos (esencialmente, mediante su exclusión del régimen de la autorización preceptiva cultural).

En este sentido, interesa destacar las aportaciones introducidas por la Ley 3/2013, de 18 de junio, de Patrimonio Histórico de la Comunidad de Madrid que operaraban, en relación a su predecesora (la Ley 10/1998, de 9 de julio, de Patrimonio Histórico de la Comunidad de Madrid), una serie de reformas de importante calado, buena parte de ellas movidas por el fin de propiciar una "simplificación normativa" y "promover la agilización de los trámites administrativos", tal y como se expresa en su propio preámbulo.

La reforma activó los dos recursos apuntados más arriba. De un aparte, se introduce un nuevo nivel de protección, el correspondiente a los "Bienes de Interés Patrimonial" (en adelante BIPs), de rango inferior al nivel de BIC[47] y, de otra, se opera una concreción de las intervenciones que han de ser objeto de autorización preceptiva y cuáles, a partir de ahora, estarán

47. La definición de estos bienes es procurada en el art. 2.3 de la Ley: "Serán Bienes de Interés Patrimonial los bienes que, formando parte del patrimonio histórico de la Comunidad de Madrid, sin tener valor excepcional, posean una especial significación histórica o artística y en tal sentido sean declarados". A diferencia de ellos, serán BICs los que "tengan un valor excepcional y así se declaren expresamente" (tal y como expresa el aptdo. 2 del mismo precepto). Esta no es la única ocasión en la que un Legislador autonómico ha dispuesto la introducción de nuevas categorías inferiores al BIC, aunque las experiencias previas las mismas no respondían tanto a la necesidad de graduar de algún modo la intensidad de la protección sino más bien al fin de habilitar fórmulas para dar cabida al reconocimiento de bienes con un interés cultural de alcance territorial más acotado (así, los "BICs de Interés Local", del art. 26 de la Ley 11/1998, de 13 de octubre, de Patrimonio Cultural de Cantabria).

exentas de someterse a la misma. De este modo, tanto en BICs (excepción hecha de las categorías de Monumento y Jardín Histórico) como en BIPs, no será necesaria la autorización de Cultura en el caso de obras mayores "que tengan como finalidad mantener el bien en condiciones de salubridad, habitabilidad y ornato, siempre que no se alteren las características morfológicas, ni afecten al aspecto exterior del bien protegido"[48], así como en obras que afecten al interior de los edificios que se hallen incluidos en los entornos de los bienes[49]. Para el caso concreto de los BICs correspondientes a modalidades de conjunto, la exención de autorización se extendía también a los casos en los que se hubiera aprobado el Plan Especial requerido por la Ley para los mismos (entendiendo que, en esos supuestos, la única autorización exigible sería la urbanística)[50]. Si bien la primera de las excepciones introducidas por la reforma se circunscribió a intervenciones de simple mantenimiento, la segunda de ellas sí que planteaba una incidencia muy considerable en la práctica de la rehabilitación, abriendo mucho más sus espacios en un ámbito material nada desdeñable: aquél que abarca a todos los inmuebles situados en los entornos de protección (en lo que afecta a sus interiores, recordemos), donde ya no sería necesario someter a autorización las habituales labores que suele comportar una intervención de esta naturaleza (reforma, reestructuración interna, modificaciones para la introducción de sistemas renovados, etc.).

Sin embargo, la reforma operada por el Legislador madrileño encontró enfrente al Estado, que logró del TC la anulación de las medidas de atenuación previstas para el régimen autorizatorio de las intervenciones en el caso de los BICs, al determinar el Alto Tribunal la incompetencia de la CA para contradecir los dictados de la LPHE (que en ningún momento prevé las excepciones introducidas)[51] . Esta anulación, sin embargo, no afectaría

48. Vid. art. 19.2.a) y art. 18.1.a) de la Ley 3/2013, de 18 de junio.
49. Vid. art. 19.2.b) y art. 18.1.c) de la Ley 3/2013, de 18 de junio (en el segundo caso, la exención se entiende a sensu contrario, en la medida en que la autorización se exige sólo para "obras que alteren la envolvente o modifiquen la configuración exterior".
50. Vid. art. 19.2.c) de la Ley 3/2013, de 18 de junio.
51. La STC 122/2014, de 17 de julio determinó la nulidad e inconstitucionalidad de varios preceptos de la Ley, entre ellos el art. 2.2, que operaba la propia caracterización de los BICs incorporando parámetros no contemplados por la LPHE y que se entendían limitantes en comparación con los mimos (concretamente, la exigencia de que "tengan un valor excepcional y así se declaren expresamente"), y el art. 19.2, que comprendía todas las excepciones (igualmente inéditas en la LPHE) al régimen de autorización preceptiva contempladas en el para los propios BICs. A juicio del TC, dichas variaciones procuradas por el Legislador autonómico estarían incurriendo en una invasión

a las excepciones introducidas para el caso de los BIPs, categoría intermedia no regulada por el Legislador estatal[52].

Diferente fue el caso de la nueva Ley Vasca, que vino a operar también una relajación del régimen de autorizaciones, en este caso no consistente en la total supresión de la intervención de Cultura sino en la simplificación de la misma. El art. 49 de la Ley, que no deja de tener como punto de partida la extensión del régimen jurídico de los BICs a sus respectivos entornos (con el matiz, apuntado en el apartado 3º del precepto, de la necesaria concreción de su régimen, se entiende, en el propio contenido de la declaración), determina, sin embargo, para el caso específico de las "obras menores" ejecutadas en los entornos de protección de los BICs y siempre y cuando las mismas "no tengan incidencia material o visual sobre los bienes culturales protegidos", la sustitución de la autorización preceptiva por un deber de comunicación previa[53].

---

de la competencia estatal reconocida por la CE (art. 149.1.28ª) en la defensa del Patrimonio cultural contra la expoliación (el mismo título competencial que ya en su día fuera tratado en la STC 17/1991, de 31 de enero, a la que nos referíamos más arriba). Lo curioso es que el análisis llevado a cabo por el TC no se fundamente en un claro deslinde con respecto a cuánto de lo previsto en la LPHE sea efectivamente parte del bloque de constitucionalidad, sino que hace referencia a "la importante virtualidad" que, para la resolución del caso, presentaba la Ley estatal (lo que Alonso Ibáñez identifica como una "función constitucional desconocida" de la LPHE). Dado que no son pocas las divergencias que, con respecto al texto de la LPHE, se han manifestado en las innovaciones incorporadas por el rico plantel de las Leyes autonómicas del Patrimonio cultural a probadas en los últimos años, el débil anclaje de la decisión judicial permite hablar de una oportunidad perdida para aclarar definitivamente el efectivo alcance y valor de los dictados de la propia LPHE (para el análisis crítico de esta concreta Sentencia, remitimos a cuanto certera y detalladamente se expone en Alonso Ibáñez, M. R., "La tercera generación de leyes del patrimonio histórico", *op. cit.*, pp. 11-18).

52. Las implicaciones de esta simplificación para el régimen de autorizaciones aplicables a los BIPs han sido, de hecho, mantenidas tras la recientísima reforma operada en la materia, resultante de la aprobación de la nueva Ley 8/2023, de 30 de marzo, de Patrimonio Cultural de la Comunidad de Madrid (así se desprende de la redacción dada a su artículo 52.2).

53. El Art. 49 de la Ley 6/2019, de 9 de mayo, del Patrimonio Cultural Vasco, dedicado a la regulación del "entorno de los bienes culturales inmuebles", dispone literalmente cuanto sigue en los apartados que aquí nos interesan: "[...] 3. En caso de delimitarse un entorno, este tendrá el carácter de parte integrante del bien declarado a los efectos de esta ley. El régimen de protección deberá incorporar un régimen específico de protección para este entorno. [...] 6. En el supuesto de obras menores que se realicen en los entornos y que no tengan incidencia material o visual sobre los bienes culturales protegidos, éstas deberán comunicarse a la diputación foral correspondiente con una antelación mínima de un mes sobre su ejecución. En aquellos casos en que las diputaciones forales observen que las actuaciones previstas sobre los bienes declarados pueden hacer peligrar a los mismos, podrán suspender cautelarmente su ejecución por un plazo máximo de un mes".

El ejemplo más reciente de esta tendencia autonómica viene dado por el caso andaluz, donde las reformas puntuales referidas a este concreto apartado del régimen de autorización de las intervenciones se mueven claramente impulsadas por el objetivo general de estimular la actividad económica (aquí, concretamente, la del sector de la construcción) en un contexto de urgencia derivado fundamentalmente del grave impacto de la crisis sanitaria[54]. La reforma operada en este caso, que incidió en el contenido del art. 33 de la Ley 14/2007, de 26 de noviembre, del Patrimonio Histórico de Andalucía, experimentó un proceso un tanto tortuoso, dado que en su primera versión pretendió seguir el modelo propuesto por la ya derogada Ley del Patrimonio Histórico de la Comunidad de Madrid de 2013[55]. Ante la esperable reacción del Estado, que procedió a impugnar también la iniciativa del Ejecutivo andaluz[56], éste último rectificó modificando el Decreto-Ley originario con el que propuso la reforma del precepto y adoptando en dicha rectificación una línea similar a la propuesta por el Legislador vasco. De este modo, la autorización preceptiva sería sustituida por un deber de comunicación previa para intervenciones de escasa entidad (que aquí se identifican con aquellas para las que no se requiere la elaboración de proyecto) que incidan tanto en inmuebles situados dentro del perímetro de las diversas tipologías de *bienes de conjunto* (exceptuando, por tanto, los de las modalidades BIC de Monumento y Jardín Histórico) como de sus entornos[57].

54. La norma que vendría a disponer la reforma apuntada fue el Decreto-Ley 2/2020, de 9 de marzo, de mejora y simplificación de la regulación para el fomento de la actividad productiva de Andalucía.

55. El art. 13 del Decreto-Ley 2/2020 determinaba la incorporación de un último inciso al apartado 3 del artículo 33 de la Ley 14/2007, de 26 de noviembre, del Patrimonio Histórico de Andalucía, que preveía la siguiente excepción: "No será necesaria la autorización ni la comunicación a la Consejería competente en materia de patrimonio histórico para la realización de obras que impliquen una intervención mínima, entendiendo por tales las obras interiores que no afecten al subsuelo, a la estructura y configuración arquitectónica ni a elementos decorativos del patrimonio histórico, en los inmuebles comprendidos: a) En el entorno de un Bien de Interés Cultural. b) En los Conjuntos Históricos, Sitios Históricos, Zonas Arqueológicas, Lugares de Interés Etnológico, Lugares de Interés Industrial o Zonas Patrimoniales, que no estén inscritos en el Catálogo General del Patrimonio Histórico Andaluz como Monumentos y Jardines Históricos".

56. Lo hizo a través del Recurso de inconstitucionalidad núm. 1998-2020, promovido por el Presidente del Gobierno, que fuera admitido a trámite por providencia del TC de 6 de mayo de 2020.

57. La norma que operó la citada corrección fue el Decreto-Ley 26/2020, de 13 de octubre, por el que se establece una medida extraordinaria y urgente en el ámbito económico para facilitar ayudas a las pymes industriales afectadas por las consecuencias económicas de la pandemia SARS-CoV-2. En su Disposición Final Segunda se dispone el

Con independencia de la motivación que respaldara estas puntuales reformas operadas por los Legisladores autonómicos, puede sostenerse que las mismas son un inequívoco reflejo de la necesidad de contracción de la intervención pública en este sector, sin duda propiciada por la hipertrofia en que ha derivado el exceso de declaraciones y el sobredimensionamiento de unas técnicas de protección que, por su rigor, no estaban previstas para aplicarse sobre tal cantidad de realidades. Cierto es que la configuración con la que se presentan no siempre resulta lo suficientemente amplia en su alcance objetivo como para impactar sobre el grueso de las intervenciones consistentes en una rehabilitación (aquí limitadas fundamentalmente a acciones de poca incidencia sobre el bien o aquéllas estrictamente limitadas a su interior) pero, como decíamos, sus consecuencias sobre esta concreta modalidad de intervención no son del todo desdeñables (especialmente si tenemos en cuenta el volumen de inmuebles a los que pueden extenderse las simplificaciones procedimentales derivadas: según el caso, todos aquellos comprendidos en los entornos o incluso los propiamente incluidos dentro de los perímetros de la declaración de bienes de conjunto).

3.4. APARTAMIENTO DEL DESEABLE EQUILIBRIO/ COORDINACIÓN ENTRE PATRIMONIO-URBANISMO: NUEVAS OPCIONES PARA GRADUAR ADECUADAMENTE LA INTENSIDAD DEL RÉGIMEN DE PROTECCIÓN

En la medida en la que impactan sobre una realidad común, la adecuada coordinación de las normas sectoriales en materia de urbanismo y Patrimonio cultural, así como la de la actuación administrativa ligada a ambas (que, a día de hoy, implica principalmente a Municipios y CC.AA.), no dejan de constituir un requisito indispensable para garantizar la eficacia de cual-

---

nuevo contenido para el art. 13 del Decreto-Ley 2/2020, de 9 de marzo, que reconfigura a su vez el inciso final del art. 33.3 de la Ley 14/2007 con el siguiente tenor literal: "No será necesaria la autorización de la Consejería competente en materia de patrimonio histórico para la realización de obras de escasa entidad constructiva y sencillez técnica que no requieran proyecto de acuerdo con la legislación vigente en materia de edificación, en los inmuebles comprendidos: a) En el entorno de un Bien de Interés Cultural de los enumerados en la letra b). b) En los Conjuntos Históricos, Sitios Históricos, Zonas Arqueológicas, Lugares de Interés Etnológico, Lugares de Interés Industrial o Zonas Patrimoniales, que no estén inscritos en el Catálogo General del Patrimonio Histórico Andaluz como Monumentos y Jardines Históricos. La realización de cualquiera de estas obras deberá ser comunicada con carácter previo a la Consejería competente en materia de patrimonio histórico. En el plazo de treinta días a contar desde tal comunicación, la Consejería valorará la intervención y formulará, en su caso las medidas correctoras que se estimen imprescindibles para la protección del bien, y que la persona interesada deberá cumplir, así como cualesquiera otras recomendaciones técnicas que se consideren convenientes".

quier sistema normativo que se disponga al efecto en dichos ámbitos[58]. Esta necesidad de coordinación no hace sino acrecentarse en el contexto actual, donde encontramos enfrentadas, de un lado, una regulación urbanística que pretende impulsar con más intensidad la rehabilitación de nuestro parque inmobiliario y, de otro, una normativa del Patrimonio cultural que carga de cautelas y límites el desempeño de dicha tipología de intervención sobre los bienes inmuebles efectivamente protegidos. La dimensión de esta cuestión sería mucho menor si, al amparo de la segunda, no se hubiera producido la ya aludida inflación del número de realidades protegidas o si, por alguna vía, se hubiera logrado matizar el enfoque de la relación entre ambos sectores, aún hoy presidida por una dura lectura del principio de especialidad que tradicionalmente ha venido comportando el desplazamiento de la normativa urbanística cada vez que entraba en conflicto con cuanto dispuesto por los preceptos de la norma de Patrimonio Cultural. Por cuanto a nuestro estudio afecta, debe hacerse notar que de la forma de afrontar esta cuestión dependerá no sólo la efectiva determinación de los espacios que puede encontrar la rehabilitación inmobiliaria, sino también la propia eficacia de las medidas que se pretendan activar para fomentarla.

El esquema ideal planteado desde la doctrina ha resultado siempre bastante claro y a todas luces coherente con una concepción contenida del alcance de la normativa sectorial del Patrimonio cultural. Simplificada, la idea sería otorgar, en primera instancia, una protección *dura* para los BIC, que no sería otra que la otorgada por las Leyes sectoriales de Patrimonio; y, en segunda, una protección flexible y gradual para los restantes bienes, operada a través de las herramientas previstas en la normativa urbanística (una protección establecida por niveles, tal y como se ha venido operando a través de los Catálogos urbanísticos, donde los inmuebles identificados contarán con mayores márgenes de modificabilidad cuanto más bajo resulte

58. A juicio de Barrero, el mismo representa la "piedra angular en cualquier diseño de la organización administrativa de los bienes culturales" y es merecedor de que se activen "cuantas reformas jurídicas sean necesarias para su consecución" (Vid. Barrero Rodríguez, C., "La organización administrativa de las Bellas Artes", *Patrimonio Cultural y Derecho*, núm. 1, 1997, pp. 87 y 99, respectivamente). Siguiendo la expresión acuñada por Cammelli, en un ámbito sectorial de características como las presentes en el del Patrimonio cultural, tanto Estado como CC.AA. y Entes Locales "poseen la llave de una puerta que es de triple cerradura". En ausencia de la coordinación y cooperación deseables, "el esfuerzo de cada uno se traducirá en un inútil activismo cuya falta de éxito será atribuida al vecino, alejando aún más, para todos, la solución de los problemas" (Vid. Cammelli, M., "Editoriale", *Rivista di Arte e Diritto On Line* (*Aedon*), núm. 2, 2002, http://www.aedon.mulino.it/archivio/2002/2/cammelli.htm).

el nivel de protección asignado)[59]. Una graduación y reparto semejante contribuiría a limitar y racionalizar el alcance de las competencias de Cultura y, al mismo tiempo, a dejar mayores márgenes de operatividad a un régimen mucho más flexible como es el habilitado desde el Derecho Urbanístico[60]. Como decíamos, sin embargo, la trayectoria trazada ha resultado más bien inversa al aludido ideal, lo que derivó en intentos de arbitrar subsidiariamente dicho reequilibrio, descargando de competencias a Cultura a través de la implementación de mecanismos de coordinación en sede de autorización de las intervenciones[61].

Ante esta situación es posible identificar, en las Leyes autonómicas de Patrimonio cultural de más reciente aprobación, una tendencia que parece querer salir al paso de esta cuestión ahondando en la diversificación del

---

59. Nos referimos aquí al tradicional esquema presente en los instrumentos urbanísticos locales (ordenanzas de edificación, las propias figuras de planeamiento y sus Catálogos asociados), donde se acotan las definiciones correspondientes a las diferentes modalidades de intervención, se catalogan los bienes conforme a una escala de niveles de protección (que pueden variar en número, pero que por regla general no son inferiores a 4) y se precisa, por último, el alcance que cada tipo de obra o intervención puede tener para cada nivel de protección.

60. En este sentido, vid. Fernández Rodríguez, T. R., "La ordenación urbanística de los conjuntos históricos: breve denuncia de los excesos al uso", *op. cit.*, espec. p. 249. En la misma línea se pronunciaría González-Varas en su obra *La rehabilitación urbanística*, donde el autor aporta, además, un ilustrativo cuadro gráfico que resume su propuesta, en virtud del cual se establecerían 4 niveles distintos de valoración cultural del bien inmueble (1. máxima; 2. positiva; 3. negativa por motivos de salubridad o medioambientales y estéticos o arquitectónicos; y 4. negativa al margen de la perspectiva medioambiental y de salubridad) con sus correspondientes niveles de protección urbanística, asignándosele tan sólo a los bienes de la máxima valoración (Nivel 1) la otorgada por los preceptos de LPHE (vid. González-Varas Ibáñez, S., *La rehabilitación urbanística*, Aranzadi, El Cano, 1999, p. 53).

61. En este apartado resultó referencial la fórmula empleada por el art. 20 LPHE para los BICs de conjunto (Conjuntos Históricos, Sitios Históricos y Zonas Arqueológicas), habilitando la posibilidad de prescindir de la doble autorización (cultural y urbanística) a través de la previa aprobación conjunta de los Planes Especiales reguladores para los referidos bienes. Una vez aprobado dicho Plan por el Ayuntamiento con informe favorable de la Administración cultural autonómica, el primero quedaría habilitado para la autorización de las obras propuestas dentro del perímetro delimitado del bien. La fórmula, sin embargo, no se extenderá al caso de los BICs individuales y sus entornos (Monumentos y Jardines Históricos), donde pervive la duplicidad de procedimientos de autorización de forma difícilmente justificable (vid. Fernández Rodríguez, T. R., "La ordenación urbanística de los conjuntos históricos: breve denuncia de los excesos al uso", *op. cit.*, p. 245). Para el análisis y comentario de un sistema de delegación de la autorización cultural en los Municipios concretamente operado por una norma de Patrimonio autonómica, puede consultarse el caso de la andaluza en Barrero Rodríguez, C., "El Patrimonio inmueble y mueble", en Pérez Monguió, J. M. & Fernández Ramos, S. (Coords.), *El Derecho de Andalucía del Patrimonio Histórico e Instituciones Culturales*, IAAP, Sevilla, 2013, pp. 113-152.

régimen de protección operado desde la normativa sectorial de Patrimonio. Su objetivo no es otro que ofrecer una estructura más gradual en términos de intensidad del régimen de protección y de la capacidad de intervención de la Administración Cultural (aunque en puridad, como veremos, la respuesta dada no parece querer aspirar a nada parecido a un reequilibrio de la incidencia de ambos sectores en la protección bienes inmuebles dotados de algún tipo de interés cultural).

Ello se traduce, para empezar, en una reformulación de los diversos niveles de protección allí previstos, graduados en función de la singularidad y trascendencia de sus valores culturales (algo a todas luces necesario desde que la protección patrimonial ya no queda verdaderamente restringida a los bienes más relevantes). La Ley gallega distingue ahora, en su art. 41, tres niveles de protección: integral, estructural y ambiental, donde a los BICs corresponderá siempre el primero de ellos, mientras que los restantes bienes (los Bienes Catalogados de conformidad con la Ley) verán definido el suyo caso por caso, en función de sus concretos valores[62]. Por su parte, la Ley Canaria (art. 9) mantendrá el tradicional esquema de doble nivel que distingue entre BICs y Bienes Catalogados, pero pasa a dotar a éstos últimos de un total de tres subniveles de protección: protección integral, ambiental y parcial (con respecto a los bienes catalogados de naturaleza arqueológica, el precepto renomina el triple nivel de protección a integral, preventiva y potencial, adaptando sus contenidos a las peculiaridades de la protección de este tipo de bienes)[63]. Por último, la Ley vasca, la de más reciente aprobación, reproduce el esquema propuesto en la Ley gallega, aunque varíen

62. En el primer apartado del citado art. 41 de la Ley 5/2016, de 4 de mayo, del patrimonio cultural de Galicia, queda descrito el alcance concreto de cada nivel de protección, pudiendo apreciarse cómo, a medida que el nivel es más bajo, son menores en número los elementos a respetar y mayores, por tanto, las posibilidades de intervenir sobre los restantes: "a) Protección integral: conservación íntegra de los bienes y de todos sus elementos y componentes en un estado lo más próximo posible al original desde la perspectiva de todos los valores culturales que conforman el interés del bien, respetando su evolución, transformaciones y contribuciones a lo largo del tiempo. b) Protección estructural: conservación de los elementos más significativos y relevantes de los bienes, así como de aquellos que resulten más característicos tipológicamente o que sean objeto de una concreta apreciación cultural. c) Protección ambiental: conservación de los aspectos más visibles y evidentes de los bienes que, a pesar de no presentar un interés individual destacable, conforman el ambiente de un lugar de forma homogénea y armoniosa". También se precisa la posibilidad de que un mismo bien presente diferentes niveles de protección en algunas de sus partes integrantes (aptdo. 2).

63. Art. 9. de la Ley 11/2019, de 25 de abril, del Patrimonio Cultural de Canarias: "Niveles de protección. 1. Los bienes que componen el patrimonio cultural de Canarias se clasificarán en alguno de los siguientes niveles de protección: a) Bienes de interés cultural. Se declararán bienes de interés cultural aquellos bienes muebles, inmuebles e

las denominaciones otorgadas a los niveles, distinguiendo aquí entre Bienes Culturales de protección especial, intermedia y básica[64].

La nueva subdivisión en niveles responde al objetivo de dotar a cada uno de ellos con medidas de protección adecuadas, en su intensidad, a la singularidad que presentan los valores identificados en el bien[65], lo que comportará una novedad derivada destacable: el régimen de las intervenciones practicables sobre cada nivel presentará necesariamente diferencias,

---

inmateriales más sobresalientes de valor histórico, artístico, arquitectónico, arqueológico, etnográfico, bibliográfico, documental, lingüístico, paisajístico, industrial, científico o técnico o de naturaleza cultural, así como los que constituyan testimonios singulares de la cultura canaria. b) Bienes catalogados. Serán bienes catalogados aquellos bienes muebles, inmuebles e inmateriales del patrimonio cultural de Canarias que ostenten los valores a los que se refieren los artículos 39 y 50 de la presente ley que sean incluidos en catálogos insulares o municipales, respectivamente. 2. Los bienes catalogados de carácter inmueble podrán alcanzar los siguientes grados de protección: a) Integral: protege la totalidad de los elementos del inmueble y de sus espacios libres vinculados, dentro de los límites de los criterios de intervención establecidos en la presente ley. b) Ambiental: protege los elementos del inmueble que conforman su particular ambiente exterior, en tanto que contribuyen al entorno urbano o rural en el que radica: volumen, alturas generales y de forjados, cubiertas, fachadas, muros que conforman su tipología, patios, espacios no edificados y elementos interiores. c) Parcial: protege uno o más elementos específicos, que habrán de detallarse. 3. Respecto a los inmuebles catalogados por sus valores arqueológicos, se establecerá alguno de los siguientes grados de protección: a) Integral: protege la totalidad del yacimiento. b) Preventiva: protege el yacimiento de forma cautelar hasta que se determine su protección integral o su exclusión del catálogo, previa recuperación de la totalidad de la información científica que contenga a través de la oportuna actividad arqueológica. En cualquier caso, para proceder a su exclusión del catálogo, se tendrán que cumplir de manera estricta los procedimientos y fases que se establezcan reglamentariamente, que estarán orientados a garantizar la inexistencia de valor arqueológico. c) Potencial: protege los espacios delimitados en que se presuma la existencia de evidencias arqueológicas y se considere necesario adoptar medidas preventivas".

64. La Ley 6/2019, de 9 de mayo, del Patrimonio Cultural Vasco, a diferencia de las anteriores, no dedicará un concreto precepto a definir el alcance que presenta la protección de cada nivel, sino que procederá a identificar cada uno de ellos con tres categorías de bienes, clasificados en función de la trascendencia del interés cultural que presentan. Así, en función de lo dispuesto en el art. 8, bajo el título "niveles de protección" y teniendo por parámetro la efectiva presencia de alguno de los valores culturales que son atendidos en la Ley (art. 2.1), corresponde el nivel de *protección especial* a los bienes "más sobresalientes", el de protección media a aquellos que resulten "relevantes" y el de protección básica para los bienes restantes, identificables con aquellos que sean objeto de catalogación por parte de los instrumentos propios del planeamiento urbanístico.

65. Así lo expresa con claridad el preámbulo de la Ley 6/2019, de 9 de mayo, del Patrimonio Cultural Vasco, cuando afirma que la identificación de los nuevos niveles de protección se plantea "en función de la importancia de los valores culturales de los que sea portador el bien".

tendentes a relajar ahora, en los niveles más bajos de protección, los tradicionales límites que, por mor de la centralidad dada al fin de la conservación, se imponían de forma generalizada a todos los bienes protegidos[66].

Sin embargo, la fórmula empleada para diversificar o graduar el régimen para cada uno de los nuevos niveles de protección será operada de manera diferente en estas tres Leyes. Mientras en las dos más recientes (Canarias y País Vasco) se incidirá en la diferenciación de los criterios de intervención aplicables a cada categoría (razón por la cual insistiremos más en sus aportaciones dentro del desarrollo del siguiente epígrafe), en la Ley gallega se dispone un esquema diferente, centrado en identificar las tipologías de intervención (previamente definidas, recordemos, en su art. 40) que podrían llevarse a cabo dentro de cada nivel. De este modo, las modalidades de intervención que trascienden a la mera conservación, más agresivas o determinantes de la posible modificación del bien, encontrarán menos limitaciones cuanto menor sea el nivel de protección.

El precepto de referencia en la Ley del Patrimonio Cultural de Galicia es el art. 42, en el que se definen las "actuaciones autorizables según los niveles de protección". Si prestamos atención a las actuaciones consistentes en una "rehabilitación", comprobaremos que las mismas resultan plenamente autorizables en los dos niveles inferiores (protección estructural y ambiental), mientras que en el caso de los bienes dotados de protección integral tan sólo resultaría autorizable de forma condicionada (exigiendo que el proyecto "garantice la conservación de los valores culturales protegidos" y que la intervención resulte efectivamente "necesaria" para su efectiva adaptación al uso)[67].

A la luz de estas nuevas fórmulas, ni que decir tiene que el resultado es diametralmente opuesto, en términos de claridad y seguridad jurídica, al

66. Ésta era una operación prácticamente obviada por el Legislador autonómico hasta el momento, pues, como vimos bajo el modelo de la propia LPHE (art. 39.1), la tendencia era la de limitarse a enunciar los fines u objetivos de las diversas tipologías de intervención de forma genérica, sin precisar los espacios que corresponderían a cada una.

67. Nos referimos aquí a los dictados de los apartados 1.b), 2.a) y 3.a) del art. 42 de la Ley 5/2016, de 4 de mayo, del patrimonio cultural de Galicia. Aunque entre las tres Leyes de más reciente aprobación ésta es la que dispone de una estructura más clara en la identificación de la aludida correspondencia entre niveles de protección y tipos de intervenciones admisibles, La Ley canaria también aporta alguna precisión, si bien de forma puntual y más deslocalizada Así ocurre en sede de definición de las tipologías de intervención, en este caso, en relación con las actuaciones consistentes en "remonta y ampliación", las cuales quedan expresamente circunscritas a los bienes de protección ambiental y parcial (excluyendo a los de protección integral, por tanto), en virtud de cuanto dispuesto en el art. 11.1.j) de la Ley 11/2019, de 25 de abril, del Patrimonio Cultural de Canarias.

que ofrecía el Legislador estatal, cuando se limitaba a declarar que "los poderes públicos procurarán por todos los medios de la técnica la conservación, consolidación y mejora de los bienes declarados de interés cultural" (o, para el caso de los bienes inmuebles, que "las actuaciones [...] irán encaminadas a su conservación, consolidación y rehabilitación y evitarán los intentos de reconstrucción", según el art. 39 LPHE). En dichas circunstancias resultaba bien difícil predecir los espacios que, dentro de la legalidad, esperaban a cada una de ellas.

Ahora bien, sin quitarle el valor a estos avances, cabe notar que la técnica normativa empleada en estas innovaciones de las normas autonómicas, particularmente en el caso de la gallega, no resulta totalmente original: recuerda (y mucho) a la dispuesta por los instrumentos urbanísticos para practicar la graduación de cautelas referidas a las intervenciones en los inmuebles incluidos en sus respectivos Catálogos. No se está operando aquí, por tanto, un reequilibrio del protagonismo competencial entre La Administración cultural autonómica y la Administración urbanística local, sino una flexibilización o graduación de la intensidad del régimen a ejecutar por la primera, importando (y duplicando, en cierto modo) las técnicas propias de la segunda. Es por ello que tampoco podemos identificar en estas novedades una fórmula que favorezca la coordinación de ambos niveles territoriales en el diseño y aplicación de una herramienta urbanística, tal y como ocurriera con los Planes Especiales de los bienes de conjunto.

Con este enfoque, los sistemas de protección diseñados parecen seguir distanciándose del esquema propuesto por la doctrina, perdiéndose los beneficios que de él se derivarían (especialmente los de una mayor agilización de los trámites administrativos y una mayor eficiencia del entero sistema de protección patrimonial-urbanístico). La Administración autonómica seguirá teniendo que pronunciarse ante las intervenciones que afecten a bienes inmuebles de interés menor, lo que no contribuirá a que el conjunto de su intervención sea ágil y eficiente[68]. En este sentido, constituyendo un dato positivo, puede entenderse insuficiente la excepción conformada en la Ley vasca, donde sí se opera una remisión al ámbito local por cuanto respecta a la concreción del régimen jurídico correspondiente al nivel más básico de protección (los bienes de protección básica)[69].

---

68. Circunstancia a raíz de la cual también se resentirá la protección efectiva de los bienes más relevantes, tal y como nos recuerda Alonso Ibáñez, "ya sea por desatención, ya por llevar a la categoría BIC o a los Inventarios bienes que realmente no merecen ese mayor régimen de intervención" (vid. Alonso Ibáñez, M. R., "La tercera generación de Leyes del Patrimonio Histórico", *op. cit.*, p. 25).

69. La Ley 6/2019, de 9 de mayo, de Patrimonio Cultural Vasco, declara que a los denominados "bienes de protección básica" les serán aplicables las prescripciones del ré-

3.5. CRITERIOS DE INTERVENCIÓN PENSADOS DESDE UN PARADIGMA CONSERVADOR E INSENSIBLES A LA DIFERENTE NATURALEZA DE LOS BIENES: DIVERSIFICACIÓN Y "CRITERIOS DE REHABILITACIÓN"

El de los criterios de intervención dispuestos en nuestra normativa sectorial para los bienes integrantes del Patrimonio cultural constituye otro capítulo de trascendental importancia para la cuestión que nos ocupa. A través de los mismos, el Legislador lleva a cabo ciertas imposiciones metodológicas que se proyectarán en las actuaciones a emprender sobre los bienes protegidos en aras a garantizar la adecuada consecución de los fines propuestos en la Ley (entre los cuales, conservar, pero también consolidar, mejorar, rehabilitar, restaurar...). Su efectiva regulación en normas dotadas con el rango de Ley determina, además, la especial fuerza que adquieren no sólo en cuanto mandato para los particulares, sino también para la propia Administración cultural (que habrá de respetarlos en sede de autorización de las intervenciones y, llegado el caso, responder ante la revisión judicial de la legalidad de su actuación)[70].

La evolución de su régimen jurídico va a venir marcada también por la sucesión en cascada de la aprobación y reformas practicadas en el panorama autonómico sectorial, de modo y manera que, cuanto más reciente es la norma, más rica resulta su aportación, acumulando las experiencias de Leyes anteriores y enriqueciéndolas con nuevos criterios (algunos de ellos,

---

gimen común de protección en ella previstas que les sen propias a su concreta tipología de declaración (art. 27). En lo restante, el art. 45 opera la amplia remisión a la que aludíamos: "Artículo 45. Régimen de los bienes culturales de protección básica. 1. El régimen de protección de los bienes culturales de protección básica será el establecido en la normativa urbanística municipal, sin que en ningún caso sea posible su derribo, ni total ni parcial. 2. Podrán ser bienes culturales de protección básica los bienes culturales inmuebles". La Ley 11/2019, de 25 de abril, del Patrimonio Cultural de Canarias, aunque no efectúa un reenvío semejante, sí apostará por otorgar un importante papel, en cuanto instrumento de protección, a los "Catálogos Municipales", cuyo diseño y aprobación dependerá de los Municipios (la propia Ley prevé una regulación intensa con respecto a estos instrumentos en sus arts. 50-55, incidiendo en apartados tales como los criterios que han de seguirse en la valoración de los inmuebles, los contenidos mínimos del Catálogo o su procedimiento de aprobación).

70. Para un análisis más amplio con respecto a la naturaleza e implicaciones de estos criterios de intervención, permítasenos aquí el reenvío a las aportaciones realizadas en Sánchez-Mesa Martínez, L. J., "Los criterios de intervención en el Patrimonio cultural inmueble en la legislación internacional, estatal y autonómica", *Patrimonio Cultural y Derecho*, núm. 10, 2006, pp. 137-176; y "La restauración ante los Tribunales de Justicia: sentido y límites de la regulación jurídica de las intervenciones de conservación", en Pérez-Prat Durbán, L. & Gómez De Terreros Guardiola, M. V., *Teatros romanos en España y Portugal ¿Patrimonio protegido?*, Universidad de Huelva, Huelva, 2014, pp. 193-238.

veremos, de sumo interés para facilitar mayores espacios a las intervenciones focalizadas en la adaptación de los bienes al uso).

El punto de partida en la regulación de los criterios de intervención viene dado, dentro del modelo estatal, por los contenidos del art. 39 LPHE[71]. En línea con las características que predicábamos del modelo LPHE, la regulación aquí ofrecida no va a constituir una excepción, dado que el enfoque aportado en ella es también claramente conservador y, a juicio unánime de la doctrina, excesivamente rígido y riguroso[72]. Si tenemos en cuenta la naturaleza y alcance de las actuaciones que suele comportar una intervención de rehabilitación (cuya incidencia sobre la materialidad del bien puede llegar a ser, como vimos más arriba, particularmente intensa), podremos apreciar que buena parte de los criterios regulados en el mencionado precepto de la LPHE pueden representar un serio obstáculo para su efectiva puesta en práctica. Entre tales criterios se encuentran (1) la rigurosa limitación impuesta a los intentos de reconstrucción (con frecuencia necesaria en una rehabilitación, aunque la misma afecte tan sólo a concretas partes del bien), donde tan sólo resultan admisibles los operados mediante anastilosis; (2) los fuertes condicionamientos exigidos para la admisibilidad de adiciones (que no sólo se reducen a su obligada *distinguibilidad* con respecto a las partes originales del bien, sino que limitan también

71. Nos interesan particularmente los contenidos aportados en los apartados 2 y 3 del citado art. 39 LPHE, los cuales presentan el siguiente tenor literal: "[...] 2. En el caso de bienes inmuebles, las actuaciones a que se refiere el párrafo anterior irán encaminadas a su conservación, consolidación y rehabilitación y evitarán los intentos de reconstrucción, salvo cuando se utilicen partes originales de los mismos y pueda probarse su autenticidad. Si se añadiesen materiales o partes indispensables para su estabilidad o mantenimiento, las adiciones deberán ser reconocibles y evitar las confusiones miméticas. 3. Las restauraciones de los bienes a que se refiere el presente artículo respetarán las aportaciones de todas las épocas existentes. La eliminación de alguna de ellas sólo se autorizará con carácter excepcional y siempre que los elementos que traten de suprimirse supongan una evidente degradación del bien y su eliminación fuere necesaria para permitir una mejor interpretación histórica del mismo. Las partes suprimidas quedarán debidamente documentadas".

72. Vid. Martín-Retortillo Vaquer, L., "Los conceptos de consolidación, rehabilitación y restauración en la Ley del patrimonio histórico español", *op. cit.*; Muñoz Machado, S., *La resurrección de las ruinas*, Civitas, Madrid, 2002; Barrero Rodríguez, C. & Caruz Arcos, E., "La intervención en los bienes del patrimonio histórico. La interpretación del art. 39.2 de la Ley de Patrimonio Histórico Español por la Sentencia del Tribunal Supremo de 16 de octubre de 2000. La ilegalidad del proyecto de restauración y rehabilitación del teatro romano de Sagunto", *Patrimonio Cultural y Derecho*, núm. 5, 2001, pp. 313-324; y Alegre Ávila, J. M., "Reconstrucciones de monumentos e interpretación legal", *Revista Española de Derecho Administrativo*, núm. 116, 2002, pp. 591-597. Recordemos que en la aludida rigidez influye también la herencia de los ya desfasados planteamientos de la Carta de Atenas de 1931 (que se transmiten, como advertíamos en la segunda nota del trabajo, a nuestros textos legales de 1933 y 1985).

los propios propósitos o fines que las legitiman: la "estabilidad o mantenimiento"[73] del bien, requiriendo, además, que aquellas resulten "indispensables"); y, por último, la excepcionalidad que presenta la posibilidad de suprimir partes del bien (operación que suele resultar crucial también en muchas intervenciones de rehabilitación y que queda aquí sometida, además, a la concurrencia de unos requisitos ampliamente interpretables).

En suma, la metodología impuesta por las Leyes de Patrimonio en las intervenciones sobre el mismo, bajo el modelo dispuesto por el art. 39 LPHE, presenta fuertes límites para acciones que, con frecuencia, son precisas para la rehabilitación en cuanto acción destinada a la adecuación del bien al uso). Puede afirmarse, en consonancia con los rasgos que identificábamos en el modelo estatal de protección, que los *criterios de intervención* allí regulados son, en puridad y en su mayor parte, *criterios de conservación* que no dejan mucho espacio a la materialización de otros fines que no sean preservar la materialidad y los valores del bien tal cual llegaron a nuestros días.

Ante esta rigidez, la respuesta del Legislador autonómico no se hizo esperar demasiado. Siendo cierto que las primeras leyes emanadas o bien no abordaron la cuestión o bien lo hicieron reproduciendo prácticamente los contenidos de la LPHE, ya desde mediados de los años 90 se apreciarán sustanciales variaciones en la regulación de dichos criterios de intervención (resultantes de la aprobación de nuevas leyes o de la reforma de las más antiguas), terminando por dibujar el panorama actual, donde todas las Leyes autonómicas inciden en la materia, aportando en la mayor parte de los casos regulaciones mucho más ricas, detalladas y también más versátiles. Esta reformulación del régimen de las intervenciones en su plano técnico, operada en no pocas ocasiones en contra de los dictados del art. 39 LPHE[74], va a emprender, por cuanto a nosotros interesa (su posible impacto en la supresión de límites a la intervención rehabilitadora), tres líneas concretas: (1) la atenuación o modulación de criterios que constituían un grave bloqueo para la rehabilitación y que forzaron con frecuencia una interpretación muy rígida y conservacionista de la LPHE; (2) la efectiva diferenciación de los criterios de intervención en función del nivel de protección

73. Acotación en la que parece no tener cabida el fin de rehabilitación en cuanto mejor adaptación de un bien al uso que se le asigna.

74. Y en este sentido, sorprende que no se haya producido impugnación alguna en ningún caso por parte del Estado. ¿No llega hasta aquí aquella "especial virtualidad" del modelo dispuesto en la LPHE al que hacía referencia el TC en su Sentencia 122/2014, de 17 de julio? Lo que fuera suficiente para anular la atenuación del régimen de la autorización preceptiva llevada a cabo por la Ley de Madrid parece no serlo para el variopinto panorama de modulaciones, correcciones y contradicciones operadas sobre el contenido original del art. 39 LPHE por parte de un nutrido grupo de las Leyes autonómicas sectoriales.

(aportando criterios más flexibles para niveles de protección menores) y de la naturaleza del bien (no todas las tipologías de bienes suelen presentar las mismas necesidades de intervención y, por cuanto nos interesa, su naturaleza puede condicionar, con frecuencia, las aspiraciones que puedan tenerse en relación con su adaptación a concretos usos); y (3), en las leyes más recientes, la incorporación de criterios que se refieren expresamente a las intervenciones de rehabilitación (poniendo en el centro el fin consistente en la mejor adaptación al uso y superando, por tanto, el tradicional enfoque limitado a la previsión de criterios únicamente ligados a la conservación de la materialidad del bien y sus valores).

En el primer grupo se incluyen las múltiples modulaciones introducidas a la rígida prohibición general de las prácticas reconstructivas, donde se incorporan nuevos criterios que ahora ampliarán su admisibilidad, basándose, para ello, en factores como la excepcionalidad de los motivos que dieron lugar a la destrucción total o parcial de un bien[75], a la mejor percepción de sus valores de conjunto[76] o a la pervivencia de información sufi-

75. Aquí la innovación vino propuesta por la Ley 1/2001, de 6 de marzo, del Patrimonio Cultural del Principado de Asturias que, partiendo de una prohibición general de las intervenciones de reconstrucción "total o parcial" (en coherencia con el art. 39.2 LPHE) determinará, en su art. 57.1.c) *in fine,* la excepción para con aquellas que "previa autorización de la Consejería de Educación y Cultura e informe favorable del Consejo del Patrimonio Cultural, se realicen para corregir los efectos del vandalismo, de catástrofes naturales, del incumplimiento del deber de conservación o de obras ilegales". La excepción, entendemos, responde a la necesidad de arbitrar una solución extraordinaria para los supuestos de una "pérdida traumática" del Patrimonio para la colectividad, determinada por causas excepcionales diferentes a la degradación natural que puede experimentar un bien por el mero paso del tiempo. Otras Leyes posteriores incorporarían la misma postura, como la Ley 4/2007, de 16 de marzo, de Patrimonio Cultural de la Comunidad Autónoma de la Región de Murcia [vid. art. 40.3.c), cuyo dictado sin duda resultó crucial para dar cobertura legal a las intervenciones de reconstrucción que fueron necesarias tras el grave terremoto que en 2011 afectó a la ciudad de Lorca, en el que se dañaron monumentos relevantes) o la Ley 5/2016, de 4 de mayo, del patrimonio cultural de Galicia (art. 44.2, con mención expresa a las aludidas "razones de interés social, cultural o educativo").

76. Así se expresa también la excepción contemplada en la parte inicial del art. 57.1.c) de la Ley asturiana: "No están afectadas por esta prohibición las reconstrucciones totales o parciales de volúmenes primitivos que se realicen a efectos de percepción de los valores culturales y la naturaleza de conjunto del bien, en cuyo caso quedarán suficientemente diferenciadas a fin de evitar errores de lectura e interpretación". La Ley gallega opera una lectura similar en la propia definición de la intervención de reconstrucción operada en su art. 40 j): "Por razones justificadas de recomposición, interpretación y correcta lectura del valor cultural o de la imagen del bien, se admitirán reconstrucciones parciales de carácter didáctico o estructural que afecten a elementos singulares perfectamente documentados". También puede hacerse mención al art. 34.6.a) de la Ley 6/2019, de 9 de mayo, de Patrimonio Cultural Vasco.

ciente sobre su estado primigenio[77]. Allí se incluyen también las novedades que han permitido ampliar los supuestos de admisibilidad de añadidos, donde ha influido una mayor flexibilidad condicionada al criterio de la reversibilidad, la progresiva apertura hacia el uso de materiales modernos en las intervenciones o, incluso, la mención expresa a la mejor adaptación del bien al uso como fin habilitante para su ejecución[78]. Por otro lado, pueden identificarse también casos en los que se ha favorecido la ampliación de los márgenes de discrecionalidad de la Administración en la eventual autorización para la eliminación de partes del bien[79].

---

77. La referencia al "conocimiento documental suficiente de lo perdido" como criterio habilitante de la admisibilidad de una reconstrucción es incorporado por vez primera a cargo del Legislador valenciano [art. 38.1.d) de la Ley 4/1998, de 11 de junio, del Patrimonio Cultural Valenciano], factor que, a la postre, resultaría crucial en la resolución final del largo y polémico proceso que afectó a la intervención practicada a finales de los años 80 en el Teatro romano de Sagunto (vid., al respecto, Sánchez-Mesa Martínez, L. J., "La restauración ante los Tribunales de Justicia: sentido y límites de la regulación jurídica de las intervenciones de conservación", *op. cit.*, pp. 223 y ss.). Otras Leyes también incorporarían con posterioridad la citada excepción, como la extremeña [art. 33.1.c) de la Ley 2/1999, de 29 de marzo, de Patrimonio Histórico y Cultural de Extremadura], la andaluza (art. 20.4 de la Ley 14/2007, de 26 de noviembre, del Patrimonio Histórico de Andalucía) o la vasca (art. 34.6 de la Ley 6/2019, de 9 de mayo, de Patrimonio Cultural Vasco).
78. La admisibilidad de adiciones ya prevista en la LPHE es recibida en todas las Leyes autonómicas, asociada también a la obligada distinguibilidad de los elementos añadidos. En muchas, se precisa tanto la preferencia por las técnicas y materiales tradicionales como la admisibilidad excepcional del uso de materiales modernos. Recordemos, sin embargo, que el art. 39.2 restringía dichos añadidos a los que fueran indispensables para la "estabilidad o mantenimiento" del bien. Ante ello, algunas normas introducen ahora expresamente la finalidad rehabilitadora al incluir, como justificación de estas adiciones, la mejor adaptación del bien a su uso. En este sentido, resultará referencial el ejemplo de la Ley 11/1998, de 13 de octubre, de Patrimonio Cultural de Cantabria, en los dos primeros apartados de su art. 53.1: "a) Se respetarán las características esenciales del inmueble y cualquier cambio de uso tendrá en cuenta la estructura original del edificio, decoración y su relación con el entorno, sin perjuicio de que puedan autorizarse con carácter excepcional el uso de elementos, técnicas y materiales actuales *para la mejor adaptación del bien a su uso* y para valorar determinados elementos o épocas. b) La conservación, recuperación, restauración, rehabilitación y reconstrucción del bien, *así como su mejora y utilización*, respetará o acrecentará los valores del mismo, sin perjuicio de que puedan utilizarse técnicas, formas y lenguajes artísticos o estéticos contemporáneos *para conseguir la mejor adaptación del bien a su uso* o la valoración cultural del mismo. Especialmente, se conservarán las características topológicas, morfológicas, espaciales y volumétricas más significativas" (cursivas añadidas). En la misma línea se manifestará el contenido del art. 24.2.a) de la Ley 3/2013, de 18 de junio, de Patrimonio Histórico de la Comunidad de Madrid.
79. En buena parte de las Leyes autonómicas se opera una recepción directa de los requisitos previstos por el art. 39.3 LPHE para la eventual eliminación de partes de un bien, que será siempre excepcional. Dichos requisitos, según la dicción del precepto, debían

Las novedades aportadas dentro de la segunda tendencia, aquella determinada por la diferenciación de los criterios en función del nivel de protección del bien y de su propia naturaleza, constituyen el corolario de cuanto tratábamos en el epígrafe anterior. La práctica emprendida por las más recientes Leyes autonómicas consistente en graduar el régimen de protección en varios niveles también va a cobrar reflejo en el grado de rigor o de flexibilidad que presenten los criterios de intervención. De este modo, a niveles de protección más elevados corresponderán criterios más rigurosos y dotados de un enfoque más conservador, mientras que a niveles inferiores aumentará la flexibilidad (dejando aquí más espacio a intervenciones más invasivas o cuyos fines trascienden la mera conservación). Otro tanto cabe afirmar en relación con la naturaleza del bien, pues caben pocas dudas de que no es posible, por ejemplo, afrontar igual la intervención de una *ruina arqueológica* que la de un *edificio vivo* (no sólo por su estado de conservación sino por la entidad de sus valores ambos casos precisan de criterios de intervención distintos y, como es obvio, las aspiraciones de lograr, llegado el caso, su rehabilitación, no pueden presentar un marco normativo indiferenciado). En este sentido, el ejemplo de referencia viene dado por la nueva Ley vasca[80]. La propia estructura de los artículos dedicados a la regulación de los criterios de intervención es muy expresiva de la voluntad tanto de graduar la intensidad de la protección en función de la trascendencia del interés cultural del bien (con los 3 niveles previstos) como de diferenciar la forma de actuar, en cada caso, para cada categoría de bien. Así, la norma no dedica un solo precepto a la regulación de los criterios, como antes era habitual, sino que dedica un total de 8 artículos: Junto a unos criterios de intervención generalmente aplicables a los bienes inmuebles (art. 34), espe-

---

de darse de forma conjunta: que los elementos a eliminar "supongan una evidente degradación del bien y su eliminación fuere necesaria para permitir una mejor interpretación histórica del mismo". En algunos casos, la mencionada ampliación del margen de discrecionalidad en la apreciación de la oportunidad de practicar eliminaciones viene determinada, precisamente, por la anulación de la doble concurrencia de las dos condiciones, al expresarlas disyuntivamente [sustituyendo la "y" de la versión estatal por la "o", tal y como ocurre en el caso de la del art. 57.1.d) de la Ley 1/2001, de 6 de marzo, del Patrimonio Cultural del Principado de Asturias]. En otros casos, la misma puede desprenderse de la presencia de redacciones mucho más simplificadas y genéricas: "En caso de que se autorice alguna supresión, ésta quedará debidamente motivada y documentada" [art. 33.1.b) de la Ley 2/1999, de 29 de marzo, de Patrimonio Histórico y Cultural de Extremadura]; "se procurará retirar los añadidos degradantes de los bienes protegidos" (art. 34.5 de la Ley 6/2019, de 9 de mayo, de Patrimonio Cultural Vasco).

80. En relación con esta línea de tratamiento de los criterios, como adelantábamos, la Ley 6/2019, de 9 de mayo, del Patrimonio Cultural Vasco representa el modelo más avanzado. No en vano, en su propio preámbulo ya se advierte este enfoque atento a la singularidad de los bienes, cuando se anuncia la presencia en el texto de hasta 19 categorías diferentes de protección en función de la naturaleza del bien.

cificará después criterios comunes para BICs de Protección Especial (art. 37) y de Protección Media (art. 42), y, en una última aproximación, criterios específicos para concretas categorías de inmuebles de Protección Especial (art. 38, comprendiendo singularidades para Monumentos, Conjuntos Monumentales, Zona Arqueológica, jardín histórico, itinerario cultural y espacio cultural) y de Protección Media (art. 43, donde aborda singularidades para Monumentos y Zonas Arqueológicas)[81].

Esta diversificación del tratamiento de los criterios presente en el modelo vasco no sólo va a presentar la virtud de adaptar la metodología de las intervenciones a las singularidades de cada tipo de bien, sino que va a incorporar un dato innovador y de sumo interés para el objeto de nuestro trabajo: la efectiva configuración de criterios *de rehabilitación*. El hecho de que ahora se diferencie el tratamiento de diversos niveles de protección ha facilitado que el régimen técnico de las intervenciones previsto para ellos pierda la tradicional obsesión por la conservación que imponía la protección de los bienes más relevantes[82]. No será difícil, pues, que, a menor nivel de protección, hallemos ahora criterios de intervención que se centran en la adecuación del bien al uso (y no tanto en prescribir límites para la misma en aras de una actitud preferente por su estricta conservación y reacia a facilitar modificaciones en su materialidad)[83]. Se trata ésta, además, de una línea que parece querer cobrar continuidad en el más inmediato desarrollo del Derecho sectorial autonómico, o al menos así puede deducirse a la luz de los contenidos de la muy reciente Ley 8/2023, de 30 de marzo, de Patri-

81. La misma estructura se dispondrá para bienes muebles (en los arts. 39 y 44). El régimen de protección de los bienes de Protección Básica, recordemos, era remitido a la normativa urbanística municipal, *sin que en ningún caso sea posible su derribo, ni total ni parcial* (art. 45).

82. Obsesión que, en ocasiones, nos ha llevado a hablar más de criterios *de conservación* que de verdaderos criterios de intervención. No en vano, en alguna Ley se ha manifestado el *lapsus* de forma expresa, cuando el concreto precepto regulador ha venido a titularse "criterios de conservación" (vid., por ejemplo, el caso del art. 20 de la Ley 14/2007, de 26 de noviembre, del Patrimonio Histórico de Andalucía).

83. Por cuanto a nosotros interesa, en el tenor de lo previsto en los criterios comunes de los bienes de Protección Media (art. 42), puede apreciarse cómo se aumenta notoriamente el margen de intervención, generando grandes espacios para la práctica de intervenciones de rehabilitación de calado (aprécíese la apertura a que el uso resulte determinante para la modificación del bien). Ello se hará aún más concreto en los criterios aplicables a los Monumentos de Protección Media: "Art. 43.1. Cualquier intervención en un monumento respetará los siguientes criterios: a) Se autorizarán las intervenciones dirigidas a la restauración de todos los sistemas constructivos. b) Se admitirá cualquier cambio de uso, siempre que no afecte a los valores protegidos del

monio Cultural de la Comunidad de Madrid, los cuales revelan notables similitudes en su estructura con el enfoque descrito en la Ley vasca[84].

Pero, con independencia del avance que hayan podido significar estas reformas (dispares y no siempre generalizables dentro del conjunto del panorama autonómico), el apartado de los criterios de intervención no deja de plantear otras graves problemáticas que se proyectan, principalmente, en sede aplicativa. La principal entre ellas es, sin duda, la mutabilidad que se ha venido ofreciendo en su interpretación por parte de la Administración y, en menor medida quizá, de los Jueces y Tribunales: dicha interpretación suele presentarse más flexible o bien más rigurosa, en función de la naturaleza pública o privada del proyecto de rehabilitación. Así se revela cuando

bien y que conlleve unas mejores condiciones de conservación y puesta en valor". El tenor es muy distinto al recogido en los criterios previstos para Monumentos de Protección especial, donde una intervención de rehabilitación resultaría más excepcional y, en todo caso, limitada en su alcance (vid. art. 43.1). Pero incluso dentro de aquellos se plantearán excepciones. Tal es el caso de los inmuebles integrantes de un Conjunto Monumental de Protección Especial (pues recordemos que, dentro de estos bienes de conjunto, no todos los inmuebles presentarán valores culturales singulares), donde se reconoce expresamente la posibilidad de acometer rehabilitaciones interiores: "art. 38.2: Cualquier intervención que afecte a conjuntos monumentales deberá respetar los siguientes criterios: [...] c) Se admitirán intervenciones de rehabilitación interior, de adaptación a nuevos usos y de mejora de la habitabilidad en los elementos constituyentes del conjunto, siempre que no afecten a la integridad de los sistemas constructivos, arquitectónicos y ambientales característicos del mismo".

84. La nueva Ley madrileña (la más recientemente reformada dentro de nuestro panorama autonómico) presenta también una estructura muy diversificada en la regulación de sus criterios, aunque las precisiones en cuanto a las intervenciones consistentes en una adecuación al uso son menos frecuentes que en el modelo vasco. Los preceptos de referencia serán los siguientes: art. 42, sobre los criterios específicos de intervención en el entorno de protección de bienes inmuebles [donde las letras f) y g) del 2º aptdo. impulsan tanto los usos tradicionales como la implantación de usos nuevos compatibles]; art. 45, sobre los criterios de intervención en bienes inmuebles y muebles declarados Bienes de Interés Cultural [cuyo aptdo. c) recoge la admisibilidad del "uso de elementos, técnicas y materiales actuales para la mejor conservación del bien"]; art. 46, sobre las normas específicas de protección y conservación en bienes muebles; art. 47., sobre las normas específicas de intervención en bienes inmuebles [con nueva referencia, en su aptdo. 4 a), a la admisibilidad de elementos, técnicas y materiales actuales para la mejor adaptación del bien al uso]; art. 50, relativo a los criterios de intervención en bienes inmuebles y muebles declarados Bienes de Interés Patrimonial (con criterios de configuración más abierta y la habilitación para que la propia declaración como Bien de Interés Patrimonial determine criterios específicos); art. 51, sobre normas específicas de protección y conservación en bienes muebles; art. 52, sobre normas específicas de intervención en bienes inmuebles (con remisión al art. 50 y a la declaración como Bien de Interés Patrimonial y exención de autorización para las acciones de mantenimiento e intervenciones menores en elementos no expresamente protegidos por la declaración); y art. 54, por el que se opera remisión del régimen de los Bienes Inmuebles Catalogados a lo dispuesto en la normativa urbanística.

comparamos el tratamiento dado a unos y a otros[85] y ello no deja de representar un factor que resta credibilidad a la actuación administrativa, termina por debilitar a los propios instrumentos normativos e incide negativamente sobre los particulares (no sólo en cuanto afecta a la seguridad jurídica que legítimamente pueden reclamar, sino también en su predisposición a respetar los contenidos de la norma).

4. VÍAS A EXPLORAR PARA LA TRANSICIÓN A UN NUEVO PARADIGMA, MÁS ALLÁ DE LA CONSERVACIÓN

Frente a un modelo presidido por las técnicas de limitación, hipertrofiado en su objeto de protección, excesivamente centrado en el fin de la conservación y ancorado sobre la base del principio de especialidad, sin duda deben valorarse positivamente algunas de las líneas abiertas por el legislador autonómico (aunque su impacto resulte, como es obvio, limitado territorialmente) para adaptarse a un contexto que reclama implementar el uso y utilidad del vasto Patrimonio cultural inmueble español, en cuanto parte –no pequeña– de nuestro parque edificatorio. Destacamos especialmente la aportación de concretos conceptos jurídicos para definir las modalidades de intervención y la apertura hacia criterios técnicos *no sólo de conservación* para regir las actuaciones emprendidas sobre los bienes, ahora más abiertos y sensibles a las necesidades de adaptación al uso. Más dificultades parecen encontrar, sin embargo, las puntuales respuestas dadas a otros problemas en lo que, como hemos querido caracterizar, es tan sólo un *inci-*

---

85. Así, parece no haber problema para encontrar acomodos interpretativos a las rehabilitaciones del Teatro de Sagunto (que determinó la construcción de un teatro de obra nueva sobre los restos arqueológicos de un teatro romano) o del Claustro de S. Jerónimo el Real (que implicó la cubrición de dicho claustro con una estructura moderna diseñada para la ampliación del Museo de El Prado), operados, respectivamente, por el Auto TSJ de la Comunidad Valenciana de 6 de abril de 2009 y por la STS de 18 de diciembre de 2002, pero no a la iniciativa de un particular de reintegrar, con un proyecto adecuadamente justificado, una pequeña tronera en un edificio catalogado del Conjunto Histórico de Dueñas en Palencia (así lo valoró y lo mantuvo la Administración de Cultura hasta que el STSJ de Castilla y León puso de manifiesto su falta de argumentación y la nulidad de la resolución con su Sentencia núm. 678/2003, de 5 junio). Tampoco plantea excesivos problemas cambiar pizarra por zinc en las cubiertas de la Estación de Canfranc para su inicial adaptación a un uso hotelero (STJ de Aragón n 356 2010 de 27 mayo) o sustituir madera por lunas de cristal en los cerramientos del Palacio de Carlos V de Granada y forrar de pladur sus interiores para su adaptación a museo público (con informe contrario de la Real Academia de Bellas Artes de Granada), mientras que sí los presenta que un particular pretenda usar vigas de hormigón y no de madera a la hora de rehabilitar su domicilio, una casa catalogada del entorno del centro histórico de Tuy (imposición de Cultura confirmada por STSJ de Galicia núm. 34/2008 de 24 enero). La vara de medir el grado de respeto de los criterios no siempre es empleada con la misma firmeza.

piente giro de la normativa sectorial de Patrimonio (incipiente y parcial, dados el carácter regional de las innovaciones operadas).

Por múltiples motivos –algunos de los principales ya expuestos en las líneas iniciales de este estudio–, la contención de las declaraciones BIC en el ámbito inmobiliario se nos presenta de una necesidad acuciante en el contexto actual. Sin embargo, es muy difícil pensar en una reducción de las realidades ya declaradas y protegidas. En este sentido, los procedimientos para retirar la condición de BIC contemplados en las Leyes de Patrimonio cultural resultan meramente decorativos, siendo prácticamente inédita su puesta en acto hasta la fecha. Todo apunta, además, a que así permanecerán, pues el coste político y social de una eventual revisión de las declaraciones se antoja inasumible (se hace valer aquí aquel dicho popular que advertía que "una vez que se ha extraído la leche de la ubre es imposible volver a meterla dentro"). No parece tampoco una vía positiva que las leyes autonómicas implementen figuras de protección de conjunto (ej. Zonas Patrimoniales), que tienden a extender aún más los instrumentos de limitación (especialmente incisivos sobre los usos y, por ende, sobre el margen de rehabilitación) en manos de una Administración ya de por sí lenta y saturada como la de Cultura.

La diversificación y graduación del régimen de limitaciones en varios niveles (incorporando técnicas más propias del Derecho urbanístico) aparenta ser la opción de respuesta del más reciente operar del legislador autonómico, pero la misma parece quererse activar sin merma del monopolio de la competencia autonómica en materia cultural, dejando un espacio aún muy residual a la deseable flexibilidad (y mayor agilidad) del régimen urbanístico operado por los Municipios. Se perpetúa en cierto modo una situación de yuxtaposición de sectores, de herramientas y de técnicas que no contribuyen a equilibrar el sistema ni a hacerlo más eficiente[86]. En este sentido, el recurso a técnicas de delegación en favor de los Municipios, cuyo diseño resulta aún limitado en su alcance objetivo (con la exclusión de Monumentos, Jardines y Zonas Arqueológicas), continúa siendo la principal vía para tratar de agilizar el régimen de autorización preceptiva (una autorización, recordemos, ligada a modelos normativos muy rígidos y con-

86. En los nuevos esquemas impuestos por la implantación de diversos niveles de protección en las Leyes de Patrimonio se está llegando a una suerte de "suplantación" del sistema de protección urbanística por parte de Cultura. Diferente es que se coordinen ambas administraciones en el uso de técnicas urbanísticas (como ocurría con el procedimiento de aprobación y ejecución de Planes Especiales) a que una de ellas termine operando técnicas propias de la otra. Se han declarado tantos bienes que se precisa ahora graduar la intensidad de su protección, pero ¿qué queda, como objeto de protección, para el Derecho urbanístico?

servacionistas y que ha encontrado fuertes obstáculos ante los intentos reformistas de reducir su ámbito de aplicación).

Mucho más inexplorada permanece la faceta del fomento, un apartado fuertemente descuidado en un sector como el que nos ocupa, tradicionalmente desarrollado bajo un protagonismo casi total de las técnicas de limitación. Siendo obvias las carencias (no sólo presupuestarias) que plantea la intervención pública en la rehabilitación de nuestro ingente Patrimonio, procede, en este concreto ámbito, arbitrar soluciones que no sólo comprometan más a las Administraciones públicas, sino que habiliten cauces a la participación privada y favorezcan la captación de recursos (no olvidemos que si el estímulo de la participación privada se antojaba crucial para activar políticas de rehabilitación urbana, no lo será menos para impulsar la del Patrimonio cultural edificado). En ese sentido, en el marco de cuanto aún es una tímida implementación de las técnicas de fomento operada por parte del legislador autonómico en los últimos tiempos, cabe proponer que se impulsen y generalicen de forma efectiva medidas puntualmente propuestas, como las cesiones de uso condicionadas a la rehabilitación del bien (más arriba hacíamos referencia los ejemplos dispuestos en el art. 90 de la Ley del Patrimonio Cultural Valenciano o en el 89 de la Ley del Patrimonio Histórico de Andalucía), así como la formulación de otras nuevas, aún inéditas en el panorama normativo sectorial (como puede ser el caso del fomento de la esponsorización de las intervenciones rehabilitadoras[87]). Si lo deseable es proponer la norma y no imponerla, pocos ámbitos pueden resultar más idóneos que el referido a la actividad de fomento, donde, además, los márgenes para innovar son mucho más amplios[88].

Hasta aquí, todo sea dicho, la práctica totalidad de las propuestas analizadas se basan en un intento de adaptar los instrumentos clásicos de la tutela patrimonial a una nueva realidad, proceso que ya se halla en acto,

---

87. En este sentido, se halla más avanzada la experiencia italiana, con la previsión del art. 120 del *Codice dei beni culturali e del paesaggio*, dedicada al instituto en cuestión [para una aproximación a esta regulación, vid. Piperata, G., "Esponsorización e intervenciones de restauración en los bienes culturales", en Barranco Vela, R. (Dir.); Sánchez-Mesa Martínez, L. J. & Piperata, G. (Coords.), *El régimen jurídico de la restauración del patrimonio cultural. Un estudio comparado de los ordenamientos italiano y español*, Comares, Granada, 2009, pp. 145-159; y, para un análisis sobre su exportabilidad al modelo español, vid. Sánchez-Mesa Martínez, L. J., "El fomento del Patrimonio cultural a través de vías no fiscales o presupuestarias: nuevos canales para el estímulo de la participación privada en el sector", *op. cit.*, espec. pp. 521-526].

88. Permítasenos reiterar el reenvío a las consideraciones ya aportadas en Sánchez-Mesa Martínez, L. J., "El fomento del Patrimonio cultural a través de vías no fiscales o presupuestarias: nuevos canales para el estímulo de la participación privada en el sector", *op. cit.*, espec. pp. 526-529).

desde hace varios años, en el ámbito del Derecho urbanístico por cuanto afecta a la necesidad de evolucionar hacía un modelo más sostenible y favorecedor de la rehabilitación de la ciudad existente. En la experiencia arrojada por este último, la doctrina (citábamos antes los análisis de Alonso Ibáñez y González Sanfiel), aparte de poner de manifiesto las dificultades presentes en dicha tarea, reclamaba también la necesidad de explorar nuevas vías, de arbitrar nuevos mecanismos capaces de superar enfoques especializados que no resultan idóneos para abordar problemas o desafíos que impactan sobre múltiples sectores. El apartado específico de los inmuebles dotados de valor cultural no es una excepción ante dicha necesidad, más aún cuando se trata de un conjunto de bienes tan numeroso (casi 18.000 BICs, entre bienes individuales y de conjunto), variopinto (sea en la tipología como en el efectivo grado de relevancia de sus concretos valores) y disperso (no se trata sólo de un patrimonio urbano, sino también rural) que, además, es objeto de intereses públicos tutelados por parte de otros sectores (las industrias culturales, el turismo o incluso el medio ambiente).

En este contexto, ni siquiera la clásica aspiración de coordinar la normativa sectorial de urbanismo y Patrimonio cultural se presenta ya como una meta satisfactoria: de forma paralela a cuanto sucede con el entero sistema urbano, la transversalidad que reviste la intervención sobre el Patrimonio no puede activarse desde el modelo tradicional, basado en el principio de especialidad y en la "omnipresencia" de Cultura como única o última instancia decisoria. Con un contenido que pone su foco principal en la protección y en la conservación *stricto sensu*, queda espacio para poco más bajo un modelo que insiste en sustraer o condicionar competencias a los restantes sectores para terminar alojándolas en Cultura cada vez que "rozan" al Patrimonio. Todo ello, como hemos pretendido argumentar aquí, tiene una incidencia claramente limitadora para la rehabilitación de los bienes que lo integran.

Si bien la conservación del Patrimonio reviste una especialidad evidente que justifica el protagonismo de la Administración de Cultura, la puesta en valor de aquél, su efectiva rehabilitación, imponen, por el contrario, la necesaria interactuación con múltiples sectores y sus respectivas instancias[89]. En este sentido, la búsqueda de las nuevas herramientas de referencia para futuros modelos debe de pasar necesariamente por poner la atención sobre nuevos instrumentos de planificación, que habrán de estar caracterizados

89. El propio Derecho UE ha venido siendo particularmente sensible a este factor, partiendo del propio mandato recogido en el art. 13 de la versión consolidada del TFUE, donde se impone que la Unión y los Estados miembros "tendrán plenamente en cuenta" las exigencias derivadas de "*tradiciones culturales y patrimonio regional*", entre otras materias, a la hora de "formular y aplicar" sus principales políticas.

por su naturaleza intersectorial o transversal. Instrumentos jurídicos de formulación conjunta, que concretarían, desde el respeto de las Leyes sectoriales en vigor, objetivos específicos y su concreta ejecución, de forma ágil y coordinada, a cargo de las diversas Administraciones implicadas (por razón del territorio o de la materia). No nos faltan ya algunos ejemplos, alumbrados en el camino emprendido para abordar otros retos estructurales, como es el caso de la despoblación, en el marco del llamado "reto demográfico": en algunos de los Planes autonómicos diseñados al efecto podremos apreciar no sólo el ejemplo de un marco normativo para la acción conjunta de varios sectores, sino una muestra concreta de cómo puede incidirse a través de los mismos en el propio Patrimonio, dado que éste también es contemplado en el marco de las políticas allí implicadas (y no sólo como elemento que atesora un valor cultural que ha de conservarse, sino también como recurso económico, como fuente de puestos de trabajo, como atractivo turístico, como vivienda habitual, etc.), algo que se plasmará en líneas de intervención que van más allá de la protección y la estricta conservación[90].

No se trataría, sin embargo, de una transición fácil aquella que permitiera la superación de la autorización cultural preceptiva como técnica maestra a emplear ante todas y cada una de las intervenciones que afectan al Patrimonio. El arraigo del modelo tradicional es, en el caso del Patrimonio cultural, un fenómeno incluso más intenso que el que se manifiesta en el sector urbanístico. A la luz de la persistencia de sus rasgos en las más recientes Leyes y del continuismo en la forma de operar que habitualmente manifiestan las propias Administraciones competentes para su ejecución, puede afirmarse que aún estamos lejos de haber sentado las bases adecuadas para comenzar a favorecer enfoques más transversales y equilibrados de la protección del Patrimonio.

5. BIBLIOGRAFÍA

Abad Liceras, J. M.: *Patrimonio Histórico y Jurisprudencia (1930-2003)* [publicación en CD-ROM], Revista internacional "Restauración & Rehabilitación" – Asociación Española de Empresas Restauradoras del Patrimonio Histórico (ARESPA) – Asociación Española de Gestores de Patrimonio Cultural – América Ibérica – S.O.S. Patrimonio, 2003.

90. Permítasenos reiterar el reenvío al análisis ya abordado en Sánchez-Mesa Martínez, L., "Planning territorial policies against inner areas depopulation in Spain: keys for sustainable management of cultural and environmental resources", *op. cit.*, espec. pp. 68 y ss.; y "La planificación de políticas territoriales contra la despoblación de áreas interiores en España: claves para una gestión sostenible de los recursos culturales", *op. cit.*, espec. pp. 433 y ss.

Alegre Ávila, J. M.: "Reconstrucciones de monumentos e interpretación legal", *Revista Española de Derecho Administrativo,* núm. 116, 2002, pp. 591-597.

Alonso Ibáñez, M. R.: "Un territorio para un derecho urbanístico sostenible", en González Sanfiel, A.M. (Dir.): *Nuevo derecho urbanístico: simplificación, sostenibilidad, rehabilitación,* Thomson Reuters Aranzadi, Cizur Menor, 2020, pp. 131-164.

Alonso Ibáñez, M. R.: "La tercera generación de Leyes del Patrimonio Histórico", *Patrimonio Cultural y Derecho,* núm. 18, 2014, pp. 11-28.

Arana García, E.: "La intervención local en las viviendas de uso turístico a través de la zonificación urbanística: requisitos y consecuencias", *Revista de Estudios de la Administración Local y Autonómica,* núm. 10, 2018, pp. 6-21.

Barrero Rodríguez, C.: "El Patrimonio inmueble y mueble", en Pérez Monguió, J. M. & Fernández Ramos, S. (Coords.), *El Derecho de Andalucía del Patrimonio Histórico e Instituciones Culturales,* IAAP, Sevilla, 2013, pp. 113-152.

Barrero Rodríguez, C.: "La organización administrativa de las Bellas Artes", *Patrimonio Cultural y Derecho,* núm. 1, 1997, pp. 75-99.

Barrero Rodríguez, C. & Caruz Arcos, E.: "La intervención en los bienes del patrimonio histórico. La interpretación del art. 39.2 de la Ley de Patrimonio Histórico Español por la Sentencia del Tribunal Supremo de 16 de octubre de 2000. La ilegalidad del proyecto de restauración y rehabilitación del teatro romano de Sagunto", *Patrimonio Cultural y Derecho,* núm. 5, 2001, pp. 313-324.

Cammelli, M.: "Editoriale", *AEDON Rivista di Arte e Diritto on Line,* núm. 2/2002 (accesible en http://www.aedon.mulino.it/archivio/2002/2/cammelli.htm, último acceso: 30/10/2022).

Colalucci, G.: "El léxico de la restauración", *Restauración & Rehabilitación,* núm. 72, 2003, p. 16.

De Santis, B.: "Il restauro", en Ferri, P. G. & Pacini, M., *La nuova tutela dei beni culturali e ambientali,* Il Sole 24 ore, Milán, 2001, pp. 97-106.

Fernández Rodríguez, T. R.: "La ordenación urbanística de los conjuntos históricos: breve denuncia de los excesos al uso", en Fernández Rodríguez, T. R., *Estudios de Derecho ambiental y urbanístico,* (RUE, Monografías, n. 2), Aranzadi, El Cano, 2001, pp. 241-254.

González Ríos, I.: "La conservación y rehabilitación de los edificios históricos desde la perspectiva de la sostenibilidad energética", *Revista de Derecho Urbanístico y Medio Ambiente*, núm. 298, 2015, pp. 149-199.

González Sanfiel, A. M.: "Nuevo derecho urbanístico: simplificación, sostenibilidad, rehabilitación", en González Sanfiel, A. M. (Dir.), *Nuevo derecho urbanístico: simplificación, sostenibilidad, rehabilitación*, Thomson Reuters Aranzadi, Cizur Menor, 2020, pp. 29-46.

González-Varas Ibáñez, I.: *Conservación de bienes culturales. Teoría, historia, principios y normas*, Ediciones Cátedra, Madrid, 1999.

González-Varas Ibáñez, S.: *La rehabilitación urbanística*, Aranzadi, Elcano, 1999.

López Ramón, F.: "Reflexiones sobre la indeterminación y amplitud del patrimonio cultural", en De Dios, S.; Infante, J.; Robledo, R. & Torijano, E. (Coords.), *Historia de la Propiedad. Patrimonio Cultural*, Servicio de Estudios del Colegio de Registradores de la Propiedad y Mercantiles de España, Madrid, 2003, pp. 525-548.

Martín-Retortillo Vaquer, L.: "Los conceptos de consolidación, rehabilitación y restauración en la Ley del patrimonio histórico español", en AA.VV., *El Derecho Administrativo en el umbral del siglo XXI. Libro Homenaje al profesor Dr. D Ramón Martín Mateo*, Tirant lo Blanc, Valencia, 2000, pp. 3177-3194.

Martínez Justicia, M. J. & Sánchez-Mesa Martínez, L. J.: *La restauración de bienes culturales en los textos normativos*, Comares, Granada, 2008.

Martínez Justicia, M. J.; Sánchez-Mesa Martínez, D. & Sánchez-Mesa Martínez, L. J.: *Historia y teoría de la conservación y restauración artística*, Tecnos, Madrid, 2008.

Muñoz Machado, S.: *La resurrección de las ruinas*, Civitas, Madrid, 2002.

Pardo Abad, C. J.: "La reutilización del patrimonio industrial como recurso turístico. Aproximación geográfica al turismo industrial", *Treballs de la Societat Catalana de Geografía*, núm. 57, 2004, pp. 7-32.

Piperata, G.: "Esponsorización e intervenciones de restauración en los bienes culturales", en Barranco Vela, R. (Dir.); Sánchez-Mesa Martínez, L. J. & Piperata, G. (Coords.), *El régimen jurídico de la restauración del patrimonio cultural. Un estudio comparado de los ordenamientos italiano y español*, Comares, Granada, 2009, pp. 145-159.

Sánchez-Mesa Martínez, L. J.: La restauración inmobiliaria en la regulación del Patrimonio histórico, Thomson – Aranzadi, Cizur Menor, 2004.

Sánchez-Mesa Martínez, L. J.: "Planning territorial policies against inner areas depopulation in Spain: keys for sustainable management of cultural and environmental resources", *Il Capitale Culturale*, núm. 19, 2019, pp. 53-81 (https://riviste.unimc.it/index.php/cap-cult/article/view/1980, último acceso: 30/10/2022)

Sánchez-Mesa Martínez, L. J.: "La planificación de políticas territoriales contra la despoblación de áreas interiores en España: claves para una gestión sostenible de los recursos culturales", en Santiago Iglesias, D.; Míguez Macho, L. & Ferreira Fernández, A. J. (Dirs.), *Instrumentos jurídicos para la lucha contra la despoblación rural*, Thomson Reuters – Aranzadi, Cizur Menor, 2021, pp. 413-447.

Sánchez-Mesa Martínez, L. J.: "El fomento del Patrimonio cultural a través de vías no fiscales o presupuestarias: nuevos canales para el estímulo de la participación privada en el sector", *Anuario de la Facultad de Derecho de la Universidad Autónoma de Madrid*, núm. 19, 2015, pp. 495-531.

Sánchez-Mesa Martínez, L. J.: "La restauración ante los Tribunales de Justicia: sentido y límites de la regulación jurídica de las intervenciones de conservación", en Pérez-Prat Durbán, L. & Gómez De Terreros Guardiola, M. V.: *Teatros romanos en España y Portugal ¿Patrimonio protegido?*, Universidad de Huelva, Huelva, 2014, pp. 193-238.

Durbán, L. & Gómez De Terreros Guardiola, M. V.: "Los criterios de intervención en el Patrimonio cultural inmueble en la legislación internacional, estatal y autonómica", *Patrimonio Cultural y Derecho*, núm. 10, 2006, pp. 137-176.

Durbán, L. & Gómez De Terreros Guardiola, M. V.: "La normativa europea sobre la eficiencia energética de los edificios: la Directiva 2002/91/CE, de 16 de diciembre", en Torres López, M. A.; Arana García, A. & Moral Soriano, L., *El sector eléctrico en España. Competencia y servicio público*, Comares, Granada, 2007, pp. 241-265

Durbán, L. & Gómez De Terreros Guardiola, M. V.: "L'assetto delle competenze in materia di beni culturali nell'ordinamento spagnolo: la centralità della regione", *AEDON Rivista di Arte e Diritto On Line*, núm. 3/2003 (http://www.aedon.mulino.it/archivio/2003/3/sanchez.htm, último acceso: 30/10/2022)

Sette, M. P.: *Il restauro in architettura. Quadro storico*, UTET Librería, Turín, 2001.

Tapia-Gómez, M.: "La rehabilitación de los centros históricos: criterios de análisis para una intervención inclusiva en Galicia", *Ciudad y Territorio*, núm. 209, 2021, pp. 667-684.

Vandelli, L.: "Prólogo", en García Rubio, F. (coord.), *Las nuevas perspectivas de la ordenación urbanística y del paisaje:* smart cities *y rehabilitación. Una perspectiva hispano-italiana*, Fundación Democracia y Gobierno Local, Madrid, 2017, pp. 13-18.

Patrimoni culturali e limitazioni urbanistiche

ANTONIO BARTOLINI
Professore ordinario di diritto amministrativo
Università di Perugia

1. PREMESSA: DAL PATRIMONIO CULTURALE AI PATRIMONI CULTURALI

Al fine di affrontare il tema delle limitazioni urbanistiche ai patrimoni culturali occorre preliminarmente definirne l'oggetto.

Patrimonio culturale[1], infatti, può avere una pluralità di significati, ed è nozione piuttosto controversa.

Lo dimostra l'acceso dibattito, sorto a seguito del recepimento della Convenzione di Faro, dove si è tradotto il termine "*cultural heritage*" (eredità culturale) in "patrimonio culturale": non è questa la sede per entrare nella disputa, perché ci porterebbe lontano, essendo sufficiente rilevare come la nozione è tutt'altro che pacifica[2].

Sembra, invece, che si possa correttamente sostenere che la nozione di "patrimonio culturale" possa avere una accezione in senso ampio ed una in senso stretto[3].

L'accezione in senso stretto è fatta propria dal Codice dei beni culturali e del paesaggio (d.lgs. 42/2004), che, appunto, ne offre la seguente defini-

1. L. Casini, *Patrimonio culturale*, in *Enc. dir.*, *I tematici*, III, *Funzioni amministrative*, Milano, 2022, 817 ss.
2. In termini critici sulla traduzione di "*cultural heritage*" in "patrimonio culturale" v. G. Severini, P. Carpentieri, *La ratifica della Convenzione di Faro "sul valore del patrimonio culturale per la società"*: politically correct *vs. Tutela dei beni culturali ?*, in *Federalismi.it*, n. 8, 24 marzo 2021 (ed ora anche in *Scritti in onore di Bruno Cavallo*, Torino, 2021, 285 ss.).
3. Per le nozioni di "patrimonio culturale" in senso ampio e stretto si rinvia ad A. Bartolini, *Patrimonio culturale e u rbanistica*, in *Riv. giur. urb.*, 2016, 10 ss. Anche L.M.

zione: il "patrimonio culturale è costituito dai beni culturali e paesaggistici" (art. 2, comma 1).

Dove per beni culturali si intendono "le testimonianze materiali di civiltà" aventi un notevole interesse artistico, storico, archeologico, etnoantropologico, archivistico e bibliografico (art. 2, comma 2), mentre per "beni paesaggistici" gli immobili e le aree costituenti espressione dei valori storici, culturali, naturali, morfologici ed estetici del territorio (art. 2, comma 3).

Nell'accezione ampia, rientrano pure le nozioni di "paesaggio", da intendersi come "territorio espressivo di identità, il cui carattere deriva dall'azione di fattori naturali, umani e dalle loro interrelazioni" (art. 131, comma 1, codice beni culturali) e quella di "bene culturale urbanistico" così come elaborato da giurisprudenza e dottrina (v. *amplius infra*).

Al termine del presente contributo verranno, peraltro, offerte anche le evoluzioni più recenti che trovano una spinta non indifferente nella Convenzione UNESCO, e che a mio modo di vedere suggeriscono –per i motivi che verranno evidenziati– di allargare il concetto di "bene culturale urbanistico" a quello più ampio di "patrimonio culturale urbanistico", comprensivo tanto delle testimonianze di civiltà (beni culturali), quanto dei caratteri identitari del territorio (paesaggio culturale), sia nelle loro componenti materiali che immateriali, tutelati come patrimonio universale dell'umanità e che si servono delle limitazioni urbanistiche per conseguire un grado rafforzato di tutela. Emergendo, pertanto, la nozione di "patrimonio culturale UNESCO".

Da ciò la ragione del titolo del presente contributo, che non si riferisce al "patrimonio culturale", ma ai "patrimoni culturali", da intendersi come sintesi verbale in cui si racchiudono una pluralità di discipline sui diversi patrimoni culturali protetti dall'ordinamento[4].

Guzzo, *Il patrimonio culturale, in particolare quello di rilevanza religiosa, e la Convenzione di Faro*, in *Aedon*, 1/2022, evidenzia come esistano due concezioni di patrimonio culturale, una riferibile all'eredità culturale della Convenzione di Faro, ed un'altra, ovvero quella contemplata dal Codice dei beni culturali

4. La trasformazione del "patrimonio culturale" in "patrimoni culturali" è messa in evidenza da M. Cammelli, G. Piperata, *Patrimoni culturali: innovazioni da completare; tensioni da evitare*, in *Aedon*, 1/2022, i quali condivisibilmente osservano che "è stata modificata persino l'accezione stessa di patrimonio culturale (PC), che oggi si articola in tre differenti ambiti: PC materiale e tangibile, corrispondente alla tradizionale definizione di bene culturale operata dal Codice; PC paesaggio e piano paesaggistico; PC immateriale e intangibile. Distinzioni divenute ormai necessarie, e certo non solo per i giuristi, perché si tratta di gruppi distinti per istituti diversi e regole differenziate il che tra l'altro pone il tema della più precisa delimitazione di ognuno di questi ambiti".

2. IL PATRIMONIO CULTURALE IN SENSO STRETTO E LA RESIDUALITÀ DEL DIRITTO URBANISTICO

Definito l'oggetto, possiamo entrare in *medias res* ed affrontare la questione delle limitazioni urbanistiche.

Va immediatamente precisato che nell'ordinamento italiano –per quanto riguarda il "patrimonio culturale in senso stretto"– la questione centrale non riguarda tanto il tema della tutela del privato di fronte alle limitazioni urbanistiche[5], o quella del coordinamento[6], quanto, invece, il riparto di competenze tra Stato ed autonomie locali.

Ciò dipende dal fatto che il nostro art. 9 della Costituzione considera il patrimonio culturale come un valore di preminente interesse nazionale, sicchè la sua tutela deve essere necessariamente statale.

Regioni e comuni, essendo, però, titolari dell'urbanistica (sia come materia che come funzione) rivendicano spazi di autonomia anche sul patrimonio culturale, in quanto avente un'incidenza sul territorio.

Vedremo, peraltro, che il potere urbanistico nel campo del "patrimonio culturale in senso stretto" ha valore residuale.

Lo scopo della prima parte dello scritto è, dunque, evidenziare come si manifesta la residualità nell'apporre limitazioni urbanistiche al patrimonio culturale.

---

5. Difatti le limitazioni in esame hanno il pregio, come tecnica di conformazione, di fondarsi su criteri predeterminati negli strumenti di pianificazione urbanistica; mentre la tutela apprestata nei confronti del "patrimonio culturale in senso stretto" con la tecnica del "vincolo nudo" (cioè non vestito tramite regole predeterminate di conformazione d'uso) è lasciata ancora oggi nell'*id quod plerumque accidit*, in assenza di un serio sistema di vestizione dei vincoli, al "potere assoluto" delle soprintendenze che può essere sindacato solo per vizi macroscopici di eccesso di potere: sulla questione della predeterminazione dei criteri si rinvia al saggio fondamentale di A. Police, *La predeterminazione delle decisioni amministrative*, Napoli, 1998, mentre per una disamina dello stato dell'arte in materia dei poteri delle soprintendenze si rinvia a G. SEVERINI, *Tutela del patrimonio culturale, discrezionalità tecnica e principio di proporzionalità,* in *Aedon*, 3/2016. Si tratta di una precisazione d'obbligo a seguito del dibattito sorto sulla relazione svolta a Santiago de Compostela, con particolare riguardo agli interventi ed alle conseguenti osservazioni di Aristide Police e Alberto Azzena.
6. Difatti il tema del coordinamento riguarda gli aspetti organizzativi piuttosto che quello delle limitazioni: per tale problematica si rinvia all'esauriente contributo di A. CROSETTI, *Governo del territorio e tutela del patrimonio culturale: un difficile percorso di integrazione*, in *Riv. giur. ed.*, II, 2018, 81 ss.

Sotto questo profilo le problematiche da affrontare riguardano essenzialmente il tema del riparto di competenze legislative tra Stato e regioni, da un lato, e quello delle limitazioni derivanti dall'esercizio della funzione amministrativa dell'urbanistica, dall'altro.

Per quanto riguarda il primo aspetto, occorre rammentare che il concetto di "patrimonio culturale", come materia legislativa, si contrappone a quello di "governo del territorio" (in cui è ricompresa l'urbanistica[7]) e ne costituisce, per quest'ultimo, un vincolo di indisponibilità, nel senso che la "tutela" del medesimo patrimonio culturale si pone come limite invalicabile alla legislazione regionale in materia territoriale. Difatti, in questo campo, il patrimonio culturale, in forza dell'art. 9 Cost., la fa da padrone, in quanto la Repubblica "tutela il paesaggio e il patrimonio storico e artistico della nazione" (secondo comma). Il ruolo del diritto urbanistico è residuale, in quanto l'ordinamento costituzionale considera la tutela statale del "patrimonio culturale in senso stretto" come valore preminente e fattore identitario della nazione. Paradigmatica è la sentenza della Corte costituzionale sulle definizioni di interventi edilizi contenute nel t.u. dell'edilizia: la Consulta di fronte ad una legge della regione Lombardia che aveva modificato alcune definizioni (quella di ristrutturazione edilizia) contenute nell'art. del medesimo t.u., ha ritenuto che il paesaggio, inteso quale forma del territorio, richiede una disciplina degli interventi edilizi uniforme su tutto il territorio nazionale, sicchè alle regioni non è consentito mutare la definizione datane dal legislatore statale: difatti, sempre secondo, la Corte "se il legislatore regionale potesse definire a propria discrezione tale linea, la conseguente difformità normativa che si avrebbe tra le varie Regioni produrrebbe rilevanti ricadute sul «paesaggio [...] della Nazione» (art. 9 Cost.), inteso come «aspetto del territorio, per i contenuti ambientali e culturali che contiene, che è di per sé un valore costituzionale» (sentenza n. 367 del 2007), e sulla sua tutela"[8]. Allo Stato, dunque, spetta la "conservazione del paesaggio", mentre alle regioni la disciplina della "fruizione del territorio"[9].

7. Corte cost., 1 ottobre 2003, n. 303.
8. Corte cost., 23 novembre 2011, n. 309, su cui v. A. Calegari, *D.I.A., S.C.I.A. e silenzio assenso: una proposta per semplificare il regime dei titoli edilizi, dopo le sentenze del Cons. Stato, Adunanza plenaria 29 luglio 2011, n. 15 e della Corte costituzionale 23 novembre 2011, n. 309*, in *Riv. giur. urb.*, 2011, 413 ss.
9. Corte cost., 7 novembre 2007, n. 367.

3. IL REGIME DI DOPPIA RISERVA DI AMMINISTRAZIONE PER IL PATRIMONIO CULTURALE IN SENSO STRETTO

Meno rigido è il confine se si passa all'analisi del rapporto tra funzioni. In questo caso, difatti, l'urbanistica pur dovendo rispettare la priorità statale del "valore culturale" ha maggiori gradi di libertà[10].

Il tema passa essenzialmente sul concetto di riserva di amministrazione: sia con riguardo alla riserva statale, che a quella delle autonomie locali.

La questione delle riserve è particolarmente rilevante in materia di tutela dei beni paesaggistici, poiché tutela del patrimonio culturale e del territorio tendono a confondersi.

Una prima problematica riguarda la c.d. vestizione del vincolo da parte delle amministrazioni statali (Ministero della cultura – MIC). Come noto, proprio al fine di introdurre garanzie sostanziali al potere di gestione del vincolo paesaggistico, e quindi limitare il potere ampiamente discrezionale delle soprintendenze, si è stabilito (*pro futuro*) che i provvedimenti dichiarativi del vincolo indichino le "prescrizioni d'uso", cioè le regole di conformazione della proprietà privata: in questo modo si tende a limitare il potere discrezionale (mediante l'espressione del parere vincolante) che hanno le soprintendenze, quando il vincolo è "nudo"[11], nell'autorizzare o negare interventi sui beni paesaggisticamente vincolati.

Nei provvedimenti di vincolo paesaggistico, più o meno recenti, è invalsa la tendenza ad estendere la tutela a vaste porzioni di territorio (i casi paradigmatici sono quelli dell' "Agro romano"[12] e del "Conero" ad Ancona[13]), sicché l'ampiezza del vincolo si estende su ampie parti di territorio, obliterando di fatto il potere urbanistico dei comuni.

Ragion per cui si è posta la questione del confine tra potere statale di vincolo e potere urbanistico, portandosi a chiedere quale sia lo spazio riservato al potere urbanistico, e fino a che punto possa spingersi il potere di conformazione del potere paesaggistico nei confronti di quello urbanistico. È lecito, pertanto, domandarsi se il vincolo paesaggistico (sia puntuale che

---

10. Il presente ed il prossimo paragrafo sviluppa ed amplia il ragionamento di base condotto dal sottoscritto nella voce *Urbanistica*, in *Enc. dir.*, *I tematici*, III, *Funzioni amministrative*, Milano, 2022, 1262.
11. La locuzione "vincolo nudo" spetta a P.F. Ungari, *Spunti per un intervento su "Quadro conoscitivo critico della legislazione italiana sul paesaggio"*, www.giustizia-amministrativa.it
12. Tar Lazio, Roma, sez. II-quater, 10 novembre 2010, n. 33364, con nota di S. Amorosino, *Il T.A.R. Lazio legittima il maxi vincolo sull'agro romano*, in *Riv. giur. ed.*, 2011, II, 187 ss.
13. Tar Marche, 11 maggio 2005, n. 578.

di piano) possa arrivare ad un punto tale da svuotare la potestà urbanistica, o, in altri, termini se la vestizione del vincolo possa arrivare talmente nel dettaglio da comprimere, meglio rendere nulla, la potestà urbanistica.

In questa sede non interessa tanto valutare la questione se sia legittima l'apposizione di "ipervincoli", cioè di vincoli d'assieme che riguardano vaste porzioni di territorio, su cui la giurisprudenza richiede, come limite, una congrua motivazione[14]; quanto, invece, di comprendere se esista una "riserva urbanistica", cioè uno spazio intangibile che non può essere toccato (od ulteriormente compresso) dal potere paesaggistico. La questione non è oziosa ed è stata anche in qualche modo toccata in giurisprudenza. Nel noto caso sull' "Agro romano" ad un certo punto il Tar del Lazio ha ricordato che le prescrizioni paesaggistiche non possono "sfociare ... nell'abuso di un potere di pianificazione e gestione del territorio che non gli appartiene", aggiungendo che "la tutela paesaggistica, lungi dall'essere subordinata alla pianificazione urbanistica comunale, deve precedere ed orientare le scelte urbanistico-edilizie locali"[15].

Del resto, anche Sandro Amorosino, a questo proposito, ha ricordato che la gestione del vincolo deve essere dinamica, nel senso che la vestizione del medesimo deve essere ispirata a meccanismi di flessibilità[16]. Bisogna, difatti, rammentare che il paesaggio, vivendo di continue interrelazioni tra territorio e uomo, non è un elemento statico, ma dinamico in un continuo moto e divenire, ragion per cui risulterebbe illogico ed irragionevole un vincolo rigido[17]. Sicché, per sua natura, la vestizione del vincolo non può scendere nel dettaglio, copiando le tecniche di redazione dei piani regolatori e dei piani attuativi. La vestizione del vincolo deve, dunque, rispettare la riserva urbanistica, non potendosi tramutare in una previsione propria delle tecniche di redazione degli strumenti urbanistici.

Il tema della riserva, peraltro, riguarda anche le invasioni di campo da parte del potere urbanistico comunale, nei confronti di quello di tutela statale.

---

14. Cons. St., sez. VI, 17 aprile 2018, n. 2309 e Tar Lazio, Roma, II-quater, 27 gennaio 2021, n. 1080, con nota di G. Iacovone, *Paesaggio e ricerca scientifica*, in *Giustizia insieme*, 31 marzo 2021.
15. Ancora Tar Lazio, Roma, II-quater, 10 novembre 2010, n. 33364.
16. S. Amorosino, *Il maxi vincolo paesaggistico sull'agro romano*, in ID., *Beni naturali Energie rinnovabili Paesaggio. Studi* in itinere, Napoli, 2012, 104. Ma in questo senso v. già P.F. Ungari, *Spunti per un intervento su "Quadro conoscitivo critico della legislazione italiana sul paesaggio"*, cit.
17. Sul punto v. P. Marzaro, *L'amministrazione del paesaggio*, Torino, 2011, 7 ss.

Sotto questo profilo il tema delle limitazioni al potere urbanistico comunale è stato affrontato sia dal legislatore che dalla giurisprudenza.

Per quanto riguarda il legislatore –con specifico riferimento ai piani paesaggistici– si è mantenuta in capo agli enti locali (province e comuni) un potere di adattamento alle previsioni di piano.

La preminenza del valore paesistico su quello urbanistico è confermata dalla posizione di supremazia in cui sono collocati dal Codice dei beni culturali i piani paesaggistici regionali (PPR)[18]. Il piano paesaggistico, difatti, è posto al vertice del sistema di pianificazione e deve essere rispettato sia dai piani gerarchicamente sottordinati, sia dalle varie pianificazioni differenziate (art. 145, comma 3, Codice beni culturali).

La potestà urbanistica pur essendo significativamente ridimensionata, comunque, non è completamente supina alla disciplina paesaggistica, in quanto l'ordinamento garantisce dei seppur minimi nessi di coordinamento, in modo da non svuotare la potestà urbanistica. Innanzitutto, il potere di redazione del piano paesaggistico è sottoposto al principio di cooperazione interistituzionale, ragion per cui il medesimo PPR deve essere redatto congiuntamente dalla Regione e dai Ministeri competenti (Ministero della cultura e Ministero della transizione ecologica). Tra l'altro l'obbligo di redazione congiunta riguarda solamente i beni propriamente paesaggistici (cioè quelli sottoposti a vincoli di tutela) (art. 135, codice beni culturali), mentre il paesaggio (*melius*, la restante parte del paesaggio), da intendersi come "*territorio espressivo di identità, il cui carattere deriva dall'azione di fattori naturali, umani e dalle loro interrelazioni*" (art. 131, comma 1, codice beni culturali), può essere disciplinato dalla regione anche senza la cooperazione con gli organi statali. Ma i nessi di coordinamento non finiscono qua: al fine di non azzerare il potere urbanistico in materia di governo del territorio, il Codice dei beni culturali attribuisce a province e comuni, residualmente, la potestà di attuazione delle previsioni del piano paesaggistico: sicché il Codice prevede, da un lato, che "i piani paesaggistici possono prevedere misure di coordinamento con gli strumenti di pianificazione territoriale e di settore, nonché con i piani, programmi e progetti nazionali e regionali di sviluppo economico" (art. 145, comma 2), e, dall'altro, che "i comuni, le città metropolitane, le province e gli enti gestori delle aree naturali protette conformano o adeguano gli strumenti di pianificazione urbanistica e territoriale alle previsioni dei piani paesaggistici" (art. 145, comma 4). Il potere urbanistico attribuito agli enti locali, seppur stretto dalla "clausola di supremazia", non viene fatto venire meno: esso

18. In generale si rinvia a G.D. Comporti, *Piani paesaggistici*, in *Enc. dir.*, *Annali*, V, Milano, 1047 ss.

consiste essenzialmente in una potestà di "conformazione e adeguamento" (così sempre l'art. 145) alle previsioni del piano paesaggistico, con l'espresso limite (e divieto) di non poter derogare alle previsioni paesaggistiche. Il termine adeguamento sta, dunque, ad indicare che agli locali residua una potestà di adattamento alla previsione paesaggistica nell'ambito del *quid proprium* del potere urbanistico.

4. IL PATRIMONIO CULTURALE URBANISTICO

Il potere urbanistico se, per un verso, non può essere svuotato, per altro verso, può aggiungersi a quello esercitato dalle autorità preposte alla tutela del patrimonio culturale. In altri termini, è arrivato il momento di chiedersi se i titolari del potere urbanistico possano "concorrere" a conservare il patrimonio culturale, ovvero quella che è stata efficacemente definita come "tutela differenziata o diversificata"[19].

La tutela diversificata trova fondamento nella l. urb., laddove viene prescritto che il piano regolatore generale "*deve indicare ... i vincoli da osservare nelle zone a carattere storico, ambientale, paesistico*" (art. 7, comma 2, n. 5). La giurisprudenza, mentre in un primo momento aveva ritenuto che il potere urbanistico andasse limitato solo alla ricognizione dei vincoli esistenti, in una seconda fase, anche alla luce della migliore dottrina[20], ha riconosciuto che il potere di piano possa assicurare una tutela diversificata, potendo individuare ulteriori tipologie di ambiti di tutela del patrimonio culturale. In particolare, la Corte costituzionale ha consentito di individuare ulteriori tipologie di beni culturali "purché si trovino a far parte di un territorio avente una propria conformazione e una propria storia". Aggiungendo che trattasi in questo caso "di una tutela non sostitutiva di quella statale, bensì diversa ed aggiuntiva, da assicurare nella predisposizione della normativa di governo del territorio, nella quale necessariamente sono coinvolti i detti beni"[21]. E sempre il giudice delle leggi ha specificato che il potere di piano possa introdurre "nella sua autonomia, in relazione alle esigenze particolari o locali, limiti e vincoli più rigorosi o aggiuntivi, anche con riguardo a beni vincolati a tutela di interessi culturali o ambientali"[22]. In questo quadro la prevalente giurisprudenza amministrativa ha chiarito

19. G. Severini, *Culturalità del paesaggio e paesaggi culturali*, in *Federalismi.it*, 27 maggio 2020, n. 16/2020, 317.
20. V. A.M. Sandulli, *Profili giuridici in materia di urbanistica e paesaggi napoletani*, in *Amm. it.*, 1957, 954, e R. Lucifredi, *Competenze e coordinamento delle competenze in materia di tutela delle bellezze naturali*, in *Atti del Convegno di studi giuridici sulla tutela del paesaggio* (Sanremo 8-10 dicembre 1961), Milano, 1963, p. 34.
21. Corte cost., 16 giugno 2005, n. 232.
22. Corte cost., 26 novembre 2002, n. 478.

che la possibilità di conformazione del potere di piano possa esplicarsi attraverso zonizzazioni e microzonizzazioni, individuando tipologie e classi di beni da tutelare, ma non possa spingersi al punto da porre dei vincoli puntuali, poiché quest'ultima potestà rimane attribuita dalla legge alle soprintendenze ed al Ministero della cultura[23]. Inoltre, la giurisprudenza riconosce agli strumenti urbanistici il potere di introdurre misure più restrittive rispetto alle previsioni del piano paesaggistico[24].

In giurisprudenza e letteratura questi beni culturali sono stati definiti come "urbanistici" (c.d. beni culturali urbanistici), venendosi così a configurare una doppia tutela[25]. La legislazione sui beni culturali mira a tutelare quelli di notevole importanza, di non comune bellezza o comunque ritenuti da tutelare necessariamente su tutto il territorio nazionale, mentre al legislatore regionale ed ai piani regolatori comunali viene consentito di "salvaguardare ... luoghi e beni che, pur non rivestendo per l'arte e la storia nazionale grande rilievo hanno tuttavia importanza per la memorie" e l'identità "di una certa comunità", "consentendo non solo di salvaguardare i 'capolavori' dell'arte, ma anche la 'memoria pietrificata' di quella specifica 'comunità' cui si riferisce il piano regolatore"[26]. È noto che in questo modo sono stati attratti nella categoria dei "beni culturali urbanistici" quali i centri storici, i borghi e i piccoli centri, gli spazi rurali, le case coloniche tipiche, ma anche i beni dell'archeologia industriale, le coltivazioni tradizionali ed identitarie, compresa la tutela di singole specie arboree, *in primis* uliveti e vigneti come elementi identitari del paesaggio agricolo.

Prima di affrontare la questione delle limitazioni urbanistiche riguardo questa categoria di beni, è necessario procedere preliminarmente ad una precisazione, anzi, meglio, ad una attualizzazione terminologica.

La categoria "beni culturali urbanistici" appare essere il precipitato di una certa concezione storicistica compendiata nei lavori (risalenti agli

---

23. Cons. St., sez. IV, 12 giugno 2013, n. 3255; Cons. St., sez., IV, 9 febbraio 2016, n. 519; Cons. St., sez. IV, 29 febbraio 2016, n. 844;
Contra Cons. St., sez. IV, 22 agosto 2018, n. 5029, considera legittima – anche se con una argomentazione apodittica –l'apposizione di un vincolo puntuale da parte dello strumento urbanistico (nel caso un caffè storico).
24. Cass. pen, sez. III, 8 settembre 2022, n. 33107; Cons. St., sez. IV, 18 maggio 2021, n. 3864.
25. F. SALVIA, *La tutela trasversale dei beni culturali. I beni culturali urbanistici,* in *Studi in onore di G. Berti,* Napoli, 2005, 2273 ss.
26. Ancora F. Salvia, *op. loc. cit.*

anni '60 del secolo scorso) della "Commissione Franceschini"[27], secondo cui nei beni culturali non rientrano solamente le "testimonianze di civiltà", ma anche i "beni culturali ambientali", tra cui anche i "centri storici".

La storia, peraltro, ha avuto una diversa traiettoria, mantenendo la distinzione tra "testimonianza di civiltà", cioè i beni culturali, e "i beni identitari", frutto dell'interazione tra uomo e territorio, cioè i beni paesaggistici ed il paesaggio.

Il Codice dei beni culturali, come noto, ha voluto, peraltro, introdurre la formula "omnicomprensiva" del "patrimonio culturale", come sintesi, non solo verbale, delle due categorie giuridiche (in modo da ricollegare entrambi alla matrice unitaria dell'art. 9 della Costituzione). Beni culturali, beni paesaggistici, paesaggio, infatti, sono tutti "beni della cultura" e vengono riassunti nella locuzione "patrimonio culturale", cioè come beni espressivi dei "valori culturali" che danno identità alla Repubblica.

Sicché limitare la fenomenologia in esame solo ai "beni culturali urbanistici" risulta parziale, essendo rappresentativa solo di una *pars* del problema. In realtà e a ben vedere i beni in esame sono al contempo sia testimonianze di civiltà, che beni identitari. Si pensi al centro storico: al contempo testimonianza di civiltà e bene identitario. E così i borghi rurali, i centri storici minori, i paesaggi rurali.

Ragione per cui anche sotto questo profilo risulta più corretto superare la distinzione tra beni culturali e paesaggistici (che va mantenuta nel caso di patrimonio in senso stretto), per approdare alla formula ellittica di "patrimonio culturale urbanistico".

Di questo mutamento non solo terminologico, ma anche concettuale, del resto, se ne è resa conto, pure, la Corte costituzionale che, recentemente, nel riferirsi all'archetipo di quello che solitamente viene definito in termini di "bene culturale urbanistico", cioè il centro storico, impiega la locuzione "patrimonio … comune"[28].

5. CENTRI STORICI E LIMITAZIONI URBANISTICHE

Non vi è, dunque, dubbio che tra i beni del patrimonio culturale urbanistico la specie più importante sia quella dei 'centri storici'. Si tratta, in

27. Sulla "Commissione Franceschini" v. B. Cavallo, *La nozione giuridica di bene culturale*, in F. Perego (con il coordinamento di), Memorabilia, *il futuro della memoria*, I, Bari, 1987, 11 ss. (anche in *Scritti in onore di M. S. Giannini*, II, Milano, 1988, 111 ss.);
28. Corte cost., 26 giugno 2020, n. 130

realtà, di una categoria dall'incerta definizione ed inquadramento[29], e che in sede di "scienza urbanistica" ha trovato il suo momento di emersione con la "Carta di Gubbio"[30].

Occorre premettere che nel nostro ordinamento i centri storici hanno una dimensione giuridica proteiforme, in quanto ben tre ordini di disciplina –senza peraltro definirlo– li contemplano[31].

In primo luogo, abbiamo una "concezione paesaggistica" contemplata dal Codice dei beni culturali, dove si prevede che possono essere soggetti a tutela paesaggistica "i complessi di cose immobili ... inclusi i centri ed i nuclei storici" (art. 136, comma 1, lett. c), d.lgs. 42/2004)[32].

In secondo luogo, troviamo la "concezione urbanistica": in particolare, il DM 1444/68 contempla i centri storici tra le zone "A" (cioè le parti del territorio interessate da agglomerati urbani che rivestano carattere storico, artistico e di particolare pregio ambientale o da porzioni di essi), dettando una disciplina limitativa su densità edilizia, altezze e distanze.

In terzo luogo, vi è quella più recente dettata dalla Convenzione UNESCO, che contempla i centri storici tra i possibili oggetti di salvaguardia del "patrimonio universale dell'umanità"[33].

Il "centro storico" ha, dunque, una pluralità di stratificazioni normative, rappresentando un crocevia delle problematiche che ruotano intorno ai patrimoni culturali ed alle loro limitazioni urbanistiche.

Nel presente paragrafo non si affronterà né la concezione "paesaggistica", né quella UNESCO, poiché oggetto di separate trattazioni *supra* ed *infra.*

---

29. Ancora Corte cost., 26 giugno 2020, n. 130, ha avuto modo di precisare che "il centro storico è tutelato come "unità complessa" a prescindere dalla circostanza che al suo interno vi siano beni immobili vincolati ai sensi della Parte II cod. beni culturali. È, d'altro canto, evidente che la normativa sui centri storici si trovi al crocevia fra le competenze regionali in materia urbanistica o di governo del territorio e la tutela dei beni culturali".
30. Sulla Carta di Gubbio v. G. Severini, *Centri storici: occorre una legge speciale o politiche speciali,* in C. Lamberti, M. L. Campiani (a cura di), *I centri storici storici tra norme e politiche,* Napoli, 2015, p. 3 ss.
31. Vedi per tutti C. Videtta, *Vecchi centri storici, nuovi scenari? Osservazioni a margine dell'individuazione dei centri storici,* in *Scritti per Franco Gaetano Scoca,* V, Napoli, 2020, 5294 ss.
32. Cfr., *in primis,* S. Fantini, *Il centro storico come bene paesaggistico a valenza culturale,* in C. Lamberti, M. L. Campiani (a cura di), *I centri storici tra norme e politiche,* cit., p. 65 ss.
33. R. Raimondi, *La conservazione dei centri storici protetti dall'UNESCO,* in *Riv. giur. ed.,* 2004, II, 155 ss.

In questa sede ci si concentrerà su quella più importante, ovvero quella urbanistica: difatti –come correttamente evidenziato da Annamaria Angiuli– "gli strumenti di disciplina urbanistica hanno costituito... l'unico baluardo, per quanto parziale, imperfetto e discutibile lo si voglia considerare, per impedire la distruzione dei centri storici"[34].

Non esiste una definizione (di legge statale) di centro storico, né tantomeno di figure assimilabili quali quelle di "piccolo borgo", "borgo rurale" o "centro storico minore"[35]. Si affaccia anche la figura della "città storica" che viene affiancata dagli urbanisti al "centro storico"[36].

Questo compito, peraltro, se lo è assunto la legislazione regionale (con discipline *ad hoc*, cioè come una tutela differenziata) che generalmente intende per "centri storici gli agglomerati che conservano, nell'impianto urbanistico e nella conformazione strutturale, le tracce di una genesi remota nel tempo e di funzioni economiche, sociali, politiche e culturali almeno in parte autonome"[37].

È notazione condivisa che nella concezione urbanistica dei centri storici convivono due finalità ovvero quello della "conservazione", ma anche quella della sua "vivibilità".

La "Carta di Gubbio" li definisce come un "monumento": in realtà quest'ultima espressione riflette una concezione materialista oggi sicuramente superata.

Per comprendere appieno il tema, bisogna partire dall'insegnamento magistrale di Feliciano Benvenuti: "il centro storico è molto più di un paesaggio o di un ambiente: esso è il paesaggio dell'uomo o, per usare termini che potrebbero sembrare poetici, l'ambiente dell'anima"[38]. La definizione immaginifica del centro storico come "ambiente dell'anima", ci consente di addentrarci in maniera più moderna ed efficace nei problemi dei centri storici. Come notato recentemente da più parti, i centri storici non sono solo un complesso di beni culturali materiali, in quanto –essendo un corpo vivo,

34. A. Angiuli, *La genesi urbanistica del centro storico: dalla <<Carta di Gubbio>> alle nuove problematiche del risanamento*, in C. Lamberti, M. L. Campiani (a cura di), *I centri storici*, cit., 91.

35. A. Sau, *La rivitalizzazione dei borghi e dei centri storici minori come strumento per il rilancio delle aree interne*, in *Federalismi.it*, 2018, n. 3.

36. P. Gabellini, *Le mutazioni dell'urbanistica*, Bari, 2018, 81 ss.

37. Così A. Simonati, *La disciplina regionale dei centri storici: caratteri e tendenze*, in *Riv. giur. urb.*, 2015, 301.

38. La definizione di centro storico come "ambiente dell'anima" è di F. Benvenuti, *Introduzione*, in G. Caia, G. Ghetti (a cura di), *La tutela dei centri storici. Discipline giuridiche*, Torino, 1997, 2

vivente (e da molto tempo)– racchiudono anche idealità, esperienze, ricordi etc., che lo connotano, pure, come patrimonio culturale immateriale[39]. Il centro storico "è in realtà una rete, consistente nella proiezione a rete di una molteplicità di beni culturali, a loro volta materiali e immateriali. Tuttavia, è un bene unico in sé, così che il danno che si produce in capo a quella proiezione immateriale dei beni è un danno che incide su tutti i beni materiali e la valorizzazione di una delle sue componenti valorizza l'intero bene culturale immateriale"[40]. È, dunque, l'anima, il *genius loci,* ad essere il cuore del centro storico, che deve essere attentamente disciplinato e soprattutto valorizzato dalle politiche urbanistiche comunali. E questa è la grande sfida che si deve assumere l'urbanistica e conseguentemente il diritto urbanistico, ovvero quello di porre una disciplina che tenga assieme tutela e valorizzazione del bene culturale urbanistico, da intendersi, non solo come *opus,* ma anche come valore immateriale, come anima. È, dunque, il *genius loci* il centro della disciplina urbanistica, che ne deve essere allo stesso tempo garante ma anche interprete del mutamento. Sotto questo profilo ha pienamente ragione Giuseppe Severini nell'aver segnalato che i centri storici più che di leggi hanno bisogno di politiche.

Le limitazioni urbanistiche, naturalmente, tendono, da un lato, ad avere natura conservativa, ma, dall'altro, mirano anche a garantire la vivibilità dei centri storici. Ed assumono pertanto una forza conformativa che investe non solo i profili materiali, ma anche quelli immateriali connessi al valore culturale del centro storico.

In una prospettiva diacronica, difatti, si è assistito nel tempo ad uno spostamento del potere conformativo dagli aspetti materiali a quelli immateriali, con lo scopo di preservarne il valore culturale (sia nel suo aspetto testimoniale che in quello identitario). Si tratta, peraltro, di una problematica (quella della destinazione d'uso) che verrà affrontata dal punto di vista teorico nel prossimo paragrafo.

Quello che in questa sede, invece, interessa evidenziare è la "tassonomia" delle tipologie di limitazioni che riguardano i "centri storici".

All'inizio le limitazioni si inserivano in quel sistema di doppia tutela sopra richiamato, per cui le disposizioni di piano regolatore avevano un

39. G. Severini, *Centri storici: occorre una legge speciale o politiche speciali*, cit., 3 ss., rammenta, correttamente, che l'anima di una città non è fatta solo di pietre ma anche dei suoi abitanti.
40. M. Dugato, *Strumenti giuridici per la valorizzazione dei beni culturali immateriali,* in *Aedon*, 1/2014.

contenuto essenzialmente vincolistico, di "*non facere*"[41]. La "Carta di Gubbio" a questo proposito parla di "vincoli di intangibilità e di non edificazione": e nella prassi gli strumenti urbanistici, nel tempo, sono andati sempre più in questa direzione.

La "Carta di Gubbio", peraltro, non aveva finalità "di blocco", avendo, invece, anche lo scopo di migliorare il tessuto urbano e la vivibilità, con prescrizioni conformative dirette a consolidare l'esistente, ad eliminare le superfetazioni, a ricomporre le unità immobiliari per ottenere abitazioni funzionali ed igieniche. E questi principi vennero tradotti in previsioni conformative dettate dai piani regolatori generali.

Si aprì, in questo modo, la stagione del recupero dei centri storici, che sfociò nell'approvazione della legge sui piani di recupero (artt. 27 ss., l. 5 agosto 1978, n. 457). Questi strumenti attuativi, volti alla riqualificazione del patrimonio edilizio esistente, vennero essenzialmente diretti al recupero dei centri storici e costituirono il paradigma di riferimento anche per la successiva ricostruzione post sismica e per la ristrutturazione e la rigenerazione urbana. Sono piani che mirano ad incentivare il recupero del patrimonio esistente mediante il riconoscimento di contributi e sovvenzioni pubbliche. Sotto il profilo delle limitazioni alla proprietà privata, contengono vincoli di carattere ablatorio, consentendo alla maggioranza delle proprietà privata, o, in caso di inerzia dei privati, l'esecuzione in danno da parte del comune (cioè il diritto di rivalsa da parte dei privati o del Comune nei confronti dei proprietari che non vogliono concorrere al recupero).

Inoltre, al fine di superare la canonica carenza di infrastrutture pubbliche nei centri storici, i piani regolatori hanno introdotto ed introducono anche vincoli di carattere ablatorio, al fine di acquisire le necessarie dotazioni territoriali in termini di parcheggi, infrastrutture per la mobilità, etc.

41. Peraltro, il d.m. 1444/68 consentiva e consente anche nuove edificazioni nelle Zone A, anche se limitando cubature ed altezze. Come spiega, però, V. De Lucia, *Su una proposta di legge in materia di tutela delle città storiche, in Riv. giur. urb.*, 2019, 307, la possibilità di edificare venne bloccata *de facto* poiché l'edificabilità era condizionata all'approvazione di piani attuativi che nella pratica non videro quasi mai la luce. Inoltre, la recente novella di cui all'art. 2-*bis,* comma 1-*ter,* t.u. edilizia subordina la demolizione e riscostruzione degli edifici in centro storico all'approvazione di un piano attuativo; inoltre l'art. 3, comma 1, lett d), t.u. edilizia, sulla ristrutturazione edilizia per quanto riguarda gli immobili collocati nei centri storici consente, per rientrare nelle fattispecie previste per questa ipotesi, solo gli interventi di mantenimento dell'esistente senza modifiche; su queste disposizioni, con riferimento ai centri storici v. A. Calegari, *L'evoluzione del concetto di ristrutturazione edilizia, tra esigenze di conservazione e volontà di promuovere la rigenerazione urbana,* in *Riv. giur. urb.*, 2022, 244 ss.

In tempi più recenti, peraltro, le limitazioni di carattere urbanistico o paraurbanistico dal piano materiale –come detto– si sono spostate a quello immateriale.

La tutela del valore culturale dei centri storici si è, infatti, diretta alle sue forme d'uso ed alle attività svolte al suo interno, per garantirne la "vivibilità".

Ad es., la pressione del traffico veicolare sui centri storici è stata combattuta con l'introduzione delle zone a traffico limitato (ztl), cioè tramite limitazioni alla libertà di circolazione. Si tratta, in questo caso, di limitazioni solo mediatamente urbanistiche –anche se rientranti nel governo del territorio[42]– poiché riconducibili alla pianificazione urbana del traffico (la quale peraltro si deve raccordare con la strumentazione urbanistica)[43].

Più di recente le limitazioni sono state dirette, da un lato, a tutelare il "decoro" dei centri storici e, dall'altro, a contenere le esternalità negative derivante da afflussi non controllati del turismo, specie nelle "città d'arte"[44].

Si tratta di limitazioni che, tra l'altro, hanno comportato anche un significativo contenzioso approdato innanzi alla giurisprudenza.

Va premesso che le limitazioni amministrative riguardanti la vivibilità nei centri storici non sono solo "urbanistiche". Si pensi alle ordinanze di polizia dei Sindaci a tutela del patrimonio culturale con cui il primo cittadino, al fine di tutelare il decoro e la vivibilità del "patrimonio culturale" soggetto a particolare afflusso, anche notturno, può vietare la vendita di bevande alcoliche e del *fast-food* (art. 50, comma 7-b*is*, TUEL).

Va rammentato che per "decoro urbano" si intende l'esigenza di protezione del valore immateriale dei centri storici e dei grandi attrattori culturali[45]. Il Consiglio di Stato ha chiarito che il 'decoro' "non è una materia o un'attività ma una finalità immateriale dell'azione amministrativa, che corrisponde al valore insito in un apprezzabile livello di qualità complessiva della tenuta degli spazi pubblici, armonico e coerente con il contesto

42. In tal senso S. Amorosino, *Le limitazioni amministrative alla circolazione: profili critici*, in *La disciplina della circolazione e la libertà dei cittadini* (Atti del Convegno, Napoli, 13-14 novembre 2003), in www.aci.it

43. Su questa problematica v. M. Fraschina, *Alcuni cenni normativi in merito agli strumenti di pianificazione e programmazione della circolazione stradale urbana e breve sintesi delle pronunce giurisprudenziali più significative, in Riv. circolazione e trasporti*, 2011, 2.

44. Per tutti A. Bartolini, *Lo statuto della città d'arte*, in *Aedon*, 2/2015.

45. C. Videtta, *Il decoro urbano tra le ragioni di protezione del patrimonio storico artistico e il perseguimento di obiettivi di politica urbana*, in *Riv. giur. urb.*, 2019, 39 ss.

storico, perseguita mediante la selezione delle apposizioni materiali (ad esempio *dehors*) e delle utilizzazioni, specie commerciali (art. 52 del Codice) ma non solo. A seconda del profilo e dello strumento, può essere frutto vuoi di tutela (e valorizzazione) del patrimonio culturale, vuoi di disciplina urbanistica o del commercio, vuoi delle politiche comunali di concessioni di suolo pubblico"[46].

Quindi su un "patrimonio urbanistico" come il centro storico concorrono una pluralità di funzioni, statali e locali, di carattere autorizzatorio, concessorio, commerciale e culturale: tra questa varietà di misure, peraltro, vi sono anche quelle urbanistiche.

Si tratta molto spesso dunque di limitazioni "paraurbanistiche" in cui vi è un inestricabile groviglio di competenze, riconducibili immediatamente o mediatamente all'urbanistica.

Un tema molto sentito dai Comuni, e che coinvolge anche il decoro urbano, è la possibilità di svolgere attività commerciali nei centri storici.

Il caso più noto è quello di Firenze, dove, sulla base di un'intesa tra Regione Toscana e comune, si era proceduto ad una regolamentazione, anche con contenuti territoriali ed urbanistici, del commercio all'interno del centro storico[47].

Difatti, nelle più importanti "Città d'arte" i flussi turistici sono imponenti e raggiungono milioni di turisti. Sicché gli interessi commerciali tendono a soddisfare la domanda turistica a scapito delle esigenze derivanti dalla residenzialità. Inoltre, queste attività commerciali tendono principalmente a soddisfare una domanda massificata che svilisce e compromette il valore culturale, *in primis* l'immagine e l'anima della città. Ragion per cui sia l'interesse alla conservazione e tutela del patrimonio culturale, sia quello alla vivibilità, risultano compromessi.

Nel caso fiorentino sono state vietate una serie di attività (connesse alla somministrazione di alimenti e bevande) e sono state imposte in alcune vie e zone monumentali della città lo svolgimento solo di alcune tipologie di attività di alta gamma (oreficieria, antiquariato, alta moda).

Il Tar Toscana ritenne legittima tale conformazione in forza delle seguenti considerazioni:

46. Cons. St., sez. V, 4 gennaio 2021, n. 47.
47. Tar Toscana, sez. II, 20 dicembre 2017, n. 1592, commentata nel più ampio lavoro di L. Di Giovanni, *I centri storici quali critici punti d'incontro degli interessi culturali e commerciali*, in *Ist. Federalismo*, 2018, 1, 161 ss.

a) La regolamentazione si fonda su un coacervo di disposizioni normative di rango primario che consentono la limitazione dell'attività commerciale a tutela del "decoro urbano".

b) Tale forma di regolamentazione non è contraria alla liberalizzazione portata avanti dalla direttiva *Bolkestein*, in quanto è la stessa Corte di Giustizia UE, 24 marzo 2011, C-400/08, *Regno di Spagna*, ad avere evidenziato che la libertà di stabilimento può essere limitata per motivi imperativi di interesse generale.

c) La Corte costituzionale ha ammesso la possibilità di limitare l'attività commerciale nei centri storici (Corte cost., 11 novembre 2016, n. 239), purché tale limitazione non escluda del tutto, in maniera assoluta, il commercio (Corte cost., 18 aprile 2014, n. 104).

d) La limitazione, nel caso concreto, non escludendo ma limitando il commercio nel centro storico deve essere sottoposta al test di proporzionalità.

Questo orientamento va salutato favorevolmente –fatta salva una chiosa– poiché basato sulla c.d. eccezione culturale[48], la quale consente di limitare determinate attività che mettano in pericolo il valore culturale.

In particolare, secondo la Corte UE, con il caso *X BV*, ha stabilito che le disposizioni urbanistiche e dell'edilizia (che in linea di principio sono sottratte alla direttiva Bolkestein[49]) possono imporre "condizioni di ubicazione geografica di attività relative alla vendita di determinate merci e, pertanto, le condizioni di accesso a dette attività" se sorrette da "motivi imperativi di interesse generale": ritenendo, più precisamente, che è legittima una disposizione di piano regolatore che vieti di svolgere una determinata attività di vendita (nel caso vendita di generi al dettaglio non voluminosi) fuori dal centro storico; la legittimità deriverebbe dal fatto che il divieto di svolgere attività di vendita al dettaglio di generi minuti solo nel centro storico impedirebbe lo svuotamento di quest'ultimo, garantendone la vivibilità. In par-

48. Sull'eccezione culturale, in termini generali, A. Bartolini, *Beni culturali (dir. amm.)*, in *Enc. dir.*, *Annali*, VI, Milano, 2013, 93 ss. e A. Giannelli, *Il rinnovo in favore del concessionario uscente quale forma di tutela del valore identitario di determinati locali "storici": dalla dittatura della concorrenza alla dittatura della cd. eccezione culturale?*, in *Dir. proc. amm.*, 2019, 174 ss.

49. In particolare, il nono considerando della direttiva 2006/123/CE (per l'appunto la direttiva Bolkestein) spiega che la medesima non si applichi "ai requisiti ... come ... le norme riguardanti ... la pianificazione urbana e rurale": tuttavia la Corte di Giustizia ha avuto modo di chiarire che questa esenzione, peraltro, non si estende a quelle previsioni che consistono in requisiti di accesso all'attività: Corte giust. UE, 30 gennaio 2018, C-360/15 e 31/16, *X BV*.

ticolare, il motivo imperativo di interesse generale è stato individuato nella necessità di tutelare "l'ambiente urbano" (sic!)[50].

I centri storici, peraltro, non soffrono solo delle tensioni derivanti dal regime di liberalizzazione del commercio, ma anche dagli effetti derivanti dalla pressione turistica, specie nelle grandi città d'arte. Il turismo di massa sta mettendo in crisi centri storici e città d'arte, anche alla luce della c.d. *sharing economy*.

La crescente digitalizzazione, tramite l'apertura di piattaforme digitali quali *Booking* od *Airbnb* ha aperto un nuovo fronte che sta pregiudicando la residenzialità nei centri storici. Affittacamere, *bed and break*fast, case vacanze, locazioni brevi, grazie a queste piattaforme, sono cresciute, nelle città d'arte, in modo esponenziale, sottraendo al mercato della residenzialità gran parte delle abitazioni.

I centri storici delle città d'arte ormai non hanno più residenti, poiché gli appartamenti sono occupati per finalità turistiche molto più redditizie.

Si assiste, pertanto, ad una "gentrificazione digitale" (*digital gentrification*)[51], consistente nell' "alterazione del mercato immobiliare residenziale e, soprattutto, di perdita delle identità locali (il termine deriva da *gentry*, parola che indica la piccola nobiltà inglese), anche per la crescente emersione di fenomeni di *overtourism*"[52].

In altre parole, la città perdendo gli abitanti, i residenti, vende la propria anima di benvenutiana memoria, che è il cuore e la testa di ogni "centro storico".

Sicché si è aperto un dibattito sulla necessità di limitare la possibilità di offrire sul mercato digitale i servizi di locazione turistica.

Naturalmente è forte l'opposizione a forme di intervento pubblico che limitino questo tipo di attività.

---

50. Corte giust. UE, 30 gennaio 2018, C-360/15 e 31/16, *X BV*.
51. S. Gainsforth, *Airbnb città merce*, Roma 2019.
52. F. Fracchia, P. Pantalone, *Salvaguardia delle identità locali, corretto uso del territorio ed esigenze di mercato: delle locazioni brevi ai tempi della* sharing economy, in P. Vipiana, A. Giuffrida, M. Timo (a cura di), *La legislazione per i centri storici* (Atti del Seminario, Genova, 27 ottobre, 3 e 10 novembre 2021), *Consulta on line*, 2022, fasc. speciale n.1, 126.

Ma è notizia recente che il legislatore ha iniziato ad intervenire localmente, limitando l'offerta di questo tipo di servizio turistico per la sola città di Venezia, la "città che muore"[53].

Trattasi, peraltro, proprio di limitazioni urbanistiche: il legislatore, difatti, ha previsto che il Comune di Venezia possa "integrare i propri strumenti urbanistici con disposizioni di carattere regolamentare", prevedendo –per gli immobili posti nel centro storico e nelle isole della laguna veneziana– il "dimensionamento massimo" degli immobili residenziali destinati a locazione turistica e l'obbligo del mutamento di destinazione d'uso per quelle abitazioni locate per più di 120 giorni all'anno (art. 37-bis, d.l. 17 maggio 2022, n. 50 conv. in l. 15 luglio 2022, n. 91).

La medesima disposizione prevede che l'esercizio del potere di limitazione per le locazioni turistiche sia subordinato al "rispetto dei principi di proporzionalità, di trasparenza, di non discriminazione e di rotazione, tenendo conto della funzione di integrazione del reddito esercitata dalle locazioni brevi per i soggetti che svolgono tale attività in relazione a una sola unità immobiliare" (art. 37-*bis*, cit.).

Una disposizione di tenore simile è stata introdotta dalla regione Lazio, senza, peraltro far riferimento a limitazioni urbanistiche specifiche per il centro storico di Roma Capitale (art. 5, comma 3-*ter*, comma 1, lett. h), l.r. Lazio 6 agosto, 2007, n. 13, come introdotto dall'art. 4, comma 1, lett. h), della l.r. Lazio 24 maggio 2022, n. 8), su cui l'Autorità per la concorrenza ed il mercato ha espresso un avviso in cui si evidenza che la disposizione risulta essere lesiva della libera concorrenza, anche perché non sorretta da motivi imperativi di interesse generale[54].

Non sembra, peraltro, che la posizione dell'AGCM possa riflettersi negativamente sulla recente normativa prevista per Venezia.

Il problema della "*gentrification* digitale" e di altre "esternalità negative" connesse all'intermediazione delle piattaforme digitali, come *Airbnb* e *Booking,* è un fenomeno globale, che non riguarda solo Venezia e le principali città d'arte italiane. Difatti, anche in Francia sono state introdotte delle disposizioni volte a limitare le locazioni brevi a Parigi e nelle città sopra i 200.000 abitanti. In particolare, sono state previste delle norme edilizie che

53. S. Settis, *Se Venezia muore*, Torino, 2014, il quale denuncia che "di null'altro sembra più capace Venezia che di generare *bed & breakfast*, ristoranti e alberghi, agenzie immobiliari, vendere prodotti 'tipici' (dai vetri alle maschere), allestire carnevali fasulli e darsi, malinconico belletto, un'aria di perpetua festa paesana".

54. AGCM, parere 24 giugno 2022, AS 1848, *Regione Lazio, Modifiche legge regionale organizzazione servizio turistico.*

sottopongono ad un previo regime autorizzatorio la possibilità di concedere la propria abitazione in locazione breve: il cambio d'uso, da residenziale a turistico, può essere subordinato ad un "regime di compensazione", consistente nell'obbligo per il locatore, contestualmente al cambio di destinazione d'uso, di trasformare in abitazione i locali aventi un altro uso. Il governo francese e la città di Parigi hanno giustificato questo regime limitativo evidenziando la necessità di calmierare il mercato, in quanto l'attività di locazione breve ha avuto un effetto inflazionistico sul livello di tutti i canoni di locazione (soprattutto quelli residenziali).

La questione è stata affrontata dalla Corte di giustizia UE nel caso *Cali Apartments*, ritenendo che siffatta disciplina limitativa, pur incidendo sulle condizioni di accesso ad una attività di prestazione di servizi (le locazioni brevi) e quindi sul regime di liberalizzazione dei servizi previsti dalla direttiva Bolkestein, risulta, peraltro, legittima poiché la restrizione è basata su una considerazione fondata su motivi imperativi di interesse generale, ovvero la "lotta contro la scarsità di alloggi destinati alla locazione" per usi abitativi[55]. La medesima Corte di giustizia ha ritenuto che detto assetto regolamentare risulta pure rispettoso del principio di proporzionalità, in quanto la limitazione compensativa risulta essere limitata sia geograficamente (grandi città francesi), che temporalmente (riguardando solo le locazioni brevi di durata superiore ai 120 giorni e gli immobili diversi da quelli di residenza principale).

Il caso *Cali Apartments* sembra, dunque, offrire un'adeguata copertura alla recente normativa introdotta dall'art. 37-*bis*, per la disciplina delle locazioni turistiche a Venezia.

Difatti, anche per Venezia la limitazione urbanistica alle locazioni brevi è circoscritta geograficamente e temporalmente: dal punto di vista geografico si tratta di una normativa *ad hoc* per la città di Venezia e limitatamente al centro storico ed alle isole lagunari; dal punto di vista temporale, la limitazione deve riguardare solo le unità immobiliari destinate a locazione breve per un periodo superiore ai 120 giorni.

Inoltre, è la stessa norma ad indicare i motivi imperativi di interesse generale che giustificano l'introduzione della limitazione all'accesso al servizio, ovvero favorire l'incremento delle abitazioni destinate ad uso residenziale, da un lato, e la tutela del patrimonio storico ed artistico di rilevanza mondiale quale è quello di Venezia, dall'altro.

55. Così il punto 75 di Corte giust. UE, 22 settembre 2020, C-724/18 e 727/18, *Cali Apartments SCI e XH.*

Non si può, peraltro, sottacere che il problema della "gentrificazione digitale" dei centri storici non può continuare ad essere affrontato con disposizioni episodiche.

E invero il Comune di Firenze si è di recente fatto portatore di una proposta di legge di iniziativa popolare per la "salvaguardia del decoro, della vivibilità e dell'identità dei centri storici"[56], che tenga insieme tutte le problematiche relative ai centri storici (mancanza di una definizione legislativa, vivibilità e sicurezza, limitazioni urbanistiche amministrative per contenere la pressione turistica, compatibilità costituzionale e comunitaria, etc.). Si tratta, in altre parole, di considerare il centro storico come un "interesse urbanistico differenziato", che richiede l'introduzione di una disciplina legislativa statale di principi (quelle regionali già ci sono), volta ad introdurre tutele differenziate per tutti i centri storici e non solo per le città d'arte.

6. IL POTERE DI CONFORMAZIONE DEL PATRIMONIO CULTURALE URBANISTICO

La precedente disamina ci ha consentito di mettere in evidenza lo spostamento delle limitazioni urbanistiche dal patrimonio urbanistico materiale, a quello immateriale.

È, infatti, evidente che nel patrimonio culturale coesista la necessità di tutelare non solo gli aspetti materiali (la *res*, il *corpus mechanicum*) ma anche i valori che esso rappresenta (cioè il *corpus mysticum*)[57].

I valori in gioco non sono solo quelli della conservazione del bene materiale, ma anche la tutela delle sue componenti immateriali, quali "l'ambiente dell'anima", il "*genius loci*", il decoro, l'identità sedimentata e storicizzata, la memoria storica, la "grande bellezza".

Il potere urbanistico, ed in particolare il potere di conformazione della proprietà,[58] pone, dunque, delle limitazioni che non sono assimilabili a quelle edilizie, queste ultime incentrate sulla gestione dello *ius aedificandi*.

---

56. https://www.comune.fi.it/system/files/2022-06/SlidesCentriStorici.pdf e https://www.progettofirenze.it/wp-content/uploads/2022/06/proposta-di-legge-di-iniziativa-popolare.pdf
57. Sulla distinzione tra *corpus mysticum* e *corpus mechanicum* nei beni culturali v. G. Morbidelli, *Il valore immateriale dei beni culturali*, in *Aedon*, n. 1/2014.
58. Sul potere di conformazione della proprietà P. Stella Richter, *Profili funzionali dell'urbanistica*, Napoli, 2016 (ristampa), 131 ss.

Sicché la limitazione urbanistica quando si occupa del patrimonio urbanistico va oltre il costruito, occupandosi della sua anima, o del suo decoro od ancora del "*genius loci*".

Ed ecco che il potere conformativo si dirige nei confronti delle attività commerciali e, quindi, sulle condizioni di esercizio dell'attività imprenditoriale. Oppure si preoccupa del decoro, prescrivendo determinati comportamenti. Oppure ancora obbliga i proprietari al mantenimento di locali tradizionali o alla coltivazione di colture identitarie quali i vitigni o gli oliveti.

Siamo, pertanto, di fronte ad una proprietà conformata in maniera diversa da quella edilizia, trattandosi di una proprietà culturale[59].

Del resto, questa torsione del potere di conformazione (da proprietà edilizia a proprietà culturale) riflette l'evoluzione del concetto di urbanistica, che come noto, a partire dalla sentenza sul piano regolatore di Cortina d'Ampezzo, vede nell'urbanistica non più una funzione diretta a regolare lo sviluppo edilizio del territorio, ma una funzione di sviluppo complessivo ed armonico del territorio in tutte le sue componenti, compresa quella paesaggistica e culturale[60]. Si approda, pertanto, ad un nuovo concetto di urbanistica non legato solo ad una visione strettamente immobiliare, ma aperto a nuove categorie di vincoli non legate direttamente alla proprietà edilizia ed allo *ius aedificandi*[61].

Se questa è la direzione dell'urbanistica e della potestà di conformazione del territorio e della proprietà, è ovvio che laddove sia in gioco il patrimonio culturale, la sua conformazione va ben al di là delle problematiche connesse agli aspetti edilizi.

Resta, peraltro, da chiedersi se la possibilità di conformare non solo la *res*, ma anche le sue componenti immateriali, rientri nel generale potere di conformazione riconosciuto agli strumenti urbanistici, o se, invece, occorrano specifiche previsioni che legittimino la conformazione dell'immateriale.

L'insegnamento tradizionale afferma chiaramente che il potere di conformazione urbanistico riguarda il bene, non l'attività, ad eccezione delle

59. G. Morbidelli, *La proprietà culturale*, in *Il contributo della prassi notarile alla evoluzione della disciplina delle situazioni reali* (Atti del convegno di Firenze, 8 maggio 2015), Quaderni della Fondazione del notariato, Milano, 2015, 24 s.

60. Cons. St., sez. IV, 10 maggio 2012, n. 2710.

61. Pare cogliere questo ordine concettuale Cons. St., sez. VI, 28 giugno 2022, n. 5357 (ord.).

modifiche di destinazioni d'uso che sono consentite dalla legge: "il piano urbanistico ha ad oggetto i beni e non le attività (salvo quando ciò concretizza una modifica di destinazione d'uso...). Il p.r.g., pertanto, non può funzionalizzare l'attività economica dei privati, né tantomeno esercitare il semplice uso e godimento dei beni, a meno che tali attività non si esprimano in trasformazioni urbanistiche-edilizie. Sono illegittimi quei vincoli che non ineriscano solo al bene, ma che siano invasivi anche della sfera di autonomia privata del soggetto titolare delle relative facoltà dominicali"[62].

Anche la Corte costituzionale, negli anni '90, sposò quest'idea di conformazione della proprietà con riferimento ai vincoli ministeriali storico artistici, ma che per la proprietà transitiva può essere estesa anche al potere urbanistico: "il vincolo non può assolutamente riguardare l'attività culturale in sé e per sé, cioè, considerata separatamente dal bene, la quale attività, invece, deve essere libera secondo i precetti costituzionali (artt. 2, 9 e 33)"[63].

Quest'impostazione, peraltro, merita di essere riconsiderata.

Bisogna, difatti, tener conto dell'evoluzione teorica della disciplina, sia in punto del concetto di funzione urbanistica, che di quello di bene culturale.

Abbiamo già ricordato che l'urbanistica, come funzione, è ormai da intendersi pacificamente come disciplina non solo delle trasformazioni edilizie, ma degli usi del territorio in funzione del suo sviluppo, nei suoi vari aspetti culturali, ambientali, economici, sociali etc.

È, dunque, funzione di conformazione non solo dello *ius aedificandi,* ma anche del patrimonio esistente non solo edilizio, ma culturale, ambientale, etc.

Funzione che a ben vedere è sempre stata riconosciuta dalla legge urbanistica laddove afferma che il piano regolatore deve indicare "i vincoli da osservare nelle zone a carattere storico, ambientale, paesistico" (art. 7, comma 2, 5), l. urb.).

Nel caso in esame, pertanto, non si conforma solo lo *ius aedificandi,* ma quello che oggi viene inteso come l'immateriale culturale.

62. Così G. Morbidelli, *Pianificazione territoriale e urbanistica,* in *Enc. giur,* XXVI, Roma, 32 s. Negli stessi termini P. Urbani, *Vincoli recessivi alla libertà di iniziativa economica e tutela delle attività nelle aree d'interesse storico artistico,* in *Le regioni,* 1993, 888.

63. Corte cost., 9 marzo 1990, n. 118 (nel caso di specie la questione sottoposta alla Corte se il vincolo ministeriale oltre a riguardare gli arredi potesse riguardare anche la continuazione dell'attività storica).

Il riferimento all'immateriale culturale ci consente di approdare alle più recenti ridefinizioni del concetto di bene culturale.

A tal fine, va ricordato che sin dalla prima elaborazione teorica sul concetto di bene culturale, operata da Massimo Severo Giannini, il carattere di questo bene è dato dalla sua immaterialità, non essendo, nella sua essenza, un bene materiale, ma immateriale: "l'essere testimonianza avente valore di civiltà è entità immateriale, che inerisce ad una o più entità materiali, ma giuridicamente è da queste distinte"[64].

Coerentemente con la visione sopra riportata, peraltro, la lettura tradizionale svalutava la dimensione immateriale che veniva considerata come imprigionata nel materiale. Sono stati Giuseppe Alibrandi e Piergiorgio Ferri, a sostenere che non si può scindere, nella disciplina dei beni culturali, il valore immateriale dal suo substrato fisico: "nell'opera d'arte come in ogni altra cosa in cui si riconosce un valore culturale che giustifica la soggezione della cosa alla speciale ragione di tutela, il profilo ideale che è oggetto di protezione si è talmente immedesimato della materia in cui si esprime da restarne definitivamente prigioniero, così che esso si pone come oggetto di protezione giuridica inscindibile dalla cosa che lo racchiude"[65]. In tal modo alla componente immateriale sono state tarpate le ali, –essendo stata confinata nel substrato materiale e non consentendo all'immateriale di librarsi al di fuori del proprio corpo– e si sono dovuti aspettare vari decenni per vedere un ritorno dell'immateriale nel dibattito sui beni culturali (Giuseppe Severini parla a tal proposito di "immateriale esiliato"[66]).

Questa concezione si è chiaramente proiettata anche sulla questione dei vincoli di destinazione sui centri storici e soprattutto sui locali storici e tradizionali, per cui potevano essere vincolati solo gli aspetti immateriali (edificio, locale, suppellettili, arredamenti, insegne, etc., cioè i beni materiali), mentre la conformazione dell'immateriale, cioè l'attività storica o tradizionale concretamente esercitata, non era ritenuta possibile, in quanto sottoposta al paradigma dell'art. 41 Cost. (iniziativa economica privata) e non del 42, Cost. (sulla proprietà) (ma su questa questione v. *amplius infra*).

I più recenti approdi teorici hanno, peraltro, liberato dalla prigionia l'immateriale, sicché è logico aspettarsi anche progressi ed evoluzioni in ordine alla configurazione teorica della conformazione del medesimo.

64. M.S. Giannini, *I beni culturali*, cit., 26.
65. T. Alibrandi, P.G. Ferri, *I beni culturali e ambientali*, cit., 26.
66. G. Severini, *L'immateriale economico nei beni culturali*, in G. Morbidelli, A. Bartolini (a cura di), *L'immateriale economico nei beni culturali*, Torino, 2016, 17.

Le riflessioni più recenti, difatti, hanno evidenziato, innanzitutto, la pari dignità del valore immateriale rispetto a quello materiale del bene culturale: anzi è emersa la presenza di un "immateriale funzionale" e di un "immateriale economico"[67].

E si è dimostrato che tale immateriale non è imprigionato nella dimensione materiale, potendo, addirittura, avere vita propria circolando come immagine[68].

Questo ha consentito di evidenziare che il potere di conformazione della proprietà culturale non riguarda solo gli aspetti materiali, ma anche quelli immateriali, tra cui anche l'attività economica (immateriale economico) che vivifica il valore culturale del bene[69].

Questa connessione, del resto, era stata già colta, nei primi anni '90, da Feliciano Benvenuti in un aureo contributo sul tema[70]. Difatti il "doge" (così veniva appellato il grande giurista) evidenziò la necessità di superare la visione reificata insita nella nozione di "patrimonio culturale" fatta proprio dall'art. 9, Cost: "quando la Costituzione parla di «patrimonio della nazione», è da pensare che intenda riferirsi non soltanto al patrimonio costituito dalle «cose»... ma a tutto ciò che è, comunque, patrimonio della Nazione" e quindi anche a "quelle attività... che abbiano... riferimento con la storia politica, militare, della letteratura, dell'arte e della cultura"[71].

Questo collegamento tra bene e attività, tra bene ed il suo uso, insito nel concetto di patrimonio, consente a Benvenuti di evidenziare come occorra portare l'attenzione al "rapporto tra uso e bene, nel senso che l'uso è strettamente collegato al bene e viceversa"[72]. Questo gli consente di affermare che la vicenda del vincolo sul bene culturale è tutta all'interno dell'art. 42, senza scomodare l'art. 41, Cost. sull'iniziativa economica privata: la questione in esame, difatti, "non va ricondotta all'art. 41, della Costituzione, ma semmai all'art. 42 là dove si consente che la proprietà privata sia riconosciuta in base alla legge che ne determina i modi di godimento e i limiti, allo

67. G. Severini, *L'immateriale economico nei beni culturali*, cit., 17 ss.
68. A. Bartolini, *Il bene culturale e le sue plurime concezioni*, in questa *Rivista*, 2019, 234 ss.
69. Sui problemi legati all'immaterialità, che se impostati in materia errata possono portarlo a ritenere un falso problema, v. G. Tropea, A. Giannelli, *Riflessioni in tema di salvaguardia dei 'locali storici'*, in *Dir. ec.*, 2019, 2, 215 ss.
70. F. Benvenuti, *Sull'estensione del vincolo d'uso dei beni notificati,* in Scritti, V, Milano, 2006, 4357 ss. (già pubblicato in *Scritti in onore di Pietro Virga*, I, Milano, 1994, 285 ss.).
71. Ancora F. Benvenuti, op. cit., 4358 s.
72. F. Benvenuti, op. cit., 4365.

scopo di assicurarne, appunto, la funzione sociale e di renderla accessibile a tutti, come testualmente è ivi previsto"[73].

Nella proprietà culturale assistiamo, dunque, ad una "conformazione per connessione", in quanto la conformazione della proprietà operata dal vincolo non riguarda solo il bene, ma anche l'uso, che nel caso della proprietà culturale, è intimamente connessa, stante il rapporto biunivoco tra componente materiale ed immateriale.

Va, anche, evidenziato che questa conformazione per connessione riguarda tutti i beni del patrimonio culturale, non solo i beni culturali, ma anche quelli appartenenti al paesaggio. Difatti –anche se meno studiato– pure nel paesaggio vi è una componente immateriale, data dalla non comune bellezza, dall'identità o dal *genius loci*.

Sicché anche in questo caso, con la vestizione dei vincoli o con il vincolo urbanistico, la conformazione può riguardare non solo il bene, ma anche l'attività e le sue modalità d'uso.

A meno che non vi siano espresse disposizioni normative che vietino ed impediscano siffatta possibilità. Ad es., per quanto riguarda lo "spazio rurale" rientrante nel patrimonio culturale urbanistico tale evenienza si riscontra nelle ipotesi di liberalizzazione delle forme d'uso. A tal fine si è correttamente notato che in forza del testo unico dell'edilizia il potere urbanistico sullo spazio rurale è limitato tipicamente dal legislatore: in particolare il t.u. edilizia considera come "attività libera" quella riguardante "*i movimenti di terra strettamente pertinenti all'esercizio dell'attività agricola e le pratiche agro-silvo-pastorali, compresi gli interventi su impianti idraulici agrari*", sicchè il potere di piano non può vincolare ed imporre (con prescrizioni volte ad imporre un determinato *facere*) ciò che è considerato come libero[74]. Ragion per cui la tutela urbanistica dello spazio rurale non può arrivare ad una conformazione del diritto di proprietà tale da indicare anche le modalità di coltivazione (per es. in alcuni piani regolatori strutturali si è disposto di mantenere in ogni nuovo intervento la «tessitura agraria» ovvero, quali sistemazioni idraulico-agrarie, terrazzamenti, ciglionamenti, sistemazioni di piano, argini longitudinali e trasversali, ecc., forma e dimensioni dei campi, rete scolante, solcature, colture arboree, piante arboree non colturali e siepi vive, viabilità campestre, o anche di conservare la «vegetazione spontanea naturale», o il divieto di inserire piante esotiche quali ad

73. F. Benvenuti, op. loc. cit.

74. G. Morbidelli, *Della regolazione urbanistico-paesistica dell'agricoltura*, in *Il paesaggio agrario, Quaderno dell'Accademia dei Georgofili*, 2012, II (in www.georgofili.net).

es. il cipresso dell'Arizona, o il divieto di impiantare piante diverse da quelle tradizionali)[75].

Non sembra, invece, che possa operare come contro limite, per i beni culturali, la disciplina che ha parzialmente liberalizzato il cambio d'uso all'interno di macro categorie (residenziale, commerciale, etc.): trattasi, infatti, di norma che non liberalizza gli usi, ma solo il loro cambio (art. 23-*ter*, t.u. edilizia).

La concezione tradizionale sembra traballare anche in giurisprudenza: difatti la questione dell'ampiezza del vincolo di destinazione d'uso (anche se dei vincoli ministeriali) è stata rimessa all'adunanza plenaria (v. *amplius infra*)[76].

Resta da vedere quale sia il modo tipico di esplicarsi della conformazione della proprietà culturale da parte del potere urbanistico.

Anche in questo caso la questione è affrontata con la consueta lucidità e lungimiranza da Feliciano Benevenuti: "vengono subito alla mente le ipotesi disciplinate dalla legislazione urbanistica là dove i piani regolatori impongono vincoli e destinazioni di zona disciplinando l'uso, e quindi, l'esercizio delle relative attività, di una determinata parte del territorio ... queste ipotesi costituiscono un quadro di riferimento generale, in quanto la destinazione riguarda il territorio e non il singolo bene"[77].

Del resto, la prevalente giurisprudenza sposa la stessa linea, ammettendo la possibilità di microzonizzazioni dirette a conformare l'attività sul bene culturale, ma in termini generali e non puntuali[78].

E ciò in linea con il regime di "doppia riserva" precedentemente delineato (*amplius supra*, § 3), per cui il vincolo puntuale viene disposto in sede di tutela ministeriale, mentre quello per tipologie in sede urbanistica, con la conseguenza che il vincolo di tutela del patrimonio culturale in senso stretto non può essere di carattere tipologico o comunque non può zonizzare, mentre quello urbanistico non può essere puntuale.

Non sembra, peraltro, essersi attenuta a questo "principio di riserva" una sentenza recente del Consiglio di Stato in cui è stata ritenuta legittima una previsione puntuale dello strumento urbanistico, in cui non solo si confor-

75. In questo senso sempre G. Morbidelli, *Della regolazione urbanistico-paesistica dell'agricoltura*, cit.
76. Cons. St., VI, 28 giugno 2022, n. 5357 (ord.).
77. F. BENVENUTI, *Sull'estensione del vincolo d'uso dei beni notificati*, cit., 4363.
78. Si veda Cons. St., sez. IV, 12 giugno 2013, n. 3255.

mava il "bene culturale urbanistico", mantenendo l'insegna di un vecchio "caffè storico", ma si imponeva di svolgervi solo l'attività (cessata) di "caffè bar"[79]. In particolare, il giudice di Palazzo Spada ha del tutto pretermesso la questione del principio di doppia riserva, limitandosi ad affermare che la funzione della tutela urbanistica è quella "di regolare un territorio, in particolare preservandone peculiari caratteristiche storico-identitarie che, per vero, costituiscono un valore anche per la disciplina normativa di origine europea e che certo un Comune, quale ente esponenziale della collettività locale, ha titolo, interesse e legittimazione a stabilire. Del resto, è fisiologico che la pianificazione urbanistica determini riflessi, anche incisivi, di ordine economico (basti pensare alle zonizzazioni). Analogamente, è ben possibile che un bene, pur privo in sé di valenza culturale, rivesta una oggettiva centralità identitaria per una città e sia traguardato dagli abitanti (e dagli appositi organi elettivi comunali) come elemento idoneo a rappresentarne il passato ed a veicolarne fisicamente i trascorsi".

La sentenza, in altre parole, compie una non dovuta traslazione dalla possibilità di conformare la destinazione d'uso delle attività economiche mediante zonizzazione al potere di vincolare beni identitari puntuali.

Giova ribadire che la disciplina urbanistica consente solo vincoli di zona.

Questi vincoli, posti a tutela di valori immateriali come il decoro del patrimonio culturale urbanistico, il carattere storico identitario, etc., possono solo zonizzare o microzonizzare imponendo obblighi di *non facere* (c.d. vincoli negativi: ad es. escludere determinate attività dal centro storico; vietare a tutela del centro storico l'esercizio di attività di vendita al dettaglio in periferia) od obblighi di *facere* (c.d. vincoli positivi: ad es. tutti i caffè storici nel centro storico devono, oltre a mantenere i tratti storici ed identitari, svolgere solo l'attività di "caffè bar")[80].

Sotto il profilo della conformazione della situazione soggettiva, la proprietà culturale, così vincolata, non può essere usata come eccezione da opporre nei conflitti inter-privati tra gestore e proprietario.

Una volta, difatti, precisato che trattasi di conformazione della proprietà culturale e non dell'iniziativa economica privata, la situazione soggettiva derivante appartiene al proprietario del bene, non al suo gestore che esercita l'attività economica.

---

79. Cons. St., sez. IV, 22 agosto 2018, n. 5029.
80. Sulle problematiche della microzonizzazione urbanistica per i locali storici e tradizionali v. G. TORELLI, *La salvaguardia delle attività tradizionali nei c.d. "locali storici"*, in Munus, 2021, 2, 461 ss. V. anche P. Carpentieri, *Decoro urbano e tutela e promozione dei locali storici e delle attività tradizionali*, in *Riv. giur. urb.*, 2018, 194 ss.

Sicché, il gestore del locale, di fronte ad uno sfratto, non può opporre al proprietario che non può essere sfrattato, eccependo che in forza della conformazione è obbligato a continuare l'attività commerciale culturalmente conformata[81].

Tale problematica, mi sembra che non possa essere oggetto di discussione, come, pure, chiarito dal Consiglio di Stato che ha escluso categoricamente la possibilità (senza se, e senza ma) che il vincolo possa influire sulla libertà di iniziativa economica, configurandosi come un vincolo per il gestore a continuare l'attività: difatti, secondo il giudice di Palazzo Spada "un tale vincolo di destinazione potrebbe operare, comunque, soltanto sul piano oggettivo, regolando l'uso della *res*, senza influire sulla libertà di iniziativa economica, non essendo ammesso un obbligo di prosecuzione dell'attività commerciale ivi svolta, né –a fortiori– risultano legittima la riserva di una tale attività, a prescindere da accordi liberamente conclusi tra le parti"[82].

La conformazione della proprietà culturale, come visto, tocca anche il problema della libertà di concorrenza. La Corte UE ha chiarito che la limitazione urbanistica si traduce in una condizione di esercizio dell'attività economica, sicché è sottoposta alle norme sulla concorrenza. In particolare, questo tipo di conformazione –con riferimento alla direttiva Bolkestein– risulta legittima se sorretta da un motivo imperativo di interesse generale come la necessità di tutelare "l'ambiente urbano" o il "patrimonio culturale" o, ancora, la necessità di calmierare i canoni per gli alloggi residenziali. La limitazione, peraltro, è sottoposta ad un *test* di proporzionalità, che, alla luce del caso concreto, può imporre limitazioni territoriali o microzonizzazioni, in modo da escludere la possibilità di apporre la limitazione urbanistica quando questa non risulti adeguata o necessaria.

Infine, tornando al piano costituzionale, i limiti urbanistici al patrimonio culturale, trattandosi pacificamente di vincoli conformativi e non ablatori –sulla base della giurisprudenza della Corte costituzionale– non debbono essere indennizzati.

---

81. Si tratta di una questione risalente nel tempo e già evidenziata da N. AICARDI, *Vincoli di relazione storico-culturale ed immobili destinati ad attività commerciali*, in *Riv. giur. ed.*, 1994, I, 638.

82. La questione è evidenziata, nella sua ordinanza di rimessione all'ad. plen. tutt'ora pendente, da Cons. St., sez. VI, 28 giugno 2022, n. 5357 (la questione anche se riguardante un vincolo ministeriale può essere estesa per identità di problematica anche al vincolo urbanistico).

7. IL PATRIMONIO CULTURALE UNESCO

E così siamo giunti al patrimonio, anzi ai "patrimoni culturali dell'UNESCO". Anche nel caso dell'UNESCO occorre riferirsi al plurale, in quanto viene contemplato sia un patrimonio tangibile, che intangibile, dell'umanità.

Il patrimonio intangibile (o immateriale) dell'umanità è tutelato dalla Convenzione UNESCO per la salvaguardia del patrimonio culturale immateriale del 2003, ratificata con l. 27 settembre 2007, n. 167, tutelando pratiche, rappresentazioni, espressioni, conoscenze, saperi e saper fare –associati agli oggetti, agli strumenti, ai manufatti e agli spazi culturali ad essi collegati– che le comunità, i gruppi e in alcuni casi, gli individui riconoscono come facenti parte del loro patrimonio culturale[83]. I beni culturali immateriali vengono iscritti in appositi elenchi curati e tenuti dall'UNESCO. Come noto, nella lista –tanto per esemplificare– sono inseriti "l'Arte del 'pizzaiuolo' napoletano", "la dieta mediterranea", la "vite ad alberello di Pantelleria", l' "Opera dei Pupi siciliani", il "Saper fare del liutario di Cremona".

Il patrimonio culturale immateriale esula dal presente studio, in quanto non suscettibile di limitazioni (a *fortiori* urbanistiche): essendo generalmente 'beni volatili' "i beni culturali immateriali si prestano a forme di promozione e valorizzazione e dunque anche di tutela, ma non di controllo inteso come divieto di modifiche, che tra l'altro sarebbe in conflitto con le libertà di espressione che v'è dietro, e con la naturale quanto inesauribile mutazione che può investire le variegate forme di cultura immateriale"[84]. I beni culturali immateriali sono vincolabili solo quando sono incorporati in un bene culturale immateriale. Trattasi, secondo il Codice dei beni culturali, dei beni costituenti "espressioni di identità collettiva": "le espressioni di identità culturale collettiva contemplate dalle Convenzioni UNESCO per la salvaguardia del patrimonio culturale immateriale e per la protezione e la promozione delle diversità culturali, adottate a Parigi, rispettivamente, il 3 novembre 2003 ed il 20 ottobre 2005, sono assoggettabili alle disposizioni del presente codice qualora siano rappresentate da testimonianze materiali e sussistano i presupposti e le condizioni per l'applicabilità dell'articolo 10" (art. 7-bis, d.lgs. 42/2004). Il bene immateriale UNESCO (o "espressione di identità collettiva") può dunque avere protezione e tutela se incorporato in un bene culturale in senso stretto: ed in questo caso può dunque giustificare una limitazione alla proprietà privata. La questione, tra l'altro, è oggetto della più volte richiamata ordinanza di rimessione all'adunanza plenaria

83. V, per tutti, A. GUALDANI, *I beni culturali immateriali: una categoria in cerca di autonomia*, in *Aedon*, 1/2019.

84. G. Morbidelli, *Il valore immateriale dei beni culturali*, in *Aedon*, 1/2014.

sui vincoli di destinazione d'uso: si tratta, peraltro, di problematica che esula dalla presente indagine. Non si può, peraltro, escludere la possibilità di adottare limitazioni urbanistiche dirette a tutelare i luoghi in cui si svolge l'attività riconosciuta come patrimonio intangibile UNESCO: ma varrebbero le stesse regole che abbiamo visto *amplius supra* per la conformazione urbanistica della proprietà culturale[85].

A diversa angolazione prospettica porta, invece, l'analisi delle problematiche legata al patrimonio materiale dell'UNESCO[86]. A tal fine, va rammentato che la Convenzione UNESCO (Convenzione di Parigi del 23 novembre del 1972, resa esecutiva in Italia con legge 6 aprile 1977, n. 184) mira a tutelare quei siti di eccezionale ed universale importanza tali da costituire quel patrimonio comune dell'umanità. L'iscrizione dei siti nella lista del patrimonio mondiale viene deliberata da un organismo intergovernativo, ovvero il Comitato del patrimonio mondiale: detta iscrizione, peraltro, non ha finalità vincolistiche e conformative della proprietà privata, in quanto ciò è espressamente escluso dalla Convenzione.

Il sistema UNESCO, dunque, non si muove nella logica del *command and control,* quanto piuttosto in quella dei *soft powers*: come correttamente notato, difatti, "la potestà esercitata dall'Unesco –che non dispone di stru-

85. La questione posta all'adunanza plenaria è quella di stabilire se "il potere ministeriale di tutela ex artt. 18, comma 1, 20, comma 1, 21, comma 4, e 29, comma 2, D. Lgs. n. 42/04. D. Lgs. n. 42/04, in combinato disposto con l'art. 7 bis D. Lgs. n. 42/04, possa estrinsecarsi nell'imposizione di un vincolo di destinazione d'uso della res a garanzia non solo della sua conservazione, ma pure della continua ricreazione, condivisione e trasmissione della manifestazione culturale immateriale di cui la cosa costituisce testimonianza" (Cons. St., sez. VI, 28 giugno 2022, n. 5357).
In sostanza l'ad. plenaria è chiamata a stabilire se la conformazione del vincolo ministeriale possa arrivare ad indicare l'attività storica o identitaria da svolgere, ma anche le modalità (il *quomodo* dell'attività) legate alla necessità di salvaguardare l'espressione di identità culturale collettiva (i.e.: patrimonio culturale immateriale UNESCO).
A prescindere da quale sarà la soluzione che verrà offerta dall'adunanza plenaria, non sembra che una limitazione urbanistica possa scendere, sempre con prescrizioni generali, a stabilire le regole con cui debbano essere svolte le attività all'interno del locale per salvaguardare il patrimonio culturale immateriale da tutelare (si pensi, in astratto, ad una prescrizione di prg che nel salvaguardare l'arte del pizzaiuolo napolitano, oltre a disporre la salvaguardia dei locali identitari con un vincolo sia strutturale che funzionale (ad. es pizzerie storiche) obblighino le medesime ad esercitare l'attività secondo le modalità descritte e recepite nella lista UNESCO: in questo caso si andrebbe ben al di là della conformazione della proprietà culturale, essendo conformata la libertà di iniziativa economica privata. Tra l'altro anche l'art 52, comma 1-bis, d.lgs. 42/2004, che mira a tutelare i locali tradizionali e le espressioni di identità collettiva che rappresentano pare escludere questa possibilità, preoccupandosi di precisare che la conformazione trova un limite nell'art. 41 Cost.
86. In generale v. L. Casini (a cura di), *La globalizzazione dei beni culturali*, Bologna, 2010.

menti vincolanti né di poteri di coercizione diretta– si caratterizza, invece, per il proprio effetto di «moral suasion»: prendendo a prestito la nota definizione di J. Nye l'attività di controllo posta in essere dall'organizzazione assume invero i connotati di un «soft power», inteso come la capacità di ottenere ciò che si vuole tramite la propria attrattiva, piuttosto che per coercizione"[87].

In cosa consiste, dunque, questa "potestà" non conformativa, ma di "pungolo"[88] che deriva dall'iscrizione di un determinato bene nelle liste del patrimonio mondiale dell'umanità?

È una potestà che non investe i proprietari, ma gli Stati in cui insiste il sito UNESCO.

Il "pungolo" che può essere esercitato agisce sulla reputazione dello Stato e del sito, nel senso che il riconoscimento di un determinato bene come patrimonio mondiale dell'umanità, attribuisce al sito una notorietà ed una reputazione di eccezionalità di valore universale.

Il sistema UNESCO ha solo uno strumento per poter salvaguardare il sito, ovvero quello di poter minacciare gli Stati di inserire il bene in una lista dei "cattivi", denominata *danger list* e, poi, la sua cancellazione

Tale minaccia ha la funzione di indurre gli Stati a provvedere alla salvaguardia del sito, in modo da scongiurare il discredito che deriverebbe dall'inserimento nella *danger list* e dalla successiva cancellazione. In questo modo, si mira a screditare (*name and shame*), sotto il profilo dell'immagine internazionale, lo Stato inadempiente[89].

Questa particolare conformazione, che non opera dal punto giuridico, è particolarmente efficace, come dimostra il recente caso di Venezia[90].

Come noto, negli ultimi anni è andata aumentando la presenza delle grandi navi di crociera nel bacino di fronte a Piazza San Marco. Impressionanti sono le foto che inquadrano le immense navi di crociera, alte quanto

87. A. Guerrieri, *La tutela dei siti Unesco nell'ordinamento italiano, tra prospettiva interna e comparata*, in *Dir. ec.*, 2019, 1, 467.

88. La funzione di "pungolo" che può essere esercitata dalle amministrazioni è evidenziata da A. Zito, La nudge regulation *nella teoria giuridica dell'agire amministrativo*, Napoli, 2021, 7 ss. (il quale analizza le ricadute sull'agire amministrativo della teoria del "nudge" (spinta gentile) elaborata da Sunstein e Thaler.

89. M. Macchia, *La tutela del patrimonio culturale mondiale: strumenti, procedure, controlli*, in L. Casini (a cura di), *La globalizzazione dei beni culturali*, cit., 71.

90. Su cui vedi L. Casini, *La salvaguardia di Venezia "città acquatica": dall'utopia alla realtà*, in *Aedon*, 2/2021.

il campanile di San Marco: un vero *vulnus* al *genius loci* ed allo stesso decoro di Venezia.

Ne è nata una accesa polemica che è sfociata in alcuni accorati richiami dell'UNESCO, che alla fine ha dovuto minacciare l'inserimento di Venezia nella *danger list*. Al fine di scongiurare il discredito che ne sarebbe derivato, il Governo italiano è stato costretto a correre ai ripari, vietando *ex lege* l'ingresso delle navi da crociera in Piazza San Marco e nel Canal Grande (art. 1, comma 2, d.l. 20 luglio 2021, n. 103, conv. in l. 16 settembre 2021, n. 125).

E così il Governo italiano, per salvare la faccia e l'italico onore, ha fatto dirottare –con un vincolo *ex lege* all'attività economica– le navi da crociera da San Marco a Mestre!

8. LIMITAZIONI URBANISTICHE E PATRIMONIO CULTURALE UNESCO

La debole precettività giuridica risulta, peraltro, essere oggetto di *enforcement* da parte del nostro ordinamento interno. In altre parole, si sono trovate delle vie indirette per rafforzare la tutela dei siti UNESCO, ricorrendo anche alla strumentazione urbanistica per limitare e conformare la proprietà privata.

In detto quadro, il lettore deve essere preventivamente avvertito che la Corte costituzionale ha chiarito, anche alla luce del diritto interno, come non vi sia la necessità di introdurre vincoli e limitazioni alla proprietà privata per tutelare i siti Unesco: in altre parole, introdurre una tutela rafforzata per i siti Unesco, secondo la Consulta, non è una necessità, ma, eventualmente, una opportunità che può essere valutata dal legislatore[91].

Ed in questo senso –cioè come opportunità– si è mosso il nostro ordinamento.

A tal fine va, innanzitutto, evidenziato che l'esistenza di un sito UNESCO su un determinato territorio, viene usato come "causa di giustificazione rafforzata" per introdurre limitazioni urbanistiche. Paradigmatico è un caso affrontato in una sentenza del Tar Toscana[92]. Un comune della Val d'Orcia (paesaggio culturale riconosciuto come sito UNESCO) aveva previsto con lo strumento urbanistico generale una certa quantità di cuba-

91. Corte cost., 11 febbraio 2016, n. 22, annotata da A. Guerrieri, *Corte costituzionale e siti Unesco: quali tutele nel nostro ordinamento? Uno sguardo alla disciplina interna relativa ai beni patrimonio dell'umanità*, in *Riv. giur. urb.*, 2016, 116 ss.

92. Tar Toscana, sez. III, 5 luglio 2017, n. 906.

tura assentibile. Una società, sulla base di tale previsione, richiese di realizzare l'intera cubatura prevista, ma il comune, in sede di approvazione del piano attuativo, riduceva la cubatura da accordare, non concedendola tutta, motivando la decisione proprio in relazione al fatto che l'area si trovava al centro del sito UNESCO. Il Tar Toscana ha ritenuto legittima questa decisione ritenendo che, in sede di pianificazione attuativa, l'amministrazione comunale –secondo la giurisprudenza prevalente– può discrezionalmente ridurre le cubature riconosciute dal p.r.g., e che la scelta operata nel caso concreto risulta proprio giustificata dal fatto di tutelare il sito UNESCO. In definitiva, pertanto, la presenza di un sito UNESCO serve a motivare e rafforzare le scelte discrezionali volta ad imporre limitazioni urbanistiche[93].

Un secondo profilo di interesse è quello che riguarda i c.d. piani di gestione UNESCO previsti dalla l. 20 febbraio 2006, n. 77. In particolare, la l. 77/2006 dispone l'approvazione dei richiamati piani di gestione, al fine di assicurare la conservazione e valorizzazione dei siti UNESCO; vengono, peraltro, dettate disposizioni generiche circa il valore giuridico di detti piani e riguardo la loro approvazione, prevedendo, per quest'ultimo aspetto, la conclusione di accordi tra i soggetti istituzionalmente competenti secondo le forme e le modalità previste dal d.lg. n. 42 del 2004 (art. 3). Come correttamente notato in letteratura, i piani di gestione UNESCO non sembrano avere efficacia conformativa della proprietà e del territorio, quanto piuttosto valore di atti politico-amministrativi, "privi di autentica efficacia precettiva", da "considerarsi come delle dichiarazioni di intento funzionali all'adempimento «formale» degli oneri derivanti dall'appartenenza di un Sito alla *World Heritage List*, senza che a ciò corrisponda un effettivo contenuto giuridico[94]. Detti piani non sono sicuramente ascrivibili tra gli strumenti urbanistici, quanto piuttosto annoverabili nell'ambito della pianificazione strategica: hanno, quindi, la "capacità di condizionare i diversi sistemi di pianificazione in campo urbanistico, ambientale, turistico[95]. In particolare, le "Linee guida sul modello di Piano di Gestione" adottate dal MiC nel 2004 suggeriscono di dettare, con il piano di gestione, gli "indirizzi per adeguare la strumentazione dei piani urbanistici alle esigenze della tutela dei beni". Sicchè molti comuni, per recepire gli indirizzi dei piani di gestione, hanno introdotto limitazioni urbanistiche per salvaguardare il

93. Su questa problematica si vedano anche le riflessioni di A. Guerrieri, *La tutela dei siti Unesco nell'ordinamento italiano,* cit., 470 ss.

94. A. Cassatella, *Tutela e conservazione dei beni culturali nei piani di gestione Unesco: i casi di Vicenza e Verona,* in *Aedon,* n. 1/2011)

95. G. Garzia, *Tutela e valorizzazione dei beni culturali nel sistema dei piani di gestione Unesco,* in *Aedon,* 2/2014.

proprio sito. In taluni casi l'obbligo di uniformazione è stato previsto con legge regionale[96] o con linee guida regionali[97].

Terza tipologia di "*enforcement*" è quella direttamente prevista dal Codice dei beni culturali all'art. 135, comma 4, lett. d), ove viene disposto che i piani paesaggistici definiscono apposite prescrizioni e previsioni ordinate "alla individuazione delle linee di sviluppo urbanistico ed edilizio, in funzione della loro compatibilità con i diversi valori paesaggistici riconosciuti e tutelati, con particolare attenzione alla salvaguardia... dei siti inseriti nella lista del patrimonio mondiale dell'UNESCO".

La norma in esame mira a tutelare il patrimonio culturale in senso stretto, riconducendo al paesaggio anche i siti UNESCO. Abbiamo, tuttavia, visto in precedenza (*amplius supra* § 2) che in questo campo la funzione di tutela paesaggistica non può comprimere del tutto la funzione urbanistica, alla quale rimane un ruolo di integrazione della disciplina "di conformazione e adeguamento".

La disposizione è coerente con questa linea di fondo affidando al piano paesaggistico "l'individuazione delle linee di sviluppo urbanistico ed edilizio", cioè gli obiettivi ed indirizzi di salvaguardia che dovranno essere recepiti dai comuni in sede di adeguamento dello strumento urbanistico al piano paesaggistico, ai sensi dell'art. 145, Codice dei beni culturali. La lettura dei piani paesaggistici sinora approvati (Friuli Venezia-Giulia, Lazio, Piemonte, Puglia, Sardegna, Toscana) conferma che i piani paesaggistici si limitano ad individuare le direttive di salvaguardia, mentre ai comuni, in sede di adeguamento, spetta il compito di introdurre le limitazioni urbanistiche per la salvaguardia del sito UNESCO.

Di particolare interesse è il caso "*Mc Donald's alle Terme di Caracalla*" deciso recentemente dal Tar Lazio[98].

Il caso investe in particolare la tutela del sito UNESCO denominato "Centro storico di Roma, le proprietà extraterritoriali della Santa Sede nella Città e San Paolo fuori le mura", con particolare riferimento alle notissime "Terme di Caracalla".

---

96. L.r. Veneto, 6 giugno 2019, n. 21, "*Iniziative a sostegno della candidatura UNESCO delle colline del Prosecco di Conegliano e Valdobbiadene*".
97. DGR regione Piemonte, 21 settembre 2015, n. 26-2131. "Linee guida per l'adeguamento dei piani regolatori per l'adeguamento dei piani regolatori e dei regolamenti edilizi alle indicazioni di tutela per il sito Unesco "Paesaggi vitivinicoli del Piemonte: Langhe-Roero e Monferrato".
98. Tar Lazio, Roma, sez. II-quater, 29 maggio 2020, n. 5757.

A seguito della richiesta di realizzare un "Mc Donald's" nella prossimità delle Terme di Caracalla, si viene a scoprire che l'area interessata, pur rientrando nel perimetro del sito UNESCO del "Centro di Roma" non era soggetta ad alcun vincolo (sic!). Neppure il piano paesaggistico (PTPR) adottato al tempo dalla Regione Lazio conteneva previsioni di tutela. Anzi, il Tar del Lazio ha accertato un "vuoto di tutela": difatti l'art. 43, comma 15, stabiliva che "le disposizioni del presente articolo non si applicano... alle parti ricadenti negli insediamenti storici iscritti nella lista del Patrimonio dell'Unesco (...) per i quali è prescritta la redazione del Piano generale di gestione per la tutela e la valorizzazione previsto dalla Convenzione UNESCO". In altri termini, il PTPR del Lazio non disponeva alcuna previsione volta a salvaguardare il sito UNESCO, rimandando ad un futuribile quanto incerto piano di gestione. Sicché il Tar Lazio dichiarò illegittimo *in parte qua* il piano, dichiarando che questo vuoto di tutela fosse in contrasto con l'art. 135, quarto comma, Codice dei beni culturali, che impone di indicare obiettivi ed indirizzi di salvaguardia per tutti i siti UNESCO. L'efficacia conformativa della sentenza ha, pertanto, costretto la regione Lazio a rivedere il piano, limitandosi, peraltro, a rinviare ad un protocollo d'intesa concluso nel 2009 tra Roma Capitale ed il MIC (art. 44, comma 19, PTPR Lazio). Non sembra, peraltro, che pure questa nuova previsione soddisfi i requisiti minimi di legittimità, non vestendo il vincolo, da un lato, e rimettendo ogni decisione ad un parere privo tra l'altro di copertura legislativa, dall'altro.

9. CONCLUSIONI

L'analisi sin qui condotta merita di essere conclusa valutando i profili funzionali delle limitazioni urbanistiche che riguardano i patrimoni culturali.

Ne emerge una disciplina piuttosto complessa e soprattutto stratificata su tre livelli. L'evoluzione mostra che finalità ed obiettivi sottesi alle limitazioni urbanistiche al patrimonio culturale sono nel tempo aumentate. All'inizio avevano solamente una finalità di tutela conservativa o di recupero, volta a salvaguardare il patrimonio esistente tramite vincoli strutturali, di *non facere* (non modificare, non demolire, etc.). Successivamente le limitazioni hanno iniziato a conformare le attività, ponendo dei vincoli funzionali, volti a tutelare non solo la *res*, ma, anche, il valore immateriale del patrimonio culturale. È emersa, difatti, la necessità di assicurare non solo la tutela dell'esistente, ma anche la vivibilità del patrimonio culturale, pena, altrimenti, la sua musealizzazione. Sorgono così limitazioni che tendono a preservare anche il valore immateriale, con la funzione di animare, rendere vivibile, il patrimonio culturale. Si introducono, pertanto, limitazioni e vincoli che vietano l'esercizio di determinate attività ritenute contrarie al valore dell'immateriale espresso dal patrimonio culturale. Oppure, al contrario si impone di continuare determinate attività storiche od identitarie che altrimenti rischierebbero l'estinzione. I vincoli toccano anche l'immateriale economico, conformando le attività commerciali, con conseguenti limitazioni del diritto della concorrenza, compatibili, peraltro, con il diritto europeo, in quanto considerate sorrette da un motivo imperativo di interesse generale (tutela dell'ambiente urbano, del patrimonio storico artistico).

Alcune limitazioni, connesse alla tutela del patrimonio UNESCO, sorgono anche in funzione reputazionale e di sviluppo economico. Infatti, conseguire il titolo di sito UNESCO porta con sé effetti benefici soprattutto sul turismo: è, difatti, statisticamente dimostrato che il riconoscimento ottenuto tramite l'iscrizione del sito nel patrimonio dell'UNESCO determina un aumento dei flussi turistici stimati tra un + 10/15% e un + 30/50%[99].

Si sono però verificate situazioni di "*overtourism*", in cui l'eccessiva pressione turistica mette a rischio il medesimo patrimonio culturale: sicché, si manifestano limitazioni urbanistiche dirette a contrastarne gli eccessi (*in primis*, Venezia). Si contingentano le locazioni brevi, si vieta l'ingresso delle navi da crociera, si limitano i *fast food*, etc.

Resta da chiedersi se esista un futuro per le limitazioni urbanistiche ai patrimoni culturali e quali siano le prospettive.

Un campo che presto o tardi andrà riconsiderato è quello delle limitazioni urbanistiche volte ad ostacolare (o favorire) le innovazioni tecnologiche, con riguardo, soprattutto, agli impianti per le energie rinnovabili[100]. Non c'è, infatti, ombra di dubbio che le attuali limitazioni sono volte sostanzialmente a bloccare, impedire, la realizzazione degli impianti fotovoltaici, all'interno soprattutto dello spazio rurale (ma non solo), che, come abbiamo visto, è un bene appartenente al patrimonio culturale urbanistico. L'effetto blocco è, però, destinato a cadere. La transizione ecologica impone di superare questo stato di cose[101]. La modifica dell'art. 9 della Costituzione, in cui le tutele del patrimonio culturale e dell'ambiente sono poste sullo

99. I dati sono riportati da A. Guerrieri, *La tutela dei siti Unesco*, cit., 471.

100. Per un quadro delle questioni relative alle limitazioni urbanistiche in materia di energie rinnovabili v. M. Calabro', L. Pergolizzi, *L'insostenibile insostenibilità. Perduranti incertezze nella disciplina della realizzazione degli impianti di produzione delle energie rinnovabili (nota a Cons. St., sez. II, 3 novembre 2021, n. 7357)*, in *Giustizia insieme*, 13 maggio 2022.

101. Per tutti F. De Leonardis, *La transizione ecologica come modello di sviluppo di sistema: spunti sul ruolo delle amministrazioni*, in *Dir. amm.*, 2021, p. 779 ss.

stesso piano, impone di riconsiderare la questione[102]. Un chiaro sintomo della direzione che verrà intrapresa è dato da una recente pronunzia del Consiglio di Stato, che, alla luce del nuovo assetto previsto dall'art. 9 Cost., ha evidenziato la necessità di assicurare un "adeguato equilibrio tra ambiente e patrimonio culturale, nel senso che l'esigenza di tutelare il secondo deve integrarsi con la necessità di preservare il primo"[103]. Le problematiche poste dalla transizione ecologica richiedono, dunque, un bilanciamento preventivo degli interessi contrapposti, affidando questo compito alle programmazioni ed alle pianificazioni[104]. In questo senso si stanno già manifestando orientamenti urbanistici che vanno nella direzione di vestire i vincoli urbanistici nei confronti delle innovazioni tecnologiche[105].

Mi sia consentita un'ultima considerazione conclusiva.

Vorrei, infine, evidenziare l'idea che mi sono fatto, al termine della ricerca, sulle limitazioni urbanistiche al patrimonio culturale[106].

Non posso far altro che far propria la posizione già richiamata di Annamaria Angiuli sui centri storici e che può essere estesa all'intero patrimonio culturale urbanistico: gli strumenti di disciplina urbanistica hanno costituito, molto spesso, l'unico baluardo, per quanto parziale, imperfetto e discutibile lo si voglia considerare, per impedire la distruzione del patrimonio culturale urbanistico, integrando la disciplina posta dal Codice dei beni culturali.

Peraltro, la disciplina urbanistica ha assunto anche altre e diverse funzioni, che hanno sempre di più spostato il proprio raggio di azione, passando dalla tutela e conservazione dell'aspetto materiale a quella dell'immateriale.

Nel presente scritto si è cercato di verificare, dal punto di vista teorico, quale sia il massimo raggio di azione del potere di conformazione della

---

102. Per una serrata critica alla predetta modifica costituzionale G. Severini, P. Carpentieri, *Sull'inutile anzi dannosa modifica costituzionale dell'art. 9 della Costituzione*, in *Giustizia insieme*, 22 settembre 2021.

103. Cons. St., sez. VI, 23 settembre 2022, n. 8167.

104. Così esattamente A. Molinterni, *Transizione ecologica, ordine economico e sistema amministrativo*, in *Riv. diritti comparati*, 2/2022, 435.

105. Devo all'Avv. Marco Luigi Marchetti la segnalazione del caso di Montalto di Castro, che si è dotato di una disciplina territoriale volta al corretto inserimento dei impianti FER: https://comune.montaltodicastro.vt.it/deliberazione-n-32-del-28-06-2021-approvazione-del-documento-programmatico-e-del-regolamento-comunale-disciplinanti-linstallazione-di-impianti-fer-nel-territorio-del-comune-di-montalto-di-castro/

106. Rispondo così ad un quesito postomi da Paolo Urbani.

proprietà culturale, arrivando alla conclusione che oltre un certo confine non si può andare. L'immateriale richiede, infatti, forme e modalità di tutela che devono andare al di là del potere di conformazione della proprietà privata, investendo l'iniziativa economica privata *tout court*. Si pensi ad es. alla tutela del decoro urbano, in cui l'oggetto della tutela è proprio l'immateriale del patrimonio culturale e le misure ivi previste non conformano solo la proprietà culturale, ma anche l'iniziativa economica privata. Ed è qui che si disvelano i limiti derivanti dall'uso delle limitazioni urbanistiche, in quanto il legislatore ha dovuto architettare, per tutelare le finalità immateriali, una disciplina *ad hoc* (art. 52, Codice beni culturali). In definitiva, le limitazioni urbanistiche al patrimonio culturale non sono in grado di dare sempre delle risposte soddisfacenti agli interessi in gioco. Il legislatore si è reso conto che quando si deve conformare il patrimonio culturale, ed il suo immateriale, occorrono strumenti che integrino le varie modalità di conformazione in un unico contenitore in cui si unificano e sintetizzano tanti poteri: urbanistici, commerciali, pubblica sicurezza etc. Emerge così una tutela integrata e differenziata in cui le limitazioni urbanistiche sono solo uno degli aspetti di un potere di conformazione più ampio, che investe non solo la proprietà, ma anche l'iniziativa economica privata.

Comunicaciones

Le competenze in materia di rigenerazione urbana: prime riflessioni sugli equilibri di una governance multilivello

FEDERICA CIARLARIELLO
Dottoranda di ricerca in diritto amministrativo, 36° ciclo
Dipartimento di Scienze Politiche
Università degli Studi Roma Tre

1. LA RIGENERAZIONE URBANA: L'INCERTEZZA DELLA NOZIONE E LA PARCELLIZZAZIONE DELLE FONTI

Individuare una definizione esatta di rigenerazione urbana è un'attività che si dimostra difficile, quando non impossibile, giacché non solo la locuzione viene impiegata per indicare fenomeni differenti, ma persino gli ambiti di riferimento risultano variegati ed incerti (A. Giusti, 2018: 16). Tanto negli interventi legislativi e regolamentari quanto nelle analisi dottrinali, la rigenerazione urbana è strumento per finalità eterogenee (B. Boschetti, 2017: 177) dalla tutela dell'ambiente a quella del paesaggio, dalla partecipazione civica alla gestione di beni comuni, dalla trasformazione di aree urbane al contrasto dei fenomeni di esclusione sociale, dalla limitazione al consumo di suolo all'economia circolare (E. Chiti, 2017: 18). Proprio alla luce dello spettro di funzioni che intrecciano il tema della rigenerazione, ampia e diversificata è anche la tipologia delle aree coinvolte negli interventi: zone residenziali, industriali o terziarie, a prescindere dalla proprietà pubblica o privata, ma anche aree infrastrutturali, rurali o costiere (G.F. Cartei, 2017: 3).

È in ogni caso individuabile un *file rouge* che lega gli interventi di rigenerazione urbana, riferito all'attività di risanamento, mediante il recupero e la riqualificazione del patrimonio e delle zone abbandonate, avente effetti trasformativi, migliorativi della qualità della vita (R. Dipace, 2014: 240), che richiedono il riconoscimento –se pure in forme eterogenee– della partecipazione dei privati (F. Di Lascio, 2018, 140).

Così intesa la rigenerazione urbana non è unicamente strumento delle politiche di governo del territorio e della pianificazione territoriale, ma risponde a finalità economiche, sociali, di tutela della salute e dell'ambiente, affinché il territorio riacquisti la vocazione funzionale agli interessi e alle aspettative della società di riferimento (G. Piperata, 2017).

Non v'è da stupirsi, quindi, se nel Piano Nazionale di Ripresa e Resilienza la rigenerazione urbana sia presente in diverse missioni a seconda delle finalità e degli obiettivi a cui può essere ricondotta. La rigenerazione è quindi strumento per la «competitività (la) cultura e (il) turismo»[1], per la «rivoluzione verde e (la) transizione ecologica»[2] e, soprattutto, per l'«inclusione e coesione» sociali[3].

Invero, a livello internazionale ed europeo vi erano già stati piani e programmi finalizzati ad incentivare la riqualificazione del territorio, assegnando agli Stati obiettivi concreti per lo sviluppo sostenibile, come previsto

1. «La rigenerazione del patrimonio turistico e culturale sarà realizzata tramite un ampio programma di misure di ristrutturazione degli asset chiave turistici e culturali. [...] Gli investimenti identificati toccheranno tutte le "anime" del territorio riguarderanno i siti culturali delle grandi aree metropolitane, sfruttando la partecipazione culturale come leva di inclusione e "rigenerazione" sociale. Ma riguarderanno anche i piccoli centri ("borghi") e le aree rurali, per favorire la nascita di nuove esperienze turistiche/culturali, bilanciare i flussi turistici in modo sostenibile ("overtourism"), sostenere la ripresa dello sviluppo e delle attività turistico-culturali nelle isole minori, in quanto aree particolarmente fragili e distribuite in ampia parte del territorio nazionale», PNRR, disponibile su www.italiadomani.gov.it , pag. 109.
2. In particolare, in riferimento alla «Efficienza energetica e riqualificazione degli edifici» vengono posti, tra gli altri, gli obiettivi di «attuazione di un programma per migliorare l'efficienza e la sicurezza del patrimonio edilizio pubblico, con interventi riguardanti in particolare scuole e cittadelle giudiziarie [..] Introduzione di un incentivo temporaneo per la riqualificazione energetica e l'adeguamento antisismico del patrimonio immobiliare privato e per l'edilizia sociale, attraverso detrazioni fiscali per i costi sostenuti per gli interventi», PNRR, disponibile su www.italiadomani.gov.it , pag. 144.
3. «Gli interventi di costruzione o ristrutturazione di immobili esistenti (pubblici o privati), destinati a persone con gravi disabilità o da anziani non autosufficienti si affiancano ad altri interventi di rigenerazione con importanti ricadute sulla riqualificazione dei tessuti urbani più vulnerabili (periferie, aree interne del Paese). Le politiche di inclusione, prioritariamente dedicate alle fasce della popolazione che vivono in condizioni di marginalità sociale, sono sostenute anche con interventi di potenziamento dell'edilizia pubblica residenziale, di housing temporaneo (come le strutture di accoglienza temporanea per gli individui senza fissa dimora o in difficoltà economica) e di housing sociale destinato ad offrire alloggi a canone ridotto, ad esempio, a studenti o famiglie monoreddito.», PNRR, disponibile su www.italiadomani.gov.it , pag. 203.

dall'Agenda 2030 approvata dall'ONU nel 2015[4], dall'Agenda urbana per l'Unione europea, adottata il 30 maggio 2016, meglio conosciuta come «Patto di Amsterdam»[5] o, tra i tanti, il più recente Accordo di Lubiana, siglato il 26 novembre 2021 dai ministri dell'UE responsabili per le questioni urbane[6].

La rigenerazione urbana non risulta materia di esclusiva competenza degli Stati interni, né può ritenersi prerogativa dell'attività normativa degli organismi europei. D'altronde la stessa materia dell'urbanistica, se definita quale governo del territorio finalizzato alla sua tutela (P. Urbani, 1992: 878-879), non rientra né fra le competenze tassativamente riservate alle istituzioni europee né fra quelle condivise con gli Stati membri (B. Barel, 2014) in base alle relative disposizioni contenute nei Trattati fondamentali (M. Bozzaotre, 2014: 314). Non può non considerarsi, però, che sin dallo Schema di sviluppo dello spazio europeo, l'Unione abbia individuato nell'elemento "territorio" da un lato l'ambito entro il quale realizzare le proprie politiche e dall'altro un bene del proprio patrimonio, da salvaguardare e valorizzare (B. Giuliani, 2005: 285).

In questo quadro, a livello internazionale ed europeo i piani ed i programmi che si sono avvicendati al fine di incentivare la riqualificazione del territorio hanno per la maggior parte attinenza alla materia ambientale[7] più che a quella dell'urbanistica, assegnando agli Stati obiettivi concreti per lo sviluppo sostenibile.

---

4. L'Agenda sancisce l'impegno a intraprendere le azioni necessarie per il raggiungimento dei 17 obiettivi di sviluppo sostenibile (Sustainable development goals, SDGs) alla luce della necessità improcrastinabile di superare i limiti dell'attuale modello di sviluppo. Tra questi rientrano obiettivi connessi all'efficientamento del sistema energetico (Goal 7), alla lotta al cambiamento climatico (Goal 13), al perseguimento dell'innovazione tecnologica (Goal 9), al contrasto delle disuguaglianze (Goal 10) e al miglioramento delle condizioni delle città (Goal 11). Sulla realizzazione dell'Agenda da parte dell'Italia si rinvia al rapporto 2021 dell'ASviS, «L'Italia e gli Obiettivi di Sviluppo Sostenibile», disponibile su www.asvis.it.
5. L'Agenda prevede strumenti coordinati di finanziamento e di regolazione per il diritto delle città, riferiti alla conclusione di progetti di partenariato finalizzati a trovare soluzioni in maniera coordinata tra città, Stati Membri, istituzioni dell'UE e stakeholders. L'Agenda è consultabile sul sito istituzionale della Commissione Europea al link www.ec.europa.eu/futurium/en/urban-agenda/.
6. Il testo completo è consultabile al link https://eurocities.eu/wp-content/uploads/2021/11/Ljubljana-Agreement.pdf
7. Non v'è dubbio che nella materia della tutela dell'ambiente il diritto internazionale ed europeo abbia assunto, da tempo, pieno protagonismo tra le fonti, basti considerare l'istituzione dell'Agenzia Europea per l'Ambiente, al fine di acquisire i dati necessari allo sviluppo delle politiche unionali. Sul punto si veda (Molaschi, 2003: 547).

Quanto alle fonti interne che disciplinano l'attività di rigenerazione urbana, certo ancoraggio costituzionale è stato rintracciato nell'articolo 117, comma tre, ove è disposta la competenza concorrente in materia di «governo del territorio»[8] e 117, comma secondo, lettera *s*), a mente del quale è riservata alla potestà legislativa statale la materia della tutela dell'ambiente e del patrimonio culturale, comprensivo del paesaggio[9]. Nel nostro ordinamento non è presente, come noto, una legge nazionale sulla rigenerazione urbana, cosicché l'attività di riqualificazione del territorio trova la sua disciplina di rango primario in una miriade di disposizioni a carattere generalissimo (basti considerare la L. Urbanistica n. 1150 del 1942) e micro-settoriale (si pensi al pulviscolo di incentivi disposti dal legislatore nazionale per l'efficientamento energetico). D'altronde i tentativi, pur numerosi[10], di una legislazione nazionale che dettasse le regole comuni per la rigenerazione urbana ad oggi non hanno ancora dato frutti concreti[11] e gli interventi del legislatore, com'è stato fatto notare in dottrina (A. Giusti, 2021b: 439), si sono concentrati in una serie di misure fortemente evocative dell'intento di rilancio del settore edilizio ("decreto del fare", "sblocca Italia", "sblocca cantieri"[12]) dedicate alla semplificazione e liberalizzazione del regime dei titoli abilitativi.

Nonostante il disomogeneo quadro nazionale, negli ultimi anni sono andate crescendo le legislazioni regionali in materia di rigenerazione

8. È stato fatto notare che nella materia del governo del territorio il ruolo dello Stato – – in assenza di una nuova legge urbanistica generale che detti i principi fondamentali – è risultato limitato in confronto all'attivismo regionale e comunale, limitandosi ad intervenire in riferimento a specifici strumenti che prevedevano l'assegnazione di fondi statali, dei quali dettare disciplina e condizioni E. Boscolo (20017: 4-5). Sulla relazione tra «governo del territorio» ed urbanistica si rinvia a P. Stella Richter (2006).
9. Sulla relazione tra competenza esclusiva statale in materia di tutela dell'ambiente e competenza concorrente in materia di governo del territorio, di recente la Corte costituzionale ha ribadito che: «[l]a tutela ambientale e paesaggistica, gravando su un bene complesso ed unitario, considerato dalla giurisprudenza costituzionale un valore primario ed assoluto, e rientrando nella competenza esclusiva dello Stato, precede e comunque costituisce un limite alla tutela degli altri interessi pubblici assegnati alla competenza concorrente delle Regioni in materia di governo del territorio e di valorizzazione dei beni culturali e ambientali. In sostanza, vengono a trovarsi di fronte due tipi di interessi pubblici diversi: quello alla conservazione del paesaggio, affidato allo Stato, e quello alla fruizione del territorio, affidato anche alle Regioni» (Corte cost., sentenza n. 164/2021)
10. Si contano ben tredici diversi disegni di legge dedicati alla compiuta disciplina della rigenerazione urbana depositati nelle ultime tre legislature.
11. Il riferimento è all'ultimo disegno di legge in materia di rigenerazione urbana, di cui al testo unificato sulla base dei disegni di legge n. 1131, 985, 970, 1302, 1943, 1981, che sembra essersi arenato dopo gli emendamenti in commissione.
12. Il riferimento è, rispettivamente, al D.L. 21 giugno 2013, n. 69, D.L. n. 133 del 12 settembre 2014 e al D.L. 32 del 18 aprile 2019.

urbana[13], tanto da potersi parlare di una quarta generazioni di leggi dell'urbanistica[14].

Le normative sono tra loro certamente eterogenee, avendo il legislatore regionale regolato la materia della rigenerazione in alcuni casi all'interno della disciplina generale di governo del territorio[15], ed in altri in appositi interventi solo ad essa dedicati[16].

2. COME SONO DISTRIBUITE LE COMPETENZE IN MATERIA DI RIGENERAZIONE?

Dall'analisi delle normative regionali, pur nelle differenze di approccio e strumenti che le caratterizzano, emergono rilevanti profili comuni: la rigenerazione urbana è assunta quale principio generale che informa l'intera politica di governo del territorio[17], ed è strumento alternativo, prioritario, al consumo del suolo[18], conformemente con gli obiettivi europei[19].

---

13. Per un'analisi della legislazione regionale in materia si rinvia all'ultimo dell'Ufficio studi del Senato Consumo di suolo: elementi di legislazione regionale, marzo 2019, n. 109.
14. Il riferimento è a P. Stella Richter (2018) e G. Campos Venuti (1990).
15. Hanno inserito misure sulla rigenerazione urbana nelle leggi urbanistiche le regioni: Abruzzo, L.R. 13 ottobre 2020, n. 29; Lombardia, L.R. 26 novembre 2019, n. 18; Calabria, L.R. 16 aprile 2002, n. 19; Emilia-Romagna, L.R. 21 dicembre 2017, n. 24; Sicilia, L.R. 13 agosto 2020, n. 19; Toscana, L.R. 10 novembre 2014, n. 65; Umbria, L.R. 21 gennaio 2015, n. 1.
16. Hanno adottato una disciplina specifica in materia di rigenerazione urbana le regioni: Puglia, L.R. 29 luglio 2008, n. 21; Campania, L.R. 11 novembre 2019, n. 19; Lazio, L. R. 18 luglio 2017, n. 7; Liguria, L.R. 29 novembre 2018, n. 23; Marche, L.R. 23 novembre 2011, n. 22; Piemonte, L.R. 4 ottobre 2018, n. 16; Sardegna, L.R. 18 gennaio 2021, n. 1; Veneto, L.R. 4 aprile 2019, n. 14.
17. Si vedano, a titolo esemplificativo, la legge regionale Calabria, nella quale è previsto che «La pianificazione territoriale e urbanistica si informa ai seguenti obbiettivi generali: [...] e) promuovere la salvaguardia, la valorizzazione ed il miglioramento delle qualità ambientali, architettoniche, culturali e sociali del territorio urbano, attraverso interventi di riqualificazione del tessuto esistente, finalizzati anche ad eliminare le situazioni di svantaggio territoriale; f) prevedere l'utilizzazione di nuovo territorio solo quando non sussistano alternative derivanti dalla sostituzione dei tessuti insediativi esistenti, ovvero dalla loro riorganizzazione e riqualificazione.» (art. 3, L.R. n. 19/2002), la Legge regionale Emilia-Romagna, in cui è previsto che il governo del territorio sia realizzato nel rispetto, tra gli altri, dell'obiettivo di «b) favorire la rigenerazione dei territori urbanizzati e il miglioramento della qualità urbana ed edilizia, con particolare riferimento all'efficienza nell'uso di energia e risorse fisiche, alla performance ambientale dei manufatti e dei materiali, alla salubrità ed al comfort degli edifici, alla conformità alle norme antisismiche e di sicurezza, alla qualità ed alla vivibilità degli spazi urbani e dei quartieri, alla promozione degli interventi di edilizia residenziale sociale e delle ulteriori azioni per il soddisfacimento del diritto all'abitazione» (art. 1, L.R. n. 24/2017).

Tutte le normative regionali, inoltre, fissano gli obiettivi generali delle attività rigenerative, generalmente connessi con il miglioramento della qualità ambientale e paesaggistica dei territori e degli insediamenti, nonché delle condizioni socioeconomiche della popolazione. Invero alcune delle leggi regionali dedicano ampio spazio all'individuazione delle finalità, le quali risultano ampie, variegate e composite, spaziando dall'efficienza nell'uso di energia e risorse fisiche alla qualità e alla vivibilità dei quartieri, dal diritto all'abitare alla conservazione della biodiversità, dalla protezione delle attività produttive agroalimentari alla promozione del settore terziario[20].

All'amministrazione comunale, invece, è generalmente riservata l'individuazione delle concrete aree da sottoporre alle attività di rigenerazione, la quale, anche alla luce dello spettro di interessi coinvolti, è senz'altro connotata da ampia discrezionalità. Sono i Comuni, inoltre, a gestire l'attività amministrativa per la riqualificazione territoriale, sia che questa sia effettuata mediante gli strumenti generali di pianificazione, sia che venga realizzata –com'è più frequente– grazie ad accordi operativi con i privati interessati (M. A. Quaglia, 2018: 627-702).

Proprio in relazione a tale ultimo profilo i legislatori regionali sembrano prestare particolare attenzione, giacché vengono previste normative di dettaglio che disciplinano le possibili deroghe agli standard urbanistici e le

18. Si veda, ad esempio la legge regionale Toscana, nella quale gli interventi di rigenerazione sono individuati «quale alternativa strategica al nuovo consumo di suolo» (art. 125, L.R. n. 65/2014); o la legge regionale del Lazio, a mente della quale «promuovere e tutelare l'attività agricola, il paesaggio e l'ambiente, contenere il consumo di suolo quale bene comune e risorsa non rinnovabile che esplica funzioni e produce servizi ecosistemici nonché favorire l'effettivo utilizzo agricolo attraverso il riuso o la riqualificazione, anche con la demolizione e la ricostruzione, di fabbricati esistenti utilizzando le tecniche ed i materiali tipici del paesaggio rurale» (art. 1, L.R. n. 7/2017). Anche in riferimento alla legge dell'Emilia-Romagna è stato sottolineato che «il contenimento del "consumo del suolo quale bene comune e risorsa non rinnovabile" non esprime un'aspirazione o una tendenza, ma un obbligo della pianificazione immediatamente dettagliato agli articoli 5 e 6» (M. Dugato, 2017: 599).

19. La Strategia tematica per la protezione del suolo del 2006 prevedeva già l'obiettivo di azzeramento del consumo di suolo entro il 2050. Il medesimo obiettivo è stato ribadito nel 2011 con la Tabella di marcia verso un'Europa efficiente nell'impiego delle risorse.

20. L'elencazione è ripresa dalla L.R. Emilia-Romagna 21 dicembre 2017, n. 24, in relazione alla quale si rinvia a M. Roversi (2017: 827), T. Bonetti (2017:681) e G. Piperata (2020:561). Egualmente ampie e differenziati risultano anche gli obiettivi prefissati dalle regioni Lazio e Veneto.

premialità edilizie[21], finalizzate al recupero dei capitali privati, secondo il paradigma della c.d. urbanistica negoziata (P. Urbani, 2018: 700; P. Mantini, 2017: 3).

La normativa regionale, quindi, sembra intervenire a monte e a valle del procedimento –giacché individua e prefigura gli obiettivi generali e, al contempo, regola il rapporto con il privato– mentre resta affidato all'amministrazione comunale il cuore dell'attività di rigenerazione.

3. LA SENTENZA DELLA CORTE COSTITUZIONALE N. 202/2021

Recentemente la Corte costituzionale è tornata ad occuparsi dei confini del potere legislativo regionale in materia di governo del territorio e pianificazione del paesaggio.

La decisione n. 202 del 2021[22] trae origine da tre ordinanze gemelle del TAR Lombardo[23], il quale ha rimesso al giudice delle Leggi la questione di costituzionalità dell'art. 40-*bis* della legge reg. Lombardia n. 12 del 2005[24], contenente la disciplina in materia di recupero degli immobili abbandonati e degradati.

Il giudice amministrativo era stato chiamato ad esprimersi sulla deliberazione del Consiglio comunale di Milano[25], con cui era stato approvato il piano di governo del territorio, ritenuto lesivo da alcuni proprietari di immobili che avevano ricevuto la qualifica di «edifici abbandonati e degra-

---

21. Il riferimento è agli incentivi urbanistici (deroghe agli standard e cambi di destinazione d'uso), agli incentivi edilizi (quali aumento di cubature e di superfici) e agli incentivi procedurali (come semplificazioni e accelerazioni nel rilascio dei titoli a edificare). Esemplificative, sul punto, sono la Legge regionale abruzzese, la quale dedica un solo articolo alla rigenerazione urbana riferito agli usi temporanei (art. 23-quater, L.R. n. 29/2020), ma si premura di chiarire nelle definizioni generali che a fronte di finalità rigenerative è ammissibile un aumento di volumetria anche in ipotesi di «interventi di ristrutturazione edilizia» (art. 3, L.R. n. 29/2020) e la Legge regionale Piemonte, le cui disposizioni sono integralmente finalizzate a strumenti incentivanti per la rigenerazione (L.R. n. 16/2018).
22. Per un commento A. Giusti (2021a: 2103-2133).
23. Tar Lombardia, Milano, sez. II, ordinanze nn. 371, 372 e 373 del 10 febbraio 2021.
24. L'articolo è stato introdotto dalla legge reg. Lombardia n. 18 del 2019, la quale all'art. 1 individua quali obiettivi da perseguire lo «sviluppo sostenibile» e stabilisce che gli interventi finalizzati alla rigenerazione urbana e territoriale, riguardante ambiti, aree ed edifici, costituiscono «azioni prioritarie per ridurre il consumo di suolo, migliorare la qualità funzionale, ambientale e paesaggistica dei territori e degli insediamenti, nonché le condizioni socio-economiche della popolazione».
25. Delibera del 14 ottobre 2019, n. 34.

dati»[26]. L'art. 11 delle relative norme di attuazione stabiliva che i proprietari degli immobili così individuati avessero la possibilità di presentare un titolo edilizio ai fini del recupero, dovendo in tal caso avviare i lavori entro i termine di diciotto mesi, mentre, in alternativa, ove non fosse stato presentato alcun progetto di recupero oppure non fosse rispettato il termine per l'avvio dei lavori, l'immobile sarebbe stato destinato alla demolizione, ferma restando, in tal caso, l'attribuzione al proprietario di diritti edificatori di entità variabile a seconda che la demolizione avvenisse su sua iniziativa privata oppure per effetto dell'intervento sostitutivo del Comune.

Tra le censure dei ricorrenti, qui rileva che la disciplina comunale risultava in contrasto ed incompatibile con le previsioni regionali, che prevedevano termini più ampi per l'attuazione del piano di recupero (tre anni e non diciotto mesi) ed incentivi ben più premiali di quelli disposti dal Comune (consistenti nell'incremento dei diritti edificatori, nell'esenzione dall'obbligo di reperimento degli standard urbanistici e nella possibilità di derogare alle norme quantitative, morfologiche, sulle tipologie di intervento e sulle distanze, «fatte salve le norme statali e quelle sui requisiti igienico-sanitari»).

Il Tribunale rimettente ha ritenuto eccessivamente rigida la disciplina regionale, la quale, avendo caratteristiche di immediata applicabilità e autonomia, rischiava di comprimere irragionevolmente i poteri di pianificazione dei Comuni.

La Corte, da par sua, ha accolto i dubbi del giudice amministrativo addivenendo ad una censura di incostituzionalità. Il legislatore statale nell'esercizio della competenza ad esso esclusivamente attribuita dall'art. 117, secondo comma, lettera *p*), Cost., ha individuato come funzioni fondamentali dei Comuni «la pianificazione urbanistica ed edilizia di ambito comunale, nonché la partecipazione alla pianificazione territoriale di livello sovracomunale»[27]. Per orientamento costante della giurisprudenza costituzionale, la pianificazione urbanistica è una funzione che non può essere eccessivamente compressa dal legislatore regionale (P. Falletta, 2019: 2101)

26. Si considerano abbandonati «gli edifici dismessi da più di 1 anno, che determinano pericolo per la sicurezza o per la salubrità o l'incolumità pubblica o disagio per il decoro e la qualità urbana o in presenza di amianto o di altri pericoli chimici per la salute» (comma 2).
27. Art. 14, comma 27, lettera d, del decreto-legge 31 maggio 2010, n. 78, recante «Misure urgenti in materia di stabilizzazione finanziaria e di competitività economica», convertito, con modificazioni, nella legge 30 luglio 2010, n. 122.

e pur restando di competenza regionale le funzioni di programmazione e di coordinamento, esse non possono vanificare l'autonomia dei comuni[28].

Ebbene le determinazioni, rigide e immediatamente applicabili, previste dalla norma regionale alteravano sensibilmente l'esercizio del potere pianificatorio. Inoltre, le disposizioni regionali generavano «un aumento non compensato, di portata potenzialmente anche significativa, del carico urbanistico e, più in generale, della pressione insediativa, che per certi aspetti potrebbe risultare poco coerente con le finalità perseguite dalla stessa legge regionale»[29].

Pur riconoscendo l'ambito di autonomia degli enti locali la Corte non prevede –e mai ha previsto[30]– l'intangibilità delle funzioni di pianificazione territoriale, ben potendo essere legittimamente limitate da una normativa regionale che, nel rispetto dei principi di proporzionalità ed adeguatezza, giustifichi esigenze di uniformità (G.A. Primerano, 2022). La normativa regionale potrà quindi sottrarre potestà regolamentare ai comuni anche in materia di rigenerazione urbana, purché sia adottato il minimo mezzo utile per assicurare scopi riconosciuto come coerenti, conformi e necessari[31], secondo i canoni della ragionevolezza e proporzionalità (M. Gorlani, 2019: 1115).

4. PRIME CONCLUSIONI

Nella pronuncia in commento, assieme alla delimitazione dei confini entro cui il legislatore regionale può regolare il governo del territorio nel rispetto dell'autonomia comunale, la Corte svolge valutazioni di merito

28. La Corte, anche prima della riforma del Titolo V, aveva ritenuto che «il potere dei comuni di autodeterminarsi in ordine all'assetto e alla utilizzazione del proprio territorio non costituisce elargizione che le regioni, attributarie di competenza in materia urbanistica, siano libere di compiere. Si tratta invece di un potere che ha il suo diretto fondamento nell'art. 128 della Costituzione, che garantisce, con previsione di principio, l'autonomia degli enti infraregionali, non solo nei confronti dello Stato, ma anche nei rapporti con le stesse regioni, la cui competenza nelle diverse materie elencate nell'art. 117, e segnatamente nella materia urbanistica, non può mai essere esercitata in modo che ne risulti vanificata l'autonomia dei comuni» (Corte cost., sentenza n. 83/1997). Nello stesso senso si veda anche Corte costituzionale, sentenza n. 378/2000.
29. Pronuncia in commento, considerato in diritto, punto 11.1.
30. Sul punto la Corte ha chiarito che «il "sistema della pianificazione", che assegna in modo preminente ai Comuni, quali enti locali più vicini al territorio, la valutazione generale degli interessi coinvolti nell'attività urbanistica ed edilizia, non assurge, dunque, a principio così assoluto e stringente da impedire alla legge regionale – fonte normativa primaria, sovraordinata agli strumenti urbanistici locali – di prevedere interventi in deroga quantitativamente, qualitativamente e temporalmente circoscritti (sentenze n. 245 del 2018 e n. 46 del 2014).» (Corte cost., sentenza n. 119/2020).
31. Sul punto si concentra la pronuncia Corte cost., n. 179/2019.

sulla legge regionale lombarda. Quest'ultima, infatti, sembra risultare contraddittoria ove prevede meccanismi di incentivo ai privati così estesi da entrare in dicotomia con la finalità di rigenerazione e le limitazioni del consumo di suolo.

Proprio tale ultimo profilo induce ad una piccola riflessione di dettaglio e ripropone l'urgenza di un interrogativo aperto.

In primo luogo, la vicenda sottoposta all'attenzione della Corte sembra mostrare un peculiare equilibrio tra interessi regionali, comunali e privati. Nonostante il livello comunale sia spesso ritenuto il meno idoneo ad affrontare la lesione diretta degli interessi privati[32], il Comune di Milano ha previsto strumenti di rigenerazione più stringenti –e coerenti– con la finalità di riqualificazione, limitando l'uso degli incentivi proposti ai privati che collaborino nella rigenerazione, per evitare che si traducessero in un aumento del carico urbanistico e della pressione insediativa. Non può negarsi, quindi, che l'identità territoriale conti nella pianificazione comunale, perché sono gli «enti locali più vicini al territorio» (G. Demuro, 2021) che hanno il compito di stabilire quanto può essere concesso al privato in riferimento alle esigenze di rigenerazione.

In secondo luogo, la lettura della normativa lombarda –così come quella di una pluralità di legislazioni regionali– mostra la centralità che ha assunto il ricorso agli incentivi e alle misure di deroga in favore dei privati ai fini della concreta realizzazione delle attività di rigenerazione. Se da un lato è evidente l'idea di fondo, ampiamente condivisa, a mente della quale «*è ormai è finita l'epoca dell'urbanistica e dell'edilizia di espansione ed è cominciata quella del riuso e del recupero dell'esistente*» (P. Carpentieri, 2020: 6), dall'altro, la possibilità di realizzare tale idea si scontra con gli interessi dei privati proprietari, con la parcellizzazione della proprietà urbana dell'edificato, con la carenza di fondi pubblici da dedicare allo scopo (G. F. Cartei, 2017: 603). La soluzione percorsa da legislatore e amministrazioni è stata quella di prevedere misure di premialità edilizia[33], consistenti nell'attribuzione da parte dell'Amministrazione Comunale di diritti edificatori in aggiunta a quelli riconosciuti in via ordinaria, al fine di favorire quei soggetti ritenuti

32. La stessa Corte costituzionale ha ritenuto che «il livello regionale è strutturalmente quello più efficace a contrastare il fenomeno del consumo di suolo, perché in grado di porre limiti ab externo e generali alla pianificazione urbanistica locale» (Corte cost., sentenza in esame, motivazione in diritto 11.1).

33. Si veda, in proposito, l'art. 3-bis del d.P.R. n. 380/2001, introdotto dall'art. 17, comma 1, lett. b), del d.l. n. 133/2014, che prevede la possibilità per le amministrazioni comunale di favorire, in alternativa all'espropriazione, la riqualificazione delle aree mediante forme di compensazione.

meritevoli, in ragione delle loro condotte che realizzino il pubblico interesse.

Le misure si inseriscono nella c.d. urbanistica negoziata e permettono di coniugare al mancato onere per l'Amministrazione comunale connesso alle procedure ablatorie l'incentivazione al recupero migliorativo del patrimonio immobiliare privato (G. F. Cartei, E. Amante, 2018: 17-38).

In disparte dalle valutazioni riferite alle connotazioni politiche di governo del territorio, inevitabilmente connesse al rapporto tra potere e proprietà, non può negarsi il rischio di ambiguità in cui si incorre nell'uso delle misure incentivanti per la rigenerazione degli spazi urbani. L'aumento di cubatura e di superfici, le deroghe agli standard e ai cambi di destinazione d'uso, le semplificazioni e le accelerazioni nel rilascio dei titoli edificatori risultano strumenti che, se da un lato assicurano l'apporto del privato nella riqualificazione del costruito, dall'altro contraddicono il principio della massima riduzione del consumo di suolo. La sfida della rigenerazione urbana, infatti, richiede strumenti maggiormente coerenti con il principio del *minor consumo di suolo* e, per l'effetto, politiche che diano priorità al *riuso*[34]. Resta, in tal senso, ancora aperta la ricerca dei dispositivi che assicurino l'effettività dell'azione amministrativa di rigenerazione.

5. BIBLIOGRAFIA

Barel, Bruno (2018): *Contenimento del consumo di suolo tra diritto europeo e diritto regionale*, in *La Professione del Giurista. Scritti in Onore di Luigi Manzi*, Napoli, Editoriale Scientifica.

Bonetti, Tommaso (2017): *La riforma urbanistica in Emilia-Romagna tra presente e futuro*, in *Istituzioni del Federalismo*, n. 3, pp. 681 ss.

Boschetti, Barbara (2017): *L'impatto della funzione di rigenerazione sugli strumenti tradizionali del diritto urbanistico diversi dalla pianificazione*, in F. Di Lascio – F. Giglioni (a cura di), *La rigenerazione di beni e spazi urbani*, Bologna, Il Mulino, pp. 177 ss.

Boscolo, Emanuele, (2017): *La riqualificazione urbana: una lettura giuridica*, in *Rapporto sulle città 2017. Mind the gap. Il distacco tra politiche e città – Background Papers*, in *Urban@it*, n. 1, pp. 4 ss.

Bozzaotre, Maurizio (2014): *Unione europea e governo del territorio. Spunti per una ricerca*, in *Rivista giuridica dell'urbanistica*, n. 2-3, p. 314.

34. Come rileva G.F. Cartei (2015:805-806), la realizzazione del principio del minor consumo di suolo risiede proprio nel riuso dei siti dismessi e degli edifici vuoti.

Campos venuti, Giuseppe (1990): *La terza generazione dell'urbanistica*, Milano, Franco Angeli, ed. agg.

Carpentieri, Paolo (2020): *Il "consumo" del territorio e le sue limitazioni. La "rigenerazione urbana"*, in *Federalismi*, n. 1, pp. 1-59.

Cartei, Gian Franco – Amante, Enrico (2018): *Strumenti per la rigenerazione urbana*, in M. Passalacqua, A. Fioritto, S. Rusci (a cura di), *RiConoscere la Rigenerazione. Strumenti giuridici e tecniche urbanistica*, Roma, Maggioli, pp. 17-38.

Cartei, Gian Franco (2015): *Il problema giuridico del consumo di suolo*, in P. Dell'Anno, E. Picozza (a cura di), *Trattato di diritto dell'ambiente*, volume terzo (Tutele parallele. Norme processuali), Wolters Kluwer – Cedam.

Cartei, Gian Franco (2017): *Rigenerazione urbana e governo del territorio*, in *Istituzioni del Federalismo*, n. 3, pp. 603 ss.

Chiti, Edoardo (2017): *La rigenerazione di spazi e beni pubblici: una nuova funzione amministrativa?*, in F. Di Lascio – F. Giglioni (a cura di): *La rigenerazione di beni e spazi urbani*, Bologna, Il Mulino, pp. 18 ss.

Demuro, Gianmario (2021): *Leggi regionali di interpretazione autentica, autonomie locali e deroghe al codice civile per le distanze tra gli edifici*, in *Forum di Quaderni Costituzionali*, n. 2, disponibile su www.forumcostituzionale.it.

Di Lascio, Francesca (2018): *Quali tendenze in corso nella rigenerazione delle città?*, in *Rivista giuridica dell'edilizia*, n. 2, pp. 135 ss.

Dipace, Ruggero (2014): *La rigenerazione urbana tra programmazione e pianificazione*, in *Rivista Giuridica dell'Edilizia*, n. 5, pp. 237 ss.

Dugato, Marco (2017): *L'uso accettabile del territorio*, in *Istituzioni del federalismo*, n. 2, pp. 599 ss.

Falletta, Pietro (2019): *L'irrisolto equilibrio tra regionalismo e municipalismo in materia di pianificazione urbanistica*, in *Giurisprudenza Costituzionale*, pp. 2094 ss.

Giuliani, Barbara (2005): *La nozione costituzionale di "governo del territorio": un'analisi comparata*, in *Riv. giur. Edilizia*, n. 6, p. 285.

Giusti, Annalisa (2018): *La rigenerazione urbana. Temi, questioni e approcci nell'urbanistica di nuova generazione*, Napoli, Editoriale scientifica.

Giusti, Annalisa (2021a): *I limiti costituzionali alle leggi urbanistiche regionali di "quarta generazione" [osservazione sulla] Sentenza (6 ottobre 2021) 28 ottobre 2021 n. 202*, in *Giurisprudenza costituzionale*, vo. 66, n. 5, pp. 2103-2133.

Giusti, Annalisa (2021b): *La rigenerazione urbana tra consolidamento dei paradigmi e nuove contingenze*, in *Diritto Amministrativo*, n. 2, pp. 439 ss.

Gorlani, Mario (2019): *Il nucleo intangibile dell'autonomia costituzionale dei Comuni*, in *Le Regioni*, n. 4, pp. 1115 ss.

Mantini, Paolo (2016): *La perequazione urbanistica nel tempo della rigenerazione urbana", in Rivista giuridica dell'edilizia*, pp. 398 ss.

Molaschi, Viviana (2003): *Le agenzie per la protezione dell'ambiente tra diritto interno e diritto comunitario*, in (a cura di) R. Ferrara E P. M. Vipiana, *I "nuovi diritti" nello Stato sociale in trasformazione*, CEDAM, Padova, 2003, p. 547.

Piperata, Giuseppe (2017): *Rigenerare i beni e gli spazi della città: attori, regole e azioni*, in E. Fontanari – G. Piperata, *Agenda RE-CICLE. Proposte per reinventare la città*, Bologna, Il Mulino.

Piperata, Giuseppe (2020), *Il paesaggio nella nuova legge sulla tutela e l'uso del territorio della regione Emilia-Romagna*, in *Rivista giuridica di urbanistica*, n. 2, pp. 561.

Primerano, Giuseppe Andrea (2022): *Legislazione regionale e disciplina della pianificazione urbanistica. Riflessioni a margine di una recente sentenza della Corte costituzionale (nota a Corte cost., 28 ottobre 2021, n. 202)*, in *www.giustiziainsieme.it*.

Quaglia, Mario Alberto (2018): *L'urbanistica consensuale*, in F. G. Scoca, P. Stella Richter, P. Urbani (a cura di), *Trattato di diritto del territorio*, vol. 1, Torino, Giappichelli.

Roversi Monaco, Micol (2017): *Tutela dell'ambiente e riduzione del consumo di suolo nella legge regionale dell'Emilia-Romagna n. 24/2017*, in *Istituzioni del Federalismo*, n. 3, pp. 827 ss.;

Stella Richter, Paolo (2006): *I principi del diritto urbanistico*, Milano, Giuffrè.

Stella Richter, Paolo (2019): *Verso le leggi regionali di IV generazione. Studi dal XXI Convegno nazionale, Varese, 28-29 settembre 2018*, Milano, Giuffrè.

Urbani, Paolo (1992): *Urbanistica (diritto amministrativo)*, voce in *Enc. Dir.*, vol. XLV, Milano, pp. 878-879.

Urbani, Paolo (2018): *Gli Istituti della perequazione e della compensazione urbanistica tra interpretazioni giurisprudenziali e vuoti normativi*, in P. Urbani – F. G. Scoca – P. Stella Richter, *Trattato di diritto del territorio*, Torino, Giappichelli.

Segunda sesión

Reformas administrativas e intervenciones para la resiliencia y la recuperación económica

La gestión de los Fondos del Instrumento Europeo de Recuperación desde la perspectiva del Derecho administrativo

Ponencias

La instrumentación jurídica de los Fondos Next Generation EU. Un nuevo enfoque de intervención pública en la economía: autonomía estratégica, gobierno multinivel y colaboración público-privada [1]

ELISENDA MALARET I GARCÍA
Catedrática de Derecho Administrativo
Universidad de Barcelona

1. INTRODUCCIÓN

La respuesta europea a la crisis económica generada por la covid-19, con la adopción de un abanico de instrumentos en el que, sin ninguna duda, la creación del Mecanismo de Recuperación y Resiliencia (MRR), mediante el Reglamento 2021/241, ocupa un lugar central, ha sido considerada de manera generalizada como un cambio de paradigma en relación con el modelo tradicional de gobernanza económica y presupuestaria europea. Un enfoque que, con las reformas e instrumentos diseñados en la respuesta a la crisis financiera de 2008 se exacerbó, y quizás, se agotó.

Por el contrario, la concepción e instrumentación de la intervención pública diseñada para la recuperación social y económica post Covid-19, evidencian una transformación de los cometidos de los poderes públicos. La adopción de un importante plan de inversiones por la Unión Europea, que luego debe concretarse en los respectivos planes nacionales de recuperación y resiliencia, no significa sólo el diseño y puesta a punto de instrumentos de gestión de recursos financieros europeos –en parte a fondo per-

1. Este texto constituye una reelaboración de la ponencia presentada en el XXIII Congreso Ítalo-español de profesores de Derecho Administrativo, celebrado en Santiago de Compostela el 27/5/2022. La fecha indicada constituye el límite temporal de las fuentes y los datos utilizados.

dido–, sino que en este proyecto, la UE y los Estados miembros, asumen un rol de promotores de las transformaciones y cambios necesarios para afrontar los nuevos desafíos que la transición ecológica, digital e industrial plantean.

Las distintas instancias de gobierno –europeas y nacionales– asumen una función de promoción y dirección de los cambios necesarios. Ya no se limitan a suministrar la financiación, a poner a disposición los recursos necesarios para que los actores del mercado decidan, sino que, en la medida que las instituciones establecen unas orientaciones y directrices más densas y selectivas para impulsar la transformación y desarrollo de un modelo de crecimiento sostenible, y, paralelamente, crean, con estos fines, un amplio abanico de instrumentos, adquieren un protagonismo y una relevancia que las aleja del viejo papel en el que predominaba una concepción de los poderes públicos asentada en tres ideas muy esquemáticas de los cometidos: i) mero productor de reglas; ii) contención del gasto público; iii) la competencia como rector del mercado.

La instrumentación jurídica de los Fondos *Next Generation EU* (Fondos NGEU) muestra una reformulación de las políticas económicas sostenidas por la UE desde la aceleración de la integración europea impulsada a partir de las reformas sucesivas con los Tratados de Maastricht, Ámsterdam y Lisboa. La sucesión de crisis ha puesto en cuestión un modelo en el que sólo cabía una intervención pública muy limitada cuando se producían "fallos de mercado". Esta perspectiva había reducido la capacidad de gobernar la economía, fragilizando los instrumentos de dirección pública. Las crisis y los procesos de transformación en curso –la globalización de los intercambios, la digitalización de la economía y la sociedad, así como la reconversión ecológica– tienen un fuerte impacto en la vida de las personas y en la colectividad.

El Estado no se puede limitar a producir reglas, a garantizar derechos y suministrar servicios públicos esenciales. Los poderes públicos deben promover la innovación, liderar el cambio, gobernarlo y dirigirlo hacia nuevos modelos capaces de reforzar las oportunidades que las transformaciones abren, así como mitigar sus riesgos. En esta perspectiva, la finalidad de garantizar la autonomía estratégica de la Unión Europea ha robustecido la antaño aletargada política industrial europea y nacional.

La aprobación por el Gobierno español del Plan de Recuperación, Transformación y Resiliencia (PRTR) y, posteriormente a partir de la aprobación del Real Decreto-ley 36/2020, de 30 de diciembre de 2020, por el que se aprueban medidas urgentes para la modernización de la Administración

Pública y para la ejecución del mencionado Plan, de los sucesivos Planes Estratégicos para la Recuperación y Transformación Económica (PERTE), muestran en el espacio nacional el cambio en la finalidad, alcance y contenidos de la intervención pública.

Este trabajo examina e ilustra estas transformaciones en el rol de los poderes públicos y las empresas, evidenciando el reparto de tareas –dirección vs implementación– y la necesaria colaboración de ambas instancias en el diseño y ejecución de las medidas, en el marco de una economía de mercado abierta y con pleno respeto a los derechos, principios y valores constitucionales que guían y condicionan el ejercicio de los respectivos cometidos.

La perspectiva adoptada en esta contribución no se centra en la colaboración público-privada en la implementación de los Fondos NGEU, por ello tampoco examinaremos con detenimiento el diseño del modelo de gestión, pues en la medida que en la ejecución del PRTR se ha optado por privilegiar como instrumento la subvención, la ejecución es en gran medida privada. Por el contrario, nos centraremos en el dispositivo institucional en el que necesariamente deberá insertarse el otorgamiento de las ayudas y que, dado el volumen de recursos asignados, parece que concentra la mayor capacidad transformadora, los Proyectos Estratégicos para la Recuperación y Transformación Económica (PERTE), previstos en los artículos 9 a 11 del RDL 36/2020[2].

Los PERTE han sido concebidos como proyectos de carácter estratégico con gran capacidad de arrastre para el crecimiento económico, el empleo y la competitividad de la economía española, con un alto componente de colaboración público-privada y transversales a las diferentes administraciones[3]. La puesta en marcha de estos proyectos preveía una movilización de recursos, tanto públicos como privados, sin precedentes, para abordar la transformación climática y digital en sectores clave para la economía española. Hasta la fecha (de redacción de este trabajo) se han aprobado doce proyectos estratégicos dedicados a áreas como el desarrollo del vehículo eléctrico y conectado, la salud de vanguardia, las energías renovables, hidrógeno renovable y almacenamiento, el sector agroalimentario, la nueva economía de la lengua, el modelo de economía circular, la industria naval,

2. V. https://planderecuperacion.gob.es/sites/default/files/2022-12/Ejecucion_PERTE_22122022.pdf.
3. V. Malaret, E./Padros, X.: "La col•laboració publicoprivada en el procés d'execució dels plans finançats amb fons Next Generation: més enllà de la tradicional distinció entre formes institucionals i formes contractuals, l'especial rellevància de les subvencions", RCDP, 2021, 63

la aeroespacial, la digitalización del ciclo del agua, los microchips, la economía social y de los cuidados y la descarbonización. Para tener una referencia del volumen de recursos implicados se puede tomar en consideración que estos doce PERTE contemplan una inversión pública de más de 35.000 millones de euros[4], de los cuales 18.000 millones de euros corresponden a la primera fase del plan[5]. Esta inversión pública debe movilizar una importante inversión privada para efectivamente transformar estructuralmente la economía.

Si bien, a fecha de hoy, la efectiva implementación de estos cuantiosos incentivos presenta algunas debilidades, quizás como consecuencia de un diseño institucional poco innovador, pues la figura del PERTE no ha encontrado una correlación adecuada con la instrumentación jurídica de las subvenciones, cuya formulación legal continúa anclada en el modelo de la Ley General de Subvenciones (2003), concebida para actividades acotadas tanto en su vertiente material como temporal. En esta dirección, cabe recordar que la anterior política de transformación del modelo productivo, instrumentada de manera previa a la entrada de España en la entonces CEE, la Reconversión industrial, requirió la adopción de un marco legal para adecuar los instrumentos al entorno concreto de la política pública que se pretendía desarrollar y a los objetivos establecidos mediante los correspondientes planes sectoriales[6].

2. EL MRR Y PLAN DE RECUPERACIÓN, TRANSFORMACIÓN Y RESILIENCIA (PRTR) COMO INSTRUMENTOS DE GOBIERNO DE LA TRANSICIÓN ECOLÓGICA, DIGITAL E INDUSTRIAL JUSTA

2.1. LA TRANSICIÓN COMO CONTEXTO DE SU FORMULACIÓN E INSTRUMENTACIÓN

La transición es un acicate para la transformación. Y, más en un contexto en el que la crisis evidencia las fragilidades económicas y sociales.

4. Un volumen de recursos a los que hay que añadir los instrumentados mediante contratos de obras y servicios. V. un análisis de la ejecución en https://www.esade.edu/ecpol/es/publicaciones/los-fondos-nextgeneu-en-espana-analisis-de-la-ejecucion-de-licitaciones/
5. III Informe de Ejecución del Plan de Recuperación, publicado en febrero de 2023.
6. Un análisis en Malaret, E, *Régimen jurídico administrativo de la reconversión industrial*, Madrid, ed. Civitas, 1991.

La covid-19, una pandemia de carácter mundial, generó un impacto muy fuerte en la economía mundial[7], afectando a las economías de las distintas regiones y a los intercambios internacionales. La economía mundial recibió un golpe de una magnitud desconocida hasta la fecha. Las graves consecuencias en materia de salud pública tuvieron rápidamente consecuencias económicas y sociales, generando un choque exógeno fuera de toda regla que exigió una intervención pública indispensable para hacer frente a una situación inédita. La sacudida económica afectó tanto a la curva de oferta (reducción y perturbación de la economía) como a la de demanda (desaceleración del consumo de bienes y servicios), debilitando la economía mundial con unas tasas de crecimiento desconocidas en Europa en períodos de paz[8].

Los gobiernos de los principales países impactados por la crisis de la covid-19 impulsaron medidas para paliar la ralentización económica provocada por este virus[9], pues su propagación podría tener un triple efecto sobre la economía mundial: un impacto directo sobre los volúmenes de producción a nivel global, disrupciones y trastornos sobre las cadenas de suministro y distribución y, un impacto financiero en las empresas y los mercados de valores. Sin obviar que, como ha puesto de relieve el Banco Mundial, la crisis condujo a un aumento drástico de la desigualdad interna y entre los países. Una desigualdad interna que no todos los países han afrontado con las mismas políticas ni con los mismos recursos, generando grandes asimetrías, si bien en el contexto de la integración europea estas han sido en parte mitigadas por la nueva orientación de las políticas instrumentadas por la Unión Europea[10].

La pandemia y la crisis social y económica que ha sido su corolario han hecho aflorar las fragilidades de la interdependencia económica a escala mundial. La pandemia no ha significado el fin de la globalización, pero sí ha evidenciado las debilidades de un modelo, no solo por la carencia de una

7. V. https://www.bancomundial.org/es/publication/wdr2022/brief/chapter-1-introduction-the-economic-impacts-of-the-covid-19-crisis
8. Algunos datos permiten ilustrar la magnitud de la crisis económica, así, el PIB de los países de la zona euro cayó un 6,8% en 2020 y España, por su estructura económica, fue el país más perjudicado, con una caída del 10,8%.
9. En el marco de la UE, el Instrumento Europeo de Apoyo Temporal para Atenuar los Riesgos del Desempleo en una Emergencia (SURE), Reglamento (UE) 2020/672 del Consejo de 19 de mayo de 2020 relativo a la creación de un instrumento europeo de apoyo temporal para atenuar los riesgos de desempleo en una emergencia (SURE) a raíz del brote de COVID-19. y la Iniciativa para la recuperación del Coronavirus (IIRC), contribuyeron de manera decidida a modular el impacto de la crisis.
10. Azpitarte, M: "Crisis económicas: un problema constitucional. A propósito de la Covid", *Rev FDº*, Icade, 2020.

adecuada arquitectura institucional[11], sino por la visibilidad contundente de la dependencia generada, tanto de productos básicos (medicamentos y otros productos sanitarios) como de otros que son clave para la producción industrial (como los chips). En el período inmediatamente posterior a los confinamientos, la paralización de la producción en plantas manufactureras de sectores emblemáticos como el automóvil ha obligado a replantear la manera de concebir las cadenas de suministro[12].

Progresivamente la importancia de salvaguardar la base económica, industrial y tecnológica de Europa se ha convertido en el corazón de las políticas europeas. A la necesaria transformación digital y descarbonización de la estructura productiva –impulsadas inicialmente de manera tímida por la Comisión–, la crisis originada por la covid-19 ha introducido "presión". Ahora las prioridades se vuelven evidentes, acelerando la adopción de nuevos marcos legales, de planes y medidas de apoyo a la transformación. En esta nueva aproximación, reformas e inversiones constituyen los dos pilares para acelerar la transición industrial.

El nuevo contexto geopolítico, derivado de la invasión de Ucrania por Rusia (y los problemas derivados de la escasez o incluso la interrupción del suministro energético y alimentario) ha reforzado el enfoque "transformación" que ya estaba presente en el momento de la creación del Mecanismo de Recuperación y Resiliencia, creado por el Reglamento (UE) 2021/241, del Consejo y del Parlamento, de 12 de febrero. La dimensión inicial de "recuperación" –estrechamente vinculada a la crisis covid-19– se amplía con la idea de "resiliencia" –que ya estaba inscrita en el mismo título del nuevo mecanismo ideado– y que apuntaba expresamente en la dirección de reforzar la independencia económica de la Unión Europea –o, cuanto menos, a "reducir la dependencia", como explícitamente se indicaba–, pues a pesar del carácter temporal del shock inicial, sus efectos pronto se percibieron como estructurales. En efecto, la resiliencia se definió, ya entonces, como "la capacidad de hacer frente a perturbaciones económicas, sociales y

11. Quadra-Salcedo, T. de la: "Estado y mercado en un mundo global", Cuadernos de derecho público, 2005, 25, p. 102 y posteriormente del mismo autor, "Tratados de inversión y mutación del derecho público: ¿derecho público transnacional?", RAP, 2020, 212, p. 13-54, también, Malaret, E.: "Le malaise de la globalisation, la crise économique et les déséquilibres dans la structure des pouvoirs de décision. Por un constitutionnalisme économique européen ouvert", *REDP,* 2013, 1, p. 183-231; Gonzalez Garcia, J: «Globalización económica y Estado: de la soberanía a la integración", *Administración & Ciudadanía,* 2017, 12-2_2017.

12. En septiembre de 2022 la prensa se hizo eco de las carencias, así VW, PSA y Opel pararon fábricas en España por falta de suministros, https://www.expansion.com/empresas/motor/2022/09/01/630fc27d468aebb2548b45fe.html

medioambientales o a cambios estructurales persistentes de una manera justa, sostenible e inclusiva"[13].

La naturaleza y el alcance del impacto explican los términos de la formulación de las medidas y estrategias de reformas adoptadas tanto en la Unión Europea como en España. Para reconstruir social y económicamente el mundo post covid-19 y transformar la estructura social y productiva eran necesarios recursos extraordinarios, pues, insistimos, no solo se trataba de relanzar la actividad económica[14], sino de aprovechar la coyuntura para acometer reformas profundas del modelo productivo en una determinada dirección: i) digitalización de la economía y ii) transición ecológica y descarbonización, para hacer frente al cambio climático[15].

Se trata de un abanico de amplias y profundas reformas estructurales, un ambicioso proyecto de transformación para el cual es imprescindible la colaboración de todos los actores públicos y, también, privados. En este marco, las herramientas de participación y actuación colaborativa de los distintos niveles de gobierno son fundamentales, una perspectiva a la que necesariamente deberán asociarse las empresas y centros de innovación.

En esta dirección, ya a finales del mes de mayo de 2020, poco después del inicio de la pandemia de la covid-19, la Comisión Europea presentó un Plan de Recuperación que incluía un conjunto de medidas para impulsar la inversión, tanto en la esfera pública como en la privada. El Plan de Recuperación fue aprobado por el Consejo Europeo, en la reunión extraordinaria del 21 de julio de 2020, que adoptó un acuerdo político que se traducía en dos decisiones estratégicas que suponían un cambio radical en el contexto europeo hasta aquel momento: la creación del Instrumento de recuperación "*Next generation* EU" (NGEU), de carácter específico y temporal, y el Marco Financiero plurianual (MFP) para el período 2021-2027[16]. Así en 2020, la Unión Europea alcanzó una etapa a la vez importante y sorprendente en la perspectiva de la integración: con el nuevo MFP para el período 2021-2027

13. Según la definición establecida en el artículo 2 del Reglamento (UE) 2021/241 del Parlamento europeo y del Consejo de 12 de febrero de 2021, por el cual se establecía el Mecanismo de Recuperación y Resiliencia.

14. Retomando una expresión que ha identificado el Pla adoptado en Francia, v. *Plan de Relance*, https://www.economie.gouv.fr/plan-de-relance, para seguir su implementación, https://www.entreprises.gouv.fr/fr/france-relance. Una primera evaluación (parcial y provisional) https://www.strategie.gouv.fr/publications/comite-devaluation-plan-france-relance-premier-rapport.

15. V. Conclusiones de la Reunión extraordinaria del Consejo Europeo (17, 18, 19, 20 y 21 de julio de 2020) y Exposición de motivos del RDL 36/2020.

16. V. Conclusiones citadas en nota anterior, https://www.consilium.europa.eu/media/45124/210720-euco-final-conclusions-es.pdf

y el plan de reactivación europeo Next Generation EU, la Unión Europea por disponer de un presupuesto con una cuantía global impresionante. Así, la previsión inicial era que entre los años 2021 y 2026, la Comisión recaudará, en nombre de la UE, 750.000 millones de euros en los mercados internacionales de capitales, que luego se distribuirán, en forma de préstamos o subvenciones y a través de diferentes programas de financiación de la UE, a los Estados miembros en función de sus necesidades. Las ayudas no reembolsables alcanzan los 390.000 millones, mientras que los préstamos representan un importe de 360.000 millones (a precios del 2018). Esta cantidad se incrementa a 806.900 millones de euros a precios corrientes, de los cuales 421.100 millones van dedicados a las ayudas y subvenciones no reembolsables, y 385.800 millones, a préstamos[17]. Al mismo tiempo, y por primera vez, la Comisión europea fue encargada de suscribir empréstitos para financiar el plan NGEU.

Esta respuesta común a los grandes desafíos socioeconómicos causados por la pandemia de la covid-19 solo fue posible gracias a una profunda transformación de la política europea. Evidenciar las líneas maestras de estos cambios, identificar las líneas fuerza del nuevo modelo, es lo que pretendemos mostrar en este trabajo.

En este marco, son especialmente relevantes las consideraciones que encabezan el documento de *Conclusiones del Consejo*, pues identifican los objetivos:

> "... la crisis de la COVID-19 plantea un desafío de proporciones históricas para Europa. La UE y sus Estados miembros han tenido que adoptar medidas de emergencia para proteger la salud de los ciudadanos y evitar el colapso de la economía. Lentamente, estamos saliendo de la grave crisis sanitaria. Aunque sigue siendo necesario extremar la vigilancia de la situación sanitaria, ahora la atención se desplaza a mitigar los daños socioeconómicos. Esto requiere un esfuerzo sin precedentes y un planteamiento innovador que impulsen la convergencia, la resiliencia y <u>la transformación</u> en la Unión Europea".

Los dos elementos principales de este ambicioso Plan son: i) el Mecanismo para la Recuperación y la Resiliencia (MRR), que concentra el 90% de los fondos, con 672.500 millones de euros[18], y que está destinado a apoyar las reformas y las inversiones para alcanzar una recuperación durable, mejorar la resiliencia económica y social, apoyar la transición verde y digital

17. V. Olesti, Andreu: "El Programa NEXT GENERATION EU y el nuevo ciclo presupuestario de la Unión Europea", *RCDP*, 2021, 63, p. 4-20.
18. Distribuidos de la siguiente forma: 360.000 millones del montante destinado a los préstamos y 312.500 millones de euros dedicados a las ayudas y subvenciones no

en los Estados miembros; y ii) el denominado REACT-EU, con 47.500 millones de euros, que suponen fondo s adicionales en el marco de la Política de Cohesión para operaciones destinadas a luchar contra la pandemia, especialmente en el ámbito sanitario y educativo y preparar la recuperación económica contribuyendo a la transición hacia una economía verde y digital.

España debe recibir 140.000, en forma de transferencias y préstamos durante el período 2021-2026, de los cuales 59.000 millones de euros provienen del Mecanismo para la Recuperación y la Resiliencia y 12.000 del REACT-EU[19].

Como se afirmaba expresamente en las *Conclusiones* del Consejo antes mencionadas, las medidas adoptadas supusieron un acuerdo histórico, tanto por la magnitud del paquete de incentivos financiados con cargo al presupuesto de la UE como por el hecho de que, por primera vez, se establecía que la Comisión Europea acudía a los mercados financieros para emitir deuda para financiar parte de estas políticas[20]. Se trataba de medidas de gran envergadura que hasta aquel momento parecían inconcebibles y, que seguramente sin el impacto exógeno que la crisis de la covid-19 supuso, no se hubieran puesto en marcha. Las expresiones utilizadas para calificar el acuerdo ilustran bien la magnitud del cambio producido; seguramente la expresión que identifica mejor el alcance y significación de las medidas adoptadas desde la perspectiva del proceso de integración europea es la de "momento hamiltoniano de la Unión Europea"[21], en referencia al primer secretario del Tesoro estadounidense, Alexander Hamilton, quien unificó la deuda de los estados y, complementariamente, se planteó la necesidad de dotarse de recursos propios –vía impuestos– para poder sostenerla adecuadamente.

---

reembolsables (todas las cantidades calculadas a precios del año 2018). De estas últimas, el 70 % serán comprometidas durante los años 2021 y 2022, mientras que el 30 % restante se deberán comprometer, en su totalidad, durante el año 2023, teniendo en cuenta una clave de reparto ajustada a la pérdida de PIB real durante los años 2020 y 2021. V. A. Olesti, op. cit.

19. En curso de edición de este Trabajo, el Gobierno ha aprobado una "Adenda" al PRTR para poder recibir 10.300 millones más en transferencias y 84.000 en préstamos, v. Resolución de 6 de junio de 2023, de la Subsecretaría, por la que se publica el Acuerdo del Consejo de Ministros de 6 de junio de 2023, por el que aprueba la Adenda al Plan de Recuperación, Transformación y Resiliencia (BOE de 7 de junio de 2023).

20. Par una presentación sintética con los datos más relevantes, v. Kolling, Mario, "Los fondos de recuperación: negociación, objetivos y gestión entre cohesión y modernización", QDL, 2020, 55, p. 14 y ss.

21. V. especialmente el número especial de "Did Europe Just Experience its «Hamiltonian Moment»?", *The International Economy*, verano 2020. Esta expresión ha sido retomada en múltiples y muy heterogéneas publicaciones posteriores.

El objetivo de los fondos del NGEU, logrados por la Comisión Europea a través de la emisión de bonos en nombre de la Unión, es contribuir a financiar reformas para el impulso de seis prioridades políticas o "pilares": transición ecológica; transformación digital; crecimiento inteligente, sostenible e inclusivo; cohesión social y territorial; resiliencia sanitaria, económica, social e institucional; así como políticas para la próxima generación. Una perspectiva que evidencia un giro copernicano tanto en el cometido de las instituciones de la UE como en las tareas de los poderes públicos de los Estados miembros. Se afianza una visión propia del papel de los gobiernos, como motores o tractores de las transformaciones, del cambio social y económico, alejada del rol subsidiario tradicionalmente asignado.

El Plan de recuperación europeo ha requerido y requiere todavía la puesta en común de inversiones públicas y privadas a escala europea. Pues, si bien el MRR es un instrumento temporal, en la medida en que enfatiza el apoyo a las reformas e inversiones sostenibles y favorables al crecimiento, su impacto debiera ser duradero.

El objetivo es mantener las inversiones públicas y privadas, a escala nacional y de la UE a lo largo del tiempo, para financiar la doble transición –ecológica y digital–. "La economía europea está experimentando transformaciones sin precedentes hacia un futuro ecológico y digital justo, en un contexto de enormes incertidumbres vinculadas a las perspectivas mundial y de seguridad", como enfatiza la Comisión.[22]

El MRR está concebido como un nuevo instrumento de apoyo financiero "significativo" a los Estados miembros y establece expresamente que las "inversiones privadas también se podrán incentivar mediante programas de inversión pública, de instrumentos financieros, subvenciones y otros, siempre que respeten las normas en materia de ayudas estatales"[23]. Es en este marco, en el que los Estados miembros tuvieron que presentar los diferentes Planes nacionales que son objeto de evaluación y posterior aprobación por las instituciones europeas. La Comisión propone y el Consejo aprueba la decisión de ejecución, lo que posibilita el desembolso por la Comisión de hasta el 13% de la financiación asignada para poder iniciar la implementación de las propuestas, de acuerdo con lo establecido en el mencionado Reglamento (UE) 2021/241 (arts. 19 y ss.)[24]. Cada plan nacional adopta las recomendaciones específicas para el país, adoptadas por el Consejo en el marco del Semestre Europeo de coordinación de políticas económicas

22. COM (2022) 83, de 2 de marzo de 2022. *Hacia una economía ecológica, digital y resiliente: nuestro modelo europeo de crecimiento.*
23. V. Considerando 8 del Reglamento 2021/241.
24. V. https://ec.europa.eu/commission/presscorner/detail/es/qanda_21_2988

micas y sociales. La arquitectura institucional es compleja y evidencia las interacciones entre las propuestas, tanto de instancias nacionales como europeas, así como los delicados equilibrios entre las dinámicas intergubernamentales y las más propiamente europeas.

De acuerdo con este procedimiento, el 30 de abril de 2021, España presentó su Plan de Recuperación, Transformación y Resiliencia (PRTR) a la Comisión, de conformidad con lo previsto en el artículo 18.1 del Reglamento (UE). El Plan fue aprobado por Decisión del Consejo de 13 de julio de 2021.

Siguiendo la estela marcada por las instituciones europeas con el MRR, el PRTR establece como objetivos acelerar la recuperación de la crisis de la covid-19 y, lanzar un ambicioso programa de reformas e inversiones que permita incrementar el potencial de crecimiento de la economía española afrontando la transición digital y verde. Nótese la centralidad que en todos los diseños de los distintos instrumentos de planificación adquieren la pareja conceptual "reformas e inversiones". Estos son los dos vectores que caracterizan y sintetizan el conjunto amplio y heterogéneo de las medidas programadas. Unas reformas que para poder satisfacer estos objetivos deben ser necesariamente de carácter estructural, así como la tipología de las inversiones debe responder a su efecto sobre el potencial de crecimiento a largo plazo de la economía. Las inversiones deben suponer un impulso transformador y su diseño y ejecución debe ir acompañado de su interacción con las reformas estructurales, especialmente en la medida que puedan aumentar la cantidad y calidad de empleo –y mejorar la productividad– y, esta coherencia en los objetivos requiere aunar todos los instrumentos para lograr la neutralidad climática en 2050 y aprovechar todos los medios que la innovación digital posibilita.

La reactivación, la reindustrialización, el fortalecimiento de la estructura industrial, el afianzamiento de la seguridad de las cadenas de producción, suministro y distribución constituyen objetivos muy ambiciosos, van mucho más allá de los fines y objetivos que hasta la fecha habían caracterizado los instrumentos de gestión financiera de los recursos europeos. No se trata de añadir una nueva herramienta de gestión de fondos europeos y nacionales. La ambición estratégica –reformas e inversiones para objetivos de transformación estructural– es radical, de manera que, más allá de la magnitud de las cifras manejadas, emerge un diseño institucional que podemos calificar de "gobierno de la economía para la transición energética y digital justa e inclusiva".

Este nuevo enfoque permite revitalizar la idea del "gobierno de la economía", un mandato presente en las constituciones nacionales[25], pero, oscurecido por los desafíos de la integración europea y los retos de la construcción del mercado interior, y, su abanico de limitaciones a la intervención estatal en la economía, que primero llegó de la mano de las políticas de liberalización de sectores fuertemente reglamentados e intervenidos a nivel estatal y finalmente estalló con la crisis financiera y la adopción de políticas de estabilidad presupuestaria y control del gasto público. Unas limitaciones al poder de dirección pública de la economía[26] que la precaria legitimidad democrática de las instancias decisorias europeas acrecentó[27]. La irrupción de la noción de gobernanza era exponente de la crisis del modelo de gobierno de la economía clásico y el auge de un modelo tecnocrático estructurado sobre una red de actores heterogéneos.

Como afirma ahora la Comisión europea, el nuevo contexto requiere la acción coordinada de todos los actores, las instituciones de la UE, los gobiernos nacionales y los actores privados[28], invertir de manera decidida y cumplir con el Pacto Verde garantizando una transición equitativa[29]. El objetivo de garantizar la transición energética inclusiva, justa, equitativa y sostenible constituye una ambición que va todavía más allá y tienen mayor calado que dar respuesta a los retos que ya de por sí el cambio climático plantea. Ya no se trata de objetivos de carácter técnico como inicialmente la idea de neutralidad climática puede parecer, se trata de una reorientación en profundidad del proyecto de integración europea. Y en este proceso, de nuevo, habrá que aunar y combinar medidas muy heterogéneas, desde la adopción de conjuntos de disposiciones –"paquetes" de directivas y reglamentos–, estrategias europeas sectoriales –muy singularmente en materia industrial–, documentos de reformulación de los marcos interpretativos de las ayudas estatales e, incluso, creación de empresas públicas europeas. Luego volveremos sobre estos últimos tres elementos, ahora es fundamental mos-

25. La idea de gobierno de la economía la tomamos de la doctrina constitucional italiana, v. las principales referencias doctrinales, en Malaret, E.: *Régimen jurídico administrativo de la reconversión industrial*, ed. Civitas, 1991, p. 81, nota 34.

26. Permítaseme una referencia propia sobre el fundamento constitucional y la peculiar configuración normativa de la dirección pública de la economía, Malaret, E: *Régimen jurídico ...*, op. cit., p. 90-98.

27. V. Bilancia, P.: "Il governo dell'economia tra stati e processi d'integrazione europea", *Rivista AIC*, 2014, 3.

28. COM (2022) 83, *Hacia una economía ecológica, digital y resiliente: nuestro modelo europeo de crecimiento*, de 2 de marzo de 2022.

29. V. Comunicación sobre el Pacto Verde Europeo, COM (2019), Resolución del Parlamento Europeo de 15 de febrero de 2020 y Conclusiones del Consejo Europeo de 11 de diciembre de 2020, así como la Recomendación del Consejo para garantizar una transición equitativa hacia la neutralidad climática.

trar la relevancia y significación que adquiere este diseño coordinado y sistemático de la política social, económica y medio ambiental europea. Una perspectiva transversal que se afirma de manera consistente y robusta en las Comunicaciones de la Comisión, en los Discursos de la presidenta de la Comisión en el parlamento europeo sobre el estado de la Unión y en las Conclusiones de los Consejos europeos y en los que la conexión entre las políticas y los valores compartidos emerge de manera clara y rotunda. La adopción del Reglamento (EU y EURATOM) 2020/2092, de 16 de diciembre de 2020, sobre un régimen general de condicionalidad para la protección del presupuesto de la Unión expresa bien este anclaje en los derechos y libertades, principios, valores e instituciones que cimientan la Unión Europea como "Unión democrática de derecho", parafraseando la fórmula del artículo 1 CE[30].

2.2. LA AUTONOMÍA ESTRATÉGICA COMO RENOVADO FUNDAMENTO DE UNA POLÍTICA INDUSTRIAL AMBICIOSA EXPONENTE DE UNA NUEVA CONCEPCIÓN DE LA INTERVENCIÓN PÚBLICA EN LA ECONOMÍA

Si, como indicábamos anteriormente, el contexto en el que se formulan las políticas legislativas y presupuestarias es fundamental para examinar de manera pertinente su naturaleza y orientación, en esta labor, son bien ilustrativas del cambio de registro producido, las palabras iniciales de la presidenta de la Comisión, Ursula von der Leyen en su discurso sobre el estado de la Unión 2021, en el Parlamento europeo: "... han sido tiempos de búsqueda de nuestra identidad. Un proceso en el que hemos pasado de replantearnos nuestras propias vidas a debates más amplios sobre el intercambio de vacunas y sobre valores compartidos (...) Fue Robert Schuman quien dijo: Europa necesita un alma, un ideal y la voluntad política de alcanzarlo. Europa ha dado vida a estas palabras en los últimos doce meses. En la mayor crisis sanitaria mundial en un siglo, hemos optado por mantenernos unidos para que todas las partes de Europa gozaran de las mismas posibilidades de acceder a vacunas que salvan vidas. En la crisis económica mundial más profunda de las últimas décadas, hemos optado por mantenernos unidos con NextGenerationEU. En la crisis planetaria más grave de todos los tiempos, hemos optado por mantenernos unidos con el Pacto Verde Europeo. Lo hemos hecho juntos como Comisión, como Parlamento, como 27 Estados miembros. Como una sola Europa"[31].

30. V. Considerandos 1 a 3.
31. Discurso sobre el estado de la Unión 2021, pronunciado por la presidenta Von der Leyen, Estrasburgo, 15 de septiembre de 2021. Recuperado de: https://ec.europa.eu/commission/presscorner/detail/es/SPEECH_21_4701

Esta nueva visión de los fines y cometidos de los poderes públicos europeos y nacionales (pues no se puede separar una y otra instancia de gobierno), supone un cambio cualitativo en la respuesta a la crisis. En el pasado la respuesta fue más o menos parcial[32], pues se limitó a diseñar algunos mecanismos necesarios para garantizar la estabilidad financiera, olvidando sentar las bases para la recuperación económica[33], y, distinguiendo entre países deudores y países acreedores, según una muy peculiar concepción de la solidaridad en el seno de la Unión Europea. Por el contrario, ahora, el planteamiento de respuesta a la crisis de carácter poliédrico ya no se concibe desde la perspectiva limitada de una intervención muy focalizada, sino que ahora se aborda de manera amplia, tomando en consideración los distintos aspectos, sociales, industriales, climáticos, energéticos, tecnológicos. En la fase actual de la integración se abre paso una efectiva solidaridad transnacional[34], ahora no sólo la Eurozona está implicada, sino toda la Unión Europea.

Sin embargo, en la medida que la Historia no se repite; sino que los fenómenos que emergen y que pueden presentar elementos de semejanza con lo pasado se producen no solo en un nuevo contexto, sino que los problemas que se plantean son también distintos, estas diferencias impactan necesariamente y de manera decisiva en el diseño institucional, en las estructuras y en las políticas y reglamentaciones adoptadas.

En esta nueva perspectiva tres aspectos son especialmente significativos. En primer lugar, la finalidad de la nueva intervención en la economía, para identificar el fin de la acción pública, un concepto irrumpe con fuerza e ilumina y vertebra las distintas políticas legislativas y financieras, "autonomía estratégica"; como veremos este es el objetivo y faro de la política industrial europea. En segundo lugar, su correlato institucional, la "gobernanza multinivel", esto es, la articulación de las instituciones europeas y los Estados miembros. Y, finalmente, la emergencia de un vehículo institucional hasta hace poco marginal, las "empresas comunes" europeas, esto es, unas estructuras de partenariados europeos institucionalizados, primero tímidamente en el marco del fomento de la innovación (en el Programa

32. Sobre el carácter limitado de los mecanismos anteriores, v. especialmente, Carrera Hernández, F.J: "Del mecanismo europeo de estabilidad (MEDE) al nuevo mecanismo de reconstrucción y resiliencia (MRR). ¿Ha sido necesaria una pandemia para reforzar la solidaridad financiera en la Unión Europea?", R.E.D.E, 2020, 75.

33. V. entre otros, y, con un planteamiento muy crítico con el proceso de creación del euro, Stiglitz, J. *The Euro and its Threat and the Future of the Europe*, London, 2016.

34. Sobre el cambio de perspectiva que la distinta naturaleza de la crisis ha propiciado, v. Gros,D/Cildi,A/Corti,F: "Lecciones de la crisis en la UE: de la estabilidad a la solidaridad", *Anuario Internacional CIDOB*, 2021.

"Horizonte Europa"[35]), luego ya firmemente asentadas en el marco de la iniciativa "semiconductores"[36] y la propuesta de modificación del Reglamento UE 2021/2085[37]. Como señala la propia exposición de motivos del Reglamento 2021/2085, estas asociaciones europeas (de colaboración de distintos actores público-privado), en el pilar "Desafíos mundiales y competitividad industrial europea" de Horizonte Europa, desempeñan un papel importante en la consecución de objetivos estratégicos tales como acelerar la transición hacia los Objetivos de Desarrollo Sostenible y una Europa verde y digital, y deben contribuir a la recuperación de la crisis sin precedentes ocasionada por la pandemia de la covid-19.

Autonomía estratégica, gobierno multinivel de la economía y empresas comunes –como vehículo institucional de colaboración público-privado– plasman los tres ejes de la transformación.

Como hemos indicado anteriormente, la instrumentación jurídica de los Fondos NGEU marca o evidencia una reformulación de las políticas económicas sostenidas en la UE los último 20 años en las que parecía que sólo cabía la intervención pública cuando se producían "fallos de mercado". Una perspectiva limitada que había supuesto la reducción de la capacidad pública de gobernar la economía. Por el contrario, como se afirmaba en las conclusiones del Consejo Europeo de 20 de diciembre de 2020, "la crisis del coronavirus brinda la oportunidad de acelerar la transformación y la modernización sostenibles de nuestras economías y de lograr una ventaja competitiva". Una perspectiva radicalmente distinta queda netamente afirmada, abriendo así de manera clara y rotunda una agenda muy ambiciosa de propuestas. El nuevo contexto requiere de nuevas políticas y nuevos instrumentos, de reformas y de Inversiones –significativas y sostenidas–. Transformar la economía, modernizar la industria, fortalecer las capacidades de los ciudadanos y las empresas, fomentar y sostener la innovación, un abanico de objetivos que requiere no solo "movilizar de modo coherente todos los instrumentos existentes"[38], sino, también, crear nuevas herramientas y diseñar nuevos marcos legales. Tanto más cuanto la "economía

35. Reglamento (UE) 2021/2085, del Consejo estableciendo las empresas comunes en el marco de Horizonte Europa.

36. Recomendación (UE) 2022/210 de la Comisión de 8 de febrero de 2022, sobre un conjunto de instrumentos comunes de la Unión para hacer frente a la escasez de semiconductores y un mecanismo de la Unión para el seguimiento del ecosistema de semiconductores.

37. Propuesta de Reglamento del Consejo, de 8 de febrero de 2022, de modificación del Reglamento (UE) 2021/2085 estableciendo las empresas comunes en el marco de Horizonte Europa en lo que concierne a la empresa común "semiconductores".

38. Como afirma la Comunicación de la Comisión, *Hacia una economía ecológica, digital y resiliente: nuestro modelo europeo de crecimiento*, COM (2022) 83, de 2 de marzo de 2022.

europea está experimentando transformaciones sin precedentes hacia un futuro ecológico y digital justo, en un contexto de enormes incertidumbres vinculadas a la perspectiva mundial y de seguridad"[39].

Para comprender el alcance de los retos planteados y asumidos por las Instituciones europeas, es preciso retener que, anteriormente (Conclusiones del Consejo Europeo, 12 de diciembre de 2019) se había empezado a diseñar la estrategia sobre cambio climático y, paralelamente, sobre el presupuesto a largo plazo de la UE, a partir de la formulación por la Comisión del *Green Deal* europeo[40]. Una propuesta muy ambiciosa, de construcción de una nueva Europa, que supone un cambio cualitativo en los objetivos ya que incide sobre muchas facetas de la economía y la sociedad, del trabajo y la formación, de la integración y la equidad[41]. Ya no se trata sólo de determinar objetivos técnicos de neutralidad climática, ahora la ambición es mayor, se trata de la reformulación del proyecto de transformación europea. Retomar la literalidad de las conclusiones es muy ilustrativo acerca del cambio de modelo que se estaba fraguando: "asegurar una transición a la neutralidad climática que sea eficiente en términos de costes, así como *socialmente equilibrada y equitativa,* teniendo en cuenta las distintas circunstancias nacionales". Subrayando como "el próximo marco financiero plurianual" (MFP) debía contribuir significativamente a la acción por el clima y en esta dirección se afirmaba que "se ofrecerá a las regiones y sectores más afectados por la transición un apoyo específico procedente del *Mecanismo para una Transición Justa*" (la cursiva es nuestra).

La idea de transición justa[42], si bien en sus inicios aparece especialmente referida a las acciones por el clima y la necesidad de articular una estrategia de transición energética[43] equilibrada, inclusiva y sostenible, progresivamente ha ido ampliando su foco más allá de la problemática ligada a la perspectiva citada. Apela de nuevo a una intervención activa de los poderes públicos, a un despliegue de medidas de distinto alcance y en diferente dirección y refuerza la transformación de la caracterización de la intervención pública en la economía que estamos presentando.

---

39. COM (2022), *Hacia una economía ecológica, digital y resiliente: nuestro modelo europeo de crecimiento.*
40. Comunicación de la Comisión COM (2019), *Pacto Verde Europeo*, de 11 de diciembre de 2019.
41. COM (2022) 83.
42. Una definición de Transición Justa la proporciona la OIT, v. https://www.ilo.org/global/topics/green-jobs/WCMS_824947/lang--es/index.htm
43. Cocciolo, E: "Medidas de transición justa". En Aleanza García, J.F; Mellado Ruiz, L. *Estudios sobre cambio climático y transición energética: Estudios conmemorativos del XXV aniversario del acceso a la cátedra del profesor Íñigo del Guayo Castiella.*

Vemos como, en paralelo a la adopción de la estrategia de recuperación de la economía y su fortalecimiento para hacer frente a nuevos impactos concretada en el MRR, debemos añadir necesariamente su transformación para las generaciones futuras. Se afianza la idea de la formulación de un modelo europeo de crecimiento. La Estrategia Anual de Crecimiento Sostenible requiere "generar un nuevo modelo de crecimiento que respete las limitaciones de nuestros recursos naturales y asegure la creación de empleo y una prosperidad duradera en el futuro. Concretamente, este objetivo se ha trasladado al Pacto Verde Europeo y a la Comunicación sobre una Europa social fuerte para unas transiciones justas, que perfila una estrategia de crecimiento sostenible dirigida a convertir a la UE en el primer bloque continental climáticamente neutro, eficiente en el uso de los recursos y preparado para la era digital, sin menoscabo de la justicia social. La consecución de esos objetivos requerirá un cuantioso volumen de inversiones públicas y privadas adicionales a lo largo de un periodo prolongado. Estas ambiciones se compadecen con el compromiso europeo de situar los Objetivos de Desarrollo Sostenible en el centro de las decisiones y las acciones de la UE"[44].

En la medida que la sucesión de crisis ha evidenciado los "fallos" de una aproximación a la economía basada exclusivamente en políticas de liberalización e introducción de competencia, y, paralelamente, ha mostrado como una apertura de la economía europea excesivamente ingenua, sin un marco legal suficiente para disciplinar los intercambios es insostenible a medio y largo plazo. Por ello ahora la necesidad de transformar la economía requiere ineluctablemente robustecer la capacidad de gobierno de la economía. Y buena prueba de ello lo suministra el abanico de medidas –adopción de reglas, adopción de incentivos robustos, creación de empresas públicas– impulsado por la Comisión Europea a partir de la propuesta de una "ley europea de chips" (a partir de la aprobación del Tratado de Lisboa, se singularizan determinados reglamentos, se les atribuye naturaleza legislativa al considerarse que su procedimiento de elaboración por las instituciones europeas –parlamento y consejo– les infiere esta consideración)[45][46].

Ahora no podemos entrar de manera minuciosa en su exposición, pero es importante retener como ello supone un cambio radical en la aproximación a la política económica y afianza de manera clara y decidida el redes-

44. COM (2022), *Hacia una economía ecológica, digital y resiliente: nuestro modelo europeo de crecimiento.*

45. Propuesta de Reglamento del Parlamento europeo y del Consejo por el que se establece un marco de medidas para reforzar el ecosistema europeo de semiconductores (*Ley* de Chips), de 8 de febrero de 2022. En los últimos días –el 18 de abril de 2023- se ha anunciado un acuerdo provisional entre los colegisladores para la aprobación del Reglamento, que va a introducir algunas modificaciones en el texto, ampliando el

cubrimiento de la política industrial. Del contenido de las reglas de la mencionada Propuesta de reglamento legislativo se infiere la revalorización de la política industrial.

En la dirección mencionada, la propuesta de Reglamento establece un marco específico para reforzar el sector de los semiconductores en la Unión Europea a través de tres pilares: i) "Iniciativa Chips para Europa": establece un conjunto de actuaciones dirigidas a mejorar la capacidad de la Unión para hacer llegar al mercado los resultados de la I+D en el campo de la microelectrónica; ii) establecimiento de un nuevo marco para atraer las inversiones privadas necesarias para poner en marcha las instalaciones de producción avanzada que Europa necesita para garantizar la seguridad del suministro de semiconductores; iii) establecimiento de un mecanismo de coordinación entre los Estados miembros y la Comisión para supervisar el suministro de la cadena de valor de los semiconductores y dar respuesta a sus interrupciones en situaciones de crisis.

La evolución del rol de las instancias de gobierno –europeas y nacionales– en sectores no regulados, así como la recuperación de la política industrial evidencian la irrupción de una "gobernanza de la economía" (no sólo para hacer avanzar la integración económica europea)[47], sino también, entendida ahora en un sentido menos tecnocrático, como estructura insti-

---

ámbito de aplicación de las "instalaciones pioneras", o dotando de mayores competencias a la Empresa Común. Vid: https://www.consilium.europa.eu/en/press/press-releases/2023/04/18/chips-act-council-and-european-parliament-strike-provisional-deal/; https://www.europarl.europa.eu/legislative-train/theme-a-europe-fit-for-the-digital-age/file-european-chips-act-(semiconductors) (Documento del Parlamento Europeo dando cuenta del acuerdo); https://data.consilium.europa.eu/doc/document/ST-9549-2023-INIT/en/pdf (carta del Presidente del Comité de Representantes Permanentes del Consejo Europeo, al presidente de la Comisión de Industria, Investigación y Energía del Parlamento Europeo).

46. Una discusión sobre la propuesta en B. Hancké/a. García calvo: "Mister Chips goes to Brussels: On the Pros and Cons of a Semiconductor Policy in the EU" *Global Policy*, 2022. Sugieren las autoras que la "Ley del Chip" es una iniciativa que avanza en la buena dirección, pero que, sin embargo, ha de evitar sucumbir la tentación de invertir en "semiconductores maduros", y optar por especializarse en aquellos segmentos industriales donde ya haya experiencia y conocimiento acumulado, reforzándolos; es decir, partir de los segmentos donde la industria europea ya tenga una posición competitiva. Las autoras discuten la oportunidad de tratar de construir una política industrial desconociendo las contingencias históricas, en nombre de la autonomía estratégica abierta, apostando por la fabricación de semiconductores en vez de focalizarse en incrementar la centralidad europea en algunos segmentos (por ejemplo, el diseño, el desarrollo o el suministro de determinadas herramientas).

47. M. Lopez Escudero: "La nueva gobernanza económica de la unión europea: ¿una auténtica unión económica en formación?", *RDCE*, 2015

tucional pertinente para seguir profundizando en la integración política[48]. La noción de gobernanza nos permite identificar un gobierno de la economía que ya no se concentra en un único órgano en el vértice del poder estatal, sino como una articulación de una red de gobiernos multinivel y de actores de distinta naturaleza –asociaciones de centros de investigación, de empresas–. La gobernanza como noción es la expresión de la pérdida del control jerárquico por parte del Estado, permite identificar el avance hacia un proceso de gobernación considerablemente más descentralizado y fragmentado en el cual toman parte múltiples niveles de autoridad pública, así como un amplio abanico de agentes privados (como veremos posteriormente).

Así, en la medida que ahora más que nunca, "los resultados no dependen de la acción de un solo gobierno, sino de la interacción entre éstos, otros gobiernos, el sector privado y la sociedad civil, cuando la consecución de resultados depende de la negociación entre las distintas partes y la interacción exitosa se basa en el reconocimiento de la interdependencia", entonces, en la dirección que había propuesto Joan Prats, es pertinente recurrir a la noción de Gobernanza[49]. La apertura, la participación de distintos actores, la interacción, la colaboración y coordinación de los distintos niveles de gobierno, pensando y actuando conjuntamente, proponiendo e implementando las políticas supone, también, reforzar los gobiernos al replantear su rol, dotando de nueva coherencia la política, industrial, en este caso, mediante el establecimiento de criterios de selección sectorial y horizontal.

Si bien, aunque desde el punto de vista operativo el MRR se incardina en el marco del Semestre europeo, el nuevo contexto institucional –aprehendido desde una perspectiva más sistemática– y la transformación de las políticas económicas que las ideas de resiliencia (que también fundamenta las medidas adoptadas en el marco del Plan RepowerEU, que ha reforzado la capacidad del MRR[50] mediante su modificación[51]) y autonomía estraté-

48. Como ya se avanzaba en F. Balaguer/M. Azpitarte/E. Guillen/J.F. Sanchez Barrilao (eds.): *La reforma de la gobernanza económica de la Unión Europea y el progreso de la integración política*, Cizur Menor, ed. Thomson Reuters Aranzadi, 2017.

49. J. Prats: "Racionalidad sustantiva y racionalidad procedimental", publicado inicialmente en Gobernanza, 2005, 26 y recopilado posteriormente en J. Prats (coordinador): *A los príncipes republicanos. Gobernanza y desarrollo desde el republicanismo cívico*, ed. Madrid/Barcelona/La Paz, INAP/IIG/Plural, 2006, p. 204.

50. Comunicación de la Comisión *Orientación sobre los planes de recuperación y resiliencia en el contexto de RepowerEU* (2023/C 80/01) 3.3.2023.

51. Reglamento (UE) 2023/435 de 27 de febrero de 2023 por el que se modifica el Reglamento (UE) 2021/241 en lo relativo a los capítulos de *REPowerEU* en los planes de recuperación y resiliencia y se modifican los Reglamentos (UE) 1303/2013, (UE) 2021/1060 y (UE) 2021/1755, y la Directiva 2003/87/CE

gica suponen, permiten afirmar que nos encontramos ante un cambio estructural y no una mera adaptación al nuevo entorno.

Los términos de la exposición de motivos del Reglamento 2023/435 expresan claramente esta nueva visión, una concepción de la intervención de los poderes públicos más consistente con los principios y valores constitucionales comunes reflejados en el derecho europeo originario[52]. Así, "la seguridad e independencia energéticas de la Unión son indispensables para una recuperación satisfactoria, sostenible e inclusiva de la crisis de la covid-19, puesto que se trata de factores esenciales que contribuyen a la resiliencia de la economía de la Unión. Debido a los vínculos directos entre una recuperación sostenible, el desarrollo de la resiliencia y la seguridad energética de la Unión, la reducción de su dependencia de los combustibles fósiles, en especial de Rusia, y el papel de la Unión en favor de una transición justa e inclusiva, el Mecanismo es un instrumento bien adaptado para contribuir a la respuesta de la Unión a dichos desafíos emergentes".

El derecho europeo apunta en una dirección que parece desvincularse del paradigma económico-financiero alumbrado en las décadas anteriores[53]. Si la mercantilización de las finanzas públicas, la financiarización de las reglas dominaron la respuesta a la crisis de 2008[54], ahora la salida a la crisis –sanitaria, social, económica, ambiental y geoestratégica– se asienta en una revalorización de los principios y valores constitucionales comunes. Parafraseando a CASSESE, si el Derecho tiene relaciones que se alternan con la economía, si primero la soberanía estatal se impuso a la economía y luego la economía se impuso a la soberanía estatal, ahora podemos ver como las instituciones europeas se imponen de nuevo a la economía, explorando nuevas vías de acción, experimentando nuevas fórmulas de intervención.

Previamente, en el momento de adopción de las primeras medidas para hacer frente a la crisis generada por la covid 19, ya se formuló la transformación que suponía pasar de la estabilidad a la solidaridad. Un avance fundamental en el proceso de integración europea. Como reiteradamente se afirma en los distintos documentos europeos y nacionales[55], "*NextGenerationEU* es más que un plan de recuperación. Es una oportunidad única para salir más fuertes de la pandemia, transformar nuestra economía y crear

52. V. L. Arroyo: El Derecho administrativo europeo como Sistema, *Revista de Derecho Público Teoría y Método*, 2020, 1.
53. V. una perspectiva crítica de la orientación anterior en M. Goldmann: *The Great Recurrence - Karl Polanyi and the Crises of the European Union*, Max Planck Institute for Comparative Public Law & International Law Research Paper, 2017-10.
54. Como también ha señalado A. Sandulli: *Il ruolo del diritto in Europa*, Milano: ed. Franco Angeli, 2018.
55. V. https://commission.europa.eu/strategy-and-policy/recovery-plan-europe_es

oportunidades y trabajos para esa Europa en la que queremos vivir. Contamos con todo lo necesario para poder hacerlo. Tenemos la visión, tenemos el plan y hemos acordado invertir 806.900 millones de euros entre todos[56]. Esta Europa será más ecológica, más digital y más resiliente"[57].

Ello conlleva la necesidad de elaborar planes de recuperación y resiliencia, como anexo a los programas nacionales de reforma habituales, en los que los Estados deben recoger planes de reforma e inversiones para un periodo de cuatro años. La evaluación del cumplimiento de los compromisos contraídos la realiza la Comisión Europea en el marco normal del Semestre europeo. Por esta razón, los Estados beneficiarios deben presentar informes trimestrales sobre los avances realizados. En definitiva, en el debate acerca de la imposición de condicionalidad para poder ser beneficiario de las ayudas, el mecanismo pone en pie una serie de exigencias que se corresponden con el cumplimiento de las previsiones de reformas e inversiones previstas en su plan de recuperación y resiliencia. El incumplimiento de las mismas puede generar una suspensión del pago de la totalidad o parte de la contribución financiera que, de persistir, conduciría a la anulación de la contribución financiera concedida a dicho Estado.

Resiliencia, un concepto que irrumpe en el derecho ambiental y que en este contexto evoca no sólo a la capacidad de resistencia, sino también de adaptación y recuperación tanto de los sistemas ecológicos como de los socioeconómicos y humano[58] (unas ideas que entroncan directamente con la sostenibilidad), y que, posteriormente, se expande a partir del MRR. La necesidad de asegurar la resiliencia constituye el fundamento de un amplio abanico de medidas, como expresamente se puede leer en la Exposición de motivos del Reglamento 2021/241, por el que se establece el Mecanismo de Recuperación y Resiliencia. También encuentra su plasmación y concreción en el Plan español de Recuperación, Transformación y Resiliencia. Un plan integral que debe necesariamente contener un conjunto de medidas detalladas, motivadas y justificadas para su posterior aprobación por las instituciones europeas, y su ejecución escalonada por las instancias españolas.

Si la resiliencia se configura como uno de los ejes vertebradores de la nueva política económica y ambiental europea, la apelación a la *autonomía estratégica* de la Unión Europea, que postulan diversos actores públicos y

56. Es el valor a precios corrientes, asciende a 750.000 millones de euros a precios de 2018.
57. *Hacia una economía ecológica, digital y resiliente: nuestro modelo europeo de crecimiento,* Bruselas, 2.3.2022 COM(2022) 83 final.
58. V. Fortes, A.: "La resiliencia ambiental y el (re)posicionamiento del Derecho ante una nueva era sostenible de obligada adaptación al cambio", *Actualidad Jurídica Ambiental,* 2019, 92.

privados, refuerza e intensifica la necesidad de unas políticas públicas destinadas a satisfacer estas necesidades.

La noción de autonomía estratégica[59], nacida inicialmente en el ámbito de la política de seguridad para expresar la necesidad de disponer de capacidades de defensa y militares suficientes[60] y la capacidad de tomar decisiones de manera independiente de terceros, se ha proyectado posteriormente más allá de sus confines iniciales. La idea de seguridad económica irrumpe para guiar el control de las inversiones europeas en el exterior en sectores sensibles (como la robótica, la biotecnología o la producción de chips avanzados), así como, la vigilancia de las inversiones extranjeras en sectores estratégicos[61]; la seguridad adquiere nuevas y múltiples dimensiones[62]. Los dos componentes estrechamente interrelacionados a los que hemos aludido, medios propios, suficientes y necesarios como infraestructura que permita tomar decisiones sin depender de instancias ajenas, nos permiten comprender como el concepto ha hecho fortuna y se ha expandido en otros entornos. En la medida que se explicita la necesidad de disponer de medios propios suficientes se cuestionan los límites de la globalización del comercio, se plantea la necesidad de limitar o condicionar la libertad de intercambios de mercancías, servicios y capitales que hasta fechas recientes no parecía objeto de discusión. El modelo de globalización estaba en crisis, pero hasta la pandemia y la confrontación geoestratégica derivada de la invasión de Ucrania esta percepción era todavía minoritaria en la arena pública. En la actualidad evitar la dependencia energética, tecnológica, garantizar los suministros de materias y alimentos esenciales, evitar la ruptura de las cadenas de suministros, se definen como desafíos colectivos de primer orden.

El concepto de autonomía estratégica irrumpió con fuerza a partir del Discurso sobre el estado de la Unión de la Presidenta U. von der Leyen en

59. Que a veces se superpone y/o se confunde con el de soberanía estratégica, v. C. Esposito: *Aproximación a la soberanía estratégica en el derecho internacional*, 2000.

60. M. Urrea: "La autonomía estratégica de la Unión Europea, la seguridad que queremos, la seguridad que necesitamos", C. Martínez Capdevila/I. Blázquez Navarro/J. Díez-Hochleitner Rodríguez /C. Espósito Massicci/C. Izquierdo Sans/S. Torrecuadrada García-Lozan (eds.): Principios y justicia en el derecho internacional: libro homenaje al profesor Antonio Remiro Brotóns, Madrid, ed. Dykinson, 2018.

61. V. Reglamento (UE) 2019/452 del Parlamento Europeo y del Consejo de 19 de marzo de 2019 para el control de las Inversiones extranjeras directas en la Unión. La apelación a los riesgos para la seguridad o el orden público son recurrentes.

62. Sin que podamos desconocer como la noción de orden público económico ya irrumpió con fuerza en el pasado, si bien, quizás para orientar la intervención pública en otra dirección, v. F. Sainz Moreno: "Orden público económico y restricciones de la competencia", *RAP*, 1977, 84.

el Parlamento europeo[63] y, paralelamente, en el discurso de presentación de los Objetivos de la Presidencia francesa (discurso Presidente Macron)[64]. Actualmente, en los documentos de la Comisión, en las declaraciones institucionales, se puede encontrar su declinación sectorial, esto es, referencias relativas a la soberanía digital, para enfatizar la necesidad de reforzar las capacidades en áreas sensibles –como en el campo de los microchips o de las "materias raras"[65]–, a la soberanía alimentaria o a la necesaria autonomía en la producción de determinados fármacos.

La autonomía estratégica encuentra en la industria[66] –por su extensión y transversalidad– uno de los ámbitos más relevantes en los que plasmar esta nueva concepción; la formulación de la Estrategia industrial europea pronto se ha visto acompañada de una batería de instrumentos de distinta índole y naturaleza jurídica. En primer lugar, el *Plan Industrial verde*, destinado a mejorar la competitividad de la industria europea con cero emisiones netas y a impulsar la rápida transición hacia la neutralidad climática; con este fin se pretende crear un entorno más propicio para el aumento de la capacidad de fabricación de la UE en relación con las tecnologías y productos con cero emisiones netas necesarios para cumplir los ambiciosos objetivos climáticos de Europa[67]. Este Plan es complementario de los objetivos y medidas adoptados en el marco del Pacto Verde Europeo y de REPowerEU[68], supone una perspectiva integrada del impacto de la descarbonificación y la reducción de emisiones en la industria y de la necesidad de garantizar la producción europea –para evitar la ruptura de la cadena de suministro[69]–.

---

63. V. Discurso sobre el estado de la Unión 2021, pronunciado por la presidenta Von der Leyen Estrasburgo, 15 de septiembre de 2021. Recuperado de: https://ec.europa.eu/commission/presscorner/detail/es/SPEECH_21_4701
64. V. Discurso de Emmanuel Macron en el Parlamento Europeo, 19 de enero de 2023, https://www.elysee.fr/emmanuel-macron/2022/01/19/discours-du-president-emmanuel-macron-devant-le-parlement-europeen
65. V. Comunicación de la Comisión al Parlamento europeo, al Consejo, al Comité económico y social europeo y al Comité de las regiones: "Resiliencia de las materias primas fundamentales: trazando el camino hacia un mayor grado de seguridad y sostenibilidad". Bruselas, 3 de septiembre de 2020, COM (2020) 474 final.
66. MIRÓ, J. "Responding to the global disorder: the EU's quest for open strategic autonomy", *Global Society*, 2023, 37- 3, p. 315-335.
67. *A Green Deal Industrial Plan for the Net-Zero Age,* COM 1 2 2023.
68. V. Comunicación de la Comisión *Orientación sobre los planes de recuperación y resiliencia en el contexto de REPowerEu* (3-3-2023).
69. V. por ejemplo, Recomendación (UE) 2022/210 de la Comisión de 8 de febrero de 2022 sobre un conjunto de instrumentos comunes de la Unión para hacer frente a la escasez de semiconductores y un mecanismo de la Unión para el seguimiento del ecosistema de semiconductores.

Es importante referenciar todos los instrumentos previstos en esta estrategia pues ilustran bien el cambio de modelo de intervención pública al que anteriormente hemos aludido. Así, en esta perspectiva, la Comisión plantea la adopción de un Reglamento legislativo sobre la industria con cero emisiones netas para determinar los

> objetivos en materia de capacidad industrial con cero emisiones netas y proporcionar un marco regulador adecuado para su rápida implantación, que garantice la concesión de permisos simplificada y acelerada, promueva los proyectos estratégicos europeos y desarrolle normas destinadas a fomentar el crecimiento de las tecnologías en todo el mercado único[70].

Y, paralelamente, se propone también la adopción de un Reglamento legislativo sobre Materias Primas Fundamentales, con el fin de garantizar un acceso suficiente a los materiales que, como las tierras raras, son vitales para la fabricación de tecnologías clave[71], así como, la reforma del diseño del mercado de la electricidad[72], de manera que los consumidores se beneficien de los costes más bajos de las energías renovables.

Para acelerar el acceso a los recursos financieros destinados a la producción de tecnologías limpias en Europa se pretende combinar la financiación pública con nuevos avances de los mercados de capitales, a fin de desbloquear las enormes cantidades de financiación privada necesarias para la transición ecológica. Y, en esta dirección, se plantea también modificar, en el marco de la política de competencia, las reglas relativas a las ayudas públicas. La Comisión explicita que tiene la intención de acometer cambios significativos; así, garantizando unas condiciones de igualdad dentro del mercado único, pretende simplificar –para los Estados miembros– la concesión de las ayudas necesarias para acelerar la transición ecológica y para ello, procederá a consultar a los Estados acerca de la posibili-

70. V. Propuesta de Reglamento del Parlamento Europeo y del Consejo, por el que se establece un marco de medidas para reforzar el ecosistema europeo de fabricación de productos de tecnologías de cero emisiones netas (Ley sobre la industria de cero emisiones netas). Bruselas, 16 de marzo de 2023, COM (2023) 161 final.
71. V. Propuesta de Reglamento del Parlamento Europeo y del Consejo por el que se establece un marco para garantizar el suministro seguro y sostenible de materias primas fundamentales y se modifican los Reglamentos (UE) 168/2013, (UE) 2018/858, (UE) 2018/1724 y (UE) 2019/1020. Bruselas, 16 de marzo de 2023, COM (2023) 160 final.
72. V. Propuesta de Reglamento del Parlamento Europeo y del Consejo por el que se modifican los Reglamentos (UE) 2019/943 y (UE) 2019/942 y las Directivas (UE) 2018/2001 y (UE) 2019/944 para mejorar la configuración del mercado de la electricidad de la Unión, Estrasburgo, 14 de marzo de 2023, COM (2023) 148 final.

dad de modificar el Marco Temporal de Crisis[73] y Transición de las Ayudas Estatales y a revisar el Reglamento general de exención por categorías[74] a la luz del Pacto Verde, aumentando los umbrales de notificación para la ayuda a las inversiones ecológicas. De este modo se contribuirá, entre otros fines, a una mayor racionalización y simplificación de la aprobación de los proyectos importantes de interés común europeo (PIICE). Y, finalmente, en otro giro de la política tradicionalmente sostenida por la UE, la Comisión propone facilitar la utilización de los fondos existentes de la UE para financiar la innovación, la fabricación y la implantación de tecnologías limpias.

Como han señalado recientemente algunos economistas especializados en política industrial, una política industrial fuerte no puede limitarse a repatriar plantas industriales (a volver a traer plantas y producciones que se habían localizado en terceros países), pues tiene un reducido impacto, de modo que ha de construirse sobre pilares como la transición verde, la autonomía estratégica o la innovación[75].

Ello exige un plan diseñado con una perspectiva de largo plazo, de interés general, y no supeditado a la industria, pero sin desconocer los planteamientos de las industrias. Este es el equilibrio que se ha intentado articular en el peculiar diseño institucional implementado en el ordenamiento jurídico español mediante los Proyectos estratégicos para la recuperación y la transformación económica (PERTE); cuestión sobre la que luego volveremos.

La nueva revolución industrial será ecológica y digital y, sobre todo, a diferencia de las revoluciones pasadas, estará fuertemente guiada –incluso mediante el establecimiento de un marco legal adecuado e incentivador–, así como impulsada y apoyada por fondos públicos significativos. El MRR y luego el PRR establecen que el 40% de los fondos del Plan deban contribuir a la transición ecológica y el 28% a la transformación digital. Un apoyo público que debe garantizar que la transición sea también justa.

73. V. Marcos temporales adoptados en períodos de crisis, como, por ejemplo, Comunicación de la Comisión *Marco Temporal de Crisis y Transición relativo a las medidas de ayuda estatal destinadas a respaldar la economía tras la agresión contra Ucrania por parte de Rusia* (17.3.2023).

74. También, durante el período de edición del presente artículo, se ha prorrogado el Reglamento de exención por categorías en el sector de los vehículos a motor (Reglamento (UE) 2023/822 de la Comisión de 17 de abril de 2023 por el que se modifica el Reglamento (UE) nº 461/2010 en lo que respecta a su período de aplicación.

75. Myro, R./ Gandoy, R.: "La apuesta europea por la política industrial", *ICE: Revista de Economía,* 2023, 230, p. 97-120.

Como ha puesto de manifiesto Mcnamara, se ha producido un cambio (caracterizado como) post-neoliberal que parte de un "activismo" en la creación de las reglas de intervención pública del mercado, que encuentra en la política industrial una coalición de intereses entre los objetivos más geoestratégicos y aquellos que obedecen a la consecución de objetivos más vinculados a los principios, valores y mandatos constitucionales que la transición ecológica y el cambio climático vehiculan, apuntando así un vínculo entre la creación del mercado y la creación de una renovada autoridad política. De tal suerte que, en esta reconfiguración de la "creación del mercado", no es que la UE se "retire" de la globalización, sino que con el establecimiento de una política industrial superadora de las limitadas visiones que han imperado en la Unión las pasadas décadas, reexamina el modo en que se ha integrado en los mercados globales partiendo de la perspectiva de unos intereses –incardinados en el concepto de autonomía estratégica– que ya no se refieren únicamente a la eficiencia ni al beneficio económico[76].

3. LA NECESARIA COLABORACIÓN PÚBLICO-PRIVADA EN LA REALIZACIÓN DE MISIONES DE INTERÉS GENERAL Y SU DIVERSIDAD DE FORMAS, EN CONSONANCIA CON LOS NUEVOS REQUERIMIENTOS DEL DERECHO EUROPEO

Si la idea de gobernanza permite superar los silos, los compartimentos estancos de los gobiernos nacionales atrincherados en sus competencias "protegidas" por el principio de subsidiariedad, ahora debemos examinar como la colaboración pública privada supone superar la vieja dicotomía en la que algunos habían cimentado el derecho administrativo, la separación entre Estado y sociedad.

En este nuevo entorno de ideas, de modelos de intervención pública, es importante enfatizar la distribución constitucional de cometidos entre Gobierno y empresas. El gobierno (ahora en un entorno de gobierno multinivel) establece objetivos y define los instrumentos, y, las empresas aportan su capacidad de gestión, su *know how*, su capacidad para desarrollarlos y llevarlos a cabo. Este esquema requiere el diseño de un marco de colaboración público-privado que se desenvolverá en distintos instrumentos y formatos. Un esquema complejo de dirección/ejecución en el que cada espacio ejerce de manera autónoma, pero cooperativa, sus tareas propias.

La colaboración es imprescindible tanto en la fase previa de la planificación como en la fase posterior de implementación de la estrategia adoptada. En este contexto es clave articular un cauce de diálogo, abrir un espacio

76. Mcnamara, K.R.: "The Politics of European Industrial Policy: How a Post-Neoliberal Shift Is Transforming the European Union", *GRIPE* 15-2-2023.

de intercambios fluidos y, sobre todo, fructíferos; un espacio que permita compartir visión y medidas. Esto es, la colaboración público-privada, es algo más que un instrumento de ejecución de inversiones. Por ello no puede reducirse a una determinada y concreta forma jurídica.

Desde la perspectiva del nuevo marco de relaciones entre poderes públicos y empresa, vemos como las instancias de gobierno no intervienen como accionistas, sino que impulsan, deciden y dirigen. La "gobernanza" determina la estrategia, establece los objetivos de medio y largo plazo y fija los instrumentos; los gobiernos identifican los ámbitos (más allá de los sectores tradicionales), movilizan los recursos y priorizan. Y, en este marco, la colaboración público-privada articula los cauces para que las empresas puedan aportar: i) conocimiento y experiencia; ii) esfuerzo inversor; iii) capacidad de ejecución y dimensión (articulando grandes empresas con Pymes, consultoras tecnológicas); y iv) capacidad de innovación.

La instrumentación de esta colaboración entre las instancias públicas y los operadores privados requiere del diseño de una pluralidad y diversidad de mecanismos, unos de carácter organizativo y otros de carácter más procedimental, incluso articulados como si de un procedimiento bifásico se tratara.

Por ello, a continuación, nos detendremos muy brevemente en los instrumentos diseñados recientemente, tanto en el derecho europeo, como en el derecho español.

3.1. LAS EMPRESAS COMUNES EUROPEAS: UN INSTRUMENTO INICIALMENTE ACOTADO EN EL CONTEXTO DE LAS POLÍTICAS DE I+D+I Y POSTERIORMENTE EXPANDIDO

Las empresas comunes (*joint undertaking*) nacen en la Unión Europea al amparo del artículo 187 del TFUE[77], que permite la creación de empresas o estructuras comunes, siempre vinculadas a programas de "investigación, desarrollo tecnológico y de demostración". En la medida en que el programa Horizon se erige como el instrumento principal a través del que se articulan las políticas de I+D+i, constituirá el terreno especialmente fértil para la conjunción de intereses públicos y privados y, por ello, el desarrollo de fórmulas como las *empresas comunes* presenta una elevada dependencia –que acaban por explicar también su naturaleza– de la innovación y la investigación.

77. No es, con todo, el único artículo del Tratado que se ha de mencionar. Es singularmente relevante el artículo 185 TFUE por cuanto permite, "en la ejecución del marco plurianual" la participación en programas de investigación y en las estructuras creadas por estos.

Es decir, no son espacios institucionalizados de colaboración en *cualquier* ámbito, sino en aquél del que, de sus frutos, ha de resultar la transformación que se persigue[78].

El programa Horizon cuenta, para el período 2021-2027, con un presupuesto de 95.517 millones de euros[79], en este marco, las empresas comunes disponen de un presupuesto de 9 600 millones de euros[80], de los cuales 5.400 provienen de los fondos Next Generation[81]. Con esta cobertura se ha generado el contexto que ha permitido la expansión de estas particulares estructuras de colaboración público-privada. La evolución de las distintas fórmulas de partenariado (creadas con el objetivo de redirigir y, al mismo tiempo, superar la fragmentación de los esfuerzos en investigación, así como aunar estas capacidades en una conjunción pública-privada), ha acabado derivando en un "complejo paisaje"[82] que ha requerido después su reestructuración y su simplificación, desarrollándose siempre, eso sí, en el marco de *Horizonte Europa*, que pone en el centro las políticas de I+D+i. Y, ahora debemos hacer especial hincapié en esta última, la innovación, pues adquiere particular relevancia en la ampliación y proyección de las empresas europeas en el contexto del diseño del marco legal de los semiconductores.

Para abordar sucintamente las "empresas comunes" hay que partir de las asociaciones institucionalizadas, que recoge el artículo 10.1.c. del Reglamento sobre *Horizonte Europa*[83]. Y ello porque, aun cuando parece que la idea de las empresas comunes haya emergido con el Reglamento (UE) 2021/2085 del Consejo de 19 de noviembre de 2021 por el que se establecen

78. En esta dirección cabe recordar algunos antecedentes en España, así, el Programa *CENIT* se lanzó en 2006 para estimular la cooperación público privada en investigación industrial, a través de la financiación de la cooperación estable público-privada en investigación y desarrollo (I+D), en áreas de importancia estratégica para la economía, mediante la creación de consorcios estratégicos nacionales de investigación técnica, http://www.aei.gob.es/portal/site/MICINN/menuitrem.dbc68b34d11ccbd5dd52ffeb801432ea0/?vgnextoid=27leee7a26698210VgnVCM1000001d04140aRCRD&vgnextchannel=3f6256bc1aea0210VgnVCM1000001034e20aRCRD.

79. A precios corrientes.

80. V. https://corporateeurope.org/en/2021/04/expanding-corporate-capture-research-new-eu-joint-undertakings y _https://www.eca.europa.eu/Lists/ECADocuments/JUS_2021/JUS_2021_ES.pdf

81. V. https://eur-lex.europa.eu/legal-content/ES/TXT/?uri=LEGISSUM:horizon_europe

82. European Commission, Directorate-General for Research and Innovation. "Performance of European Partnerships: Biennial Monitoring Report 2022 on partnerships in Horizon Europe", p. 21, o considerando 33 del Reglamento 2021/695.

83. En la COM (2021) 87, la propuesta de Reglamento que se convertiría después en el Reglamento 2021/2085, se indica que es el 8.1.c, pero se trata de un error.

las empresas comunes en el marco de Horizonte Europa, su sustrato es, en fin, el mismo que fundamenta las asociaciones europeas, ya recogidas no solo en el Reglamento 2021/695, de 28 de abril, sino también por ejemplo en el Reglamento 2021/819 (sobre el EIT), en su artículo 2.2. Lo que aquí se quiere sugerir es que, aunque la expresión "empresas comunes" sea indudablemente más gráfica que la de asociación institucionalizada, debemos destacar que la misma idea subyace en ambas: una particular estructura de colaboración público-privada, cuya creación, además, se establece con carácter subsidiario[84], y que, en fin, en el marco del enfoque estratégico del que se ha dotado el programa Horizon Europa para el período 2023-27 –a los efectos de desplegar tecnologías innovadoras– permiten la participación pública –mediante el desembolso de fondos de la UE– y privada, con el objeto de integrar el compromiso de los sectores afectados, acelerando las soluciones nuevas ("innovadoras") aportadas. Y es que, de hecho, las empresas comunes son la institucionalización orgánica de los partenariados de investigación e innovación, de ahí su relevancia en la perspectiva actual. Pero es importante señalar en primer lugar, que la emergencia de estas formas de colaboración responde a una evolución, y que, aunque revitalizada la idea y con una aproximación más estratégica, ni tan siquiera la denominación de "empresa común" es nueva: así, por ejemplo, ya el Reglamento (CE) 219/2007 del Consejo, de 27 de febrero de 2007, relativo a la constitución de una empresa común para la realización del sistema europeo de nueva generación para la gestión del tránsito aéreo (SESAR), incluía en su título este concepto. Concepto que obedece a la institucionalización de la inicial idea de partenariado (cristalizada en la etiqueta de asociación europea), alumbrada en 2002[85].

Al efecto de abordar de manera integral –e integrada– desafíos que se aparecen como inafrontables solo desde el impulso institucional (art. 10.2. del Reglamento 2021/2085), se configuran, pues, las asociaciones europeas –en las que el elemento caracterizador es precisamente la posibilidad de que

84. "Las asociaciones europeas institucionalizadas solo se ejecutarán en caso de que otras partes del Programa, incluidas otras formas de asociaciones europeas, no permitieran alcanzar los objetivos o no produjeran las repercusiones necesarias previstas, y en caso de que esté justificado por una perspectiva a largo plazo o por un grado elevado de integración. Las asociaciones europeas de conformidad con los artículos 185 o 187 del TFUE aplicarán una gestión centralizada de todas las contribuciones financieras, salvo en casos debidamente justificados".

85. Decisión 1513/2002/CE del Parlamento europeo y del Consejo de 27 de junio de 2002 relativa al sexto programa marco de la Comunidad Europea para acciones de investigación, desarrollo tecnológico y demostración, destinado a contribuir a la creación del Espacio Europeo de Investigación y a la innovación (2002-2006), que ya recogía la posibilidad de crear "empresas comunes" (considerando 21).

la industria tome parte de las mismas[86]– que, cuando son institucionalizadas, esto es, cuando se crean empresas comunes (bien vía decisión del Parlamento y el Consejo, ex art. 185 TFUE, o bien vía Reglamento del Consejo, ex art. 187 TFUE), implican, por una parte, socios del sector público de la UE, y, de otra, privados, financiándose sus actividades de investigación e innovación con el presupuesto de *Horizonte Europa* (art. 12 y 13 del Reglamento 2021/695)[87]. La clara distinción en tres formas de partenariados (cofinanciados, coprogramados e institucionalizados, categoría esta última donde hay que incluir las empresas comunes), la simplificación de su arquitectura, y el diseño de "cajas de herramientas" para cada una de ellas, es el paso que se da en el nuevo marco del Reglamento 2021/2085, para unas instancias que deberán desarrollar un papel clave en la consecución de los objetivos estratégicos de la UE[88].

En el fondo, y aunque con una arquitectura más depurada, flexible y orientada a fines estratégicos, como venimos insistiendo, las empresas comunes no dejan de ser un tipo de partenariado y, su actividad no supone una intervención directa en el mercado, sino que se sitúa en una dimensión distinta, orientada a integrar las capacidades científicas, tecnológicas y de innovación. Es especialmente significativo que la primera de las funciones que se confiere a estas estructuras sea "prestar apoyo financiero, principalmente en forma de subvenciones, a las acciones indirectas de investigación e innovación"[89]. De los objetivos que el Reglamento atribuye a las empresas comunes, todas tienen que ver con reforzar, impulsar y apoyar la coordinación entre investigación e innovación, instrumentalizándolo con unas funciones[90] estrechamente vinculadas con la movilización de recursos, y con la financiación, pero no con la intervención directa en el mercado –lo que, en fin, sería más propio de una estructura empresarial tradicional–.

Aunque las aportaciones provienen de todas las partes participantes, con los límites expuestos, la piedra angular de la estructura para las industrias participantes viene de la certidumbre de la financiación de la actividad. Tal y como expresa el apartado 27 de la exposición de motivos del Reglamento 2021/2085: "El establecimiento de una empresa común garantiza una asociación público-privada mutuamente beneficiosa para los miembros

86. Por ejemplo, exposición de motivos del Reglamento 2021/2085.
87. La contribución de la UE no puede superar el 50% del presupuesto de cada empresa común, Anexo III del Reglamento 2021/695.
88. European Commission, Directorate-General for Research and Innovation. "Performance of European Partnerships: Biennial Monitoring Report 2022 on partnerships in Horizon Europe", p. 22
89. Art. 5.2.a. del Reglamento 2021/695.
90. V. Art 5. Del Reglamento 2021/695.

participantes, entre otras cosas al aumentar la certeza de contar con importantes asignaciones presupuestarias para las industrias pertinentes durante un período de siete años. Hacerse miembro fundador o miembro asociado, o convertirse en una de sus entidades constituyentes o afiliadas, permite a los miembros ganar influencia, directamente o a través de los representantes del sector, en el consejo de administración de la empresa común". Aspecto este que debe acompañarse de la constatación que la gobernanza de la empresa se nutre de la "pericia" de todos los participantes, mostrando así, esta lógica cooperativa. Se trata, pues, de operativizar fórmulas de colaboración, orientadas por la innovación, con el objetivo último de contribuir a alcanzar soluciones ante los retos estratégicos que afronta Europa (lo que explica, por ejemplo, que una de las empresas se cree en el ámbito de la Salud), sobre la base de la incorporación de una perspectiva "a largo plazo" y de "masa crítica"[91].

De entre las empresas comunes creadas por mor del Reglamento 2021/2085, una de ellas reviste singular importancia en lo que nos ocupa: la Empresa Común para las Tecnologías Digitales Clave[92], que, de aprobarse el Reglamento que pretende la modificación del 2021/2085 en lo relativo a los microprocesadores, se denominará Empresa Común de Microprocesadores[93]. No hay que perder de vista que las nueve empresas comunes creadas lo hacen en un contexto muy concreto, y bajo el paraguas del programa *Horizon*, del que en cierto modo esta última extrae la plataforma para ampliar su denotación, adquiriendo una cierta autonomía conceptual. No orgánicamente, ni tan siquiera financieramente, pero sí en cuanto la fórmula jurídica así caracterizada: es decir, en tanto en cuanto la iniciativa de microprocesadores para Europa –que ha de articularse a través de la Propuesta de Reglamento del Parlamento Europeo y del Consejo, por el que se establece un marco de medidas para reforzar el ecosistema europeo de semiconductores, y que constituye uno de sus principales puntales– ha de ejecutarse a través de esta empresa común, reconfigurada al efecto, de modo que ya no se vincula únicamente al programa "Horizonte Europa", sino también al de "Europa Digital"[94]. Y ello, especialmente condicionado por "la necesidad de superar las limitaciones de los actuales esfuerzos fragmenta-

91. Tales son los términos que utiliza el Reglamento en su artículo 4.3.a.
92. Artículo 3 y título VII del Reglamento 2021/2085.
93. Propuesta de Reglamento del Consejo, que modifica el Reglamento (UE) 2021/2085, por el que se establecen las empresas comunes en el marco de Horizonte Europa, en lo que respecta a la Empresa Común de Microprocesadores. Bruselas, 8.2.2022 COM (2022) 47 final.
94. Vid: Propuesta de Reglamento del Consejo que modifica el Reglamento (UE) 2021/2085, por el que se establecen las empresas comunes en el marco de Horizonte Europa, en lo que respecta a la Empresa Común de Microprocesadores.

dos de inversión pública y privada", teniendo en cuenta que "la ejecución de la iniciativa se ha establecido para mancomunar recursos de la Unión, de los Estados Miembros (...) así como del sector privado"[95].

Ello nos sirve para constatar que la idea de las empresas comunes ha rebosado los límites del programa que sustenta su articulación jurídica, y que, aunque no se puede desligar de las notas de innovación e investigación –pues el título competencial que permite su creación hace expresa referencia a ellos–, ha adquirido una nueva dimensión con la propuesta de trasladarlos al terreno de los microprocesadores.

Esta breve y rápida exposición nos revela: i) la existencia de unas nuevas estructuras que articulan formas de colaboración público-privada novedosas y estrechamente vinculadas a la política industrial; ii) la disposición de la Unión a estas fórmulas flexibles, sufragando parte de sus costes, y que en fin superan la lógica unidireccional de la "mera" inversión; y iii) quizás en términos más estrictamente conceptuales, el equívoco de denominar estos espacios como "empresas", lo que, aun cuando puede obedecer a la voluntad de remarcar la participación de actores privados de la industria, difícilmente se compadece con su gobernanza, con su articulación, ni mucho menos con sus fines y actividad.[96]

3.2. LOS PROYECTOS ESTRATÉGICOS PARA LA RECUPERACIÓN Y LA TRANSFORMACIÓN ECONÓMICA (PERTE): SU CARACTERIZACIÓN COMO INSTRUMENTO DE COLABORACIÓN EN EL DISEÑO Y EJECUCIÓN DE LAS POLÍTICAS DE TRANSFORMACIÓN DE LA ESTRUCTURA ECONÓMICA

Los Proyectos Estratégicos para la Recuperación y la Transformación Económica son una de las grandes novedades del RDL 36/2020 (artículos 8

95. Propuesta de Reglamento del Parlamento Europeo y del Consejo, por el que se establece un marco de medidas para reforzar el ecosistema europeo de semiconductores, Considerando 13.

96. Si bien, no puede desconocerse, que los diferentes ordenamientos jurídicos nacionales conocen también organismos públicos que a pesar de no actuar directamente en el mercado tienen legalmente atribuida una naturaleza jurídica "empresarial", por contraposición a la idea de administración pública. Un ejemplo nos lo suministra la figura de los establecimientos públicos comerciales, industriales y financieros (EPIC) del derecho francés o los organismos autónomos comerciales e industriales reconvertidos más tarde en "entidades públicas empresariales" del derecho español.

a 10), como forma de colaboración público-privada[97]. Como la propia denominación indica, su finalidad, las medidas que amparan y los fondos asignados a su realización, no se agotan en la recuperación de la economía en la postpandemia. De nuevo, la idea vertebradora es la transformación de la estructura socioeconómica. A fecha de redacción de este texto se han aprobado doce proyectos estratégicos de alcance y significado muy heterogéneo: i) PERTE para el desarrollo del vehículo eléctrico y conectado; ii) PERTE para la salud de vanguardia; iii) PERTE de energías renovables, hidrógeno renovable y almacenamiento; iv) PERTE agroalimentario; v) PERTE Nueva economía de la lengua; vi) PERTE Economía circular; vii) PERTE para la industria naval; viii) PERTE aeroespacial; ix) PERTE de digitalización del ciclo del agua; x) PERTE de microelectrónica y semiconductores; xi) PERTE de economía social y de los cuidados; xii) PERTE de descarbonización industrial[98].

El primero en ser aprobado fue el relativo al desarrollo de un ecosistema para la fabricación del vehículo eléctrico y conectado, adoptado por Acuerdo del Consejo de Ministros de 13 de julio de 2021[99]; quizás el más ambicioso, y por esto también el que ha sufrido (y requerido) posteriormente algunas reformas[100]. El análisis del texto presenta algunas singularidades, tanto desde el punto de vista de la técnica legislativa empleada, como des de la perspectiva de la significación práctica de los diferentes documentos que lo integran, pues no todos fueron objeto de publicación conjunta como anexo en el BOE. Así, hay una remisión explícita a la sede electrónica para acceder a un documento tan relevante como la Memoria[101], a pesar de que es en el texto de la Memoria donde consta el diseño completo del régimen de "gobierno" de este nuevo instrumento de colabo-

97. El Consejo de Estado había planteado el paralelismo de los PERTE con los proyectos importantes de interés común europeo (PIICE), concebidos como proyectos a gran escala que aportan beneficios relevantes a la UE y a sus ciudadanos. Para el CE: "Los PERTE se definen como 'aquellos proyectos de carácter estratégico con gran capacidad de arrastre para el crecimiento económico, el empleo y la competitividad de la economía española'. Se trata de una figura que se establece en el Real Decreto-ley con alcance general y vocación de permanencia, sin estar limitada, a diferencia de lo que ocurre con los instrumentos de colaboración público-privada contemplados en el capítulo VII del título IV, a los proyectos incluidos en el Plan de Recuperación, Transformación y Resiliencia".
98. V. https://planderecuperacion.gob.es/como-acceder-a-los-fondos/pertes
99. V. Orden PCM/756/2021, de 16 de julio, publicidad al Acuerdo de Consejo de Ministros, https://www.boe.es/eli/es/o/2021/07/16/pcm756
100. La última anunciada en mayo de 2023, pues la Comisión europea ha autorizado una nueva convocatoria del PERTE VEC (con 837 para baterías eléctricas, y con una modificación sustancial de su gobernanza).
101. V. https://www.mincotur.gob.es/es-es/recuperacion-transformacion-resiliencia/Paginas/perte.aspx. Memoria Descriptiva (mincotur.gob.es)

ración; una colaboración que se proyecta en diferentes direcciones: entre Administraciones públicas de distinta naturaleza y ámbito, entre distintas empresas de sectores muy heterogéneos y, también con centros de investigación de distinta naturaleza y significación. Esta heterogeneidad de actores requiere una articulación mediante una diversidad de fórmulas que sólo estaban enunciadas en el Acuerdo del Consejo de Ministros publicado: el Grupo de trabajo interministerial[102] y la Mesa de la Automoción (en la que participan representantes de los sindicatos y las asociaciones empresariales, juntamente con las Comunidades Autónomas), instancias que se integran en la denominada Alianza para el VEC, junto con otros "actores relevantes" no identificados inicialmente.

En todo caso el PERTE del VEC (vehículo eléctrico y conectado) suministra los elementos esenciales para el análisis de este instrumento que ha irrumpido en el derecho administrativo español movilizando cuantiosos recursos. También muestra las fragilidades del diseño y las carencias en su implementación[103].

Los PERTE están concebidos como proyectos con gran capacidad de arrastre para el crecimiento económico, el empleo y la competitividad de la economía, como un mecanismo de impulso y coordinación de proyectos muy prioritarios, especialmente complejos o en los que exista un claro fallo de mercado, externalidades importantes o una insuficiente iniciativa o capacidad de inversión por parte del sector privado. Su objetivo es contribuir a una gestión ágil y eficiente de los fondos y reforzar así, aquellos proyectos que contribuyan claramente a la transformación de la economía española.

Para caracterizar los PERTES y dotarlos de una significación práctica no hay que reconducirlos a los planes estratégicos empresariales[104], su antecedente –más allá de los PIICE– se encuentra, por un lado, en los planes de Reconversión industrial (antecedente en cuanto a la movilización de recursos públicos orientados a la transformación de la estructura productiva y empresarial en sectores relevantes) y, en la previsión establecida en la LGS, según la cual "los órganos de las Administraciones públicas que propongan el establecimiento de subvenciones, con carácter previo, deberán concretar

102. De acuerdo con el art. 22.3 LRJSP, lo que supone que este órgano no disponga de la capacidad para tomar decisiones.

103. Una crítica del modelo en Baena, P.; De La Fuente, A.; Del Alcázar, J; Riesgo, J.P; sicilia, J (coord.) "El Mecanismo de Recuperación y Resiliencia en España: balance provisional y propuestas de mejora." *Grupo de Trabajo Mixto Covid-19. FEDEA, Estudios sobre la Economía Española,* 2023, núm. 03.

104. Sobre estos últimos, v. A. Cuervo: *La dirección estratégica de la empresa,* ed. Madrid, Civitas, 1995.

en un plan estratégico de subvenciones los objetivos y efectos que se pretenden con su aplicación, el plazo necesario para su consecución, los costes previsibles y sus fuentes de financiación, supeditándose en todo caso al cumplimiento de los objetivos de estabilidad presupuestaria" (art. 8).

Desde otra perspectiva, puede ser especialmente útil tomar en consideración la experiencia acumulada con el *Pla Estatègic* de Barcelona (que desde 2000 se ha transformado en Plan Estratégico metropolitano de Barcelona[105]). Este tipo de planes estratégicos de ciudad son interesantes en la medida que permiten evidenciar la importancia de generar espacios, plataformas de diálogo, de intercambio y de fijación de objetivos comunes y plenamente compartidos entre actores muy heterogéneos[106]. El Plan estratégico de BCN fue impulsado por el entonces Alcalde Pascual Maragall y posibilitó la concertación, la generación de consensos transversales, grandes acuerdos entre distintos actores de la sociedad civil sobre los que se cimentaron las principales políticas de la ciudad posteriormente. Compartir visiones, identificar problemas y correlativamente formular propuestas de manera consensuada permite posteriormente una mayor eficiencia en su implementación pues los costes de transacción se reducen, la conflictividad se aminora. Remar en la misma dirección tiene ventajas de escala.

En esta perspectiva de búsqueda de cauces de interlocución y diálogo pudiera haber sido de utilidad la figura de las manifestaciones de interés (inspiradas en las consultas públicas al mercado de la LCSP 2017)[107]. Se trata de consultas abiertas en distintas áreas que recogen posibles ámbitos de actuación. Su objetivo es diseñar políticas públicas partiendo de la información precisa y directa proporcionada por el tejido empresarial y la sociedad civil. Es una herramienta utilizada desde hace años por la Comisión Europea, pero escasamente aplicada en España[108] y que ahora no parece tampoco haber dado resultados extraordinarios.

105. V. https://www.bcn.cat/barcelonainclusiva/es/fitxa_pla_estrategic_metropolita_de_barcelona_742.html
106. El Consejo Rector de la Asociación, que suministra la cobertura al PEM, cuenta con la participación de distintos agentes económicos y sociales de la metrópoli y su Consejo General lo forman más de 300 entidades y personas. El objetivo fundamental se identifica en la web como plataforma de diálogo, concertación e impulso de proyectos estratégicos para hacer frente a los retos de futuro de la metrópoli.
107. https://planderecuperacion.gob.es/como-acceder-a-los-fondos/manifestaciones-de-interes (consulta el 25-5-2022)
108. A pesar de su incorporación, como instrumento de participación ciudadana, con carácter general, en la denominada fase previa del procedimiento de elaboración de reglamentos (art. 133 LPAC).

La estructura de gobierno de los PERTE ha conocido una limitada formalización, su vertiente meramente organizativa ha sido muy débil, por lo que parece que su valor principal ha residido en la plasmación de unos objetivos y su consideración como espacio informal de diálogo e intercambio entre actores muy distintos. Una puesta en común de proyectos e iniciativas que en determinados supuestos se ha visto especialmente estimulado por la creación de la figura del Comisionado, que ha desarrollado un papel dinamizador y de captación de proyectos y de inversiones privadas que necesariamente deberán operar como complemento de los fondos públicos. Para que funcione el efecto palanca, para que efectivamente los fondos públicos cumplan su cometido, este arrastre es fundamental.

En efecto, no cabe desconocer el carácter necesariamente limitado de las subvenciones[109], los fondos públicos no pueden suponer la totalidad de la inversión, se trata de un estímulo. Un rasgo típico, en cuanto se trata de medidas de fomento o apoyo a la iniciativa privada (a diferencia de cuando la subvención opera como instrumento de gestión de los servicios públicos –sociales, culturales, educativos– y se instrumenta mediante convenio de colaboración).

3.3. UN APUNTE SOBRE LA NECESARIA REFORMULACIÓN DEL CARÁCTER UNILATERAL DEL INSTRUMENTO DE ASIGNACIÓN DE LA SUBVENCIÓN EN EL MARCO DE LOS PERTE: SU INADECUACIÓN PARA GARANTIZAR UN MARCO ESTABLE Y DURADERO DE RELACIONES JURÍDICAS DE DISTINTO ALCANCE Y SIGNIFICACIÓN

En el derecho administrativo español la técnica subvencional se ha instrumentado formalmente mediante actos administrativos, esto es, declaraciones unilaterales que para su validez requieren la aceptación del solicitante y cuya plena eficacia queda subordinada al cumplimiento de una carga jurídica –la afectación–[110]. Una determinación de la naturaleza jurídica de la actividad administrativa de otorgamiento de la subvención que se infiere de la caracterización de la propia subvención y de la delimitación

109. Máximo de ayudas. Las empresas tendrán distintos umbrales de apoyo en función del tipo de subvención a la que se acojan y del tamaño de la empresa siempre respetando el marco, pudiendo llegar en convocatorias como en el Moves III, a porcentajes como el 60% para las pequeñas empresas que instalen puntos de recarga de acceso público de más 50Kwh.

110. Siguiendo la propuesta elaborada por Fernández Farreres, G.: *La subvención: concepto y régimen jurídico*, Madrid, ed IEF, 1983. Una construcción que encuentra su plasmación más acabada en la caracterización jurídica del reintegro, v. Bueno Armijo, A.: *El reintegro de subvenciones de la Unión Europea. Especial referencia a las ayudas de la Política Agrícola Común*, Sevilla, IIAP, 2011.

con otras figuras afines. El concepto de subvención se ha delimitado focalizado en "la ausencia de contraprestación directa del beneficiario y que la entrega efectiva y directa de la aportación dineraria requiere el cumplimiento de un determinado objetivo, la ejecución de un proyecto, la realización de una actividad, la adopción de un comportamiento singular, ya realizados o por desarrollar". Este modelo conceptual se tradujo al derecho positivo mediante la Ley 38/2003 General de Subvenciones[111], como se aprecia de la lectura del art.2 del que hemos tomado el texto transcrito.

Sin embargo, en el marco en el que ahora nos situamos, la colaboración es muy intensa, y sostenida en el tiempo, y, en determinadas fases, previas al otorgamiento o posteriores, en la fase ejecución (que puede ser muy compleja) el diálogo puede ser –y, quizás, debiera ser– muy fluido y abarcar distintas cuestiones relativas al propio proyecto. Un modelo relacional que contrasta con el institucional puesto a punto en el derecho europeo –las asociaciones comunes, los "proyectos importantes de interés común europeo" (PICE)–. Por ello quizás debiera replantearse si el diseño institucional que residencia en el acto administrativo –que como es bien conocido es una decisión de carácter unilateral– la instrumentación de una relación que debe ser necesariamente de colaboración es la figura más adecuada y consistente.

En el contexto del MRR y del PRR, las debilidades del modelo "acto administrativo" para tipificar la forma jurídica mediante la que se instrumenta la actividad administrativa –directamente deudor de la construcción dogmática de la subvención y la ausencia de una contraprestación sinalagmática[112]– aparecen también cuando se atiende a un aspecto del procedimiento que puede cobrar especial significación: la necesaria colaboración entre empresas instrumentadas mediante las agrupaciones de empresas (grandes empresas, pymes, consultoras tecnológicas, centros de investigación). Es cierto que esta figura ya estaba prevista en la LGS, pero ahora adquiere mayor relevancia dada la complejidad de los proyectos contemplados en los PERTE. Las agrupaciones de beneficiarios son una figura organizativa prevista expresamente en la LGS (art 11), pero, precisamente, dado que este entramado no dispone de personalidad jurídica propia, se establece la obligación de suscribir previamente un acuerdo interno para regular su funcionamiento.

111. V. por todos, Fernandez Farreres, G.: El concepto de subvención y los ámbitos objetivo y subjetivo de aplicación de la ley, en Fernandez Farreres, G. (coord.): *Comentario a la Ley general de subvenciones*, Madrid, ed. Civitas, 2005.

112. Al que está muy aferrada la jurisprudencia del TS, v. S de 10 de julio de 2018 (rec. 1555/2016) y de 25 de mayo de 2021 (rec. 7295/2018).

En la práctica, en todos los supuestos en los que habrá innovación –e incluso cabe la posibilidad de que se generen patentes (que son los más numerosos)– este aspecto está operando como una barrera, pues ¿cómo instrumentar la colaboración entre distintas empresas, y entre estas y centros de investigación, cuando puede haber derechos de propiedad intelectual en juego? Estas dificultades, sin embargo, no deben minusvalorar la importancia de la colaboración entre empresas, instrumentada mediante la agrupación de empresas, habida cuenta que es fundamental la definición conjunta de proyectos, la identificación común del proyecto tractor y, correlativamente, el necesario liderazgo de determinadas empresas.

Desde una perspectiva excesivamente formal, podríamos continuar con el "espejismo" de la aplicación del esquema conceptual de la LGS. Así, aparentemente, sería suficiente con introducir algunas modificaciones puntuales al marco legal general de la LGS, y modular especialmente el procedimiento, tanto en su vertiente inicial –necesaria aprobación de las bases reguladoras y posterior convocatoria, como en su fase posterior de adjudicación– carácter abierto y competitivo, o por el contrario adjudicación directa. La experiencia generada con la puesta a punto del PERTE del vehículo eléctrico y conectado ilustra de manera ejemplar las debilidades e inconsistencias de una perspectiva formalista que desatienda los aspectos sustanciales o materiales del entorno económico y social contemplado, la complejidad y envergadura de la finalidad proyectada, la diversidad de actores implicados, así como la magnitud de los fondos movilizados[113].

Quizás la referencia a alguna de las operaciones financiadas mediante subvenciones permita ilustrar la inadecuación del diseño LGS que, con pequeñas modificaciones[114], se ha aplicado en el desarrollo del PRR ejecutado en el marco del RDL 36/2020. Para ello debe tenerse en cuenta que no siempre se trata de actividades que se desarrollan en un contexto de mercado[115], pues como hemos indicado anteriormente, los retos que la resiliencia y la autonomía estratégica plantean, así como los desafíos que las tran-

113. V. el largo art. 23 de la Orden ICT/209/2022, de 17 de marzo, por la que se efectúa la convocatoria de ayudas correspondientes a 2022 y se modifican Bases reguladores dentro del PERTE VEC. V. posterior modificación, Orden ICT/359/2022, de 25 de abril.

114. V. un análisis de las modificaciones y adaptaciones al régimen general diseñado en la LGS en, T. Font Llovet: El régimen de las subvenciones los fondos europeos para la recuperación, *QDL*, 2020, 55.

115. V. la referencia al mercado en el art. 8.2 LGS, "Cuando los objetivos que se pretenden conseguir afecten al mercado, su orientación debe dirigirse a corregir fallos claramente identificados y sus efectos deben ser mínimamente distorsionadores".

siciones energéticas y digitales suponen[116], cuestionan fuertemente una aproximación que responda a una concepción muy reduccionista de los "fallos del mercado", puesto que supondría ignorar que las condiciones y supuestos de inversión no son siempre óptimas y sus deficiencias deben ser corregidas[117]. Especialmente significativa es la evolución y reinterpretación de la "investigación, desarrollo e innovación" cuando inciden en la transición energética y en la descarbonización, también de la industria.

Así, si de la adjudicación directa de subvenciones se trata, cuando formalmente no hay competidores, un ejemplo muy pertinente (a efectos de identificar la singularidad de la política ahora examinada) lo proporciona, en el marco de la Estrategia Nacional de Inteligencia Artificial, la concesión de una subvención directa a los centros de la Red española de Supercomputación para el desarrollo del proyecto Quantum ENIA[118]. O, en una dirección paralela, como señala también otra convocatoria, "el fomento de la colaboración público-privada como mecanismo para acelerar la difusión y uso del conocimiento y tecnologías, la creación de capacidades de absorción y la valorización de los resultados de I+D+i"[119].

A. Bueno ya había señalado hace un tiempo las limitaciones que implicaba asimilar el carácter competitivo del procedimiento a la exigencia de previa comparación[120]. Esta perspectiva obliga a tomar en consideración otra cuestión que no parece adecuadamente resuelta en el RDL; se trata de la tipología del órgano que realiza esta tarea, la composición del cual debiera haber merecido una mayor atención, más allá de la diferenciación entre la propuesta (provisional, que facilita alegaciones) y la adjudicación. Las fragilidades del diseño institucional se han exacerbado precisamente en la adjudicación de las ayudas del PERTE VEC[121]. No parece demasiado

116. V. las modificaciones introducidas en Reglamento (UE) 2021/1237 de 23 de julio de 2021 por el que se modifica el Reglamento (UE) 651/2014, por el que se declaran determinadas categorías de ayudas compatibles con el mercado interior en aplicación de los artículos 107 y 108 del Tratado.

117. V. por ejemplo, Reglamento (UE) 2021/523, de 24 de marzo de 2021 por el que se establece el Programa InvestEU y se modifica el Reglamento (UE) 2015/1017.

118. Real Decreto 936/2021, de 26 de octubre, regula la concesión directa de una subvención a distintos centros de la *Red Española de Supercomputación*, en el marco del Plan de Recuperación, Transformación y Resiliencia.

119. Resolución del Centro para el Desarrollo Tecnológico Industrial (CDTI) de 20 de julio de 2021.

120. Bueno Armijo, A: "La concesión directa de subvenciones", *RAP*, 2017, 204.

121. V. la referencia a la Comisión de evaluación diseñada en la orden ICT/1466/2021 por el que se establecen las bases reguladoras para la concesión de ayudas a actuaciones integradas de la cadena industrial del vehículo eléctrico y conectado, dentro del PERTE VEC, en el marco del PRTR (prevista en el art. 26).

concebible que quepa desestimar, aunque sea sólo provisionalmente, un proyecto presentado por un grupo de empresas liderado por algunas de las empresas del grupo Volkswagen; la densidad del proceso de diálogo y negociación previa deben fructificar posteriormente en una resolución favorable, sin perjuicio de posible "desavenencias" en la cuantía de la financiación asignada.

El contexto institucional que supone la cobertura suministrada por los PERTE, la complejidad del proceso material –no formal– de formulación de la propuesta de proyecto común –con empresas heterogéneas y otros operadores– y la relevancia práctica de la aceptación, así como su vinculación con condiciones de distinto orden –temporales, materiales, económicas– requieren revisar en profundidad la caracterización jurídica de la acción de atribución de ayudas, el modelo actual no encaja en una relación jurídica duradera y dialogada.

El formato de la decisión unilateral no da cuenta de la colaboración público-privada ni de como ésta se inserta en un reparto constitucional de tareas entre gobierno y operadores (que desarrollan tareas diversas, de I+D +i, y, que también operan en el mercado).

4. A MODO DE CONSIDERACIONES FINALES

Muy rápidamente, podemos sintetizar dos ideas fuerza que emergen en el Derecho Europeo: i) el marco institucional de la zona euro sigue estando formalmente intacto, pero ha sido políticamente transformado, mediante la irrupción del gobierno multinivel, de la gobernanza de la integración político económica; y, ii) los desafíos que plantea la autonomía estratégica, supone una transformación en la concepción de la política económica en una clave que va más allá de los fallos de mercado, buena muestra de esta transformación es la irrupción de la nueva política industrial.

Para reforzar esta perspectiva de cambio, de transformación, deben tomarse en consideración otras piezas que, paralelamente se están diseñando y aprobando en las instituciones europeas. En esta dirección, adquieren especial relevancia dos reglamentaciones: i) la obligación de suministrar información no financiera [122]; ii) el establecimiento de la "diligencia debida" en la supervisión de la garantía de respeto de los Derechos Humanos por

122. Directiva (UE) 2022/2464 del Parlamento Europeo y del Consejo de 14 de diciembre de 2022 por la que se modifican el Reglamento (UE) n.º 537/2014, la Directiva 2004/109/CE, la Directiva 2006/43/CE y la Directiva 2013/34/UE, por lo que respecta a la presentación de información sobre sostenibilidad por parte de las empresas.

parte de las filiales y los proveedores de fuera de la UE[123] (¿introduciendo la extraterritorialidad del estándar de valores comunes?). Las empresas se configuran como instrumento de garantía de los derechos humanos. ¿Quizás, también sea un mecanismo indirecto para "repatriar la producción"?

En la ejecución de los objetivos y de las medidas destinadas a asegurar la resiliencia de la estructura económica, la autonomía estratégica, la doble transición ecológica y digital, la colaboración pública privada se constituye en una necesidad y para ello, como hemos avanzado, deben diseñarse sistemas organizativos y marcos de relación jurídica más pertinentes y robustos.

Sólo así garantizaremos que en el horizonte a medio y largo plazo el interés general se puede alinear con el sector privado. Una alineación inherente a los principios y valores constitucionales comunes.

123. Propuesta de Directiva del parlamento Europeo y del Consejo, sobre diligencia debida de las empresas en materia de sostenibilidad y por la que se modifica la Directiva (UE) 2019/1937 (23 febrero 2022).

Gestione dei Fondi "RRF" e Diritto amministrativo: sguardo di sintesi e di contesto

FULVIO CORTESE
Professore ordinario di diritto amministrativo
Università di Trento

1. UNA BREVE PREMESSA

Questo contributo ha lo scopo di provare a dare risposta a un interrogativo tanto delicato quanto diffuso: quale rapporto esiste tra il Piano Nazionale di Ripresa e Resilienza (PNRR) e il diritto amministrativo? Più in particolare, ci si domanda se, al di là delle singole e puntuali riforme che l'attuazione del Piano potrà comportare, vi siano delle ricadute sistemiche sul ruolo delle pubbliche amministrazioni, sui loro reciproci rapporti, sulla disciplina della loro attività e sul loro stesso modo di essere.

Per cercare di elaborare una (*proposta di*) risposta, ci si soffermerà, innanzitutto, sul contesto istituzionale europeo del PNRR, con una rapida sintesi, volta a mettere in luce ragioni, indirizzi e lineamenti delle scelte che "a monte" ne hanno previsto l'adozione (par. 2); si passerà, quindi, a una descrizione generale del Piano e dei meccanismi organizzativi stabiliti al fine di permetterne una pronta e reale esecuzione (parr. 3 e 4); si metteranno, poi, in luce le connessioni tra le "logiche" del PNRR e alcune tendenze di sviluppo interne alla disciplina dell'intervento pubblico nell'ordinamento giuridico italiano (parr. 5 e 6); si tenterà, infine, traendo spunto da tali tendenze, di isolare specifiche direttrici evolutive del diritto amministrativo italiano, assumendo a riguardo un contengo programmaticamente "positivo" e verificando, sulla base di questo approccio, se sia possibile valorizzare utilmente la combinazione tra le articolate declinazioni del PNRR e le *chances* ricostruttive che è possibile trarre da alcune considerazioni di carattere concettuale (par. 7).

Se è vero, infatti, che la storia istituzionale italiana è costellata di cambiamenti tanto, e ripetutamente, attesi, quanto costantemente sfumati, è altrettanto vero che il giurista non può limitarsi alla decostruzione analitica dell'ennesimo flusso di riforme, né può indugiare nell'abituale, ciclico rilancio di aspirazioni palingenetiche, destinate, con tutta probabilità, ad essere ulteriormente frustrate. Di fronte a un quadro normativo così nuovo e "ambizioso", il primo compito dell'interprete è quello di tentare una razionalizzazione ragionevole e produttiva, che non pretenda di fare *de albo nigrum*, e che, viceversa, si premuri di "coalizzare" verso il raggiungimento dell'obiettivo tutte le forze disponibili, d'esperienza come di idealità.

D'altra parte –come è stato efficacemente sottolineato in occasione della celebrazione di un autorevole giuspubblicista, sempre attento proprio alle questioni dell'innovazione istituzionale– di fronte a nuovi orizzonti e alle istanze, sempre più pressanti, che questi pongono il ruolo del giurista è quello «di chi contribuisce a progettare, ad attuare e a comunicare le riforme e i cambiamenti culturali, formativi e organizzativi, necessari per reinventare il sistema istituzionale e amministrativo e per costruire o ricostruire amministrazioni attrezzate a fronteggiare queste nuove sfide, queste nuove emergenze, questi nuovi problemi». Perché è questo, «nel mutato scenario del mondo che cambia, il modo attuale per attuare il progetto della Costituzione»[1].

2. NGEU E RFF: UN QUADRO COMPLESSIVO

Il Dispositivo di ripresa e resilienza (*Recovery and Resilience Facility*-RRF) è la parte assolutamente preponderante di *NextGenerationEU* (NGEU), il peculiare fondo per la ripresa (*Recovery Fund*) proposto dalla Commissione europea nel maggio 2020[2], approvato dal Consiglio europeo nel luglio dello stesso anno[3] e divenuto operativo nella primavera del 2021.

1. Così F. Bassanini, in D. Donati, G. Gardini, C. Tubertini, J.J. Gutiérrez Alonso (a cura di), *Istituzioni, riforme e ruolo del giurista. Giornate di studi in onore di Luciano Vandelli*, Bologna, Bononia University Press, 2018, p. 32.
2. Cfr. la Comunicazione della Commissione europea *Il bilancio dell'UE come motore del piano per la ripresa europea* del 27 maggio 2020 [COM(2020)442final].
3. Cfr. soprattutto le conclusioni del Consiglio europeo del 17-21 luglio 2020 (EUCO 10/20). V. poi il Regolamento (UE) 2020/2094 del Consiglio del 14 dicembre 2020, che istituisce uno strumento dell'Unione europea per la ripresa, a sostegno alla ripresa dell'economia dopo la crisi Covid-19; il Regolamento (UE, Euratom) 2020/2093 del Consiglio, del 17 dicembre 2020, che stabilisce il quadro finanziario pluriennale per il periodo 2021-2027; nonché la Decisione (UE, Euratom) 2020/2053 del Consiglio, del 14 dicembre 2020, relativa al sistema delle risorse proprie dell'Unione europea.

Più precisamente, il *Recovery fund*, il cui ammontare complessivo è pari a 806,9 miliardi di euro[4], è un *fondo aggiuntivo* al bilancio europeo ed è finalizzato a sostenere specificamente la ripresa e la resilienza dell'economia europea dopo la pandemia da Covid-19. È finanziato attraverso l'emissione sui mercati finanziari, da parte della Commissione europea, di titoli di debito comune europeo ed è utilizzabile per concedere agli Stati membri sovvenzioni e prestiti da utilizzare variamente, secondo regole e procedure specifiche. È destinato ad essere ripagato dalla stessa Unione europea, a decorrere dal 2028, tramite l'introduzione di nuovi tributi europei.

Alcuni interpreti[5] hanno espressamente qualificato l'architettura di questa operazione come rivoluzionaria. Essa avrebbe fatto tesoro delle esperienze –non del tutto virtuose– delle gestioni sovranazionali delle precedenti crisi (finanziaria: 2007-2008; e del debito sovrano: 2010-2011) e avrebbe completato il disegno istituzionale avviato con l'Unione monetaria, dotando l'Unione europea di una vera e propria capacità fiscale, ossia di un bilancio integrato che può essere orientato verso la promozione di beni pubblici europei[6]. Allo stesso tempo, però, si è anche evidenziato che NGEU è stato concepito e realizzato senza alcuna riforma dei Trattati, e che, specie se avrà successo, saranno necessarie, a livello europeo, riforme costituzionali adeguate a supportarne la struttura e la metodologia[7].

Se si presenta come sfidante già al livello delle istituzioni europee, tale iniziativa non è da meno sul piano di ciò che essa richiede agli Stati membri.

La gestione del Dispositivo di ripresa e resilienza –disciplinato dal Regolamento (UE) 2021/241 del Parlamento europeo e del Consiglio del 12 febbraio 2021, che lo ha istituito[8]– avviene mediante Piani nazionali elaborati dagli Stati membri beneficiari di sovvenzioni e prestiti e approvati dalla Commissione europea.

---

4. Dei quali, segnatamente, 723,8 miliardi di euro sono imputati al Dispositivo di ripresa e resilienza, mentre le somme restanti sono finalizzare alla realizzazione di specifici programmi: REACT-EU (50,6 miliardi); Orizzonte Europa (5,4 miliardi); Fondo InvestEU (6,1 miliardi); Sviluppo Rurale (8,1 miliardi); Fondo per una Transizione Giusta-JTF (10,9 miliardi); RescEU (2 miliardi).
5. V., per tutti, F. Fabbrini, *Next Generation EU. Il futuro di Europa e Italia dopo la pandemia*, Bologna, Il Mulino, 2022, in part. pp. 82 ss.
6. «Mentre le misure adottate un decennio fa si erano limitate a rafforzare i poteri di controllo delle istituzioni europee sulle politiche di bilancio degli stati membri, le misure adottate in risposta alla pandemia hanno rafforzato i poteri di bilancio delle istituzioni europee *tout court*»: così sempre F. Fabbrini, *Next Generation EU*, cit., 82-83.
7. Ibid., 141 ss.
8. Su cui v. M. Clarich, *Il PNRR tra diritto europeo e nazionale: un tentativo di inquadramento giuridico*, in *Astrid Rassegna*, n. 12/2021.

I Piani sono integrati nel ciclo di coordinamento delle politiche economiche del Semestre europeo. Essi devono coprire almeno 6 aree di intervento (transizione verde; trasformazione digitale; crescita intelligente, sostenibile e inclusiva; coesione sociale e territoriale; salute e resilienza economica, sociale e istituzionale; politiche per la prossima generazione, l'infanzia e i giovani: cfr. art. 3 Regolamento) e devono inoltre contenere riforme e investimenti pubblici destinati per almeno il 37% dei finanziamenti ricevuti alla transizione verde (art. 18.4e) e per il 20% a quella digitale (art. 18.4f). Tutte le misure incluse nei Piani, infine, dovrebbero rispettare il principio «non arrecare un danno significativo» (art. 5.2), al fine di tutelare gli obiettivi ambientali dell'UE.

Il calcolo dell'entità concreta delle sovvenzioni (a fondo perduto: *grants*) e dei prestiti (da restituire: *loans*) è disciplinato da specifiche norme (v. rispettivamente artt. 11-12 e 14-15-20), che tengono conto, da un lato (con un'assegnazione calcolata a monte), della popolazione, del PIL *pro capite* e del tasso di disoccupazione, dall'altro (con un'assegnazione valutata dalla Commissione europea), delle specifiche esigenze rappresentate da ogni Stato membro (per i prestiti vi è comunque un tetto massimo pari al 6,8% del reddito nazionale lordo-RNL).

Tutte le disponibilità assegnate agli Stati dal *Recovery fund* devono essere gestire attraverso una *road map* temporale ben precisa, che prevede termini precisi per la *submission* dei Piani nazionali e la loro approvazione, per l'utilizzo effettivo delle sovvenzioni e dei prestiti (entro il 2026), e per la restituzione di questi ultimi all'Unione (entro il 2058). È una tempistica stringente che costringe gli Stati membri a mettere sotto *stress* i propri assetti istituzionali e i processi decisionali disciplinati dai relativi ordinamenti.

In questa prospettiva, pertanto, è del tutto naturale che la realizzazione di quanto stabilito nei Piani possa comportare modifiche normative finalizzate non solo a programmare e coordinare –e rendere possibili e materialmente realizzabili– le azioni pianificate e approvate dalla Commissione, ma anche a monitorarne l'andamento, a disporre meccanismi volti a garantirne l'impatto, ad adattare l'organizzazione e le modalità operative delle amministrazioni nazionali in senso conforme.

Con riferimento alle assegnazioni previste a favore dell'Italia, va sottolineato che si tratta del Paese che più beneficia del Dispositivo di ripresa e resilienza (per un totale di 191,482 miliardi di euro), e che la grande parte delle medesime assegnazioni è caratterizzata da prestiti (122,602 miliardi di euro). L'impegno attuativo, dunque, non solo è considerevole dal punto di vista quantitativo, in termini assoluti, ma implica anche un notevole sforzo dal punto di vista qualitativo, con elaborazione di politiche a medio-lungo termine, volte ad aumentare le capacità complessive delle istituzioni nazionali, la competitività del tessuto economico e la sostenibilità (in termini di equità e di eguaglianza) degli obblighi di restituzione. Tanto più che lo "storico" (anche recente) della *performance* italiana in merito all'utilizzo dei (tradizionali) fondi strutturali europei non incoraggia, di per sé, prognosi ottimistiche: al 31 dicembre 2020 risultava che le amministrazioni italiani, sia centrali sia territoriali, avessero impiegato, per il periodo 2014-2020, meno della metà (il 46,24%) delle risorse programmate nel contesto del fondo europeo di sviluppo regionale e del fondo sociale europeo[9]. Se c'è da spendere moltissimo, e in pochissimo tempo, allora è chiaro che occorre attrezzarsi di conseguenza.

3. I CONTENUTI DEL PIANO ITALIANO (PNRR): STRUTTURA ED ESEMPI

Il Piano nazionale di ripresa e resilienza (PNRR) adottato dall'Italia (il 30 aprile 2021: è denominato «Italia Domani»[10]) ha un importo totale di 191,5 miliardi di euro ed è stato approvato dal Consiglio europeo, su proposta della Commissione, il 13 luglio 2021[11].

La parte esplicativa consta di 273 pp.; gli allegati alla decisione del Consiglio europeo (con la definizione puntuale dei contenuti, distinti in obiettivi da finanziarsi con le sovvenzioni e obiettivi da finanziarsi con i prestiti) ammontano a 568 pp. Si tratta, per ciò solo, di un testo molto denso.

Il Piano presenta tre *priorità* trasversali (nuove generazioni, parità di genere, divario di cittadinanza) e sei *missioni* (indicate con la lettera "M"), largamente corrispondenti ai sei pilastri –sopra già ricordati– del RRF (M1. Digitalizzazione, innovazione, competitività, cultura e turismo / M2. Rivoluzione verde e transizione ecologica / M3. Infrastrutture per una mobilità sostenibile / M4. Istruzione e ricerca / M5. Inclusione e coesione / M6. Salute).

9. V. il prospetto fornito dall'Agenzia per la coesione territoriale, disponibile online al seguente indirizzo: https://www.agenziacoesione.gov.it/news_istituzionali/target-spesa-al-31-dicembre-2021/
10. I contenuti e il testo del Piano sono reperibili online, presso l'apposito portale: https://italiadomani.gov.it/it/home.html
11. È bene rammentare che il Piano così indicato è quello risultante da una combinazione di due elaborazioni diverse: quella avviata dal Governo Conte II (la cui proposta risale al 15 gennaio 2021) e quella, in seguito, perfezionata dal Governo Draghi.

Ogni missione del Piano ha un budget determinato[12] ed è articolata in *componenti* (indicate con la lettera "C"[13]), per ciascuna delle quali, oltre al relativo finanziamento, sono previsti *ambiti di intervento/misure*, a loro volta caratterizzati da *investimenti* e *riforme*.

Ad esempio, per quanto riguarda la M1C1 (Digitalizzazione, innovazione e sicurezza nella PA), il Piano prevede diversi ambiti/misure: Digitalizzazione della PA; Modernizzazione della PA; Innovazione organizzativa del sistema giudiziario. Per quanto riguarda la Digitalizzazione della PA, sono programmati 7 investimenti (Infrastrutture digitali; Abilitazione e facilitazione migrazione al cloud; Dati e interoperabilità; Servizi digitali e cittadinanza digitale; Cybersecurity; Digitalizzazione delle grandi amministrazioni centrali; Competenze digitali di base) e 3 riforme (Processo di acquisto ICT; Supporto alla trasformazione della PA locale; Introduzione linee guida "cloud first" e interoperabilità).

Va osservato che le riforme previste nel PNRR non sono tutte "uguali" (non hanno, cioè, un approccio metodologico omogeneo, né operano allo stesso livello), ma hanno proiezioni distinte: vi sono infatti riforme *orizzontali* (della p.a. e della giustizia) o *abilitanti* (di semplificazione e di promozione della concorrenza) o *settoriali* (proprie delle singole e specifiche missioni) o *di accompagnamento* (riforme fiscali e degli ammortizzatori sociali).

Pertanto, come è stato opportunamente annotato, le riforme, nella "filosofia" del PNRR, manifestata in modo esplicito nel Piano stesso (pp. 47 ss.), non sono soltanto parte od oggetto delle azioni da compiere, ma ne rappresentano anche i necessari fattori di catalizzazione: «[i]n altre parole, le riforme sono in parte un risultato da conseguire, in parte lo strumento per

12. M1. Digitalizzazione, innovazione, competitività, cultura e turismo: 40,29 miliardi di euro; M2. Rivoluzione verde e transizione ecologica: 59,46 miliardi di euro / M3. Infrastrutture per una mobilità sostenibile: 25,40 miliardi di euro / M4. Istruzione e ricerca: 30,88 miliardi di euro / M5. Inclusione e coesione: 19,85 miliardi di euro / M6. Salute: 15,63 miliardi di euro).

13. La M1 è articolata in: C1. Digitalizzazione, innovazione e sicurezza nella PA; C2. Digitalizzazione, innovazione e competitività nel sistema produttivo; C3. Turismo e cultura 4.0. La M2 in: C1. Agricoltura sostenibile ed economia circolare; C2. Transizione energetica e mobilità sostenibile; C3. Efficienza energetica e riqualificazione degli edifici; C4. Tutela del territorio e della risorsa idrica. La M3 in: C1. Rete ferroviaria ad alta velocità/capacità e strade sicure; C2. Intermodalità logistica integrata. La M4 in: C1. Potenziamento dell'offerta dei servizi di istruzione dagli asili nido alle Università; C2. Dalla ricerca all'impresa. La M5 in: C1. Politiche per il lavoro; C2. Infrastrutture sociali, famiglie, comunità e terzo settore; C3. Interventi speciali per la coesione territoriale. La M6 in: C1. Reti di prossimità, strutture e telemedicina per l'assistenza sanitaria territoriale; C2. Innovazione, ricerca e digitalizzazione del Servizio Sanitario Nazionale.

conseguire il risultato»[14]. Non si tratta, in sostanza, di introdurre solo cambiamenti in snodi o materie determinati, perché ritenuti strategici, ovvero di facilitare il compimento di azioni amministrative supportandone economicamente la realizzazione. Si tratta di fissare mezzi e competenze per far sì che tali risultati si possano compiere e che, ciò facendo, muti contestualmente anche la fisionomia, la consistenza o, se si vuole, lo "spessore" dell'amministrazione, e ciò anche per il tempo "futuro", non solo per quello necessario ad attuare il PNRR.

Inoltre, accanto al PNRR –e in modo integrato con esso– lo Stato italiano, con decreto-legge 6 maggio 2021, n. 59 (conv. in legge 1° luglio 2021, n. 101), ha approvato un cd. "Piano complementare"[15], che prevede investimenti (tutti interni) per ulteriori 30,6 miliardi di euro, per finanziare tutti i progetti ritenuti validi per la ripartenza nazionale e non coperti (o coperti solo parzialmente) da sovvenzioni e prestiti del RRF o dalle altre assegnazioni provenienti dal *Recovery fund*.

Per quanto concerne, più da vicino, le fasi della prima implementazione del PNRR, il 13 agosto 2021 la Commissione europea, a seguito della valutazione positiva del Piano, ha erogato all'Italia 24,9 miliardi di euro a titolo di prefinanziamento (di cui 8,957 miliardi a fondo perduto e 15,937 miliardi come prestiti), pari al 13% dell'importo totale stanziato a favore del Paese. Il 23 dicembre 2021, quindi, il Governo ha presentato al Parlamento la prima relazione sullo stato di attuazione del PNRR. Il 28 dicembre 2021 il Commissario europeo per l'economia Paolo Gentiloni e il Ministro dell'Economia e delle Finanze *pro tempore* Daniele Franco hanno siglato gli *Operational Arrangements* (OA) relativi al PNRR[16], con i quali sono stabiliti i meccanismi di verifica periodica (validi fino al 2026) relativi al conseguimento dei traguardi ed obiettivi (*Milestones* e *Targets*) necessari per il riconoscimento delle rate di rimborso semestrali delle risorse PNRR in favore dell'Italia. Il 13 aprile 2022 la Commissione europea ha versato all'Italia la prima rata da 21 miliardi (10 miliardi di sovvenzioni e 11 miliardi di prestiti), a seguito della valutazione positiva sugli obiettivi del PNRR che l'Italia doveva conseguire entro il 31 dicembre 2021.

14. G. Falcon, *Viaggio al centro del PNRR*, in *Le Regioni*, 2021, p. 717.
15. Sempre accessibile online, presso il portale governativo già cit. *supra*, a nt. 10.
16. Anch'essi consultabili online: https://ec.europa.eu/info/files/operational-arrangements-between-commission-and-italy_en

4. LA GOVERNANCE DEL PNRR: L'ORGANIZZAZIONE AMMINISTRATIVA DELL'ATTUAZIONE

Con decreto-legge 31 maggio 2021, n. 77 (conv. in legge 29 luglio 2021, n. 108), il Governo italiano ha adottato una speciale disciplina volta a definire «Governance del Piano nazionale di ripresa e resilienza e prime misure di rafforzamento delle strutture amministrative e di accelerazione e snellimento delle procedure»[17].

Il decreto in questione precisa, in primo luogo, compiti e ruoli per l'attuazione del PNRR.

Sul piano delle attività di indirizzo e di coordinamento, una funzione preminente è svolta da una *Cabina di regia* (art. 2), istituita presso la Presidenza del Consiglio dei Ministri e presieduta dal medesimo Presidente del Consiglio. La sua composizione, che necessariamente, oltre al Presidente del Consiglio, contempla i Ministri e i Sottosegretari competenti, a seconda delle tematiche trattate nelle sedute, è ulteriormente variabile: possono farvi parte (se vi sono questioni di competenza di singole Regioni e/o Province Autonome) anche rappresentanti degli Esecutivi Regionali e/o (se si tratta di questioni che interessano più Regioni) della Conferenza Stato-Regioni e/ o /(se si tratta di questioni di interesse locale) dell'ANCI-Associazione Nazionale Comuni Italiani o dell'UPI-Unione Province d'Italia, oppure anche altri soggetti, rappresentativi di coloro che sono chiamati ad attuare il Piano.

Questa Cabina di regia, che è destinata a rimanere operativa fino al 31 dicembre 2026, è affiancata da una *Segreteria tecnica* (art. 4), con compiti di supporto e raccolta informazioni, da una *Unità per la razionalizzazione e il miglioramento dell'efficacia della regolazione* (art. 5), istituita presso il Dipartimento per gli affari giuridici e legislativi della Presidenza del Consiglio, e da un *Tavolo permanente per il partenariato economico, sociale e territoriale* (art. 3), che ha funzioni consultive ed è composto da rappresentanti delle parti sociali, del Governo, delle Regioni, delle Province autonome di Trento e di Bolzano, degli enti locali e dei rispettivi organismi associativi, di Roma capitale, delle categorie produttive e sociali, del sistema dell'università e della ricerca e della società civile, nonché delle organizzazioni della cittadinanza attiva.

In merito alle attività di monitoraggio e rendicontazione (artt. 6-7), un ruolo fondamentale è svolto dal Ministero dell'economia, presso il quale

17. Che è in larga parte estesa, data la reciproca integrazione tra i Piani, anche al Piano complementare, già rammentato: v. art. 14 del decreto-legge n. 77 cit.

sono istituiti il *Servizio centrale per il PNRR* (interfaccia con la Commissione europea e con le strutture di coordinamento che devono istituirsi da parte di tutte le amministrazioni centrali coinvolte nell'attuazione del Piano) e uno specifico *Ufficio dirigenziale* (presso la Ragioneria dello Stato, con funzioni di audit e di monitoraggio anticorruzione).

Alla realizzazione operativa degli interventi previsti dal PNRR (artt. 8-9) provvedono i singoli *soggetti attuatori*: le amministrazioni centrali (che restano i principali attori), le Regioni e le Province autonome di Trento e Bolzano e gli enti locali, sulla base delle specifiche competenze istituzionali o della diversa titolarità degli interventi, così come definita nel PNRR.

Ognuna di queste amministrazioni –che possono avvalersi anche di soggetti "esterni", già individuati nel PNRR o da scegliersi in osservanza delle modalità previste dalla vigente legislazione nazionale ed europea, e che possono altresì avvalersi del supporto tecnico-operativo assicurato per il PNRR da società a prevalente partecipazione pubblica, rispettivamente, statale, regionale e locale, dagli enti del sistema camerale e da enti vigilati– è tenuta a individuare nell'ambito delle proprie strutture quella che possa fungere da punto di contatto con il Servizio centrale per il PNRR ovvero a istituire una specifica unità di missione: tali snodi organizzativi hanno compiti di coordinamento, monitoraggio, assistenza operativa, controllo.

Come si può facilmente vedere, questa impostazione considera le autonomie territoriali solo quali interlocutori per effettuare materialmente ciò che il Piano prevede, con un "accentramento" assai spinto[18].

In caso di mancato rispetto da parte delle Regioni, delle Città metropolitane, delle Province o dei Comuni degli obblighi e impegni finalizzati all'attuazione del PNRR (art. 12), il Presidente del Consiglio dei Ministri, laddove sia a rischio il conseguimento degli obiettivi intermedi e finali del PNRR, e su proposta della Cabina di regia o del Ministro competente, assegna al soggetto attuatore interessato un termine non superiore a 30 giorni per provvedere. Si può aprire, in tal modo, uno spazio procedurale per l'esercizio di poteri sostitutivi veri e propri. Infatti, in caso di perdurante inerzia, su proposta del Presidente del Consiglio dei Ministri o del Ministro competente, sentito il soggetto attuatore, il Consiglio dei ministri individua

18. Non è un caso che il decreto-legge in esame (art. 1, comma 3) qualifica le proprie disposizioni come adottate in esercizio della potestà legislativa statale esclusiva in materia di determinazione dei livelli essenziali delle prestazioni *ex* art. 117, comma 2, lett. m, Cost. Sulla "forza" (pressoché irresistibile) di questo riferimento – quale strumentale ad introdurre politiche uniformanti di semplificazione amministrativa – v., *ex multis*, C. Tubertini, *L'attività amministrativa regionale*, in G. Gardini, C. Tubertini, *L'amministrazione regionale*, Torino, Giappichelli, 2022, pp. 357 ss.

l'amministrazione, l'ente, l'organo o l'ufficio, o i commissari *ad acta*, ai quali attribuisce, in via sostitutiva, il potere di adottare gli atti o provvedimenti necessari, oppure di provvedere all'esecuzione dei progetti.

Analoghe procedure sostitutive sono previste anche per le ipotesi di dissensi, dinieghi od opposizioni idonei a precludere la realizzazione di interventi del PNRR (art. 13).

Il "centro" dell'amministrazione fornisce anche attività di supporto per i soggetti attuatori, prevedendosi per vari interventi la costituzione di apposite *task force* (con funzione di agevolazione / semplificazione / digitalizzazione delle procedure amministrative necessarie e di trasmissione, per così dire, della relativa *expertise*) (art. 5, comma 5, lett. a).

Nel decreto legge n. 77/2021 cit., inoltre, sono adottate (agli artt. 17 ss.) anche puntuali (e numerose) misure di semplificazione e snellimento dell'azione amministrativa (specie nel settore ambientale, paesaggistico ed energetico, o in quello della contrattazione pubblica), nella prospettiva di *specializzare* alcune procedure (laddove debbano svolgersi nell'orbita degli interventi previsti dal PNRR), *accelerarle* (nei tempi come nell'eventuale superamento di snodi procedimentali dovuti al necessario recepimento di accordi o intese con gli enti territoriali), *sgravarle* di oneri o fasi ritenuti superflui ovvero dotarle di *organizzazioni nuove* (con compiti specifici per il PNRR). In questa direzione sono state apportate alcune modifiche anche alla legge n. 241/1990 (in particolare in tema di *inerzia della p.a., silenzio-assenso, annullamento d'ufficio*).

È indispensabile sottolineare ulteriormente che il processo di attuazione del PNRR procede in modo strutturalmente circolare e progressivo, coerentemente con quanto già evidenziato in merito alla particolare ottica con cui il Piano guarda alle riforme. A seconda degli obiettivi e degli interventi da realizzare, infatti, l'attuazione del PNRR sollecita, volta per volta, un "mix" di azioni, settoriali e non, amministrative come normative (queste ultime veicolate, per lo più, da decreti-legge –v. decreti-legge n. 80/2021[19], 152/2021[20], 36/2022[21]– ovvero da disegni di legge di iniziativa governativa approvati dal Consiglio dei Ministri e poi presentati in Parlamento con corsie preferenziali), che si richiamano o presuppongono vicendevolmente: in

19. Recante «[m]isure urgenti per il rafforzamento della capacità amministrativa delle pubbliche amministrazioni funzionale all'attuazione del Piano nazionale di ripresa e resilienza (PNRR) e per l'efficienza della giustizia» e conv. in legge n. 113/2021.

20. «Disposizioni urgenti per l'attuazione del Piano nazionale di ripresa e resilienza (PNRR) e per la prevenzione delle infiltrazioni mafiose» (conv. in legge n. 233/2021).

21. «Ulteriori misure urgenti per l'attuazione del Piano nazionale di ripresa e resilienza» (conv. in legge 29 giugno 2022, n. 79).

altri termini, le une consentono e/o giustificano le altre, secondo un meccanismo ricorsivo.

Più in generale, si può affermare che è il contenuto del Piano a stimolare la produzione normativa in modo con esso coerente, e che, simultaneamente, sono le misure normative a introdurre volta per volta quanto è indispensabile per realizzare gli obiettivi pianificati: «il Piano impone le sue priorità: il problema non è "riformare le istituzioni" in termini astratti, ma realizzare gli obiettivi del Piano nei tempi del Piano, utilizzando le istituzioni che ci sono e mettendo in sinergia tutte le risorse disponibili»[22].

5. NEL FRATTEMPO, UNA RIFORMA COSTITUZIONALE...

Le vicende del PNRR e della sua attuazione si intrecciano anche con una riforma costituzionale. Considerare questo profilo è molto utile, perché consente di tracciare nel modo migliore i contorni del più generale contesto di evoluzione dell'ordinamento giuridico nazionale, evidenziandone un momento significativo, e a suo modo *sinergico*, specie ai fini della presente riflessione.

Gli artt. 9 e 41 Cost. sono stati modificati mediante un intervento approvato dalle Camere l'8 febbraio 2022 a larghissima maggioranza: con un consenso tale, cioè, che su queste innovazioni –come prevede la Costituzione stessa, all'art. 138, comma 3– non si è posto neppure il problema che si svolgesse una consultazione referendaria.

Per effetto della riforma (v. la legge cost. 11 febbraio 2022, n. 1), l'art. 9, che affida alla Repubblica i compiti di promuovere lo sviluppo della cultura e la ricerca scientifica e tecnica, e di proteggere il paesaggio e il patrimonio storico e artistico, ha acquisito un nuovo comma, secondo cui, parimenti, la Repubblica tutela «l'ambiente, la biodiversità e gli ecosistemi, anche nell'interesse delle future generazioni», mentre la legge dello Stato è chiamata a disciplinare «i modi e le forme di tutela degli animali». Nel contempo, anche l'art. 41, che si occupa della libertà dell'iniziativa economica privata, è stato integrato, nella parte in cui si prevede che i «fini», per i quali la legge determina «i programmi e i controlli opportuni perché l'attività

22. Così sempre G. Falcon, *Viaggio al centro*, cit., p. 717. Cfr. anche B.G. Mattarella, *La pianificazione delle riforme in una prospettiva di ripresa e di resilienza del sistema-Paese, in Etica e finanza pubblica. Attuazione del PNRR e benessere per i cittadini (Atti del Convegno, Bologna 19-20 novembre 2021)*, in *Quaderno della Riv. Corte Conti*, n. 3/2021, p. 15, il quale annota che, di solito, l'attività di programmazione «si fa a valle delle leggi e non a monte», e che, però, nel caso qui in esame, avviene il contrario: «Da questo punto di vista il Pnrr è uno strumento abbastanza rivoluzionario, una cosa molto diversa da tutte le esperienze di programmazione che conosciamo».

economica pubblica e privata possa essere indirizzata e coordinata», non siano più soltanto quelli «sociali», ma possano essere anche «ambientali».

Di queste innovazioni si potrebbe dire molto: ad esempio, sul relativo "silenzio" che le ha accompagnate nel dibattito pubblico nazionale e sul fatto che per la prima volta si è rotto il tabù dell'immodificabilità della Prima Parte della Costituzione[23]; sulla circostanza che la tutela dell'ambiente, anche nella sua vocazione ecosistemica, faceva già parte dell'*acquis constitutionnel*[24], e che questo è stato di recente arricchito, sia pur in via giurisprudenziale e muovendo dalla disciplina del bilancio, anche del riferimento ai diritti delle generazioni future[25]; oppure, ancora, sul dato non meno curioso di una riforma che, intervenendo anche sull'art. 41 Cost., pare improvvisamente rivitalizzare una disposizione che per lungo tempo si è ritenuta implicitamente sterilizzata[26].

23. A prima lettura questo silenzio potrebbe considerarsi scontato: chi mai dovrebbe opporsi al riconoscimento espresso, tra i principi fondamentali della Costituzione, dei valori dell'ambiente e della solidarietà intergenerazionale, o della protezione degli animali? Allo stesso modo, chi mai potrebbe negare che anche ragioni ambientali possano, o meglio debbano, legittimamente indurre il legislatore a intervenire nella materia economica? Il fatto è che il silenzio che ha accompagnato questa riforma è pari a quello che ha accompagnato la trasformazione costituzionale di poco precedente, quella relativa al "taglio" dei parlamentari, avvenuta nel 2020 (v. la legge cost. 19 ottobre 2020, n. 1, che ha previsto la riduzione del numero dei parlamentari a riduzione del numero dei parlamentari, da 630 a 400 deputati e da 315 a 200 senatori elettivi). Non si è trattato, anche in quel caso, di una mutazione di poco momento. Tuttavia, anche in quell'occasione si è potuto constatare un ampio consenso, che non solo non ha generato alcuna discussione, ma si è posto, come anche nell'ipotesi della riforma degli artt. 9 e 41 Cost., in paradossale contrasto con gli accesi conflitti cui avevano dato vita, viceversa, le riforme costituzionali del 2005 e del 2016, bloccate entrambe, come è noto, dal voto popolare (con le consultazioni referendarie tenutesi, rispettivamente, il 25/26 giugno 2006 e il 4 dicembre 2016). Si ha quasi l'impressione che nel nostro Paese il tema costituzionale diventi importante solo in certi frangenti: o perché "solleticato" dalle contingenze dei rapporti di forza tra le formazioni politiche; o perché, peggio ancora, travolto dalle apparenze del *politically correct*, assecondandosi così l'impressione che si possa cambiare *formalmente* tutto se lo si fa *con le migliori intenzioni*.
24. La tutela dell'ambiente era già stata affermata come principio costituzionale dalla Corte costituzionale (sin dalla seconda metà degli anni Ottanta del Novecento: v. soprattutto Corte cost., n. 641/1987) ed era stata comunque costituzionalizzata espressamente (nel 2001) tra le materie nelle quali lo Stato vanta nei confronti delle Regioni una potestà legislativa esclusiva (art. 117, comma 2, lett. s, Cost.).
25. Cfr., ad esempio, Corte cost., nn. 49/2018 e 18/2019.
26. Dato che in materia economica la sovranità statale è largamente condizionata, se non orientata e pre-determinata, dal diritto dell'Unione europea. Perché mai, quindi, modificare una disposizione che di per sé vive, da molti anni, in un (legittimo) limbo di pratica indifferenza?

Il punto è che, nonostante ciò –o forse *proprio* a fronte di ciò– nella riforma degli artt. 9 e 41 ci sono senz'altro molti aspetti meritevoli di attenzione.

Il primo riguarda sicuramente la particolare enfasi, di parametro assai forte, che il riconoscimento esplicito della tutela dell'ambiente, degli ecosistemi e della biodiversità può dimostrare dinanzi a politiche pubbliche che possano mettere in dubbio i delicati equilibri del pianeta. In un'epoca storica in cui tanto si cerca di comprendere e di organizzare per fronteggiare i pericoli esiziali del *climate change*, la riforma ha il chiaro senso di promuovere nel novero dell'identità costituzionale italiana la valenza prioritaria della natura. Di una natura, però, che, pur funzionando come limite (questo è il senso, del resto, dell'attrazione al livello costituzionale), non è un elemento estraneo all'intervento, anche *giuridico*, dell'uomo, anzi.

In quest'ultima direzione, infatti, il secondo aspetto degno di nota concerne l'acquisizione dell'ambiente, degli ecosistemi e della biodiversità come parametro normativo trasversale e sistemico, in piena corrispondenza con le evoluzioni più moderne della disciplina legislativa di settore, nazionale come europea, e così in parziale, aperta discontinuità con le letture (dalle quali anche la Corte costituzionale, assieme ai giudici civili e penali, aveva preso originaria ispirazione) per le quali quello ambientale è innanzitutto l'oggetto di un "diritto", che si lega ad un certo modo di gestire il paesaggio e di tutelare la salute. Si può dire, in buona sostanza, che gli "echi" suscitati dalle parole utilizzate nella riforma sono molto rilevanti, perché rimandano al principio dello *sviluppo sostenibile* (di cui art. 3-quater del d.lgs. 3 aprile 2006, n. 152), alludono alla centralità dei servizi ecosistemici e della c.d. "resilienza", richiamano l'esigenza di guardare al fenomeno ambientale –e dunque naturale– come ad un tutto complesso (e comprensivo, dunque, dei processi dell'economia circolare)[27]: presuppongono, in definitiva, l'adesione ad un modello nel quale le decisioni pubbliche, lungi dal fondarsi sulla prevalenza di una volontà puramente politica, devono giustificarsi *razionalmente*, in base a parametri scientifici, e devono inserirsi in un ciclo di programmazione e verifica costanti; e implicano, gioco forza, che decisioni così confezionate possano *definire* l'equilibrio ambientale e naturale.

Se tutto ciò è vero, non si può dubitare della circostanza che quando si muta l'assetto testuale della Costituzione si finisce per consentire che l'interpretazione sistematica della stessa possa produrre risultati anche inattesi.

27. Su cui v., ad esempio, v. M. Cafagno, D. D'Orsogna, F. Fracchia, *Nozione giuridica di ambiente e visione sistemica*, in *Dir. e proc. amm.*, 2018, pp. 713 ss.

Sono pertanto comprensibili gli interrogativi che da più parti si stanno ponendo: se ora l'ambiente, inteso nel modo anzidetto, è espressamente accostato alla tutela del paesaggio e del patrimonio storico e artistico della Nazione, forse che è possibile immaginare più facilmente che il primo possa "mitigare" la tradizionale preminenza dei secondi? Potrebbe accadere, ad esempio, che nelle valutazioni discrezionali che da sempre animano il governo del territorio la realizzazione di impianti fotovoltaici o di parchi eolici su larga scala, anche in zone paesaggisticamente protette, possa essere più facile? La domanda non è peregrina, perché, per l'appunto, ambiente non è più, o non è più soltanto, "paesaggio-ambiente", ma è sviluppo sostenibile, allargato anche alla produzione di energie alternative, meno inquinanti, rinnovabili.

Inoltre, se è vero che la riforma costituzionale ha "formalizzato" tra i principi fondamentali una nozione intrinsecamente dinamica della tutela dell'ambiente, la stessa nozione che, in altri termini, si è già affacciata nel diritto italiano vigente per effetto del diritto dell'Unione europea, non è allora possibile che, in base alla modifica sopra descritta dell'art. 41, il legislatore possa farsi forte di un intervento capace di rafforzare ulteriormente quell'ispirazione europea e di mettere vieppiù al centro i poteri dello Stato, titolare da tempo (*in primis ex* art. 117, comma 2, lett. s) di una potestà legislativa esclusiva? Inoltre, siamo proprio sicuri che l'intervento rafforzato dello Stato in materia ambientale, così concepito, sia un intervento sempre e comunque destinato ad ancorarsi al delicato e diffuso intreccio di culture e di sensibilità collettive *pre-date*, in quanto *presenti* nel nostro Paese? Non può concretarsi, invece, come ulteriore veicolo di politiche pubbliche sinergiche con il prevalente obiettivo di liberare, sia pur in modo "felicemente" sostenibile (e socialmente utile), specifiche forze produttive, proiettate e garantite in modo uniforme su tutto il territorio?

6. DALLA TUTELA DELL'AMBIENTE AL PNRR: UN DIRITTO "PROGETTUALE" ANIMATO DAL "CENTRO"

È chiaro che sciogliere le questioni ora accennate non è semplice. Eppure la loro mera posizione è di per sé significativa. La sensazione che ci si trovi virtualmente dinanzi a una nuova, e per certi versi inedita, stagione di attuazione costituzionale, foriera di grandi rischi e di altrettanto grandi opportunità, è davvero molto forte.

Come si è visto, l'idea di una presenza determinante delle istituzioni pubbliche del "centro", impegnate a veicolare nel contesto di un programma articolato il raggiungimento diffuso e coordinato di obiettivi trasversali di trasformazione/transizione profonda (ecologica e tecnologica), costituisce la pietra angolare anche del fitto quadro di interventi previsto dal PNRR e "ordinato" dalla sua *governance*.

La struttura e il contenuto di questo Piano paiono esemplificare, dandogli improvvisa e sorprendente sostanza, proprio il paradigma amministrativo *complesso* e *adattivo* che la riforma costituzionale ha voluto introdurre, con una proiezione materialmente riformatrice che non ha precedenti, e che esula dai confini strettamente ambientali, ridefinendo anche quelli prettamente sociali e di "cittadinanza" (politica come amministrativa).

Il PNRR, infatti, pur lasciando invariate la cornice formale e le competenze dei tanti soggetti pubblici e privati "chiamati a raccolta" come soggetti attuatori (tra cui vi sono, in ogni caso, anche gli enti territoriali dotati di autonomia costituzionalmente garantita), li costringe a farsi parte attiva e a rispondere con sollecitudine a una *strategia* di amplissima portata, specie in forza degli ingenti investimenti che spingono tale sollecitazione e che sono intesi, per l'appunto, a finanziare le azioni di volta in volta rilevanti.

L'approccio, in altri termini, è *sistemico* –mira a coinvolgere tutte le parti della Repubblica– e si fonda su incentivi economici di importanti dimensioni, a loro volta negoziati dallo Stato sul piano europeo: carattere, quest'ultimo, che, in linea di massima, muove gli enti territoriali, coerentemente con ciò che deve garantire lo Stato, non tanto a "spendere" –nelle direzioni di cui sono di volta in volta responsabili in virtù di corrispondenti attribuzioni– un quantum di risorse predefinito, ma a "impiegare" un budget specifico –pagabile in tutto o in parte– in attività puntuali che devono dimostrarsi adeguate al raggiungimento dei più ampi scopi del piano e che, soprattutto, devono realizzarsi secondo modalità verificabili e rendicontabili.

In questo senso, l'approccio in esame è anche *oggettivo*, dal momento che esso non premia l'espressione "a cascata" di esigenze amministrative disegnate dalla sola volontà politica degli organi di governo degli enti pubblici territoriali, ma si concentra sulla possibilità di risolvere specifici problemi amministrativi di interesse generale, disegnando per ciascuno di essi un abito nuovo e coinvolgendo nella sua realizzazione tutte le forze che possano trarvi un effettivo vantaggio. Sono quei problemi, in altre parole, che, avendo attirato una manifestazione di interesse e una correlata azione di finanziamento, si pongono a criterio di buon andamento, per l'erezione di un'organizzazione e di un *modus procedendi* che, *ex* art. 97, comma 2, Cost., siano proporzionali all'imparziale raggiungimento dello scopo di interesse pubblico.

Le prerogative istituzionali degli enti territoriali, per tale via, vengono funzionalizzate, e ciò si dà attraverso un meccanismo in cui la funzionalizzazione non è imposta a priori, ma discende dalla necessità, al fine di poter contare sulle grandi disponibilità dei connessi finanziamenti, di adottare un metodo in tutto e per tutto *progettuale*; un metodo, in altre parole, che nel suo svolgersi, pur essendo finalizzato a dare prevalenza alla singola *cosa* da realizzare, dovrebbe orientare gli stessi enti territoriali ad assimilare sembianze e linguaggi diversi da quelli finora assunti, cambiando i volti dell'amministrazione: «Se è vero che è la *cosa* ad essere al centro dell'attenzione, allora è importante che il diritto fornisca strumenti chiari, omogenei e facilmente fruibili affinché i *diversi soggetti* che sono interessati a *quella cosa* possano realizzare, armonizzandoli in concreto, gli scopi che le diverse comunità (nazionale, regionale, locale) si sono proposte di raggiungere con riguardo all'uso dello spazio pubblico e del territorio. Questa dimensione, naturalmente, compete più allo Stato che alle Regioni, non solo perché essa implica il prendere posizione su profili che possono essere di pertinenza schiettamente nazionale (il diritto privato, le forme della tutela giurisdizionale etc.), quanto piuttosto per l'attinenza del problema "tecnologico" con quello della politica della cittadinanza, il quale non può che essere, nella cornice repubblicana, fruibile secondo un "linguaggio" percepibile da tutti. Il legislatore statale, precisamente, ha un compito tutto suo proprio, in questo genere di operazioni: quello di ri-alfabetizzare il Paese amministrativo, adeguando le regole generali dell'azione amministrativa e lasciando ai livelli territoriali la responsabilità di elaborare i processi di ri-organizzazione istituzionale più consoni alle esigenze "progettuali" di volta in volta rilevanti»[28].

Simile prospettiva, peraltro, dovrebbe potersi sviluppare con l'aiuto sussidiario dell'amministrazione statale, che non solo funge, a suo modo, da regista e da "controllore" di ultima istanza (nel monitoraggio come nell'eventuale attività sostitutiva), ma è tenuta a mettere a disposizione specifiche *task force* di supporto, a *capacitazione* finale degli enti che si vogliano fattivamente coinvolgere in specifici progetti.

La constatazione di questo scenario –con la sua curiosa sintonia rispetto ai toni apparentemente innocui della riforma costituzionale più recente– induce ad alcune osservazioni.

In primo luogo, è opportuno rilevare una sorta di continuità rivelatrice tra le trasformazioni così traguardate e quanto si è potuto verificare da

28. F. Cortese, *Riuso e rigenerazione tra Stato, Regioni e autonomie locali*, in E. Fontanari, G. Piperata (a cura di), *Agenda RE-CYCLE. Proposte per reinventare la città*, Bologna, il Mulino, 2017, in part. pp. 48-49.

tempo nel contesto del cd. "diritto delle città"[29]. È proprio in quel contesto, infatti, che, grazie alle potenzialità ricostruttive insite nella lettura dell'art. 118, comma 4, Cost., si è potuta isolare l'esistenza di legittimi spazi operativi nei quali –salvo un irrinunciabile potere di coordinamento complessivo in capo all'ente di governo– le amministrazioni pubbliche degli spazi cittadini non procedono esclusivamente mediante l'esercizio di prerogative istituzionalmente predefinite, ma possono animarsi di progettualità fondate su di un singolo interesse generale, da concretare in una specifica fattispecie, e come tali partecipate dalle forze vive della società che intendano promuovere quell'interesse, contribuendo ad una sua diretta e creativa realizzazione.

È inevitabile notare che, nel caso del "diritto delle città" (come disciplina volta a studiare e regolare i fenomeni di amministrazione sussidiaria e condivisa ora richiamati), l'iniziativa finalizzata a stimolare lo slittamento del metodo amministrativo da un modello per così dire "statico" ad un diverso e opposto modello "dinamico" proviene *dal basso*. Viceversa, nel caso del PNRR, e dell'approccio sistemico e adattivo da cui è percorso, lo spunto ad assumere un paradigma differente proviene *dall'alto*, è fortemente incentivato dai vertici dello Stato apparato e, pur volendo suscitare reazioni plurali, sinergiche e convergenti, è attraversato da un movimento vistosamente accentratore.

Il profilo può sembrare apertamente contradditorio, anche se ci si dovrebbe porre, al contempo, due interrogativi: se da un lato è vero che l'art. 118, comma 4, Cost. impone a tutta la Repubblica di favorire «l'autonoma iniziativa dei cittadini, singoli e associati, per lo svolgimento di attività di interesse generale, sulla base del principio di sussidiarietà», non è forse vero che la posizione di un criterio di favore potrebbe comunque precedere l'attivazione di chi intenda coglierlo? Inoltre, al di là di tale ragionamento, non si può ammettere in alcun modo che il principio di sussidiarietà qui evocato funzioni in entrambe le direzioni, e che esso possa, pertanto, giustificare sia un attivismo istituzionale molto spinto, di sollecitazione forte, sia un meccanismo di riconoscimento e accompagnamento (e così di inclusione e valorizzazione) di progetti provenienti da altri soggetti?

---

29. Su cui sia consentito rinviare sempre a F. Cortese, *Il nuovo diritto delle città: alla ricerca di un legittimo spazio operativo*, in G.F. Ferrari (a cura di), *Smart City, L'evoluzione di un'idea*, Milano, Mimesis, 2020, pp. 79 ss. Per l'annotazione circa l'importanza progressiva che il riferimento alla "natura della cosa" (*i.e.* del singolo problema amministrativo) ha avuto nelle evoluzioni del diritto amministrativo italiano, specie dagli anni Novanta in poi, v. anche F. Cortese, *Costituzione e nuovi principi del diritto amministrativo*, in *Dir. amm.*, 2020, pp. 329 ss., in part. pp. 345 e 360.

Rispondere positivamente a tali quesiti consente di sottolineare un secondo aspetto.

Se il parallelo con ciò che accade nel "diritto delle città" è fondato, ci si può chiedere se, a regime, non sia proprio l'art. 118, comma 4, Cost. a fungere da parametro regolativo –o di bilanciamento, se si vuole– per la corretta applicazione del nuovo modello amministrativo generato dalla combinazione "storica" della riforma costituzionale e dei processi di scrittura e attuazione del PNRR.

Potrebbe, cioè, sostenersi sia che il metodo progettuale –il più funzionale, come si è precisato, alla nuova logica sistemica e adattiva– debba sempre orientarsi a logiche di coinvolgimento e di cooperazione, non anche di automatica, generalizzata prevalenza; sia, ancora, che l'applicazione dall'alto del metodo stesso non rappresenti nulla più che un'*azione positiva*, una doverosa e meritevole attivazione propulsiva, limitata nel tempo (la già vista *timeline* del PNRR è eloquente in questo senso), da parte di chi si proponga di garantire l'effettiva potenzialità di partecipazione di tutti gli enti territoriali della Repubblica alla realizzazione di un medesimo *programma*: vale a dire, la concreta assimilazione, da parte di tutti quegli enti, del metodo proposto e della prospettiva di strutturale apertura a tutte le risorse socialmente presenti nella comunità. Nei confronti dei soggetti attuatori (ivi compresi anche gli enti territoriali) lo Stato si comporterebbe, in definitiva, come si deve comportare la Repubblica nello svolgere il difficile e continuativo compito di realizzazione dell'eguaglianza sostanziale di cui all'art. 3, comma 2, Cost.

Se così fosse, si tratterebbe, semplicemente, di combinare due prospettive: quella che promuove lo Stato a coordinatore e programmatore di azioni (in base all'art. 41, u. comma) che, per il raggiungimento da parte della Repubblica di finalità sociali e ambientali preminenti (come sono quelle *ex* art. 9 Cost.), stimola o riconosce (a seconda dei casi) progetti che tutti gli enti territoriali hanno il dovere di promuovere, e che anche lo Stato ha il dovere di "garantire" sul piano sovranazionale, nel rispetto delle corrispondenti prerogative; ma anche quella per cui questi stessi enti hanno il pari dovere, nella cornice indotta dallo Stato come in quella autonomamente prefigurabile in base al sistema delle competenze costituzionalmente stabilite, di abbracciare pienamente la logica progettuale e di "aprire" le forme dell'organizzazione e dell'azione a tale scopo predisposte al contributo che la società civile possa autonomamente fornire.

Va evidenziato come, anche in ragione di quanto qui argomentato, non sia un caso che il "cantiere" del PNRR meglio rappresenti il luogo nel quale gli orizzonti più progressivi delle trasformazioni progettuali delle città possono trovare terreno fertile. Lo dimostrano soprattutto le varie pagine che il piano medesimo dedica a Comuni e Città metropolitane, coinvolgendoli in un ventaglio eterogeneo di attività, già da tempo oggetto delle esperienze generative del "diritto delle città"[30].

7. ALCUNE CONCLUSIONI (DI TENDENZA)

La rappresentazione sintetica così fornita –accompagnata dalla rievocazione di un contesto costituzionale (quella della riforma degli artt. 9 e 41 Cost.) e operativo (quello del "diritto delle città") particolarmente fertile– consente di svolgere alcune osservazioni sulle tendenze di ampio respiro che i processi di gestione e attuazione del PNRR possono generare sulle trasformazioni del diritto amministrativo italiano.

Ci si può soffermare, soprattutto, su tre profili distinti:

a) *L'apparizione e il radicamento di un nuovo "metodo" per le riforme istituzionali:* l'approccio tradizionale alle riforme istituzionali presentava un tenore assai riconoscibile e in qualche modo prevedibile: si cercava, cioè, la soluzione ideale, generale e astratta, da applicarsi a regime e da verificare in un tempo medio / lungo[31]. Il PNRR privilegia, viceversa, un metodo empirico, puntuale, che si esprime

---

30. V. ad esempio: azioni sperimentali per la digitalizzazione della mobilità urbana; interventi per la digitalizzazione e/o per la piena accessibilità – anche nel senso della rimozione di barriere fisiche e cognitive – del patrimonio culturale di musei e biblioteche; miglioramenti per l'efficienza energetica di teatri e cinema; sostegni per lo sviluppo economico/sociale di aree svantaggiate, mediante iniziative di rigenerazione culturale di piccoli centri e di rilancio turistico; interventi di riqualificazione di parchi e giardini storici; azioni di miglioramento della rete di raccolta differenziata dei rifiuti urbani, con realizzazione di nuovi impianti di trattamento/riciclaggio; creazione di laboratori 100% *green* e di autosufficienza energetica in alcune piccole isole; rafforzamento della mobilità ciclistica, con realizzazione di nuove piste ciclabili; potenziamento del trasporto rapido di massa; acquisto di nuovi mezzi di trasporto a emissioni zero; sostituzione e/o riqualificazione energetica degli edifici scolastici; altri interventi per la messa in sicurezza del territorio, la sicurezza e l'adeguamento degli edifici, l'efficienza energetica; realizzazione di nuovi asili nido e scuole dell'infanzia; realizzazione di infrastrutture sportive; interventi di sostegno alle persone vulnerabili; creazione di sistemi di housing temporaneo e di "stazioni di posta" per garantire forme di accoglienza; progetti di rigenerazione per il miglioramento del decoro urbano e per la riduzione di forme di degrado ed emarginazione sociali; rigenerazione delle periferie; valorizzazione dei beni confiscati alle mafie; riqualificazione delle aree interne; interventi di forestazione urbana; interventi volti a garantire la migrazione su *cloud* delle procedure amministrative e l'interoperabilità dei dati; interventi volti a facilitare la creazione di *green communities*, etc.
31. Di tradizionale «approccio olistico» riferisce anche L. Torchia, *Riforma amministrativa*, in *Enc. dir., Tematici, Funzioni amministrative*, Milano, Giuffrè, 2022, p. 993.

nell'immediato e si alimenta, non a caso, delle esigenze della transizione. Il Piano, in altre parole, non ambisce a cambiare programmaticamente la complessiva organizzazione istituzionale del Paese; i cambiamenti vengono indotti dalle esigenze di realizzazione del Piano, secondo un approccio che si potrebbe definire apprenditivo ed evolutivo.

b) *L'assunzione coerente di una prospettiva programmatica diffusa, a vocazione progettuale, con conseguente ricollocazione del rapporto tra politica e amministrazione e con promozione di un prevalente diritto amministrativo "delle cose":* il PNRR esalta e diffonde un metodo organizzativo e funzionale che ruota attorno a specifici problemi da risolvere, a singoli progetti da realizzare, nella convinzione che sia il percorso per compiere tali operazioni, in una transizione da compiersi molto rapidamente, a modellare la formazione di una nuova amministrazione e di una legislazione con essa coerente. *O bere o affogare* –verrebbe da dire– con la conseguenza che tutti i soggetti attuatori –pubblici, ma all'occorrenza anche privati, in un rapporto di forte cooperazione –si trovano nella condizione di chi, per un verso, deve in qualche modo rinunciare, anche solo in parte, alla fissazione propria dei confini e delle proiezioni contingenti della rispettiva attività (di governo o "sociale"), per altro verso, può mutare agenda e avvalersi dell'alleanza con il Governo per fare *cose* che altrimenti richiederebbero un circuito di elaborazione molto più lento o, per meglio dire, molto più esposto alle incostanze e alle fibrillazioni "soggettive" del rapporto tra politica e amministrazione e delle conseguenze che una simile instabilità può avere sulla certezza dei rapporti giuridici.

c) *La digitalizzazione come fattore di unificazione amministrativa (sul piano organizzativo come su quello strettamente funzionale):* come è stato osservato[32], l'importanza della digitalizzazione quale fattore di unificazione amministrativa è messa in luce molto bene dallo stesso PNRR, «quando, trattando dell'obiettivo della «interoperabilità dati» (p. 89), raffigura il tradizionale modo di essere delle diverse amministrazioni come un insieme di "silos verticali, non interconnessi tra loro", e di modificarne "l'architettura e le modalità di interconnessione tra le basi dati», secondo un principio di trasversalità e universalità di accesso, in modo che le informazioni non siano «frammentate tra molteplici enti" ma "a disposizione 'una volta per tutte' per le amministrazioni in modo immediato, semplice ed effi-

32. V. G. Falcon, *Viaggio al centro*, cit., p. 718.

cace". Al passaggio dai silos verticali privi di interconnessioni a strutture piane di cui ogni punto sia agevolmente raggiungibile da ogni altro sembra bene collegarsi quella che il PNRR chiama "transizione al cloud" di programmi e basi di dati delle singole amministrazioni (anche, ma non solo, sulla base di un'infrastruttura strategica pubblica) e la fissazione di strumenti comuni di sicurezza informatica». Questa unificazione di linguaggi e di strumenti *comuni* non potrà che avere conseguenze sul ruolo di ciascuna amministrazione (anche di quella statale, naturalmente) e sulla ridefinizione di competenze e poteri corrispondenti, anche in merito al *metodo* con cui essi vengono esercitati.

Se questi sono alcuni dei principali profili di sviluppo tendenziale del diritto amministrativo italiano come influenzato dall'attuazione del PNRR, non si possono trascurare anche quattro aspetti critici, che sollecitano inevitabilmente una meditazione accurata e impongono cautela:

- Il diritto amministrativo del PNRR enfatizza alcune trasformazioni tipiche –ma anche assai discusse– di tutto il *diritto amministrativo delle crisi*, così come vissute negli ultimi quindici anni (centralizzazione, partecipazione "ridotta" al suo ruolo strettamente funzionale, de-responsabilizzazione delle ordinarie attività di indirizzo politico-amministrativo, aumento della normativa "eccezionale", complicazione degli oneri organizzativi e gestionali in capo alle amministrazioni, etc.).

- Va valutato con attenzione l'*effetto retroattivo* di queste mutazioni sull'assetto costituzionale delle competenze e sulla concreta dinamica del principio di legalità affermato all'art. 97, comma 2, Cost. (il paradigma dell'amministrazione costituzionalmente legittimata è sottoposto ad un processo di cambiamento quasi "darwiniano", al di là di un percorso di manutenzione costituzionale che, sia pur in parte, lo possa orientare consapevolmente).

- Va considerato, poi, il rapporto tra le tante e ingenti operazioni amministrative di spesa previste nel PNRR e la presenza sempre più forte della *giurisdizione*, soprattutto di quelle penale e amministrativo-contabile, nella definizione della vita concreta delle istituzioni e della responsabilità dei funzionari pubblici (dal momento che la logica progettuale, incentrata sulla realizzazione di "cose" specifiche, implica l'assunzione, da parte dell'amministrazione e del suo personale, di un contegno operativo del tutto nuovo, che può talvolta entrare in conflitto con le coordinate più tradizionali dell'esercizio delle pubbliche funzioni).

- Va misurato, infine, l'impatto generale di tutte queste evoluzioni sulla configurazione della cittadinanza amministrativa, già improntata da tempo, e in modo preponderante, al modello della *cittadinanza d'utenza* anziché a quello, più classico, della cittadinanza di comunità (ciò perché uno dei filoni più grossi, se non quello realmente caratterizzante, del PNRR e degli orizzonti trasformativi ad esso sottesi consiste nella ri-costruzione e ri-alfabetizzazione dell'amministrazione tutta, a "servizio" di istanze di prestazione molteplici e differenziate).

C'è da chiedersi, al termine di questa rassegna, se, bilanciando i menzionati profili di tendenza e i compresenti aspetti critici, da ultimo evocati, il risultato possa dirsi temibile in senso assoluto o, all'opposto, incoraggiante in tutto e per tutto. L'immagine più calzante potrebbe essere quella –fin troppo comune– di una cristalleria nella quale abbia fatto repentina irruzione un grande elefante: si tratta di comprendere se dobbiamo preoccuparci soltanto che non vadano in frantumi troppi cristalli (del patrimonio rappresentato dalle coordinate caratterizzanti del diritto dell'amministrazione il giurista deve sempre avere cura) oppure se dobbiamo comunque salutare con favore, tentando di "ricostruirla" e "governarla", la circostanza che l'elefante si sia finalmente alzato (e che, pertanto, la "macchina" dell'amministrazione italiana, storicamente percorsa da un immobilismo quasi congenito, capace di travolgere anche le più illuminate e prospettiche riforme, si possa utilmente scuotere, pur a fronte di tanti, piccoli, e apparentemente casuali, "morsi progettuali").

In proposito non si possono non rievocare le impressioni di chi, con sguardo anticipatore, aveva intravisto, in tempi per così dire non sospetti, l'affermarsi di una graduale crisi delle forme più tradizionali dell'amministrazione e dello Stato amministrativo nel suo insieme[33].

In quell'analisi –pur di fronte ad una serrata, e quasi appassionata, disamina delle principali *deviazioni* che pure trent'anni fa potevano già intravedersi, rispetto ad un paradigma classico e consolidato, nell'evoluzione delle istituzioni pubbliche– si constatava che, forse, i rivolgimenti in corso avrebbero dovuto agevolare la ricomposizione del sistema in nuove forme, per ridare «razionalità ad un'attività amministrativa, esposta ad una parossis-

33. V. G. Berti, *Stato di diritto informale*, in *Riv. trim. dir. pubbl.*, 1992, pp. 3 ss., nonché in Id., *Scritti scelti*, Napoli, Jovene, 2018, pp. 143 ss.

tica pluralità di impulsi, talora in direzioni opposte»[34]. Sicché, «[s]e noi ci convinciamo che l'amministrazione pubblica deve soddisfare anzitutto i diritti sociali ed esprimere l'obbligazione generale alla realizzazione delle aspirazioni collettive, potremmo raggiungere facilmente la conclusione che l'amministrazione si legittima nella società, trovando già in questa la ragione fondamentale della propria esistenza e della propria funzionalità»[35]. Al comprensibile timore per l'introduzione di modelli amministrativi che non sono del tutto conformi alle "vecchie forme" si sovrappone, dunque, la speranza che "nuove forme" si legittimino dal basso, dai bisogni concreti emergenti nella società e, diremmo oggi, nelle *cose* che essa ritenga rilevanti per l'interesse generale.

Forse, dunque, sono corrette entrambe le sensazioni (il timore come la speranza), ma, facendo tesoro di quanto esposto in premessa, la proiezione deontologica del giurista attento all'innovazione richiede in ogni caso uno sforzo propositivo e razionalizzante: rinunciarvi comporterebbe non solo la perdita di importanti occasioni di sviluppo (e la difficilissima gestione delle conseguenze che un tale esito avrebbe sul bilancio pubblico e sulla tenuta prossima ventura del sistema istituzionale e politico); equivarrebbe alla materiale sconfitta di un intero ceto intellettuale.

34. Ibid., p. 165.
35. Ibid., pp. 166-167.

Comunicaciones

Empleo público, reforma laboral y gestión de fondos para la recuperación económica

ALEJANDRA BOTO ÁLVAREZ
Profesora Titular de Derecho Administrativo
Universidad de Oviedo

1. INTRODUCCIÓN

El objetivo de este trabajo es analizar la disposición adicional quinta del Real Decreto-ley 32/2021, de 28 de diciembre, de medidas urgentes para la reforma laboral, la garantía de la estabilidad en el empleo y la transformación del mercado de trabajo que, canalizando el impacto de esa reforma en el sector público, crea un supuesto propio de contratación temporal, en el marco del Plan de Recuperación, Transformación y Resiliencia (PRTR) y Fondos de la Unión Europea (UE)[1].

Más allá de los análisis típicamente interpretativos y de aplicación de esta disposición, es necesario ponerla conceptualmente en relación con las coetáneas Ley 20/2021, de 28 de diciembre, de medidas urgentes para la reducción de la temporalidad en el empleo público y Ley 22/2021, de 28 de diciembre, de Presupuestos Generales del Estado para el año 2022. También merecen atención especial las concomitancias con el Real Decreto Legislativo 5/2015, de 30 de octubre, por el que se aprueba el texto refundido de la Ley del Estatuto Básico del Empleado Público (TREBEP), que formalmente sólo ha sido modificado por estas últimas dos leyes, pero no por la extraordinaria y urgente reforma laboral. Sin embargo, como se verá, resulta imposible valorar en su plenitud las disposiciones sobre el sector público que

1. El presente trabajo ha sido elaborado en el marco del proyecto de investigación de referencia PID2020-118499GB-C33, financiado por la Agencia Estatal de Investigación y titulado "Las transformaciones de la legislación laboral contemporánea y el nuevo estatuto del trabajo".

acompañan a la última reforma laboral de manera desconectada del TREBEP.

Esta comunicación aborda los tres aspectos mencionados (marco conceptual, interpretativo y de aplicación), resaltando los aspectos de Derecho Administrativo propios de este foro. El tema resulta relevante, puesto que entre los retos a que se enfrenta la gestión española de los fondos europeos no es despreciable el de los recursos humanos[2].

2. EL MARCO CONCEPTUAL: REFORMA LABORAL Y SECTOR PÚBLICO

Las tres normas aprobadas el 28 de diciembre de 2021 tienen, como no podía ser de otra manera, un objetivo declarado confluyente: la concepción de la temporalidad como foco de precariedad laboral; la afirmación de la necesidad de terminar con la temporalidad estructural en las Administraciones, y una visión de la contratación de personal temporal, o el nombramiento de personal estatutario temporal y de funcionarios interinos, reservada para casos excepcionales y para cubrir necesidades urgentes e inaplazables, sólo por parafrasear extractos de los respectivos preámbulos de este triángulo de normas.

Resulta bien sabido, no obstante, que la temporalidad en el sector público tiene unos perfiles que no pueden ser sin más equiparados a los del fenómeno en el sector privado[3]. En ese sentido no extraña del todo que la reforma laboral contenga una serie de disposiciones encaminadas a precisar su juego en relación con el sector público[4]. Lo que es más llamativo es que

2. E. de la Nuez Sánchez-Cascado (2021: 56).
3. M. Rodríguez-Piñero Royo (2017: 32).
4. Siguiendo una tendencia muy extendida en la actualidad y que a su vez es causa de la misma extensión de nuestra disciplina (J. García-Andrade Gómez, 2019), el Real Decreto-ley 32/2021, de 28 de diciembre, prefiere en general el concepto subjetivo de "sector público" al de "Administración pública". Ese es el tenor de la disposición adicional quinta que aquí se estudia y también de la cuarta (que se refiere a la contratación por tiempo indefinido, los fijos-discontinuos y la llamada interinidad laboral por vacante). Frente a ello, la disposición final segunda de la misma norma con rango de ley (que regula la posibilidad de contratos para la mejora de la ocupabilidad y la inserción laboral en el marco de los programas de activación para el empleo, con una duración no superior a doce meses) da lugar a otro supuesto especial de contratos de duración determinada, esta vez eso sí sólo respecto de las Administraciones, y no del conjunto del sector público.

una de ellas[5], la disposición adicional quinta que aquí interesa, acabe amparando un efecto en gran medida contradictorio con ese espíritu inicial[6].

Comienza la disposición por señalar que los contratos de duración determinada que se podrán suscribir en su marco serán "por parte de las entidades que integran el sector público, reguladas en el artículo 2 del Real Decreto-ley 36/2020, de 30 de diciembre, por el que se aprueban medidas urgentes para la modernización de la Administración pública y para la ejecución del Plan de Recuperación, Transformación y Resiliencia". Tal artículo remite a su vez al concepto de sector público del artículo 2.1 de la Ley 40/2015, de 1 de octubre, de régimen jurídico del sector público, por lo que se hubiera agradecido el atajo directo[7]. Se trata, en todo caso, de una panoplia de sujetos con regímenes de recursos humanos diferentes, pues el perímetro de ese sector público no coincide con el que determina la aplicación del TREBEP, en los términos del artículo 2 y las disposiciones adicionales primera y cuarta.

Continúa después la disposición señalando que tales contratos laborales temporales podrán celebrarse en dos supuestos:

a) siempre que se encuentren asociados a la estricta ejecución de (*sic*) PRTR y solo por el tiempo necesario para la ejecución de los citados proyectos, o

b) que resulten necesarios para la ejecución de programas de carácter temporal cuya financiación provenga de fondos de la UE.

Debe notarse que, mientras que para el primer caso existe un marco de ejecución "estricta" y que por tanto refiere a un término máximo de duración, aunque indeterminado, para el segundo de los supuestos no se hace constar ese adverbio, ni se indica que el programa deba tener exclusivamente financiación de fondos de la UE, ni tampoco se circunscriben estos a los de un tipo determinado. Es aquí donde se abre de par en par la ventana de la contratación temporal en el sector público, puesto que la cantidad de su actividad que se financia, siquiera parcialmente, con algún tipo de fondo

5. En todo caso, el hecho de que haya unas disposiciones adicionales centradas en la Administración o en el sector público no supone que sólo estas les resulten aplicables, pues las disposiciones que procedan del cuerpo del texto han de entenderse también vinculantes (R. Roqueta Buj, 2022: 49).
6. F. Castillo Blanco (2022).
7. Esto sobre todo porque el artículo 2 del Real Decreto-ley 36/2020 tiene una estructura compleja, con tres apartados donde se va matizando su aplicabilidad.

europeo es abrumadora[8]. Lo hace, además y por mucho que trate de evitarse de la referencia, de una forma que no deja de recordar los extintos contratos de obra o servicio con que la reforma laboral viene grandilocuentemente a terminar[9].

La vinculación de estos contratos temporales a "la ejecución de programas de carácter temporal" o al PRTR, que no deja de tener ese mismo carácter, recuerda necesariamente la causa habilitadora para el nombramiento del funcionariado interino del artículo 10.1 c) del TREBEP. Seguramente por eso la valoración generalmente compartida de la reforma, respecto al sector público, es que aspira a consagrar a los funcionarios como tipología genuina, a que los laborales sean residuales y, dentro de los laborales, los temporales una excepción. La apuesta compartida en la doctrina es que los contratos laborales temporales se derivarán a funcionarios interinos[10], pero ello deja en una importante zona gris a los entes del sector público institucional no administrativo, donde no hay tal tipo de personal. Si eso es porque se quiere que operen con "lógica empresarial" y según las reglas del sector privado, entonces hubiera sido mejor excluirlos de las disposiciones genéricas sobre sector público; si, al revés, la previsión les tiene como destinatarios principales, por entender que quien pueda recurrirá a personal funcionario, también hubiera sido más adecuado explicitarlo.

Sin embargo, no se ha hecho así[11]. Es más, la formulación general de la disposición termina con un último párrafo donde se dispone, sin más cautelas, que los contratos se realizarán de acuerdo con los principios constitucionales de igualdad, mérito y capacidad y en los términos establecidos en la Ley 20/2021. Lo primero no deja de ser un recordatorio en cierto modo superfluo, pero lo segundo da lugar a importantes interrogantes.

---

8. Indirectamente, se está identificando también una causa específica de contratación laboral, que en sí no resulta del todo novedosa pues ya la Ley 30/1984, de 2 de agosto, de medidas para la reforma de la función pública, que no es básica pero tiene carácter supletorio de la legislación autonómica, prevé entre los puestos que podrán desempeñarse por personal laboral los de naturaleza no permanente, aquellos cuyas actividades se dirijan a satisfacer necesidades de carácter periódico y discontinuo o que realizan funciones auxiliares de carácter instrumental y apoyo administrativo.
9. Y sin que una disposición adicional tan breve pueda aclarar las múltiples dudas de régimen jurídico y formalización que se crean, como ha sido puesto de manifiesto por ejemplo por M. J. Fernández Fernández (2022).
10. Así, F. Castillo Blanco (2022) o X. Boltaina Bosch (2022).
11. Y no puede interpretarse sin más como un olvido, desde el momento en que, entre las normas coetáneas, la Ley 20/2021 sí contiene una previsión específica aclarando el juego de su aplicación en sociedades mercantiles públicas, entidades públicas empresariales, fundaciones del sector público y consorcios del sector público (la disposición adicional séptima).

3. EL MARCO INTERPRETATIVO: CONTRATACIÓN LABORAL TEMPORAL PARA EJECUCIÓN DEL PRTR Y TREBEP

La remisión inespecífica a la Ley 20/2021 con que se cierra la disposición adicional quinta del Real Decreto-ley 32/2021 no admite una interpretación sencilla. Aquella es una Ley formalmente muy breve, con tan sólo dos artículos en su cuerpo, el primero de reforma del TREBEP y el segundo relativo a los procesos de estabilización de empleo temporal[12]. Resulta evidente que la conexión deberá realizarse entre la reforma laboral y la reforma del TREBEP.

La misma tiene un triple enfoque y busca, en primer lugar, reforzar el carácter temporal de la figura del personal interino aclarando los procedimientos de acceso a la condición del funcionariado interino y objetivando las causas de cese de este personal (modificación del artículo 10 del TREBEP); introduce también precisiones respecto a la selección del personal laboral (modificación del artículo 11 del TREBEP, para añadir un nuevo apartado 3) y, finalmente, crea un nuevo régimen de responsabilidades ante irregularidades en la contratación laboral temporal y los nombramientos de personal funcionario interino (nueva disposición adicional decimoséptima del TREBEP). Y bien ¿en qué sentido deben entenderse aplicables esas tres novedades a los contratos que se celebren para la ejecución del PRTR?

No es este el lugar para analizar el nuevo concepto de funcionario interino[13], toda vez que lo que aquí interesa es un supuesto de contratación laboral. Por tanto, puede descartarse de plano que el objeto de la remisión que realiza la reforma laboral a la Ley 20/2021 sea el artículo 1.Uno de la misma.

Por su parte, que las contrataciones laborales temporales del sector público para la ejecución del PRTR previstas en la reforma laboral tengan que regirse por el principio de celeridad, teniendo por finalidad atender razones expresamente justificadas de necesidad y urgencia, que son los términos del nuevo artículo 11.3 del TREBEP en virtud del artículo 1.Dos de la Ley 20/2021, no es algo que resulte problemático en absoluto. Se trata, con todo, de una precisión mínima en exceso como para entender sin más

12. La Ley 20/2021 es en cambio prolija en disposiciones adicionales, transitorias y finales. Estudiar su eventual destino por la remisión desde otra disposición adicional en origen parece, por lo intrincado y poco plausible, un esfuerzo baladí y alargaría en exceso este análisis.
13. La clarificación finalmente acometida en el concepto de funcionario interino debe ser bienvenida, aunque no termina con todas las incertidumbres de su régimen jurídico. Al respecto puede verse el análisis de X. Boltaina Bosch (2021).

que tal sea el único saldo de la remisión final de la disposición adicional quinta del Real Decreto-ley 32/2021 a la Ley 20/2021.

Por eso tiene sentido indagar en el mecanismo de la disposición adicional decimoséptima del TREBEP (artículo 1.Tres de la Ley 20/2021). Este régimen, en lo que a personal laboral se refiere, dispone que el incumplimiento de los plazos máximos de permanencia dará derecho a percibir la compensación económica que se prevé[14], sin perjuicio de la indemnización que pudiera corresponder por vulneración de la normativa laboral específica[15]. El hecho de que se haga referencia a un "plazo máximo" es susceptible de una doble posibilidad interpretativa.

La primera, apegada a la literalidad de la disposición adicional quinta que estamos estudiando, es entender que, para el caso de los contratos laborales temporales vinculados al PRTR, ese plazo es, sin más, *certus an incertus quando*. Esta conclusión resulta difícil de aceptar en términos comparativos, pues llevaría a la paradoja de que cuando la ejecución del PRTR se encomendara a funcionarios interinos el nombramiento tendría una caducidad absoluta de entre tres y cuatro años[16], mientras que ese límite no existiría en el caso de acudir a contratos laborales. Por eso hay quien ha defendido una segunda interpretación, buscando cuantificar esa duración máxima global en los mismos términos[17]. Y es que hasta la reforma laboral que aquí se está comentando, el límite general de tres años existía también para la contratación temporal de las Administraciones públicas y sus organismos públicos vinculados o dependientes, por mor de la disposición adicional decimoquinta del Real Decreto Legislativo 2/2015, de 23 de octubre, por el que se aprueba Texto Refundido del Estatuto de los Trabajadores (TRET). Pero tal régimen ha sido precisamente derogado con la reforma, y a mi juicio no puede

14. Dicha compensación consiste, en su caso, en la diferencia entre el máximo de veinte días de su salario fijo por año de servicio, con un máximo de doce mensualidades, y la indemnización que le correspondiera percibir por la extinción de su contrato, prorrateándose por meses los períodos de tiempo inferiores a un año. El derecho a esta compensación nacerá a partir de la fecha del cese efectivo, y la cuantía estará referida exclusivamente al contrato del que traiga causa el incumplimiento. En caso de que la citada indemnización fuere reconocida en vía judicial, se procederá a la compensación de cantidades.

15. No se prevé desde luego la fijeza ni la conversión en indefinido-no fijo, lo que cabría quizás ver como el principio del fin de esta última figura. En la medida, empero, en que se trata de una creación jurisprudencial en constante evolución resulta precipitado pronunciarse al respecto. Sobre estos temas puede verse, por todos, A. Sempere Navarro (2022).

16. En virtud de lo dispuesto desde siempre en el artículo 10 del TREBEP, ahora con un exceso sancionable de conformidad con la flamante disposición adicional decimoséptima del mismo texto.

17. R. Roqueta Buj (2022: 49).

pretenderse que reviva por una lógica de reenvíos que llevaría extrapolar la regulación del funcionariado interino al personal laboral sobre la única base de una analogía, plausible pero no explicitada. Es algo, con todo, sujeto a debate y que está llamado a generar litigiosidad en la práctica, quizás no tanto en el marco del PRTR, pero sí seguramente respecto al resto de fondos de la UE por su encuadre legislativo menos estricto.

En definitiva y a modo de síntesis, cabe afirmar que, en virtud de la remisión contenida en el último párrafo de la disposición adicional quinta del Real Decreto-ley 32/2021, a los contratos laborales por tiempo determinado que se celebren en el sector público para la ejecución del PRTR les resultarán aplicables el artículo 11.3 y la disposición adicional decimoséptima del TREBEP (esta última con un límite temporal preciso o no). La cuestión es importante por lo que supone de innovación respecto al tradicional sistema de fuentes aplicable a las múltiples entidades del sector público estatal, autonómico y local no incluidas en el artículo 2 del propio TREBEP.

Ciertamente y si se acepta cada paso de la argumentación seguida, se habrá creado para el sector público empresarial y fundacional una nueva vinculación al TREBEP. A estos entes instrumentales con personalidad jurídica de derecho privado ya no sólo se les aplicarían los principios de acceso al empleo público, discapacidad y código ético (art. 52, 53, 54, 55 y 59 a que hace referencia la disposición adicional primera del TREBEP), sino también el artículo 11.3 y la disposición adicional decimoséptima, en los casos de contratación vinculada al PRTR o a fondos de la UE. El cambio no es menor, y el hecho de que se llegue a esta conclusión a través de la interpretación de remisiones resulta muy criticable en mi opinión. Por eso creo que, si tal cosa era la voluntad del legislador, debería haberla dejado más clara; con una modificación de la disposición adicional primera del TREBEP que así lo recogiera, o al menos con una mejor redacción de su nueva disposición adicional decimoséptima, cuyo tenor se circunscribe a las Administraciones públicas.

Y es que más allá del interés académico que el asunto presenta, es vital ofrecer seguridad jurídica a los operadores prácticos que lidian en nuestras Administraciones con el proceloso régimen de los recursos humanos y que, en particular en lo que al sector institucional no administrativo se refiere, han de compatibilizar día a día las diferentes visiones contencioso-administrativas y sociales[18].

---

18. Sobre los problemas a que se enfrenta la contratación laboral en las sociedades mercantiles estatales pueden verse las reflexiones de S. Rodríguez Escanciano (2020). No deja de ser otro foco de problemas, el complejo régimen aplicable e incluso la difícil

4. EL MARCO APLICATIVO: MODALIDADES CONTRACTUALES Y PROCEDIMIENTO ADMINISTRATIVO COMÚN

Ha existido, por último, gran consternación entre los operadores prácticos por el hecho de que, además de la determinación temporal máxima, la disposición adicional quinta del Real Decreto-ley 32/2021 tampoco haya fijado expresamente la modalidad contractua l concreta para formalizar la relación laboral.

En relación con ello, el 10 de febrero de 2022[19] se hizo pública una Nota conjunta de la Dirección General de Trabajo y el Servicio público de empleo estatal que, interpretando la disposición que nos ocupa, indicaba que la contratación de duración determinada vinculada a los fondos referidos va a poder realizarse en el marco de un contrato de causa específica, diferente a las reguladas en el artículo 15 del TRET, que se denominará "contrato de duración determinada vinculado a programas financiados con fondos europeos", y que se formulará en un nuevo modelo[20]. La Nota continúa anunciando que ese modelo está siendo objeto del correspondiente desarrollo y ajuste técnico[21], algo que parece totalmente entendible. Menos lo es lo que sienta a continuación.

---

identificación de la naturaleza de ciertas fundaciones y asociaciones consorciales. Respecto al personal de los consorcios puede verse el trabajo de J. E. Quesada Lumbreras (2018). La naturaleza de "derecho público" se afirma de manera expresa en la definición que del consorcio se ofrece en el artículo 118 de la Ley 40/2015, pero este mismo artículo contempla la posibilidad de que en el consorcio participen otros entes institucionales no administrativos e incluso entidades privadas, lo que lleva a prever para su régimen jurídico la aplicación supletoria de las normas civiles sobre sociedades (artículo 119). En mi opinión, una cosa será que el consorcio realice funciones administrativas, o que se le aplique la regulación de las Administraciones públicas, y otra muy distinta que tal sea su naturaleza subjetiva (A. Boto Álvarez, 2017: 413). Para opiniones en contra: F. Toscano Gil (2016).

19. El documento puede consultarse en https://sede.administracion.gob.es/pagSedeFront/servicios/peticionCSV.htm

20. Estos contratos -sigue diciéndose- tendrán la duración necesaria para la ejecución de proyectos o programas de carácter temporal cuya financiación provenga de Fondos de la UE. Se identificarán de manera diferenciada los asociados a la ejecución del PRTR, financiados con el Mecanismo de Recuperación y Resiliencia (*Next Generation EU*), y aquellos vinculados a la ejecución de programas financiados con otros fondos de la UE. Al modelo que sirve para dar cobertura a estos nuevos contratos se le asignarán los códigos 406 y 506, según la contratación sea a tiempo completo o a tiempo parcial.

21. Una segunda Nota informativa, de 29 de marzo de 2022, indicaba que el modelo ya está elaborado y se incorporará como cláusulas específicas del modelo de contrato temporal publicado en la página web para su formalización por escrito (el documento puede consultarse en https://www.sepe.es/SiteSepe/contenidos/comunicacion/pdf/2022/29032022-DEF-NOTA-INFORMATIVA-MODIFICACION-MODELOS-CONTRATOS-REAL-DECRETO-LEY-32_2021.pdf)

Y es que, amparándose en el principio *pro actione* y en el antiformalismo, se indica con apoyo en el artículo 66.6 de la Ley 39/2015, de 1 de octubre, del procedimiento administrativo común de las Administraciones públicas que, en tanto se elabora ese modelo específico, las contrataciones que respondan a la ejecución de estos contratos o programas, se formalizarán en otro de los modelos vigentes[22]. Ciertamente, no ha lugar a dudar del carácter antiformalista del Derecho Administrativo, como del Derecho del Trabajo, por mucho que pueda sorprender extramuros de la disciplina, pero lo que no tiene sentido es el empleo de ese fundamento jurídico, que está referido a la presentación de solicitudes en procedimientos administrativos, y por tanto resulta algo totalmente ajeno a lo que aquí se está tratando. Sin discutir que la Nota es oportuna por cuanto debe darse una solución práctica a la formalización de la modalidad contractual, el precepto referido no es en modo alguno de aplicación posible como fundamentación.

5. REFLEXIÓN DE CIERRE

A pesar de compartir una materia de gran proyección práctica en común, los enfoques laboralistas y administrativistas sobre empleo en el sector público parecen sistemáticamente condenados a no entenderse[23]. La Nota conjunta de la Dirección General de Trabajo y el Servicio público de empleo estatal a la que acaba de hacerse referencia es buena muestra de ello, dando la sensación de que lo único que se busca por parte de los operadores laboralistas es un soporte procedimental administrativo, puramente formal, apresurado y usado de manera irreflexiva.

En parte, esto puede explicarse por la complejidad creciente de nociones propiamente administrativistas como la de sector público, pues si bien el empleo en régimen laboral en las Administraciones sí ha interesado tradicionalmente a ciertos sectores de la doctrina laboralista, no es en cambio habitual que estos autores diseccionen con cuidado el deslinde formal entre las distintas formas organizativas de lo público. Seguramente esto sea lógico, pero dado que el uso del sintagma es cada vez más frecuente parece imprescindible trabajar para reducir la brecha teórica y metodológica.

A la aproximación de paradigmas no ayudan normas difusas e inespecíficas como la aquí analizada pues tal parece que, con la reforma laboral,

22. En concreto en el de "Cláusulas específicas de interés social/empleo agrario", con código 401 o 501, identificando el objeto del contrato vinculado al proyecto o programa financiado con Fondos Europeos. En el apartado de duración del contrato deberá reflejarse la del proyecto o programa del que trae causa, como si ya se estuviese formalizando el contrato en el modelo que le corresponde por su objeto (406, 506).
23. E. M. Menéndez Sebastián (2022).

en relación con el PRTR y los fondos de la UE se acaba extendiendo, por la vía de las remisiones y sin ulterior explicación o justificación, parte del régimen de los empleados públicos a trabajadores que en realidad carecen de tal condición por prestar sus servicios en sociedades mercantiles públicas, por ejemplo.

6. BIBLIOGRAFÍA

Boltaina Bosch, Xavier (2021): "Función pública. Elementos clave del régimen jurídico de los funcionarios interinos tras el real decreto-ley 14/2021 de 6 de julio. Empleados públicos - Personal interino", en *La Administración Práctica,* núm. 11.

Boltaina Bosch, Xavier (2022): "La Ley 20/2021 de estabilización del empleo temporal y el personal laboral de la Administración Local. Su interrelación con el RD-Ley 32/2021 de reforma laboral", en *El Consultor de los Ayuntamientos,* núm. 2.

Boto Álvarez, Alejandra (2017): "La organización institucional no administrativa en la Ley de régimen jurídico del sector público", en L. Míguez Macho y M. Almeida Cerreda (coords.), *Los retos actuales del Derecho Administrativo autonómico. Estudios en homenaje al profesor José Luis Carro Fernández-Valmayor,* Santiago de Compostela, Escola Galega de Administración Pública-Andavira-Fundación Democracia y Gobierno Local, vol. I, pp. 407-422.

Castillo Blanco, Federico (2022, 7 de febrero): "La reforma de la temporalidad en el sector público: ¿ley del embudo?", en Blog *Acal:.* https://www.acalsl.com/blog/2022/02/la-reforma-de-la-temporalidad-en-el-sector-publico-ley-del-embudo

de la Nuez Sánchez-Cascado, Elisa (2021): "Continuidad versus transformación ¿qué función pública necesita España?", en M. Villoria Medieta (coord.), *Ética pública en el siglo XXI,* Madrid, INAP, pp. 55-71.

Fernández Fernández, María José (2022): "Modalidad de contratación laboral: ejecución de programas temporales subvencionados en la Administración pública", en *El Consultor de los Ayuntamientos,* núm. 3.

García-Andrade Gómez, Jorge (2019): "El «sector público» como referente actual del derecho administrativo", en *Revista de Administración Pública,* núm. 209, pp. 175-208.

Menéndez Sebastián, Eva María (2022): "La contratación indefinida en la Administración Pública", en J. García Murcia (ed.), *Opiniones sobre la reforma laboral 2021-2022*, Oviedo, KRK Laboral, pp. 317-343.

Quesada Lumbreras, Javier Eduardo (2018): "Los consorcios y la problemática del personal a su servicio", en *Revista de Estudios de la Administración Local y Autonómica*, núm. 10, pp. 40-55.

Rodríguez Escanciano, Susana (2020): "Contratación temporal irregular en una sociedad mercantil estatal: la aplicación de la figura del 'trabajador indefinido no fijo'", en *Revista de Jurisprudencia Laboral*, núm. 8.

Rodríguez-Piñero Royo, Miguel (2017): "La contratación temporal en el sector público", en *Documentación Laboral*, núm. 110 vol. II, pp. 27-66.

Roqueta Buj, Remedios (2022): *La reforma de la contratación temporal en las Administraciones públicas*, Valencia, Tirant lo Blanch, 125 pp.

Sempere Navarro, Antonio (2022, 3 de enero): "La temporalidad en el sector público tras la Ley 20/2021 de 28 diciembre", en Blog *El derecho.com*. https://elderecho.com/la-temporalidad-en-el-sector-publico-tras-la-ley-20-2021-de-8-diciembre

Toscano Gil, Francisco (2016): "Otra vez los consorcios administrativos: novedades introducidas por la Ley 40/2015 de régimen jurídico del sector público", *Revista vasca de Administración pública*, núm. 105, pp. 473-513.

Le relazioni tra lo Stato e autonomie territoriali alla prova dell'attuazione dei Piani Nazionali di Ripresa e Resilienza: il caso italiano

CLAUDIA TUBERTINI
Professoressa associata di diritto amministrativo
Alma Mater Studiorum Università di Bologna

1. L'ANNOSO PROBLEMA DELLE RELAZIONI TRA STATO ED AUTONOMIE TERRITORIALI: UNA COSTANTE DEL MODELLO ITALIANO DI AMMINISTRAZIONE MULTILIVELLO

Le relazioni tra Stato centrale e autonomie territoriali rappresentano per l'ordinamento italiano un problema, anzi, potremmo dire, *il* problema dalla cui soluzione dipende il corretto funzionamento del nostro complesso modello di amministrazione multilivello. La riforma costituzionale del 2001, di cui si è da poco celebrato il ventennale dall'entrata in vigore, pur incentrata sull'incremento dell'autonomia regionale e locale, secondo il giudizio unanime è stata l'occasione mancata per dare vita a una compiuta disciplina del cd. sistema delle Conferenze, avviatosi sin dal primo decennio dell'esperienza regionale e consolidatosi con la stagione del secondo decentramento ad opera del d.lgs. 281/1997, e dei rispettivi strumenti di funzionamento. Questa mancanza è stata considerata causa delle numerose oscillazioni registratesi in merito all'applicazione principio di leale collaborazione, che di queste sedi e strumenti costituisce il fondamento costituzionale. Proprio questo principio ha permesso nei diversi momenti evolutivi del nostro regionalismo di modellare i rapporti intergovernativi facendo perno sulla presenza di sedi caratterizzate –elemento peculiare anche rispetto all'esperienza spagnola– per essere stabili, generali (non settoriali) e interregionali (non bilaterali), nonché deputate non solo alla consultazione, ma anche alla concertazione e raccordo. Tale raccordo tra i livelli territoriali di governo è stato ritenuto indispensabile, anche tenuto conto della perdurante assenza della Camera delle Regioni, per la riconduzione a coerenza di un assetto delle competenze così frammentato come il nostro, vuoi per lo stesso tenore degli elenchi delle materie di competenza legislativa contenuti nell'art. 117 Cost., vuoi per l'applicazione, su versante amministrativo, del principio di sussidiarietà.

La parabola ascendente delle Conferenze (e, con esse, del principio di leale collaborazione) ha subito una prima battuta d'arresto nel decennio della crisi economica, periodo durante la quale il principio è stato messo a dura prova dalla costituzionalizzazione del principio dell'equilibrio del bilancio e, prima ancora, dal richiamo al principio di unità ed indivisibilità della Repubblica per giustificare l'imposizione alle autonomie di misure di razionalizzazione della spesa. È in questo periodo, soprattutto, che alcuni autori hanno parlato di «declino del principio di leale collaborazione», o di principio a «giustiziabilità dimidiata», osservando le oscillazioni giurisprudenziali nell'intensità della sua tutela. Il vivace dibattito che è scaturito non si è tradotto, tuttavia, in significativi interventi di riforma. Il funzionamento del sistema delle Conferenze non solo è rimasto invariato, ma si è confermato comunque, con tutti i limiti e le oscillazioni rilevate nella prassi, cruciale momento di confronto e di riequilibrio territoriale anche nelle scelte di allocazione delle, sempre più limitate, risorse a disposizione delle Regioni (si pensi al meccanismo di definizione concertata del Fondo Sanitario Nazionale).

Superata, o per lo meno attenuata, la crisi economica si è passati, poi, come noto, alla crisi pandemica: altro momento cruciale per il sistema delle Conferenze. In realtà tutto il sistema delle relazioni istituzionali è stato messo a dura prova nel periodo della pandemia, secondo una tendenza che ha accomunato tutti gli Stati a tradizione federale o a regionalismo forte in periodo di emergenza. Proprio quest'ultima ha richiesto infatti la conciliazione di due opposte esigenze, la tempestività e la compartecipazione ai processi decisionali di tutti i livelli coinvolti. Entrambe le circostanze hanno contribuito a formare l'immagine di un sistema delle Conferenze in difficoltà nel mantenere la posizione baricentrica acquisita in anni ed anni di esperienza. Non può certo tacersi che, in alcuni significativi momenti dell'evoluzione pandemica, l'emergenza abbia lasciato spazio all'applicazione, nelle diverse aree del territorio nazionale, a soluzioni variegate che hanno acuito la sensazione di un sistema troppo differenziato; così come si è assistito, in alcuni casi, senz'altro ad un uso di strumenti istituzionali –specie i poteri d'ordinanza, ma anche l'iniziativa legislativa– in funzione apertamente conflittuale da parte delle Regioni. Eppure, l'attività delle Conferenze è stata comunque intensa, sia sul piano quantitativo che qualitativo (grado di complessità e di portata innovativa degli atti da adottare), e cruciale in alcuni momenti chiave dell'emergenza. Non deve quindi stupire che dalla stessa Corte Costituzionale –proprio nel pieno della prima fase dell'emergenza pandemica– sia giunto, per bocca del suo Presidente, un accorato appello ad utilizzare la «leale collaborazione fra le istituzioni, che è la proiezione istituzionale della solidarietà tra i cittadini come chiave per affrontare l'emergenza»[1]; esortazione che è stata ripetuta anche dal Capo dello Stato, proprio nell'occasione in cui si celebravano i Cinquant'anni dall'insediamento dei Consigli regionali nelle Regioni a statuto ordinario, come invito a fra sì che «la soggettività politica delle Regioni si sviluppi, non in contrapposizione con l'indirizzo politico statale, ma in chiave di confronto e di cooperazione» [2]. Del resto, persino nel momento di più forte richiamo all'unitarietà nella risposta all'emergenza pandemica, la Corte Costituzionale –intervenendo per la prima volta dalla sua istituzione a sospendere una legge regionale– ha anche riconosciuto quanto fondamentale sia «l'apporto dell'organizzazione sanitaria regionale, a mezzo della quale lo Stato stesso può perseguire i propri scopi», ed ha comunque valorizzato i momenti di consultazione delle Regioni previsti dalla legislazione statale, riconoscendoli quale espressione di una immanente esigenza di coordinamento[3].

Se c'è un aspetto positivo che si può quindi trarre da questo tumultuoso periodo è certamente una rinnovata consapevolezza ed una nuova ripresa del dibattito, da lungo sopito, sulle possibili riforme in grado di assicurare maggiore stabilità e funzionalità al modello italiano delle relazioni intergovernative, e quindi al sistema delle Conferenze.

2. IL DIBATTITO SULLE POSSIBILI RIFORME: LE ALTERNATIVE IN CAMPO E L'IMMOBILISMO DEL LEGISLATORE

In effetti, proprio durante l'emergenza pandemica c'è stato un fiorire di iniziative e proposte anche di segno molto diverso: in primo luogo, quella volta alla costituzionalizzazione del sistema delle Conferenze, contenuta in disegni di legge di iniziativa parlamentare che proponevano –e tuttora in realtà propongono, sebbene del tutto fermi nei rispettivi rami parlamentari– di rendere costituzionalmente doverosa l'istituzione e la disciplina delle Conferenze. Tali proposte avevano però anche il dichiarato fine di sottoporre al parere preventivo obbligatorio della Conferenza Stato-Regioni l'esercizio della nuova clausola di supremazia statale, da inserire

1. Relazione della Presidente Marta Cartabia sull'attività della Corte costituzionale nel 2019, 28 aprile 2020.
2. Intervento del Presidente della Repubblica Sergio Mattarella in occasione dell'incontro con i Presidenti di Regione, nel cinquantesimo anniversario di costituzione delle Regioni a statuto ordinario (Palazzo del Quirinale, 4 agosto 2020).
3. *Sent. 37/2021.*

anch'essa in Costituzione per consentire di fatto allo Stato di scardinare il sistema di riparto costituzionale delle competenze legislative invocando la tutela dell'unità giuridica o economica della Repubblica ovvero la tutela dell'interesse nazionale. Calata in questo contesto, ovviamente, la costituzionalizzazione delle Conferenze avrebbe assunto una netta funzione difensiva anziché promozionale ed evolutiva, come invece era stata pensata nelle precedenti stagioni. Anche per questo, quindi, la proposta è stata accolta con generale scetticismo. Le alternative proposte in dottrina sono state varie: dall'attuazione dell'art. 11 della legge costituzionale 3/2001 mediante l'integrazione con rappresentanti delle autonomie della Commissione bicamerale per le questioni regionali –proposta che riaffiora ciclicamente, suscitando altrettanto ciclicamente le stesse posizioni favorevoli, dubbiose o apertamente contrarie– alla valorizzazione del principio di leale collaborazione nel testo costituzionale, sia sul piano dell'amministrazione, superando le limitatezze derivanti dall'attuale formulazione dell'articolo 118, comma 3 (che allude a forme di intesa e coordinamento solo in alcune specifiche materie), sia sul piano della normazione, inserendo un esplicito riferimento a tale principio anche in merito all'esercizio della potestà normativa (non solo secondaria, ma anche primaria) da parte del Governo, in tutti i casi in cui questa intersechi materie o interessi regionali e/o locali e, viceversa, da parte delle Giunte Regionali; sino a proposte di interventi sul piano della legislazione ordinaria, anche queste variamente articolate e graduabili in funzione dell'intensità dell'obiettivo che si voglia raggiungere – riequilibrio tra le prerogative del Governo e quelle delle autonomie all'interno delle Conferenze, maggiore efficienza del processo decisionale, o anche una modificazione strutturale, ad esempio mediante l'individuazione di nuovi meccanismi di rappresentanza delle autonomie che valorizzino i Consigli delle Autonomie locali e/o mediante la creazione di una Conferenza unitaria, seppure articolata in più sezioni per favorire il raccordo preventivo e costante (e non meramente eventuale ed episodico) tra regioni ed enti locali, vera lacuna del sistema attuale; passando, infine, per una riflessione sulla istituzionalizzazione della Conferenza delle Regioni, che tanta importanza ha assunto proprio durante l'emergenza pandemica come sede di composizione dei variegati interessi delle Regioni, sistema a sua volta articolato (per la presenza delle Regioni a statuto speciale) e potenzialmente portatore di interessi molto differenziati.

In questo stesso periodo, per il vero, non è mancato anche chi ha avvertito che ragionare solo di riforma delle Conferenze avrebbe rischiato di mettere da parte il vero obiettivo, ovvero una complessiva riforma del sistema di distribuzione territoriale del potere politico-amministrativo che portasse ad una più chiara individuazione di funzioni e di responsabilità in capo ai distinti livelli decisionali, a partire da quello nazionale; così come assai diverso sarebbe stato ragionare di leale collaborazione in un contesto in cui vi fosse un centro forte, con poteri di composizione e chiusura dei processi deliberativi, che sapesse dunque fare da vero garante dell'unità, della qualità ed efficienza dell'amministrazione regionale e locale, e non solo da controllore della spesa.

3. LA NECESSITÀ DI UN RACCORDO RAFFORZATO PER L'ATTUAZIONE DEL PNRR E LE SOLUZIONI APPRONTATE DAL LEGISLATORE, TRA ASPETTATIVE E REALTÀ

Di tutto questo dibattito assai poco sembra trapelato nel più vasto ed articolato piano di riforma mai progettato dal nostro Paese: un piano nato proprio dalla crisi derivante dall'emergenza pandemica e destinato al suo superamento. Quest'ultima, certo, ha reso chiara la necessità di rafforzare anzitutto il ruolo di indirizzo e coordinamento dell'amministrazione centrale, fondamentale in un sistema necessariamente interdipendente, flessibile e cooperativo come quello delineato dal Titolo V della Costituzione italiana. Un indirizzo e coordinamento che, tuttavia, non può essere modellato sui vecchi schemi di gerarchia e rigida separazione di ruoli, ma deve essere improntato alle più moderne logiche di sussidiarietà e leale collaborazione.

Dopo queste premesse, una revisione del sistema delle Conferenze (anche solo nella prospettiva primaria dell'efficienza del processo decisionale interno) ben avrebbe potuto trovare spazio nel PNRR tra le riforme "orizzontali", consistenti in innovazioni strutturali dell'ordinamento, oppure in quelle "abilitanti", ovvero funzionali a garantire l'attuazione del Piano e in generale a rimuovere gli ostacoli amministrativi, regolatori e procedurali che condizionano i processi decisionali. Nulla di ciò è stato previsto. La scelta è stata quella di realizzare il piano con una salda regia unitaria, ritenuta necessaria per la responsabilità diretta dello Stato nei confronti delle istituzioni comunitarie circa il corretto e tempestivo utilizzo delle ingenti risorse messe a disposizione del nostro Paese. Nella (così definita testualmente dal legislatore) *Governan*ce del Piano delineata dal d.l. 77/2021 evidente, in effetti, è l'intento di garantire una forte guida nazionale anche delle riforme e dei progetti ricadenti in materie di competenza regionale e locale: lo dimostra anzitutto l'individuazione dei Ministeri e delle strutture della Presidenza del Consiglio dei Ministri come "titolari" delle riforme e degli investimenti previsti dal PNRR in tutti i settori, indipendentemente dall'esistenza di potestà legislative regionali, concorrenti o residuali, nei rispettivi ambiti, o di competenze amministrative degli enti locali. In buona sostanza, l'ingente quantità di nuove risorse provenienti dall'Unione europea segue per le Regioni il meccanismo tipico dei trasferimenti a destinazione vincolata, e la loro gestione è sottoposta ad un rigido controllo centralizzato attraverso il nuovo Servizio centrale per il PNRR presso la Ragioneria generale dello Stato (art. 6), responsabile della gestione del citato Fondo di Rotazione del *Next Generation EU-Italia* e dei connessi flussi finanziari, nonché della gestione del sistema di monitoraggio sull'attuazione delle riforme e degli investimenti del PNRR. Anche gli enti locali sono per lo più sono individuati come beneficiari per l'attuazione di interventi di loro diretta competenza, ma accedono ai finanziamenti partecipando su base competitiva alla loro assegnazione attraverso la presentazione di progetti sulla base dei criteri di volta in volta individuati nei bandi dei Ministeri. A giustificare sul piano costituzionale queste scelte, il citato decreto n. 77/2021 ha enunciato il preminente valore dell'interesse nazionale nella puntuale realizzazione degli interventi inclusi nel Piano (art. 1, comma 2), precisando che le disposizioni sono adottate nell'esercizio della competenza legislativa esclusiva di cui all'art. 117, comma 2, lett. a) in materia di rapporti dello Stato con l'Unione Europea e, addirittura, «definiscono, ai sensi dell'art. 117, secondo comma, lettera m) della Costituzione, livelli essenziali delle prestazioni concernenti i diritti civili e sociali che devono essere garantiti su tutto il territorio nazionale» (art. 1, comma 3).

In questa prospettiva, è inevitabile chiedersi se il modello di *Governance* delineato per l'attuazione del PNRR sia effettivamente idoneo a coniugare regia nazionale rafforzata e metodo cooperativo nella realizzazione dei suoi ambiziosi obiettivi. È evidente, infatti, che senza l'apporto dei principali soggetti attuatori delle azioni il centro non potrà, da solo, garantire il rispetto dei tempi e degli obiettivi assegnati al Paese dall'Unione Europea, visto che circa il 36 per cento delle risorse del PNRR saranno affidate a Regioni, Province, Comuni, Città metropolitane o altre amministrazioni locali (66 miliardi di euro nel caso del PNRR in senso stretto, che si estendono a 80 miliardi di euro se si considera anche il Piano nazionale per gli investimenti complementari).

Proprio grazie alle proposte formulate dalla Conferenza delle Regioni, e poi recepite dal legislatore, un parziale recupero del ruolo regionale è stato assicurato tramite la presenza delle singole Regioni nella Cabina di regia nazionale del PNRR (art. 2), istituita presso la Presidenza del Consiglio dei ministri e presieduta dal Presidente del Consiglio dei ministri, alla quale partecipano i Ministri e i Sottosegretari di Stato alla Presidenza del Consiglio dei ministri competenti in ragione delle tematiche affrontate in ciascuna seduta. La Cabina promuove, ai sensi della legge, sia il coordinamento tra le amministrazioni centrali che tra i diversi livelli di governo e propone, ove ne ricorrano le condizioni, l'attivazione dei poteri sostitutivi statali regolati dallo stesso decreto. È dunque assai rilevante la circostanza che, su richiesta delle Regioni, sia stata inserita la partecipazione obbligatoria (in una prima versione prevista solo su eventuale invito) dei Presidenti di Regioni quando siano esaminate questioni di competenza di una singola regione o provincia autonoma, oppure il Presidente della Conferenza delle Regioni, quando siano esaminate questioni che riguardano più Regioni. Lo stesso Presidente della Conferenza delle Regioni è chiamato a partecipare alle sedute del Comitato sulla transizione ecologica di cui all'art. 57-bis del decreto legislativo 3 aprile 2006, n. 152 e del Comitato interministeriale per la transizione digitale di cui all'articolo 8, comma 2, del decreto-legge 1° marzo 2021, n. 22, quando si tratta di materie nelle quali le Regioni e le Province autonome vantano uno specifico interesse. La successiva integrazione della Cabina di regia anche con rappresentanti degli enti locali è avvenuta secondo la medesima procedura, ovvero, attraverso una esplicita richiesta politica delle associazioni delle autonomie a cui il legislatore ha fatto seguito modificando l'originaria disciplina[4].

Desta però seria preoccupazione quello che già sta emergendo in sede di prima attuazione di queste disposizioni normative. La Cabina di regia è stata convocata sinora soltanto due volte, senza –lamentano le Regioni– un'adeguata informazione preventiva sui temi all'ordine del giorno e una condivisione della relazione presentata. Non risultano essere state adottate le linee-guida che avrebbero dovuto orientare le attività dei singoli Ministeri e delle amministrazioni coinvolte nell'attuazione del Piano. I Comitati per la transizione digitale e per la transizione ecologica similmente contemplano la presenza delle Regioni, ma senza un coinvolgimento complessivo nell'attività dei Comitati fin dall'attività istruttoria. Risulta quindi carente, a momento, proprio quella funzione di coordinamento e di sistema che questi strumenti dovrebbero svolgere.

A fronte di un assetto normativo apparentemente rispettoso del principio di leale collaborazione, sembra quindi mancare un reale raccordo stabile tra Presidenza del Consiglio, Ministero dell'Economia e Ministeri di spesa che consenta alle Regioni ed alle autonomie locali di avere un quadro di riferimento complessivo dell'attuazione del PNRR e non di rispondere di volta in volta a singole iniziative di spesa delle amministrazioni centrali quando i relativi avvisi giungono alla pubblicazione. È quindi urgente che si recuperi il metodo di condivisione, anche per decidere come coniugare complementarietà e demarcazione delle misure del PNRR e della politica di coesione, le cui risorse sono affidate in gran parte alle Regioni. In assenza di questo raccordo, la capacità di assorbimento delle economie, dei mercati

4. Cfr. dl.gs. 152/2021.

finanziari e dei sistemi produttivi territoriali, oltre che la capacità di gestione degli uffici delle amministrazioni, potrebbe essere ridotta, con indesiderabili effetti sull'economia complessiva del Paese.

Il timore è, peraltro, che a giudicare la violazione del principio di leale collaborazione nelle decisioni che verranno operate in sede di attuazione del Piano verrà nuovamente investita la Corte Costituzionale. Si consideri, infatti, che il modello di Governance delineato dal d.l. 77/2021 non elide le competenze assegnate dalla legge al sistema delle Conferenze, che devono necessariamente intervenire ora in funzione consultiva, ora di concertazione in merito all'attuazione di specifiche misure previste da Piano stesso, molte delle quali, peraltro, trovano fondamento nell'adozione di atti normativi di iniziativa governativa sottoposti per legge al parere o all'intesa delle Conferenze. È così avvenuto, per esempio, per il decreto ministeriale recante la ripartizione programmatica delle risorse alle Regioni e alle province autonome per i progetti del Piano Nazionale di ripresa e resilienza e del Piano nazionale per gli investimenti complementari previsti per l'attuazione delle misure relative all'assistenza sanitaria (cd. Missione 6 del Piano), adottato previa intesa ai sensi dell'articolo 8, comma 6 della legge 131/2003 nell'ambito della Conferenza Stato-Regioni (con un meccanismo di raccordo forte, quindi, senza il quale il Governo non avrebbe potuto procedere). Laddove, tuttavia, manchi una previsione normativa espressa che sottoponga un determinato atto al parere o all'intesa in Conferenza, la scelta è rimessa alla discrezionalità del Governo[5]; con la conseguenza che, di fatto, il coinvolgimento delle Regioni e degli enti locali nell'adozione degli atti di attuazione del PNRR è sinora stato disomogeneo nei diversi settori, anche laddove erano certamente presenti rilevanti interessi regionali e locali. Se il PNRR deve rispettare le attribuzioni costituzionalmente garantite ai diversi livelli di governo, come esso stesso afferma, non è infatti pensabile che la competenza statale in materia di "rapporti dello Stato con l'Unione Europea" (art. 117, comma 2 lett. a) Cost.) diventi una nuova clausola di competenza trasversale, *bonne à tout faire.*

L'auspicio è che questa sia solo una prima fase di assestamento e che il sistema istituzionale evolva verso un assetto in cui la regia nazionale sia davvero solo "regia", e non sostituzione o cancellazione del metodo con-

5. Cfr. art. 2, comma 4 e art. 9, comma 3 d.l.gs 281/1997, laddove si prevede che, salve le intese previste dalla legge ed i pareri obbligatori previsti nello stesso decreto, la Conferenza Stato-Regioni è sentita su ogni oggetto di interesse regionale che il Presidente del Consiglio dei Ministri *ritiene opportuno* sottoporre al suo esame, anche su richiesta della Conferenza dei Presidenti delle Regioni; inoltre, mentre ogni oggetto di preminente interesse comune delle Regioni e degli enti locali *può* essere sottoposto alla Conferenza unificata.

certativo. Lo stesso Governo, del resto, dovrebbe essere interessato ad evitare di trovarsi schiacciato dal peso degli adempimenti imposti dal Piano, costretto ad interventi sostitutivi che le attuali amministrazioni centrali potrebbero avere difficoltà ad assicurare. Proprio l'attuazione del Piano, quindi, potrebbe costituire –a dispetto del modello di Governance *complementare* in esso delineato– una nuova leva per l'attuazione, non più rinviabile, della riforma dei meccanismi *ordinari* di raccordo tra lo Stato e le autonomie.

4. BIBLIOGRAFIA

AA.VV (2021): "I piani nazionali di ripresa e resilienza in prospettiva comparata", in *Rivista trimestrale di diritto pubblico,* p. 1137 ss.

Barbati, Carla (2021): "La decisione pubblica al cospetto della complessità: il cambiamento necessario", in *Diritto pubblico,* p. 15 ss.

Bilancia, Francesco (2020): "Le conseguenze giuridico-istituzionali della pandemia sul rapporto Stato/Regioni", in *Diritto pubblico,* p. 333 ss.

Bin, Roberto (2021): "Regioni dopo la pandemia: riforma o ripensamento?", in *Le Regioni,* p. 493 ss.

Cammelli, Marco (2020): "Regioni, anniversari e sfide del prossimo futuro", in *Munus,* 2020, p. V ss.

Caruso, Corrado (2021): "Cooperare per unire. I raccordi tra Stato e Regioni come metafora del regionalismo incompiuto", in *Rivista Gruppo di Pisa,* p. 283 ss.

Catelani, Elisabetta (2022): "Profili costituzionali del PNRR", in www.associazionedeicostituzionalisti.it, 5/2022

Clarich, Marcello (2021): "Il PNRR tra diritto europeo e nazionale: un tentativo di inquadramento giuridico", in *Astrid Rassegna,* n. 12/2021

Cortese, Fulvio (2020) "La burocrazia «incolpevole» Gli intrecci di competenze tra Stato, Regioni ed enti locali", in *Analisi giuridica dell'economia,* p. 99 ss.

Gardini, Gianluca e Tubertini, Claudia (2022): *L'amministrazione regionale,* Torino, Giappichelli, 518 pp.

Macchia, Marco (2021): "La Governance del Piano di ripresa", in *Giornale di diritto amministrativo,* p. 733 ss.

Mattarella, Bernardo (2022) "I problemi del raccordo tra Stato e autonomie territoriali", in N. Antonetti a A. Pajno (a cura di), *Stato e sistema delle autonomie dopo la pandemia*, Bologna, Il Mulino, p. 251 ss.

Pajno, Alessandro (2022): "Il PNRR fra Stato e autonomie. Qualche provvisoria conclusione", in N. Antonetti a A. Pajno (a cura di), *Stato e sistema delle autonomie dopo la pandemia*, Bologna, Il Mulino, p. 281 ss.

Pajno, Simone (2022): "Il crepuscolo dell'autonomia regionale di fronte al PNRR", in N. Antonetti a A. Pajno (a cura di), *Stato e sistema delle autonomie dopo la pandemia*, Bologna, Il Mulino p. 237 ss.

Pinelli, Cesare (2020): "Cinquant'anni di regionalismo, fra libertà dallo Stato e culto per l'uniformità", in *Diritto pubblico*, p. 750 ss.

Piperno, Stefano (2021) "Il PNNR e i rapporti tra livelli di governo", in *Centro studi sul federalismo – Commenti*, n. 240

Poggi, Annamaria (2021): "A vent'anni dalla revisione costituzionale del Titolo V: un bilancio con lo sguardo rivolto al futuro", in *Istituzioni del federalismo*, p. 77 ss.

Profeti, Stefania e Baldi, Brunetta (2012): "Le Regioni italiane e il PNRR: la (vana) ricerca di canali di accesso all'agenda" in *Rivista italiana di politiche pubbliche*, 3, 2021, pp. 431 ss.

Torchia, Luisa (2021): "Il sistema amministrativo italiano e il Fondo di ripresa e resilienza", in www.irpa.eu, 17 marzo 2021

Trimarchi Banfi, Francesca (2021): "Sul regionalismo cooperativo", in *Diritto amministrativo*, p. 123 ss.

Trapani, Matteo (2021): "Il sistema delle Conferenze e il regionalismo dimezzato: il difficile rapporto tra PNRR e Regioni alla luce delle recenti evoluzioni normative", in *Rivista AIC*, 4, 2021, pp. 189 ss.

Tubertini, Claudia (2021): "Attualità e futuro del sistema delle Conferenze", in *Diritto pubblico*, 2, 2021, p. 681 ss.

Tubertini, Claudia (2020): "Collaborazione necessaria e differenziazione responsabile: riflessioni sparse su emergenza pandemica e sistema plurilivello", in *Istituzioni del federalismo*, num. speciale, p. 89 ss.

Vandelli, Luciano (2018): "Prospettive e ipotesi di riordino della Conferenza Stato-Regioni", in AA.VV., *Il principio della leale collaborazione tra Stato e Regioni* (Atti del Seminario, Roma, 6 aprile 2017), Torino, Giappichelli, p. 63 ss.

Vandelli, Luciano (2018): "Qualche appunto sulle tendenze delle istituzioni territoriali", in *Le Regioni*, p. 85 ss.

La ejecución del Plan de Recuperación, Transformación y Resiliencia de la economía española a través de fórmulas orgánicas dotadas de personalidad jurídica: consorcios y sociedades de economía mixta

NOELIA BETETOS AGRELO
Contratada Predoctoral FPU- Becaria del Real Colegio de España
Universidade de Santiago de Compostela - Università degli Studi di Bologna
noelia.betetos.agrelo@usc.es

1. INTRODUCCIÓN

El Real Decreto Ley 36/2020, de 30 de diciembre, por el que se aprueban medidas urgentes para la modernización de la Administración Pública y para la ejecución del Plan de Recuperación, Transformación y Resiliencia (en adelante, RDL 36/2020) contiene un conjunto de previsiones normativas novedosas que afectan a la regulación general vigente en materia de consorcios y sociedades de economía mixta. Por un lado, las modificaciones operadas por el citado Real Decreto Ley afectan al marco jurídico de los consorcios previsto en la Ley 40/2015, de 1 de octubre, de Régimen Jurídico del Sector Público (en adelante, Ley 40/2015). Por otro, se lleva a cabo una adaptación de la actual disciplina de las sociedades de economía mixta que contempla la Ley 9/2017, de 8 de noviembre, de Contratos del Sector Público, por la que se transponen al ordenamiento jurídico español las Directivas del Parlamento Europeo y del Consejo 2014/23/UE y 2014/24/UE, de 26 de febrero de 2014 (en lo sucesivo, Ley 9/2017), para favorecer la creación de un entorno propicio en el que nazcan y prosperen nuevas iniciativas de colaboración público-privada destinadas a la ejecución de los proyectos en los cuales se instrumentalizarán los fondos procedentes del Plan de

Recuperación, Transformación y Resiliencia de la Economía Española (en lo sucesivo, PRTR).

2. EL RÉGIMEN ESPECIAL DE LOS CONSORCIOS PARA LA EJECUCIÓN DEL PRTR

Los consorcios, de acuerdo con el artículo 118 de Ley 40/2015, son aquellas entidades de derecho público cuya creación es fruto de un acuerdo de voluntades entre varias Administraciones Públicas, en las que, en su caso, pueden integrarse otras entidades pertenecientes al sector público institucional e, incluso, empresas privadas. El nuevo ente resultante de la unión dispondrá de personalidad jurídica propia y diferenciada de la de cada uno de los sujetos que lo componen y tendrá como objetivo el desarrollo de determinadas actividades que han de encuadrarse dentro de su ámbito de competencias. Por tanto, el motivo que justifica la constitución de un consorcio es la existencia de un interés común compartido por todos los partícipes del mismo[1].

Con la entrada en vigor de la Ley 40/2015, se reforma el régimen jurídico de los consorcios vigente hasta ese entonces, especialmente, la parte referida a los requisitos necesarios para su creación[2]. Esta modificación respondía a la necesidad de adaptarse a la realidad económica resultante de la crisis económica acaecida en el 2008; en este momento, la ausencia de recursos financieros suficientes obligó a acometer un proceso de redimensionamiento del Sector Público con la finalidad de disminuir el déficit, la deuda y el gasto público, ya que se entendía que la gran cantidad de entes instrumentales de titularidad pública existentes era una de las causas del incre-

1. Vid. para un estudio en profundidad de la figura de los consorcios en la normativa vigente Concepción Barrero Rodríguez "Los consorcios ante un nuevo régimen jurídico", en *Administración de Andalucía: revista andaluza de administración pública*, nº. 94, 2016, pp. 57 a 88; María Hernando Rydings, "Las mancomunidades y los consorcios", en Marcos Almeida Cerreda, Claudia Tubertini, Pedro Gonçalves(dirs.), *La racionalización de la organización administrativa local: las experiencias española, italiana y portuguesa*, Aranzadi, 2015, pp. 139 a 174; Francisco Toscano Gil, "Los consorcios administrativos", en Eduardo Gamero Casado (dir.) Severiano Fernández Ramos, Julián Valero Torrijos (coords.), *Tratado de Procedimiento Administrativo Común y Régimen Jurídico Básico del sector público*, Vol. 2, Tirant lo Blanch, 2017, pp. 2641 a 2703.
2. Con carácter previo, la Ley 30/1992, de 26 de noviembre, de Régimen Jurídico de las Administraciones Públicas y del Procedimiento Administrativo Común regulaba la figura de los consorcios en la Disposición Adicional Vigésima. De la lectura de esta disposición, cuyo tenor literal se conserva, al menos en parte, en la actualidad, se aprecia que para la constitución de un consorcio no se imponía ningún tipo de traba formal, ya que la ley simplemente se limitaba a regular cuestiones relativas al régimen de adscripción, a los medios personales que prestarían servicios en el consorcio o el sistema de autoría y control de la contabilidad.

mento incontrolado del gasto público, y por ende del déficit y la deuda pública. Así, fruto de diversas reformas administrativas de carácter estructural, en particular, aquellas operadas a raíz de la aprobación de la Ley 27/2013, de 27 de diciembre, de racionalización y sostenibilidad de la Administración Local (en adelante, Ley 27/2013) y la Ley 15/2014, de 16 de septiembre, de racionalización del Sector Público y otras medidas de reforma administrativa (en lo sucesivo, Ley 15/2014), se incorporan una serie de reglas que afectan directamente a la regulación de los consorcios.

En este sentido, la Ley 27/2013, en su artículo 1 apartado 16, modificó el contenido del artículo 57 de la Ley 7/1985, de 2 de abril, Reguladora de las Bases del Régimen Local, de modo que la normativa resultante de la reforma condiciona la constitución de un nuevo consorcio a que las entidades interesadas prueben que se trata de un mecanismo más eficiente que la gestión individual, que no existen duplicidades orgánicas y, en todo caso, que se respetan las previsiones en materia de estabilidad presupuestaria y sostenibilidad financiera[3]. A su vez, la Ley 15/2014 incorpora tres preceptos que afectan a los consorcios, cuyo contenido se orienta, en exclusiva, a promover y facilitar el ejercicio del derecho de separación de los mismos, a la par que establece nuevas disposiciones en materia de disolución y liquidación[4].

Posteriormente, tras la aprobación de la Ley 40/2015 se define en los artículos 118 y siguientes un régimen más completo y acabado de la figura de los consorcios. La nueva regulación adopta un enfoque fuertemente restrictivo, en lo que respecta a la posibilidad de recurrir a esta figura, para lo cual se prevén en el artículo 123.2 de la Ley 40/2015 un conjunto de requisitos de obligado cumplimiento que han de reunirse con carácter previo a

3. Vid. El artículo 57.3 y la Disposición Adicional Novena de la Ley 7/1985, preceptos de los cuales se deduce que la creación de un nuevo consorcio con personalidad jurídica propia tendrá carácter subsidiario, quedando reservado exclusivamente a aquellos supuestos en los que no resulte viable la suscripción de un convenio para la gestión del interés común que justifica la unión de las diferentes entidades consorciadas.
4. A este respecto, resulta paradigmático lo expuesto en la Exposición de Motivos, apartado III, de la Ley 15/2014 en donde se dispone que "en el marco de las medidas CORA la presente Ley introduce un régimen jurídico, con carácter básico, sencillo y *ex novo* del derecho de separación de los miembros del consorcio administrativo y, cuando ello dé lugar a su disolución, se establecen las reglas por las que se regirá. Posteriormente, en la futura Ley de Régimen Jurídico de las Administraciones Públicas, se incluiría un régimen integral (creación, adscripción, funcionamiento, disolución) y básico referido a los consorcios, que derogaría esta regulación y lo previsto en la Ley 27/2013, de 27 de diciembre, de racionalización y sostenibilidad de la Administración Local. Sin embargo, contar ya con estas normas permitirá a cualquier Administración Pública poder ejercer su derecho de separación del consorcio cuando considere que sea la solución más adecuada para la sostenibilidad de las cuentas públicas y se den los requisitos legales para ello".

su constitución. Entre ellos, se han de señalar, en primer lugar, la necesidad de que la creación de los consorcios se lleve a cabo a través de una norma con rango legal. Esta exigencia resulta, en sí misma, contraria a la naturaleza de los consorcios, ya que se está ante entes de base asociativa, cuya creación responde a una concurrencia de voluntades que justifican su existencia y que debieran plasmarse a través de la suscripción del correspondiente convenio.

En segundo lugar, se exige recabar la autorización previa del Consejo de Ministros y, por último, se requiere la obtención de un informe preceptivo favorable del Ministerio de Hacienda, lo que supone, en la práctica, un importante freno al establecimiento de nuevas entidades consorciadas ya que las mismas han de superar todas estas trabas burocráticas[5].

No obstante, en la actualidad, esta realidad parece haberse superado, ya que, en el marco de la ejecución del Plan de Recuperación, Transformación y Resiliencia, específicamente el componente 11, relativo a la modernización de las Administraciones Públicas, ha dado lugar a la aprobación del RDL 36/2020. Dentro del conjunto de previsiones que en él se establecen, se ha de destacar el Capítulo VII, regulador de los diferentes instrumentos de colaboración público-privada que se espera que surjan para facilitar y agilizar la ejecución del PRTR y, en particular, el artículo 68 que se refiere a los consorcios.

A este respecto, el RDL 36/2020 altera el régimen general de creación de consorcios previsto en la Ley 40/2015 suprimiendo la necesidad de constitución mediante una norma legal, bien es cierto que esta previsión se aplicará exclusivamente a aquellos consorcios que se vayan a destinar a la ejecución de concretos proyectos del PRTR, sustituyendo este requisito por la obligación de recabar un informe favorable del Comité Técnico. Conviene, también, tener presente la modificación introducida en el mencionado artículo 68 del RDL 36/2020 por el Real Decreto Ley 6/2022, de 29 de marzo, por el que se adoptan medidas urgentes en el marco del Plan Nacional de respuesta a las consecuencias económicas y sociales de la guerra de Ucrania. En concreto, con esta ulterior reforma se elimina la necesidad de obtener la autorización previa del Consejo de Ministros prevista en el artículo 123.2.b) de la Ley 40/2015.

5. Conviene matizar que, en virtud del apartado segundo letra c) de la Disposición Final Decimocuarta de la Ley 40/2015, el artículo 123.2 del Capítulo VI relativo a los requisitos de creación de los consorcios no tiene carácter básico, y, por lo tanto, se aplica solo a la AGE y a los entes integrantes del Sector Público estatal. Por tanto, en este ámbito las Entidades Locales únicamente se sujetarán a las limitaciones impuestas en la Ley 7/1985.

En resumen, se puede concluir que, en este ámbito, las grandes transformaciones que sufre el régimen jurídico de los consorcios se refieren exclusivamente a las formalidades que deben cumplirse para su válida constitución. Para todos los demás aspectos no regulados expresamente en la norma, el propio RDL 36/2020 efectúa una remisión a la Ley 40/2015. Por ello, las cuestiones relativas a las actividades que pueden desarrollar (artículo 118), el régimen jurídico general (artículo 119), el régimen de adscripción (artículo 120), el régimen de personal (artículo 121), el régimen presupuestario, de contabilidad, control económico-financiero y patrimonial (artículo 122), el contenido de los estatutos (artículo 124), las causas, el procedimiento y los efectos del ejercicio del derecho de separación (artículo 125 y 126) y la disolución (artículo 127), se someterán al régimen general previsto en la Ley 40/2015.

3. NOVEDADES EN EL RÉGIMEN DE LAS SOCIEDADES DE ECONOMÍA MIXTA CONSTITUIDAS PARA LA EJECUCIÓN DEL PRTR

Las sociedades de economía mixta constituyen un instrumento de colaboración público-privada de carácter institucionalizado[6]. En concreto, son sociedades mercantiles cuyo capital se integra, en parte, por aportaciones de una o más Administraciones públicas, y, en parte, por aportaciones efectuadas por otras personas, físicas o jurídicas, no dependientes de ningún ente público[7].

6. Para un estudio más exhaustivo acerca de la evolución de las sociedades de economía mixta en el ordenamiento jurídico español se puede consultar Diana Santiago Iglesias, "Las sociedades de economía mixta gestoras de servicios públicos locales", Isidre Martí Sardà (dir.), *Régimen jurídico y configuración de las entidades instrumentales y de cooperación para la prestación de servicios públicos locales*, Aranzadi, 2022, pp. 625 a 656; Diana Santiago Iglesias, "¿Es posible crear sociedades de economía mixta para la gestión de servicios públicos locales en el marco de contratos de servicios y de concesión de servicios?", en R*evista de Estudios de la Administración Local y Autonómica: Nueva Época*, nº. 16, 2021, pp. 98 a 117; Diana Santiago Iglesias, *Las sociedades de economía mixta como forma de gestión de los servicios públicos locales*, Iustel, 2010.
7. Vid. Comisión de las Comunidades Europeas. *Libro verde sobre la colaboración público-privada y el Derecho Comunitario en materia de contratación pública y concesiones*, 2004. Accesible en: https://bit.ly/3VGqAiL, (consultado en septiembre 2022). Asimismo, la definición expuesta se ha extraído del artículo 277 apartado c) del Real Decreto Legislativo 3/2011, de 14 de noviembre, por el que se aprueba el texto refundido de la Ley de Contratos del Sector Público (hoy derogado), en el que se incorporaba un concepto legal que en la actual Ley 9/2017 no se ha reproducido expresamente, pero cuya validez continúa inalterada.

3.1. CAMBIOS EN LA SELECCIÓN DEL SOCIO PRIVADO

En la actualidad, el régimen jurídico de las sociedades de economía mixta se encuentra regulado en la Disposición Adicional 22ª de la Ley 9/2017. En la citada disposición se prevé la posibilidad de adjudicar directamente, a las sociedades de economía mixta, contratos de concesión de obras y de concesión de servicios con la obligación de observar tres cautelas[8]. En concreto, será necesario que: (1) en la sociedad la aportación de capital público sea mayoritaria con respecto a la contribución del sujeto privado; (2) que la elección del socio privado se haya efectuado siguiendo las normas establecidas en la Ley 9/2017, para la adjudicación de los contratos[9]; y (3) que no se incorporen posteriormente modificaciones en el objeto del contrato y/o en aquellas condiciones esenciales del mismo que se hubieran valorado para la elección del socio privado[10].

Este marco general se ha visto parcialmente modificado por la entrada en vigor del RDL 36/2020, en el que se incorporan un conjunto de disposiciones destinadas a simplificar y agilizar el proceso de selección del socio privado de las sociedades de economía mixta a las que vaya a encomendarse la ejecución de un proyecto ligado al PRTR. Así, el cuadro normativo resultante tras la aprobación de la citada disposición exige diferenciar tres escenarios distintos.

En primer lugar, el régimen de los contratos de concesión de obras y de concesión de servicios sujetos a regulación armonizada (en lo sucesivo, SARA) se mantiene invariable, con respecto a las reglas fijadas en la Ley 9/2017 para la adjudicación directa de estos contratos a sociedades de economía mixta. De esta forma, el artículo 69.1 del RDL 36/2020, simplemente,

8. A este respecto, resulta conveniente precisar que la actual redacción de la Ley 9/2017 únicamente permite la adjudicación directa a sociedades de economía mixta de contratos de concesión de obras o concesión de servicios, por tanto, se limitan las posibilidades con respecto a la ley de contratos previa.

9. En particular, se habrán de observar las normas previstas en la Ley 9/2017 que regulan las distintas modalidades de procedimientos de licitación, en función del tipo de contrato que se pretenda adjudicar.

10. A este respecto, la posibilidad de adjudicación directa de estos contratos a las sociedades de economía mixta resulta conforme a los principios que rigen el ámbito de la contratación pública, en la medida en que le entidad contratante se sujete, en el procedimiento que se lleva a cabo para la selección del socio privado, a las reglas de la Ley 9/2017. En este mismo sentido, José Carlos Laguna De Paz, *Derecho Administrativo Económico*, Civitas, 2021, pp. 823 a 824, afirma que el reconocimiento de la adjudicación directa deriva de la aplicación del principio de economía procedimental, en virtud del cual resultaría ilógico imponer a la Administración Pública la celebración de dos procedimientos paralelos (selección del socio y adjudicación del contrato al mismo), cuando las garantías fijadas en la normativa se salvaguardan de igual modo aplicando la LCSP exclusivamente a la fase de selección del socio privado.

se limita a reproducir de forma literal el contenido del apartado primero de la Disposición Adicional 22ª de la Ley 9/2017.

En segundo lugar, de acuerdo con lo dispuesto en el artículo 69.2 *in fine* del RDL 36/2020[11], esta misma regulación general prevista en la mencionada disposición de la Ley 9/2017, resultará de aplicación a los contratos de concesión de obras y concesión de servicios que no alcancen los umbrales para ostentar la condición de contratos SARA, cuando la entidad contratante tenga consideración de Administración Pública en los términos definidos en el artículo 3.2 de la Ley 9/2017[12].

Por tanto, las novedades previstas en el RDL 36/2020 respecto al régimen de selección del socio privado quedan reducidas, en cuanto a su aplicación, a los contratos de concesión no SARA, cuando la entidad contratante tenga la consideración de poder adjudicador no Administración Pública. En estos supuestos, el artículo 69.2 del mencionado Real Decreto Ley dispone que el proceso de selección del socio privado se ajustará a las condiciones fijadas en el artículo 321.2.b) de la Ley 9/2017, siguiendo las reglas procedimentales reguladas en el artículo 69.3 del RDL 36/2020. Conviene, por tanto, detenerse a analizar las alteraciones que se producen en el régimen general de selección del socio privado de las sociedades de economía mixta cuando estas se van a emplear para la ejecución del PRTR. En particular, se observa una evidente flexibilización del proceso previsto en la Disposición Adicional 22ª de la Ley 9/2017, ya que, además de contener una referencia genérica de respeto a los principios de igualdad, no discriminación, transparencia, publicidad y libre concurrencia, reduce las exigencias formales del procedimiento de contratación a la observancia de las cuatro reglas siguientes.

---

11. En el citado inciso se establece que "cuando la elección del socio privado debe hacerse por una Administración Pública, resultará de aplicación el apartado anterior (artículo 69.1 RDL 36/2020); si bien dicha selección se hará en todo caso de conformidad con los procedimientos que contempla la Ley 9/2017, de 8 de noviembre".
12. En particular, de conformidad con lo dispuesto en el artículo 3.2 de la Ley 9/2017 ostentan la consideración de poder adjudicador Administración Pública los siguientes entes: (1) los tres niveles de la Administración territorial (estatal, autonómica y local) y las Ciudades Autónomas de Ceuta y Melilla; (2) las Entidades Gestoras y los Servicios Comunes de la Seguridad Social; (3) los Organismos Autónomos; (4) las Universidades Públicas; (5) las autoridades administrativas independientes; (6) las Diputaciones Forales y las Juntas Generales de los Territorios Históricos del País Vasco y; (7) los consorcios y otras entidades de derecho público, con personalidad jurídica propia y diferenciada, creados específicamente para satisfacer necesidades de interés general que no tengan carácter industrial o mercantil y vinculados o dependientes de una o varias Administraciones Públicas, cuando estos no se financien mayoritariamente con ingresos de mercado.

La primera de ellas, impone la obligación de publicitar el anuncio de licitación y toda la información relativa al contrato en el perfil del contratante. A este respecto, el artículo 69.3 del RDL 36/2020 precisa el contenido mínimo del anuncio de licitación, en el que se deberá incorporar la información contractual y el pliego del futuro contrato a adjudicar a la sociedad de economía mixta, sus estatutos y, en su caso, el pacto de accionistas y todas las demás normas que regirán las relaciones entre los socios, así como las cuestiones relativas a la duración del contrato y la posibilidad de eventuales prórrogas o modificaciones[13]. A su vez, en caso de que se prevea, ya desde el inicio, la posibilidad de que se efectúen ajustes en las condiciones de ejecución del contrato inicialmente previstas, la entidad contratante ha de definir expresamente en la información contractual cuál será su potencial alcance con el fin de que los contratistas puedan conocerlo antes de concurrir al procedimiento.

En segundo lugar, se establece que el plazo de presentación de las ofertas se extenderá durante un periodo de tiempo suficiente para la preparación de las mismas y, en todo caso, al menos, por 10 días desde la publicación del anuncio de licitación.

En tercer lugar, se prevé que la adjudicación se efectuará atendiendo a la mejor oferta relación calidad-precio (artículo 145 de la Ley 9/2017), pudiendo valorarse otros criterios objetivos en la selección, siempre que esta circunstancia se hubiese señalado expresamente en los pliegos.

Y, por último, se exige la publicación, en el perfil del contratante, de la resolución en la que se haga constar el contratista elegido.

3.2. RÉGIMEN DE MODIFICACIÓN DE LAS CONDICIONES CONTRACTUALES

En lo que atañe a la modificación de las condiciones de ejecución de los contratos de concesión de obras y concesión de servicios adjudicados a sociedades de economía mixta para la ejecución de los proyectos del PRTR, no se contempla diferencia de ningún tipo con respecto al régimen general. Así, el artículo 69.4 del RDL 36/2020 se limita a efectuar una remisión a los artículos 203 a 207 de la Ley 9/2017 o a los artículos 109 a 112 del RDL 3/2020 para los sectores especiales a que se refiere el mismo. Esta regulación trae causa de la sentencia del TJUE, en el asunto ACOSET, en la que el mencionado tribunal concluye que "una sociedad de capital mixto, público y privado, como la que se contempla el litigio principal, debe conservar el mismo

13. Cfr. Con el artículo 69.3 a) y c) del RDL 36/2020.

objeto social todo el tiempo que dure la concesión, ya que toda modificación sustancial del contrato obligaría a proceder a una nueva licitación"[14].

3.3. CONCURRENCIA DE LA SOCIEDAD DE ECONOMÍA MIXTA A OTROS PROCEDIMIENTOS DE LICITACIÓN

El artículo 69.5 del RDL 36/2020 tampoco introduce novedades en este ámbito. Así, se reconoce a las sociedades de economía mixta, creadas para la ejecución de un proyecto del PRTR, la posibilidad de presentar ofertas, en calidad de contratistas, en otros procedimientos de adjudicación distintos a aquel que se sustanció para la selección del socio privado de la empresa de economía mixta y que, posteriormente, llevó a la adjudicación del contrato de concesión a esa entidad. No obstante, si la sociedad desea participar en la licitación de otro contrato, no comprendido dentro de los apartados 1 y 2 del artículo 69 del RDL 36/2020, ya no cabe recurrir a la adjudicación directa a esa sociedad de economía mixta, por lo que la misma deberá concurrir en igualdad de condiciones siguiendo el procedimiento regulado en la LCSP o en el RDL 3/2020, sin que se le apliquen las singularidades del RDL 36/2020.

3.4. FORMAS DE FINANCIACIÓN DE LAS SOCIEDADES DE ECONOMÍA MIXTA

Por último, la regulación de las sociedades de economía mixta concluye con una referencia, en el artículo 69.6 del RDL 36/2020, a los mecanismos de financiación a los que pueden recurrir dichas sociedades, encargadas de la ejecución de algún proyecto del PRTR, para la obtención de recursos financieros. En concreto, se les reconoce la facultad de emitir obligaciones, suscribir empréstitos o créditos participativos, llevar a cabo operaciones de ampliación de capital, con la única salvedad de que la estructura organizativa resultante mantenga las condiciones esenciales que existían en el momento de la adjudicación, así como la posibilidad de titulizar los derechos de cobro que ostenten frente a la entidad adjudicadora del contrato cuya ejecución se le encomiende, previa autorización del órgano de contratación, cumpliendo los requisitos previstos en la normativa sobre mercado de valores.

---

14. Vid. La Sentencia del Tribunal de Justicia de la Unión Europea, Sala Tercera, de 15 de octubre de 2009, asunto C-196/08, apartado 62.

4. CONCLUSIONES

A la luz del análisis efectuado, se puede concluir que las especialidades contenidas en el RDL 36/2020 alteran el régimen general de los consorcios y de las sociedades de economía mixta, con el objetivo de sortear la aplicación de algunos de los requisitos que dificultan la constitución de este tipo de entes, aunque sólo de modo parcial, ya que esta regulación únicamente será extensible a los consorcios y sociedades de economía mixta que se destinen a la ejecución de proyectos vinculados al PRTR.

5. BIBLIOGRAFÍA

Barrero Rodríguez, Concepción: "Los consorcios ante un nuevo régimen jurídico", en *Administración de Andalucía: revista andaluza de administración pública*, nº 94, 2016.

Comisión de las Comunidades Europeas. *Libro verde sobre la colaboración público-privada y el Derecho Comunitario en materia de contratación pública y concesiones*, 2004. Accesible en https://bit.ly/3VGqAiL.

Hernando Rydings, María: "Las mancomunidades y los consorcios", en Marcos Almeida Cerreda, Claudia Tubertini, Pedro Gonçalves (dirs.), *La racionalización de la organización administrativa local: las experiencias española, italiana y portuguesa*, Aranzadi, 2015.

Laguna De Paz, José Carlos: *Derecho Administrativo Económico*, Civitas, 2021.

Santiago Iglesias, Diana: "Las sociedades de economía mixta gestoras de servicios públicos locales", Isidre Martí Sardà (dir.), *Régimen jurídico y configuración de las entidades instrumentales y de cooperación para la prestación de servicios públicos locales*, Aranzadi, 2022.

Santiago Iglesias, Diana: "¿Es posible crear sociedades de economía mixta para la gestión de servicios públicos locales en el marco de contratos de servicios y de concesión de servicios?", en R*evista de Estudios de la Administración Local y Autonómica: Nueva Época*, nº 16, 2021.

Santiago Iglesias, Diana: *Las sociedades de economía mixta como forma de gestión de los servicios públicos locales*, Iustel, 2010.

Toscano Gil, Francisco: "Los consorcios administrativos", en Eduardo Gamero Casado (dir.) Severiano Fernández Ramos, Julián Valero Torrijos (coords.), *Tratado de Procedimiento Administrativo Común y Régimen Jurídico Básico del sector público*, Vol. 2, Tirant lo Blanch, 2017.

Las reformas administrativas para la resiliencia y la recuperación económica

Intervenciones de los presidentes de mesa

Intervención de la Presidenta de Mesa italiana

MARGHERITA RAMAJOLI
Professoressa ordinaria di diritto amministrativo
Università di Milano

Luciano Vandelli, al cui ricordo è dedicato il XXIII Congresso Italo-Spagnolo dei Professori di Diritto Amministrativo, non è stato solo un grande giurista, un profondo esperto di diritto amministrativo e di scienza dell'amministrazione, un adamantino *civil servant*, ma è stato anche un uomo di cultura nel senso più completo e compiuto del termine. A lui dobbiamo novelle formidabili, come pure disegni divertenti e originali. Tra questi meritano di essere citati quelli che hanno impreziosito un breve racconto di Andrea Camilleri, *La rivolta dei topi di ufficio*. Le illustrazioni di Vandelli accompagnano la narrazione della creazione da parte di un gruppo di pubblici dipendenti della città immaginaria di Montelusa del nucleo clandestino dei Burocrati Anti Auto Certificazione. I BAAC nascono con il preciso compito di sabotare le procedure di autocertificazione, perché queste rischiano di "assassinare" la burocrazia, che si alimenta con il mito del bollo, del certificato, del timbro e, in definitiva, del formalismo giuridico.

Nel racconto di Camilleri e nelle vignette di Vandelli il tema della riforma dell'amministrazione è trattato in maniera lieve e divertente, ma al tempo stesso profonda. Si viene infatti a toccare un punto fondamentale per il successo di ogni processo di riforma amministrativa: sono necessarie leggi, decreti e regolamenti, ma anche e soprattutto apparati che attuino, con ragionevolezza e intelligenza, quanto previsto in via generale a livello normativo[1].

1. Cfr. L. Vandelli, *Psicopatologia delle riforme quotidiane. Le turbe delle istituzioni: sintomi, diagnosi e terapie*, Bologna, 2006, e anche, più di recente, B.G. Mattarella, *Burocrazia e riforme. L'innovazione nella pubblica amministrazione*, Bologna, 2017, 81 ss.

Indispensabile è dunque un cambio di mentalità e di modelli di comportamento per trasformare burocrazie diffidenti e ostili in amministrazioni amiche dei cittadini e impegnate a risolvere i loro problemi[2].

L'attuale contesto rende ancora più centrale il ruolo delle amministrazioni nei processi riformatori. Come è stato acutamente notato, all'interno della cultura delle riforme è ravvisabile la costante presenza di due "assunzioni generali": "la (tradizionale) convinzione che un'amministrazione efficiente è condizione necessaria per la piena soddisfazione dei diritti costituzionalmente garantiti" e "la (crescente) enfatizzazione del rapporto fra efficienza dell'amministrazione e sviluppo economico"[3].

Così, mai come ora è fondamentale disporre di una pubblica amministrazione capace di rispondere alle tante sfide poste dalla crisi economico-finanziaria degli inizi del secolo, dalla crisi sanitaria dovuta alla pandemia e dalla crisi industriale, agricola ed energetica imposta dal conflitto russo-ucraino. Non a caso il Piano Nazionale di Ripresa e Resilienza, presentato dal Governo italiano alla Commissione europea nell'aprile 2021 e poi approvato dal Consiglio europeo, ritiene riforma orizzontale, ossia strutturale, la riforma della pubblica amministrazione, assieme a quella della giustizia, e pone in cima alla lista dei suoi obiettivi la "Innovazione della Pa" (missione 1, componente 1), che rappresenta il pre-requisito per un'attuazione effettiva delle tante progettualità insite nel Piano intese alla crescita strutturale del Paese[4].

L'attuazione del PNRR passa dunque attraverso la riforma dell'amministrazione e, a sua volta, la riforma dell'amministrazione passa anzitutto attraverso il reclutamento del personale amministrativo. Infatti, la realizzazione dei progetti di riforma e di investimento, l'attuazione delle principali politiche pubbliche future e, in una parola sola, la ripartenza dipendono in primo luogo dalle persone. Ora grazie alle ingenti risorse finanziarie previste nel Piano si è di fronte al più grande progetto di assunzioni nel pubblico impiego dell'ultimo quarantennio in Italia.

Tuttavia, da un lato, ricostruire la normativa in materia di reclutamento pubblico non è semplice e pone non pochi problemi di coordinamento

2. Così F. Bassanini, *Presentazione,* in A. Camilleri, *La rivolta dei topi d'ufficio,* Edizioni ESTE, 1999, 2.
3. L. Torchia, voce *Riforma amministrativa,* in *Enciclopedia del Diritto. I tematici. Funzioni amministrative,* Milano, 2022, 987 ss., 988.
4. Il Piano Nazionale di Ripresa e Resilienza è consultabile al seguente indirizzo: *https://www.governo.it/sites/governo.it/files/PNRR.pdf*

interno[5]; dall'altro, questo tentativo di ricostruzione rischia di essere parziale e incompleto, perché la disciplina è in costante evoluzione e cambiamento[6].

Il tema del reclutamento è molto delicato: gli interessi in gioco sono tanti e le esigenze da soddisfare, che possono essere riassunte nella formula costituzionale di imparzialità e buon andamento (art. 97 Cost.), sono potenzialmente in grado di entrare tra loro in rotta di collisione[7].

Molti dei problemi strutturali che affliggono il settore sono stati generati da pregresse politiche di forte contrazione della spesa pubblica, che hanno inciso in particolare modo sulle amministrazioni locali. Così in Italia il numero di dipendenti è inferiore alla media OCSE, l'età media del personale in servizio è molto elevata, il ricambio generazionale è lento e parziale, l'immissione in ruolo di personale che nasce come precario è frequente, specie ma non solo nel comparto scuola. Ma anche altri mali risultano persistenti: gli investimenti nella formazione del personale sono scarsi e quando esistente la formazione è poco finalizzata, le competenze disponibili sono disallineate a quelle attualmente richieste per la ripresa, mancando *data scientist, social media expert, enterprice architect,* i concorsi sono ancora lenti, farraginosi e tendono a privilegiare non la capacità di *problem solving* quanto un sapere di tipo nozionistico, l'attrattività verso il pubblico impiego per i giovani e per i lavoratori più preparati e motivati è molto bassa, stante prospettive di carriera e stipendi generalmente non competitivi rispetto a quelli offerti nel settore privato[8].

Di fronte a questi problemi il PNRR ha previsto quattro assi principali di intervento: lo snellimento e la maggior efficacia delle procedure di selezione; la semplificazione delle norme e delle procedure; l'allineamento delle conoscenze e capacità alle nuove esigenze; la valorizzazione della digitalizzazione, in particolare degli strumenti digitali per l'effettuazione delle prove selettive, e la realizzazione una piattaforma unica per le assunzioni

5. Tant'è che nel giro di un poco tempo si sono susseguiti ben quattro d.l., il n. 34 del 2020, il n. 80 del 2021, il n. 44 del 2021, il n. 36 del 2022.

6. Di recente è stato emanato il d.P.R. n. 82 del 2023, contenente il nuovo regolamento di accesso al pubblico impiego che va a sostituire la disciplina dettata dal d.P.R n. 487 del 1994.

7. M. Cammelli, *Amministrazione e mondo nuovo: medici, cure e riforme,* in L. Torchia (a cura di), *Attraversare i confini del diritto. Giornata di studio dedicata a Sabino Cassese,* Bologna, 2016, 77 ss.

8. S. Battini, *Premessa,* in *SNA, Relazione attivita` 2017-2020,* Roma, 2021, 5; ma gia` S. Cassese, *Formazione dei pubblici dipendenti e riforma amministrativa,* in *Riv. trim. dir. pubbl.*, 1976, 226 ss. e, se si vuole, M. Ramajoli, *La Scuola Nazionale dell'amministrazione agente interno dell'innovazione amministrativa,* in *Giorn.dir.amm.*, 2021, 451 ss.

nelle amministrazioni centrali, cui possono attingere anche le amministrazioni locali (il c.d. Portale del Reclutamento, InPA)[9].

Chiara è dunque l'impostazione secondo la quale la cd. capacità amministrativa, la valorizzazione e il rilancio del capitale umano passano anzitutto attraverso adeguate procedure di reclutamento.

Tuttavia, la revisione delle procedure di assunzione ha in via progressiva cambiato scopi e ambito di applicazione. Originariamente, nel 2020, le deroghe al modello ordinario di reclutamento previsto nel testo unico avevano il solo scopo di far fronte all'emergenza pandemica. Successivamente esse sono state finalizzate al reclutamento del personale necessario per realizzare i progetti previsti nel PNRR. Infine, le eccezioni hanno iniziato ad assumere i connotati della stabilità, in quanto reputate idonee ad assolvere un compito di semplificazione, come tale strutturale e non legato alle contingenze del momento, e quindi utilizzabili dalle amministrazioni anche per le loro esigenze ordinarie.

Le deroghe rispetto al modello tradizionale prevedono una procedura snella, al di fuori della dotazione organica e dei vincoli di spesa previsti a regime, con contratti di lavoro subordinato a tempo determinato o contratti di collaborazione autonoma. Vengono utilizzate selezioni abbreviate, basate per lo più sui titoli o sull'esperienza pregressa, oppure selezioni da elenchi, e all'assunzione a termine può seguire la stabilizzazione, visto che le amministrazioni possono inserire nei bandi di concorso per il reclutamento di risorse a tempo indeterminato una riserva di posti per coloro che abbiano svolto almeno trentasei mesi di servizio. Sono state previste misure a tutela della parità di genere e dei soggetti in situazioni di svantaggio per rimuovere ostacoli alla loro partecipazione ai concorsi e viene valorizzata l'appartenenza al genere meno rappresentato nell'amministrazione in relazione alla qualifica per la quale il candidato o la candidata ha partecipato, a parità di titoli e merito, nonché a determinate condizioni.

Il sistema introdotto e in parte ancora in via d'introduzione presenta ombre, oltre che indubbie luci. Se uno degli obiettivi riformatori è incentivare un abbassamento dell'età media nel pubblico impiego, questo risultato difficilmente si raggiunge con una semplificazione che valorizza i titoli pregressi e limita le prove. Infatti, se il concorso tradizionale accerta capacità e conoscenze tramite prove di esame, da sostenere durante il concorso, nel nuovo sistema si accertano capacità, conoscenze e soprattutto esperienze acquisite prima del concorso.

9. *Piano Nazionale di Ripresa e Resilienza*, cit., pag. 49.

Se ulteriore obiettivo riformatorio è privilegiare i candidati in base alle loro effettive capacità, la previsione –facoltativa– di forme di preselezione con domande a risposta multipla, avvantaggia chi segue uno studio mnemonico e nozionistico e che non è necessariamente il più capace. Inoltre, insito in questo modello, che tende a selezionare soggetti già esperti con curricula strutturati, è relegare in secondo piano la fondamentale funzione della pubblica amministrazione di formare il proprio personale.

Ma soprattutto presenta criticità la stabilizzazione del personale, visto che è una stabilizzazione di tipo organico, ordinamentale, ampiamente incentivata dalla legge. Le quote riservate prima evocate, da un lato, sovvertono la regola costituzionale del concorso (art. 97 Cost.), dall'altro, rischiano di ingessare ulteriormente la pubblica amministrazione, tagliando fuori coloro verso i quali tutti noi abbiamo un impegno, ossia le generazioni future.

Nondimeno le criticità accennate non devono far perdere di vista il quadro d'insieme. Esso disegna un processo di rinnovamento della pubblica amministrazione, che fisiologicamente si avvale di tempi non brevi e immediati e che rappresenta una sfida e, al tempo stesso, un'opportunità.

Ponencias

Reforma administrativa y reforzamiento de estructuras de Estado para la resiliencia y la recuperación económica y social (e institucional)

DOLORS CANALS AMETLLER
Profesora Titular de Derecho Administrativo
Universidad de Girona

1. CONSIDERACIONES INTRODUCTORIAS. NECESARIA REFORMA ANTE UN DISEÑO INACABADO DEL ESTADO Y "RESILIENCIA INSTITUCIONAL"

Las primeras consideraciones introductorias giran en torno a los déficits institucionales y organizativos existentes en España para la toma de decisiones públicas y una gestión administrativa inmediata ante situaciones extraordinarias de emergencia, como la ocasionada por la pandemia de la COVID-19, así como para hacer frente a sus consecuencias económicas y sociales (e institucionales).[1] Es probable que los déficits deriven de un diseño inacabado del Estado Social y Democrático de Derecho en la Constitución Española de 1978 (en adelante CE)[2]. Este diseño incompleto facilitaría la improvisación institucional y jurídica, y no permitiría –no ha per-

1. Son incontables los trabajos publicados los últimos años sobre las incidencias que la pandemia ha tenido también en el sistema jurídico. En el campo concreto del Derecho público ha generado una explosión de reflexiones académicas muy fructíferas sobre el denominado "Derecho de excepción" o "Derecho de emergencia". Sin embargo, razones obvias de espacio me impiden enumerarlas aquí.
2. Otras abreviaturas utilizadas: AIREF (Autoridad Independiente de Responsabilidad Fiscal); DNSH (principio ambiental "de no causar un perjuicio significativo", según sus siglas en inglés); FNGEU (Fondos europeos *Next Generation EU*); IGAE (Intervención General de la Administración general del Estado); LRJSP (Ley 40/2015, de 1 de octubre, régimen jurídico del sector público); Reglamento europeo MRR (Reglamento UE 2021/241 del Parlamento Europeo y del Consejo de 12 de febrero de 2021 por el

mitido e n realidad[3]– afrontar con pleno acierto las situaciones extraordinarias que nos acechan los últimos años, las cuales no dejan de ramificarse y expandirse. En otras palabras, nuestro Estado presentaría ciertas deficiencias en su configuración constitucional, entre otras razones porque la Constitución no contempla ni organizaciones públicas ni instrumentos jurídicos específicos para ser activados en contextos de emergencia, más allá de los llamados "estados excepcionales" (art. 116 CE), cuya legislación orgánica se ha visto definitivamente desfasada por las dificultades de gestión de la pandemia.

También es probable que esta carencia o vicio en el diseño sea extrapolable a la Unión Europea, organización internacional fundada y estructurada para lograr un mercado económico común, no para la gestión de crisis sanitarias o la defensa coordinada ante conflictos bélicos en territorios limítrofes, más allá de las incidencias económicas. Pese a ello, a nadie escapa la extensión del Derecho europeo y de las numerosas estrategias comunitarias aprobadas los últimos años. Las estrategias vienen conquistando terreno como novedoso instrumento de regulación y de ordenación de políticas públicas y, para el caso concreto de las estrategias europeas, como instrumentos directivos de los Estados miembros hacia la consecución de determinados objetivos no normativos, y, por ello, no vinculantes desde una

---

que se establece el Mecanismo de Recuperación y Resiliencia); OCEX (órganos de control externo de las comunidades autónomas); ODS (Objetivos de Desarrollo Sostenible); OIReScon (Oficina Independiente de Regulación y Supervisión de la Contratación de la Administración general del Estado); RDL-PRTR (Real Decreto-ley 36/2020, de 30 de diciembre, por el que se aprueban medidas urgentes para la modernización de la Administración Pública y para la ejecución del Plan de Recuperación, Transformación y Resiliencia; PRTR (Plan de Recuperación, Transformación y Resiliencia); STC (Sentencia del Tribunal Constitucional); TIC (Tecnologías de la Información y la Comunicación).

3. Lo demuestran los pronunciamientos del Tribunal Constitucional en la Sentencia 148/2021, de 14 de julio de 2021, por la que se declara la inconstitucionalidad y nulidad parcial de determinados preceptos del Real Decreto 463/2020, de 14 de marzo, por el que se declara el estado de alarma para la gestión de la situación de crisis sanitaria ocasionada por el COVID-19; y, la Sentencia 183/2021, de 27 de octubre de 2021, por la que se declaran inconstitucionales y nulos determinados preceptos del Real Decreto 926/2020, de 25 de octubre, por el que se declaró el estado de alarma para contener la propagación de infecciones causadas por el SARS-CoV-2, del Acuerdo del Pleno del Congreso de los Diputados de 29 de octubre de 2020, por el que se autorizó la prórroga del estado de alarma declarado por el Real Decreto 926/2020, de 25 de octubre, y, del Real Decreto 956/2020, de 3 de noviembre, por el que se prorrogó, en virtud del mencionado Acuerdo parlamentario, el estado de alarma declarado por el Real Decreto 926/2020, de 25 de octubre.

estricta perspectiva jurídica. El derecho europeo es, en definitiva, un derecho expansivo[4].

Focalizándonos en la gestión pública europea y nacional de la crisis pandémica, en un primer momento, como no podía ser de otra manera, ambas se centran en la emergencia sanitaria. Con posterioridad el foco se desplaza hacia la recuperación económica, momento en el que la palabra "resiliencia" emerge como "vector dominante en la recuperación"[5] sobre el que pivotan la práctica totalidad de las acciones europeas y estatales. Así, a la "resiliencia económica" se añaden la "resiliencia social" y la "resiliencia institucional". Esta última se refiere, en concreto, a las acciones reformadoras que deberían procurar la capacidad de resistencia y de recuperación de los poderes públicos y sus servicios esenciales ante situaciones críticas. Se refiere, también, a la salvaguarda del Estado de Derecho contemporáneo ante los riesgos de las cada vez más presentes complejidades económicas, sociales y políticas, en un panorama de elevada sofisticación tecnológica que propicia amenazas, cuando no daños y perjuicios, procedentes del entorno digital.

Por ello, la garantía del Estado de Derecho y sus instituciones fundamentales debería ser una constante en el debate sobre qué reforma administrativa emprender. En mi opinión, la reforma debería incluir la relativa a las estructuras de Estado para su rearme y reforzamiento a través de arquitecturas orgánicas apropiadas y mecanismos jurídicos de protección que permitieran lidiar con tales riesgos y amenazas, en una coyuntura, hasta cierto punto antagónica, que vislumbra un futuro a corto plazo de mayor intervencionismo público por razón de las crisis concurrentes –nos situaríamos ante un fenómeno de "extensión del Estado"– junto con replantea-

4. Consejo de Estado, "Informe sobre la transposición del derecho europeo al ordenamiento jurídico español" de 14 de febrero de 2008 (p. 53). De interés los datos del Informe elaborado por la Comisión Europea (*Single Market Scoreboard*) que tiene en cuenta las notificaciones de transposición realizadas antes del 10 de diciembre de 2020 para directivas con un plazo de transposición anterior al 30 de noviembre de 2020: a partir de esta fecha, 1.027 directivas y 5.409 reglamentos estaban en vigor. Disponible en: https://single-market-scoreboard.ec.europa.eu/governance-tools/transposition (última consulta: 31 de octubre de 2022).

5. La expresión es de Esteve Pardo, J. (2021: 32-33) quien relata como la palabra "resiliencia" se ha desplazado de la física de materiales a la psicología y la ecología, y, finalmente, al sistema jurídico: "Es en la ecología, que conecta a su vez con la teoría de sistemas, donde la noción de resiliencia adquiere una configuración que la hace operativa en el espacio social y en el sistema jurídico. De alguna manera la ecología ha desplazado a la biología como matriz de conceptos que se operan en el espacio jurídico. Si antes eran conceptos tomados de la biología, como el concepto de órgano o de organismo, ahora son los conceptos acuñados en la ecología, con una clara proyección hacia el sistema, los que se imponen, como es el de la resiliencia (…)."

mientos sólidos del modelo de "democracia capitalista"[6]. Una futura reforma debería acometer, asimismo, la insuficiente previsión de garantías y de estructuras de cumplimiento de los deberes jurídicos de la ciudadanía ante casos de riesgo grave o de emergencia (art. 30 CE).

Pero en España no existe hoy día un debate de enjundia entre los juristas del Derecho público sobre la reforma administrativa[7] que nos urge más allá de la modernización y transformación a resultas del avance tecnológico, el cual, por otra parte, nos empuja a marchas forzadas hacia la concepción de un nuevo Estado, un "Estado digital de Derecho" cuya soberanía, potestades y organización distan mucho de las conocidas[8]. Las modernas investigaciones académicas y recursos intelectuales vienen focalizándose en las llamadas "administración digital" y "administración automatizada", sin un previo planteamiento general e integral –holístico–, incluso de la mutación que exigen el propio Estado, en estructuras y en funciones, y también nuestra sociedad, inmersa en dificultades de toda índole.

En este sentido, podría afirmar que en España "siempre tenemos en marcha una reforma administrativa que no reforma nada"; tenemos siempre la impresión de seguir "encerrados en un bucle donde la dinámica del eterno retorno –el *ritornello*– de la modernización no es más que una confesión de culpabilidad –y de impotencia– en toda regla".[9] Recordemos, por citar solo un ejemplo, el Informe CORA de 2012[10] y las propuestas de reforma de la Administración española por aquel entonces, la cual no fue más que de baja o mínima intensidad.

Luego, la cuestión es si la reforma ha de consistir únicamente en la recuperación de fórmulas organizativas conocidas –como las "agencias estatales" reintroducidas por la Ley 1/2020, de 30 de diciembre, de Presupuestos Generales del Estado para el año 2021[11] en el texto de la Ley 40/2015, de 1

6. Principalmente a partir de la crisis financiera de 2008; véase Posner (2012).
7. Véase alguna propuesta reciente de reforma administrativa en la sección monográfica "Diagnóstico y propuestas para una reforma administrativa ponderada", dirigida por el prof. César Cierco y yo misma, de la Revista Catalana de Dret Públic, 67/2023, accesible desde: http://revistes.eapc.gencat.cat/index.php/rcdp/index
8. Algunos rasgos mínimos de este Estado emergente en Canals Ametller (2021-B).
9. La primera afirmación entrecomillada es mía y la segunda, de Font i Llovet (2021:119).
10. Recuérdese que para idear esa reforma se creó la Comisión para la Reforma de las Administraciones Pública (CORA, en sus iniciales) por Acuerdo de Consejo de Ministros de 26 de octubre de 2012, con el encargo principal de elaborar el Informe "Reforma de las Administraciones Públicas" ("Informe CORA"), presentado al Consejo de Ministros el 21 de junio de 2013.
11. Disposición final trigésimo-cuarta: Modificación de la Ley 40/2015, de 1 de octubre.

de octubre, régimen jurídico del sector público (LRJSP)[12] y a las que remite el Real Decreto-Ley 36/2020, de 30 de diciembre, por el que se aprueban medidas urgentes para la modernización de la Administración Pública y para la ejecución del Plan de Recuperación, Transformación y Resiliencia (RDL-PRTR)–,[13] o bien en una innovación administrativa que implique una reforma intensa y duradera; una innovación que permita disponer, entre otras estructuras organizativas, de organizaciones públicas adaptables a situaciones de crisis y de emergencia. En otras palabras, el asunto clave es si la reforma administrativa debe ser lo suficientemente intensa y trascendente para que perdure en el tiempo o, por el contrario, basta con una simple y mera reforma provisional o transitoria. En este caso ¿hacia dónde o hacia qué tipo de administración pública transitamos?

Adelantando resultados de mis investigaciones en curso y algunas propuestas de reforma de *lege ferenda*, opino que la orientación debería ser hacia la regulación e institucionalización de dos tipos novedosos de administración pública "instrumental". El primero de ellos viene emergiendo los últimos años con un marcado carácter colaborativo, a modo de extensión del fenómeno de la economía colaborativa al sector público, y remite a una "administración colaborativa".[14] El segundo tipo, cuya idea he ido avanzando, se caracteriza por su carácter reservado para determinados escenarios de emergencia y llama a una "administración reservada". Ambos tipos de organizaciones públicas deberían ir precedidos del reforzamiento de otra modalidad administrativa, la "administración de control y supervisión". Esta última se exige por la Unión Europea para el control de la gestión de los fondos europeos *Next Generation EU* (FNGEU) por los Estados miembros. A las dos primeras me referiré en el apartado final de este capítulo. La tercera, dado que ostenta un papel esencial en la tarea de garantía de la "sostenibilidad financiera europea", se trata a continuación.

Cabe recordar, por último, que las comunidades autónomas pueden elaborar sus respectivos Planes de recuperación, en concordancia y compatibles con el PRTR estatal, y abordar, en su caso, reformas administrativas

12. Curioso es que, antes de esta modificación legislativa, la LRJSP tenía un carácter continuista de la regulación anterior de la Administración institucional del Estado, salvo por la supresión de las agencias estatales en 2015.
13. Véase también la Orden HFP/1030/2021, de 29 de septiembre, por la que se configura el sistema de gestión del Plan de Recuperación, Transformación y Resiliencia.
14. Me he referido a este tipo de administración pública en algunos de mis trabajos recientes; así en Canals Ametller (2021-AB, 2021-B, 2022-A y 2022-B).

autonómicas, las cuales pueden incluir algunos de los tres tipos organizativos de administración aquí señalados.[15]

2. REFORMA ADMINISTRATIVA Y FONDOS EUROPEOS *NEXT GENERATION EU* (FNGEU): PRINCIPIOS ORDENADORES Y ORGANIZACIÓN PÚBLICA AD HOC

2.1. PRINCIPIOS EUROPEOS. LA GARANTÍA DE LA SOSTENIBILIDAD FINANCIERA DE LA UNIÓN EUROPEA Y LA PROTECCIÓN DEL ESTADO DE DERECHO COMO EXIGENCIA ECONÓMICA

Como es sabido, para hacer frente a las consecuencias de la pandemia de la COVID-19, la Unión Europea adopta, junto con un presupuesto europeo a largo plazo para el período 2021-2017, el instrumento de Recuperación *Next Generation EU*[16] con el que destina a dicho presupuesto, y durante el periodo 2021-2024, una financiación adicional obtenida en los mercados financieros de 750.000 millones de euros. El instrumento de los fondos comunitarios NGEU se aprueba y regula por el Reglamento (UE) 2020/2094 del Consejo, de 14 de diciembre de 2020, por el que se establece un Instrumento de Recuperación de la Unión Europea para apoyar la recuperación tras la crisis de la Covid-19. Su gestión se ordena pocos meses después por el Reglamento (UE) 2021/241 del Parlamento Europeo y del Consejo, de 12 de febrero de 2021, por el que se establece el Mecanismo de Recuperación y Resiliencia (Reglamento europeo MRR).

La Unión reglamenta el Mecanismo y también la ejecución de los FNGEU que corresponde a los Estados miembros, además del seguimiento y supervisión de su correcta gestión. Lo que está en juego es la supervivencia y sostenibilidad financiera de la Unión Europea para evitar la suspensión de pagos. De acuerdo con el Considerando 54 del Reglamento MRR, cuya literalidad reproduzco por su relevancia:

> "La Comisión debe velar por la protección efectiva de los intereses financieros de la Unión. Si bien es principalmente responsabilidad del propio Estado

15. Véase, por ejemplo, el Decreto-ley 5/2021, de 2 de febrero, por el que se aprueban medidas urgentes para la implementación y gestión de los fondos procedentes del Mecanismo de Recuperación y Resiliencia y del fondo REACT-EU para la Administración de la Generalidad de Cataluña y su sector público.
16. Son diversas las perspectivas desde las que la doctrina española ha analizado los FNGEU. Véanse, entre otros, los siguientes trabajos colectivos: Ares Castro-Conde y Kölling (2022), Bernal Blay y Navarro Molines (2021), Campos Acuña (2021), Rivero Ortega (2021), y los monográficos de las revistas *Cuadernos de Derecho Local*, núm. 55, 2021, y *Revista Catalana de Dret Públic*, núm. 63, 2021.

miembro garantizar que el Mecanismo se ejecute de conformidad con el Derecho de la Unión y nacional pertinente, la Comisión debe recibir garantías suficientes de los Estados miembros en este sentido. A tal fin, a la hora de ejecutar el Mecanismo, los Estados miembros deben garantizar el funcionamiento de un sistema de control interno eficaz y eficiente y recuperar los importes pagados o utilizados indebidamente. A este respecto, los Estados miembros deben poder recurrir a sus sistemas nacionales habituales de gestión financiera. Los Estados miembros deben recopilar categorías armonizadas de datos e información que permita prevenir, detectar y corregir irregularidades graves, tales como el fraude, la corrupción y los conflictos de intereses en lo que respecta a las medidas financiadas por el Mecanismo. La Comisión debe poner a disposición un sistema de información y seguimiento, que incluya una única herramienta de extracción de datos y puntuación de riesgos, para acceder a estos datos e información y analizarlos, con miras a una aplicación generalizada por parte de los Estados miembros".

Siendo estos los riesgos, se detallan las reglas jurídicas ordenadoras de los fondos europeos de la recuperación a través del Reglamento UE como tipo normativo, de obligado cumplimiento por los Estados miembros sin necesidad de su transposición a los respectivos ordenamientos nacionales, evitándose así dilaciones e incumplimientos en esta tarea normativa interna. Por consiguiente, y la connotación no es baladí, nos situamos ante Derecho europeo de aplicación obligada y no ante una mera estrategia europea económica[17]. En este sentido, la supervisión y el control de la ejecución de los FNGEU asignados consiste en el seguimiento y control de cumplimiento de la reglamentación europea, es decir, de la correcta aplicación nacional del Derecho comunitario, no sin pocas dificultades en un Estado descentralizado como el nuestro[18].

A partir de este objetivo clave, o sea, garantizar la sostenibilidad financiera europea, cabe atender al fundamento y a los principios ordenadores de las reformas del sector público a las que compelen las instancias europeas para lograr la mencionada "resiliencia institucional", tanto de los distintos Estados como de la propia Unión.

En cuanto al fundamento, son tres los motivos centrales que constituyen a su vez objetivos a lograr en los próximos años. El primero es superar la crisis ocasionada por la pandemia y fijar estructuras públicas de resistencia, adaptación y superación de las posibles crisis venideras, entre las que hoy

17. En este sentido Velasco Caballero (2021: 35), quien afirma que esta "juridificación" tiene importantes implicaciones en el ámbito interno, entre otras, la necesaria interpretación de Derecho nacional conforme al Derecho europeo y la "primacía" de las normas europeas en caso de existir impedimentos normativos nacionales ante los objetivos europeos.
18. Sobre ello, véase Ricardo Rivero (2022).

día se sitúan las crisis surgidas con la guerra de Ucrania y la consecuente crisis energética. Este primer motivo se apoya en los 6 pilares europeos siguientes (art. 3 Reglamento europeo MRR): transición ecológica; transformación digital –la cual exige un alto nivel de ciberseguridad–[19]; crecimiento inteligente, sostenible e integrador; cohesión social y territorial; salud y resiliencia económica, social e institucional; y, políticas de próxima generación, infancia y juventud (incluyendo educación y desarrollo de habilidades). El pilar europeo de los derechos sociales es clave para las reformas estatales que exige la Unión Europea en aras a superar la difícil situación económica postpandemia, por lo que este pilar será objeto de evaluación principal por la Comisión Europea. Ello me lleva de nuevo a plantear la urgencia de prever, junto con los derechos fundamentales, deberes jurídicos para la ciudadanía, en particular los que podríamos denominar "deberes de solidaridad", junto con las instancias competentes para el control de su cumplimiento efectivo, como he anunciado antes.

El segundo objetivo que fundamenta la reforma que incentiva la reglamentación europea, en el marco de otras políticas y estrategias comunitarias, es el mantenimiento de los valores esenciales europeos como son los derechos y libertades fundamentales, contenido indisponible de las Constituciones europeas y del Estado de Derecho. La protección del Estado de Derecho es el tercer objetivo que se persigue con los fondos de la recuperación. La garantía del modelo de Estado contemporáneo también es una respuesta europea a la pandemia[20]. Su garantía efectiva se convierte en una exigencia para la recepción de fondos europeos por los Estados miembros y, con ello, en una potente exigencia económica. La importancia de esta condicionalidad llevó a la Comisión Europea a realizar informes sobre la cuestión, el primero en septiembre de 2020 como prospectiva inicial de la

19. Según el Considerando 21 del Reglamento MRR: "Garantizar un alto nivel de ciberseguridad y confianza en las tecnologías constituye un requisito previo para el éxito de una transformación digital de la Unión". Véase la vigente Estrategia Europea de Ciberseguridad y la Estrategia Española de Seguridad Nacional 2021, la cual incorpora la idea de que la "seguridad" es una condición necesaria para la recuperación económica y la cohesión social.

20. Es conocido que algún Estado miembro, con un discurso autoritario y crítico con los valores del Estado de Derecho, generó una situación de fricción durante la toma de decisiones para luchar contra la pandemia. Fue el caso de Hungría. Pero el debate en torno al respecto al Estado de Derecho condicionó la negociación del Acuerdo sobre el Marco Financiero Plurianual 2021-2027 y el Plan de Recuperación y Resiliencia europeo, que finalmente condicionó la concesión de fondos comunitarios al cumplimiento del Estado de Derecho. Ello permitiría proteger el presupuesto europeo en el caso de que las infracciones del Estado de Derecho de un Estado miembro afectasen o pudieran afectar gravemente a la buena gestión financiera del presupuesto comunitario o a los intereses financieros de la Unión.

situación en cada uno de los Estados miembros, y los sucesivos de 2021y 2022, siendo el más reciente de julio de 2023. En ellos se constatan algunas situaciones preocupantes en determinados Estados miembros y se recoge la necesidad de garantizar la primacía del Derecho de la Unión, base esencial para el funcionamiento de la Unión Europea y la igualdad entre los Estados.

Este condicionante engarza con la necesidad de mejorar y reformar las estructuras del Estado de Derecho también entre nosotros[21]. Demanda, en particular, estructuras de garantía de sus propias instituciones –el Estado en sí mismo es una institución que proteger– y de los derechos constitucionales, cada día más vulnerables ante los riesgos y amenazas procedentes del entorno digital, para lo que se exige una nueva seguridad colaborativa, la ciberseguridad[22].

En lo que atañe, de manera resumida, a los tres poderes públicos que identifican nuestro Estado constitucional, a nadie escapa que en primera posición para ser modificado se halla el poder judicial y, más en concreto, el Consejo General del Poder Judicial para garantizar su plena independencia[23]. También es un imperativo la reforma del servicio de justicia para su adaptación al avance tecnológico y para una mejor tutela judicial efectiva[24]. Son muchos los Considerandos en este sentido del Reglamento europeo MRR.

En el mismo orden jurisdiccional cabría alguna reforma adicional de la jurisdicción contencioso-administrativa, introduciendo cambios en la legitimación para reforzar la tutela de los derechos subjetivos e intereses legítimos colectivos en situaciones de emergencia e incertidumbre, así como clarificar los límites y extensión de esta jurisdicción cuando se afecten derechos fundamentales. La disparidad de criterios de las salas de los Tribunales Superiores de Justicia en los peores momentos de la pandemia en relación con la ratificación de las medidas sanitarias gubernamentales con afectación de tales derechos hizo resurgir la urgencia de la reforma. La discutible e improvisada modificación de la Ley 29/1998, de 13 de julio, reguladora de la jurisdicción contencioso-administrativa, por la Ley 3/2020, de 18 de septiembre, de medidas procesales y organizativas para hacer frente al

21. De interés las reflexiones de Sarmiento Acosta (2021).
22. Véase la Estrategia Europea Ciberseguridad 2021 y algunas consideraciones al respecto en Canals Ametller (2021-B, 2021-C).
23. Véanse las reflexiones de Magaldi Mendaña (2022: 97-ss.).
24. Véase el plan de trabajo "Justicia 2030: Transformando el servicio público de justicia" del Ministerio de Justicia.

COVID-19 en el ámbito de la administración de justicia, que no ha solucionado la problemática[25].

Por otro lado, los Parlamentos y Asambleas Legislativas deberían incorporar a su vez alguna innovación en sus mecanismos de actuación, a través de la adaptación de los Reglamentos de las Cámaras, en particular en su tarea de control de la acción de Gobierno en situaciones de crisis severas y de emergencia. En otras palabras, una reforma para asegurar y reforzar el control parlamentario y la rendición de cuentas de la acción gubernamental ante situaciones extraordinarias. En este sentido, si bien el Real Decreto-ley 3/2021 (RDL-PRTR) establece el control de la ejecución del Plan nacional por las Cortes Generales, a través de la Comisión Mixta para la Unión Europea, a la que el Gobierno "informará trimestralmente sobre los progresos y avances" del Plan (art. 22), este tipo de control no deja de ser meramente informativo.

Por último, en la parte relativa al poder ejecutivo, en su vertiente de Gobierno, la gestión de los FNGEU y la resiliencia institucional obligan a una reforma orientada a reforzar la transparencia (art. 25 Reglamento europeo MRR) y la rendición de cuentas de su actuación antes las instancias europeas y, asimismo, ante la ciudadanía[26].

Al margen de las reformas institucionales apuntadas, entre los principios europeos ordenadores de las inversiones financiadas con FNGEU resaltan tres principios eje de carácter horizontal o transversal.

El primero es el principio económico de adicionalidad y complementariedad de la financiación europea, según el cual la ayuda a cargo de los fondos europeos de la recuperación no sustituirá, excepto en casos debidamente justificados, a los gastos presupuestarios nacionales ordinarios,

25. Véase la STC 70/2022, de 2 de junio de 2022, por la que se resuelve la cuestión de inconstitucionalidad 6283-2020, planteada por la Sala de lo Contencioso-Administrativo del Tribunal Superior de Justicia de Aragón, en relación con el artículo 10.8 de la Ley reguladora de la jurisdicción contencioso-administrativa, redactado por la disposición final segunda de la Ley 3/2020, de 18 de septiembre, de medidas procesales y organizativas para hacer frente al Covid-19 en el ámbito de la administración de justicia. El Tribunal Constitucional declara nulidad de los preceptos legales que prevén la autorización o ratificación por las salas de lo contencioso-administrativo de los Tribunales Superiores de Justicia de las medidas sanitarias para la protección de la salud pública, cuando los destinatarios no estén identificados.

26. Considero de interés la iniciativa de rendición de cuentas puesta en marcha por la Presidencia del Gobierno de España en el año 2020 a través de la elaboración de informes semestrales de cumplimiento de compromisos (Informes "Cumpliendo"), elaborados por una unidad gubernamental creada a estos efectos, la Unidad de Rendición de Cuentas.

pudiendo ser complementaria a las proporcionadas con arreglo a otros programas europeos. Las reformas y los proyectos de inversión a cargo de los FNGEU podrán recibir ayuda de otros instrumentos europeos siempre que no cubra el mismo coste (art. 5.1 en relación con el art. 9 del Reglamento europeo MRR); en este último caso, nos situaríamos ante el incumplimiento de la prohibición de "doble financiación europea".

El segundo principio, de carácter ambiental, es el de "de no causar un perjuicio significativo" (DNSH). El Reglamento europeo dispone que ninguna de las medidas de ejecución de las reformas y de los proyectos de inversión incluidos en un Plan Nacional de Recuperación, Transformación y Resiliencia debe ocasionar un perjuicio significativo a objetivos medioambientales en el sentido de la reglamentación europea de "taxonomía" (art. 5.2) –es decir, el Reglamento UE 2020/852 del Parlamento Europeo y del Consejo, de 18 de junio de 2020, relativo al establecimiento de un marco para facilitar las inversiones sostenibles mediante la implantación de un sistema de clasificación ("taxonomía") de las actividades económicas medioambientalmente sostenibles–.[27] Dichos objetivos medioambientales[28] engarzan con los objetivos de desarrollo sostenible (ODS) de la Agenda 2030 para el Desarrollo Sostenible de las Naciones Unidas. Por lo demás, la evaluación del principio DNSH –de contenido ciertamente indeterminado– es aplicable también a las reformas e inversiones a realizar en el sector público.

El tercer principio informador es el principio financiero "de buena gestión financiera" orientado a garantizar la mencionada sostenibilidad económica europea. Como he anticipado, implica la obligación a cargo de los Estados miembros de proteger los intereses monetarios de la Unión, en tanto que beneficiarios de los FNGEU. Según del Reglamento europeo MRR, los Planes nacionales deben incluir "una explicación de las medidas concretas del Estado miembro para prevenir, detectar y corregir conflictos de intereses, la corrupción y el fraude, así como evitar la doble financiación procedente del Mecanismo procedente y de otros programas de la Unión" (Considerando 39 y art. 18.4.r.) y, en todo caso, la aplicación del Mecanismo

27. Véase la Comunicación de la Comisión Europea: Guía sobre la aplicación del principio de "no causar un perjuicio significativo" en virtud del Reglamento relativo al Mecanismo de Recuperación y Resiliencia (2021/C 58/01); y los trabajos de Pernas García (2022) y de Vicente Davila (2022).

28. De acuerdo con el artículo 9 del Reglamento europeo MRR, a los efectos de este serán objetivos ambientales: a) mitigación del cambio climático; b) adaptación al cambio climático; c) uso sostenible y protección de los recursos hídricos y marinos; d) transición hacia una economía circular; e) prevención y control de la contaminación; f) protección y recuperación de la biodiversidad y los ecosistemas.

debe efectuarse en consonancia con el principio de buena gestión financiera (Considerando 40).

Atendiendo a este principio, la reglamentación europea remite a la obligatoriedad de establecer, en el ámbito nacional, procedimientos contradictorios adecuados de acuerdo con el Derecho comunitario y el Derecho nacional, para la suspensión y recuperación de los fondos europeos en caso de uso fraudulento (Considerando 54). En este sentido, por ejemplo, en el ámbito de la contratación pública, se ha propuesto la opción del arbitraje como mecanismo de resolución de conflictos generados por las incidencias en la ejecución de "contratos públicos *next generation*"[29].

De manera clara, los anteriores principios y, en particular, el de "buena gestión financiera", engarzan con las estructuras de Estado a las que remite la arquitectura pública de garantía de su cumplimiento, esto es, a la "administración pública de supervisión y control" de la ejecución de proyectos financiados con FNGEU.

2.2. EL CONTROL DE LA EJECUCIÓN DE LOS FNGEU POR LOS ESTADOS MIEMBROS. LA ADMINISTRACIÓN DE SUPERVISIÓN Y CONTROL, Y LA FISCALÍA EUROPEA

Este tipo de Administración de fiscalización adquiere unas connotaciones singulares en el panorama europeo actual, a través de la prevención del fraude y la corrupción en la adjudicación y ejecución de proyectos financiados a cargo de los fondos europeos de la recuperación.

Pese a ello, nuestro sistema de control y supervisión de la ejecución de los FNGEU, a diferencia de otros Estados miembros como es el caso de Portugal[30], por ejemplo, descansa sobre arquitecturas institucionales conocidas, sin que de momento se hayan creado estructuras públicas especiales *ad hoc*. La Unión Europea no obliga a ello porque el funcionamiento del sistema de control interno eficaz y eficiente puede garantizarse mediante "sus sistemas nacionales habituales de gestión financiera" (Considerando 54 Reglamento europeo MRR). Ahora bien, atendiendo a la complejidad de la gestión de los fondos de la recuperación, sería recomendable crear una estructura de control específica.

29. Véase Gimeno Feliu (2021: 109).
30. En el país vecino se crea una Comisión Antifraude y Control específica (Decreto-le n. 29-B/2021, de 4 de mayo). Cita el caso portugués Rego Vilar (2021: 268, nota 6).

Entre nosotros, la Administración de carácter fiscalizador integra órganos administrativos internos[31] junto con otros organismos públicos externos como el Tribunal de Cuentas y los OCEX autonómicos[32], los cuales actúan en colaboración muchas veces. También incluye la Autoridad Independiente de Responsabilidad Fiscal (AIREF), las denominadas "Oficinas Antifraude" existentes en algunas comunidades autónomas –entre otras, en Cataluña y Andalucía–[33], y las oficinas de supervisión de la contratación pública, como la Oficina Independiente de Regulación y Supervisión de la Contratación (OIReScon) de la Administración general del Estado[34]. En particular, este organismo fiscalizador de la contratación pública se encuentra subordinado a una futura reforma si pretende ser una autoridad independiente de control y supervisión con más competencias, de manera similar a la Autoridad Nacional Anticorrupción de Italia, con potestades de sanción y de propuesta de modificación legislativa[35].

En lo sustancial, el control de la ejecución de los FNGUE supone la supervisión de las inversiones previstas y reformas realizadas a cargo de los fondos europeos, para, si fuera el caso, recuperar los importes pagados o utilizados indebidamente. Se basa en garantizar el cumplimiento de los objetivos previstos con la asignación económica, y, a la vez, del principio de "buena gestión financiera", "incluidas la prevención y la persecución efectiva del fraude, en particular del fraude fiscal, la evasión fiscal, la corrupción y los conflictos de intereses" (Considerando 40 del Reglamento europeo MRR). En este sentido, el Mecanismo Europeo de Recuperación

31. Por ejemplo, según el artículo 20 –relativo al "Asesoramiento y supervisión"- del antes mencionado Decreto-Ley 5/2021, de 2 de febrero, corresponde a la dirección general competente en materia de contratación pública de la Generalidad de Cataluña la coordinación, el asesoramiento y la supervisión de los contratos públicos financiados con fondos del Mecanismo de Recuperación y Resiliencia y el fondo REACT-EU, además del establecimiento de criterios interpretativos de la normativa aplicable. Esta dirección general es la competente para elaborar un informe de supervisión anual específico sobre los contratos objeto de este Decreto-ley y un informe final una vez finalizada la ejecución de todos los contratos financiados y adjudicados por la Administración de la Generalidad de Cataluña, su sector público, las universidades públicas y los entes que dependen de ellas.
32. Son de interés las reflexiones de Rego Vilar (2021) en torno al papel de los OCEX en la auditoría de la correcta utilización de los FNGEU en un momento de redefinición del papel de estos organismos autonómicos que tiende también hacia la prevención del fraude y la corrupción.
33. Creadas, respectivamente, por Ley 14/2008, de 5 de noviembre, de la Oficina Antifraude de Cataluña, y por Ley 2/2021, de 18 de junio, de lucha contra el fraude y la corrupción en Andalucía y protección de la persona denunciante.
34. Me referí a esta obligada reforma, dentro del sistema administrativo de supervisión y control de la contratación pública, en Canals Ametller (2018).
35. Véase, entre otros, Beltrán De Felipe y Piperata (2021).

obliga al seguimiento continuado de la gestión económica tanto en el sector de las subvenciones como en el sector específico de la contratación pública, en el que la fase de ejecución del contrato público y su vigilancia adquiere ahora una importancia sin igual[36].

Por la complejidad de este campo de colaboración público-privada para la ejecución de proyectos estratégicos, la supervisión eficaz del destino real de los FNGEU exige también una amplia y constante colaboración entre las distintas Administraciones públicas de nuestro Estado multinivel. Sin embargo, el Plan estatal de Resiliencia, Transformación y Recuperación vincula la cooperación interadministrativa solo a la Estrategia Nacional de Contratación Pública, cuya formulación fue incluida en el PRTR como "reforma 4" del Componente 11, dedicado a la "Modernización de las Administraciones públicas"[37]. Sí cumple con el mandato del Reglamento europeo MRR de recopilar categorías armonizadas de datos e información (Considerando 54) por cuanto prevé la creación de un sistema de información y de datos en el que participen todos los órganos y entidades competentes en la ejecución del Plan, modernizando la forma de trasladar la información a través de portales o plataformas digitales. Este sistema de traslado y compartición interadministrativa de la información y datos relativos a la contratación pública –así como a las subvenciones– es crucial para el control efectivo de la prohibición de mencionada "doble financiación europea" y el control de la buena gestión.

Finalmente, cabe señalar que las autoridades de control de la ejecución de los FNGEU competentes en la Administración general del Estado son la Intervención General (IGAE) y, dentro de ella, el Servicio Nacional de Coordinación Antifraude, como órgano encargado de coordinar las acciones encaminadas a proteger los intereses financieros de la Unión Europea contra el fraude en colaboración con la Oficina Europea de Lucha contra el Fraude (OLAF).

36. Gimeno Feliu (2021: 108-109) advierte que conviene un seguimiento "a tiempo real" de los proyectos financiados con fondos europeos con utilización de "auditorías de costes", para lo que puede convenir la intervención (con "un nuevo rol") de los OCEX, auditando la ejecución de los contratos conforme a parámetros y cronograma que para cada contrato se considere conveniente; las observaciones que en su caso formule el órgano de control correspondiente tendrían carácter obligatorio para el contratista.

37. Véase dicho Componente 11 de PRTR (pp. 18 a 20) disponible en: https://www.lamoncloa.gob.es/temas/fondos-recuperacion/Documents/05052021-Componente11.pdf (última consulta: 31 de octubre de 2022).

Mención aparte merece la participación, en el sistema de control, de la Fiscalía Europea[38], que actúa con plena independencia es su tarea de lucha contra la delincuencia financiera y la corrupción. Por ello ostenta un papel relevante en los mecanismos de información, control y supervisión de los FNGEU. En particular, ostenta facultades para la protección de los intereses financieros de la Unión Europea (art. 22.3.e del Reglamento MRR), ante el incremento del riesgo de fraude en la ejecución de fondos europeos por los Estados miembros, para lo que tiene acceso al sistema europeo de información y seguimiento creado a estos efectos por la Comisión (Considerandos 54 y 55 del Reglamento MRR).

2.3. PRINCIPIOS NACIONALES DE ACTUACIÓN ADMINISTRATIVA Y DE GESTIÓN PÚBLICA

La normativa española relativa a la gestión de los FNGEU, en concreto el Real Decreto-Ley 37/2020, de 30 de diciembre (RDL-PRTR), incorpora una serie de principios y reglas jurídicas de actuación administrativa y de gestión pública que merecen se destacados. Constituyen el "régimen administrativo especial"[39] o "ley especial de aplicación preferente a la legislación de carácter general"[40] en materia de procedimiento administrativo, subvenciones y contratación pública vinculados a los fondos europeos.

El primer principio es el de agilidad, que se adiciona al principio de celeridad como ordenador del procedimiento administrativo común; ambos son principios de tramitación procedimental. La agilización se suma a la conocida "simplificación" cuya referencia denota la inoperatividad de las acciones de simplificación administrativa llevadas a cabo los últimos tiempos, acciones que parecen haber sido insuficientes para reducir las complejidades de los procedimientos administrativos. Se suma también la exigencia de claridad administrativa, incluida la normativa, es decir, evitar la "sobrerregulación" por una parte, y, por otra, las excesivas "cargas administrativas". Con todo, lo relevante del principio de agilidad es la llamada a la necesidad de una adaptabilidad rápida de la actuación administrativa ante situaciones que exigen toma de decisiones inmediatas; remite igualmente a la exigencia de inmediatez, que se suma a las tradicionales exigencias de eficacia y eficiencia de la actuación administrativa.

---

38. Véase, entre nosotros, la reciente Ley Orgánica 9/2021, de 1 de julio, de aplicación del Reglamento (UE) 2017/1939 del Consejo, de 12 de octubre de 2017, por el que se establece una cooperación reforzada para la creación de la Fiscalía Europea.
39. La expresión es de Paco Velasco (2021: 37). Una visión algo más crítica es de Salvador Armendáriz (2021-A, 2021-B).
40. Así lo define Font i Llovet (2021: 121).

En definitiva, la resiliencia económica, social e institucional demandan una administración pública ágil, adaptable y flexible capaz de actuar de forma inmediata en circunstancias excepcionales o de emergencia, ante las cuales, en contrapartida, el Derecho administrativo debería contemplar garantías y controles *ex post*.

La misma agilidad se expande al ejercicio de la potestad normativa, al menos en lo que atañe a la competencia del Gobierno del Estado. El RDL-PRTR prevé la aplicación de la tramitación de urgencia regulada en el artículo 27 de la Ley 50/1997 50/1997, de 27 de noviembre, del Gobierno, para todo tipo de norma que afecte a la gestión de los FNGEU.

Por otra parte, tres principios más se posicionan como ordenadores de la actuación administrativa vinculada a la gestión de los fondos de la recuperación, acordes con las circunstancias reales; esto es, los principios de urgencia, prioridad y preferencia, declarándose la tramitación urgente de los procedimientos administrativos vinculados a la ejecución de los fondos, incluidos los procedimientos de contratación pública[41] y de subvenciones[42].

Los "principios de buena gestión" de los FNGEU son los siguientes (art. 3 RDL-PNRR): a) Objetividad, eficacia y responsabilidad en la gestión; b) Planificación estratégica y gestión por objetivos con el establecimiento de indicadores a tal efecto; c) Innovación en la gestión y creación de sinergias; d) Agilidad, celeridad, simplicidad y claridad en los procedimientos, procesos y ejecución de tareas; e) Racionalización y eficiencia en el uso de recursos y medios; f) Participación, diálogo y transparencia; g) Evaluación, seguimiento y reprogramación para el cumplimiento de objetivos; h) Cooperación, colaboración y coordinación entre las Administraciones Públicas; i) Control eficaz del gasto público, responsabilidad de la gestión y rendición de cuentas; j) Prevención eficaz de los conflictos de interés, el fraude y las irregularidades; k) Promoción de la competencia efectiva en los mercados; y, l) Igualdad, mérito, capacidad y publicidad en las provisiones de personal de duración determinada previstas.

41. Sobre los cambios regulatorios en el ámbito de la contratación pública véase, entre otros, Gimeno Feliu (2021).
42. Sobre los cambios regulatorios en materia de subvenciones véanse Font i Llovet (2021), Malaret García y Padrós Castillón (2021).

En lo que se refiere, por ejemplo, a la contratación pública[43], no se trata de una habilitación general para optar por esta modalidad de tramitación de expediente de contratación, ya que los órganos de contratación deberán, caso por caso, justificar el recurso a la tramitación urgente[44], prevista en el artículo 50 del Real Decreto-ley 36/2020.

2.4. LA ORGANIZACIÓN PÚBLICA *AD HOC*: ÓRGANOS DE GOBERNANZA, UNIDADES ADMINISTRATIVAS TEMPORALES Y AGENCIAS ESTATALES

En cuanto a la reforma administrativa en sentido estricto para la gestión de los FNGEU y la ejecución del Plan nacional de Recuperación y Resiliencia de 2021, en el Real Decreto-Ley 36/2020 (RDL-PRTR) cabe diferenciar la regulación de las reformas de la organización interna de la Administración general de Estado –con una mínima afectación de la organización de las comunidades autónomas– a través de los llamados "órganos de gobernanza", de aquella otra relativa a la reforma de la administración de carácter institucional, la cual se ciñe a las mencionadas agencias estatales, reintroducidas en el sector público estatal para la gestión pública basada en objetivos.

En lo relativo a los llamados "órganos de gobernanza", se crean los siguientes: a) la Comisión para la Recuperación, Transformación y Resiliencia (art. 14); b) el Comité técnico de apoyo a la Comisión (art. 15); c) y, la Conferencia Sectorial del Plan de Recuperación, Transformación y Resiliencia con las Comunidades Autónomas (art. 19) –a modo de "gobernanza multinivel territorial"– para establecer mecanismos y vías de cooperación y coordinación (o sea, colaboración interadministrativa) en la implementación del PRTR. Asimismo, se prevé que los ministerios creen e impulsen la formación de foros y consejos de alto nivel de carácter transversal u horizontal con los principales sectores afectados, a modo de apertura a la participación de los sectores de la sociedad civil relevantes en la ejecución del Plan nacional. A los anteriores órganos se adicionan la Comisión de Coordinadores de Fondos Europeos, como órgano de apoyo de la Conferencia,

43. Véase la *Guía básica Plan de Recuperación, Transformación y Resiliencia,* de 15 de junio de 2022, de la OIReScon, disponible en: https://www.hacienda.gob.es/RSC/OIReScon/estudios-guias-protocolos/guia-basica-plan-recuperacion.pdf (última consulta: 31 de octubre de 2021). Véase, también, entre otros, Pernas García (2021).

44. Así lo afirma De Guerrero Manso (2022: 86), quien remite para idéntica interpretación a la Instrucción de 11 de marzo de 2021 de la Junta Consultiva de Contratación Pública del Estado, "sobre la interpretación de urgencia de los procedimientos de licitación de los contratos que se vayan a financiar con fondos procedentes del plan de recuperación, transformación y resiliencia".

la Autoridad Responsable ante las Instituciones Europeas (art. 20), desempeñada por la Secretaria General de Fondos Europeos del Ministerio de Hacienda, y la citada Autoridad de Control del Mecanismo para la Recuperación y Resiliencia (art. 21), esto es, la Intervención General de la Administración del Estado (IGAE), con competencias de coordinación de los controles a realizar por cualquiera de los órganos que integran la que he llamado "administración de control y supervisión".

Merece especial atención la previsión de crear "unidades administrativas de carácter provisional", es decir, unidades temporales para la ejecución del PRTR o el desarrollo de proyectos concretos, con distinta distribución de cargas de trabajo, lo que implica reasignaciones importantes de personal funcionario (art. 33 RDL-PRTR). Así, de acuerdo con el artículo 24 del RDL-PRTR, como instrumento organizativo de gestión pública de los FNGEU y vinculado a la planificación estratégica, "por razones de eficacia y eficiencia, podrán constituirse unidades administrativas de carácter provisional para la gestión y ejecución de proyectos financiables con cargo a fondos europeos en el marco del Plan de Recuperación, Transformación y Resiliencia, en las que se centralizará la gestión de los proyectos y acciones en cada plan estratégico. El plazo determinado de actuación de las tales unidades administrativas estará vinculado al desarrollo de los proyectos o a la ejecución de dicho plan". En cuanto al personal que integra estas unidades temporales especializadas, el mismo precepto dispone que, como regla general, "se contará primordialmente con aquellos empleados públicos que tengan experiencia directa o indirecta en la gestión de proyectos relaciones con fondos europeos. La provisión de puestos de estas unidades por personal estatutario temporal, personal funcionario interino o personal laboral temporal se efectuará con carácter subsidiario".

Dichas unidades administrativas temporales, son, por consiguiente, un medio o recurso específicamente creado para gestionar y ejecutar la planificación estratégica previa, de la que parecen ser un instrumento principal, ante las dificultades de capacidad administrativa que presentan nuestras administraciones públicas ante las complejidades de la gestión de los FNGEU[45], mucho más si actúan de manera aislada sin colaboración.

En cuanto a las agencias estatales, su recuperación –o rehabilitación–[46] responde a la asignación de tareas vinculadas a objetivos a perseguir y resultados a obtener –en línea clara con el Reglamento europeo MRR–[47], a

45. Sobre ello, véase Hidalgo-Pérez, Manfredi Sánchez, Benítez Palla (2022).
46. El término lo usa Salvador Armendáriz, quien además es crítica con la incorrecta técnica legislativa elegida para ello (2021-B: 69-70).
47. Véase, entre otros, Terrón Santos (2021).

partir de un contrato de gestión, con asignación de responsabilidades por cumplimiento de tales objetivos y resultados, con un consejo rector y dirección pública, e integradas por "personal procedente de cualquier administración pública", lo que en principio permitiría "agencias de colaboración interadministrativa o interministerial". Por lo demás, como es conocido, la fórmula jurídica de agencia pública permite el ejercicio por su parte de potestades administrativas.

Más en concreto, las agencias estatales, que se integran en el sector público institucional estatal (art. 84 LRJSP), se definen como "entidades de derecho público, dotadas de personalidad jurídica pública, patrimonio propio y autonomía en su gestión, facultadas para ejercer potestades administrativas, que son creadas por el Gobierno para el cumplimiento de los programas correspondientes a las políticas públicas que desarrolle la Administración General del Estado en el ámbito de sus competencias" (art. 108 bis LRJSP). Están dotadas de los mecanismos de autonomía funcional, responsabilidad por la gestión y control de resultados establecidos en la LRJSP[48].

Por otra parte, las agencias están sujetas a un control de eficacia y a una supervisión continua (art. 85 LRJSP). Para ello, en el momento de su creación contarán con un plan de actuación, que contendrá las líneas estratégicas en torno a las cuales se desenvolverá la actividad de la entidad, que se revisarán

48. En lo que se refiere a su régimen jurídico, el art. 108 ter de la LRJSP dispone que se rigen por esta ley y, en su marco, por el estatuto propio de cada una de ellas, y por el resto de las normas de Derecho administrativo general y especial que le sea de aplicación. Su actuación se produce, con arreglo al plan de acción anual, bajo la vigencia y con arreglo al pertinente contrato plurianual de gestión que ha de establecer, como mínimo y para el periodo de su vigencia, los siguientes extremos: a) Los objetivos a perseguir, los resultados a obtener y, en general, la gestión a desarrollar; b) Los planes necesarios para alcanzar los objetivos, con especificación de los marcos temporales correspondientes y de los proyectos asociados a cada una de las estrategias y sus plazos temporales, así como los indicadores para evaluar los resultados obtenidos; c) Las previsiones máximas de plantilla de personal y el marco de actuación en materia de gestión de recursos humanos; d) Los recursos personales, materiales y presupuestarios a aportar para la consecución de los objetivos, si bien serán automáticamente revisados de conformidad con el contenido de la Ley de Presupuestos Generales del Estado del ejercicio correspondiente; e) Los efectos asociados al grado de cumplimiento de los objetivos establecidos por lo que hace a exigencia de responsabilidad por la gestión de los órganos ejecutivos y el personal directivo, así como el montante de masa salarial destinada al complemento de productividad o concepto equivalente del personal laboral; f) El procedimiento a seguir para la cobertura de los déficits anuales que, en su caso, se pudieran producir por insuficiencia de los ingresos reales respecto de los estimados y las consecuencias de responsabilidad en la gestión que, en su caso, deban seguirse de tales déficits; g) El procedimiento para la introducción de las modificaciones o adaptaciones anuales que, en su caso, procedan.

cada tres años, y que se completará con planes anuales que desarrollarán el de creación para el ejercicio siguiente. El control de eficacia será ejercido por el Departamento al que estén adscritas, a través de las inspecciones de servicios, y tendrá por objeto evaluar el cumplimiento de los objetivos propios de la actividad específica de la agencia y la adecuada utilización de los recursos, de acuerdo con lo establecido en su plan de actuación y sus actualizaciones anuales, sin perjuicio del control que se ejerza por la Intervención General de la Administración del Estado. Además, las agencias, como parte del sector público estatal, están sujetas desde su creación hasta su extinción a la supervisión continua del Ministerio de Hacienda y Administraciones Públicas, a través de la Intervención General de la Administración del Estado, que vigilará la concurrencia de los requisitos previstos en la Ley[49].

Por último, en este apartado relativo a la organización *ad hoc* debe traerse a colación la Ley 27/2022, de 20 de diciembre, de institucionalización de la evaluación de las Políticas Públicas de la Administración general del Estado, que implica la recuperación de una entidad pública conocida –la Agencia Estatal de Evaluación de las Políticas Públicas– y la institucionalización de la evaluación *ex post* en el campo de la política efectiva[50]. La crea-

---

Por lo demás, el Consejo Rector de cada agencia estatal aprueba la propuesta de contrato inicial de gestión, en el plazo de tres meses desde su constitución. Los posteriores contratos de gestión se presentarán en el último trimestre de la vigencia del anterior. La aprobación del contrato de gestión tiene lugar por Orden conjunta de los Ministerios de adscripción, de Política Territorial y Función Pública y de Hacienda, en un plazo máximo de tres meses a contar desde su presentación. En el seno del Consejo Rector se constituirá una Comisión de Control, con la composición que se determine en los estatutos. Corresponde a la Comisión de Control informar al Consejo Rector sobre la ejecución del contrato de gestión y, en general, sobre todos aquellos aspectos relativos a la gestión económico-financiera que deba conocer el propio Consejo y que se determinen en los Estatutos.

49. En particular, las actuaciones de control de eficacia y supervisión continua tomarán en consideración: a) La información económico-financiera disponible; b) El suministro de información por parte de los organismos públicos y entidades sometidas al Sistema de control de eficacia y supervisión continúa; c) Las propuestas de las inspecciones de los servicios de los departamentos ministeriales. Los resultados de la evaluación efectuada tanto por el Ministerio de adscripción como por el Ministerio de Hacienda y Administraciones Públicas se plasmarán en un informe sujeto a procedimiento contradictorio que, según las conclusiones que se hayan obtenido, podrá contener recomendaciones de mejora o una propuesta de transformación o supresión del organismo público o entidad.

50. Recuérdese que la anterior Agencia de Evaluación de las Políticas Públicas y de la Calidad de los Servicios fue disuelta, de acuerdo con el art. 96.1.g de la LRJSP, por Real Decreto 769/2017, de 28 de julio, por el que se desarrolla la estructura orgánica básica del Ministerio de Hacienda y Función Pública y se modifica el Real Decreto 424/2016, de 11 de noviembre, por el que se establece la estructura orgánica básica de los departamentos ministeriales.

ción de dicha Agencia Estatal se prevé en el PRTR (Componente 11, relativo a la "Modernización de las Administraciones Públicas", mencionado antes), como conversión del actual Instituto para la Evaluación de Políticas Públicas en una Agencia para asegurar una calidad homogénea en la práctica de la evaluación, mediante metodologías rigurosas e impulsando un sistema de indicadores comunes; es decir, para contribuir a la eficacia y eficiencia de la acción pública, tan importante en el escenario de la gestión nacional de los FNGEU. Sin duda alguna, la creación de organismos públicos de evaluación de la eficacia de la actuación pública, atendiendo a las bases constitucionales (art. 103.1 CE), supone una apuesta firme por el autoanálisis y autocontrol gubernamental en el diseño de políticas públicas, no solo las vinculadas a la ejecución de fondos europeos.

3. PROPUESTAS DE REFORMA DE *LEGE FERENDA* ANTE SITUACIONES EMERGENTES Y DE EMERGENCIA

3.1. LA "ADMINISTRACIÓN COLABORATIVA": LA EXTENSIÓN DE LA IDEA DE ECONOMÍA COLABORATIVA AL SECTOR PÚBLICO

La reforma administrativa e institucional por acometer podría articularse, como se he anticipado al inicio, a partir de un reforzamiento de la Administración de control y supervisión y la previsión de dos tipos novedosos de Administración pública que están emergiendo de forma algo velada, principalmente uno de ellos.

En primer lugar, me refiero a la "Administración colaborativa" como fórmula de gestión pública caracterizadas por unas renovadas relaciones intergubernamentales[51] e interadministrativas de colaboración[52], que se caracteriza en muchos casos como si de un sistema público de economía colaborativa se tratara. Me remito, por lo tanto, a la posible extensión de la idea colaborativa a la actuación de las Administraciones públicas, ya sean de igual o de diferente nivel. Esta modalidad de gestión pública la he detectado como emergente en la gestión administrativa de competencia de las entidades locales, si bien parece ampliarse hacia otros niveles de Adminis-

51. Me remito a las atinadas consideraciones de Huergo Lora (2020: 133), en torno a los órganos interautonómicos, a quien agradezco habérmelas comentado; no conocía su trabajo y teoría al respecto.

52. Arenilla Sáez (2017: 315): "El otro elemento condicionante de la modernización de las últimas décadas es el insuficiente tratamiento intergubernamental. Las razones hay que buscarlas en la resistencia del aparato central de la Administración estatal a modificar su modo de actuación y a alterar su dimensión organizativa. La invocación permanente a la delimitación competencial con las comunidades autónomas ha relegado las formas de gestión colaborativa y la inclusión de las Administraciones territoriales en los procesos de reforma administrativa".

tración pública[53]. Con algún que otro reajuste normativo también parecería ser operativa entre comunidades autónomas, y entre estas y la Administración general del Estado.

De manera resumida, es una fórmula administrativa colaborativa, con o sin personificación jurídica, que suele articularse en red –y gracias a la Red de la Internet, en muchas ocasiones–, la cual no implica en modo alguno una rectificación de la descentralización política y la potestad de autoorganización de cada administración pública, porque parte de una rectificación o renuncia voluntarias de la actuación descentralizada por cada una de las administraciones que colaboren para la gestión conjunta de asuntos públicos; en el caso que nos ocupa, para la gestión de los FNGEU, apostando por la gestión coordinada y en colaboración, muchas mediante plataformas digitales a través de las cuales gestionar responsabilidades públicas de forma colaborativa, como las de supervisión y control antes aludidas.

La concurrencia de voluntariedad en este entramado de relaciones de colaboración para la cesión del ejercicio de las competencias propias de gestión en favor de la gestión colaborativa es uno de los elementos clave del fenómeno público colaborativo. La voluntariedad evita, sin duda, impugnaciones y litigiosidad entre administraciones públicas, dado que implica una renuncia voluntaria a la exclusividad de la competencia, y una mayor compartición del ejercicio de las competencias, con o sin una personificación jurídica específica, la cual podría exigirse en su caso que fuera motivada y documentada, en aras a la seguridad jurídica

En concreto, este elemento de colaboración se contiene de manera expresa en el PRTR, en el reiterado Componente 11 sobre la modernización administrativa, para "mejorar el marco de relaciones interadministrativas para la buena ejecución del Plan, se fomentará un modelo de cooperación entre los departamentos ministeriales (...) Igualmente se impulsará una renovación de los instrumentos de cooperación y coordinación interterritorial que mejoren la eficiencia del sistema" (p. 12).

Sin duda, esta gestión pública supone un refuerzo de la cooperación y colaboración interadministrativas. En este sentido, el PRTR remite a la Conferencia de Presidentes, a la Comisión Nacional de Administración Local (Secretariado permanente de la Conferencia de Presidentes y Conferencias Multisectoriales) y a la creación de una plataforma digital de colaboración interadministrativa para impulsar la digitalización de los mecanismos de cooperación, junto con la reforma del modelo de Gobernanza TIC y de la cooperación interadministrativa entre comunidades autónomas y entida-

53. Me remito a mi trabajo 2022-B.

des locales. Además, prevé la mejora de la supervisión y control de la contratación pública, para una "coordinación de los criterios y metodología utilizados por las distintas administraciones públicas" que pueden establecerse en la Estrategia nacional de Contratación Pública, "en los aspectos relacionados con la corrupción y las irregularidades en la aplicación de la legislación de contratación pública, sobre la base de un mapa de riesgos" (p. 32).

Por último, como otro ejemplo de esta modalidad de "administración pública colaborativa" pueden mencionarse los consorcios públicos de cooperación previstos en la normativa aprobada en Cataluña, en el ya mencionado Decreto-ley 5/2021, para fomentar la cooperación interadministrativa, incluido el sector público y las universidades, así como la colaboración con el sector privado. Entre las funciones de este tipo de consorcios se encuentran: a) la ejecución conjunta de proyectos en determinadas materias o sectores; b) el otorgamiento de líneas de ayudas a particulares; c) la prestación de servicios de asesoramiento jurídico o técnico o en materia de contratación pública; d) y, si procede, la prestación de servicios de asistencia en convocatoria de licitaciones públicas (art. 24)[54].

Sin duda, los consorcios públicos como los convenios de colaboración entre Administraciones públicas, con o sin participación del sector privado, son instrumentos jurídicos conocidos para articular relaciones interadministrativas, si bien en estos momentos y ante el panorama descrito cabe preguntarse si responderán con la eficacia requerida a los restos planteados. Pueden devenir inoperativos principalmente por la especificidad de los cometidos asignados y el tipo de potestades administrativas que han de ser ejercida, dejando al margen la cuestión de la durabilidad de sus cometidos.

El entramado de relaciones colaborativas articuladas en novedosas agrupaciones públicas (comunidades, redes, portales virtuales y plataformas tecnológicas) para lograr mayor eficacia y eficiencia en los resultados de su gestión, surge sin una fórmula jurídica específica ni una personificación jurídica idóneas, si bien en muchas ocasiones un acuerdo expreso en este sentido es obligado. La gestión pública colaborativa se está modulando, adaptando y perfeccionando sin un diseño organizativo y funcional previo.

54. Es también interesante la llamada a la colaboración privada que realiza en el artículo 22 de este Decreto-Ley: "Con el fin de facilitar la colaboración interadministrativa y con el sector privado, las administraciones públicas de Cataluña y las entidades de su sector público, incluidas las universidades públicas y entes dependientes, deben promover la suscripción de convenios de colaboración para realizar actividades para el cumplimiento de finalidades de interés general vinculadas a la ejecución e implementación del Mecanismo de Recuperación y Resiliencia con el objetivo de facilitar y agilizar los procedimientos aplicables y contribuir al cumplimiento de sus objetivos".

En el plano organizativo, las infraestructuras electrónicas se presentan como nuevas estructuras administrativas a partir de las que construir un régimen jurídico de la actuación pública colaborativa para tareas públicas específicas, atendiendo a los sujetos intervinientes y/o las necesidades a satisfacer. Por último, razones de seguridad jurídica y de claridad en las responsabilidades concurrentes en caso de daños o perjuicios causados por esta modalidad de gestión pública justifican algún tipo de institucionalización del fenómeno colaborativo en el sector público, pero está por ver aún cuál debería ser en un futuro.

3.2. LA "ADMINISTRACIÓN RESERVADA": LA ARQUITECTURA PÚBLICA DE RESERVA PARA SITUACIONES DE EMERGENCIA

Se propone a continuación una segunda modalidad de Administración pública, que no es incompatible con la primera. Todo lo contrario. Ambas podrían integrar las cualidades que las identifican, entre ellas, la especialización y la actuación administrativa en colaboración sin que el nivel horizontal o vertical sea determinante.

En este segundo caso me refiero a la posibilidad de crear estructuras organizativas de gestión administrativa reservadas, es decir, un tipo de "Administración pública reservada o de reserva" para ser actividades de inmediato ante situaciones excepcionales de emergencia o de crisis severas.

Este tipo de Administración pública, integrada por cuerpos de funcionarios públicos de distintas especialidades y formación –e incluso de distintas Administraciones públicas– permitiría, si se dieran los supuestos previstos previamente por norma con rango de ley, una gestión pública especializada, de respuesta inmediata, y en colaboración intergubernamental e interadministrativa. Dicho de otro modo, se trataría de establecer por ley unas concretas organizaciones administrativas que se activarían ante determinadas circunstancias excepcionales y bajo las condiciones legales previamente establecidas.

Este tipo de organización debería concentrar capacidades suficientes de evaluación y gestión de riesgos y de reacción inmediata, con personal especializado al servicio de las administraciones públicas reservado para su designación ante situaciones excepcionales –a modo de los reservistas del ámbito militar–[55], previa elección y nombramiento, así como con acuerdos con centros de investigación y universidades, y, en su caso, ámbitos profe-

55. Existe una propuesta parecida en la Proposición de Ley para la Transformación Digital de España, presentada por el Grupo Parlamentario Popular en el Congreso, núm. 122/000148 (Boletín Oficial de las Cortes Generales-Congreso de los Diputados. XIV

sionales. Esta organización pública reservada incluso podría disponer de un voluntariado profesional proveniente de la sociedad civil a partir de una selección previa . De ahí también la importancia de las inversiones nacionales en la profesionalización y en actividades económicas e industriales en sectores estratégicos que permitan tener este tipo de organizaciones con capacidad profesional y recursos disponibles preparados, como recursos materiales esenciales (por ejemplo, en el campo de la innovación tecnológica, la ciberseguridad, las energías limpias o los medicamentos)[56]. La propuesta supondría un rearme del Estado que se prepararía para un futuro incierto repleto de riesgos, amenazas e incertidumbres, algunos de los cuales, por desgracia, se han venido materializando los últimos meses.

Esta reserva de organización administrativa para una gestión pública excepcional de emergencia podría contemplarse en una futura reforma de la Constitución Española[57], a modo de los Estados de emergencia, si bien su previsión puede establecerse, a mi parecer, en una norma con rango de ley aprobada por las Cortes Generales.

Estas son algunas propuestas de reforma de *lege ferenda* para la institucionalización y regulación de estructuras *ad hoc* a las que aludía al inicio pero que no están tan alejadas de algunas previsiones normativas vigentes. De hecho, estas ideas parecen planear en la configuración de las mencionadas "unidades administrativas de carácter provisional". Organizaciones parecidas, a modo de una "administración coyuntural" se prevén también

---

Legislatura. Serie B, núm. 173-1, de 26 de julio de 2021). En concreto, en relación con la seguridad digital, el artículo 60 propone la creación de una "Reserva Estratégica de Talento en Ciberseguridad" en el Ministerio de Defensa como cuerpo específico: "Serán reservistas voluntarios pertenecientes a la Reserva Estratégica de Talento en Ciberseguridad los españoles que, en aplicación del derecho y deber constitucionales de defender España y, habiendo solicitado participar en la correspondiente convocatoria, resulten seleccionados para desempeñar las funciones que se les encomienden bajo la dirección de las autoridades competentes del Ministerio de Defensa, para los cometidos específicos de carácter civil o militar que se señalen. Estos ciudadanos se vincularán de forma temporal y voluntaria con las Fuerzas Armadas por medio de un compromiso de disponibilidad".

56. En España existen acciones concretas en ese sentido a resultas de la crisis de la pandemia de la Covid-19 como, por ejemplo, la creación por el Consejo de Seguridad Nacional, en octubre de 2020, de una "Reserva Estratégica basada en las Capacidades Nacionales de Producción Industrial (RECAP)", además de la conveniencia de crear un órgano interministerial para su coordinación en forma de Centro de Coordinación y Promoción de la Industria Estratégica.

57. Esbocé alguna de estas ideas en el Blog del Centro de Estudios Políticos y Constitucionales (CEPC) con la entrada "Reformas y reservas constitucionales ante situaciones de emergencia". Disponible en https://www.cepc.gob.es/blog/reformas-y-reservas-constitucionales-ante-situaciones-de-emergencia y en https://girona.academia.edu/DolorsCanals (última consulta: 28 de octubre de 2022).

en algunos ordenamientos autonómicos; así, por ejemplo, los órganos administrativos transitorios regulados en la Ley aragonesa de simplificación administrativa.[58]

4. BIBLIOGRAFÍA

Arenilla Sáez, M. (2017). "Cuatro décadas de modernización vs. reforma de la Administración pública en España", *Methaodos. Revista de Ciencias Sociales,* núm. 5 (2), pp. 302-317.

Ares Castro-Conde, C. y Kölling, M. (Coords.) (2022). *Plan de Recuperación, Transformación y Resiliencia y capacidad administrativa,* monográfico de la Revista *Gestión y Análisis de Políticas Públicas,* nueva época, núm. 29.

Beltrán De Felipe, M. y Piperata, G. (2021). "(Anti)corrupción en la Administración", *Revista General de Derecho Penal,* núm. 36.

Bernal Blay, M. A. y Navarro Molines, G. (Dirs.) (2021). *Fondos Europeos para la recuperación, transformación y resiliencia: Ejecución y auditoría,* monográfico de la *Revista Aragonesa de Administración Pública,* núm. extraordinario 20.

Campos Acuña, C. (Dir.) (2021). *La gestión de los Fondos Next Generation,* Wolters Kluwer España: Madrid.

Canals Ametller, D. (2022-A). "La seguridad digital en pequeñas y medianas entidades locales: hacia una gestión municipal colaborativa", en Fondevila Antolín, J. (Dir.): *La transformación digital en las medianas y pequeñas entidades locales. Retos en clave de eficiencia y sostenibilidad,* Madrid: Wolters Kluwer-El Consultor de los Ayuntamientos, pp. 241-267.

Canals Ametller, D. (2022-B). "El fenómeno colaborativo en la gestión pública local: algunas experiencias en curso", en Carbonell Porras, E. (Dir.): *Gobiernos locales y economía colaborativa,* Madrid: Iustel, pp. 69-93.

Canals Ametller, D. (2021-A). "La operatividad de la economía circular y su gestión local", en Esteve Pardo, J. (dir.): *La Agenda 2030. Implicaciones y retos para las administraciones locales,* Madrid-Barcelona: Fundación Democracia y Gobierno Local, pp. 241-272.

Canals Ametller, D. (2021-B). "La seguridad en el entorno digital", en Canals Ametller, D. (Dir.), *Ciberseguridad. Un nuevo reto para el Estado y los*

58. Izu Belloso (2021). Agradezco a Bermejo Latre haberme comentado la existencia de este interesante trabajo.

Gobiernos Locales, Madrid: Wolters Kluwer-El Consultor de los Ayuntamientos, pp. 61-88.

Canals Ametller, D. (2021-C). Simposio "Digitalización y derechos fundamentales. Parte IV: Ciberseguridad y derechos fundamentales: panorámica", entrada en el Blog *IberICONnect. Revista Internacional de Derecho Constitucional en Español,* 12 de noviembre de 2021, disponible en: https://www.ibericonnect.blog/2021/11/simposio-digitalizacion-y-derechos-fundamentales-parte-iv-ciberseguridad-y-derechos-fundamentales-panoramica/

Canals Ametller, D. (2020). Entrada "Reformas y reservas constitucionales ante situaciones de emergencia" del Blog del Centro de Estudios Políticos y Constitucionales. Disponible en: https://www.cepc.gob.es/blog/reformas-y-reservas-constitucionales-ante-situaciones-de-emergencia

Canals Ametller, D. (2018). "El sistema administrativo de control interno y de supervisión de la contratación pública", *Revista Galega de Administración Pública,* núm. 55, pp. 103-139.

De Guerrero Manso, C. (2022). "Una contratación innovadora y sostenible y su implementación con relación a los Fondos Next Generation EU", en Fondevila Antolín, J. (Dir.): *Transformación digital en las medianas y pequeñas entidades locales. Retos en clave de eficiencia y sostenibilidad,* Madrid: Wolters Kluwer España, pp. 73-97.

Esteve Pardo, J. (2021). "Inclusividad y resiliencia como objetivos locales de la Agenda 2030 en el horizonte de la recuperación", en Esteve Pardo, J. (Dir.): *La Agenda 2030. Implicaciones y retos para las administraciones locales,* Fundación Democracia y Gobierno Local: Madrid-Barcelona, pp. 15-40.

Font Llovet, T. (2022). "El régimen de las subvenciones y los fondos europeos para la recuperación", *Cuadernos de Derecho Local,* núm. 55, pp. 115-142.

Gimeno Feliu, J. Mª (2021). "De las ideas a la acción en la gestión de los fondos europeos: reflexiones propositivas para el diseño de una adecuada gobernanza en su ejecución", monográfico *Cuadernos de Derecho Local,* núm. 55, pp. 88-114.

Hidalgo-Pérez, M., Manfredi Sánchez, J. L., Benítez Palla, (2022). "Capacidad administrativa y absorción de los fondos Next-Generation", *Gestión y Análisis de Políticas Públicas,* núm. 29, pp. 72-87.

Huergo Lora, A. (2020): "Las relaciones interterritoriales de coordinación y cooperación en el plano gubernamental. Especialmente, la Conferencia de Presidentes", en Punset Blanco, R. y Tolivar Alas, L. (Coords.), *España: El federalismo necesario,* Reus Editorial: Madrid, pp. 123-141.

Izu Belloso, M. J. (2021). "Los órganos administrativos transitorios", *Revista Vasca de Administración Pública,* núm. 120, pp. 407-434.

Magaldi Mendaña, N. (2022). "La garantía de la independencia del juez europeo: una renovación encubierta de TJUE", Estudios *de Deusto. Revista de Derecho Público,* vol. 70/1, pp. 81-109.

Malaret García, E. y Padrós Castillón, X. (2021). "La col•laboració publicoprivada en el procés d'execució dels plans finançats amb fons NextGenerationEU: més enllà de la tradicional distinció entre formes organitzatives i formes contractuals, l'especial rellevància de les subvencions", *Revista Catalana de Dret Públic,* núm. 63, pp. 36-60.

Pernas García, J. J. (2022). "La incorporación de «criterios transversales» ambientales en los procedimientos de preparación contractual para la ejecución del Plan de Recuperación, Transformación y Resiliencia", *Actualidad Jurídica Ambiental,* núm. 123.

Pernas García, J. J. (2021). "Comprar «rápido» y «estratégicamente» en la ejecución de los fondos Next Generation. Análisis y valoración de las medidas estatales y autonómicas para la agilización de procedimientos de contratación pública y para la utilización estratégicas de las compras públicas", *Monografías de la Revista Aragonesa de Administración Pública,* XX, Zaragoza, pp. 155-216.

Posner, R. A. (2012). *La crisis de la democracia capitalista,* (traducción de Cristina Campos Prieto), Marcial Pons: Madrid-Barcelona-Buenos Aires-Sao Paulo.

Rego Vilar, S. (2021). "Los OCEX y la auditoría de los fondos Next Generation. ¿nuevo modelo de control?", *Revista Administración & Cidadanía. EGAP, vol.* 16. núm. 2, pp. 261-280.

Rivero Ortega, R. (2022). "¿Cumplen el Derecho europeo y estatal las normas autonómicas sobre la gestión de los fondos de recuperación?", *Revista Aragonesa de Administración Pública,* núm. 58, pp. 202-237.

Rivero Ortega, R. (Dir.) (2021). *Modernización de la Administración pública para la ejecución del plan de recuperación, transformación y resiliencia,* Ratio Legis: Salamanca.

Salvador Armendáriz, Mª A. (2021-A). "El reto de las administraciones españolas para gestionar los fondos europeos para la recuperación: análisis de urgencia de las reformas iniciadas", monográfico *Cuadernos de Derecho Local*, núm. 55, pp. 52-87.

Salvador Armendáriz, Mª A. (2021-B). "Reformas jurídicas estatales para la gestión de los fondos NGEU: análisis y reflexión desde el Derecho Administrativo", *Revista Catalana de Dret Públic*, núm. 63, pp. 61-80.

Sarmiento Acosta, M. J. (2021). "Los atentados al Estado de Derecho. Una reflexión desde el Derecho Público", *Revista Andaluza de Administración Pública*, núm. 111, pp. 19-67.

Terrón Santos, D. (2021). "A vueltas con las agencias estatales. Un ente público en crisis", *Revista Española de Derecho Administrativo*, núm. 21,

Velasco Caballero, F. (2021). "Aplicación del régimen administrativo especial de los fondos *next generation* EU a las entidades locales", *Revista de Estudios de la Administración Local y Autonómica*, núm. 16, pp. 33-52.

Vicente Davila, F. (2022). "El principio de no causar un perjuicio significativo al medio ambiente (DNSH) como mecanismo de evaluación ambiental de las actuaciones del Plan de Recuperación, Transformación y Resiliencia; a propósito de la Orden HFP/1030/2021, del 29 de septiembre por la que se configura el sistema de gestión del Plan de Recuperación, Transformación y Resiliencia", *Actualidad Jurídica Ambiental*, núm. 119.

Le riforme amministrative per la resilienza e la ripresa economica

ANNA ROMEO
Professoressa ordinaria di diritto amministrativo
Università di Messina

1. LA SITUAZIONE ITALIANA E LE SUE CAUSE

Il tema di cui sono stata invitata ad occuparmi, di viva attualità nel contesto che stiamo vivendo e anche di grande complessità, è quello delle riforme amministrative per la resilienza e la ripresa economica.

Il noto vocabolario Treccani definisce la riforma come una "modificazione sostanziale, ma attuata con metodo non violento, di uno stato di cose, un'istituzione, un ordinamento, ecc., rispondente a varie necessità ma, soprattutto, ad esigenze di rinnovamento e di adeguamento ai tempi".

I tempi che viviamo –lo sappiamo– sono tempi di crisi profonda, sotto molteplici punti di vista. E se pure, considerata la delimitazione del tema e il tempo a disposizione, non discutiamo, in questa sede, sulle cause di questa crisi, dobbiamo osservare come, guardando ai profili economici e sociali, le cause –o, se vogliamo dire, le concause– più recenti sono certamente la pandemia da Covid 19 e il conflitto bellico che, nella sua portata, ha indubbiamente –e lo stiamo vedendo, proprio sul piano economico– ricadute globali.

In particolare, poi, restringendo l'attenzione alla situazione italiana, le origini di questa crisi –e, dunque, della necessità di misure atte a fronteggiarla– preesistono (ahimè!) alla pandemia e vedono, tra le concause appunto, le dinamiche, territoriali e settoriali, dell'economia italiana. La recessione da Covid è piombata, infatti, su un'economia nazionale che, già dall'inizio del nuovo millennio, percorreva un tragitto di progressivo allontanamento dalle economie europee più dinamiche, un'economia, soprattutto, che è stata l'unica, nel 2019, a non essersi risollevata dalla precedente lunga crisi del 2008-2014.

Ebbene, la presa d'atto dell'esistenza di un divario tra l'Italia e la parte più avanzata dell'Europa orienta, a mio avviso, l'indagine sul tema in una prospettiva che ha cause antecedenti alla pandemia ed al conflitto e che non può, evidentemente, essere ristretta alla dimensione nazionale ma che impone, piuttosto, una dimensione investigativa più ampia, o, direi meglio, binaria, una dimensione cioè che deve fare i conti con un "doppio divario", Italia/Europa, Nord/Sud.

Si tratta di una impostazione del problema che – ritengo – emerga in maniera decisa, tenendo presente quanto già il Rapporto Svimez 2020 ha fotografato allorché ha rilevato che, a seguito della pandemia, l'Italia è "sempre più lontana dall'Europa, il Sud sempre più lontano dal Nord con impatti sull'occupazione e sulla società più significativi al Sud".

Consideriamo, appunto, l'occupazione che è soltanto uno dei numerosi profili su cui la crisi ha inciso, acuendo il divario di cui ho appena detto, quel profilo, cioè, che ha riguardo ad un aspetto già debole del nostro sistema costituito, in particolare, dal tasso di occupazione femminile, che, se già prima della pandemia, poneva le regioni del Sud tra le ultime in Europa, è ora destinato a segnare ancor di più la disuguaglianza tra il nostro Paese e gli altri Stati europei.

Dobbiamo, infatti, considerare che in una realtà, quale quella italiana, caratterizzata da un basso livello di occupazione femminile e da rilevanti disparità territoriali nel mercato del lavoro e nei servizi sociali, il *lockdown* ha evidenziato ancor più questo problema peculiare dell'Italia, vale a dire la scarsa partecipazione delle donne al mercato del lavoro. Ed è, evidentemente, uno stato di cose che sottolinea l'importanza e l'urgenza di politiche del lavoro e di *welfare* idonee a consentire un potenziamento dei servizi ed a permettere di conciliare la vita lavorativa e familiare in modo da ridurre il *gap* con il resto d'Europa.

Quello cui ho appena fatto riferimento è soltanto uno dei molti profili che necessitano di considerazione, ed anzi la cui considerazione ci fa comprendere come è in un nuovo paradigma, un paradigma europeo, che il problema delle misure amministrative per la resilienza e la ripresa economica può e deve essere più opportunamente affrontato, proprio per cancellare (o, almeno, attenuare) quell'immagine che i dati del Rapporto Svimez consegnano, l'immagine cioè di "un Paese «unito» da una recessione senza precedenti" in cui "gli effetti economici, così come avvenuto per la pandemia, si diffondono progressivamente a tutte le regioni italiane".

2. IL RUOLO E LE FORME DELL'INTERVENTO STATALE NELL'ECONOMIA IN CRISI

Ed allora, la riflessione sulle riforme amministrative per superare la crisi riapre la discussione sul tema forse più classico dell'economia politica, l'intervento dello Stato nell'economia, il ruolo dell'intervento statale quale principale strumento di riequilibrio della disparità economica e sociale.

Considerato il piano di ripresa varato a livello europeo e, a cascata, quello italiano che come accennerò ha previsto un consistente pacchetto di investimenti, dobbiamo ritenere che il pendolo ideologico che ha portato in una certa fase a demonizzare l'intervento dello Stato stia tornando indietro? Stiamo assistendo ad una modifica delle idee comuni sull'intervento dello Stato?

Se –come sembra dover essere– a questa domanda diamo una risposta affermativa, dobbiamo porci la domanda ulteriore: in che modo lo Stato può più opportunamente intervenire?

Certamente, il quadro istituzionale, sociale ed economico che attiene all'intervento pubblico dell'economia è significativamente mutato per effetto di fattori diversi, alcuni già da tempo manifestatisi ed in corso di svolgimento, altri di più immediata e drammatica attualità.

Come noto, infatti, l'integrazione europea e la globalizzazione degli scambi hanno progressivamente condotto all'affermazione, nella normativa e nella prassi, di un modello di azione pubblica differente che, oltre a caratterizzare gli ambiti pubblici che interferiscono con l'iniziativa economica privata, sembra estendersi anche alle funzioni amministrative tradizionali.

In particolare, alla programmazione economica si è affiancata una forma di intervento che si manifesta nella "regolazione", soprattutto in relazione al progressivo allontanamento dal modello di Stato programmatore e imprenditore che aveva caratterizzato il periodo post-bellico sino alla fine degli anni '80 del secolo scorso, nel quale gli attori politici (Governo e Parlamento) valutano a monte i profili di interesse pubblico ed intervengono direttamente, sia nella previsione degli obiettivi generali sia nella predisposizione delle strategie e dei mezzi per raggiungerli.

Il contesto della regolazione –ed il Prof. Morbidelli, qui presente, ci insegna molto sul tema analizzandolo nei suoi diversi e poliedrici aspetti– è differente.

È un contesto diverso in quanto, la regolazione postula un più esteso ambito di intervento dell'iniziativa privata e la sussistenza di un mercato, implicando così un ruolo meramente sussidiario dell'intervento pubblico, cui viene assegnata una funzione di correzione dei "fallimenti" e del malfunzionamento del mercato stesso. È chiaro che, in quest'ottica, l'efficacia della regolazione può ravvisarsi solo laddove non intervengano esigenze allocativo-redistributive rispetto ai cd. beni meritori (istruzione, sanità, ecc.) che necessitano di essere soddisfatti attraverso prestazioni "amministrative".

Ma c'è un altro aspetto, a mio avviso rilevante, dato dalla comune finalità di tali due modalità di intervento pubblico dell'economia, ossia dall'esigenza di conseguire finalità di interesse generale, finalità che, nondimeno, viene perseguita in modo differente. Ed invero, la programmazione, nell'individuare gli obiettivi sociali, determina anche il modo per raggiungerli e, almeno parzialmente, anche gli strumenti, normativi e finanziari, all'uopo occorrenti. Essa, in altri termini, guida le attività economiche secondo la cd. funzione-obiettivo, ovvero in base ad un disegno preordinato al perseguimento di determinati fini, sorretto finanziariamente.

L'intervento pubblico ha, invece, nella regolazione una portata più limitata, in quanto incide sul gioco spontaneo (o quasi spontaneo) dell'iniziativa economica privata sull'assunto che il corretto funzionamento del mercato sia in grado di garantire determinate finalità generali che si considerano oggettivamente "inerenti" alle stesse attività economiche.

E vi è, poi, un'altra differenza, da non trascurare, tra le due forme di intervento, che consiste in un diverso rapporto tra autorità e libertà: nella programmazione l'intervento pubblico è modulato entro un riconosciuto ambito di libertà dell'economia o del settore, mentre nella regolazione esso presuppone una sfera di azione, in linea di principio, affidata ai privati e rimessa alle dinamiche della libera concorrenza. Alla regolazione sono, quindi, aliene valutazioni di politica economica e di macroeconomia che caratterizzano, invece, la programmazione (lotta alla disoccupazione, riduzione del divario tra diverse aree geografiche…).

Come ho detto, non è questa la sede per approfondire tali due modalità di intervento pubblico che attengono a momenti istituzionali diversi, sono fondati su presupposti differenti e hanno contenuti difficilmente paragonabili.

È, tuttavia, utile un richiamo ad esse in quanto proprio gli aspetti della regolazione cui ho prima accennato –ossia la sua inidoneità rispetto ad un'azione pubblica di tipo "allocativo–redistributivo" e l'assenza, in essa, di valutazioni di politica economica e di macroeconomia –quella diminuzione delle diseguaglianze ovvero dei divari che oggi sempre più emergono

–inducono oggi, nell'attuale fase storica, a considerare come più opportuno quel modello di intervento pubblico basato sulla programmazione.

3. LE MISURE ITALIANE DI SUPERAMENTO DELLA CRISI: IL PIANO NAZIONALE DI RIPRESA E RESILIENZA TRA DIMENSIONE NAZIONALE ED EUROPEA

Ed infatti, proprio il modello della programmazione è alla base dell'individuazione di quel complesso di misure da ultimo messe in campo per fronteggiare la crisi.

Il Governo italiano ha, infatti, varato il Piano Nazionale di Ripresa e resilienza "Italia domani", presentato alla Commissione europea il 30 aprile 2021 e approvato dalla stessa il 13 luglio dello stesso anno, che è articolato intorno a 3 Assi strategici condivisi a livello europeo (digitalizzazione e innovazione; transizione ecologica; inclusione sociale) e strutturato in 6 Missioni: 1) Digitalizzazione, innovazione, competitività, cultura e turismo; 2) Rivoluzione verde e transizione ecologica; 3) Infrastrutture per una mobilità sostenibile; 4) Istruzione e ricerca; 5) Inclusione e coesione; 6) Salute.

Ovviamente, gli ambiti di intervento possono essere qui meramente elencati. Ritengo, però, importante sottolineare la prospettiva nella quale questo complesso e corposo –direi, ambizioso– sistema di misure messe in campo dal Governo italiano può e deve essere letto. Ed è una prospettiva che emerge chiaramente dalla considerazione degli obiettivi del PNRR, principalmente l'obiettivo di riequilibrio territoriale e di rilancio del Sud che è individuato come priorità trasversale a tutte le Missioni.

Da questo punto di vista, alcuni passi sono stati mossi già alle soglie dello scoppio della pandemia allorché è stato presentato il Piano per il Sud quale strumento che individua la problematica della riduzione dei divari, tanto tra i territori quanto tra i cittadini, non soltanto come obiettivo della coesione territoriale ma, altresì, come presupposto indispensabile per l'avvio di un significativo e durevole sviluppo nazionale, e strumento inteso a proporre un nuovo metodo di determinazione e realizzazione dei programmi di investimento.

In questa direzione, appunto, la sfida è quella di portare a sistema il rilancio degli investimenti pubblici così come di quelli privati che si prevede di sostenere con l'iniziativa europea Next Generation Ue.

Queste nuove modalità, già –ripeto– individuate al fine di ridurre le diseguaglianze, sono state favorite dal nuovo atteggiamento che, a seguito del diffondersi della crisi pandemica, ha assunto l'Unione europea, la quale ha adottato un regime di flessibilità di bilancio, offrendo nuove opportunità in direzione di una semplificazione nell'utilizzo delle risorse, del superamento di vincoli rigorosi di destinazione tematica, di una contrazione dei meccanismi di controllo.

Su questa strada, quindi, si punta a sviluppare settori strategici quali la transizione verde e digitale, da cui può scaturire la ripartenza del Mezzogiorno e, dunque, la riduzione della diseguaglianza con il resto del Paese, realizzando un disegno unitario di politica industriale che valorizzi la prospettiva *green* e, soprattutto, la strategia Euro-mediterranea di cui dirò. E ancora, il settore agroalimentare, la bioeconomia circolare, il *green deal* (rifiuti), tutte occasioni per trasformare i ritardi in opportunità.

Ed allora, in questo percorso, difficile e complesso, nel quale un problema significativo è sempre quello della trasparenza e del contrasto alla corruzione, questi obiettivi possono essere conseguiti attraverso un processo sostenibile di riequilibrio nell'accesso ai diritti di cittadinanza su tutto il territorio nazionale: salute, istruzione, infrastrutture per la mobilità, infrastrutture digitali per colmare il *digital divide*, giustizia.

Ma il perseguimento di questi obiettivi può essere effettivamente conseguito se "contestualizzato", ossia se si valuta il loro raggiungimento entro quella prospettiva cui ho accennato prima, cioè entro una prospettiva attenta non solo al contesto della situazione italiana (ossia ad un contesto che, come ho detto, vede un significativo e persistente divario economico tra le regioni settentrionali e quelle meridionali del Paese) ma anche –forse, soprattutto direi– nel raffronto di questa con quella europea se non globale.

E ciò senza dubbio attraverso una politica ordinaria che ponga nuovamente in agenda, come finalità prioritaria, il compito di perseguire l'obiettivo del riequilibrio territoriale, ma anche attraverso una politica di coesione europea e nazionale che nel nuovo ciclo di programmazione dovrà far tesoro delle indicazioni strategiche contenute nel Piano Sud 2030. Un'autentica resilienza e ripresa del Paese potrà cioè scaturire soltanto da una "visione" d'insieme, che coaguli i due aspetti centrali dell'interdipendenza tra territori e della connotazione nazionale che ormai ha assunto la coesione territoriale nel nostro Paese.

E' questo, infatti, l'altro aspetto centrale in un approccio realistico al problema di cui ci stiamo occupando, vale a dire le politiche di coesione nazionali ed europee, le quali hanno fornito un notevole contributo al contrasto degli effetti economici e sociali della crisi pandemica, soprattutto se riguardate nella loro essenza, vale a dire nel loro essere specifica modalità di realizzazione dell'eguaglianza sostanziale come risultante nella Costituzione italiana ed insieme, come osservato in un recente contributo sul tema di Francesco Manganaro, un "modo specifico e diverso, in una società globalizzata e frammentata, di costruire dal basso ed attraverso strumenti consensuali quella eguaglianza sostanziale non più realizzabile con misure di integrazione imposte «dall'alto»".

In questa direzione dovrà muoversi, in Italia, la politica di coesione. Dovrà cioè assicurare nei territori più deboli, e segnatamente nelle regioni meridionali, che le imprese, i cittadini e le Pubbliche amministrazioni locali siano messe nelle condizioni di partecipare a pieno titolo a questa fase di rilancio del Paese.

Soprattutto, la crescita del Paese non può prescindere dalla necessità di superare l'endemica debolezza della pubblica amministrazione italiana ed assicurare un'adeguata capacità amministrativa nella programmazione, e quindi, poi, nella gestione ed attuazione dei programmi. A questo obiettivo puntano specifici programmi di intervento che sono stati individuati per consentire l'assunzione di personale specializzato, con adeguate competenze, a livello centrale e locale e che comporterà, come effetto, la necessità di riconsiderare i modelli organizzativi, specie con riferimento ai servizi pubblici (in particolare pensiamo a quelli energetici o innovativi).

L'altro versante importante nella direzione che ho indicato è quello della giustizia. Il sistema giustizia è un pilastro fondamentale per la qualità delle istituzioni e proprio la riforma della giustizia, come quella ora detta della pubblica amministrazione, è premessa indispensabile per una vera competitività, per un incremento dell'attrattività degli investimenti, per un'efficace ripresa e sviluppo economico. Sappiamo come la lungaggine dei processi e gli *standards* non elevati di performance dei tribunali possono costituire un disincentivo agli investimenti da parte di operatori italiani e stranieri.

Ma per fare questo, il PNRR non può essere lasciato solo. E per non lasciare "solo" il PNRR, occorre una programmazione unitaria di tutte le risorse disponibili – ossia europee e nazionali, ordinarie e aggiuntive – certamente pubbliche ma anche private. Non dimentichiamo che l'iniziativa europea alla base del PNRR prevede come pilastro non soltanto il sostegno agli Stati membri per investimenti e riforme ma anche il rilancio dell'economia dell'Unione Europea incentivando l'investimento privato. Serve una "giusta collaborazione tra investimenti pubblici e privati".

4. CONCLUSIONI

Ed allora, quali prime conclusioni possiamo trarre?

Non è un caso che il titolo di queste riflessioni unisca resilienza e ripresa economica.

La resilienza non può essere disgiunta dalla ripresa, dalla ripartenza. Non è sufficiente una mera resilienza, non ci si può limitare, come è stato detto, alla "manutenzione del «riprendere a crescere»" ma occorre puntare ad un rilancio, in primo luogo economico-sociale, del sistema Italia ma come parte di un rilancio del sistema Europa.

E per una riforma che sia, come dicevo all'inizio, una "modificazione sostanziale –quindi, effettiva– di uno stato di cose, tesa a colmare quel "doppio divario" che ho posto come premessa di queste mie brevi considerazioni, una configurazione delle misure di resilienza e ripresa economica articolata su una prospettiva non ristretta alla dimensione nazionale è necessaria al Paese Italia ma è necessaria anche, non meno, all'Europa in quanto vale a recuperare una posizione strategica nel Mediterraneo.

Nel proprio discorso al Forum internazionale "Verso Sud" tenutosi a Sorrento a metà di questo mese di maggio, il Presidente del Consiglio Mario Draghi ha evidenziato come la priorità del PNRR debba essere il Mezzogiorno certamente, ma, più in generale, uno sviluppo di tutta l'area mediterranea, quindi anche di questo vostro splendido Paese. E ha evidenziato come, a tal fine, sia necessario rafforzare la cooperazione tra i Paesi del Mediterraneo come strategia che affianca le politiche di coesione nella direzione, appunto, di un rilancio di quest'area.

Un rilancio, uno sviluppo che passa, piuttosto, attraverso la risposta offerta ad una serie di sfide comuni su problemi comuni –quelli che investono gli ambiti che ho prima ricordato– e, per questa via, uno sviluppo che risponde all'esigenza di una maggiore integrazione europea e di una più decisa proiezione dell'Europa nel Mediterraneo.

Un tale sviluppo non può che nascere dalla collaborazione congiunta di diversi livelli istituzionali –quello centrale e quello locale–, di diversi soggetti –pubblici e privati–, di diversi ambiti territoriali –Nord e Sud– dell'Italia ma anche, per quel che ho detto, dell'Europa.

Per conseguire questo ambizioso traguardo che va oltre il pur importante profilo economico, la ripartenza deve essere convergenza, cioè la ripartenza sarà possibile solo se ci sarà convergenza sui valori, su quei diritti e quelle libertà fondamentali che devono costituire la base condivisa del popolo europeo, di un'Europa cui le vicende degli ultimi due anni impongono, più che mai, un doveroso cambio di passo.

"Un diverso corso della storia è possibile". Questo fiducioso auspicio del Presidente Draghi al termine del proprio intervento al Forum internazionale di cui ho detto, se riassume lo spirito che deve animare qualunque misura di resilienza e ripresa economica, grava tutti di una grande responsabilità perché la storia – richiamo qui il monito del Prof. Morbidelli in un suo scritto dedicato proprio al tema "Fra Stato e mercato": "non la fanno tanto le leggi, anche le più sapienti, quanto le persone che le applicano".

L'autorevolezza delle fonti che mi sono permessa di richiamare a chiusura di queste mie riflessioni, mi impone di non aggiungere altro se non un sentito ringraziamento agli Organizzatori e a tutti Voi.

5. BIBLIOGRAFIA

Amicarelli B. P. – Clarizia P. – Manocchio M. – Marconi P. – Mocavini G. – Morgante R. – Napolitano G. – Renz A.: *I piani nazionali di ripresa e resilienza in prospettiva comparata,* in *Riv. trim. dir. pubbl.* 2021, 4, 1137 – 1181.

Cassese S.: *La nuova costituzione economica,* in Id. (a cura di), *La nuova costituzione economica,* Roma-Bari, 2012, 320 ss.

Cintioli F.: *Concorrenza, istituzioni e servizi pubblici,* Giuffrè, Milano, 2010.

D'Arrigo G. – David P.: *Next Generation EU e PNRR italiano. Analisi, governance e politiche per la ripresa,* Rubettino Editore, Soveria Mannelli, 2022.

Morbidelli G.: *Intervento* al Convegno promosso dalla Fondazione CESIFIN Alberto Predieri *Fra Stato e mercato, Cesifin on line,* 2017, 21.

Ramajoli M.: *La regolazione amministrativa dell'economia e la pianificazione economica nell'interpretazione dell'art.41 Cost.,* in *Dir. amm.,* 2008, 121 ss.

Rapporto sull'economia del Mezzogiorno a cura della Svimez – Anno 2020.

Rapporto sull'economia del Mezzogiorno a cura della Svimez – Anno 2021.

Report Cervap (Centro di Ricerca sul Valore Pubblico) per Sna (Scuola Nazionale dell'Amministrazione) (2021): *Il Valore Pubblico: nuovi modelli di governance per programmare, misurare e valutare i contributi delle performance delle PA al miglioramento del Benessere dei cittadini nella prospettiva dello Sviluppo Sostenibile,* Sna: Progetti per una nuova Pubblica Amministrazione. Raccolta di idee per orientare il cambiamento delle Amministrazioni Pubbliche.

Sandulli M. A.: *Sanità, misure abilitanti generali sulla semplificazione e giustizia nel PNRR*, in www.federalismi.it, 28 luglio 2021, 1-12.

Sciaudone F. – Mattarella B. G.: *Il manuale del PNRR*, MF Milano Finanza e Italia Oggi, 2021.

Comunicaciones

Il rapporto tra semplificazione amministrativa e semplificazione della regolazione in materia ambientale

LIVIA LORENZONI
Ricercatrice di diritto amministrativo
Dipartimento di Scienze Politiche
Università degli Studi Roma Tre

1. IL POTENZIALE CONFLITTO TRA ESIGENZE DI SEMPLIFICAZIONE E DI TUTELA AMBIENTALE

La crisi pandemica ha messo a dura prova l'economia italiana, rendendo ancora più urgente l'adozione di misure volte a favorire la competitività e la crescita imprenditoriale. Uno studio dell'OCSE ha evidenziato che, già nel 2019, si stimava che i processi amministrativi richiedessero alle piccole e medie imprese (PMI) 550 ore all'anno, con costi pari al 4% del fatturato annuo e al 2% del fatturato delle grandi imprese (T. Bulman, 2021: 18). La riduzione degli oneri regolatori inutili che gravano sulle imprese, soprattutto quelle di medie e piccole dimensioni, è dunque divenuta una strategia cruciale per assicurarne la crescita.

Il tema della competitività, legato al miglioramento dell'efficacia della regolazione, occupa una posizione particolarmente delicata nel campo del diritto ambientale.

In primo luogo, la regolazione ambientale concerne una molteplicità di aree, dal cambiamento climatico, all'inquinamento industriale, alla qualità di aria e acqua ecc., intrecciandosi con altre materie, come la tutela della salute e il governo del territorio, che implicano il coinvolgimento di diversi soggetti, operanti a vari livelli territoriali, nella tutela di più beni giuridici (M. S. Giannini, 1973: 448). L'affermazione del diritto all'ambiente è stata, di per sé, considerata fonte di complessità (G. Rossi, 2018).

In secondo luogo, la gestione del rischio in materia ambientale è ricondotta al principio di precauzione, che impone una regolazione pervasiva, mirata a ridurre per quanto possibile la probabilità di eventi dannosi o nocivi (R. W. Hahn – C. R. Sunstein, 2005; V. Heyvaert, 2006; R. Ferrara, 2006; G. Corso, 2021). Di conseguenza, la tematica ambientale è particolarmente gravosa per le imprese e il rischio di "goldplating" (W. Voermans, 2009) elevato.

Inoltre, la materia ambientale è caratterizzata dalla presenza di interessi sensibili, che impongono una ponderazione procedimentale rafforzata in sede di bilanciamento con gli altri interessi pubblici e privati (G. Rossi, 2021; F. de Leonardis, 2021). Per tale ragione, gli istituti classici di semplificazione amministrativa trovano sovente deroghe quando entra in gioco la tutela dell'ambiente (A. Moliterni, 2017). Come recentemente precisato dalla Corte costituzionale italiana, quando si tratta delle procedure di tutela ambientale, il valore della semplificazione «s'invera nella definizione di modelli organizzativi fondati sull'efficiente collaborazione e sul coordinamento delle competenze, non certo sulla mera velocizzazione delle tempistiche» (Corte cost., sent. n. 233/2021).

Le politiche di tutela dell'ambiente e quelle di semplificazione, in altri termini, possono apparire in conflitto tra loro. L'esigenza di disciplinare un fenomeno complesso, di rilevanza transnazionale, che ha trovato recentemente riconoscimento tra i principi fondamentali della Costituzione italiana e come limite espresso alla libertà di iniziativa economica (M. Delsignore, 2022: 49), sembra scontrarsi con la necessità di ridurre o eliminare gli adempimenti amministrativi onerosi per le imprese e di incentivare lo sviluppo economico.

Nondimeno, da tempo, la dottrina amministrativistica italiana ha evidenziato come la complessità procedimentale, imputabile alle complicazioni organizzative, alla frammentazione e cattiva distribuzione delle funzioni amministrative in materia ambientale, che si aggiunge ai fattori di complessità che la materia possiede in sé, rappresenti un ostacolo all'effettiva tutela dell'ambiente (M. Renna, 2009). In linea generale, è stato chiarito come l'effettività del diritto amministrativo, quale «possibilità di conseguire un risultato efficace» (M. D'Alberti, 2011a: 244), si misuri in termini di conformità tra i fini pubblici indicati dalle norme e i risultati conseguiti. Essa può essere realizzata solo mediante interventi giustificati, in termini di proporzionalità, procedure sostenibili e costi accettabili per imprese, consumatori e società, nel suo complesso, tali da favorire il più possibile l'adempimento spontaneo da parte dei *policy takers* (M. De Benedetto, 2018; G. Corso – M. De Benedetto – N. Rangone, 2022).

Nel settore ambientale, la disarmonica trasposizione delle direttive europee – dimostrata dall'elevato numero di procedure di infrazione avviate dalla Commissione Europea nei confronti degli Stati membri – accompagnata dalla sovrabbondanza e frammentarietà dei requisiti imposti alle imprese costituiscono un ostacolo alla *compliance* da parte dei regolati e, quindi, al conseguimento degli obiettivi di tutela. Tale fenomeno è stato evidenziato, nel decennio scorso, da gran parte della letteratura politologica (B. Dente, 1995; R. Lewanski, 1997; N. Gunningham – P. Grabosky, 1998).

Tra le ineffettività delle regolazioni che esprimono la politica ambientale si riscontrano fenomeni di corruzione (in sede di rilascio di autorizzazioni o svolgimento dei controlli), di "tolleranza amministrativa" (mancato esercizio di controllo, cui si correla un disincentivo alla *compliance*) e di inerzia dell'amministrazione (ad esempio, per le bonifiche dei siti), di cui vi è ampia evidenza nei procedimenti penali in materia (M. De Benedetto, 2021).

Il tema della ridefinizione delle politiche pubbliche in materia ambientale ha assunto, pertanto, un rilievo prioritario nell'Agenda Europea e nel Piano Nazionale di Ripresa e Resilienza, recentemente adottato in Italia (da qui in avanti PNRR).

2. OBIETTIVI DI SEMPLIFICAZIONE AMMINISTRATIVA E DI TRANSIZIONE ECOLOGICA NEL PNRR

Con l'obiettivo di rispettare gli impegni derivanti dal Green Deal europeo e dal Next Generation EU (A. Moliterni, 2020), una delle sei missioni del PNRR italiano è rappresentata dalla rivoluzione verde e transizione ecologica (R. Ferrara, 2021). Il testo del Piano evidenzia come quest'ultima sia stata frenata «principalmente a causa delle enormi difficoltà burocratiche ed autorizzative» (PNRR, 2021: 121) che hanno contribuito a bloccare il pieno sviluppo di impianti rinnovabili o di trattamento dei rifiuti. La Spagna è menzionata quale esempio virtuoso in quanto, in tale Paese, nelle ultime aste rinnovabili, l'offerta ha superato la domanda di 3 volte, mentre in Italia è stata assegnata meno del 25 per cento della capacità.

Tra i c.d. "colli di bottiglia" idonei a frenare la crescita e ostacolare il perseguimento degli obiettivi della regolazione, il PNRR italiano ha individuato proprio le procedure di autorizzazione in materia ambientale. Per attuare la semplificazione amministrativa in tale ambito, è stata istituita una Commissione Valutazione Impatto Ambientale –VIA e VAS Commissione Tecnica PNRR– Piano nazionale integrato per l'energia e il clima (PNIEC), che ha sostituito la precedente Commissione (nuovo comma 2-bis dell'art.

8 del T.U. Ambiente), alla quale è stata attribuita la competenza in materia di procedure di valutazione ambientale di competenza statale dei progetti compresi nel Piano ed una Soprintendenza unica per i progetti finanziati dal PNRR.

Sono seguiti interventi normativi mirati ad accelerare quanto possibile le procedure di approvazione dei progetti finanziati col PNRR e attuativi del PNIEC (autorizzazioni con tempistiche ridotte, sanzioni per ritardo nel rilascio di VIA, poteri sostitutivi ecc.). Negli ultimi mesi, ulteriori previsioni emergenziali e derogatorie sono state adottate in risposta all'emergenza energetica dovuta alla guerra in Ucraina (es. stoccaggio gas).

Più in generale, il PNRR ha introdotto misure volte a semplificare la regolazione, a ridurre il carico burocratico sulle imprese, nonché ad accelerare e razionalizzare l'azione amministrativa. È stata prevista una vera e propria "agenda di semplificazione" per eliminare gli oneri amministrativi inutili e irragionevoli, in un contesto di urgente necessità di accelerare le procedure per rispettare le scadenze imposte dal PNRR e realizzare gli investimenti previsti. L'agenda per la semplificazione ha previsto l'eliminazione delle autorizzazioni non giustificate da motivi imperativi di interesse generale, l'abolizione degli adempimenti non necessari o che non utilizzano le nuove tecnologie. Infine, sono state introdotte misure volte a migliorare l'efficacia, l'efficienza e il coordinamento dei controlli sulle attività private, tra i quali rientrano le ispezioni in materia ambientale.

Affianco alle misure di semplificazione amministrativa, il PNRR ha posto obiettivi più ampi di razionalizzazione della legislazione (M. Bombardelli, 2015), da accompagnare con i necessari interventi di carattere organizzativo e sul piano della digitalizzazione della PA.

È stata, a tal fine, istituita una unità per la razionalizzazione e il miglioramento della regolazione, presso il dipartimento per gli affari giuridici e legislativi della presidenza del Consiglio dei ministri, chiamata ad operare, in raccordo con i soggetti già esistenti, quali il gruppo di lavoro sull'analisi dell'impatto della regolamentazione (AIR), il Nucleo di valutazione e verifica degli investimenti pubblici del Ministero del tesoro, del bilancio e della programmazione economica, e l'Ufficio per la semplificazione del Dipartimento della funzione pubblica. Ciò sembra confermare la tendenza del legislatore italiano, evidenziata da tempo in dottrina, di rispondere alle esigenze di semplificazione mediante un aumento della produzione legislativa, l'istituzione di nuovi organi e l'incremento delle funzioni, con «inevitabili ripercussioni sull'efficienza e sui tempi di produzione delle singole amministrazioni» (F. Merusi, 2008: 337).

3. LE AZIONI DI RAZIONALIZZAZIONE DELLA REGOLAZIONE AMBIENTALE A LIVELLO EUROPEO

La politica ambientale europea rappresenta un esempio paradigmatico di espansione di policy, o "*creeping competencies*" dell'UE (M. A. Pollack, 1994). Invero, la materia ambientale è stata oggetto di regolazione europea sin dai primi anni Settanta, pur non rientrando formalmente tra quelle previste nei Trattati istitutivi. Il settore ambientale è stato oggetto di una "sovraregolamentazione", essendo considerato tra le politiche di maggiore rilevanza per l'Unione (A. Lenschow–C. Sprungk, 2010). È stato osservato come ciò rischiasse di intaccare eccessivamente la sovranità degli Stati membri (J. Golub, 1996) e di creare oneri amministrativi penalizzanti per la competitività delle imprese europee (P. Coletti– C. M. Radaelli, 2013).

Dopo tre decenni di espansione, anche in conseguenza dell'austerità economica derivante dalla crisi finanziaria del 2009, da un lato, è stato significativamente ridotto il numero di nuove normative ambientali, dall'altro, è stato avviato un processo di *policy dismantling*: le istituzioni europee hanno avviato azioni volte al contenimento, se non alla vera e propria eliminazione, di politiche pubbliche.

Il *policy dismantling*, termine coniato da Pierson (1994), trova origine nelle analisi pionieristiche sulla *policy termination* (G. D. Brewer, 1974; P. deLeon, 1978), cioè la completa dismissione delle politiche, derivanti dalla domanda di *deregulation* (abolizione della regolazione) emersa in prima istanza negli Stati Uniti (M. Moran–T. Prosser, 1994).

In questa ottica, le istituzioni UE hanno avviato un generale processo di ridefinizione di alcuni settori di policy, proponendo azioni di rimozione di politiche che non raggiungevano gli obiettivi desiderati e di regolazioni caratterizzate da gravosi adempimenti amministrativi (M. Bauer et al., 2012; A. Jordan et al., 2013). Tuttavia, l'agenda europea di riforma della regolazione ha superato la visione orientata alla semplice *deregulation,* mirando all'introduzione di forme di *re-regulation* orientate ad un miglioramento dell'efficacia (G. Majone, 1997: 143). A partire dal White Paper della Commissione europea su European Governance del 2001 (Commissione europea, 2001), è stato posto l'obiettivo di sostituire le tradizionali forme di intervento dello Stato con misure "migliori", ossia maggiormente rispettose dei principi di proporzionalità, trasparenza, coerenza, evidenza, e più "intelligenti", e "*responsive*" cioè mirate a combinare diverse tecniche di semplificazione per conseguire gli obiettivi di policy con il minor onere possibile in capo ai privati (J. Braithwaite, 2002; R. Baldwin – J. Black, 2008).

Nel 2007, la Commissione Europea ha definito un ambizioso target di riduzione degli oneri amministrativi gravanti sulle imprese dalla legislazione UE, corrispondente al -25% a partire dal 2012, identificando l'ambiente come un ambito prioritario di intervento. Nel gennaio 2009, il programma è stato esteso da 42 a 72 atti legislativi, corrispondenti a circa l'80% del totale degli oneri amministrativi imposti dall'UE (Commissione europea, 2009). È stata istituita la piattaforma REFIT (sostituita nel 2020 dalla piattaforma "Fit for future") al fine di raggiungere l'obiettivo di riduzione del carico amministrativo per le imprese derivante dalla legislazione dell'UE. La necessità di implementare la *better regulation* è stata collegata al miglioramento dello sviluppo e della competitività delle imprese oltre che ad un significativo risparmio di risorse pubbliche.

La regolazione europea in materia ambientale è stata oggetto, a partire dal 2015, di interventi di ridefinizione, in esito di un fitness check, per assicurare che i costi inutili fossero eliminati e le regole fossero il più possibile efficaci ed efficienti. Una interessante panoramica delle iniziative di semplificazione introdotte in materia ambientale è reperibile al sito REFIT Scoreboard https://op.europa.eu/webpub/com/refit-scoreboard/en/policy/7/index.html.

4. L'EFFETTO DELLE AZIONI DI RAZIONALIZZAZIONE DELLA REGOLAZIONE AMBIENTALE SULLA SEMPLIFICAZIONE AMMINISTRATIVA: L'ESEMPIO DELLA DIRETTIVA EUROPEA SULLE EMISSIONI INDUSTRIALI

La letteratura sul *policy dismantling* e sul miglioramento della regolazione si è soffermata prevalentemente su come i decisori europei abbiano approntato azioni di riduzione e semplificazione degli adempimenti (V. Gravey, A. J. Jordan, 2019), piuttosto che sull'implementazione e gli effetti del *dismantling* a livello di diritto amministrativo nazionale e subnazionale. Tuttavia, è proprio a tale livello che si misura la efficacia concreta della razionalizzazione delle politiche ambientali. La conformità della condotta dei soggetti regolati, infatti, si realizza non solo mediante una razionalizzazione dello *stock* regolatorio, ma impone anche una semplificazione delle procedure amministrative nazionali che impattano direttamente sulle attività di cittadini e imprese.

Un esempio significativo delle ricadute delle politiche regolatorie europee sulla semplificazione amministrativa nazionale è rappresentato dalla disciplina relativa alle emissioni industriali. La Industrial Emissions Directive 2010/75/UE del Parlamento europeo e del Consiglio, del 24 novembre 2010 (prevenzione e riduzione integrate dell'inquinamento - da qui in avanti, IED), che ha abrogato la precedente la direttiva 2008/1/CE (direttiva IPPC), è stata introdotta a seguito di una revisione, durata due anni, del quadro della politica sull'inquinamento industriale e recepita in Italia con il decreto legislativo del 4 marzo 2014, n. 46.

Essa è finalizzata, da un lato, ad incrementare il controllo, dall'altro, a semplificare la regolazione e ridurre gli oneri amministrativi per le imprese, sostenendo l'innovazione e la coerenza con altre politiche ambientali. Tale direttiva rappresenta un buon esempio di normativa con alto impatto, sia in termini di portata degli obiettivi di *policy* sia in termini di oneri potenziali per le imprese. La direttiva, infatti, copre circa 50.000 grandi impianti industriali e agricoli in tutta l'UE, disciplinando le emissioni in aria, acqua e terra, e i processi associati, con un approccio di "migliori tecniche disponibili". Essa è stata recentemente oggetto di uno studio approfondito ed esteso, pubblicato nel marzo 2020, che ha misurato gli inutili oneri amministrativi per le imprese, derivanti dalla complessità e incoerenza del quadro giuridico complessivo, e dalla eterogeneità di attuazione della direttiva tra diversi Stati membri e tra le diverse regioni all'interno dei Paesi (Commissione europea, 2020). Di conseguenza, la direttiva è stata oggetto di valutazione nell'ambito del programma REFIT e di un lavoro preparatorio sulla valutazione d'impatto. In vista di un miglioramento delle tecniche industriali per un'economia più sostenibile a livello UE, la Commissione ha proposto di aggiornare la normativa europea sulle emissioni industriali, coerentemente al fine di "inquinamento zero" del Green Deal europeo (Commissione europea, 2022).

L'obiettivo principale del legislatore europeo è quello di promuovere un approccio integrato alle questioni ambientali, superando il modello di tutela dell'inquinamento settoriale e imponendo la valutazione contestuale e cumulativa delle differenti conseguenze che lo svolgimento di una data attività produttiva ha sull'ambiente. Le aziende rientranti nell'ambito di applicazione della direttiva devono, infatti, operare in accordo ad una autorizzazione rilasciata dall'autorità competente che stabilisce le condizioni e i limiti delle emissioni, in coerenza con il principio delle migliori tecniche disponibili.

Nel recepire tale direttiva, il legislatore italiano ha introdotto il sistema dell'autorizzazione integrata ambientale (AIA), che ha concentrato in un unico procedimento e in un unico titolo tutte le valutazioni concernenti la capacità inquinante di un impianto, sostituendo, per gli impianti industriali rilevanti, le precedenti separate autorizzazioni alle emissioni nell'aria, nell'acqua e nel suolo (S. Vernile, 2015; V. Di Capua, 2020). Affianco a tale disciplina, è stata introdotta l'autorizzazione unica ambientale, applicabile alle microimprese e alle piccole e medie imprese e agli impianti non soggetti ad AIA (I. De Chiaro, 2013; E. Scotti, 2018). Tali previsioni sono state inquadrate tra gli interventi che testimoniano «la possibilità che semplificare possa anche valere a tutelare meglio gli interessi pubblici attraverso il coordinamento delle competenze, l'eliminazione delle duplicazioni, l'integrazione di valutazioni originariamente isolate» (F. Liguori, 2020).

Affianco al regime autorizzatorio, un secondo aspetto che mostra le ricadute della regolazione europea sulla esigenza di semplificazione amministrativa a livello nazionale è rappresentato dalla disciplina dei poteri ispettivi, con riferimento ai controlli sul rispetto delle prescrizioni derivanti dalla normativa ambientale. Anche sotto questo profilo, il diritto europeo contribuisce a fornire le basi per la semplificazione delle procedure amministrative nazionali. Ad esempio, nel Considerando 26 della direttiva 2012/18/UE (Seveso III), sul controllo del pericolo di incidenti rilevanti connessi con sostanze pericolose, è stato chiarito che «ove possibile, è opportuno coordinare le ispezioni con quelle previste ai sensi di altre normative dell'Unione, tra cui, se del caso, la direttiva IED». Al contempo, l'articolo 23, paragrafo 3, della IED prevede la possibilità di adottare piani di ispezione, per favorire la cooperazione tra diverse autorità. Tale disposizione, inoltre, impone il riesame e l'aggiornamento delle condizioni di autorizzazione da parte dell'autorità competente, piuttosto che un suo rinnovo. Sul punto, la Corte costituzionale italiana, pronunciandosi sul caso Ilva (85/2013 confermata da tutta la giurisprudenza successiva), ha chiarito la natura dinamica dell'AIA e la necessità che i requisiti ad essa sottesi siano periodicamente riesaminati, in base ad aggiornamento delle "migliori tecniche disponibili" a livello europeo.

Ciò evidenzia come le riforme della regolazione a livello europeo producano ricadute fondamentali sulla semplificazione amministrativa a livello nazionale e locale, non soltanto con riferimento ai meccanismi di mercato, bensì, anche in relazione agli strumenti autoritativi previsti nei diversi ordinamenti.

5. CONCLUSIONI

L'obiettivo di conciliare il rilancio dell'economia del nostro Paese e l'incremento della tutela ambientale, nel rispetto degli impegni derivanti dal Green Deal europeo e dal Next Generation EU, richiede non solo un'accelerazione delle procedure autorizzatorie, ma anche, nel lungo periodo, una conformazione della regolazione ambientale alle istanze europee di riduzione degli oneri amministrativi. Il successo e la diffusione delle strategie di *better regulation* sono da ricondurre all'accresciuta consapevolezza che la qualità della regolazione, oltre a rappresentare uno tra i fattori chiave della competitività dei Paesi e della loro capacità di attrarre investimenti, costituisce il presupposto per realizzare, in concreto, gli obiettivi di interesse pubblico sottesi alle discipline settoriali.

L'analisi dell'evoluzione di alcune regolazioni europee, come quella sulle emissioni industriali, sembra fornire elementi utili per lo studio di strumenti idonei a riconciliare l'obiettivo di ridurre gli oneri burocratici per le imprese e quello di garantire un elevato livello di tutela ambientale.

La disciplina europea sulla prevenzione e riduzione dell'inquinamento contenuta nella IED ha, in primo luogo, accorpato le valutazioni in sede di autorizzazione su tutti i fattori inquinanti dell'impianto, sulla base dello standard delle "migliori tecniche disponibili", con un approccio integrato, volto a superare il modello di tutela settoriale e favorire l'esame contestuale e cumulativo delle differenti conseguenze che lo svolgimento di una data attività produce sull'ambiente, inteso come valore universale.

In secondo luogo – aspetto meno valorizzato in dottrina – ha istituito meccanismi di pianificazione e di coordinamento delle ispezioni e, quindi, dei controlli a valle sulla conformità dell'attività di impresa, in un'ottica di incentivo all'osservanza e di agevolazione dell'adempimento agli obblighi derivanti dalla regolazione ambientale.

L'adozione di misure di semplificazione e di modelli collaborativi tra amministrazione e cittadino nell'ambito, non solo, dei procedimenti autorizzatori, ma anche nella pianificazione e nella attuazione dei controlli successivi, nell'ambito dello svolgimento delle attività economiche (A. Baldassarre, 1971: 592) potenzialmente inquinanti rappresenta una strategia utile e necessaria per favorire la strutturazione di procedure amministrative che consentano di conseguire gli obiettivi di tutela rafforzata del bene giuridico ambiente.

In questo quadro, le misure emergenziali di semplificazione, mirate principalmente a realizzare i progetti del PNRR nelle tempistiche stringenti imposte dal Next Generation EU, si inseriscono in un obiettivo più ampio di razionalizzazione della legislazione ambientale, da accompagnare con i necessari interventi sul piano organizzativo e della pianificazione dell'attività di controllo, che consentano alla pubblica amministrazione di adempiere al proprio ruolo di garantire la protezione dell'ambiente, recentemente cristallizzato in Costituzione.

6. BIBLIOGRAFIA

Baldassarre, Antonio (1971): "Iniziativa economica privata", in *Enciclopedia del diritto*, vol. XXI, Milano, Giuffrè, pp. 582-610.

Baldwin, Robert; Black, Julia (2008): "Really Responsive Regulation", in *The Modern Law Review*, n. 1, pp. 59-94.

Bauer, Michael W. – Jordan, Andrew – Green-Pedersen, Christoffer – Héritier, Adrienne (ed.), (2012): *Dismantling Public Policy: Preferences, Strategies, and Effects*, Oxford, Oxford University Press.

Bombardelli, Marco (2015): "Semplificazione normativa e complessità del diritto amministrativo", in *Diritto pubblico*, n. 3, pp. 985 e ss.

Braithwaite, John (2002): *Restorative Justice & Responsive Regulation*, Oxford, Oxford University Press.

Brewer, Garry D. (1974): "The Policy Sciences Emerge: To Nurture and Structure a Discipline", in *Policy Sciences*, n. 5, pp. 239-244.

Bulman, Tim (2021): "Strengthening Italy' public sector effectiveness" in *OECD Economics Department Working Papers*, n. 1690, 26 November 2021 ECO/WKP(2021)41, reperibile al seguente link: www.oecd.org/eco/workingpapers

Coletti, Paola – Radaelli, Claudio M. (2013): "Economic Rationales, Learning, and Regulatory Policy Instruments", in *Public Administration*, n. 91(4), pp. 1-15.

Commissione europea (2001): "La Governance Europea – un Libro Bianco (COM(2001) 428 def./2), reperibile al seguente link: https://op.europa.eu/it/publication-detail/-/publication/11c3e337-9cf5-4603-a518-cacb77207e3b/language-en

Commissione europea (2009): "Communication from the Commission to the Council and the European Parliament, Action Programme for Reducing Administrative Burdens in the EU Sectoral Reduction Plans and 2009 Actions, COM(2009) 544", Brussels, 22.10.2009, reperibile al seguente link https://eur-lex.europa.eu/LexUriServ/LexUriServ.do?uri=COM:2009:0544:FIN:EN:PDF

Commissione europea (2020): "Staff Working Document Evaluation of the Industrial Emissions Directive (IED) Directive 2010/75/Eu of the European Parliament and of the Council of 24 November 2010 on industrial emissions (integrated pollution prevention and control) SWD(2020) 181",

Brussels, 23.9.2020, reperibile al seguente link https://eur-lex.europa.eu/LexUriServ/LexUriServ.do?uri=SWD:2020:0181:FIN:EN:PDF

Commissione europea (2022): "Proposta di direttiva del Parlamento europeo e del Consiglio che modifica la direttiva 2010/75/UE del Parlamento europeo e del Consiglio, del 24 novembre 2010, sulle emissioni industriali (prevenzione e riduzione integrate dell'inquinamento) e la direttiva 1999/31/CE del Consiglio del 26 aprile 1999 sulla discarica di rifiuti COM(2022) 156", Bruxelles, 05.04.2022, reperibile al seguente link: https://eur-lex.europa.eu/resource.html?uri=cellar:32d55555-c550-11ec-b6f4-01aa75ed71a1.0004.02/DOC_1&format=PDF

Corso, Guido – De Benedetto, Maria – Rangone, Nicoletta (2022): *Diritto amministrativo effettivo: una introduzione*, Bologna, il Mulino.

Corso, Guido: "La valutazione del rischio ambientale", in Rossi, Giampaolo (a cura di), *Diritto dell'ambiente*, Torino, Giappichelli, pp. 171-180.

D'Alberti, Marco (2011a): "L'effettività e il diritto amministrativo", in AA.VV., *Studi in onore di Alberto Romano*, I, Napoli, Editoriale Scientifica.

D'Alberti, Marco (2011b): *L'effettività e il diritto amministrativo*, Napoli, Editoriale Scientifica.

De Benedetto, Maria (2021): *Corruption from a regulatory perspective*, Oxford, Hart Publishing.

De Benedetto, Maria (2018): "Effective law from a regulatory and administrative aw perspective", in *European Journal of Risk Regulation*, n. 3, pp. 391-415.

De Chiaro, Irene (2013): "La nuova autorizzazione unica ambientale (A.U.A.). Quadro normativo e spunti critici", in *Rivista Giuridica dell'Edilizia*, n. 3, p. 3.

deLeon, Peter (1978): "Public Policy Termination: An End and a Beginning", in *Policy Analysis*, vol. 4, n. 3, pp. 369-932.

de Leonardis, Francesco (2021): "Le trasformazioni della legalità nel diritto ambientale", in Rossi, Giampaolo (a cura di), *Diritto dell'ambiente*, Torino, Giappichelli, pp. 131-146.

Delsignore, Monica (2022): "Ambiente", in *Funzioni Amministrative, I Tematici, III – Enciclopedia del diritto*, Milano, Giuffrè, pp. 46-75.

Dente, Bruno (1995): *Environmental policy in search of new instruments*, Dordrecht, Boston, Kluwer Academic Publishers.

Di Capua, Viviana (2020): "Ambiente, complessità sistemica e semplificazione", in *Diritto Amministrativo*, n. 4, pp. 965 ss.

Ferrara, Rosario (2006): "La protezione dell'ambiente e il procedimento amministrativo nella 'società del rischio'", in *Diritto e società*, n. 4, pp. 508-537.

Ferrara, Rosario (2021): "Il PNRR e l'ambiente: verso quali scenari?", in *Rivista giuridica di urbanistica*, n. 4, pp. 767-778.

Giannini, Massimo Severo (1973): "«Ambiente»: saggio sui diversi suoi aspetti giuridici", in *Rivista trimestrale di diritto pubblico,* ora in *Scritti*, vol. VI, Milano, Giuffrè, pp. 445 ss.

Golub, Jonathan (1996): "Sovereignty and Subsidiarity in EU Environmental Policy", in *Political Studies*, n. 44(4), pp. 686-703.

Gravey, Viviane – Jordan, Andrew J. (2019): "Policy dismantling at EU level: Reaching the limits of 'an ever-closer ecological union'?", in *Public Administration*, n. 2, pp. 1-14.

Gunningham, Neil – Grabosky, Peter (1998): *Smart Regulation: Designing Environmental Policy*, Oxford, Oxford University Press.

Hahn, Robert W. – Sunstein, Cass Robert (2005): "The Precautionary Principle as a Basis for Decision Making", in *The Economists' Voice*, n. 2, pp. 1-9.

Heyvaert, Veerle (2006): "Facing the consequences of the precautionary principle in European Community law", in *European Law Review*, n. 31 (2), pp. 185-206.

Jordan, Andrew – Bauer, Michael W. – Green-Pedersen, Christoffer (2013): "Policy dismantling", in *Journal of European Public Policy*, n. 20, pp. 795-805.

Lenschow, Andrea – Sprungk, Carina (2010): "The Myth of a Green Europe", in *Journal of Common Market Studies*, n. 1, pp. 133-154.

Lewanski, Rodolfo (1997): *Governare l'ambiente*, Bologna, il Mulino.

Liguori, Fiorenzo (2020): "Commenti tutela dell'ambiente e misure di semplificazione", in *Rivista Giuridica dell'Edilizia*, n. 1, p. 3.

Majone, Giandomenico (1997): "From the Positive to the Regulatory State: Causes and Consequences of Changes in the Mode of Governance", in *Journal of Public Policy*, n. 2, pp. 139-167.

Merusi, Fabio (2008): "La semplificazione: problema legislativo o amministrativo?", in *Nuove Autonomie*, n. 3-4.

Moliterni, Alfredo (2017): "Semplificazione amministrativa e tutela degli interessi sensibili: alla ricerca di un equilibrio", in *Diritto Amministrativo*, n. 4, pp. 699-752.

Moliterni, Alfredo (2020): "La sfida ambientale e il ruolo dei pubblici poteri in campo economico", in *Rivista Quadrimestrale di Diritto dell'Ambiente*, n. 2, pp. 32-70;

Moran, Michael – Prosser, Tony (1994): *Privatization and Regulatory Change in Europe*, Buckingham, Open University Press.

Pierson, Paul (1994): *Dismantling the Welfare State? Reagan, Thatcher and the Politics of Retrenchment*, Cambridge, Cambridge University Press.

Pollack, Mark A. (1994): "Creeping Competence: The Expanding Agenda of the European Community", in *Journal of Public Policy*, n. 2, pp. 95-145.

Renna, Mauro (2009): "Le semplificazioni amministrative (nel d. lgs. n. 152 del 2006)", in *Rivista giuridica dell'ambiente*, n. 5, pp. 649 ss.

Rossi, Giampaolo (2018): "La complessità amministrativa", in RIDIAM, Riflessioni sul diritto amministrativo, reperibile al seguente link: https://ridiam.it/wp-content/uploads/2018/01/01-24-la-complessit%C3%A0-amministrativa.pdf

Rossi, Giampaolo (2021): "La "materializzazione" dell'interesse all'ambiente", in Rossi, Giampaolo (a cura di), *Diritto dell'ambiente*, Torino, Giappichelli, pp. 11-29.

Scotti, Elisa (2018): "Semplificazioni ambientali tra politica e caos: la via e i procedimenti unificati", in *Rivista Giuridica dell'Edilizia*, n. 5, p. 353.

Vernile, Scilla, (2015): "L'autorizzazione integrata ambientale tra obiettivi europei e istanze nazionali: tutela dell'ambiente vs. semplificazione amministrativa e sostenibilità socioeconomica", in *Rivista Italiana di Diritto Pubblico Comunitario*, n. 6, p. 1697.

Voermans, Wim (2009): "Gold-plating and Double Banking: an Overrated Problem?", in Snijders, Henk; Vogenauer Stefan (ed.), *Content and Meaning of National Law in the Context of Transnational Law*, Munich, Sellier, pp. 79-88.

Homenaje al Profesor Luciano Vandelli

Luciano Vandelli, il giurista amico

GIANLUCA GARDINI
Professore ordinario de diritto amministrativo
Università di Ferrara

All'indomani della scomparsa del prof. Luciano Vandelli ho avuto occasione di partecipare a vari convegni organizzati per ricordare il suo lungo cammino di studioso. Commemorazioni intense, toccanti, in cui si ripercorreva il suo impegno scientifico, civile e istituzionale. Ho ascoltato analisi molto belle e approfondite dei suoi lavori, del suo metodo scientifico, del contributo che Luciano ha dato alle riforme istituzionali. Io stesso ho tenuto diverse relazioni sulla sua figura di eminente studioso, nella circostanza del conferimento di onorificenze pubbliche, in occasione del suo pensionamento, e –ahimè– in sua memoria.

È però la prima volta che mi capita di partecipare ad un convegno, ad un incontro internazionale importante come questo, e di essere chiamato a parlare del profilo umano di Luciano Vandelli, ricordando la "persona", oltre che lo studioso e l'uomo delle istituzioni.

Per questo motivo, devo dire, ho particolarmente apprezzato il titolo che è stata dato a questa sessione: "Luciano Vandelli, il giurista amico". Un titolo che testimonia l'apprezzamento di tutti per il carattere, la personalità, la "statura umana" fuori dal comune di Luciano Vandelli, oltre che per il suo valore scientifico.

Per poter svolgere questo breve intervento ho cercato di raccogliere le impressioni di allievi e colleghi, e il risultato è stato davvero straordinario, per la quantità di aneddoti, ricordi, per le affettuose descrizioni e le esperienze dirette rievocate da tutti coloro che l'hanno conosciuto, pur di generazioni diversissime. Non è possibile riferire in questa sede la incredibile narrazione che ne è scaturita, sarebbe come provare a trattenere qualche goccia dal fiume di emozioni che ho sentito sgorgare spontaneamente al solo menzionare il nome di Luciano Vandelli

Il professor Luciano Vandelli ci ha lasciato il 22 luglio 2019. Nell'immediatezza della sua scomparsa sono state organizzate moltissime iniziative in suo ricordo.

Nell'agosto 2019 ricordo di aver partecipato personalmente alle *Jornadas de derecho administrativo* all'*Universidad Externado* di Bogotà, dedicate interamente al prof. Vandelli.

La sessione inaugurale della conferenza annuale della *European Public Law Organization*, svoltasi ad Atene nel settembre 2019, è stata dedicata al prof. Vandelli.

Sempre nel settembre 2019, nell'ambito del 35esimo congresso annuale di Studi amministrativi di Varenna, è stato istituito il premio Luciano Vandelli.

Il convegno annuale AIPDA, tenutosi a Pisa nel mese di ottobre 2019, era interamente dedicato alla sua memoria e si è aperto con un lungo ricordo della sua figura.

Il XXIII incontro dell'Associazione italo-spagnola dei professori di diritto amministrativo, che si tiene qui a Santiago de Compostela, è anch'esso intitolato alla memoria di Vandelli.

Tra le molte pubblicazioni apparse in suo onore, ricordo il *libro homenaje* dell'Università di Barcellona, a cura di Tomas Font, Alfredo Galán, Claudia Tubertini, che raccoglie gli atti di un convegno organizzato in occasione della laurea ad honorem attribuitagli dall'università di Barcellona pochi mesi prima della sua scomparsa.

Il terzo volume della *Colección de Derecho Administrativo Comparado* (dedicato al tema de *El régimen de los contratos públicos*), curato dall'*Instituto Internacional de Derecho Administrativo*, un'associazione che riunisce giuristi dell'area pubblicistica di tutto il mondo, è intitolato alla memoria del prof. Vandelli, che dell'Associazione era vicepresidente.

Molte riviste del settore, italiane e straniere, hanno pubblicato editoriali, coccodrilli, articoli di vario genere in ricordo del professor Vandelli. Tra le tante, ricordo la pubblicazione postuma da parte della Rivista AIC («nel ricordo del prezioso e autorevole insegnamento») della lezione tenuta nel 2019 al Seminario di studi parlamentari "Silvano Tosi", sul regionalismo differenziato.

Con questo elenco, che potrebbe continuare a lungo, intendo dire che la scomparsa di Luciano Vandelli ha sollevato un'onda emotiva potentissima, provocando una mobilitazione di persone e di anime che raramente ricordo di aver visto nell'ambiente accademico e istituzionale, che frequento ormai da trent'anni.

Credo che una partecipazione così spontanea e sincera al dolore per la perdita di un collega non si spieghi solo con le qualità professionali di Luciano Vandelli, pur così rilevanti. Penso piuttosto che le ragioni della commozione profonda che ha accompagnato la sua scomparsa siano legate alla statura umana, alle qualità personali che emergono dietro il suo sapere e la sua opera scientifica.

Luciano era un uomo estremamente curioso e, al tempo stesso, generoso, interessato alla vita e agli altri. Era attento soprattutto alla parte umanistica del diritto, ossia all'uomo e alle storie umane che fanno da sfondo alle norme giuridiche. E lo era anche quando spiegava le riforme, interpretava le norme, commentava le sentenze. La sua forza, come giurista, risiedeva proprio in questo: nello sguardo empatico e tollerante che riservava alle cose della vita; nei dubbi che accompagnavano ogni sua decisione; nella capacità di cogliere il limite che contraddistingue le regole, la fallibilità dei dogmi.

Nella sua vita, troppo breve, Luciano Vandelli ha scritto una serie di saggi, pamphlet, opere letterarie e libri di narrativa veri e propri che rivelano questa sua particolare sensibilità.

Era un "giurista fuori le mura", per usare un'espressione cara al teologo Vito Mancuso, un intellettuale che evidentemente non riusciva a trovare nel diritto tutte le risposte che cercava. Ha dimostrato ottime capacità in campi molto diversi della cultura e del sapere. Per rendersene conto basta richiamare l'elenco dei suoi lavori extra (*rectius,* diversamente) giuridici: tra i saggi ricordo *Sindaci e miti. Sisifo, Tantalo e Damocle nell'amministrazione locale* (Bologna, il Mulino, 1997), dove il riferimento alla mitologia greca serve a illustrare, con vivacità e ironia, le difficoltà e la solitudine del mestiere di sindaco; oppure *Psicopatologia delle riforme quotidiane* (Bologna, il Mulino, 2006), in cui l'analisi freudiana diventa la chiave di lettura per comprendere il riformismo compulsivo del legislatore contemporaneo.

Senza dimenticare le sue opere più strettamente narrative, in cui si avverte l'urgenza di uscire fuori dal recinto del diritto e parlare della condizione umana in sé: *Oscillazioni* (Bologna, Pendragon, 2015), una serie di racconti che prendono avvio dalla stessa frase («Oscillava. Questa volta ne era sicuro») e riferiti di volta in volta a situazioni, a epoche diverse. Racconti che riescono a spiazzare il lettore, trascinandolo in un equivoco che viene svelato solo alla fine; oppure *Il dottor Jekyll e mister Holmes* (Milano, Baldini-Castoldi-Dalai, 2004), dove Vandelli immagina l'incontro tra il personaggio più inquietante (Jekyll) e quello più lucido (Sherlock Holmes) della letteratura anglosassone.

Il tratto umano, credo, rappresenta la vera unicità del prof. Vandelli e spiega la presenza di così tante persone riunite oggi in suo ricordo, in questa sede. Persone che provengono da diversi paesi del mondo e che hanno avuto modo di incontrarlo nel corso della sua assidua attività accademica, di studioso e docente.

Riflettendo sulla sua vita professionale, mi sono reso conto che Luciano Vandelli, al termine di una lunga carriera, lascia molti più allievi fuori dall'Italia che nelle università o nelle istituzioni di nostro Paese. Molti degli attuali cattedratici di Spagna si considerano allievi di Luciano Vandelli: hanno studiato a Bologna, presso la Scuola di specializzazione in studi sull'amministrazione pubblica (SPISA) o presso il Real Colegio de España, e sono stati seguiti da lui durante il loro percorso di dottorato, e nella successiva carriera universitaria. Molti giovani studiosi del Sud America sono venuti a Bologna per conoscere e studiare con lui il diritto amministrativo, e, una volta rientrati nel loro Paese e nelle università di appartenenza, hanno continuato a considerarlo un mentore, un maestro. In Francia, Luciano Vandelli è uno dei più noti tra i giuristi italiani e un punto di riferimento per molti studiosi.

Tutto questo significa, senza alcun dubbio, che le qualità scientifiche del prof. Vandelli sono talmente rilevanti da valicare i confini nazionali, e lo fanno apprezzare anche fuori dal suo Paese natale. Ma, a mio modo di vedere, significa soprattutto che l'elemento personale, la cifra umana, rappresenta il criterio principale non solo nella scelta degli amici e degli affetti di cui ci circondiamo, ma anche nella scelta dei maestri.

"Noi siamo la somma degli incontri che abbiamo fatto, dei maestri che abbiamo avuto", insegna la psicanalisi. Per quanto mi riguarda, buona parte di questa somma è da imputare all'incontro che ebbi, più di trent'anni fa, con il prof. Luciano Vandelli. A lui devo probabilmente molte delle scelte professionali e personali che, successivamente, ho compiuto nel corso della mia vita. Oltre al metodo di lavoro, allo stile, alla visione delle cose che è riuscito a trasmettere a me e a tutti i suoi allievi.

Mi sono laureato nel 1990 con lui, con una tesi sul danno ambientale, e, riflettendo su questo incontro a quasi 30 anni di distanza, mi è tornato alla memoria un episodio, apparentemente banale, che è però molto efficace per descrivere la sua purezza d'animo e autenticità. Un episodio semplice, quasi irrilevante, ma che probabilmente mi ha fatto decidere di scegliere la carriera universitaria. Subito dopo la laurea ero molto indeciso sulla strada da imboccare, volevo avere un consiglio sul mio futuro professionale, e senza troppi giri di parole chiesi a Luciano se avesse mai fatto l'avvocato. Mi rispose che sì, aveva provato a farlo per un periodo, ma ogni volta che si metteva a studiare una causa, dopo aver letto tutte le carte e le memorie processuali, gli sembrava che avesse sempre ragione la controparte. Dunque aveva scartato la possibilità di diventare un buon avvocato. Capii da questa battuta, tra il serio e il faceto, che nella sua personalità c'era un punto di incertezza, dovuto a una naturale onestà intellettuale, a una sincera curiosità, in cui riuscivo a identificarmi e di cui potevo fidarmi. Decisi di rimanere all'università, a quei tempi, non per una particolare vocazione all'insegnamento o alla ricerca, che ancora oggi non sono certo di avere, ma per la fiducia personale che Luciano mi ispirava.

Sono particolarmente felice e grato per il fatto che l'Università di Santiago e l'Associazione Amministrativisti Italo Spagnoli abbiano voluto dedicare questo Convegno alla sua memoria, realizzando queste magnifiche giornate di studio per celebrarne il ricordo.

Fino alla fine, quando già la malattia aveva iniziato a indebolire il suo fisico, Luciano Vandelli ha continuato instancabilmente a coltivare i tanti rapporti internazionali, in particolare con il mondo spagnolo. Del resto, proprio quel mondo è stato presente in gran parte della traiettoria scientifica e personale di Vandelli, fin dal principio, fin da quando ancora assistente universitario si trasferì a Madrid per studiare la giovane Costituzione spagnola e l'avvio dell'ordinamento regionale sotto la guida di un grande maestro del diritto amministrativo come Eduardo García de Enterría.

Alla cura dei rapporti con il modo del diritto amministrativo spagnolo Luciano Vandelli si è dedicato poi come Presidente della Sezione italiana dell'Associazione italo-spagnola dei professori di diritto amministrativo e come organizzatore del congresso biennale, divenuto un abituale momento di incontro scientifico tra gli amministrativisti italiani e spagnoli.

Sono passati 56 anni dal primo congresso dell'Associazione: era il 1966 e l'incontro, interamente dedicato agli Aspetti giuridico-amministrativi del turismo, venne celebrato a Siviglia. Vandelli era allora troppo giovane per parteciparvi (tra gli italiani erano presenti Lorenzo Acquarone, Elio Casetta, Sabino Cassese, Massimo Severo Giannini, Giovanni Miele, Mario Nigro, Vittorio Ottaviano, Fabio Roversi Monaco, Franco Gaetano Scoca, Giuseppe Stancanelli; e tra gli spagnoli, Manuel Clavero Arévalo, Rafael Entrena Cuesta, Eduardo García de Enterría, Fernando Garrido Falla, Ramón Martín

Mateo, Lorenzo e Sebastián Martín-Retortillo, José Luis Villar Palasí), ma molti dei congressi che sono seguiti a quello andaluso hanno visto Vandelli come principale animatore e protagonista.

In occasione dell'ultima edizione del congresso, la XXII, che si è svolta nel 2018 a Messina, Vandelli, come al solito, aveva scelto insieme ai colleghi spagnoli i temi; aveva individuato i tanti relatori cercando di coinvolgere anche i più giovani ella comunità degli amministrativisti; aveva curato l'organizzazione dell'evento nei minimi dettagli insieme ai colleghi della sede ospitante. Sono sicuro che avrebbe seguito con la stessa cura e lo stesso entusiasmo anche l'edizione di questo anno.

Dopo la sua scomparsa, Fabio Roversi Monaco, presidente emerito dell'Associazione italo-spagnola dei professori di diritto amministrativo, ha proposto di intitolare a Vandelli la Sezione italiana, che è stata costituita in Associazione il 31 ottobre 2019 con la denominazione di Sezione Italiana dell'Associazione italo-spagnola dei professori di diritto amministrativo - Luciano Vandelli (ASVA).

Con esta dedicatoria simbólica, llena de significado y cariño, quiero concluir el recuerdo de Luciano Vandelli, "El jurista amigo" de todos los que estamos aquí reunidos en su memoria.

Tercera sesión

Derecho administrativo y sociedad digital, en memoria del Profesor Alfonso Masucci

Intervención en memoria del profesor Alfonso Masucci

El Profesor Alfonso Masucci en la memoria

JOSÉ LUIS CARRO FERNÁNDEZ-VALMAYOR
Catedrático de Derecho Administrativo
Profesor emérito de la Universidad de Santiago de Compostela

Por múltiples razones es difícil para mí en estos tristes momentos hilvanar unas palabras en memoria del amigo desaparecido, cuyo recuerdo y ejemplo de vida permanece ya para siempre en los que tuvimos el privilegio de conocer y de admirar la enorme talla humana y científica de su personalidad. Una personalidad cercana y calurosa como correspondía a un hijo de su amada Nápoles, a la que dedicó muchas de sus preocupaciones. La muerte de un amigo con el que nos ha unido un profundo vínculo personal e intelectual es siempre vivida como una profunda herida que produce un enorme vacío que solo el paso del tiempo puede ir, poco a poco, colmando, a la vez que nos va proporcionando la necesaria perspectiva para que, serenamente, podamos apreciar en su verdadera entidad la medida de su gran altura espiritual y la profunda huella de estima y de afecto que nos ha dejado. Nos consolará el recuerdo del inmenso valor que dispensó a la amistad y que tanto nos ha enriquecido en el pasado y nos continuará enriqueciendo a través de su memoria a los que nos hemos considerado sus amigos.

Conocía a Alfonso desde los años setenta del pasado siglo cuando ambos éramos jóvenes investigadores en la Universidad de Heidelberg y enseguida pude comprobar su fina inteligencia, su sensibilidad jurídica y, sobre todo, su indeclinable opción ética por un ideal de vida y de trabajo llevada siempre hasta sus últimas consecuencias. Me encontré ante un intelectual de gran rigor moral que, dentro de su cercanía y gran afabilidad, era ajeno a todo análisis superficial y de cuyos diálogos, que iban más allá de lo jurídico y se extendían a lo literario, a lo histórico y a lo filosófico, tanto me he beneficiado a lo largo de tantos años.

La inquietud intelectual de Alfonso le llevó a establecer, yo diría de forma natural, profundos y permanentes vínculos con colegas de distintas procedencias geográficas. Vínculos que mantuvo de manera constante a lo largo de toda su vida en un afán de superar la estrecha visión desde angostos ámbitos nacionales, guardando, eso sí, una innegable querencia por el mundo jurídico germánico, sin descuidar, sin embargo, el continuo contacto que tuvo siempre con los administrativistas españoles. Su excelente y sostenida obra comparatista es muestra palpable de esta actitud metodológica. Ahí están para demostrarlo sus monografías sobre *La legge tedesca del processo amministrativo*, sobre *Le "cassazioni amministrative"* o sobre *Il processo amministrativo in Francia*, a las que se pueden añadir sus interesantísimos estudios sobre la formación y evolución del Derecho administrativo en Francia y Alemania, sobre el procedimiento de mediación como medio alternativo de resolución de litigios en el Derecho administrativo en las experiencias francesa, alemana e inglesa (estudios, por cierto, publicados también en España en la Revista de Administración Pública) o sobre el acceso a la casación en los procesos administrativos en los Ordenamientos alemán, francés y español.

No creo, sin embargo, que sea hoy el momento de glosar la extensa actividad científica del profesor Alfonso Masucci que siempre llevó a cabo con una alta exigencia de creatividad y originalidad. Me ha parecido, en todo caso, especialmente oportuno que la organización del XXIII Congreso ítalo-español de Profesores de Derecho Administrativo haya previsto las intervenciones en su memoria en la sesión dedicada a "Derecho Administrativo y Sociedad Digital"; temática en la que sus contribuciones han sido decisivas, como es conocido, para clarificar la incidencia de la Administración electrónica en la estructura de los distintos procedimientos administrativos, con referencia, sobre todo, a la necesaria garantía de los derechos de los ciudadanos y al imprescindible respeto de los principios de legalidad y de seguridad jurídica. A estas y a otras cuestiones dedicó el profesor Masucci sus pioneras aportaciones sobre el documento administrativo informático, sobre el acto administrativo informático, sobre las subastas electrónicas y, en un plano más general, sobre la incidencia de las nuevas tecnologías en el procedimiento administrativo.

Lo importante a subrayar hoy, con independencia de su excelente labor investigadora, es, antes que nada, el hecho determinante de que Alfonso Masucci formaba parte de esa comunidad ideal de espíritus selectos, en donde no se conocen fronteras ni prejuicios y en donde la vida se nutre de pasión intelectual y rigor moral.

Quisiera finalizar afirmando que el dolor por la pérdida del amigo y del colega se puede, en cierta forma, aliviar, no sólo por el legado de su obra, sino, sobre todo, por el recuerdo agradecido hacia una persona que tanto ha contribuido a hacer mejor nuestras vidas, porque, como expresaran los inmortales versos de Jorge Manrique, "aunque la vida perdió, dexónos harto consuelo su memoria". Descanse en paz.

Los retos del Derecho administrativo en la nueva sociedad digital

Intervenciones de los presidentes de mesa

Intervención del Presidente de Mesa español

ALFONSO PÉREZ MORENO
Catedrático de Derecho Administrativo
Profesor emérito de la Universidad de Sevilla

Como Presidente de esta tercera sesión de nuestro Congreso quiero recordar el acto de constitución de estos encuentros como Congreso ítalo-español o español-italiano de profesores de Derecho Administrativo que se celebró en Sevilla en el año 1966 por darse la circunstancia de que asistimos y participamos los dos Presidentes de esta sesión; el Profesor Giuseppe Morbidelli, aquí presente, y yo mismo. En aquel momento no éramos aún catedráticos. Yo estaba terminando la tesis doctoral sobre el tema del derecho de reversión en materia de expropiación forzosa.

En aquellos días los Profesores Clavero Arévalo, García de Enterría y Giannini coordinaron la reunión de compañeros de Italia y de España para la creación de la asociación Italo-Española de Profesores de Derecho Administrativo. Asistieron los maestros más importantes de ambos países y desde entonces se han mantenido las celebraciones bianuales del Congreso, que sólo se ha retrasado a este año por la incidencia de la pandemia. La convocatoria en Santiago de Compostela que estamos realizando es la segunda que se celebra en esta ciudad. El Profesor Morbidelli y yo sentimos el entusiasmo de haber permanecido en nuestras responsabilidades universitarias consumadas a lo largo de tantos años.

Intervención del Presidente de Mesa italiano

L'AI nel Procedimento Amministrativo: introduzione ai problema

GIUSEPPE MORBIDELLI
Professore emerito di diritto amministrativo
Università degli Studi di Roma "La Sapienza"

1. PREMESSA

Il tema della sessione di oggi non solo è di grande attualità e di estrema importanza, e di questo va dato merito agli organizzatori, del resto sempre pronti, fino dalle ormai remote origini del "connubio" amministrativistico italo-spagnolo, ad individuare "giacimenti" di tematiche giuridiche che richiedono profonda quanto impegnata coltivazione.

Ma è anche di estrema difficoltà in quanto l'immissione della intelligenza artificiale (d'ora in avanti AI) nei procedimenti amministrativi pensati e regolati prescindendo *in toto* dai meccanismi degli algoritmi e dintorni, costituisce una sorta di trapianto, che richiede come i trapianti di organi, tanti esperimenti, provoca reazioni di rigetto, determina rischi, comporta assestamenti e comunque conseguenze anche sulle parti non trapiantate.

Intanto cosa è l'AI? A tal fine, tra le tante definizioni, quella che si fa preferire o comunque maggiormente evocata è rinvenibile nella proposta di Regolamento del Parlamento europeo e del Consiglio 21 aprile 2021 che stabilisce regole armonizzate sull'intelligenza artificiale e modifica alcuni atti legislativi dell'Unione, con il fine di applicare gli istituti giuridici dell'*acquis* comunitario alla materia dell'intelligenza artificiale[1]. In essa appunto leggiamo: con "sistema di intelligenza artificiale" ci si riferisce ad "un software [...] che può, per una determinata serie di obiettivi definiti dall'uomo, generare output quali contenuti, previsioni, raccomandazioni che influenzano gli ambienti con cui interagiscono". Il sistema a sua volta funziona sulla scorta di algoritmi, i quali costituiscono sequenze ordinate di azioni che, a fronte di determinati dati di ingresso (*input*) danno corso ad un risultato finale (*output*) che appunto esprime la soluzione del problema o gli esiti della ricerca cui l'algoritmo è preordinato. Per il vero AI non è semplicemente un algoritmo strutturalmente complesso e operazionalmente sofisticato. Un algoritmo difatti assurge alla dignità di AI quando è in grado di elaborare una quantità di informazioni tali da riuscire ad elaborare dati che gli esseri umani non potrebbero gestire ricorrendo soltanto alla propria intelligenza[2]. Nessun essere umano possiede il potenziale di calcolo dell'AI, che non è, tuttavia, un potenziale computazionale meramente passivo, perché riesce anche ad apprendere pro-attivamente. Non a caso nella maggior parte delle definizioni di AI viene sottolineata questa caratteristica. Ed invero, nella già ricordata proposta della Commissione europea, l'AI comprende tutti quei "sistemi che mostrano comportamenti intelligenti analizzando il loro ambiente e intraprendendo azioni *–con un certo grado di autonomia–* (sottolineatura nostra) per raggiungere obiettivi specifici". Inoltre, "una volta che funzionano bene, possono aiutare a migliorare e automatizzare il processo decisionale nel loro stesso dominio"[3]. Al di là delle definizioni, v'è da considerare che l'AI sta raggiungendo livelli di evoluzione, inimmaginabili fino a poco tempo fa: basta rammentare che gli algoritmi basati sul riconoscimento visivo vengono sempre più utilizzati nelle auto a guida autonoma e che vi sono i sistemi di scansione basati sull'intelligenza artificiale che diagnosticano le malattie in pochi attimi. Non deve sorprendere pertanto che l'AI sia in grado di minare i tradizionali modelli di *governance* ad ogni livello[4]. Ed invero, l'AI è destinata ad essere il motore essenziale di una quarta rivoluzione industriale che cambierà per

1. Su cui A. Casonato e B. Marchetti, *Prime osservazioni sulla Proposta di Regolamento dell'Unione europea in materia di intelligenza artificiale,* in *BioLaw Journal – Rivista di Biodiritto*, 2021, n. 3, 420.
2. Per questa più risalente ciò nondimeno rilevante definizione, v. M. L. Minsky, *Semantic Information Processing,* MIT Press, Cambridge (MA) 1968), 1 ss., e 33 ss.
3. V. EU Commission, *Communication from the Commission to the European Parliament, the European Council, the Council, the European Economic and Social Committee and the Committee of the Regions Artificial Intelligence for Europe* [SWD (2018) 137 final] 1, 25 Aprile 2019, https://eur-lex.europa.eu/legal-content/EN/TXT/PDF/?uri=CELEX:52018DC0237&from=GA
4. Cfr. J. Pandya, *The Geopolitics of Artificial Intelligence,* in "Forbes (Online Edition)" 28 Gennaio 2019, https://www.forbes.com/sites/cognitiveworld/2019/01/28/the-geopolitics-ofartificial-intelligence/#7da929f979e1

sempre il nostro modo di vivere: tanto che già nella risoluzione del Parlamento europeo risalente a oltre 5 anni fa (16 febbraio 2017) recante raccomandazioni alla Commissione concernenti norme di diritto civile sulla robotica (201/2103 INL) (2018/C 252/25), leggiamo: "l'umanità si trova ora sulla soglia di un'era nella quale robot, bot, androidi e altre manifestazioni dell'intelligenza artificiale sembrano sul punto di avviare una nuova risoluzione industriale, suscettibile di toccare tutti gli strati sociali, rendendo imprescindibile che la legislazione ne consideri le implicazioni e le conseguenze legali ed etiche, senza ostacolare l'innovazione". È del resto fuori discussione che l'AI avrà un impatto considerevole sugli individui e sulle organizzazioni di ogni tipo, e dunque pure sulla pubblica amministrazione: e così essa stessa sarà oggetto di regolazione normativa che strumento di applicazione della legge e dunque dei procedimenti da questa disegnati, ovverosia oggetto di trasformazione, in quanto connesso a realtà in cui la tecnologia ha un rilievo sempre crescente[5].

Prova ne è che il tema è oggetto di approfonditi studi in Italia e in tutto il resto del mondo, studi di cui darò (molto parzialmente) conto in questa sede.

2. LA DECISIONE ALGORITMICA AL VAGLIO DEL GIUDICE AMMINISTRATIVO

Ragioni di realismo mi inducono ad introdurre la presente sessione attraverso una angolazione pratica, ovverosia attraverso la lente della giurisprudenza, la quale si è trovata a scrutinare provvedimenti nei quali si era fatto ricorso all'AI.

Il punto fermo e mai abbandonato della giurisprudenza è che l'impiego dei sistemi di automazione decisionale non può determinare l'elusione dei generali canoni di svolgimento dell'attività di cura dell'interesse pubblico, del resto discendenti dai principi costituzionali tracciati dall'art. 97. In tal senso è significativa una recente sentenza del Consiglio di Stato[6], la quale nello stesso tempo ha rilevato le intrinseche potenzialità di miglioramento dei livelli di efficienza amministrativa insite nel processo di informatizzazione e digitalizzazione (da tenere presente che l'art. 41 del codice dell'amministrazione digitale prevede che lo stesso procedimento deve

5. Così A. Pajno, *Prefazione. La costruzione dell'infosfera e le conseguenze sul diritto,* in *Intelligenza artificiale e diritto: una rivoluzione,* Vol. 2, *Amministrazione, Responsabilità, Giurisdizione* a cura di A. Pajno, F. Donati, A. Perrucci, Bologna, 2022, 9 ss.; nonché per un inquadramento generale sul rapporto tra AI e diritto, T.E. Frosini, *L'orizzonte giuridico dell'intelligenza artificiale,* in *BioLaw Journal – Rivista di Biodiritto,* 2022, n. 1, 155.
6. Cons. Stato, Sez. VI, 8 aprile 2019, n. 2270.

svolgersi attraverso le ICT *(Information and Communication Technologies)*[7]. Secondo il giudice amministrativo di appello, la sequenza algoritmica costituisce la traduzione in forma matematica di un "atto amministrativo informatico", la cui adozione mediante tecniche elettroniche non esime dall'osservanza dei principi di trasparenza, pubblicità, proporzionalità e ragionevolezza che presiedono all'esercizio delle funzioni pubbliche[8]. Proprio in ragione della natura provvedimentale dell'algoritmo è stato così affermato che i *software* utilizzati dalla pubblica Amministrazione devono consentire la trasposizione in termini giuridici delle prescrizioni formulate in linguaggio computazionale, in modo che siano assicurate la conoscibilità e la comprensibilità dello schema logico di funzionamento del programma informatico.

Ulteriore corollario di tale qualificazione della regola algoritmica e della sua soggezione *pleno iure* alle regole procedimentali e processuali è rappresentato dalla sua piena sindacabilità dinnanzi al giudice amministrativo. Si è infatti affermato che "il ricorso all'algoritmo va correttamente inquadrato in termini di modulo organizzativo, di strumento procedimentale ed istruttorio, soggetto alle verifiche tipiche di ogni procedimento amministrativo, il quale resta il *modus operandi* della scelta autoritativa, da svolgersi sulla scorta della legislazione attributiva del potere e delle finalità dalla stessa attribuite all'organo pubblico, titolare del potere"[9]. Così proseguendo "[s]olo in questo modo è possibile svolgere, anche in sede giurisdizionale, una valutazione piena della legittimità della decisione; valutazione che, anche se si è al cospetto di una scelta assunta attraverso una procedura informatica, non può che essere effettiva e di portata analoga a quella che il giudice esercita sull'esercizio del potere con modalità tradizionali". La stessa sentenza ha inoltre precisato che il sindacato del giudice amministrativo concerne, in una prima fase, la correttezza delle attività che connotano il processo di automazione, a loro volta costituite non soltanto dalla costruzione dell'algoritmo, ma anche dall'acquisizione, dalla validazione e dalla gestione dei dati e indi, in una seconda fase, la legittimità del prov-

---

7. G. Cavalcanti, *Algoritmi e decisone amministrava: la metamorfosi del procedimento nell'era della digitalizzazione 4.0*, in *www.irpa.eu*, 2 novembre 2021.
8. Anteriormente alla citata pronuncia del Consiglio di Stato, la questione della qualificazione giuridica del *software* impiegato per l'adozione di decisioni amministrative automatizzate e' stata approfondita, tra le altre, dalla sentenza T.A.R. Lazio, Sez. III *bis*, 22 marzo 2017, n. 3769, nella quale si è ritenuto che i programmi informatici esecutivi di regole algoritmiche predeterminate, in quanto riconducibili alla categoria dei documenti amministrativi, formano oggetto del diritto di accesso previsto dal Capo V della L. 7 agosto 1990 n. 241.
9. V. ancora Cons. Stato, Sez. VI, 8 aprile 2019 n. 2270.

vedimento adottato dal *software* in esecuzione delle prescrizioni algoritmiche.

La giurisprudenza amministrativa ha altresì rilevato che l'impiego di *software* programmati per l'esecuzione di istruzioni computazionali, oltre a contribuire alla semplificazione dei processi decisionali, orienta la potestà valutativa pubblicistica nel senso stabilito dalla sequenza algoritmica, assicurando maggiore neutralità e stabilità alle scelte di amministrazione attiva.

Ciò vale anche con riguardo alle fattispecie in cui il ricorso all'AI inerisce ad una attività amministrativa a carattere discrezionale. E anche se la giurisprudenza amministrativa si è finora prevalentemente espressa su algoritmi "tradizionali" o "condizionali", meramente rappresentativi della norma e della sua interpretazione applicativa (una sorta di metodo matematico di applicazione della legge), l'analisi dei quali consente quindi di ricostruire la logica della decisione, rendendoli "dominabili", sta il fatto che il Consiglio di Stato ha osservato che, "se il ricorso agli strumenti informatici può apparire di più semplice utilizzo in relazione alla cosiddetta attività vincolata, nulla vieta che i fini stabiliti dalla legge, perseguiti con il ricorso all'algoritmo informatico, possano perseguirsi anche in relazione ad attività connotata da ambiti di discrezionalità. Piuttosto, se nel caso dell'attività vincolata ben più rilevante, sia in termini quantitativi che qualitativi, potrà essere il ricorso a strumenti di automazione della raccolta e valutazione dei dati, anche l'esercizio di attività discrezionale, in specie tecnica, può in astratto beneficiare delle efficienze e, più in generale, dei vantaggi offerti dagli strumenti stessi"[10]. Sulla stessa linea, in talune decisioni si è avuto modo di precisare che "la nozione di "intelligenza artificiale" è riconducibile allo studio di "agenti intelligenti", vale a dire allo studio di sistemi che percepiscono ciò che li circonda e intraprendono azioni che massimizzano la probabilità di ottenere con successo gli obiettivi prefissati"[11].

È appena il caso di aggiungere che mentre nei casi in cui la legge determina analiticamente il contenuto dell'atto da adottare ovvero prescrive lo svolgimento di valutazioni di ordine tecnico-scientifico determinate dall'AI, le capacità di autonomia decisionale dei programmi di intelligenza artificiale non vengono in rilievo, di contro, nell'ambito dell'attività discrezionale della pubblica Amministrazione, sono impiegabili tecnologie informatiche che non si limitano ad eseguire istruzioni preventivamente programmate, ma pervengono all'autonoma formulazione di decisioni in relazione alle caratteristiche della fattispecie concreta con tutte le conseguenze

10. Cons. Stato, Sez. VI, 13 dicembre 2019, n. 8472. In senso analogo, cfr. Consiglio di Stato, Sez. VI, 4 febbraio 2020, n. 881 .
11. TAR Lombardia, Milano, 13 marzo 2021, n. 843.

in punto di imputazione, responsabilità, ruolo dell'elemento umano, strutturazione del programma, controlli (sul che avremo modo di soffermarci più avanti se pur in estrema sintesi).

3. DUE ORIENTAMENTI GIURISPRUDENZIALI

C'è da dire che secondo un orientamento giurisprudenziale mosso dalla preoccupazione, e non certo irragionevole, per quella che il Tar Lazio, definisce, con un'immagine invero forte, ma evocativa di una lettura molto netta delle funzioni, "l'abdicazione da parte del responsabile del procedimento del suo ruolo di timoniere ed anche di correttore del procedimento amministrativo"[12], si è ritenuto possibile ricorrere alla intelligenza artificiale limitatamente alle attività vincolate. Altre volte addirittura solo a quelle ripetitive, in cui l'apporto umano è pressoché ininfluente: una posizione di lettura classica della macchina come mero supporto dell'uomo nelle azioni faticose e ripetitive – appunto meccaniche – che assicura peraltro precisione e rapidità. Questo perché l'impiego nel procedimento amministrativo che porta alla decisione pubblica algoritmi "d'intelligenza artificiale", chiamati a svolgere una rielaborazione ed una valutazione, conduce ad una nuova e successiva acquisizione e rielaborazione di dati, secondo una catena potenzialmente infinita di azioni autonome suscettibili di neutralizzare il peso della decisione umana. Nel senso che, di apprendimento in apprendimento, la scelta/decisione perde sempre più il suo coefficiente logico aristotelico e diventa via via sempre meno intelligibile, cosicché, al termine del percorso di valutazione, rielaborazione e creazione di nuove e autonome determinazioni, sarà sempre più difficile ricostruirne la logica retrostante, risultando in una combinazione di valutazioni e decisioni esterna al sistema intellettivo o comunque sia in gran parte indecifrabile.

Come già anticipato, v'è però un altro indirizzo nella giurisprudenza (coerente con la dottrina prevalente) che invece ammette sempre l'utilizzazione degli algoritmi nell'azione amministrativa, salvo il rispetto delle garanzie a tutela dei diritti dei soggetti investiti dal provvedimento. Il Consiglio di Stato difatti ha rilevato che non "vi sono ragioni di principio, ovvero concrete, per limitare l'utilizzo all'attività amministrativa vincolata piuttosto che discrezionale, entrambe espressione di attività autoritativa svolta nel perseguimento del pubblico interesse"[13].

Del resto, l'opera di sistematizzazione della complessità della realtà di cui è capace l'algoritmo potenzia senz'altro l'analisi conoscitiva dell'ammi-

12. Tar Lazio, Roma, sez. III, 15 aprile 2021, n. 4409.
13. Cons. Stato, sez. VI, 4 febbraio 2020, n. 881.

nistrazione pubblica e favorisce sia la prevedibilità delle decisioni, sia l'agevole identificazione di ingiustizie gravi e manifeste.

In ogni caso, va tenuto presente che l'esercizio del potere attraverso l'AI incontra anzitutto i limiti tipici cui è sottoposto tale potere (principi generali, ragionevolezza, tutela dell'affidamento, proporzionalità, ecc.). Difatti la giurisprudenza[14] ha precisato che la regola tecnica che governa l'algoritmo resta pur sempre una regola amministrativa, redatta dall'uomo e non dalla macchina, che poi va ad applicarla (fermo restando, come vedremo, l'intervento finale dell'uomo). Nel senso che prosegue il Consiglio di Stato, "possiede una piena valenza giuridica e amministrativa, anche se viene declinata in forma matematica, come tale deve soggiacere ai principi generali dell'attività amministrativa, in particolare quelli di ragionevolezza, di proporzionalità". L'elaborazione dello strumento digitale "vede sempre la necessità che sia l'amministrazione a compiere un ruolo *ex ante* di mediazione e composizione di interessi, anche per mezzo di costanti test, aggiornamenti e modalità di perfezionamento".

Come pure incontra una serie di limiti a garanzia dei diritti fondamentali, i quali corrispondono ai limiti individuati dal Regolamento europeo sulla protezione dei dati personali (GDPR), nonché quelli riscontrabili anche nella proposta di Regolamento in materia di intelligenza artificiale già menzionato. Sono i limiti della "conoscibilità", della "non esclusività" e della "non discriminazione" che – se pur con non poche lacune e soprattutto problemi operativi – costituiscono una sorta di controlimite alla "sovranità" dell'algoritmo, e che tra l'altro trovano concretizzazione in una serie di documenti espressione di *soft law*[15].

4. IL PRINCIPIO DELLA CONOSCIBILITÀ (E PROBLEMI IN PUNTO DI EFFETTIVITÀ)

Una prima problematica di cui si è dato carico la giurisprudenza amministrativa è quella per cui l'algoritmo a base della decisione sia reso conoscibile, affinché la contezza dell'*iter* decisionale ne consenta la valutazione sotto il profilo della coerenza con il principio di legalità, in ottemperanza al principio di trasparenza dell'azione amministrativa, seppur in distonia rispetto al segreto industriale e della proprietà intellettuale, che in molti ordinamenti, non ultimo quello europeo, sono ritenuti prevalenti. Nel senso che

14. Cons. Stato, Sez. VI, 8 aprile 2019 n. 2270; Cons. Stato, 13 dicembre 2019 n. 8472; Cons. Stato, 4 febbraio 2020 n. 881.

15. V. indicazioni sul punto in D. Simeoli, *L'automazione dell'azione amministrativa nel sistema delle tutele di diritto pubblico*, in *Intelligenza artificiale e diritto: una rivoluzione?*, vol. 2, cit., 623 ss.

le esigenze di trasparenza della formula algoritmica devono considerarsi sempre prevalenti su quelle di riservatezza delle imprese produttrici dei meccanismi informatici utilizzati, le quali, dunque, non possono opporre eventuali brevetti alla richiesta di ostensione dei codici sorgente[16].

In ogni caso, la conoscibilità può assurgere al ruolo di strumento di tutela solo quando è nota la logica che ha portato alla decisione, e in essa l'*iter* che ha presieduto all'analisi della realtà concreta, all'elaborazione dei dati e alla scelta, che è normalmente racchiuso nella motivazione del provvedimento amministrativo.

Il problema è, però, che nell'intelligenza artificiale è proprio la logica ad essere strutturalmente non conoscibile. Ignota per definizione. La *black box*, il nucleo decisionale dell'intelligenza artificiale, che è frutto della capacità della macchina di autoapprendimento e di affinamento di criteri di conoscenza e scelta per la realizzazione più efficiente dell'obiettivo, è indecifrabile per natura e rendere conoscibile l'algoritmo non necessariamente svela o non necessariamente consente di svelare la correttezza della decisione e quindi di motivarla.

Infine, la correttezza della decisione potrebbe essere conoscibile e valutabile solo da soggetti che presentino una particolare perizia e qualifica tecnica, con la conseguenza, più volte sottolineata dalla dottrina, di creare una generazione di tecnocrati, esclusiva detentrice del potere amministrativo.

In altri termini, il principio di conoscibilità e di trasparenza, che è consustanziale alle decisioni amministrative, in quanto radicato nella Costituzione e nei principi, seppur presente in astratto nella ragion pratica incontra notevoli difficoltà nel suo esplicarsi, almeno fino a che le amministrazioni pubbliche non saranno dotate di personale munito di capacità cognitiva delle logiche che presiedono alla strutturazione e ai percorsi dell'AI, fermo restando che rimane comunque un nucleo difficilmente decifrabile se non del tutto indecifrabile perlomeno nelle sue applicazioni più avanzate[17].

16. V. sul punto J. Della Torre, *Le decisioni algoritmiche all'esame del Consiglio di Stato*. Nota a Cons. St., sez. IV, 4 febbraio 2020, n. 881, in. Dir. proc., 2021, 2.

17. Di opacità, complessità, di un certo grado di imprevedibilità e di un comportamento parzialmente autonomo di taluni sistemi di Intelligenza Artificiale, leggiamo anche nel documento del Consiglio dell'Unione europea, *Conclusioni della Presidenza. La Carta dei diritti fondamentali nel contesto dell'intelligenza artificiale e della trasformazione digitale,* 11481/20, 2020.

5. IL PRINCIPIO DELLA NON ESCLUSIVITÀ (E PROBLEMI IN PUNTO DI EFFETTIVITÀ)

Il secondo limite, anzi –a mio avviso– "controlimite" individuato dalla giurisprudenza amministrativa è quello della non esclusività, ricalcato sul principio di cui all'art. 22 del Regolamento generale sulla protezione dei dati (GDPR), per il quale è essenziale la possibilità dell'intervento umano, in grado di correggere eventuali errori della macchina. Il responsabile del procedimento, o comunque l'organo competente all'adozione del provvedimento, finale dovranno sempre analizzare i risultati conseguiti dal programma informatico, approvando quelli validi e respingendo quelli fallaci. Si ritiene infatti che il c.d. principio di "non esclusività della decisione algoritmica" imponga al funzionario-persona fisica –poco importa si tratti del responsabile del procedimento o dell'organo competente ad adottare l'atto, laddove diverso– un esame definitivo del provvedimento informatico proposto dall'elaboratore elettronico, non soltanto sotto il profilo della sua conformità ai parametri legali, ma anche in relazione alla sua intrinseca logicità, credibilità e razionalità (c.d. criterio *human-in-the-loop*, vale a dire della verifica da parte dell'uomo sulla corretta impostazione e sul corretto funzionamento della macchina). Ancora una volta si presuppone la possibilità-capacità da parte degli agenti umani di comprendere e scrutinare la logica del percorso dell'AI. Non solo. Quando le decisioni pubbliche fondate sull'intelligenza artificiale non sono comprimibili in un'alternativa binaria (sì/no), ma possono portare ad una ventaglio di risultati diversi la cui individuazione dipende dall'elaborazione dei dati, dalla loro valutazione, dall'applicazione dei principi di proporzionalità e di precauzione e soprattutto dal bilanciamento degli interessi basato sui valori costituzionali, il principio di non esclusività può indurre al rischio di sovrapporre, nella parte finale della decisione, la logica umana ad una logica completamente differente. Logica umana e logica della macchina vengono così a coabitare nel medesimo procedimento, senza che la prima sia in grado di sostituirsi *in toto* alla seconda e spesso nemmeno di comprenderla. Ma soprattutto –come già sottolineato– l'apprendimento automatico può rendere difficile o addirittura impossibile ricostruire la sequenza di eventi e istruzioni che hanno condotto a una determinata decisione, rendendo complicata, se non praticamente impossibile, la comprensione e la valutazione delle ragioni alla base di una decisione. Non seguendo un reale *iter* logico, ma semplicemente incrociando casualmente –e non causalmente– masse di dati fino all'individuazione di un *match* in qualche modo significativo, può aversi che si abbiano risultati incomprensibili, inutili o addirittura fuorvianti. I "Bob & Alice" spesso citati costituiscono un esempio paradigmatico: i due robot sono passati in pochi giorni dalla normale interazione alla comunicazione ad un linguaggio unicamente loro proprio[18], costringendo i programmatori a disattivarli. Ma soprattutto la opacità strutturale dell'AI è antitetica alla trasparenza del processo decisionale, e ciò oltre che incidere sulle componenti tradizionali della responsabilità a partire dall'elemento soggettivo, esclude quella capacità di visione e quel *sentiment* necessari per tenere conto di un insieme relativamente ampio di interessi che non sono già stati incorporati nella sua progettazione, il che è particolarmente problematico atteso lo spettro di concetti "valvola" e "indeterminati" che presiedono all'esercizio dei poteri discrezionali. Tanto più che l'AI non possiede l'autocontrollo per assicurarsi di rimanere entro limiti prestabiliti[19]. Nella più volte citata decisione della Sez. VI, n. 2270/2019 leggiamo "l'impiego di tali strumenti comporta in realtà una serie di scelte e di assunzioni tutt'altro che neutre: l'adozione di modelli predittivi e di criteri in base ai quali i dati sono raccolti, selezionati, sistematizzati, ordinati e messi insieme, la loro interpretazione e la conseguente formulazione di giudizi sono tutte operazioni frutto di precise scelte e di valori, consapevoli o inconsapevoli". Del resto è acquisito che l'AI, se fornisce alle autorità pubbliche significativi vantaggi in termini di efficienza e conoscenza, dall'altro porta con se una serie di rischi per la *privacy,* per la sicurezza dei cittadini, per i diritti fondamentali, per gli stessi principi democratici[20]

Ciò non giustifica l'affermazione secondo cui l'AI costituisce *per se* una minaccia per l'umanità[21]. Tuttavia, non c'è dubbio che i rischi evidenziati

18. V. sul punto, D. Robertson, *This Is How Facebook's Shut-down AI Robots Developed Their Own Language – And Why It's More Common than You Think,* in "The Independent", 1 Agosto 2017, https://www.independent.co.uk/voices/facebook-shuts-down-robots-ai-artificial-intelligence-develop-own-language-common-a7871341.html. M. Zalnieriute et Al., *The Rule of Law and Automation of Government Decision-making,* "Modern Law Review", 82, 2019, 425 ss.
19. A dire il vero, esiste un "*hard code*" e un "*soft code*". L'AI può alterare quest'ultimo ma non il primo. In altre parole, esiste un sistema abbastanza rigoroso per determinare in maniera definitiva, ciò che un'AI non può fare. Tuttavia, l'AI potrebbe comunque finire per prendere decisioni inaspettate entro i limiti derivanti dalla modificabilità del "soft code".
20. V. sul punto in dettaglio, anche sulla base di una disamina di casi concreti nonché di sistemi di AI impiegati in particolare dalle Autorità indipendenti, E. Chiti, B. Marchetti, N. Rangone, *L'impiego di sistemi di intelligenza artificiale nelle pubbliche amministrazioni italiane: prove generali,* in *Intelligenza artificiale e diritto: una rivoluzione?,* cit., vol. 2, 43 ss.
21. V. L. M. LoPucki , "*Algorithmic Entities*", "Washington University Law Review", 95, 2019, 887 ss. e 951.

ci sono e possono effettivamente interessare ed influenzare, anche se in modi diversi, il corretto esercizio dei poteri amministrativi[22].

6. PRINCIPIO DI NON DISCRIMINAZIONE

Laddove alla macchina sia fornito un *input* un *set* di dati inesatto il risultato (o *output*) dell'elaborazione, ovvero la decisione, non potrà che essere errata. Così come la scelta di *software* non funzionali al concreto perseguimento dell'interesse pubblico determina l'elaborazione di risultati incongrui o fuorvianti, parimenti l'immissione dei dati invalidi o l'erroneo utilizzo del programma informatico vanificano i risultati vantaggiosi conseguibili mediante l'impiego di sistemi di automazione decisionale. Insidie ancora maggiori sono insite nel rischio che le tecnologie di intelligenza artificiale pervengano alla formulazione di conclusioni paradossali o discriminatorie in conseguenza di errori nella costruzione del "ragionamento" elettronico (c.d. *bias* cognitivi).

È pertanto fondamentale il controllo dei dati che vengono immessi e la corretta utilizzazione di leggi statistiche, dato che il controllo sulla qualità, quantità e affidabilità dei dati utilizzati incide in modo rilevante sulle capacità delle amministrazioni di operare scelte adeguate e conformi ai principi costituzionali e alla normativa[23].

Tra l'altro, il processo decisionale dell'AI è intrinsecamente orientato al passato, poiché si basa su *set* di dati storici, nel senso che la macchina tende a codificare il passato e così a perpetuarlo. Come è stato rilevato, "un determinato stato del mondo tende a essere cristallizzato nel processo prognostico, influenzandone i risultati e orientando più o meno incisivamente le decisioni prese a valle della decisione automatizzata". E ancora: così facendo le predizioni della macchina "influenzano l'anticipazione delle interazioni e causano un aggiustamento delle azioni che contribuisce a creare un presente futuro diverso rispetto a quello che avrebbe potuto verificarsi se non si fossero considerate le predizioni della macchina"[24].

---

22. F. F. Li, *Artificial Intelligence: Great Power Comes with Great Responsibility (Testimony delivered during the Joint Hearing held at the House of Representatives on 26 June 2018)*, https://docs.house.gov/meetings/SY/SY15/20180626/108474/HHRG-115-SY15-Wstate-LiF-20180626.pdf
23. E. Carloni, *Algoritmi su carta. Politiche di digitalizzazione e trasformazione digitale delle amministrazioni*, in *Dir. pubbl.*, 2019, n. 2, 368.
24. V. sul punto B. Marchetti, *Amministrazione digitale*, in *Enc. Dir.*, *I Tematici*, III-2022, *Funzioni Amministrative*, Milano, 2022, 104, che a sua volta mutua tali conclusioni da altri autori.

Questo apre l'AI a pregiudizi sistemici non privi di conseguenze negative. Considerato un certo e corretto *set* di dati, v'è la eventualità che l'AI possa discriminare in modo inappropriato in base a condizioni, a titolo d'esempio, sociali o razziali. Non si tratta di un semplice scenario ipotetico. Gli algoritmi hanno effettivamente discriminato i residenti di determinati quartieri o gli appartenenti a gruppi etnici economicamente svantaggiati, negando loro l'accesso al credito, all'assicurazione sanitaria o addirittura contrassegnandoli come socialmente pericolosi, come è avvenuto nel caso del funzionamento del noto algoritmo COMPAS, utilizzato nelle Corti statunitensi per stabilire il pericolo di recidiva nell'arco dei due anni successivi di imputati condannati per un certo reato[25]. Nello stesso tempo va ricordato che "l'algoritmo si caratterizza per un atteggiamento di conservazione, o al più di razionalizzazione, delle pregresse scelte d'amministrazione, poiché è logica essenzialmente tratta dalle stesse, che lascia l'innovazione all'intervento umano, alla sua capacità di intelligere, cambiando anche radicalmente le scelte preesistenti, con quella prudenza e al tempo stesso creatività che non è sostituibile dall'intelligenza artificiale, poiché quest'ultima dell'intelligenza umana è pur sempre un derivato e mai un originale"[26]. Il che, tra l'altro, è un ulteriore elemento che impone come la determinazione ultima debba essere affidata alla mente umana.

7. LA GARANZIA DELLA SORVEGLIANZA UMANA (E L'ESIGENZA DI UNA PREVENTIVA POLICY)

Il punto centrale è proprio questo. L'Amministrazione deve possedere le conoscenze tecniche di base necessarie per comprendere e gestire i sistemi di AI, nonché l'operatività delle relative garanzie, e anzi preventivamente approvare una *policy* sul punto. Ovvero delle norme interne (linee guida o altro), tipico strumento delle società per azioni volto ad elaborare una serie di criteri di corretta amministrazione. Ed invero lo stesso principio di imparzialità e buona amministrazione, attesa la delicatezza e la complessità della materia, fanno sì che la installazione dell'AI impone il ricorso alla adozione di una *policy* di AI specifica e, quindi, su misura. Tutto questo al fine di rendere trasparenti e, pertanto, verificabili le scelte fondamentali in

25. V. B. Marchetti, *Amministrazione digitale,* cit. Testo cui si rinvia anche per una accurata ricostruzione di tutta la problematica e complete indicazioni di dottrina e giurisprudenza; v. altresì J.G Corvolan - D.U. Galetta —*Intelligenza Artificiale per una Pubblica amministrazione 4.0? Potenzialita, rischi e sfide della rivoluzione tecnologica in atto,* in www.federalismi.it, n. 3/2019 e F. De Leonardis, *Big data, decisioni amministrative e "povertà" di risorse della pubblica amministrazione,* in *Munus,* 2020, n. 2, 367, nonché il quadro tracciato da F. Vetrò, *Imbalanced data as risk factor of discriminating automated decisions: a measurement – based approach, in 12 Jipitec 2021, 272.*

26. R. Cavallo Perin, *Ragionando come se la digitalizzazione fosse data,* in *Dir. amm.,* 2020, 326.

merito di impostazione e di utilizzo dell'AI. A tal fine, il documento pertinente dovrebbe anzitutto fornire risposte chiare e dettagliate a una serie di domande di base riguardanti, in primo luogo, la qualità, l'affidabilità e l'accuratezza dei dati processati, da cui dipende il funzionamento dell'algoritmo, la sua capacità di elaborare predizioni valide o, al contrario, la possibilità di incorrere in errori (c.d. *bias*). Questo è un punto cruciale. Condizione necessaria, ma non sufficiente, per potersi fidare dei risultati di una macchina è che i dati abbiano un livello di qualità adeguato allo scopo per cui il risultato che da essi verrà desunto costituirà la base della decisione. Non si può pensare di avere risultati accurati se i dati di partenza non sono accurati[27]. Tale documento deve avere ben presenti le potenziali applicazioni dell'AI all'interno della pubblica amministrazione, insieme a una chiara spiegazione di quali attività possono trarne vantaggio dal suo utilizzo. Allo stesso modo, il documento dovrebbe tenere conto delle linee guida tecniche che supportano l'uso dell'AI all'interno dell'Amministrazione, nonché di tutte le informazioni tecniche relative al sistema di AI stesso (cioè come sono programmate e come funzionano)[28], non solo in termini generali, ma anche alla luce delle specifiche applicazioni per le quali si prevede di ricorrere all'AI. La *policy* relativa all'AI dovrebbe anche indicare i requisiti di sicurezza del sistema, oltre a delineare le procedure in atto per verificare il funzionamento del sistema nel tempo con requisiti di sicurezza altresì accompagnati da una chiara dichiarazione degli obblighi dei produttori del sistema e della loro potenziale responsabilità, nonché di qualsiasi assicurazione disponibile. Dovrebbero anche essere stabiliti standard di protezione dei dati personali perché non vengano captati da terzi, nonché i requisiti di trasparenza e di sicurezza[29].

---

27. V. in tal senso G. D'Acquisto, *Autonomia decisionale della macchina e regolamentazione*, in G. C. Feroni, C. Fontana e C. Raffiotta (a cura di) *AI Antology. Profili giuridici, economici e sociali dell'intelligenza artificiale*, Bologna, 2022, 320, il quale così prosegue "Cosa è una fonte di dati attendibile? Chi ne certifica la qualità per lo scopo per cui i dati saranno impiegati? Come verificare che i dati siano utilizzati per ottenere risultati non discriminatori e per non avvantaggiare un soggetto a discapito di un altro? Come organizzare, su un piano più tecnico, un processo decisionale automatizzato in modo da non disperdere la qualità del dato in trattamenti che coinvolgono più soggetti? Come evitare che dal trattamento emergano più risultati di quelli strettamente necessari?. Inoltre, poiché il dato determina le sfumature del risultato, e nelle sfumature risiede la tutela, il dato prima di essere trattato deve assumere tutte le possibili sfaccettature per consentire risultati calibrati".
28. V. F. Möslein, *Robots in the Boardroom: Artificial Intelligence and Corporate Law*, in W. Barfield, U. Pagallo (eds.), *Research Handbook on the Law of Artificial Intelligence*, Elgar Publishing, Cheltenham 2018, 189 ss.
29. Da avvertire che l'impiego dell'AI può avvenire sia *in house* sia in *outsourcing*, ma anche in questo secondo caso dovranno essere assicurate le garanzie sopra ricordate.

Il dovere di diligenza non impone ai componenti l'organo di amministrazione che debbano comprendere, ad esempio, cosa sono i cosiddetti "codici sorgente" e soprattutto come funzionano, nonché i contenuti prescrittivi e le logiche tecniche che ispirano le linee guida che regolano la programmazione e il funzionamento dei sistemi basati sull'AI. Questo perché non vi è a carico dei pubblici amministratori un dovere di "perizia" (che tra l'altro non si può richiedere neanche agli amministratori nelle società per azioni ove è previsto che la diligenza dei consiglieri debba essere misurata in riferimento alla loro specifica competenza)[30].

Tutto ciò però non fa venir meno l'obbligo "organizzativo", ovvero e di dotarsi di un documento di *policy* e di competenze specifiche in materia di AI, nel senso che esse devono esser presenti a livello dirigenziale o comunque di soggetti preposti, a partire dal responsabile del procedimento.

Ciò implica non solo scelte organizzative corrispondenti, ma anche l'innesto nel plesso organizzativo di abilità e competenze adeguate, in grado di integrare la formazione tradizionale dei funzionari con nuove conoscenze atte a renderli attrezzati ad affrontare gli sviluppi tecnologici legati all'IA[31].

Difatti nel comprendere come un algoritmo lavora e giunge ad elaborare gli *output* è fondamentale capire se esso rispetta il quadro normativo e gli obiettivi dell'Amministrazione, le tempistiche, gli *standards* e i requisiti da osservare, le preclusioni, nel senso che è necessario conoscere quali set di dati sono stati conferiti alla macchina (*input*), quali sono le priorità valutative e qual è la logica seguita dal sistema per giungere agli *output*, dato che solo in tal maniera si raggiunge quello che è stato definito l'equilibrio tra tecnocentrismo e antropocentrismo[32].

Si tratta di un principio declinato anche dal *Conseil Constitutionel*[33] quando ha rilevato che "il responsabile deve provvedere alla gestione del trattamento algoritmico e delle sue modifiche al fine di poter spiegare, dettagliatamente e in forma intelligibile, all'interessato come è stato effettuato il trattamento. Ne consegue che, come base esclusiva di una decisione amministrativa individuale, non possono essere utilizzati algoritmi atti a

30. È comune l'uso del sintagma "dovere di competenza". V. per tutti C. Angelici, *Diligentia quam in suis e business judgement rule*, in *Riv. dir. comm.*, I, 2006, 678 ss.
31. V. in tal senso, B. Marchetti, *Amministrazione digitale*, cit., 106.
32. V. A. Pajno, *Prefazione*, cit., 13.
33. 2018-765 DC, 12 giugno 2018, n. 71.

rivedere da soli le regole cui si applicano, senza il controllo e la convalida del responsabile del trattamento"[34].

Significativo in tal senso è l'art. 14 della proposta di Regolamento del Parlamento e dell'Unione Europea e della Commissione dal titolo "*Sorveglianza umana*", il quale stabilisce (v. comma 4) che le persone cui è affidato il controllo sulla macchina devono essere in grado di "comprendere appieno le capacità e i limiti del sistema ad alto rischio ed essere in grado di monitorarne debitamente il funzionamento, in modo che i segnali di anomalie disfunzioni e prestazioni inattese possano essere individuati e affrontati quanto prima" (lett. a); "restare consapevole della possibile tendenza a fare automaticamente affidamento o a fare eccessivamente affidamento sull'output prodotto da un sistema di AI ad alto rischio ("distorsione dell'automazione"). In particolare per i sistemi di AI ad alto rischio utilizzati per fornire informazioni o raccomandazioni per le decisioni che devono essere prese da persone fisiche" (lett. b); devono "essere in grado di interpretare correttamente l'output del sistema di AI ad alto rischio, tenendo conto in particolare delle caratteristiche del sistema e degli strumenti e dei metodi di interpretazione disponibili" (lett. c); infine, "essere in grado in qualsiasi momento di non usare il sistema o ignorarne l'output" (lett. d) o ancora di "interromperne il funzionamento con un pulsante di arresto o procedura simile" (lett. e). In altre parole, vi deve essere comunque un "decisore umano" in grado di controllare la decisione automatizzata, di disporre dell'autorità e della competenza necessaria per correggere la macchina quando sbaglia, e di cambiare la decisione: è la c.d. garanzia del controllo umano (*human in the loop*), nel senso che ci deve essere qualcuno in grado di svolgere le necessarie verifiche di logicità e legittimità della scelta e degli esiti affidati all'algoritmo. Tutto questo che vale già a livello di persone giuridiche private, vale evidentemente *a fortiori* con riguardo alle pubbliche amministrazioni che sono riconducibili in via diretta o indiretta al principio di rappresentatività della sovranità popolare. Del resto, anche il Consiglio di Stato nella sentenza n. 8472/2019 ha ribadito che "anche al fine di applicare le norme generali e tradizionali in tema di imputabilità e res-

34. Sulla necessaria interazione del funzionario con il *machine learning*, rispetto al quale occorre che siano previsti, oltre agli adempimenti relativi alla fase prototipale e all'addestramento, adeguati strumenti di monitoraggio e la possibilità di avviare dei processi di riaddestramento; v. L. Perona, *Poteri tecnico-discrezionali e machine learning: verso nuovi paradigmi dell'azione amministrativa*, in *Intelligenza artificiale e diritto: una rivoluzione*, vol. II, cit., 153, il quale non manca di far presente che per far fronte a tali criticità pare opportuno prevedere incontri di monitoraggio periodici che vedano la partecipazione del personale IT e dei funzionari che concretamente impiegano tali sistemi nello svolgimento dei propri compiti; e che occorre inoltre introdurre forme di validazione *in itinere* e, soprattutto, garantire la possibilità di avviare, in caso di necessità, percorsi di riaddestramento della macchina.

ponsabilità", è necessario che la decisione finale sia riferibile "all'autorità ed all'organo competente in base alla legge attributiva del potere".

8. LA PARTECIPAZIONE NEI PROCEDIMENTI BASATI SU ALGORITMI

È altresì da rammentare quanto, in tema di partecipazione a procedimenti basati sugli algoritmi, ha affermato il Consiglio di Stato: "Non può quindi ritenersi applicabile in modo indiscriminato [...] all'attività amministrativa algoritmica, tutta la legge sul procedimento amministrativo, concepita in un'epoca nella quale l'amministrazione non era investita dalla rivoluzione tecnologica [...]. Il tema dei pericoli connessi allo strumento non è ovviato dalla rigida e meccanica applicazione di tutte le minute regole procedimentali della legge n. 241 del 1990 (quali ad es. la comunicazione di avvio del procedimento sulla quale si appunta buona parte dell'atto di appello o il responsabile del procedimento che, con tutta evidenza, non può essere una macchina in assenza di disposizioni espresse), dovendosi invece ritenere che la fondamentale esigenza di tutela posta dall'utilizzazione dello strumento informatico c.d. algoritmico sia la trasparenza nei termini prima evidenziati riconducibili al principio di motivazione e/o giustificazione della decisione"[35]. Tuttavia, l'utilizzo degli strumenti di automazione decisionale, dal quale necessariamente discende una necessaria riduzione/concentrazione temporale delle fasi costitutive del procedimento amministrativo, può risolversi in una compressione delle garanzie partecipative riconosciute dalla legge a tutela delle posizioni giuridiche soggettive correlate all'esercizio del potere. In altri termini, ove il processo di informatizzazione amministrativa precludesse il godimento delle facoltà collaborative e conoscitive previste dalle norme sullo svolgimento della sequenza procedimentale, la gestione elettronica dei rapporti giuridici di diritto pubblico renderebbe attuale il rischio di un'incontrollabile violazione delle regole che conformano la manifestazione della potestà autoritativa. Sicchè l'interlocuzione istruttoria con il responsabile del procedimento, la presentazione di memorie e documenti, l'accesso "partecipativo" e "difensivo" ai documenti amministrativi, la comunicazione del preavviso di rigetto, ma anche il soccorso istruttorio che in fondo costituisce una forma di partecipazione "correttiva" su iniziativa della P.A.[36] devono essere garantiti anche nell'ambito di procedimenti gestiti mediante tecnologie informatiche tradizionali o "intelligenti". La legalità procedurale rimane pertanto l'essenziale crisma di legittimazione del potere autoritativo della pubblica ammi-

35. Cons. Stato, Sez. VI, 4 febbraio 2020, n. 881.

36. V. M. Bombardelli, *Partecipazione alle procedure telematiche e funzionamento della piattaforma digitale,* in Giur. It., 2021, n. 6, 1441 ss.

nistrazione[37]. Non si tratta dunque di "sostituire con un algoritmo la figura del funzionario responsabile del procedimento: piuttosto, è viceversa certamente possibile immaginare che il funzionario responsabile si serva utilmente dell'Intelligenza Artificiale"[38].

Al contempo, l'utilizzo dei sistemi di elaborazione elettronica delle scelte discrezionali non deve escludere né l'imputabilità dell'atto amministrativo informatico all'organo competente, né la risarcibilità dei danni cagionati dall'erroneo funzionamento del *software*. Imputabilità e responsabilità costituiscono le indefettibili condizioni di ammissibilità teorica dei processi di informatizzazione dell'attività amministrativa. Resta comunque il problema pratico di come dimostrare il corretto funzionamento del sistema. Paradigmatica in tal senso è una recente sentenza del Consiglio di Stato relativa ad una controversia relativa alla esclusione di un'impresa da una gara per effetto di un (affermato) cattivo funzionamento del sistema, nella quale si legge che, qualora dai *file* di *log* della macchina non risultino blocchi, rallentamenti o anomalie nelle interazioni del sistema con l'utente, non possa dedursi un mal funzionamento del sistema (addebitabile alla pubblica amministrazione), sicché la esclusione deve essere confermata[39].

---

37. G. Sorrentino, *Funzione amministrativa, Costituzione e algoritmi. Divagazioni minime*, in AA.VV., *Scritti per Franco Gaetano Scoca,* Napoli, 2020, vol. V, 4790.

38. In tal senso v. F. Patroni Griffi, *La decisione robotica e il giudice amministrativo*, in *www.giustizia- amministrativa.it*, 2018, 3 e ss., nonché in giurisprudenza Cons. Stato, Sez. VI, 8 aprile 2019, n. 2270, che ha largamente recepito le tesi già proposte dall'Autore da ultimo citato.

39. Cons. Stato, Sez. III, 24 novembre 2020, n. 7352, nella quale si legge anche: "Il concorrente che si appresta alla partecipazione di una gara telematica, fruendo dei grandi vantaggi logistici e organizzativi che l'informatica fornisce ai fruitori della procedura, è consapevole che occorre un certo tempo per eseguire materialmente le procedure di upload, e che tale tempo dipende in gran parte dalla performance dell'infrastruttura di comunicazione (lato utente e lato stazione appaltante), quest'ultima a sua volta interferita da variabili fisiche o di traffico. Trattasi della dinamica fisiologica e ampiamente prevedibile dei fattori impiegati per la comunicazione elettronica, che dev'essere conosciuta, data per presupposta e accettata nei suoi vantaggi e nei suoi (pochi) svantaggi una volta che il legislatore ha dato ad essa validità; ferma, ovviamente la gestione del vero e proprio malfunzionamento impeditivo della piattaforma di negoziazione per il quale, invece, lo stesso legislatore appronta specifici rimedi, quali la «sospensione del termine per la ricezione dell'offerte per il periodo necessario a ripristinare il normale funzionamento dei mezzi e la proroga dello stesso per una durata proporzionale alla gravità del mancato funzionamento» (art. 79 comma 5 bis d.lgs 50/2016, cit.). In tale chiave ricostruttiva, l'esperienza e abilità informatica dell'utente, la stima dei tempi occorrenti per il completamento delle operazioni di upload, la preliminare e attenta lettura delle istruzioni procedurali, il verificarsi di fisiologici rallentamenti conseguenti a momentanea congestione del traffico, sono

9. CONCLUSIONI

Fatto è che l'AI costringe ad affrontare tematiche di estrema complessità che vanno dai profili *in apicibus* come quelli etici[40] e di tutela dei diritti costituzionalmente garantiti a quelli di carattere operativo. Sul piano del diritto amministrativo le difficoltà di trapianto investono la stessa imputabilità su cui fioriscono tesi di ogni genere[41], e sono appunto suscettibili di determinare modifiche a tutto campo e nell'organizzazione (*in primis* nella formazione e preparazione del personale) e nei processi decisionali, che allo stato sono in gran parte ancora da identificare e inventare anche perché – come è stato osservato– probabilmente nessuna innovazione tecnologica, sino ad oggi, ha avuto un impatto sulle nostre vite paragonabile a quello che avrà l'intelligenza artificiale[42]. Nello stesso tempo impone riflessioni sui criteri di approvvigionamento (se *in house* o in *outsourcing*), di impostazione e calibrazione degli algoritmi, sui relativi controlli, sull'iter decisionale basato sull'AI (ma non eterodiretto dell'AI), sulle garanzie partecipative, sull'obbligo di motivazione e di trasparenza, sulle responsabilità per non uso o uso malaccorto dell'AI. In fondo ciò costituisce l'ennesima (e non certo ultima) prova sia della dimensione a geometria variabile del procedimento amministrativo, sia della difficoltà che incontra il controllo giurisdizionale

tutte variabili che il partecipante ad una gara telematica deve avere presente, preventivare e «dominare» quando si accinge all'effettuazione di un'operazione così importante per la propria attività di operatore economico, non potendo il medesimo pretendere che l'amministrazione, oltre a predisporre una valida piattaforma di negoziazione operante su efficiente struttura di comunicazione, si adoperi anche per garantire il buon fine delle operazioni, qualunque sia l'ora di inizio delle stesse, prescelto dall'utente, o lo stato contingente delle altre variabili sopra solo esemplificamente indicate". V. sul punto, criticamente, M. Bombardelli, *Partecipazione alle procedure telematiche e funzionamento della piattaforma digitale*, cit., 1441,

40. Su cui v. ad esempio, L. D'Avack, *La rivoluzione tecnologica e la nuova era digitale: problemi etici*, in U. Ruffolo (a cura di), *Intelligenza artificiale. Il diritto, i diritti, l'etica*, Milano, 2021, 3 ss.; A. D'Aloia, *I diritti della persona alla prova dello Human Enhancement, ibidem*, 85 ss.; L. Floridi, *Etica dell'intelligenza artificiale. Sviluppi, opportunità e sfide*, Milano, 2022.

41. C'è chi parla di organo virtuale, chi di delega di funzioni, chi di imputazione diretta all'amministrazione e non all'organo, chi qualifica l'organo-algoritmo come un terzo agente, chi giunge ad individuare uno sdoppiamento del centro di responsabilità, etc., v. su tutta questa la indagine e la rassegna di N. Paolantonio, *Il potere discrezionale della pubblica automazione, sconcerto e stilemi. (Sul controllo giudiziario delle "decisioni algoritmiche"*, in *Dir. amm.*, 2021, 825.

42. G. Scorza, *Regolamentare, non regolamentare, come regolamentare. Questi sono i dilemmi*, in *AI Antology. Profili giuridici, economici e sociali dell'intelligenza artificiale*, cit., *53 ss.*

sul processo dell'intelligenza artificiale[43], sia anche della mobilità delle frontiere della responsabilità civile, sia soprattutto dell'esigenza di un ripensamento totale della struttura delle pubbliche amministrazioni e dei relativi procedimenti istruttori, fermo restando che –come è stato osservato– "il diritto dell'intelligenza artificiale costituisce nello stesso tempo la cartina di tornasole per identificare il ruolo e lo spazio che vorremo mantenere per noi stessi, per il nostro potere e i nostri diritti"[44]. Come pure è ulteriore testimonianza del rapporto di osmosi incessante, quanto foriero di problematiche, ma anche di soluzioni, che intercorre tra tecnologia e diritto.

---

43. Profilo questo oggetto di continua attenzione, v. in particolare, V. Canalini, *L'algoritmo come "atto amministrativo informatico" e il sindacato del giudice*, in *Giornale Dir. Amm.*, 2019, 6, 781; R. Ferrara, *Il giudice amministrativo e gli algoritmi. Note estemporanee a margine di un recente dibattito giurisprudenziale*, in *Diritto amministrativo*, 2019, 4; D.U. Galetta, *Algoritmi, procedimento amministrativo e garanzie: brevi riflessioni, anche alla luce degli ultimi arresti giurisprudenziali in materia*, in AA.VV., *Scritti per Franco Gaetano Scoca*, cit., vol. III, 2265 ss.; A.G. Orofino - G. Gallone, *L'intelligenza artificiale al servizio delle funzioni amministrative: profili problematici e spunti di riflessione*, in *Giur. it.*, 2020, 1746; A. Carratta, *Decisione robotica e valori del processo*, in *Riv. dir. proc.*, 2020, 512, nonché da ultimo D. Simeoli, *L'automazione dell'azione amministrativa nel sistema delle tutele di diritto pubblico, in Intelligenza artificiale*, cit., 623 ss.

44. Così, C. Casonato, *Potenzialità e sfide dell'intelligenza artificiale*, in *BioLaw Journal – Rivista di BioDiritto*, n. 1, 2019, 182.

Ponencias

Los retos del Derecho administrativo en la nueva sociedad digital [1]

JOSÉ LUIS PIÑAR MAÑAS
Catedrático de Derecho Administrativo
Universidad CEU San Pablo de Madrid

1. INTRODUCCIÓN

Antes de compartir mis reflexiones sobre los retos del Derecho Administrativo en la nueva sociedad digital quería en primer lugar agradecer a los organizadores su amable invitación a participar en este Congreso Ítalo-Español de Derecho Administrativo, en particular en su tercera sesión sobre "Derecho Administrativo y Sociedad Digital, en recuerdo del Profesor Alfonso Masucci". Agradecimiento que personalizo en particular en los profesores Tomás Font y Luis Míguez. Quiero también expresar mi más sentido recuerdo por los profesores Luciano Vandelli y Afonso Masucci. Etimológicamente "recordar" significa volver a pasar por el corazón. Esto es lo que ahora quiero transmitir, ese nuevo paso por el corazón de todos

1. El presente trabajo, que tuve el honor de exponer en la Tercera Sesión, sobre "Derecho Administrativo y Sociedad Digital, en recuerdo del Profesor Alfonso Masucci", del Congreso Ítalo-Español de Derecho Administrativo celebrado en Santiago de Compostela los días 26 a 28 de mayo de 2022, es deudor en parte de la conferencia que tuve ocasión de impartir hace años en la solemne celebración de la festividad de San Raimundo de Peñafort, en la Facultad de Derecho de la Universidad CEU San Pablo de Madrid, el 7 de febrero de 2018 y que más adelante fue publicado en la *Revista Española de Derecho Administrativo*, nº 195, Octubre–Diciembre 2018, págs. 11–30, con el título "Derecho, ética e innovación tecnológica". Se enmarca en los Proyectos de Investigación DER2016-79819-R, del Programa estatal de investigación, Desarrollo e Innovación Orientada a los Retos de la Sociedad, del Ministerio de Economía y Competitividad, sobre *Protección de datos, seguridad e innovación: retos en un mundo global tras el Reglamento Europeo de Protección de Datos*, y PID2020-120373RB-I00 sobre *Identidad Digital, Derechos Fundamentales y Neuroderechos*, del Ministerio de Ciencia e Innovación. Plan Estatal de Investigación Científica y Técnica y de Innovación 2017-2020, de los que soy investigador principal.

nosotros de dos colegas y amigos que tanto echamos de menos. Tuve en particular la gran fortuna de compartir amistad con el profesor Vandelli, al que conocí en Bolonia en 1984, con ocasión de la estancia de investigación que llevé a cabo en Florencia para elaborar mi Tesis Doctoral sobre el regionalismo italiano, lo que me acercaba especialmente a Luciano, por el paralelismo entre nuestras entonces tempranas líneas de investigación (Estado autonómico y Estado regional).

Quiero aprovechar también esta oportunidad para recordar al Maestro García de Enterría, mi Maestro, que fue quien me animó a ir a Florencia para elaborar mi Tesis. "Aprovecha porque vas al corazón de la cultura universal" me dijo. Y allí, en el Dipartimento di Diritto Amministrativo de la Università degli Studi, en Via Giusti 7, pude conocer a Miele, Predieri, Sorace, Orsi-Battaglinni, Marzuoli, Allegretti, De Siervo, Corpaci, Carrà, y tantos otros a los que tanto debo.

Dicho esto, el reto que tengo ante mí no es nada fácil, pues hoy es más que habitual referirse al impacto de las nuevas tecnologías en las Administraciones Públicas y en particular en las relaciones con los ciudadanos. Se plantea en definitiva la relación entre Derecho e innovación, pero también la relación con la ética o con la gobernanza. Y con el derecho a la buena administración, así como en definitiva la relación con los derechos fundamentales, sometidos hoy a riesgos impensables o no identificados, que pueden aparecer a la vuelta de la esquina sin haber siquiera previsto que pudieran producirse. Tal es el caso del uso de sistemas de inteligencia artificial que impliquen discriminación o la adopción de decisiones sesgadas.

Sin duda los retos para el Derecho Público son innumerables y sería imposible analizarlos todos, ni siquiera enumerarlos, en este momento. Por tanto, me centraré tan sólo en algunas cuestiones que estimo de especial relevancia: la importancia de que el Derecho mantenga una comunicación constante con la técnica y con la ética; la necesidad de volver a los principios jurídicos para afrontar la regulación y aplicación de las nuevas realidades que, como la revolución digital y la inteligencia artificial, trae consigo la innovación tecnológica; la incidencia en el marco regulatorio y de fuentes del Derecho; y la incidencia de los entornos digitales en los derechos, y el surgimiento de nuevos motivado por los riesgos que la innovación puede comportar para la sociedad, pese a los innegables beneficios que supone.

2. DERECHO Y TÉCNICA: UNA RELACIÓN NO SIEMPRE FÁCIL

Ortega y Gasset ya afirmó que "hoy el hombre no vive ya en la naturaleza sino que está alojado en la sobrenaturaleza que ha creado, en un nuevo día del génesis, la técnica"[2]. Esta situación, referida a 1933, hoy es mucho más evidente. El ser humano y las organizaciones y estructuras en que se desenvuelve están condicionados por la técnica, por la innovación tecnológica, por la revolución digital, que diríamos hoy. En un entorno social no es posible eludir el protagonismo de la técnica, como no pueden hacerlo en particular las Administraciones Públicas, a las que, además, exigimos siempre cumplir con unos estándares que requieren enormes esfuerzos económicos y personales en favor de la mayor innovación posible. Lo que trae consigo un cambio inevitable de la Administración y del Derecho Administrativo.

Como he podido recordar en ocasiones anteriores, en el marco del primer Congreso de la Asociación Española de Profesores de Derecho Administrativo, celebrado en Toledo en febrero de 2006, tuve ya la oportunidad de exponer algunas reflexiones sobre el modo en que las nuevas tecnologías iban a alterar (como ya lo están haciendo) el concepto mismo de Administración y de Derecho Administrativo. En la Presentación del libro en el que se incluyen[3], Lorenzo Martín-Retortillo llevó a cabo a su vez una reflexión que creo merece la pena transcribir:

> "La segunda ponencia, sobre tema menos dogmático, nos situaba de manera acentuada ante la necesidad de adaptación de viejas técnicas y figuras, la necesidad de afrontar, ante la vida que fluye con toda su energía, nuevas opciones y alternativas, que pueden resultar extraordinariamente útiles. Tal es el reto que plantea la introducción de la informática en el campo de las Administraciones Públicas, o, incluso, del funcionamiento del Estado, si se quiere. Es mucho lo que cabe esperar de los perfeccionados medios con que hoy contamos –aun con cierto escepticismo ante la constatación de la celeridad del proceso de invención, con la certeza-sospecha de que muy en breve todo de lo que doy disponemos ha de quedar anticuado– pero también es preciso tomar la decisión y prepararse para adaptar los muchos elementos afectados, para adoptar las numerosas medidas necesarias, bien conscientes de que la técnica no tiene porqué arrumbar al Derecho, antes bien, sabiendo que una adecuada construcción jurídica de todos los pasos necesarios es la mejor garantía para que la técnica rinda todas sus utilidades, sin conflictos ni abusos. Somos conscientes de lo mucho que cabe esperar, de cómo se

2. Ortega y Gasset, *Meditaciones de la técnica y otros ensayos sobre ciencia y filosofía*, Madrid: Alianza, 2000, pág. 15. *Meditación de la técnica*, fue en origen el texto de una conferencia que impartió en la inauguración de la Universidad de Verano de Santander en 1933.
3. *La Autorización Administrativa. La Administración Electrónica. La enseñanza del Derecho Administrativo*, Publicaciones de la Asociación Española de Profesores de Derecho Administrativo-Thomson Aranzadi., Cizur Menor, 2007. El texto de las reflexiones a que me refiero está en Piñar Mañas, "Revolución tecnológica, Derecho Administrativo y Administración Pública. Notas provisionales para una reflexión", en ese mismo libro, págs. 51 y ss.

> puede ganar en conocimiento, en precisión, ¡en rapidez!, muy esperanzados sobre lo mucho que las nuevas tecnologías –si se encauzan, regulan y estudian todas sus posibles consecuencias– pueden representar de simplificación y facilitación de las relaciones en el seno de las propias Administraciones Públicas y también en el sistema de relaciones entre ellas y los ciudadanos. Pero no nos engañemos, esto son sólo medios, nunca fines en sí, y, sobre todo, nada nos será dado sin los ingentes esfuerzos de adaptación requeridos. Por más que sea compleja y ardua la tarea, resulta realizable y asumible. De ahí que me atreva a decir que casi es piedra de escándalo pensar que se ha hecho tan poco, cuando tanto podía haberse hecho. Pero no es cuestión de recriminar a nadie. Lo importante es prepararse y poner manos a la obra. Por eso valía la pena dedicar la atención a tan rico tema, que fue objeto también de vivos debates"[4].

Por mi parte, afirmaba que no basta con subrayar sólo el hecho de que las Administraciones Públicas deben modernizarse al son de los avances tecnológicos, y adaptar en consecuencia su organización y procedimientos a la nueva y siempre mutable realidad, sino de proponer la necesidad de reconsiderar el concepto mismo de Derecho Administrativo y Administración. Ello implicaba llevar a cabo una muy necesaria reflexión teórica por el hecho de que las nuevas tecnologías eran y son producto de la evolución de la ciencia y del conocimiento, pero al mismo tiempo eran ya entonces y hoy son, con mayor certeza, *capaces de generar ellas mismas conocimiento*. Y permiten, como nunca hasta ahora (y con un desarrollo futuro difícil de imaginar y predecir), obtener y manejar información de todo tipo, intercambiarla y tratarla, permite por tanto controlar a los ciudadanos y pone en manos de las Administraciones públicas nuevas herramientas de poder y control, muchísimo más poderosas de las hasta ahora conocidas, y que pueden ser utilizadas sin manifestaciones externas aparentes, pero con resultados inimaginables[5]. Las nuevas tecnologías pueden incluso alterar las reglas de la democracia, reconfigurar los mecanismos de participación y transformar los cauces de relación entre las Administraciones y los ciudadanos. Tan posible es con ellas conseguir una Administración transparente como convertirla en esencialmente opaca y difícil de controlar por los cauces tradicionales.

La evolución desde 2006 a nuestros días ha sido imparable, y más lo va a ser en el futuro inmediato. De hecho, esa posibilidad de generar conocimiento a la que me refería entonces es hoy ya una realidad cotidiana a través de la inteligencia artificial generativa, de la que por cierto apenas se hablaba en el momento en que tuvo lugar el Congreso Italo-Español del que este

4. Op. ult. cit, pág. 10.
5. Véase Piñar Mañas, *¿Existe la privacidad?*, Ediciones del CEU, Madrid, 2008, *in toto*.

libro da fe, pero que ya es algo cotidiano cuando redacto estas líneas. Esto implica que hoy más que nunca (pero menos que mañana) es imprescindible exigir un diálogo constante entre juristas y técnicos, entre tecnólogos y humanistas.

No cabe duda de que la relación entre revolución tecnológica y Derecho Administrativo se mueve dentro del marco más amplio de la relación entre Derecho y técnica. ¿Quién regula a quién? ¿Quién es el regulador y quién el regulado? ¿Está la técnica al servicio del Derecho o éste al servicio de aquélla? ¿No estamos ante una situación en la que la técnica está marcando el rumbo del Derecho de modo que es éste el que se adapta a la técnica, y en consecuencia incluso el contenido de la idea de justicia queda condicionado por los avances de la técnica?

La relación entre la ciencia y otras expresiones de la cultura siempre ha sido complicada. Es conocida la famosa controversia de 1959 entre Snow y Leavis sobre *las dos culturas*[6], de la que se ha hecho eco Aldous Huxley[7]. El primero consideraba que "si olvidamos la esfera de la cultura científica, el resto de los intelectuales de Occidente nunca ha intentado, querido o sido capaz de entender la revolución industrial y, mucho menos, de aceptarla. Los intelectuales, especialmente los literatos, son luditas[8] por naturaleza". Leavis por su parte reaccionó airadamente denunciando el alto precio que tiene que pagar la humanidad por la aplicación de la técnica con total falta de ética. A. Huxley, en fin, afirma que "el conocimiento es poder y... los científicos y tecnólogos han adquirido el enorme y creciente poder de controlar, dirigir y modificar el mundo de variadas apariencias donde por privilegio y condena viven los seres humanos".[9]

Aterrizando más en el ámbito del Derecho, Natalino Irti (jurista) y Emanuele Severino (filósofo) debatieron hace más de veinte años acerca de esa relación, ese "diálogo" entre Derecho y Técnica[10]. Irti considera que el Derecho "si pone sempre come principio ordinatore rispetto alla materia regolata"[11]. Severino, sin embargo, concluye tajante que "la tecnica è destinata a

6. C.P. Snow y F.R. Leavis, *Las dos culturas*, Universidad Nacional Autónoma de México, México, 2020.
7. *Literatura y Ciencia. El humanismo frente al progreso científico y tecnológico*, Página Indómita, Barcelona, 2017, págs. 7 y ss.
8. Luditas, traducción de *luddities*, trabajadores textiles del sigo XIX totalmente opuestos a la implantación de maquinaria.
9. *Literatura y Ciencia...*, op. cit. pág. 16.
10. *Dialogo su Diritto e Técnica*, Editori Laterza, Roma-Bari, 2001. A este debate me he referido ya en "Revolución tecnológica...", op. cit., págs. 56 y ss.
11. Op. cit., pág. 15.

diventare la regola e tutto il resto il regolato"[12]. Entre nosotros, Esteve Pardo ha llegado a decir que "se está estableciendo como una nueva división de poderes entre el poder establecido por la ciencia y el poder establecido por el derecho", de modo que "la ciencia está ocupando extensos territorios tradicionalmente atribuidos al derecho y efectivamente dominados por él hasta tiempos muy recientes"[13].

Pero si alguien ha sido crítico con el papel de la técnica y de los técnicos en relación con el Derecho y la organización del Estado ese es Friedrich Georg Jünger[14]. Sus reflexiones son demoledoras, y no exentas de razón en no pocas ocasiones. "El derecho escrito, formal, el vigente por decreto del poder estatal [no] se ajusta al modo de pensar del técnico, quien en todas partes empuja la materia legal hacia el primer plano y sustituye el derecho escrito por las regulaciones técnicas. De ahí esa inflación sin límites de la materia jurídica, esa producción, que ya aparece fabril, de leyes y prescripciones de carácter técnico, normativo... El técnico... es el primero en atacar la «jurisprudencia de los conceptos»... Así vemos cómo las directrices, las órdenes ejecutivas, los decretos burocráticos y las prácticas de las grandes empresas comienzan a ejercer una influencia destructiva, cómo invalidan y absorben el derecho escrito... Para el técnico la ley es aquello que sirve a un designio técnico. Allí donde él penetra en la organización legal, ya sea en la rama legislativa, la judicial o la administrativa, reemplaza la ley por reglas y regulaciones técnicas, o bien la adapta a sus fines mediante la interpretación... Mediante su intervención, el técnico trata de modificar y de transformar todo el estatus legal de las personas y los objetos... Puede decirse que el progreso técnico ataca todo aquello que descansa, que posee duración y estabilidad, todo aquello que no se presta al progreso técnico o lo excluye. Se enfrenta así a todo lo que quiera privarlo de los recursos que pretende consumir, ya se trate de hombres o de cosas"[15].

La incidencia de la técnica es especialmente relevante en el Derecho público. JÜNGER también lo denunció: "La técnica... no se detiene tampoco ante el derecho público, el derecho constitucional o el propio Estado. Al contrario, vemos cómo interfiere con excrecencias gigantescas en la vida y en el derecho del Estado. Este avance vegetativo se produce con tal fuerza que causa la impresión de algo necesario. En muchos casos se hace difícil determinar si nos hallamos frente a la organización estatal o la organización

12. Op. cit., pág. 80.
13. *El desconcierto del Leviatán. Política y derecho antes las incertidumbres de la ciencia,* Pons, Madrid, 2009, págs. 99 y 100.
14. *La perfección de la técnica,* Página Indómita, Barcelona, 2016. Es traducción de la edición que se publicó en alemán en 1944.
15. Op. cit., págs. 140-143.

técnica. El Estado se encuentra ahí en una situación de doble filo. A fin de asegurar y conservar su existencia, tiene que fomentar y proteger el progreso de la técnica. Pero, mientras el Estado hace esto, la técnica penetra en la actividad gobernante y administrativa del Estado y transforma la organización del ejército y de los funcionarios. Esta tecnificación hoy parece agrandar el poder del Estado, y de hecho la agranda, en una medida en la que todas las desventajas que de ello surgen parecen insignificantes. Pero precisamente la dimensión gigantesca de este incremento de poder pondrá de manifiesto ante quien reflexione sobre estas cosas, que en este punto se conceden beneficios que exigen en compensación beneficios equivalentes. En efecto, tal es el caso, pues con cada acto de tecnificación la técnica inserta su mecanismo causal en el Estado: cada aumento de la técnica implica una multiplicación de las determinaciones mecánicas que modifican la esencia del Estado desde sus cimientos y expanden en su seno el automatismo al que tiende todo el maquinismo; y, con ello, dichas determinaciones expanden también la congelación, la rigidez, que es lo mismo que el movimiento mecánico aumentado, acelerado. El hombre no solo se vuelve dependiente de esta organización, sino que también se ve movilizado por ella. Es administrado, dirigido económicamente, valorado y explotado; sometido a la vastísima coacción mecánica. Allí donde el Estado cae vencido por esta coacción, la técnica triunfante sustituye la organización estatal por la organización técnica"[16].

Cierto que las consideraciones de Jünger se enmarcan en su feroz crítica de la primera mitad del siglo XX frente a las máquinas y la industrialización y cómo pueden sustituir al hombre, cuya felicidad en absoluto deriva de los avances de la técnica. Pero no cabe duda de que han de hacernos pensar aún hoy acerca de cómo la innovación tecnológica descontrolada puede llegar a condicionar el desarrollo de la sociedad y de sus estructuras.

3. DERECHO, ÉTICA Y LA IMPORTANCIA DE LOS PRINCIPIOS

En cualquier caso, como ha señalado Marc Langheinrich[17], las leyes sólo son posibles si van de la mano de la realidad social y tecnológica, no contra ellas. Y ese diálogo al que vengo refiriéndome es sin duda imprescindible. Lo que ocurre es que, por un lado, a la conversación entre Derecho y técnica ha de unirse un tercero, la ética, y, por otro, ese diálogo o trílogo ha de llevarse hacia un campo en que el Derecho y los derechos de las personas puedan salir incólumes. Más aún si hablamos del Derecho Administrativo,

16. *La perfección...*, op. cit., págs. 160-161.
17. "Privacy by Design-Principles of Privacy-Aware Ubiquitous Systems", en la Revista *Ubicomp 2001: Ubiquitous Computing 2001*, págs. 273-291, disponible en http://www.vs.inf.ethz.ch/res/papers/privacy-principles.pdf.

que ha de velar por el pleno respeto a los derechos en el marco del interés general que de modo objetivo ha de servir la Administración Pública. Ese campo está íntimamente relacionado, como veremos, con la prevalencia de, y vuelta a, los principios.

Como digo, en primer lugar ese diálogo ha de ser, en realidad, un trílogo. Pues además del Derecho y la técnica ha de darse voz a la ética. Esta perspectiva ética, este trílogo entre Derecho, técnica y ética ha de traducirse en el protagonismo que los principios han de tener en la regulación jurídica de la innovación. En más de una ocasión he señalado que cuanto más novedoso, más concreto, más específico es un tema más hemos de acudir a los principios, al objeto de evitar la obsolescencia del Derecho. En una época en que la obsolescencia programada de los objetos y dispositivos es incluso considerada delito, como se ha hecho (enero de 2018) en Francia, debe evitarse la del Derecho, y para ello debería evitarse hacer girar la regulación en torno a previsiones excesivamente pegadas a las cuestiones concretas que deben ser reguladas.

Pero la ética por sí sola no es suficiente, y menos en el ámbito del Derecho público. Es preciso juridificar la ética, al objeto de poder exigir jurídicamente su observancia. Porque, además, la ética puede adolecer en su concreción de una base democrática. Por ello, como digo, es imprescindible, para valorar hasta qué punto la innovación y la sociedad digital respetan los derechos de la persona, contar con herramientas jurídicas que permitan a los jueces tomar decisiones en base al derecho y no a una supuesta infracción de normas éticas, que no les corresponde valorar en el ejercicio de su función jurisdiccional de control de la legalidad de la actuación de las Administraciones Públicas.

Lo que nos lleva a plantear una importante reflexión, que tiene que ver con la trascendencia de los principios generales en la regulación.

En este sentido, quiero recordar una vez más unas líneas del Maestro Eduardo García De Enterría relativas a los principios del Derecho, sacadas de su Memoria de Cátedra para la Complutense, en 1961:

> "La ciencia jurídica no tiene otra misión que la de desvelar y descubrir, a través de conexiones de sentido cada vez más profundas y ricas, mediante la construcción de instituciones y la integración respectiva de todas ellas en un conjunto, los principios generales sobre los que se articula y debe, por consiguiente, expresarse el orden jurídico. Este, en la sugerente expresión de SIMONIUS, «está impregnado de principios hasta sus últimas ramificaciones», de modo que en hacer patente esa oculta y profunda vida de los principios está la augusta función del científico del Derecho, y no en ofrecer cla-

sificaciones o sistematizaciones geométricas, lógicas o nemotécnicas de la materia de las leyes. Una ciencia jurídica puramente exegética (aunque quisiese incluir los «principios incluidos por el legislador en sus normas») no podría responder nunca a la clásica objeción de Von Kirchmann: «tres palabras rectificadoras del legislador convierten bibliotecas enteras en basura»; el que esto no haya sido así y las obras de los grandes juristas de la historia no sólo no sean basura, sino que hayan adquirido un permanente y eficaz valor clásico, es justamente porque en ellas se ha acertado a expresar un orden institucional de principios jurídicos no sometidos a la usura del tiempo.

La superioridad del Derecho Romano sobre otros sistemas jurídicos históricos anteriores o posteriores estuvo justamente, no ya en la mayor perfección de sus leyes (acaso las de Licurgo, o las de cualquier otro de los grandes legisladores mitificados fuesen superiores), sino en que sus juristas fueron los primeros que se adentraron en una jurisprudencia según principios, la cual ha acreditado su fecundidad, e incluso, paradójicamente, su perennidad, y hasta su superior certeza, frente a cualquier código perfecto y cerrado de todos los que la historia nos presenta"[18].

Las palabras del Maestro cuadran perfectamente con lo que quiero ahora transmitir: ante la innovación tecnológica, ante la revolución digital, hemos de volver a los principios, a lo esencial, pues de otro modo corremos el riesgo de movernos en un escenario cambiante, improvisando soluciones que terminan por quedar obsoletas antes incluso de ser plenamente aplicadas, desbordadas por la evolución, inmisericorde para el Derecho, de los avances de la técnica.

Y lo que es más importante, son perfectamente aplicables a situaciones actuales presididas por la aplicación de sistemas de innovación tecnológica por las Administraciones Públicas. Me refiero, por ejemplo, a un caso ya bien conocido planteado precisamente en Italia. El Consiglio di Stato, en su sentencia de 13 diciembre de 2019[19] se enfrentó a un caso de utilización de sistemas de inteligencia artificial por parte del Ministerio de Educación italiano en la adjudicación de destinos en un concurso de acceso a puestos de profesores de enseñanza no universitaria. La Corte anuló la decisión, adoptada en base a un algoritmo, por entender que no respetaba los principios que han de tenerse en cuenta al usar inteligencia artificial. En particular, la Corte consideró que el algoritmo utilizado no tenía en cuenta las preferen-

18. García De Enterría, E., *Reflexiones sobre la Ley los principios generales del Derecho*, Civitas, Madrid, 1984, págs. 33-35.

19. Cons. St., sez. VI, 13 December 2019, n. 8472 - https://www.giustizia-amministrativa.it/portale/pages/istituzionale/visualizza/?nodeRef=&schema=cds&nrg=201902936&nomeFile=201908472_11.html&subDir=Provvedimenti

cias personales de los profesores. Y anuló la decisión resultante por entender que no se cumplieron correctamente los siguientes principios: el "de cognoscibilidad", que se traduce en el derecho a conocer la existencia de procesos de decisión automatizados que conciernan a la persona y a recibir información significativa sobre su lógica, en íntima relación con el art. 41 de la Carta de los Derechos Fundamentales de la Unión Europea, que, como manifestación del derecho a una buena Administración establece "la obligación que incumbe a la administración de motivar sus decisiones"; de "no exclusividad" de la decisión algorítmica, en base al artículo 22 del Reglamento (UE) 2016/679 de protección de datos, según el cual las personas tienen derecho a no ser objeto de una decisión basada únicamente en un tratamiento automatizado de sus datos personales; y por último, el principio de "no discriminación algorítmica", que exige tomar medidas con carácter previo para evitar que la aplicación del algoritmo produzca decisiones inexactas o erróneas, de modo que den lugar a decisiones discriminatorias.

Debe señalarse que el Consiglio di Stato en ningún caso consideró ilícita la utilización de sistemas de inteligencia artificial por parte de la Administración Pública, pero sí exigió que en su uso se respetasen esos principios, que no están expresamente recogidos en una norma concreta pero que si tiene carácter general y por tanto han de ser aplicados en el uso de algoritmos[20].

4. NUEVOS MARCOS REGULATORIOS Y LA APLICACIÓN DE LAS NORMAS

La revolución digital, el escenario de innovación tecnológica en que se mueven las Administraciones Públicas, afecta sustancialmente también al propio sistema normativo.

Como ya he señalado, una de las características de la relación entre Derecho y técnica es la necesidad de fundamentar la regulación en principios jurídicos que permitan la no obsolescencia de la regulación. Pero una regulación de este tipo no puede ignorar la necesidad de hacer frente asimismo a las cuestiones específicas que puedan plantearse en sectores determinados, o a las peculiaridades de cuestiones concretas que requieren mayor detalle regulatorio que el que ofrecen los principios.

Desde luego el esquema tradicional de fuentes basado en la convivencia entre ley y reglamento sigue y seguramente seguirá siendo plenamente

20. Sobre la Sentencia comentada, vid. Luca Bolognini, "Public Administration using algorithms: a landmark decision of the Italian Council of State", en la Revista *La Ley Derecho Digital e Innovación*, nº 4.

válido. Pero es necesario incorporar nuevas perspectivas que doten al sistema de la certidumbre y al mismo tiempo flexibilidad y adaptabilidad que la nueva realidad requiere. La convivencia entre derecho y ciencia exige sin duda reflexionar acerca del propio modelo regulatorio. Hoy entran en juego nuevos criterios hasta ahora desconocidos o poco conocidos en el proceso de elaboración normativa y sobre todo en el modo en que las normas deben aplicarse. Principios como el de responsabilidad proactiva o el de la perspectiva de riesgo se han introducido con fuerza en los criterios de la regulación. El Reglamento (UE) 2016/679, General de Protección de Datos, o la propuesta de Reglamento de Inteligencia Artificial (*Artificial Intelligence Act*), ambos de la Unión Europea, son dos claros ejemplos de lo que quiero expresar. En ambos casos aquellos principios definen el nuevo modelo regulatorio, que más que imponer obligaciones concretas, impone a los aplicadores de las normas compromisos de responsabilidad y de evaluación del riesgo (principios de *accountability* y *risk approach*). Esta nueva realidad otorga a lo que se ha llamado *soft law*, pero en realidad son pseudo normas, un protagonismo hasta ahora no conocido.

En este sentido ha de hacerse referencia en primer lugar a las *guidelines*, directrices, criterios o recomendaciones que los reguladores aprueban o adoptan cada vez con más frecuencia. Se trata de documentos que lo que persiguen es ayudar a los destinatarios de las normas en su aplicación. Pero que están adquiriendo una importancia cada vez mayor y que también imponen obligaciones cuyo incumplimiento en ocasiones ha sido valorado por los tribunales con planteamientos semejantes o iguales a lo que son violaciones de verdaderas normas jurídicas. Por eso es imprescindible definir el alcance y la naturaleza de tales documentos (¿son actos, son reglamentos, *tertium genus*?), que en definitiva expresan la voluntad de un regulador no legislativo ni integrado en las administraciones territoriales. Se trata en efecto de una característica o función peculiar de las entidades independientes, que operan bien para regular el mercado bien para tutelar derechos fundamentales.

Por otra parte, esa necesidad de acompasar la regulación en base a principios con una regulación flexible y adaptada a la realidad concreta y cambiante exige dar protagonismo a la autorregulación, que por lo demás no es tampoco un fenómeno nuevo, ni mucho menos[21]. En mi opinión se ha planteado, fundamentalmente, por dos circunstancias: por la eclosión de los movimientos desreguladores de finales de los ochenta y principios de los

21. Vid, por todos, Esteve Pardo, J. *Autorregulación. Génesis y efectos*, Aranzadi, Cizur Menor, 2002; Darnaculleta Gardella, Mª M., *Derecho Administrativo y autorregulación. La autorregulación regulada*, Pons, Madrid, 2005; Real Perez, A. (Coord.), *Códigos de conducta y actividad económica. Una perspectiva jurídica*, Pons, Madrid, 2010.

noventa del siglo pasado impulsados por Reagan y Thatcher, y por la incorporación a los sistemas de derecho continental europeo de modelos normativos cercanos a los anglosajones, basados, como antes dije, en principios como *accountability, risk approach* o *compliance.* Lo que ocurre es que en el entorno de innovación digital la convivencia entre regulación y autorregulación se hace imprescindible. Junto a la regulación de los principios esenciales de la materia regulada y de los elementos formales necesarios para la efectividad de lo regulado (por ejemplo reglas procesales o procedimentales) la norma da paso a la autorregulación por varios motivos: por un lado para permitir la adaptación de la regulación a la realidad del caso concreto, sin la rigidez de la heterorregulación sometida a rigurosos procesos de elaboración y aprobación de la norma; por otro para dar entrada a la participación responsable de los diferentes actores en la regulación del entorno en que operan. Todo ello, por supuesto, dentro de las reglas y principios del Estado de Derecho y teniendo en cuenta algo esencial: en la definición de los derechos fundamentales no hay lugar para la autorregulación.

Manifestación de la autorregulación son los códigos de conducta, códigos tipo, códigos deontológicos, normas corporativas vinculantes, y otros ejemplos de normas, que lo son en la medida en que incorporen mecanismos para hacerlos vinculantes para quienes los elaboran o se adhieren a ellos. De otro modo estaríamos ante simples declaraciones unilaterales de voluntad sin efectos jurídicos frente a terceros[22] que para nada cumplirían las exigencias de un marco normativo válido para regular relaciones jurídicas.

Como es fácil adivinar la autorregulación así entendida puede ser cauce adecuado para la regulación de la innovación tecnológica de acuerdo con principios generales válidos, con vocación de permanencia, que son desarrollados por normas heterónomas o autorregulaciones que permiten la adaptación al proceso innovador. Esta nueva forma de regular requiere como elemento imprescindible el compromiso responsable del destinatario de la norma, sea fruto de la regulación o de la autorregulación. No otro es el alcance del artículo 24 del Reglamento General de Protección de Datos de la Unión Europea. Dicho precepto dispone que "teniendo en cuenta la naturaleza, el ámbito, el contexto y los fines del tratamiento así como los riesgos de diversa probabilidad y gravedad para los derechos y libertades de las personas físicas, el responsable del tratamiento aplicará medidas técnicas y organizativas apropiadas a fin de garantizar y poder demostrar que el tratamiento es conforme con el presente Reglamento". El aplicador de la norma no sólo debe cumplirla, sino demostrar que lo hace. Lo que por su parte supone un muy notable incremento de la discrecionalidad del super-

22. Como ha resaltado en más de una ocasión Real Perez, op. ult, cit.

visor e incluso de los jueces y tribunales y un mayor margen de flexibilidad y adaptación en la aplicación de la norma, pero al mismo tiempo una mayor obligación de motivación de sus decisiones (sobre todo si son sancionadoras).

La irrupción de la revolución digital en el ámbito del Derecho y en particular en el de las Administraciones Públicas supone también una nueva perspectiva en cuanto a la aplicación de las normas que implican o pueden implicar el uso de sistemas de Inteligencia Artificial. La necesidad de garantizar el cumplimiento normativo y la perspectiva de riesgo a la que antes me refería han impulsado el desarrollo de lo que se conoce como *sandboxes* o sistemas de experimentación previa a la aplicación definitiva de las normas. Cada vez son más usuales los casos en los que se impone la prueba o experimentación de la aplicación de una norma con carácter previo a través de simulacros que se llevan a cabo en el seno de dichos *sandboxes*. En definitiva, se trata de implantar un entorno controlado de pruebas para el ensayo del cumplimiento normativo de normas relativas, sobre todo, al uso de Inteligencia Artificial. En esta línea, el *sandbox* regulatorio de Inteligencia Artificial puesto en marcha en España en colaboración con la Comisión Europea, tiene como objetivo definir de forma conjunta, entre las autoridades y las compañías de Inteligencia Artificial, buenas prácticas a la hora de implementar la futura regulación europea de Inteligencia Artificial, y garantizar su aplicación[23].

La regulación, además, debe ser precisa y no agobiante. El principio de *better regulation*, que en ocasiones se ha querido identificar con el principio "*one in-one out*", empieza a configurarse como un verdadero derecho de los ciudadanos, tal como ha puesto de manifiesto el Parlamento Europeo[24]. El imparable y cambiante avance de la técnica no puede traducirse en una vorágine normativa inabarcable e incoherente, pero el objetivo a alcanzar

23. Como se expone en la página Web de dicho *Sandbox* (https://espanadigital.gob.es/lineas-de-actuacion/sandbox-regulatorio-de-ia) el mismo pretende generar directrices de buenas prácticas y guías que preparen y sensibilicen a las empresas, especialmente a pymes y startups, para facilitar su puesta en marcha. Para ello, este piloto estudiará la operatividad de los requisitos del futuro reglamento europeo de IA, así como las evaluaciones de conformidad o las actividades posteriores a la comercialización. Así, se documentarán tanto las obligaciones que deben cumplir los proveedores de sistemas de IA y cómo implementarlas, como el método de control y seguimiento adecuado para las autoridades nacionales de supervisión. El Sandbox busca reforzar la cooperación de todos los posibles actores a nivel europeo, abierto a los Estados miembro, que pueden seguir o unirse al piloto.

24. Parlamento Europeo, *The "one in, one out" principle. A real better lawmaking tool?*, Policy Department for Citicens' Rights and Constitutional Affairs. Directorate-General for Internal Policies. PE 753.421. Octubre 2023. Puede consultarse en https://www.europarl.europa.eu/RegData/etudes/STUD/2023/753421/IPOL_STU(2023)753421_EN.pdf

no es el de *less regulation*, sino *better regulation*, que implica una "modernización de la filosofía legislativa" y una más directa comunicación con los ciudadanos.

En conclusión, pues, la innovación tecnológica va a imponer, y de hecho ya impone, un nuevo modelo regulador en el que convivan diferentes tipos de normas y principios que permitan al Derecho, sin menoscabo de las garantías que representa, hacer efectivo el diálogo con la técnica y la ética a que antes me refería. La innovación tecnológica trae consigo, también, la innovación del Derecho y de su aplicación, y supone nuevos retos en la definición del marco regulatorio. El Estado de Derecho, que se concreta en el pleno respeto a la Ley y al Derecho, es un principio fundamental que en ningún caso se pone en cuestión. Y que la irrupción de la revolución digital no puede condicionar.

5. ¿NUEVOS DERECHOS EN EL ENTORNO DIGITAL? CENTRALIDAD DE LA PERSONA

Uno de los grandes debates acerca de las consecuencias derivadas de la irrupción de la sociedad digital es el de la controversia acerca de si es o no necesario identificar, definir, reconocer y regular nuevos derechos que se adapten a la esa realidad digital. ¿Son necesarios nuevos derechos o basta con lo ya recogidos en el vigente ordenamiento constitucional y legal?

Adelanto ya que en mi opinión el actual marco constitucional, tanto en su formulación concreta como a partir de los principios en que se basa y de acuerdo con la posibilidad de una jurisprudencia interpretativa-extensiva en relación con los derechos ya reconocidos, permite una plena protección de los derechos en el entorno digital. Los derechos no están desprotegidos en la sociedad digital. Pero ello no debe llevarnos a bajar la guardia, sino a ajustar su formulación y, cuando ello sea necesario a ajustar e interpretar de forma extensiva los derechos existentes; que deberán concretarse normativamente cuando su violación pueda implicar obligaciones para terceros en los casos en que no estén suficientemente especificadas. Uno de estos casos sería el derecho a la desconexión digital, que puede entenderse derivado del derecho al descanso o a las vacaciones, pero que es preferible concretar, como se ha hecho en Francia o en nuestra Ley Orgánica 3/2018, de 5 de diciembre, de protección de datos y garantía de los derechos digitales (art. 88), para garantizar la certeza jurídica que precisa y poder invocarlo con plenas garantías ante los tribunales, tanto en el ámbito laboral como en el del empleo público.

En consecuencia, no hay ninguna duda, en mi opinión, de que nuestro actual marco constitucional y la Carta de Derechos Fundamentales de la Unión Europea protegen con efectividad los derechos fundamentales en el entorno digital, pero ello no quita para plantear o recordar algunas cuestiones muy relevantes que permiten ajustar y reforzar aún más esa conclusión. Empezando por afirmar que, en cualquier caso, abordar la regulación de los derechos de la "ciudadanía digital" siempre será bienvenido. Lo que quiero decir es que no cabe afirmar que el marco normativo actual deje huérfanos de regulación a los derechos digitales –que están sin duda reconocidos y por tanto protegidos– pero sería muy oportuno acometer su regulación para reforzar su garantía e invocabilidad. Como antes señalé, en España contamos ya con una regulación más o menos pionera que se encuentra en el Título X de la Ley Orgánica 3/2018. Se ha adoptado asimismo la Carta de Derechos Digitales[25], que carece de valor normativo, pero que marca sin duda una hoja de ruta a seguir por el legislador y por el Gobierno. De tal manera que la Carta ya ha sido tenido en cuenta en y por leyes específicas. Me refiero, por ejemplo, a la Ley 15/2022, de 12 de julio, integral para la igualdad de trato y la no discriminación, cuyo artículo 23 se ocupa, de forma sin duda muy novedosa, de la Inteligencia Artificial y los mecanismos de toma de decisión automatizados. Señala que "en el marco de la Estrategia Nacional de Inteligencia Artificial, de la Carta de Derechos Digitales y de las iniciativas europeas en torno a la Inteligencia Artificial, las administraciones públicas favorecerán la puesta en marcha de mecanismos para que los algoritmos involucrados en la toma de decisiones que se utilicen en las administraciones públicas tengan en cuenta criterios de minimización de sesgos, transparencia y rendición de cuentas, siempre que sea factible técnicamente. En estos mecanismos se incluirán su diseño y datos de entrenamiento, y abordarán su potencial impacto discriminatorio. Para lograr este fin, se promoverá la realización de evaluaciones de impacto que determinen el posible sesgo discriminatorio". Asimismo, añade que "las administraciones públicas, en el marco de sus competencias en el ámbito de los algoritmos involucrados en procesos de toma de decisiones, priorizarán la transparencia en el diseño y la implementación y la capacidad de interpretación de las decisiones adoptadas por los mismos". Y que "las administraciones públicas y las empresas promoverán el uso de una Inteligencia Artificial ética, confiable y respetuosa con los derechos fundamentales, siguiendo especialmente las recomendaciones de la Unión Europea en este sentido".

Esta imposición de obligaciones concretas a las Administraciones públicas y a las empresas merece sin duda una valoración muy positiva. Y nos

25. Puede consultarse, por ejemplo, en https://espanadigital.gob.es/lineas-de-actuacion/carta-de-derechos-digitales

permite recordar la necesidad de que, en el desarrollo y aplicación por parte de las Administraciones públicas y el sector privado de sistemas de inteligencia artificial, seguramente la expresión más destacada hoy de la revolución digital, deben en todo caso respetarse los derechos fundamentales. Lo que nos recuerda que la revolución digital debe partir en todo caso de considerar la posición de centralidad de la persona. La verdadera perspectiva de la regulación (y aquí vuelve a cobrar protagonismo el diálogo entre derecho y ética) implica que siempre ha de estar focalizada hacia la persona. Además, debe estar centrada en la persona sin más, no hacia la persona digital. Como no me canso de decir, lo digital no es más que un calificativo del sustantivo persona. O, dicho de otro modo, lo primero y esencial es reconocer todos los derechos, incluido el derecho a tener derechos[26], a la persona, al ser humano; y a continuación reconocer los derechos a la persona digital. Y entre ellos, sin duda, el derecho a no ser digital. Junto a él, el derecho de acceso a internet en igualdad de condiciones.

El primero, el derecho a no ser digital es obvio: si el sustantivo es el término persona y digital el adjetivo, no es admisible convertir sólo a las personas digitales en los nuevos titulares de todos los derechos, en particular los que impone la imparable innovación tecnológica. Ni es tolerable exigir a las personas que sean siempre digitales o imponerle las reglas de lo digital. Algo que no siempre tiene claro el legislador, como lo demuestra por ejemplo el cambio que se ha producido en España desde los artículos 1º y 6º de la ya derogada Ley 11/2007, de 22 de junio, de acceso electrónico de los ciudadanos a los Servicios Públicos, al artículo 14 de la Ley 39/2015, de procedimiento administrativo común. Los primeros reconocían el "derecho a relacionarse con las Administraciones Públicas utilizando medios electrónicos"; el segundo impone, no ya la posibilidad, sino la obligación de relacionarse con las Administraciones Públicas a través de medios electrónicos para la realización de cualquier trámite de un procedimiento administrativo, "al menos", a las personas jurídicas, profesionales y empleados públicos [27]. Cierto que el artículo 12 dispone que "Las Administraciones Públicas deberán garantizar que los interesados pueden relacionarse con la

26. Vid. Rodotà, S., *El derecho a tener derechos*, Trotta, Madrid, 2014.

27. El texto del art. 14.2 es: "En todo caso, estarán obligados a relacionarse a través de medios electrónicos con las Administraciones Públicas para la realización de cualquier trámite de un procedimiento administrativo, al menos, los siguientes sujetos:

a) Las personas jurídicas.

b) Las entidades sin personalidad jurídica.

c) Quienes ejerzan una actividad profesional para la que se requiera colegiación obligatoria, para los trámites y actuaciones que realicen con las Administraciones Públicas en ejercicio de dicha actividad profesional. En todo caso, dentro de este colectivo se entenderán incluidos los notarios y registradores de la propiedad y mercantiles.

Administración a través de medios electrónicos", pero esa garantía no es suficiente para exigir en todo caso el uso de medios electrónicos cómo única vía de comunicación con las Administraciones Públicas en los procedimientos, pues impide esa relación fuera del entorno digital.

El anterior no es más que un ejemplo, pero significativo de lo que quiero poner de manifiesto: el avance tecnológico no puede dejar fuera del marco normal de relaciones a los no digitales. Porque es muy distinto tener derecho a disponer de todas las herramientas necesarias para ser digital que tener la obligación de serlo. Y desde esta perspectiva cobra también especial relevancia el debate sobre si el acceso a internet debe o no ser considerado un derecho. Tampoco es este el momento para intentar llegar a una solución, pero como ya vimos más atrás, hoy la vida cotidiana está vinculada a internet. De modo que cada vez más el libre desarrollo de una normal personalidad va a requerir la posibilidad de acceder a internet. No se trata de convertir a Internet en el entorno normal de nuestro desarrollo vital, de manera que se llegaría a una intolerable confusión entre la realidad física y la realidad virtual. Se trata de reconocer el derecho de acceso a internet como nuevo derecho que además condiciona cada vez más no sólo la propia relación con las Administraciones públicas, como hemos visto, sino el ejercicio de otros derechos, como el propio derecho a la libertad de circulación, el derecho a la educación y a la cultura, la libertad de expresión e información, incluso el derecho de acceso a la justicia y derecho a la defensa. Pocos derechos pueden ser hoy ajenos a Internet.

Como tampoco es admisible, en aras de una hipotética mejor administración, de una administración más eficiente, imponer la relación de las personas con máquinas en lugar de con otros seres humanos o imponer la cita previa obligatoria. En ambos casos se aplican técnicas de inteligencia artificial que en no pocas ocasiones están obstaculizando, no mejorando, la relación de las personas con las Administraciones, lo que implica, sencillamente, que, en lugar de colocar a la persona en el centro, se sitúan a los servicios administrativos[28].

---

d) Quienes representen a un interesado que esté obligado a relacionarse electrónicamente con la Administración.

e) Los empleados de las Administraciones Públicas para los trámites y actuaciones que realicen con ellas por razón de su condición de empleado público, en la forma en que se determine reglamentariamente por cada Administración".

28. Diego Gómez Fernández, ha denunciado la cita previa obligatoria con argumentos muy consistentes y ha recordado que el poder "de la Administración es un poder

En definitiva, como ya he advertido en no pocas ocasiones, la revolución tecnológica todavía no está trayendo consigo una verdadera nueva Administración[29], que, como también se ha apuntado, no puede descuidar los retos de la innovación[30].

Por tanto, derecho a no ser digital, derecho de acceso a internet, derecho a ser atendido por personas, no por máquinas. En definitiva, derecho a que las Administraciones públicas respeten en el entorno digital el derecho a la dignidad de las personas, que han de ocupar el puesto central en cualquier proceso de innovación digital que se ponga en marcha. Lo que implica reconocer en el mundo digital todos y cada uno de los derechos ya consagrados y reconocidos en el mundo físico. Lo que no requiere *per se* una nueva regulación de derechos, aunque sí, quizá, una sistematización y actualización de ciertos derechos. Sin que en ningún caso –reitero lo dicho más atrás– pueda admitirse laguna alguna en el pleno disfrute de los derechos en el entorno digital. La regulación ya existente junto a la aplicación de principios es y debe ser garantía del pleno respeto a los derechos.

Y para fortalecer esta idea termino con una referencia a los llamados neuroderechos, o derechos relacionados con la privacidad de la mente. Derechos en principio novedosos que también deben aplicarse en relación con las Administraciones públicas y que ya están siendo objeto de reconocimiento. Así, el apartado XXVI de la citada Carta de Derechos Digitales se refiere a los derechos digitales en el empleo de las neurotecnologías. Y se han llegado a proponer nuevos neuroderechos. En efecto, fue el equipo de investigación liderado por Rafal Yuste y otros quien lo puso de manifiesto en 2017 en la Revista *Nature*, al hablar de "cuatro prioridades éticas para las neurotecnologías y la Inteligencia artificial"[31]: protección de la privacidad y respeto al consentimiento de las personas; promover instrumentos internacionales vinculantes para proteger a las personas frente al uso de las neurotecnologías, incluso a través de la modificación de la Declaración Universal de Derechos Humanos; garantizar el acceso igualitario a la

vicario o delegado; sólo es legítimo si en su actuación respeta la Constitución y las leyes y sirve de manera efectiva a la ciudadanía de la que deriva en último término su razón de ser": "La cita previa obligatoria en las Administraciones Públicas", disponible en https://www.derechoadministrativoyurbanismo.es/post/la-cita-previa-obligatoria-en-las-administraciones-p%C3%BAblicas

29. Por ejemplo, en "Revolución tecnológica y nueva Administración". En Piñar Mañas (dir.), *Administración electrónica y ciudadanos*. Aranzadi, Cizur Menor, Navarra, 2011, págs. 25-39.

30. Por todos, Valero Torrijos, J. *Derecho, innovación y Administración electrónica*. Global Law Press, Sevilla, 2013.

31. https://www.nature.com/news/four-ethical-priorities-for-neurotechnologies-and-ai-1.22960

aumentación cognitiva, para evitar desigualdades; evitar los sesgos en los algoritmos y en consecuencia en la Inteligencia Artificial. En base a esas prioridades, se elaboró una propuesta de ley en Chile que no llegó a prosperar[32].

Dichas prioridades, aun no siendo excesivamente novedosas, tienen un gran interés y han abierto un debate internacional de enorme alcance. Se trata, sin duda, de uno de los más importantes retos que hoy tiene ante sí la innovación tecnológica, la inteligencia artificial y el reto digital. Que debe ser afrontado, como he señalado más atrás y ahora reitero, desde la aplicación de los principios. Esta ha sido la base para la solución adoptada por la Corte Suprema de Chile en su sentencia de 9 de agosto de 2023, pionera en relación con la privacidad de la información cerebral[33] y con la que concluiré mis reflexiones.

Creo que merece la pena dedicar unas líneas al asunto porque es un ejemplo muy concreto y efectivo de lo que he ido apuntando en este trabajo: la Corte llega a una conclusión precisa y obliga a respetar los derechos fundamentales aplicando principios derivados de la legislación ya vigente; entre la que, eso sí, se encuentra una innovadora regulación constitucional que alcanza a los neuroderechos.

Los hechos que dan pie a la sentencia[34] son los siguientes: la empresa Emotiv Inc. comercializa en Chile el dispositivo "Insight" que recaba información sobre la actividad eléctrica del cerebro, obteniendo datos sobre gestos, movimientos, preferencias, tiempos de reacción y actividad cognitiva de quien lo usa. El recurrente compró uno de tales dispositivos y resultó que toda la información referida a los datos cerebrales recabados se grababa y guardaba en la nube de Emotiv. Habiendo tenido conocimiento de ello, el recurrente consideró que quedó expuesto a diversos riesgos entre los que cabe destacar la posible piratería o hackeo de datos cerebrales, la reutiliza-

32. A ellos me referí en "Nota sobre las propuestas normativas para la regulación de los neuroderechos en Chile", en la Revista *La Ley Derecho Digital e Innovación*, nº 7.

33. La sentencia puede consultarse en https://www.pjud.cl/prensa-y-comunicaciones/noticias-del-poder-judicial/96951

34. De la Sentencia me he ocupado en "Sentencia pionera de la Corte Suprema de Chile sobre privacidad de la información cerebral", en la Revista *La Ley Derecho Digital e Innovación*, nº 17, julio-septiembre 2023. Sobre ella ya se han publicado también varios comentarios. Entre otros vid. Micaela Mantegna, *Neural Data on Trial: Chile's Supreme Court addresses the First Global Neurorights Case*, que puede consultarse en https://abogamer.medium.com/neural-data-on-trial-chiles-supreme-court-addresses-the-first-global-neurorights-case-2ddad0e2b06b ; Maite Sanz De Galdeano, "Es urgente regular los neurodatos. A propósito de la reciente sentencia de la Corte Suprema de Chile de 9 agosto 2023", *Diario LA LEY*, Nº 75, *Sección Ciberderecho*, 1 de Septiembre de 2023, LA LEY.

ción de tales datos, la posible vigilancia digital o la captación de datos cerebrales para fines no consentidos. Emotiv, por su parte, señaló entre otras cosas que contaba con el consentimiento del interesado de acuerdo con los términos y condiciones del producto y servicio contratados. El asunto, además, planteaba otras cuestiones no referidas a la privacidad del cerebro, sino a temas meramente administrativos, como la necesidad o no de que la comercialización del dispositivo contase con autorización sanitaria o tuviese que inscribirse en el registro sanitario, o si requería Certificado de Destinación Aduanera.

Lo que se plantea es hasta qué punto es lícito tratar datos cerebrales y la Administración debe supervisar los dispositivos que lo permitan. Y la Corte se basa en principios generales con valor jurídico, no sólo de alcance ético. Este es en gran medida el importante logro de la Sentencia. Que se centra en cuestiones relativas a requisitos administrativos que parece no se cumplieron, pero que aprovecha para advertir acerca de las consecuencias del avance tecnológico, y concluye con algo tan concreto y al mismo tiempo tan trascendental como es obligar a eliminar todos los datos cerebrales que recabó la empresa demandada. Esto es lo que el Derecho debe conseguir: no conformarse con grandes declaraciones sino aterrizar, de la mano de principios jurídicos, en el problema específico que plantean personas concretas, y darle solución.

Para ello la Corte parte del importante e innovador artículo 19.1 de la Constitución Política de la República de Chile que dispone que "el desarrollo científico y tecnológico estará al servicio de las personas y se llevará a cabo con respeto a la vida y a la integridad física y psíquica. La ley regulará los requisitos, condiciones y restricciones para su utilización en las personas, debiendo resguardar especialmente la actividad cerebral, así como la información proveniente de ella".

Esta novedosa referencia a la actividad cerebral, que enlaza con la relación entre neurotecnología y Derechos Humanos (como la propia Corte recuerda) se completa con la alusión al art. 15 del Pacto Internacional de Derechos Económicos, Sociales y Culturales de 1966 y con la Declaración sobre la Ciencia y el uso del Saber Científico y Programa en pro de la Ciencia de la UNESCO de 1999.

Partiendo de ello la Corte concluye que "ante el desarrollo de nuevas tecnologías que involucran cada vez más aspectos de la persona humana, aspectos que era impensable hace algunos años que pudieran conocerse, se debe otorgar una especial atención y cuidado en su revisión por parte del Estado, con el fin de prevenir y anticiparse a sus posibles efectos, además de proteger directamente la integridad humana en su totalidad, cuestión que incluye su privacidad y confidencialidad y los derechos propios de la integridad psíquica y del sujeto de experimentación científica". Añade que "de esta forma, ante la llegada de una nueva tecnología como la que es objeto de autos, que trata de una dimensión que antaño era absolutamente privada y personal, tratada en entornos estrictamente médicos, como es la actividad eléctrica cerebral, se hace absolutamente menester que previo a permitirse su comercialización y uso en el país, sean esta tecnología y dispositivos analizados por la autoridad pertinente, entendiendo que plantea problemáticas no antes estudiadas por ella". Para la Corte, "las conductas desarrolladas denunciadas en autos..., vulneran las garantías constitucionales contenidas en los numerales 1 y 4 del artículo 19 de la Constitución Política de la República, que se refieren a la integridad física y psíquica y de derecho a la Privacidad, ... al comercializarse el producto Insight sin contar con todas las autorizaciones pertinentes, y no habiendo sido evaluado y estudiado por la autoridad sanitaria a la luz de lo expresado".

Todo ello lleva a la Corte, como antes adelantaba, a estimar el recurso y dar la razón al particular interesado cuyos datos cerebrales fueron recabados.

La sentencia, como digo, es ejemplo de lo que he ido exponiendo, aplicado además a la obligación de "especial atención y cuidado" que incumbe al Estado en relación con la implantación de los avances de la técnica cuando pueden afectar a los derechos fundamentales.

Pubblica Amministrazione, identità personale e obblighi di gestione

ROBERTO CAVALLO PERIN
Professore ordinario di diritto amministrativo
Università di Torino

1. FINE E MEZZI DELL'AGIRE PUBBLICO

Si è già posto in evidenza negli interventi che mi hanno preceduto che la disciplina del Piano Nazionale di Ripresa e Resilienza (PNRR) è volta essenzialmente a consentire alle pubbliche amministrazioni di spendere "presto e bene", seguendo un procedimento che appare rovesciato rispetto all'ordinario: in ragione dell'obiettivo si legittima l'agire indispensabile.

È un tema noto alla pubblica amministrazione e non solo nei casi di emergenza, ove viene meno la certezza del diritto dettata da una legittimazione *ex ante* che è data dall'osservanza di consolidati standard normativi fissati in legge o regolamento, poiché emerge il diritto obiettivo delle scelte contingenti o necessarie, in cui a contendersi il campo sono le scelte dell'amministrazione pubblica (merito) nei limiti dettati dai principi dell'ordinamento giuridico e dalla logicità delle scelte operate, che sono limiti inevitabilmente indicati *ex post* dalla giurisdizione[1].

Un incedere che affida all'amministrazione il rischio di vedere smentite le proprie scelte dal sindacato giurisdizionale, che interviene a ragion veduta, ad eventi totalmente dispiegatisi, con una posizione istituzionale di terzietà che perciò non è tenuta a conoscere quella cultura che è peculiare dell'amministrare pubblico.

1. G. Morbidelli, *Delle ordinanze libere a natura normativa*, in *Dir. amm.*, 1, 2016, 33 e s. Si consenta il rinvio a R. Cavallo Perin, *La cura dell'interesse pubblico come dovere istituzionale che esclude l'annullamento per violazione di legge*, in *Dir. amm.*, 1, 2022, spec. 126.

Trattasi di uno iato che emerge dalla circostanza che il sindacato giurisdizionale si afferma su scelte che l'amministrazione ha invece dovuto effettuare *in tempo reale* e –si è detto– senza poter invocare la protezione di leggi o regolamenti, che nei sistemi giuridici degli ordinamenti degli Stati membri dell'Unione europea sono espressione dell'indirizzo politico –legislativo o amministrativo– e che in certo qual senso valgono definizione di un regolamento di confini degli spazi istituzionali lasciati dall'ordinamento all'amministrazione oppure alla giurisdizione.

Il venire meno della certezza del diritto data dalle norme generali e astratte di leggi e regolamenti lascia –in certo qual senso– sola l'amministrazione davanti alla giurisdizione, la quale ultima provvede ad esercitare il sindacato giurisdizionale non solo sulla validità degli atti dalla stessa emanati, ma anche sulla responsabilità penale, civile e amministrativa, che ne consegue per gli atti compiuti da dipendenti e funzionari pubblici (art. 28, Cost.), con uno *spread* e conseguenti atteggiamenti che hanno contribuito non poco a fomentare una sub-cultura dell'amministrazione difensiva[2].

Senza toccare la definizione legislativa dei poteri che fonda i vizi di nullità degli atti amministrativi (in Italia l. 7 agosto 1990, n. 241, art. 21-*septies*), ma pensando unicamente alle norme di azione che disciplinano quella validità la cui violazione fonda l'annullabilità degli atti amministrativi (in Italia l. 7 agosto 1990, n. 241, art. 21-*octies*), è certo che l'urgenza e le situazioni di necessità possano travolgere procedure, lacci e lacciuoli –più esattamente quegli standard d'azione pensati per l'ordinario– poiché si afferma l'immediata soddisfazione dell'interesse pubblico, con l'incedere amministrativo di un conseguimento prossimo dell'*obiettivo,* come è stato ridefinito l'interesse pubblico in linguaggio *aziendale*.

Già oltre 80 anni or sono, eravamo stati avvertiti che nel conflitto insanabile tra il dovere di perseguire l'interesse pubblico e il dovere di osservare le norme, a cedere non può che essere quest'ultimo, poiché è costituzionalmente inaccettabile per una istituzione pubblica venire meno alla sua ragione istitutiva[3], poiché è in essa fondante la cura degli interessi pubblici ad essa affidati, sicché ogni impossibilità di cura di tali interessi determina il venire meno della sua esistenza come istituzione.

2. S. Battini, F. De Carolis, *Indagine sull'amministrazione difensiva*, in *Rivista italiana di Public Management*, 2, 2020, 343 e s.

3. G. Miele, *Le situazioni di necessità dello Stato*, in *Arch. dir. pubbl.*, 1936, spec. 425 - 426, su cui sia anche consentito il rinvio a R. Cavallo Perin, *La cura dell'interesse pubblico come dovere istituzionale che esclude l'annullamento per violazione di legge,* cit., 122 e s.

Si tratta di una alternativa estrema, da cui si deve fuggire, più esattamente alla quale ci si deve sottrarre ove possibile, sperimentando soluzioni che dal conflitto tra doveri, dalle situazioni di necessità dello Stato, si cerchi di stare lontani, fruendo a tal fine di tutti gli strumenti istituzionali e tecnologici che sono a disposizione.

Credo che algoritmi e intelligenza artificiale ci possano offrire un aiuto in tal senso, perché consentono alla pubblica amministrazione di raggiungere livelli di conoscenza sinora insperati e di cui dobbiamo fruire, capendone la logica intima degli andamenti d'amministrazione, profittando dei vantaggi e indicando i limiti giuridici –vecchi e nuovi– che sono indispensabili a proteggerci dalle cattive esperienze.

2. ALGORITMI E PUBBLICA AMMINISTRAZIONE: CONOSCERE, PER DISCUTERE E INFINE DELIBERARE

Le tecnologie –e l'intelligenza artificiale in particolare– consentono di percepire esattamente i dati che sono disponibili alla Pubblica Amministrazione per assumere le sue decisioni, ma altresì di cogliere il dato istituzionale rivelato dalle sue decisioni.

Se il tipo di Amministrazione Pubblica ci può essere rilevato dall'insieme delle sue decisioni, dai suoi comportamenti nel tempo, in altre parole dal suo "andamento" (art. 97, co. 2, Cost.), appare in sé non più eludibile lo studio sistematico dell'amministrare pubblico e delle sue istituzioni per il tramite dell'intelligenza artificiale.

Le pubbliche amministrazioni assumono rilievo non solo perché organizzazioni costitutive dell'ordinamento costituzionale italiano (art. 114, Cost.), ma per la capacità che le stesse hanno avuto di definirsi nel tempo come istituzioni, con le migliaia di migliaia di provvedimenti a definizione dei diversi tipi di procedimenti amministrativi. Le decisioni hanno riguardato l'erogazione giornaliera di differenti servizi pubblici, sono state autorizzazioni, divieti e concessioni o la semplice fruizione delle banche dati, con l'assunzione di atti nei più differenti rami dell'amministrare pubblico. Si tratta della più straordinaria occasione di conoscenza, dunque per potere rivisitare criticamente e definire l'adeguatezza degli enti ed uffici pubblici, così come comprovata *ex post* da anni di esercizio delle funzioni o di erogazione dei servizi pubblici, un pregresso che è utile a legittimare la titolarità di funzioni proprie (art. 118, Cost.), non importa se come enti in sé considerati o degli stessi riuniti in convenzione o consorzi.

La democrazia è anzitutto affermata come *adeguata* distribuzione delle funzioni tra enti ed organi costitutivi della Repubblica italiana e dell'Unione europea, ove l'adeguatezza può essere dimostrata in forza di un ragionevole saper fare, che va comprovato *a ragione veduta,* ma che diventa definizione della capacità (potenzialità) di enti e organi che possono perciò legittimamente rivendicare altre funzioni per ciascuno di essi[4], considerati singolarmente o in cooperazione (art. 197, TFUE), non molto diversamente da come si chiede alle imprese di comprovare la propria capacità tecnico-professionale o economica finanziaria (art. 83, d.lgs. n. 50/2016).

L'uso di intelligenza artificiale *–machine learning* o reti neurali– aumenta di molto la capacità di conoscere, per discutere e (infine) deliberare[5] delle organizzazioni pubbliche, anzi possiamo affermare più esattamente che l'intelligenza artificiale consente di liberare risorse per una maggiore intelligenza degli individui, consentendo innovazioni significative nella capacità di decidere delle organizzazioni pubbliche.

Ciò è del tutto conforme a Costituzione per ciò che attiene all'efficienza, efficacia, ed economicità: poiché un buon andamento dell'amministrazione (art. 97, Cost.) suppone un livello di conoscenza più elevato, di maggiore potenza, rispetto all'attuale, di maggiore precisione e attenzione ai fatti, non solo in sé, ma anche al modo di percepirli e di viverli da parte degli individui e delle formazioni sociali in cui si svolge la loro personalità.

Il livello di complessità delle scelte che oggi debbono essere compiute non consente più di assumere decisioni attendibili senza la capacità di conoscere, di discutere e di decidere che è offerta dagli strumenti di intelligenza artificiale, ove le scelte effettuate dalla pubblica amministrazione sono destinate –per non essere censurate per insufficienza di istruttoria o di partecipazione– ad essere assunte a ragion veduta, cioè almeno con l'ausilio "di strumenti di intelligenza artificiale", che sono capaci di elaborare una massa ingente di dati, rivisitando scelte effettuate in molti anni precedenti, dstinguendo e selezionando la casistica con elevati livelli di precisione.

---

4. Per l'utilizzo della conoscenza algoritmica come strumento di definizione dell'adeguatezza della pubblica amministrazione sia consentito rinviare a R. Cavallo Perin, *Dalle riforme astratte dell'amministrazione pubblica alla necessità di amministrare le riforme,* in *Dir. pubb.,* 1, 2021, 73 e s.; sull'adeguatezza come principio non solo di attribuzione di funzioni ma anche di connotazione degli enti territoriali: E. Carloni, *Differenziazione e centralismo nel nuovo ordinamento delle autonomie locali: note a margine della sentenza n. 50/2015,* in *Dir. pubb.,* 1, 2015, spec. 151 e s.; F. Merloni, *La leale collaborazione nella Repubblica delle autonomie,* in *Dir. pubb.,* 3, 2002, 827 e s.

5. Non so a chi sia dovuta la censura sulla fase essenziale del *discutere,* che normalmente non compare nelle citazioni, mentre è presente nell'originale, L. Einaudi, *Prediche inutili,* Torino, 1959, 5.

Si tratta di una capacità che non è intelligente come quella umana, cioè non è capace di un intelligere diretto, ma che è artificio nel senso che giova della capacità di elaborazione di precedenti decisioni organizzate a sistema, a fini predittivi o per addivenire ad assumere decisioni, con vario grado di precisione[6].

Si è detto che il Piano Nazionale di Ripresa e Resilienza (PNRR) prevede la digitalizzazione della pubblica amministrazione italiana[7] a partire dalla migrazione sul *cloud* di tutti i dati delle pubbliche amministrazioni, istituendo piattaforme nazionali che debbono superare i c.d. *silos* delle banche dati dei singoli ministeri, poiché quest'ultime sono ormai da ritenersi in violazione dell'obbligo di interconnessione imposto dalla disciplina dell'Unione europea[8].

3. LA BASE LEGALE DELL'ATTO AMMINISTRATIVO DIGITALE

La base legale dell'atto amministrativo digitale può essere indicata in vare norme dell'ordinamento giuridico italiano, a partire dalla legge generale sul procedimento amministrativo che, per conseguire maggiore efficienza nella loro attività (art. 97, Cost.), prescrive che le amministrazioni pubbliche *agiscano* mediante strumenti informatici e telematici, nei rapporti interni, tra le diverse amministrazioni e tra queste e i privati (art. 3 *bis*, l. n. 241/1990)[9].

Dal punto dell'organizzazione pubblica vi è conferma in altro corpo normativo dedicato all'amministrazione digitale e secondo il quale tutti gli

6. *Amplius* R. Cavallo Perin, *Ragionando come se la digitalizzazione fosse data*, in *Dir. amm.*, 2, 2020, 305-328.
7. Per un'analisi delle misure adottate e da adottare con il PNRR e, in specie, per la digitalizzazione della Pubblica amministrazione: *Il PNRR come motore del cambiamento dell'amministrazione*, fascicolo monografico, *Istituzioni del federalismo*, 2, 2022.
8. M. Demichelis, *Il coordinamento delle informazioni geografiche e territoriali per la transizione digitale del "governo del territorio"*, in corso di pubblicazione; per l'istituzione della piattaforma nazionale digitale dati come espressione di coordinamento informativo statistico, I. Alberti, *La creazione di un sistema informativo unitario pubblico con la Piattaforma digitale nazionale dati*, in *Istituzioni del federalismo*, 2, 2022, 473 e s.
9. Sulla relazione tra uso delle nuove tecnologie e buon andamento della pubblica amministrazione D.U. Galetta, *Digitalizzazione e diritto ad una buona amministrazione. (Il procedimento amministrativo, fra diritto UE e tecnologie ICT)*, in *Diritto dell'amministrazione pubblica digitale*, a cura di R. Cavallo Perin e D.U. Galetta, Torino, 2020, spec. 85 e s.; anche Id., *Il diritto ad una buona amministrazione nei procedimenti amministrativi oggi (anche alla luce delle discussioni sull'ambito di applicazione dell'art. 41 della Carta dei diritti UE)*, in *Riv. It. Dir. Pubbl. Com.*, 2019, 165 e s.; per la base legale per l'emanazione di atti amministrativi algoritmici, sia consentito il rinvio a R. Cavallo Perin, I. Alberti, *Atti e procedimenti amministrativi digitali*, in *Diritto dell'amministrazione pubblica digitale*, cit., 147 e s.

organi e enti costitutivi della Repubblica italiana (art. 114, Cost.) –dallo Stato, alle Regioni e alle autonomie locali– debbono assicurare l'informazione digitale dei dati pubblici (disponibilità, gestione, accesso, trasmissione, conservazione e fruibilità)[10], con l'obbligo di organizzare le tecnologie dell'informazione e della comunicazione in modo appropriato e adeguato al soddisfacimento degli interessi degli utenti (art. 2, co. 1°, d.lgs. n. 82/2005)[11].

È configurato un diritto di *chiunque* ad usare in modo accessibile ed efficace gli strumenti dell'amministrazione digitale, anche per l'esercizio dei diritti di accesso (conoscere) e della partecipazione (discutere) al procedimento amministrativo (art. 3, co. 1°, d.lgs. n. 82/2005)[12], cui si aggiunge il diritto di chiunque a fruire delle pubbliche amministrazioni e dei servizi pubblici in forma digitale e in modo integrato[13], grazie agli strumenti telematici messi a disposizione dalle pubbliche amministrazioni (art. 7, co. 1°, d.lgs. n. 82/2005)[14].

---

10. G. Carullo, *Gestione, fruizione e diffusione dei dati dell'amministrazione digitale e funzione amministrativa*, Torino, 2018.
11. Per la riflessione sulla relazione tra uso delle nuove tecnologie per garantire l'adeguatezza dell'amministrazione nell'esercizio delle funzioni: E. D'Orlando, *Algoritmi e organizzazione dell'amministrazione locale: come declinare il principio di adeguatezza affrontando la complessità*, in *Smart city. L'evoluzione di un'idea*, a cura di G.F. Ferrari, Milano-Udine, 2020, anche in *L'amministrazione pubblica con i big data: da Torino un dibattito sull'intelligenza artificiale*, a cura di R. Cavallo Perin, Quaderni del Dipartimento di Giurisprudenza dell'Università di Torino, 2021.
12. Sul rapporto tra tecnologie e democrazia: P. Costanzo, *La «democrazia digitale» (precauzioni per l'uso)*, in *Dir. pubb.*, 1, 2019, 71 e s.
13. A. Masucci, *Digitalizzazione dell'amministrazione e servizi pubblici on line. Lineamenti del disegno normativo*, in *Dir. pubb.*, 1, 2019, 117 e s.; già Id., *Erogazione on line dei servizi pubblici e teleprocedure amministrative. Disciplina giuridica e riflessi sull'azione amministrativa*, in *Dir. pubb.*, 3, 2003, 991 e s.; per la relazione tra servizi pubblici online e la garanzia dei diritti: P. Piras, *Il tortuoso cammino verso un'amministrazione nativa digitale*, in *Dir. dell'informazione e dell'informatica*, 1, 2020, spec. 46-47; servizi pubblici che sempre più spesso sono erogati attraverso piattaforme, di recente G. Carullo, *L'amministrazione quale piattaforma di servizi digitali*, Napoli, 2022.
14. Tali soggetti provvedono alla riorganizzazione e all'aggiornamento dei servizi resi, sulla base di una preventiva analisi delle reali esigenze degli utenti e rendono disponibili on line i propri servizi nel rispetto delle disposizioni del presente Codice e degli standard e dei livelli di qualità individuati e periodicamente aggiornati dall'AgID con proprie Linee guida tenuto anche conto dell'evoluzione tecnologica (art. 7, d.lgs. n. 82 del 2005). Sull'accesso ai servizi pubblici online dell'amministrazione pubblica e della sua relazione con l'accesso a diritti fondamentali, anche con la configurazione di una c.d. cittadinanza digitale: E.N. Fragale, *La cittadinanza amministrativa al tempo della digitalizzazione*, in *Dir. amm.*, 2, 2022, spec. 471 e s.; M. Consito, *La cittadinanza e le sue forme*, Napoli, 2021, spec. 149 e s.; G. Pascuzzi, *La cittadinanza digitale*, Bologna,

La fase istruttoria del procedimento amministrativo è raccolta (artt. 12, d.lgs. n. 82/2005) in un fascicolo informatico (art. 41, d.lgs. n. 82/2005) cui deve potersi accedere per via telematica, conoscendo sia lo stato di avanzamento del procedimento, sia la disponibilità delle informazioni in esso contenute (art. 50, d.lgs. n. 82/2005)[15].

È previsto che le persone (fisiche e giuridiche) abbiano un'identità digitale[16], un domicilio digitale (art. 3-*bis*, d.lgs. n. 82/2005), che le comunicazioni delle pubblche amministrazioni tra loro stesse e i terzi avvengano in maniera digitale (art. 5 e 6-*bis* e ss., d.lgs. n. 82/2005)[17], aprendo alla configurazione di un diritto sociale all'assistenza di nuova generazione che è di rilevanza costituzionale (artt. 9, 33, 38,Cost.), di cui sono titolari coloro che non sono in grado –per le più diverse ragioni– di "essere digitali", ma necessitano dell'aiuto altrui[18].

È noto che la disciplina dell'Unione europea, impostata con l'enunciazione di un generale divieto di ricorrere a decisioni *esclusivamente* automa-

---

2021; sulla problematica dell'accesso a Internet: T.E. Frosini, *Liberté, egalité, Internet*, Napoli, 2015; T.E. Frosini, O. Pollicino, E. Apa, M. Bassini (a cura di), *Diritti e libertà in Internet*, Firenze, 2017; T.E. Frosini, *Il Diritto costituzionale di accesso a internet*, in *Rivista AIC*, 1, 2011; Id., *Il costituzionalismo nella società tecnologica*, in *Dir. dell'informazione e dell'informatica*, 3, 2020, spec. 465 e s.

15. Per l'emergere di un'istruttoria non documentale possibile con le nuove tecnologie: R. Cavallo Perin, I. Alberti, *Atti e procedimenti amministrativi digitali*, in *Diritto dell'amministrazione pubblica digitale*, cit., 130 e s.

16. Sull'identità digitale come esplicazione della persona, di cui il dato ne è una componente, G. Alpa, *Proprietà privata, funzione sociale, poteri pubblici di «conformazione»*, in *Riv. trim. dir. pubb.*, 3, 2022, spec. 627 e s.; Id., *L'identità digitale e la tutela della persona. Spunti di riflessione*, in *Contr. impr.*, 2017, 34 e s; G. De Minico, *Big Data e la debole resistenza delle categorie giuridiche. Privacy e lex mercatoria*, in *Dir. pubb.*, 1, 2019, spec. 90-91; G. Resta, *Identità personale e identità digitale*, in *Diritto dell'informazione e dell'informatica*, 2007, 511 e s.

17. Sui c.d. diritti digitali: S. D'Ancona, P. Provenzano, *Gli strumenti della carta della cittadinanza digitale*, in *Diritto dell'amministrazione pubblica digitale*, cit., spec. 223 e s., ma già F. Cardarelli, *Amministrazione digitale, trasparenza e principio di legalità*, in *Dir. dell'informazione e dell'informatica*, 2, 2015, 256 e s.

18. Come espressione di iniziative a favore dell'alfabetizzazione digitale (art. 8, d.lgs. 82/2005, cit.) e come espressione del dovere di solidarietà (art. 2, Cost.) è stato realizzata una strategia nazionale dal Dipartimento per la trasformazione digitale, nota come Repubblica digitale e, di recente, con il PNRR sono destinati dei finanziamenti al *Servizio civile digitale* e ai *Centri di facilitazione digitale* con l'intento di superare il divario esistente tra coloro che hanno le conoscenze e gli strumenti per utilizzare le nuove tecnologie nelle relazione con l'amministrazione pubblica e coloro che ne sono privi.

tizzate[19] –ossia che non prevedono alcun intervento umano– trova eccezioni di non facile interpretazione[20].

Il diritto di contestare la decisione automatizzata è comunque assicurato dall'ordinamento italiano con i ricorsi amministrativi (D.P.R. n. 1199/1971) e la tutela giurisdizionale, che è sempre garantita contro gli atti della Pubblica Amministrazione (artt. 113 e 24, Cost.).

Far valere le proprie ragioni è un enunciato che in Italia s'afferma sin dalle leggi di unificazione amministrativa (art. 3, l. n. 2248/1865, all. E), poi nella disciplina sulla partecipazione al procedimento (artt. 7 e s., l. n. 241/1990), che riconosce ai partecipi l'accesso agli atti, la facoltà[21] di presentare memorie e documenti (art. 10, l. n. 241/1990), per alcuni procedimenti di presentare osservazioni al preavviso di rigetto dell'istanza (art. 10-*bis*, l. n. 241/1990).

La disciplina europea sul trattamento dei dati dà fondamento sovranazionale ai diritti di partecipazione al procedimento amministrativo, una partecipazione che va intesa a ragion veduta, cioè avendo avuto la possibilità di fruire della potenza conoscitiva dell'amministrazione pubblica – che vale come contributo di conoscenza dei partecipi *ex lege*[22], che vanno intesi come gli unici soggetti che sanno dare interpretazione e rappresentazione dei propri interessi, una volta messi in condizione di disporre della potenza istruttoria dell'amministrazione digitale e dell'andamento delle

19. Sui limiti delle decisioni amministrative totalmente automatizzate: S. Civitarese Matteucci, «*Umano troppo umano». Decisioni amministrative automatizzate e principio di legalità*, in *Dir. pubb.*, 1, 2019, 5 e s.; E. Carloni, *Algoritmi su carta. Politiche di digitalizzazione e trasformazione digitale delle amministrazioni*, in *Dir. pubb.*, 2, 2019, 363 e s.

20. Le decisioni automatizzate sono legittimate da norme speciali a salvaguardia degli interessi pubblici: della difesa, della sicurezza nazionale o pubblica, della prevenzione dei reati o d'esecuzione di sanzioni, per il controllo e l'ispezione connessi all'esercizio di pubblici poteri (art. 23, par. 1, Regolamento 2016/679/UE). Si tratta di norme speciali dell'Unione Europea oppure dello Stato membro cui è soggetto il titolare del trattamento (art. 22, par. 2, lett. b, Reg. Ue 2016/679/UE). Le legittimazioni non debbono menomare la tutela «dei diritti, delle libertà e dei legittimi interessi dell'interessato» (art. 22, par. 2, lett. b, Reg. Ue 2016/679/UE). L'assenso dell'interessato – sia esplicito oppure per la conclusione di contratti o per l'esecuzione di essi (art. 22, par. 2, lett. a e c, Reg. Ue 2016/679/UE) – non vale acquiescenza alla decisione esclusivamente automatizzata, poiché l'interessato può sempre chiedere l'intervento umano (art. 22, par. 3, Reg. Ue 2016/679/UE).

21. G. Ghetti, *Il contradditorio amministrativo*, Padova, 1971, 64.; F.G. Scoca, *L'interesse legittimo. Storia e teoria*, Torino, 1917, 255; C.E. Gallo, *La partecipazione al procedimento*, in AA. VV., *Lezioni sul procedimento amministrativo*, Torino, 1992, 83; V. Cerulli Irelli, *Lineamenti del diritto amministrativo*, Torino, 2019, 345; da ultimo, anche A. Cauduro, *Gli obblighi dell'amministrazione pubblica per la partecipazione procedimentale*, Napoli, 2023, 41 e s.

22. Art. 10, l. 7 agosto 1990, n. 241; Cons. Stato, sez. VI, 11 aprile 2006, n. 2007.

decisioni pregresse che ci svelano gli algoritmi, con i relativi standard interpretativi o in ragione delle sue precedenti legittime e preferibili decisioni discrezionali.

Una partecipazione sugli esiti cui è pervenuto l'algoritmo, su cui s'afferma il contraddittorio tra i partecipi al procedimento, che obbliga l'amministrazione all'interposizione umana ove richiesta dagli interessati, il cui esito è può risolversi in una scelta in deroga motivata, oppure in una correzione dello standard algoritmico, infine all'opposto motivando il mancato accoglimento delle osservazioni offerte in contraddittorio, assumendo quelle avverse di conferma di quanto elaborato dall'algoritmo, con una soluzione che esprime l'interposizione umana richiesta dalle parti.

Il procedimento algoritmico e l'atto automatizzato che ne consegue trovano base legale e una generale legittimazione in una interpretazione della disciplina nazionale sulla comunicazione di singoli atti procedimentali (artt. 7, 8, 10-*bis*, l. n. 241/1990) in combinato disposto con la disciplina generale dell'Unione europea sul diritto degli interessati a ottenere sempre un intervento umano (art. 22, par. 3, Reg. 2016/679/UE), salvo – come si è detto – che norme speciali europee o nazionali autorizzino una decisione esclusivamente algoritmica per le ragioni d'interesse pubblico ivi previste (art. 22, par. 2, lett. b), Reg. 2016/679/UE; cfr. art. 3-*bis*, l. 241/1990, così come modificato da l. n. 120/2020, art. 12, co. 1, lett. b).

La novità è data dalla rilettura a sistema delle decisioni assunte nel tempo dall'amministrazione pubblica che il procedimento algoritmico e l'atto amministrativo digitale impongono all'amministrare pubblico, che deve ore provvedere in modo sistemico, elevando a regola la figura sintomatica di antica memoria di *non contraddittorietà tra atti di differenti procedimenti*, cioè consentendo di monitorare gli standard d'amministrazione interpretativi o di merito che si sono venuti a determinare, provocando la ridefinizione di atti generali o normativi in ragione del persistente scostamento dai primi, o di ineffettività dei secondi per generale inosservanza degli stessi[23].

Atti amministrativi digitali che, per tale capacità di monitorare gli standard, possono conformare l'esercizio futuro del potere, ridefinendo i parametri cui l'amministrazione è sottoposta nelle scelte a venire, sottraendo così l'attività a elementi d'incertezza o evidenziando esiti che nel tempo si sono dimostrati discriminatori e sproporzionati.

23. Per la rideterminazione di standard con l'attività degli algoritmi, *amplius:* R. Cavallo Perin, I. Alberti, *Atti e procedimenti amministrativi digitali*, in *Diritto dell'amministrazione pubblica digitale*, cit., 149-151.

I *machine learning* e le reti neurali consentono all'amministrazione digitale, non solo di conoscere ciò che un'amministrazione pubblica è, ma soprattutto come la stessa può ed è *capace* di divenire con le sue decisioni, i suoi servizi pubblici, la fruizione delle sue banche dati, cioè con la messa a sistema del suo andamento come istituzione (art. 97, co. 2, Cost.), che è elemento costitutivo del riconoscimento costituzionale dei pubblici uffici e della distribuzione delle competenze in ragione del principio di adeguatezza (art. 118, co. 1°, Cost.) di ciascun organo o ente in cui s'articola la Repubblica italiana.

4. BANCHE DATI E IDENTITÀ PERSONALE

Si è detto che, in einaudiana memoria, occorre conoscere, per discutere, (infine) per deliberare[24]. La disciplina giuridica sulle banche dati è essenziale sia nel senso di legittimare tutti a pretendere (lato attivo del rapporto), sia nel senso che chi gestisce le banche dati è obbligato a tenere determinati comportamenti di correttezza e di servizio verso tutti (lato passivo del rapporto), che solo impropriamente può dirsi in cambio del conferimento di dati[25]. Più esattamente si tratta di obblighi che definiscono la valida, legittima, gestione delle banche dati, che sono nell'interesse generale e degli stessi gestori su cui s'appuntano tali obblighi, perché in certo qual senso utili a configurare i gestori al "servizio" di ciascun titolare dei dati, in sé come obbligo di servizio pubblico, più che in un rapporto di scambio con le persone titolari dei dati[26].

Molte sono le disposizioni di dettaglio e di principio che valgono ad indicare tali obblighi dei gestori. Anzitutto il noto diritto di accesso, alla rettifica, alla portabilità dei dati verso altre piattaforme e ad ottenerli così come strutturati da quella banca dati, in modo leggibile da altri sistemi informativi a tutti accessibili (artt. 15, 16, 20, Reg. 2016/679/UE)[27].

---

24. L. Einaudi, *Prediche inutili, Conoscere per deliberare, Opere di Luigi Einaudi,* vol. II, Einaudi, 1964, 8.
25. Come s'afferma talvolta argomentando da AGCM, 11 maggio 2017, provv. n. CV154, e dalla susseguente pronuncia TAR Lazio, sez. Roma, sez. I, 10 gennaio 2020, n. 261, su cui da ultimi: G. Resta, V. Zeno-Zencovich, *Volontà e consenso nella fruizione dei servizi in rete,* in *Riv. trim. dir. proc. civ.,* 2, 2018, spec. 416; G. D'Ippolito, *Diritto dell'informazione e dell'informatica,* 3, 2020, 634 e s.
26. D.C. North, I*stituzioni, cambiamento istituzionale, evoluzione dell'economia,* Bologna, 1997, 23 e s.
27. Si vedano, in particolare, oltre a quanto *infra* in nota 32: F. Di Ciommo, *Diritto alla cancellazione, diritto di limitazione del trattamento e diritto all'oblio* (spec. 358 e 373) e G.M. Riccio, F. Pezza, *Portabilità dei dati personali e interoperabilità* (397 e s.), entrambi in *I dati personali nel diritto europeo,* a cura di V. Cuffaro, R. D'Orazio, V. Ricciuto,

Nelle esternalizzazioni è previsto l'obbligo del concessionario di rendere disponibili all'amministrazione concedente e per l'effetto alle altre pubbliche amministrazioni, tutti i dati acquisiti e generati nella fornitura del servizio agli utenti e d'utilizzo degli utenti del servizio medesimo, come dati di tipo aperto (art. 50-*quater*, d.lgs. n. 82/2005).

Il nuovo Regolamento sulla Governance europea dei dati indica come fini di interesse generale –oltre a quelle specifiche relative all'assistenza sanitaria, alla lotta ai cambiamenti climatici, alla mobilità, e alle statistiche ufficiali– i servizi pubblici, quale ragione che limitano la cessione d'uso dei dati ai gestori e al tempo stesso come legittimazione d'uso delle organizzazioni dette d'altruismo dei dati (Reg. n. 2022/868/UE, art. 15 e s.)[28].

La pubblica amministrazione ha sempre la facoltà di procedere all'analisi dei propri dati in combinazione con quelli di altre pubbliche amministrazioni, dei gestori di servizio pubblico o di società a controllo pubblico (art. 50, co. 2-*bis*, d. lgs. n. 82/2005), su cui non è possibile ora soffermarsi analiticamente.

In via di principio completano le indicate disposizioni di dettaglio sia la definizione dell'attività di *interesse economico generale* ad opera dell'ordinamento dell'Unione europea (art. 106, TFUE), sia le disposizioni sull'identità

Torino, 2019; R. Pardolesi, *L'ombra del tempo e (il diritto al)l'oblio*, in *Quest. giust.*, 2017, 76; F. Pizzetti, *Privacy e il diritto europeo alla protezione dei dati. Il regolamento europeo 2016/679*, II, Torino, 2016, spec. 76; E. Pelino, *Diritti di controllo*, in *Il nuovo regolamento privacy europeo. Commentario alla nuova disciplina sulla protezione dei dati personali*, a cura di L. Bolognini, E. Pelino, C. Bistolfi, Milano, 2016, 246. In giurisprudenza, tra le prime sentenze: Cass. civ., 9 aprile 1998, n. 3679, in *Foro it.*, 1, 1998, 1834; Cass. civ., 18 ottobre 1084, n. 5259, in *Giur. it*, 1985, 762. Da ultimo, a livello unionale: C. giust., 23 marzo 2010, C-236/08 e C-238/08, *Google France e Google Inc. c/Louis Vuitton Malletier SA e altri*; C. giust., 24 novembre 2011, C-70/10, *Scarlet Extended SA / Société belge des auteurs, compositeurs ed éditeurs SCRL*; C. giust., 13 maggio 2014, C-131/12, *Google Spain SL e Google Inc. contro Agencia Española de Protección de Datos (AEPD) e Mario Costeja González*.

28. Disciplina recente, ma già oggetto di ampio studio, su cui tra tanti: P. Manzini, *Equità e contendibilità nei mercati digitali: la proposta di Digital Market Act*, in *I Post di Aisdue*, 3, 2021, 30 e s.; H. Richter, *Exposing the Public Interest Dimension of the Digital Single Market: Public Undertakings as a Model for Regulating Data Sharing*, in *Max Planck Institute for Innovation & Competition*, Research Paper n. 20, 2003; G. Caggiano, *La proposta di Digital Service Act per la regolazione dei servizi e delle piattaforme online nel diritto dell'Unione europea*, in *I post di Aisdue*, 3, 2021, 1 e s.; P. Akman, *Regulating Competition in Digital Platform Markets: A Critical Assessment of the Framework and Approach of the EU Digital Markets Act*, in *European Law Review*, 2022, 85 e s.; A. Simoncini, *La co-regolazione delle piattaforme digitali*, in *Riv. trim. dir. pubbl.*, 3, 2022, 1031 e s.; G. Resta, *La regolazione digitale nell'unione europea: pubblico, privato, collettivo nel sistema europeo di governo dei dati*, in *Riv. trim. dir. pubbl.*, 4, 2022, 971 e s.

personale sia quelle sulla "scienza è libera" contenute nella Costituzione italiana (artt. 2, 3, 9, 22, 33, Cost.).

L'attività di interesse economico generale[29] è già stata da tempo estesa ai beni[30], può dunque essere riferita a qualsiasi sistematizzazione di dati altrui[31], con fondamento nel Trattato dell'Unione europea sul Funzionamento di obblighi o oneri di servizio pubblico[32] del gestore dei dati medesimi, che come è noto possono riguardare indifferentemente soggetti pubblici o privati, che svolgono l'attività di gestione della banca dati ritenuta

29. C. giust. 24 luglio 2003, C-280/00, *Altmark Trans e Regieriungpraesigium Magdeburg*, l'orientamento si è consolidato in molte altre pronunce di cui se ne segnalano le ultime recenti: C. giust., 3 marzo 2021, C-434/19 e C-435/19, *Poste Italiane e Agenzia delle Entrate – Riscossione*; C. gius., 10 dicembre 2020, C-160/19P, *Comune di Milano c. Commissione Europea;* C. giust., 24 novembre 2020, C-445/19, *Viasat Broadcasting UK Ltd*; C. giust., 29 luglio del 2019, C-659/17, *Azienda Napoletana Mobilità;* C. giust., 15 maggio 2019, C-706/17, *Achema e a.*; C. giust., 8 marzo 2017, C-660/15, *Viasat Broadcasting UK/ Commissione*. Si vedano sia il Libro verde della Commissione del 21 maggio 2003 sui servizi d'interesse generale [COM(2003) 270 def. - Gazzetta ufficiale C 76 del 25.03.2004]; sia la Comunicazione della Commissione al Parlamento Europeo, al Consiglio, al Comitato Economico e Sociale Europeo e al Comitato delle Regioni, *Libro bianco sui servizi di interesse generale,* 12 maggio 2004, COM(2004) 374 def. F. Merusi, *Lo schema della regolazione dei servizi di interesse economico generale*, in *Dir. Amm.*, 2, 2010, 313 e s.; G. Pitruzzella, *I servizi pubblici economici tra mercato e regolazione*, in *Servizi pubblici, diritti fondamentali, costituzionalismo europeo*, a cura di E. Castorina, Napoli, 2016, 451 e s.; M. Trimarchi, *I servizi di interesse economico generale nel prisma della concorrenza*, in *Riv. it. dir. pubbl. com.*, 1, 2020, 53 e s.; P. Lazzara, *Responsabilità pubbliche e private nel sistema dei servizi di interesse economico generale*, in *Dir. Amm.*, 3, 2020, 531 e s.; F. Trimarchi Banfi, *Lezioni di diritto pubblico dell'economia*, VI ed., Torino, 2019, 111 e s.; L. R. Perfetti, *I servizi di interesse economico generale e i servizi pubblici*, in *Riv. it. dir. pubbl. com.*, 2001, 479 e s.; L. Bertonazzi, R. Villata, *Servizi di interesse economico generale*, in *Trattato di diritto amministrativo europeo*, diretto da M.P. Chiti e G. Greco, II ed., tomo IV, Milano, 2007, 1791 e s.; G.F. Cartei, *I servizi di interesse economico generale tra riflusso dogmatico e regole di mercato*, in *Riv. it. dir. pubbl. com.*, 5, 2005, 1219 e s.; G.C. Salerno, *Servizi di interesse generale e sussidiarietà orizzontale fra ordinamento costituzionale e ordinamento dell'Unione europea*, Torino, 2010; F. Costamagna, I *servizi socio–sanitari nel mercato interno europeo. L'applicazione delle norme dell'Unione Europea in materia di concorrenza, aiuti di stato e libera circolazione*, Quaderni Giurisprudenza Torino, 2011, spec. 58 e s.; P. Bauby, *From Rome to Lisbon, SGIs in Primary Law*, in *Developments in Service of General Interest*, a cura di E. Zsyszczak, J. Davies, M. Andenaes, T. Bekkedal, L'Aia, 2011, 19 e s.; M. Boccaccio, *Compensazione degli obblighi di servizio pubblico e aiuti di stato: un'analisi economica*, in *Riv. Dir. Fin.*, 4, 2012, 459 e s.
30. Trib. Ue, sez. VIII, 15 novembre 2018, n. 202.
31. Cfr. per le banche dati la Direttiva 96/9/CE, art. 1, co. 2.
32. In generale, su vincoli e obblighi delle attività di interesse generale, oltre alla dottrina citata alla nota 13: W. Cesarini Sforza, *Il concetto di obbligo nella teoria generale del diritto*, in *Temi rom.*, vol. I, 1964, 497 e s.; G. Gavazzi, *L'onere. Tra la libertà e l'obbligo*, Torino, 1970, 13 e s.; O.T. Scozzafava, voce *Onere*, in *Enc. dir.*, vol. XXX, Milano, 1980, 99 e s.; F. Trimarchi Banfi, *Lezioni di diritto pubblico dell'economia*, cit., spec. 73 e s. e 123 e s.

d'interesse generale (Reg. n. 2022/868/UE, art. 15 e s.), trattandosi di limiti che sono coessenziali all'attività di gestione del bene banca dati.

L'enunciato europeo trova riscontro in quelle norme della Costituzione italiana che possono essere una libertà dell'individuo, poiché riguardano l'identità personale di ciascun individuo ad avere libera co(no)scenza di sé medesimi (artt. 22, 33, co. 1°, Cost.), non solo isolatamente considerati, ma anche nella sua relazione con altri[33], indicando norme costituzionali che dànno consistenza ad un *diritto alla propria identità*, di relazione, di *rating*, di contesto.

Il diritto di tutti ad una libera scienza è stato infatti da tempo enunciato[34], anzitutto come diritto individuale di maggiore rilievo per la ricerca di sé, *dell'identità personale* di ciascuno[35] (artt. 2, 13, 22, Cost.), sia essa quella elaborata individualmente, o nella inevitabile relazione sociale con altri (artt. 2, 3, Cost.), sia essa quella necessaria oppure volontaria. Relazione necessaria in esercizio della cittadinanza con partecipazione di tutti alle articolazioni della Repubblica italiana (artt. 1, 3 e 114, Cost), così come ormai si è completata con le istituzioni dell'Unione europea (artt. 11 e 117, co. 1°, Cost.). Relazione volontaria per l'istituzione e la partecipazione degli individui alle formazioni sociali cui abbia inteso dare vita (artt. 2, 18, 19, 20, 38, 39, 49, ecc., Cost.)[36].

---

33. G. Alpa, *Il diritto di essere se stessi*, Milano, 2021.
34. I termini teorici di un diritto di tutti a ricevere libera scienza si trovano in: A. Orsi Battaglini, *Libertà scientifica, libertà accademica e valori costituzionali*, in *Nuove dimensioni nei diritti di libertà. Scritti in onore di Paolo Barile*, Padova, 1990, 95-98; come *incidens* già S. Spaventa, *L'autonomia universitaria*, 1884, ora in *Giustizia nell'amministrazione e altri scritti*, Napoli, 2006, 85-87 e 96-97: "L'autonomia didattica, si è detto, comprende la libertà d'insegnare pei professori e la libertà di apprendere pei discepoli. (…) (Sennonché) il confondere queste due libertà col diritto di autonomia didattica concesso al corpo universitario (…) sarebbe perdita gravissima per l'indipendenza e il libero movimento della cultura (…)"; V. Zangara, *Libertà d'insegnamento e scuola di stato*, in *Riv. giur. della scuola*, 1971, 540 e s., indica (§ 15) un diritto di apprendere fondato sul diritto all'educazione e sul diritto alla partecipazione libera alla vita culturale della comunità (*Dichiarazione Onu*: artt. 26 e 27); da ultimo: Assemblea Parlamentare del Consiglio d'Europa, 22 giugno 2021, *Rapporto Libertà dei media, fiducia pubblica e diritto alla conoscenza dei cittadini*, https://pace.coe.int/en/files/29346#trace-5, URL consultato il 16/01/2024.
35. Sul diritto all'identità di recente: G. Alpa, Il *diritto di essere se stessi*, Milano, 2021, spec. 19, 21, 23, 24.
36. Sulla relazione tra gli artt. 18, 19, 39 e 49 Cost. per tutti: P. Barile, voce *Associazione (diritto di)*, in *Enc. dir.*, III, Milano, 1958, 842 dove osserva che l'art. 18 Cost. si riferisce ad un *genus* di formazioni sociali, mentre gli artt. 19, 39 e 49 Cost. si riferiscono a delle *species*.

Un diritto fondamentale che è garanzia essenziale della libertà personale (art. 13, Cost.), protezione primigenia di ciascuno, poiché senza protezione d'identità –anche modernamente intesa– non c'è giuridicamente alcun individuo, con la sua capacità, con il suo nome (art. 22, Cost.).

Come è stato sottolineato ciò trova conferma nella lettera dell'enunciato costituzionale ove l'attività scientifica è tutelata in sé, da chiunque sia svolta[37] e ci pare di poter soggiungere da chiunque sia fruita, convalidando così l'affermazione di un diritto fondamentale che è di tutti, perché coessenziale all'essere umano, non importa se come diritto soggettivo a elaborare, a insegnare, o a ricevere una libera scienza e a conoscere dunque anzitutto sé medesimo.

Così configurato il diritto ad una libera scienza assume un valore costituzionale di grande attualità che, ora come non mai è *in fatto* (art. 3, co. 2°, Cost.) fortemente condizionato, limitato, dall'organizzazione di imprese ed attività di enti pubblici o privati, che della raccolta dei dati e della profilazione – dunque della conformazione dell'identità umana – traggono la conoscenza che appare essenziale a programmare la propria futura attività, anche d'impresa[38].

Ciò consente alle organizzazioni d'istituire ed esercitare un'impresa, assolvere ad un'attività politica, sindacale, o assistenziale, o professare una confessione religiosa, ma anche dare corso ad un'attività criminale, con riscontri ed opportunità mai raggiunti in precedenza e di cui anche il diritto si è sinora variamente occupato, con particolare riferimento all'elevata concentrazione di poteri che le nuove tecnologie consentono di raggiungere[39].

---

37. G. Corso, M. Mazzamuto, *La libertà della scienza*, in *Il Consiglio Nazionale delle Ricerche - CNR Struttura e funzioni*, Bologna, 1994, 212-217 e 219-222; già lo enuncia A. Mattioni, *Insegnamento (libertà di)*, in *Dig. disc. pubbl.*, VIII, Torino, 1993, 413; M. Croce, *Le libertà garantite dall'art. 33 cost. nella dialettica irrisolta (e irrisolvibile?) individualismo-comunitarismo*, in *Dir. pubb.*, 2009, 899-902 e 925-926 se "si guarda alle esigenze degli studenti, è proprio l'insegnamento libero la garanzia anche della loro libertà; per uno *status* specifico degli studenti: G. Palma, *L'autonomia dell'ordinamento universitario tra le ordinate della libertà della scienza (e della ricerca) e della libertà di insegnamento*, in *Il sistema universitario in trasformazione*, a cura di E. Carloni, P. Forte, C. Marzuoli e G. Vesperini, Napoli, 2011, 14-19.

38. Nell'ambito delle quali alcuni individuano un "diritto a trattare i dati": F. Bravo, *Il diritto a trattare i dati personali nello svolgimento dell'attività economica*, Milano, 2018, spec. 137 e s. 188 e s.

39. Sui rischi da algoritmo per le libertà, oltre alla *Proposta di Regolamento del Parlamento europeo e del Consiglio* (COM(2021) 206 final) del 21 aprile 2021, la *Risoluzione del Parlamento europeo*, 20 ottobre 2020, recante raccomandazioni alla Commissione concernenti il quadro relativo agli aspetti etici dell'intelligenza artificiale, della robotica e

5. IDENTITÀ PERSONALE E OBBLIGHI DI GESTIONE NELLE BANCHE DATI

Trattasi di una conoscenza che l'ordinamento giuridico non può proteggere solo come *privacy*[40], ma che involge il diritto soggettivo di tutti ad avere una conoscenza dei dati così organizzati (banche dati)[41] e di ottenere che le analisi "scientifiche" proclamate sugli stessi siano *libere da ogni altro potere e non prevaricate da altre libertà.*

Proprio tale modo d'organizzarsi, fruendo di una tecnologia che classifica i comportamenti delle persone, che ne profila l'identità seppure con riferimento ad un determinato servizio o bene, che le seleziona per gruppi di comportamento (segmentazione), può di per sé ledere in fatto la libertà di ciascuno di comprendere se medesimi, proprio a partire dalla rappresentazione che tali organizzazioni ne hanno dato in sé e soprattutto in relazione a quella d'altri, seppure come dati aggregati che non consentono di risalire alle persone individue[42].

---

delle tecnologie correlate (2020/2012(INL), "*Quadro relativo agli aspetti etici dell'intelligenza artificiale, della robotica e delle tecnologie correlate*"); *Linee guida per un'intelligenza artificiale affidabile* proposte dall'Alto gruppo di lavoro degli esperti (High-level Expert group on AI) l'8 aprile 2019. *Carta etica europea sull'utilizzo dell'intelligenza artificiale nei sistemi giudiziari e negli ambiti connessi* (CEPEJ (2018)14) adottata a Strasburgo dalla Commissione europea per l'efficienza della giustizia (CEPEJ) nel corso della 31ª Riunione plenaria del 3-4 dicembre 2018. In dottrina da ultimo: E. Chiti, B. Marchetti, *Divergenti? Le strategie di Unione europea e Stati Uniti in materia di intelligenza artificiale*, in *Rivista della Regolazione dei mercati*, 1, 2020, 29 e s.; *Stato di diritto – Emergenza – Tecnologia*, a cura di G. De Minico e M. Villone, in *Consulta OnLine*, formato e-book, Milano, 2020; A. Simoncini, *Profili costituzionali dell'amministrazione algoritmica*, in *Riv. trim. dir. pubb.*, 4, 2019; G. De Minico, *Big Data e la debole resistenza delle categorie giuridiche. Privacy e lex mercatoria*, cit., 89-115.

40. Un diritto delle organizzazioni pubbliche e private all'acquisizione di dati, che giornalmente ciascuno va a sottoscrivere a loro favore, senza che ciò possa valere come lecita negazione di un diritto soggettivo ad una libera scienza: a non trattar d'altro perché il diritto all'identità è facoltà personalissima (artt. 22, 33, Cost.).

41. L'acquisizione dell'amministrazione di dati personali autorizza il privato a esercitare i diritti di accesso (art. 15, Reg. UE, 679/2016), di rettifica (art. 16, Reg. UE, 679/2016), di cancellazione (art. 17, Reg. UE, 679/2016) e di portabilità degli stessi (art. 20, Reg. UE, 679/2016), sicché si configurano dei diritti di cittadinanza digitale che si affermano quali diritti potestativi alla conformazione dell'organizzazione pubblica, in forza del valore di certificazione che quei dati assumono *erga omnes*. Di recente: M. Florio, *La privatizzazione della conoscenza*, Bari, 2021, spec. 178 e s.; R. Cavallo Perin, *Pubblica amministrazione e data analysis*, in *L'amministrazione pubblica con i big data: da Torino un dibattito sull'intelligenza artificiale*, cit., 11-18.

42. La libertà di scienza è in ciò limite della libertà di organizzazioni di banche dati pubbliche o private, a cominciare dalla possibilità di accedere non solo ai dati che riguardano ciascuno, ma anche a quelli aggregati utili a conoscere l'identità relativa che

Certo tutti sono liberi d'esercitare i propri diritti senza qualificare come scientifici i prodotti, ma ciò può entrare in conflitto con una professione di fede; liberi di circolare, di corrispondere, o di organizzare il domicilio o le riunioni senza i limiti di una liber a scienza; d'associarsi o di manifestare il proprio pensiero, senza sottoporsi ai limiti che costituzionalismo e Costituzione hanno imposto alla scienza, che dev'essere libera per chi la esercita, per chi la insegna, per chi la riceve.

Certo tutti sono liberi – nei limiti previsti dall'ordinamento per ciascuna libertà – di procurare o finanziare ricerche in esercizio di una libertà d'impresa (art. 41, Cost.), di una proprietà privata (art. 42, Cost.), della libertà di religione (art. 19, Cost.), della libertà di circolazione (art. 16, Cost.), della libertà di corrispondenza o di domicilio (artt. 14 e 15, Cost.), della libertà di riunione (art. 17, Cost.), della libertà d'associazione (art. 18, Cost.), non ultima della libertà di pensiero (art. 21, Cost.), senza pervenire a violare la libertà prima di ogni individuo, d'ogni organizzazione pubblica o privata, alla propria personale identità (artt. 33, 22, Cost.) alla conoscenza di sé e comparativamente con quella che riguarda altri (*infra* § 6).

Quanto detto consente di selezionare alcuni principi che possono dirsi propri dell'Unione europea e degli Stati membri che vi partecipano che valgono a caratterizzare la nostra organizzazione sociale, il modo di intendere la socialità degli europei, della cittadinanza[43] degli individui, ma anche delle imprese che con essi intendono agire. Una cultura dei diritti che è in

ciascuno individuo ha acquisito in un determinato servizio o bene. Resta la libertà di ciascuna organizzazione di accompagnare a propria volta consimili banche dati, o profilazioni, con un'analisi di parte o di libera scienza. Diversamente il rischio è lasciare alla potenza che in fatto hanno tali organizzazioni pubbliche o private di limitare fortemente la conoscenza dell'identità personale (artt. 22, 33 Cost.) dunque del pieno sviluppo della persona umana (art. 3, Cost.).

43. L'Unione Europea rispetta, in tutte le sue attività, il principio dell'uguaglianza delle cittadine e dei cittadini, che beneficiano di uguale attenzione da parte delle sue istituzioni, organi e organismi. È una cittadina o un cittadino dell'Unione chiunque abbia la cittadinanza di uno Stato membro. La cittadinanza dell'Unione si aggiunge alla cittadinanza nazionale e non la sostituisce. B. Nascimbene, voce *Cittadinanza dell'Unione europea*, in *Dig. Pub.*, 2012, agg. V, 122 e s.; C. Pinelli, voce *Cittadinanza europea*, in *Enc. dir.*, Annali I, Milano, 2007, 181 e s.; F. Dinelli, *Le appartenenze territoriali, Contributo allo studio della cittadinanza, della residenza, e della cittadinanza europea*, Napoli, 2011, 151 e s.; S. Giubboni, *La solidarietà come "scudo". Il tramonto della cittadinanza sociale trasnazionale nella crisi europea*, in *Quad. cost.*, 2018, 591 e s.; Id., *Solidarietà*, in *Pol. dir.*, 2012, 525 e s.; M. Benvenuti, voce *Diritti sociali*, in *Dig. pubb.*, Milano, 2012, 219 e s.; G. Peces Barba Martinez, voce *Diritti e doveri fondamentali*, in *Dig. Pubb.*, Milano, 1990, 139 e s. L. Ferrajoli, *Dai diritti del cittadino ai diritti della persona*, in AA.VV., in *La cittadinanza: appartenenza, identità, diritti*, a cura di D. Zolo, Bari 1994; G. Azzariti, *La cittadinanza. Appartenenza, partecipazione e diritti delle persone*, in *Dir. pub.*, 2, 2011, 426 e s. A ciò si aggiunge M. Consito, *La cittadinanza e le sue forme*, cit., 35 e s.

Europa indirizzo costituzionale – se si vuole entro certi limiti ideologico – ove i diritti individuali e collettivi definiscono il mercato europeo, anche come barriera legittima ai prodotti che non li rispettino, una protezione indiretta a chi intende investire per agire in Europa.

Anzitutto occorre ricordare che l'unico titolare dei dati che riguardano l'individuo è la persona medesima. Trattandosi di diritto personalissimo il dato che riguarda l'identità degli individui non può essere un oggetto possibile del contratto (art. 1325, cod. civ.). Appare più sicuro e conforme ai principi affermare invece che ogni consenso al trattamento dei dati vale legittimazione all'uso dei dati stessi in forma organizzata[44], con obbligo di servizio pubblico del gestore – titolare del trattamento dei dati – a consentire, oltre all'accesso, alla rettifica, alla portabilità, ecc. – anche la consultazione della banca dati che sia utile all'individuo titolare dei dati per com-

44. Così come affermato in relazione ai dati personali (art. 4, n. 1, Reg. n. 2016/679/UE): D. Messinetti, *Circolazione dei dati personali e dispositivi di regolazione dei poteri individuali*, in *Riv. crit. dir. priv.*, 1998, 339 e s.; F. Bravo, *Il consenso e le altre condizioni di liceità del trattamento di dati personali*, in *Il nuovo Regolamento europeo sulla privacy e sulla protezione dei dati personali*, a cura di G. Finocchiaro, Bologna, 2017, 101 e s.; S. Sica, *Il consenso al trattamento dei dati personali: metodi e modelli di qualificazione giuridica*, in *Riv. dir. civ.*, 2001, 621 e s. Benché non in assenza di voci contrarie: F. Caggia, *Libertà ed espressione del consenso* e V. Ricciuto, *La patrimonializzazione dei dati personali. Contratto e mercato nella ricostruzione del fenomeno*, entrambi in *I dati personali nel diritto europeo*, cit., rispettivamente 23 e 249 e s.; A. Mantelero, *Diritti assoluti della personalità alla salute e alla privacy*, in *I diritti sociali come diritti della personalità*, a cura di R. Cavallo Perin, L. Lenti, G.M. Racca, A. Rossi, Napoli, 2010, 115 e s.; A. Orestano, *La circolazione dei dati personali*, in *Diritto alla riservatezza e circolazione dei dati personali*, a cura di R. Pardolesi, vol. II, Milano, 2003, 119 e s. E al pari di quanto s'afferma in relazione ad altre forme di consenso riguardanti i medesimi diritti, seppur aventi diverso oggetto, ed in particolare con riferimento agli atti di disposizione del corpo: P. Zatti, *Princìpi e forme del "governo del corpo"*, in *Il governo del corpo*, vol. I, a cura di S. Canestrari, G. Ferrando, C.M. Mazzoni, S. Rodotà, P. Zatti, Milano, 2011, 99 e s.; P. D'Addino Serravalle, *Atti di disposizione del corpo e tutela della persona umana*, Napoli, 1983, 222; G. Giacobbe, voce *Trapianti*, in *Enc. dir.*, XLIV, Milano, 1992, 892 e s. e da ultimo G. Di Rosa, *La persona oltre il mercato. La destinazione del corpo post mortem*, in *Europa e diritto privato*, 4, 2020, 1179 e s.; G. Giaimo, *Natura e caratteristiche del consenso al prelievo di organi e tessuti da cadavere. Un raffronto tra Italia ed Inghilterra*, in *Europa e diritto privato*, 1, 2018, 215 e s. Nonché ai trattamenti sanitari: M. Graziadei, *Il consenso informato e i suoi limiti*, in *I diritti in medicina, Trattato di Biodiritto*, a cura di L. Lenti, E. Palermo Fabris, P. Zatti e diretto da S. Rodotà e P. Zatti, Milano, 2011, 205; C.F. Grosso, voce *Consenso dell'avente diritto*, in *Enc. giur.*, VIII, Roma, 1988, 7 e s.; C. Pedrazzi, voce *Consenso dell'avente diritto*, in *Enc. dir.*, IX, Milano, 1961, 146 e s.; A. Scalisi, *Il consenso del paziente al trattamento medico*, in *Dir. fam. pers.*, 1993, 463 e s.; C. Castronovo, *Profili della responsabilità medica*, in *Studi in onore di Pietro Rescigno*, Milano, 1998, 117 e s.; A. Pioggia, *Consenso informato ai trattamenti sanitari e amministrazione della salute*, in *Riv. trim. dir. pubbl.*, 1, 2011, 127 e s.

prenderne il suo posizionamento (*rating*) e le dinamiche relazionali che comporta il vedersi inserito nella banca dati.

Gli esercenti di quelle banche dati che sono beni d'interesse generale, tra cui i gestori di servizio pubblico, hanno perciò l'obbligo di rendere conoscibili, almeno con *modelli di simulazione ad agenti,* gli effetti di mutazione delle prestazioni ai destinatari, che possano essere indotti dai cambiamenti comportamentali degli agenti stessi – cioè al variare delle classi di numerosità dei medesimi – siano quest'ultimi utenti, clienti, o decisori delle prestazioni medesime.

L'adempimento degli *obblighi di servizio pubblico* va ritenuto a tutti gli effetti un servizio universale[45], caratterizzato da continuità, accessibilità delle tariffe, delle qualità del servizio e dalla tutela degli utenti.

Certo chi organizza i dati altrui ha un diritto ad un giusto compenso per tali prestazioni di restituzione di un *quid pluris* di informazioni in forza del trattamento dei dati, dell'organizzazione e gestione delle banche dati. Un diritto ad ottenere il corrispettivo dell'adempimento dell'obbligo di servizio pubblico, che ha da essere a prezzi accessibili solo ove riguardi gli utenti, poiché è normale piuttosto – come è ormai noto – che la remunerazione dei gestori di banche dati è tratta dalle cessione delle informazioni – cioè dei dati organizzati – ai terzi che a vario titolo sono interessati.

45. Si veda sul punto: G.F. Cartei, voce *Servizio universale,* in *Enc. dir.*, Annali III, Milano, 2010, 1057 e s.; Id., *Il servizio universale*, Milano, 2002, 187 e s.; F. Merusi, voce *Servizio Pubblico,* in *Novissimo Digesto italiano,* XVII, Torino, 1970, 220; G. Napolitano, *Il servizio universale e i diritti dei cittadini utenti,* in *Mercato Concorrenza Regole,* 2, 2000, 429 e s.

Comunicaciones

Deslocalización y saber: a vueltas con la proyección de la digitalización en el urbanismo universitario [1]

MARÍA LUISA GÓMEZ JIMÉNEZ
Profesora Titular de Derecho Administrativo
Universidad de Málaga

Para los que han sufrido una deslocalización motivada por la pandemia, y han debido reinventarse en mitad de una crisis de efectos sindémicos como la que vivimos.

1. LA NECESIDAD DE DESLOCALIZAR LA ACTIVIDAD ACADÉMICA, EN LA SOCIEDAD GLOBAL

La globalización ha cambiado nuestras vidas, en todos los sentidos imaginables. La afección en la economía y los debates en torno a las bondades, así como los efectos negativos de la misma han copado la literatura científica en el ámbito de la economía, el derecho y la gestión de las políticas públicas de los últimos años. La universidad, no está ajena a dicho proceso de globalización, a pesar de haber mantenido una estructura descentralizada del saber, ha mantenido en el sentido tradicional la localización de los procesos de enseñanza /aprendizaje en el sentido formal, en los títulos oficiales universitarios en los campus universitarios, que han venido a convivir progresivamente con la virtualización y provisión de espacios virtuales de conocimiento paralelos y complementarios a los mismos, a través de las

1. Este trabajo pertenece a una investigación más amplia que verá la luz próximamente, y que se vienen desarrollando en el marco del proyecto VIDA- UMA18- FEDERJA-261, y la Red Temática REDIAS de inteligencia Artificial, Acción D-6, Plan Propio de Investigación de la Universidad de Málaga. Además, se proyecta en las investigaciones del Grupo Permanente de Innovación Educativa GPIE RISPINES Lab y refleja las investigaciones desarrolladas en el proyecto financiado con cargo al Plan Nacional de Investigación TED2021-129635B-I00

plataformas y espacios de aprendizaje on line, complementados cuando ha sido posible por elementos de realidad virtual[2]. La incidencia en las metodologías docentes de la integración tecnológica han sido objeto de atención de educadores y expertos en técnicas pedagógicas y colateralmente también respecto de la puesta en valor de nuevas metodologías de acercar el derecho a las aulas virtuales[3]. Herramientas tecnológicas, que, si bien no son nuevas, han tenido un desarrollo sin precedentes en los últimos años, siendo objeto de atención por la UE que las marcó como objetivos estratégicos de los procedimientos de digitalización[4] de la economía y la administración pública. En este contexto, la contextualización territorial de las 84 Universidades[5] que componen el sistema Universitarios Español[6], ha llevado al presidente de la Conferencia de rectores a afirmar que el sistema Universitario Español participa activamente en la cohesión territorial del Estado[7]. Esta afirmación conexa con la previsión de un urbanismo integrador de los campus universitarios, contrasta con los modelos originales que motivaron la constitución de estos como transposición de un modelo de Campus ajeno a la dinámica urbanística española[8]. En la extrapolación del modelo norteamericano, los campus universitarios representaban espacios cerrados y diferenciados del tejido urbano, con características que los hacían destacar como el espacio y la localización de la actividad académica, y científica de la Uni-

2. Como es el caso de la Universidad de Oxford https://oxfordmedicalsimulation.com/virtual-reality-medical-training/oxford-university-uses-virtual-reality-within-blended-learning-to-boost-medical-student-education/
3. En este sentido el uso de blogs, redes sociales, plataformas de trabajo colaborativo, wikis, o inclusive metodologías de aprendizaje sincrónica, que han sido puestas de relieve en la potenciación del teletrabajo durante la pandemia como las videoconferencias, o las sesiones en streaming, webinar, o sesiones con herramientas interactivas como es el caso del proyecto de Ludoteca Jurídica o repositorios on line de casos prácticos, para consulta y uso de docentes y discentes en la actividad académica habitual.
4. La digitalización entendida como proceso, es uno de los objetivos marcados por la Comisión europea. Así, la Comunicación de la Comisión al Parlamento Europeo, al Consejo, al Comité Económico y Social Europeo y al Comité de las Regiones Plan de Acción sobre Administración Electrónica de la UE 2016-2020
5. Clásicas ya las revisiones magistrales del Prof. Martín Rebollo en su Código de Leyes Administrativas, en sus múltiples ediciones, nos mostraban una radiografía actualizada, en cada edición del devenir de la Universidad Española No se olvide además en este contexto las oportunas reflexiones sobre la docencia del derecho administrativo con perspectiva histórica, que puede destilarse de la lectura de la obra: Medina Alcoz, L: *Historia del Derecho Administrativo Español*. Marcial Pons, 2022.
6. Pues este está integrado por 50 Universidades Públicas y 34 Universidades privadas.
7. Comparecencia del presidente de la Conferencia de Rectores, en la Comisión para la reconstrucción Social y Económica de España el pasado 4 de junio de 2020, en Diario de Sesiones del Congreso de los Diputados de 4 de junio, núm. 98. Pág. 43.
8. Martínez Pérez, Francisco Juan, *Visiones Urbanísticas sobre la Universidad,* Ciudad y Territorio Estudios Territoriales, XLIX (192), 2017.

versidad. Su integración urbanística no es objeto de atención hasta –como nos recuerda Martínez Pérez,– la constitución en el año 2009, del grupo de la Conferencia de Rectores sobre Calidad Ambiental, Desarrollo Sostenible, y la Prevención de Riesgos (CADEP, por sus siglas). Grupo de Trabajo del que emana la Declaración del urbanismo Universitario de a Coruña de 2011, que dio lugar a la Carta de Urbanismo Universitario aprobada en 2015, a la que nos referiremos más adelante.

Así, de conformidad con lo dispuesto en la Declaración de Urbanismo Universitario la labor de la Universidad en tanto que servicio público precisan de espacios públicos e infraestructuras para desarrollar eficazmente sus funciones y ello sin perjuicio de su calificación como equipamiento comunitario de carácter estructurante[9], que se limita a la escala operativa del municipio. Así, se atiende a la cuestión de escalas en el documento para recordar que las Universidades son equipamientos de escala supramunicipal, regional, nacional o internacional, y en el ámbito de la ordenación del territorio y el urbanismo eso significa que deban preverse cuestiones tales como la accesibilidad, el alojamiento universitario y su relación con el tejido socioeconómico[10]. Ni que decir tiene que las previsiones iniciales sobre necesidad de vincular los espacios físicos a la calificación del urbanismo universitario, se afectan de la misma manera que se hace la planificación de equipamientos territoriales, en la medida en la que si bien es cierto que se siguen precisando las infraestructuras para llevar a cabo la función de la educación superior, la utilización de los espacios públicos del campus pueden cambiar en virtud de la necesaria digitalización que supone la deslocalización de la actividad académica. Esto, aunque pudiera parecer contradictorio, no es sin embargo elemento alguno que contradiga o modifique las previsiones de la Carta cuyo contenido consideramos de enorme interés traer a colación, en el examen de las premisas actuales de la calificación de los campus universitarios inteligentes y su vertebración en los efectos de la pandemia[11].

9. Sic, principio 2 de la Carta de Urbanismo Universitario
10. Principio 3 de la Carta de Urbanismo Universitario. Sobre el examen de la Carta de Urbanismo Universitario volveremos más adelante.
11. No se olvide el impacto de los sucesivos estados de Alarma, hasta el cuarto estado de alarma de la democracia por RD 926/2020, de 25 de octubre, por el que se declara el estado de alarma para contener la propagación de infecciones causadas por el SARS-CoV-2., y parece claro que las limitaciones de la movilidad y en el uso de los espacios públicos debía contener por mor de mejora la situación epidemiológica del país.

2. LA PROYECCIÓN DE LA ATENCIÓN A LOS CAMPUS UNIVERSITARIOS INTELIGENTES EN EL URBANISMO

La ubicación de los campus universitarios en el ámbito municipal y las características que incorpora la calificación urbanística de los mismos como equipamientos educativos, se entiende en los cambios derivados de la integración tecnológica a partir de la previsión misma de la ciudad como ciudad inteligente. Esto es, el campus inteligente lo es, si está integrado en una ciudad inteligente. Lo que signifique dicha calificación que proyecta sus efectos en el ámbito de la provisión de servicios[12] y la forma de gestión del espacio público. La literatura jurídica española que se ha ocupado de la calificación de los campus inteligentes[13] lo ha hecho hasta la fecha de forma sesgada y con necesidad de integrar el tratamiento desarrollado por la tecnología y otras ramas de ordenación jurídico con la propia del urbanismo y la ordenación de las enseñanzas universitarias. La razón de la falta hasta la fecha de un número significativo de trabajos en la materia obedece entendemos a la sectorización que la expresión tiene respecto de la integración de proyectos urbanísticos, o su vinculación a la noción de ciudad inteligente. No es sino hasta fecha muy recientes cuando se empieza a prestar atención, a la figura, y se hace más desde disciplinas distintas del derecho[14], tales como la economía, la informática, las telecomunicaciones, o la ingeniería, siendo el mismo concepto de campus inteligente ajeno a la normativa urbanismo universitario, como hemos podido revisar en el examen de la noción de urbanismo universitario.

Ello no ha impedido sin embargo el desarrollo de campus urbanísticos que han respondido a un modelo expansivo conectado a la expansión urbana de las ciudades y que ha sacado la planificación de los equipamientos educativos al extrarradio, alejándolos del núcleo urbano siguiendo un modelo de urbanización dispersa más propio de modelos americanos que de la proyección europea del urbanismo universitario. La profusión a mediados del año 2000 de la integración tecnológica en dispositivos móviles capaces de desarrollar a través de aplicaciones el acceso a la información

12. Cerrillo i Martinez, A: "¿Son fiables las decisiones de las Administraciones públicas adoptadas por algoritmos?", ERDAL, 1, 2020.
13. Puede verse en este sentido el trabajo colectivo en esta materia rompiendo una lanza por cuestiones tales como la accesibilidad en el campus, o la introducción de parámetros de sostenibilidad y eficiencia en el espacio urbano que se dedica a la docencia e investigación, así como los aportes incorporados el número enero-febrero de la Revista de Derecho Urbanístico y Medio Ambiente, 2021, en torno a la integración de los campus Universitarios en el marco de la ciudad,
14. En este sentido puede verse los trabajos de: William Eduardo Villegas Chiliquinga, *Arquitectura para la gestión de datos en un campus inteligente,* Tesis doctoral, Universidad de Alicante, 2020

primero, y a la gestión de servicios después, encontró en la comunidad universitaria una especial proyección, motivando el éxito de la noción de campus universitario inteligente[15]. Así, según señala la Ley 14/2011, de 1 de junio, de Ciencia Tecnología, y la innovación[16], la integración de medios tecnológicos y la promoción de la innovación[17], resultan claves en la transformación digital que vienen experimentando las Universidades y cuyo proceso de digitalización se ha acelerado tras la declaración del Estado de Alarma. Téngase en cuenta que según viene a señalar la encuesta sobre equipamiento y uso de la tecnología de la información y la comunicación en los hogares del año 2020, el 93.2 por ciento de la población entre 16 y 74 años había usado internet en los últimos tres meses. A ello hay que sumar datos tales como que el teléfono móvil está presente en casi la totalidad de los hogares en un 99.5 por ciento, con una subida de un punto respecto 2019. Estos datos se complementan con la apreciación de que el 93.8 por ciento de los estudiantes usan redes sociales habitualmente, lo cual nos sitúa en un perfil de conectividad elevado y especialmente en el ámbito universitario dicha conectividad se hace imprescindible.

Es por tanto una premisa de partida que dio lugar a la creación del grupo CRUE-TIC, de la Conferencia de Rectores, ocupada y preocupada por el desarrollo de las tecnologías en el ámbito universitario. El documento de directriz denominado plan director 2020 CRUE-TIC[18], vino a establecer así, en el año 2018, un plan que se proyectaría hasta 2020, y que tendría como objetivo abordar los "retos estratégicos en materia tecnológica con el objetivo de que las instituciones universitarias se apoyen en los resultados obtenido en su camino evolutivo hacia la transformación digital". Ni que decir tiene que, a todos estos planes ha truncado la pandemia la consecución, sin perjuicio del examen de los informes de seguimiento que se publicaban respecto de dicho plan en los meses de mayo de 2019 y de octubre de 2019.

El último de los informes de seguimiento es especialmente interesante al objeto de nuestro análisis, pues en Julio de 2020, se incorpora las conclusiones sobre el impacto de la tecnología de Blockchain en el sistema universitario. Así, la incorporación del Blockchain en tanto que revolución tec-

15. Véase en este sentido el trabajo que tuvimos la oportunidad de coordinar en el marco del Proyecto de Investigación CIMA. Campus universitarios Inteligentes e inclusivos medioambientalmente accesibles y que publicado en 2019 abordo algunos aspectos de interés de la noción de campus universitarios inteligentes. (Vid. Gómez Jiménez, M. L.: *Campus Universitarios Inteligentes: Desafíos Jurídicos y propuestas en el entorno urbano*, Editorial Atelier, Madrid, 2019,
16. BOE de 2 de junio de 2011.
17. Blasco Diaz, J.L.: "*La estructura Pública de impulse a la Innovación*", en *Innovación y Sector Público: retos y contexto*, Tirant lo Blanch, Valencia, 2017.
18. Puede verse el mismo en : https://tic.crue.org/plan-director-2020/

nológica, ha sido objeto específico de atención en el informe segundo TIC-360 que elabora CRUE-TIC, y que se orienta al examen de los retos a lo que el sistema universitario deba dar respuesta[19]. La tecnología y sus distintas manifestaciones que han sido objeto de proyección y potenciación durante la pandemia han dado lugar a la necesidad de incorporarlas en la gestión administrativa como ha puesto de manifiesto el reglamento de desarrollo de la actuación y funcionamiento del sector público por medios electrónicos aprobado por Real Decreto 203/2021, de 30 de marzo[20] (en adelante REME). Así el mismo REME en su exposición de motivos llegaba a afirmar: "Los cambios que se están produciendo con la maduración de tecnologías disruptivas y su aplicación a la gestión de la información y la ejecución de políticas públicas, los nuevos modelos de relación de la ciudadanía y empresas con las Administraciones y la reutilización eficiente de la información son grandes desafíos que para ser afrontados con éxito y para que coadyuven a la Transformación digital exigen como presupuesto contar con un marco regulatorio adecuado, tanto con rango de ley como con rango reglamentario, que garantizando la seguridad jurídica para todos los intervinientes sirva a los objetivos de mejorar la eficiencia administrativa para hacer efectiva una Administración totalmente electrónica e interconectada, incrementar la transparencia de la actuación administrativa y la participación de las personas en la Administración Electrónica y garantizar servicios digitales fácilmente utilizables".

Así, las Universidades se ven abocadas a enfrentar el desafío tecnológico más allá de las dinámicas de las actividades docentes, sino en la misma calificación de la prestación del servicio universitario de educación superior, como señalábamos. Esta proyección tecnológica que ha sido calificada específicamente también como singularidad tecnológica, no ha pasado, en otro orden de ideas desapercibida a la ANECA que recientemente afirmaría con relación a la Pandemia: "En la universidad pública la presencialidad es importante; rectores defienden que esta es su esencia, y la tecnología debe ser vista de manera positiva, porque contribuye a desarrollar los cometidos de las universidades. Lo que es necesario es buscar, y encontrar, un equilibrio entre lo presencial y lo virtual, un desarrollo de lo híbrido, cuando tenga sentido. El cambio se ha producido, y las nuevas tecnologías han contribuido a él. Ahora hay que buscar un modelo estable que garantice la esencia y la calidad. Todos los procesos de cambio sustanciales requieren

19. Las conclusiones del primer informe TIC360, concluyó que: "Las tecnologías disruptivas son de importancia central en estos procesos de cambio. Desempeñan un papel decisivo en el rediseño del ecosistema universitario mediante la apertura de nuevas oportunidades para coordinar y vincular las diversas misiones, actividades y procesos de las universidades en formas nuevas y múltiples".

20. BOE de 31 de marzo de 2021, que ha entrado en vigor del 2 de abril del mismo año

mantener los estándares de calidad[21]". Quizás uno de los aspectos más llamativos del proceso de digitalización aplicado al ámbito universitario sea la constatación de que se viene generando un importante volumen de *big-data universitario*[22], vinculado a la prestación del servicio de educación superior. El hecho de que las universidades vienen a colectar ingentes cantidades de información a través del uso de sus espacios virtuales de enseñanza y aprendizaje no es nueva. Tampoco lo es el hecho de que la gestión y analítica de estos datos, salvando el valor estadístico relativo a los indicadores de calidad en la atención a la prestación del servicio ha quedado soslayada a un plan más formal que efectivo. Si a este previo escenario se suma la necesaria integración de un sistema de sensores que midan el uso de los espacios y recursos públicos utilizados en los campus universitarios, la utilidad del uso del big data universitario resulta cuanto menos de carácter revelador[23].

3. CAPACIDADES DE DIGITALIZACIÓN Y PROYECCIÓN DE LA DIGITALIZACIÓN EN EL URBANISMO UNIVERSITARIO

La digitalización expresada como desiderátum de la Comisión Europea, es uno de los pilares de las políticas Comunitarias que apuestan por avanzar en la mejora de las capacidades digitales de la población y, ha llegado a la actividad administrativa de la mano de los instrumentos de soft-law administrativo, y de regulación procedimental, (Ley 39/2015, de Procedimiento Administrativo Común), o de atención a los servicios electrónicos, la Administración electrónica, y la atención al acceso a la información administrativa en soporte digital, en lugar del soporte papel. La actuación adminis-

21. Boletín ANECA al día de 15 de abril de 2021.
22. La idea de denominar big data a lo que no es más que la constatación de un volumen de información de tal magnitud que requiere de una tecnología de analítica de datos para su manejo, nos sitúa en la complejidad de la integración jurídica de la idea en el ámbito de la normativa urbanística proyectada en las universidades. La gestión de la información en el campus aplicada para la prestación de los servicios educativos se traslada también como han señalado los Prof. Leiva Olivencia y Franco Caballero, Matas Terron, al ámbito de la evaluación de impacto educativo, que señalan: "big data y analítica del aprendizaje deben entenderse como instrumentos pedagógicos relevantes que pudieran aprovechar el potencial de enormes cantidades de datos que actualmente existen en formato digital, y que se pueda reconstruir durante los procesos de enseñanza y aprendizaje cuando se incorporan plataformas digitales a dicho proceso en la formación de los profesionales de la educación, por un lado, y en la atención educativa personalizada e inclusiva para el alumnado en general"
23. La incidencia de la gestión de la información en las universidades, garantes de la formación y gestoras – como agentes del conocimiento no deja de ser aún una asignatura pendiente. Más allá de la importancia que han mostrado los gestores de repositorios institucionales o las medidas vinculadas a la biblioteconomía, en el ámbito de las bibliotecas y redes de repositorios universitarios de contenidos.

trativa de las autoridades urbanísticas, vinculadas a la ejecución de la normativa de suelo y ordenación urbana y la necesidad de acceder en formato electrónico a la documentación de planes urbanísticos han permitido la proyección de las actividades urbanas en consulta digital, que ha sido la línea de actuación preferente a través de los sistemas de información urbanística, cuyo uso generalizado ha puesto en valor la necesidad, no sólo de acceso telemático a las informaciones urbanísticas, en aras de la transparencia administrativa, sino también el análisis territorial de la información por ellos suministrados para la toma de decisiones, que empiezan a ser automatizadas. El efecto catalizador que la pandemia ha tenido respecto de la aceleración de los procesos de digitalización puede verse fácilmente en el examen de los avances técnicos que ésta ha traído en los últimos años. No sólo la necesidad de realizar video-conferencias en lugar de reuniones presenciales, o de asistir a congresos utilizando las herramientas telemáticas han permitido la continuidad de las comunicaciones en condiciones que antes eran impensables, sino que la digitalización ha obligado a los operadores a mejorar los canales de comunicación y adaptar la tecnología para una demanda a gran escala, afectando las redes de comunicación que las universidades vienen a gestionar en el ámbito del desarrollo de sus habituales actividades académicas. Recuérdese, cuan preciada fue en los momentos más álgidos de la pandemia, la puesta a disposición de la comunidad universitaria de herramientas y plataformas que permitieran seguir proporcionando el servicio de la educación superior[24]. Pero esta "superposición virtual", a la realidad física que nos permitía seguir operando con cierta "normalidad", llegó justo en el momento en el que se operaba un despliegue de medios y atención hacia los campus universitarios inteligentes, o la integración de la inteligencia territorial también en las Universidades.

4. PLANIFICACIÓN TERRITORIAL DE LOS CAMPUS UNIVERSITARIOS INTELIGENTES: ELEMENTOS DE DESLOCALIZACIÓN

Una de las cuestiones que se plantean en las dinámicas generadas por la pandemia por COVID-19 es el papel que deben cumplir las universidades en la promoción y acceso a la información, conocimiento y formación no sólo de los estudiantes sino en su función social[25], que ejemplifica a fuerza

24. Así, el 19 de marzo de 2020, las Universidades Españolas y el Ministerio de Universidades, anunciaban a través de la CRUE la puesta en marcha de un portal web, "Conectad@s, la universidad en casa", con el fin de apoyar la transición de la docencia on line.
25. Escritos sobre el papel y el futuro de las Universidades

de tradición los Consejos Sociales de las Universidades[26]. Los debates en torno al teletrabajo[27], y la enseñanza a distancia, han reabierto una ya clásica percepción del papel cambiante de las Universidades en la formación global. Esta calificación de la labor pedagógica que no se agota en el escenario físico del aula, plantea sin embargo importantes interrogantes cuando se conjugan el derecho a la Salud, con el derecho a la Educación[28].

Observar en la actualidad un campus universitario, equivale a observar los elementos que se aprecian en un tejido urbano de la ciudad. Los estudiantes que residen en el entorno del campus pueden encontrarse en el mismo durante todo el curso académico sin necesidad de salir del mismo y obteniendo los bienes y servicios preciosos para el desarrollo de su actividad académica-científica con garantías de éxito. Esto es así, porque progresivamente a la ubicación de aulas, y despachos para docencia se han sumado desde equipamientos deportivos, a espacios para la restauración y el ocio, actuando en todos los sentidos como mini "réplicas de las especiales características urbanas de la ciudad en la que se ubican".

No se olvide, que hemos pasado de la calificación medieval de las ciudades universitarias a la relegación de los espacios universitarios a la periferia de las ciudades, como puso de manifiesto, la calificación de las "edutrópolis"[29] en el derecho urbanístico norteamericano, y ha estudiado Dobber[30]. La integración de bienes y servicios en el ámbito universitario se proyecta en centros y edificios ubicados en el campus o virtualizados[31].

26. Téngase en cuenta que los Consejos Sociales de las Universidades se han asociado en la Conferencia de Consejos Sociales, que se constituyó el 10 de marzo de 2005, en las Palmas de Gran Canaria, con la idea de apoyar la actuación de los Consejos como interlocutores entre la Sociedad y la Universidad. Orientaciones que se enfocan a la potenciación de la función Social de las Universidades, puede verse en https://ccsu.es/content/qu%C3%A9-es-la-conferencia
27. El consejo de ministros de 22 de septiembre de 2020, incorporó la aprobación del Real Decreto Ley que regula el Trabajo a Distancia, y que viene a dar respuesta a una necesidad de establecer un marco normativo para el ejercicio de los trabajadores y del teletrabajo.
28. Recuérdese que éste último como sabemos es un derecho fundamental ex artículo 27 de la constitución española.
29. Dobber, R: Edutrópolis: "El surgimiento de un paradigma del siglo XXI" en el volumen colectivo, *Ciudad y Territorio, Estudios Territoriales,*
30. El autor las define como: "una red metropolitana de centros de educación post-secundaria que sirve y ofrece su apoyo a una multitud de funciones educativas, sociales, económicas y culturales. En tales funciones se incluye la tríade tradicional de enseñanza, investigación y servicio a la comunidad, y, de modo creciente, la mejora y la ampliación de la comunidad, es decir, el desarrollo de la comunidad".
31. Vid., en este sentido Garcia Rubio, F: "Urbanismo y Campus Universitarios: una perspectiva en tiempos de Smartcities entre la rehabilitación de edificios históricos y la prestación de servicios públicos on line en una trama urbana", RDU núm. 343, 2021.

Sin embargo la actividad de planificación de los campus universitarios españoles ha venido vinculada tanto a aspectos de ordenación del territorio como a planes especiales urbanísticos, así, más vinculada a las premisas de la Ordenación del Territorio que del urbanismo, es por ejemplo el caso de la Comunidad de Castilla León, que en su Ley de Ordenación del Territorio Ley 10/98, de 5 de diciembre, incorporó entre los instrumentos necesarios para la ordenación del territorio los Proyectos Regionales, siendo el Proyecto Regional de ordenación el Campus de la Universidad de Valladolid aprobado por Decreto 75/2005, de 20 de octubre[32]. La norma además vincula, y modifica los planes proyectos y programas de actuación vigentes que pudieran resultar contrarios al mismo[33]. En el caso de la Universidad de Granada, la figura de referencia es el Plan Especial en Campus Universitario de Cartuja[34] que vino a desarrollar las previsiones de la entonces en vigor, Ley 7/2002, de 17 de diciembre[35], Ley de Ordenación Urbanística de Andalucía[36].

La forma en la que se establece la utilización de los espacios en la Universidad no puede sin embargo replicar sin más la dinámica urbana, por más que servicios tales como el transporte de viajeros, o alojamiento para la comunidad universitaria, o el uso de equipamientos deportivos, se vinculen inexorablemente a la previsión de la ciudad en la que la Universidad se integra. La razón por la que la réplica sin más del espacio universitario se muestra ineficiente, deriva de las especificidades propias de la actividad académica Universitaria[37], actividad universitaria que es la que a la inversa predetermina la necesidad o no de los espacios en las que esta deba desa-

32. Vigente desde el 27 de octubre de 2005, que, además, integra la calificación del suelo como urbano consolidado y se proyecta en 14.501 m^2
33. Como señala el artículo 3 de la norma.
34. El plan puede verse en el Boletín Oficial P de Granada de 23 de noviembre de 2006, núm. 223. Pág. 37 y ss.
35. Norma que como saben ha sido derogada por la Ley 7/2021, de1 de diciembre de impulso a la sostenibilidad del territorio de Andalucía, y posteriormente desarrollada por el RD Decreto 550/22, de 29 de noviembre, por el que se aprueba el Reglamento de desarrollo de la Ley.
36. No es este el lugar de examinar el detalle de la definición y formulación de los campus inteligentes, tal y como han venido a ser concebidos en nuestro sistema de educación superior, pues dicha labor excedería con mucho de la orientación de estas líneas. Puede verse sobre el particular el monográfico que en su día dedicara la Revista de derecho Urbanístico y Medio Ambiente, al particular, en núm. 343, año núm. 55, 2021, que lleva por título: "Los campus universitarios desde el urbanismo: reflexiones y respuestas"
37. Esto es así en la medida en la que el diseño de la utilización de espacios en el campus permite o no generar sinergias y promover determinadas actividades, que pueden reforzar las estrategias didácticas que se deseen seguir en la Universidad.

rrollarse[38]. Así, la universidad es un sujeto dinámico, en evolución y adaptación constante que se debe a la sociedad en la que se incardina[39]. En este contexto, resulta de interés recuperar las afirmaciones de la Carta de la Conferencia de Rectores sobre Urbanismo Universitario[40], que fue aprobada por el Grupo CRUE-Sostenibilidad, en octubre de 2015.

La Carta de la Conferencia de Rectores, incorpora el reconocimiento de las universidades como equipamientos comunitarios de carácter estructurante, integrados al sistema general de equipamientos[41]. Es importante recordar que la noción de Sistema General de Equipamientos Educativos es un uso dotacional urbanístico del suelo que permite asegurar una pormenorización en usos docentes, deportivo, de servicios de interés público y social, entre otros. No son ajenos los procedimientos de expropiación urbanística que han tenido lugar orientados a la conformación de estos espacios dotacionales que vertebran territorialmente la provisión de servicios educativos y académicos y que conectan con la segunda de las previsiones que la Carta señala y es el reconocimiento de las escalas en las que se inserta el equipamiento universitario. Así, afirma el principio 3.1 de la Carta: "Los campus universitarios no son solo equipamientos municipales, ya que su escala es la supramunicipal, regional o nacional y/o internacional". Esto los sitúa como elementos conformadores de la Ordenación del Territorio, en la que se insertan. En este contexto, la carta añade la necesidad de dar respuesta desde la ordenación del territorio a aspectos tales como:

- La accesibilidad.
- El tejido socioeconómico.

38. En este sentido resulta recordar la previsión contenida en el Texto Refundido de la Ley Andaluza de Universidades aprobado por Real Decreto Legislativo 1/2013, de 8 de enero, y que en su artículo 70 señala: "La programación universitaria será elaborada por la Consejería competente en materia de Universidades por periodos plurianuales con una duración no inferior a tres años. Debe tener en cuenta las demandas de las Universidades y debe basarse en criterios conocidos por el Consejo Andaluz de Universidades, que deberán considerar, al menos, los siguientes extremos… f) La oportunidad de creación de centros y campus universitarios para organizar la enseñanza, la investigación y la transferencia de conocimiento."

39. Los debates que acontecen cuando estas líneas se redactan para modificar su marco normativo, ahora en tramitación la Ley Orgánica del Sistema Universitario, así lo atestiguan.

40. Puede verse en: extension://ieepebpjnkhaiioojkepfniodjmjjihl/data/pdf.js/web/viewer.html?file=https%3A%2F%2Fwww.crue.org%2Fwp-content%2Fuploads%2F2020%2F02%2F18.URBANISMO_UNIVERSITARIO.pdf

41. Los sistemas generales están previstos en la planificación urbanística en los Planes Generales de ordenación urbana, y en los instrumentos de carácter supramunicipal y regional como elementos vertebradores del territorio

– El sistema de espacios libres estructurantes.

La carta da un paso más, y señala específicamente que el instrumento de ordenación del territorio que debiera integrar estas determinaciones son las "Directrices de Ordenación del Territorio de la Comunidad Autónoma, o región", sin perjuicio de la casuística que esta afirmación conlleve en el examen de la normativa autonómica sobre Ordenación del Territorio, pues como es bien sabido la competencia exclusiva corresponde a las Comunidades Autónomas en la materia. No obstante lo anterior, la calificación de una regulación en escala regional imbricado en el modelo territorial de la ciudad, plantea a nuestro modesto entender algunas consecuencias relevantes en tanto que la provisión de las directrices que contemplen los condicionantes para el equipamiento educativo que ubica la Universidad, prevalecerá sobre otros usos, y condicionará la utilización del espacio a escala regional, adquiriendo un protagonismo que entendemos, la Carta ha querido poner de manifiesto respecto de la necesidad de pensar la ubicación de las Universidades y sus campus /espacios e instalaciones.

Así, resulta ser en los términos de la Carta, el espacio público universitario, el referente y "paradigma de la construcción del espacio urbano en lo territorial". Esta afirmación sin duda relevante permite situar a las Universidades en un papel protagónico que nos recuerdan a las ciudades universitarias de antaño, desplazadas por la nueva ubicación de los campus universitarios en la periferia, en sintonía con las dinámicas del urbanismo disperso y la expansión urbana más recientes. Y ello por cuanto no se trata solo de los usos en los campus universitarios sino de la integración de éste en el contexto territorial, lo que el documento viene a denominar la vertebración con los "sistemas generales de infraestructuras necesarias para su eficaz funcionamiento"[42].

Señala la Exposición de Motivos de la nueva Ley Orgánica del Sistema Universitario Español[43], que "se deben abordar reformas esenciales relacionadas con los desajustes entre el sistema universitario y las necesidades de la sociedad". Esta necesidad de transformación del sistema universitario nos debe llevar a reconectar con la misión de la Universidad, y las funciones

42. Carta Principio 3.1 respecto de la escala regional y los Ejes de Actuación del Urbanismo Universitario.

43. aprobada por Ley 2/2023, de 22 de marzo del sistema Universitario publicada en el Boletín Oficial del Estado de 23 de marzo de 2023.

del sistema universitario[44]. Funciones, cuya deslocalización la digitalización ha puesto de manifiesto, y que han dibujado desde el urbanismo de los campus universitarios inteligentes, a nuestro juicio, cuatro elementos de deslocalización, que apenas esbozaremos:

A) La Internacionalización y proyección de la Universidad más allá del espacio físico del Campus Universitario: primer reto derivado de la sociedad global del conocimiento.

Un elemento que ha contribuido en la necesidad de proyección Global de la Universidad ha sido la puesta en valor de los programas de internacionalización, que primero a escala mundial y especialmente a través de la implementación de los programas de movilidad Erasmus han dado frutos significativos no sólo en el fortalecimiento de las relaciones académicas de docentes y discentes en Europa, sino ha permitido proyectar la actividad de las universidades Españolas –a resultas de los convenios firmados– con las Universidades Europeas en las que los estudiantes españoles han

44. El Proyecto de Ley de la LOSU, y posteriormente la Ley tras su aprobación las integra en el artículo 2 al decir: "Son funciones de las universidades:
a) La educación y formación del estudiantado a través de la creación, desarrollo, transmisión y evaluación crítica del conocimiento científico, tecnológico, humanístico, artístico y cultural, así como de las capacidades, competencias y habilidades inherentes al mismo.
b) La preparación para el ejercicio de actividades profesionales que exijan la aplicación y actualización de conocimientos y métodos científicos, tecnológicos, humanísticos, culturales y para la creación artística.
c) La generación, desarrollo, difusión, transferencia e intercambio del conocimiento y la aplicabilidad de la investigación en todos los campos científicos, tecnológicos, humanísticos, artísticos y culturales.
d) La promoción de la innovación a partir del conocimiento en los ámbitos sociales, económicos, medioambientales, tecnológicos e institucionales.
e) La contribución al bienestar social, al progreso económico y a la cohesión de la sociedad y del entorno territorial en que estén insertas, a través de la formación, la investigación, la transferencia e intercambio del conocimiento y la cultura del emprendimiento, tanto individual como colectiva, a partir de fórmulas societarias convencionales o de economía social.
f) La generación de espacios de creación y difusión de pensamiento crítico.
g) La transferencia e intercambio del conocimiento y de la cultura al conjunto de la sociedad a través de la actividad universitaria y la formación permanente o a lo largo de la vida del conjunto de la ciudadanía.
h) La formación de la ciudadanía a través de la transmisión de los valores y principios democráticos.
i) El fomento de la participación de la comunidad universitaria y de la ciudadanía en actividades promovidas por entidades de voluntariado y del tercer sector que se encuentren en línea con los principios y valores del sistema universitario.
j) Las demás funciones que se les atribuyan legalmente".

venido cursando estudios en los últimos años. Esta interacción ha fortalecido la percepción de los campus universitarios como espacios deslocalizados de la Comunidad Académica, a la par que permitía la extrapolación de otros modelos urbanísticos europeos de ordenación de los campus Universitarios en el esquema de desarrollo y gestión de las universidades españolas. No se olvide, que el salto de la ciudad universitaria a la calificación de los espacios universitarios como recintos diferenciados de la ciudad, es fruto en parte de la extrapolación de los modelos de campus norteamericanos, que incorporaban espacios dedicados únicamente a la actividad universitaria integrando residencias universitarias[45], y equipamientos deportivos dedicados a la comunidad Universitaria, entre otros servicios. De tal suerte que, pudiera pensarse que el factor derivado de la proyección internacional ha venido a modular el desarrollo y planificación de nuestros campus universitarios actuales, en tanto que campus abiertos a la movilidad internacional.

B) Los Campus de Excelencia Internacionales: ¿Calificación de excelencia y mínimo impacto en la planificación urbanística de los campus Universitarios, una oportunidad perdida?

La idea de los Campus de Excelencia Internacional, fue resultado de la apuesta de financiar programas que pusieran el valor la excelencia del sistema universitario, vinculada a la obtención de posiciones de relevancia en los rankings mundiales, y conectadas con la mejora en la atracción del talento, la internacionalización y la proyección de un sistema universitario maduro en la búsqueda de sinergias, entre espacios y campus universitarios hermanados por intereses comunes, y capaces de ofrecer sus fortalezas en el contexto internacional[46]. Así, lo que de marca tiene la noción de campus de excelencia se complementa con la calificación y cualificación de espacios que se centran en una cualidad científica, o un campo de conocimiento que actúa como elemento diferenciador de otros campus universitarios que no está incorporados a los CEIs. (Campus de excelencia internacional). La constitución de los Campus de Excelencia Universitarios, parte de la necesidad de: agregar, espe-

45. Lo que en nuestra tradición enarbolan los colegios mayores y que ejemplifican los "dorms" de algunas universidades prestigiosas.

46. La puesta en marcha del programa de Campus de Excelencia prevista en el artículo 42 de la Ley de Economía Sostenible de 4 de marzo de 2011, se orientaba a mejorar "la competitividad de las universidades españolas y su progresiva implantación en el ámbito internacional, mediante la mejora de la calidad de sus infraestructuras y su agregación con otros agentes y actores, públicos y privados, que operan en la sociedad del conocimiento".

cializar, diferenciar e internacionalizar las universidades, y a la postre generar espacios que van más allá del campus "físico" Universitario.

C) Los centros y Parques tecnológicos, como nuevas propuestas estratégicas de deslocalización en el urbanismo universitario.

La incorporación de espacios para la integración de innovaciones tecnológicas, incubadoras de empresas y actividades de fomento de la empleabilidad conectan con la proyección de la actividad científica con el tejido empresarial y la transferencia del conocimiento. En este sentido, recuérdese la Disposición Adicional Quinta de la Ley 17/2022, de 5 de septiembre[47], de nuevas modalidades específicas para el personal investigador. Se trata en suma de una proyección institucional de las funciones de transferencia

47. 1. Las entidades promotoras de Parques Científicos y Tecnológicos del sector público que, al amparo de lo establecido en una ley de presupuestos generales del Estado u otra norma con rango de ley, soliciten la refinanciación de las cuotas derivadas de préstamos concedidos en virtud de las convocatorias gestionadas exclusivamente por el Ministerio de Ciencia e Innovación (o el Ministerio competente en materia de investigación, desarrollo e innovación en años anteriores) desde el año 2000, únicamente deberán presentar como garantía un documento en el que la Administración de la Comunidad Autónoma, o la entidad integrante de la Administración local de pertenencia, asuma de forma expresa la responsabilidad subsidiaria del pago de la deuda objeto de refinanciación. Dicho documento deberá cumplir la totalidad de los requisitos previstos en los párrafos a), b) y c) del artículo 11.2 de la Orden CIN/822/2021, de 29 de julio, por la que se da cumplimiento a la disposición adicional décima quinta en materia de apoyo financiero a las actuaciones en Parques Científicos y Tecnológicos de la Ley 11/2020, de 30 de diciembre, de Presupuestos Generales del Estado para el año 2021.
2. Esta disposición también es aplicable, con efectos retroactivos y vigencia indefinida, a las moratorias previstas en virtud de la disposición adicional cuadragésima octava de la Ley 39/2010, de 22 de diciembre, de Presupuestos Generales del Estado para el año 2011, de la disposición adicional trigésima quinta de la Ley 2/2012, de 29 de junio, de Presupuestos Generales del Estado para el año 2012, de la disposición adicional cuadragésima tercera de la Ley 17/2012, de 27 de diciembre, de Presupuestos Generales del Estado para el año 2013, de la disposición adicional trigésima quinta de la Ley 22/2013, de 23 de diciembre, de Presupuestos Generales del Estado para el año 2014, de la disposición adicional cuadragésima primera de la Ley 36/2014, de 26 de diciembre, de Presupuestos Generales del Estado para el año 2015, de la disposición adicional centésima vigésima primera de Ley 3/2017, de 27 de junio, de Presupuestos Generales del Estado para el año 2017, de la disposición adicional única del Real Decreto-ley 3/2019, de 8 de febrero, de medidas urgentes en el ámbito de la Ciencia, la Tecnología, la Innovación y la Universidad, de la disposición adicional duodécima del Real Decreto-ley 15/2020, de 21 de abril, de medidas urgentes complementarias para apoyar la economía y el empleo, y de la disposición adicional décima quinta de la Ley 11/2020, de 30 de diciembre, de Presupuestos Generales del Estado para el año 2021.

que demandan espacios no contenidos siempre en el espacio del campus, y que cada vez más no sólo se deslocaliza, sino que se virtualiza, con servicios y actividades que operan en la nube.

D) Los Campus Universitarios Inteligentes en la era "post-covid".

Los efectos devastadores de la pandemia para la Economía Española, y la situación en la que quedan las arcas de las Administraciones Públicas, no es ajeno al efecto económico que dicha crisis está teniendo en las Universidades españolas. Elementos tales como la disminución drástica de la movilidad, la caída de ingresos derivadas de las residencias universitarias y los incrementos de coste que ha supuesto la adaptación a la virtualización, han mermado considerablemente los ingresos e incrementado los gastos, haciendo visible el impacto de la nueva normalidad en la Universidad[48].

Las incertidumbres que el escenario de emergencia sanitaria ha dibujado en el ámbito universitario, contrastan con ciertas certezas asumidas hoy por todos los miembros de las Comunidad Universitaria, a saber: la virtualización o la enseñanza virtual se ha reforzado de forma transcendente en cualquier de los escenarios posibles de actuación frente a la pandemia, y los recursos para asegurar una docencia on line de calidad, son ahora más necesarios que nunca. ¿Qué sucede entonces, con las inversiones en nuevas tecnologías e integración tecnológica en los campus universitarios entendidos estos como espacios físicos en los que la actividad académica se desarrolla? Procede plantear a este respecto algunas reflexiones y lecciones aprendidas.

Sea como fuera, la nueva normalidad, que se diseñó desde la finalización del Estado de Alarma el 21 de Junio de 2020[49], revela no sólo razones para la reflexión sobre los nuevos condicionantes en el desarrollo de la docencia universitaria, sino sobre el futuro y anticipación de respuestas por parte de la Comunidad investigadora respecto de los problemas sociales, y urgencias médicas de la ciudadanía No se olvide, que en los momentos de crisis económica, nuestra mirada se han centrado en las investigaciones capaces de proveer soluciones técnicas, biológicas, o respuestas que revertiesen en la sociedad, a la que las instituciones académicas deben servir. En otro orden de ideas, las reflexiones sobre la actividad académica y su localización no

48. "En la Hucha de la universidad no queda un euro por la pandemia", *El PAIS,* 29 de agosto de 2020, https://elpais.com/educacion/2020-08-28/en-la-hucha-de-la-universidad-no-queda-un-euro.html
49. Sobre la Emergencia sanitaria hemos tenido ocasión de reflexionar en la obra: Gómez Jiménez, M. L.: Salud Pública y emergencia Sanitaria y co-gobernanza. Estudio del Régimen Jurídico de las prestaciones de derecho comparado autonómico español antes de la próxima pandemia. Aranzadi, 2023.

son ajenas a las reflexiones sobre los futuros diseños urbanos, y la necesidad de adecuar la legislación urbanística a la ciudad saludable, así como al campus universitario saludable. El campus universitario no será inteligente sino es saludable, o permite garantizar las condiciones óptimas de salud de los miembros de la Comunidad Universitaria[50].

En este contexto, la atención regulatoria prestada por la Ley Orgánica del Sistema Universitario incorpora elementos que como ha señalado el Prof. Rivero Ortega, benefician con diferente intensidad a los distintos colectivos que integran la comunidad académica, en relación a otros. Así, permitirá una mayor participación del alumnado en los órganos de gobierno, pero no incorporará cambios relevantes en el ámbito de la trasnferencia del conocimiento, y eso amén del reconocimiento del principio de cohesión social y territorial de los campus que aboga por la integración de las universidades en el desarrollo de su entorno – previendo inclusive la norma que éstas puedan ayudar a revertir las dinámicas de despoblación de determinados territorios[51].

A ello se suma la previsión de adecuación al principio de sostenibilidad primero de los campus universitarios. Se prevé entonces que los campus integren una estrategia de mitigación y adaptación al cambio climático. Cuestión ésta que supone no sólo integrar los avances de la técnica al servicio de la sociedad, sino de la sociedad del conocimiento al servicio de la cohesión territorial, de tal suerte que es prevea que la universidad pueda hacer frente a la emergencia climática a través del conocimiento.

Creemos que como bien señalara Rivero Ortega, R, el sistema universitario ha tenido un desarrollo que va más allá del texto de la Ley Orgánica, y que implica una conformación de regulación propia, y de aprobación de Reales Decretos orientados al desarrollo de aspectos relevantes (doctorado, estructura de los departamentos, ámbitos de conocimiento, estatuto del PDI entre otros ...). Quizás sea el momento de abordar el alcance regulatorio de las previsiones que conectan la universidad con la sociedad, en el marco de la deslocalización que supone la hibridación tecnológica en la que nos encontramos. Todo ello, sin olvidar la función de cohesión y construcción de ciudad que toda universidad lleva a cabo desde la misma configuración de los campus universitarios.

50. En este mismo sentido pueden verse las reflexiones de la CRUE en los informes y documento emanados durante la pandemia. En particular los vinculados a la protección de la sostenibilidad en el campus, pueden verse en : https://www.crue.org/comisiones-sectoriales/documentos-crue-sostenibilidad/
51. Sic. Artículo 18 de la LOSU.

5. ALGUNAS REFLEXIONES AL HILO DE LO ANTERIOR

La calificación de una sociedad como inteligente, implica entender que no sólo se actúa con eficiencia sino con conocimiento del medio y el contexto, así como con acceso a la tecnología de forma tal que la interacción hombre medio resulte modificada por la interacción hombre-máquina. Este binomio revela una circunscripción al entorno mediático de lo digital, y con ello de lo virtual, y efímero. La noción de comunidad inteligente que ha tenido predicamento en Italia[52], tiene sin embargo una diferente proyección en el derecho español en la calificación de la ciudad inteligente. Las comunidades universitarias, como comunidades, sino inteligentes al menos ilustradas, debieran reflejar el cambio de paradigma que supone la oportunidad del big data universitario, en contraste con la cada vez mayor desconexión de hecho entre discentes y docentes. La situación de emergencia sanitaria que ha acontecido en los últimos años ha permitido que la Universidad tuviera que afrontar –sin cambiar sus costuras-procesos de digitalización, y virtualización acelerada desdibujando el esquema socioeducativo– territorial en el que el campus comenzaba a prestar sus servicios de manera "inteligente". Este cambio de escenario, asistido tecnológicamente, ha permitido una deslocalización de lo académico, para reubicarlo en la comunidad inteligente a la que sirve, y planteado no pocos condicionantes que sean precisos considerar si se quiere retomar el espacio universitario, en búsqueda de mecanismos que lo hagan compatible con el derecho fundamental a la "educación superior".

6. BIBLIOGRAFÍA

Ballester Laguna, F. (Coord.): *El Estatuto profesional del Personal Investigador contratado en régimen laboral*, INNAP, Investiga, Madrid, 2016

Bellet Sanfeliu: "La inserción de la universidad en la estructura y forma urbana. el caso de la Universitat de Lleida", Scripta Nova, *Revista Electrónica de Geografía y Ciencias Sociales*, Vol. XV, núm. 381, 20 de noviembre de 2011.

Bellet, Carme, y GANAU, Joan: *Ciudad y Universidad, Ciudades Universitarias y Campus Urbanos*, Editorial Milenio, 2000.

Blanquer, D. (Dir.): *Covid-19 y de Derecho Público*, Tirant Lo Blanch, 2020.

Canals Ametller: "El proceso normativo ante el avance tecnológico y la transformación digital (inteligencia artificial, redes sociales y datos masivos)", en *Revista General de Derecho Administrativo*, núm. 50, enero de 2019.

52. Gómez Jiménez, M. L.: (Dir). *Campus Universitarios Inteligentes*, Editorial Atelier, 2019.

Capdeferro, O.: "Planeamiento urbanístico Inteligente para la construcción de las Smart city y el Smart-campus", en *Revista de Derecho Urbanístico y el Medio Ambiente*, núm. Enero-febrero, 2021.

Campesino Fernández, A. J., y Salcedo Hernández, J. C: "Campus Universitarios en Ciudades Patrimoniales: contrastes entre Cáceres y Toledo", *Revista Historia de las Universidades*, 17/1, 2014, pág. 101-137.

Crue: *La Universidad en Cifras. Urbanismo Universitario.* Carta de La Coruña, marzo 2011.

Ciudad y Territorio, Estudios Territoriales, número monográfico *Urbanismo y Universidad: la experiencia urbana y territorial en los campus universitarios*, Volumen 192, 2017.

Darling-Hammond, Linda; Flook, Lisa; Cook-Harvey, Channa Brigidbarron & Osher, David: "Implications for educational practice of the science of learning and development", *Applied Developmental Science*, 24:2, 97-140, 2020.

García De Enterría: "La ciudad Universitaria de Madrid y el Derecho", *Revista Española de Derecho Administrativo*, núm. 57, 1988, pág. 5-16, Madrid.

García Rubio, F.: "Urbanismo y Campus Universitarios: una perspectiva en tiempos de Smart-cities entre la rehabilitación de edificios históricos y la prestación de servicios públicos on line en una trama urbana", *RDU* núm. 343, 2021.

Gómez Jiménez, M. L.: *Urbanismo Participativo y Gobernanza Urbana en las Ciudades Inteligentes, el Efecto Reina Roja en Derecho Administrativo*, Aranzadi, 2019.

Gómez Jiménez, M. L.: "De la Universidad Virtuosa a la Universidad Virtual en tiempos del COVID-19. Nuevos retos para los ODS en el ámbito educativo desde el e-proctoring", en *Los objetivos de Desarrollo sostenible en la docencia Universitaria*, Tirant Lo Blanch, 2020.

Gómez Jiménez, M. L.: "Viviendas Domótica adaptada a la Emergencia Sanitaria: ideas preliminares, retos y propuestas normativas para la sociedad post COVID19", *Revista de Derecho Urbanístico y Medio Ambiente*, núm. Junio 2020.

Gómez Jiménez, M. L.: *Inteligencia Territorial y Regulación Económica* (Dir.), Aranzadi, 2020

Gómez Jiménez, M. L. (Dir): *Campus Universitarios Inteligentes: Desafíos Jurídicos y propuestas en el entorno urbano,* Editorial Atelier, Madrid, 2019,

Gómez Jiménez, M. L.: "Luces y sombras en torno a la integración tecnológica de las ciudades", en Retos del desarrollo urbano sostenible e integrado / María Rosario Alonso Ibáñez (dir.), 2018, ISBN 978-84-9190-048-1, págs. 91-106

Gomez Jimenez, M. L.: *Salud Pública y emergencia Sanitaria y co-gobernanza. Estudio del Régimen Jurídico de las prestaciones de derecho comparado autonómico español antes de la próxima pandemia.* Aranzadi, 2023.

Hinojo Lucena, J.; Aznar Díaz; Caceres Reche: *Avances en recursos TICS e innovación educativa,* Madrid, Dykinson, 2019.

Ibeas Portilla, A.; Del'olio, Francesco; Del'olio, Luigi; Barreda Motequin, M. Rosa: "Metodología para el fomento de modos de transporte sostenible en campus universitarios", *Estudios de Construcción y Transporte,* núm. 113 (2010).

Lara Ortiz, M. L.: *Los Objetivos de Desarrollo Sostenible en la Docencia Universitaria,* Tirant lo Blanch, Madrid, 2020.

Lladó Martinez, A.: "Responsabilidad Social Universitaria, campus y cuidades inteligentes: la colaboración entre disciplinas y entre instituciones como elementos básicos para una ciudad inteligente y sostenible", en *Revista de Derecho Urbanístico y Medio Ambiente,* núm 343, 2021.

López Ramón, F.: "El reconocimiento legal del derecho a disfrutar de una vivienda", *Revista de Administración Pública,* 212, 297-308. DOI: https://doi.org/10.18042/cepc/rap.212.11, 2020.

Martinez Pérez, Francisco Juan: *Visiones Urbanísticas sobre la Universidad, Ciudad y Territorio Estudios Territoriales,* XLIX (192), 2017.

Miralles-Guasch, Carme: "De universidad-campus, aislada y suburbana, a polo metropolitano del conocimiento. El caso de la Universitat Autònoma de Barcelona", *Scripta Nova. Revista Electrónica de Geografía y Ciencias Sociales.* [En línea]. Barcelona: Universidad de Barcelona, 1 de abril de 2010, vol. XIV, nº 319. http://www.ub.es/geocrit/sn/sn-319.htm. [ISSN: 1138-9788].

Rivero Ortega, R.: "Gestión pública inteligente, innovación e información: oportunidades y riesgos del big data administrativo" *Liber amicorum salmanticensis profesor Ángel Sánchez Blanco: (cuarenta años de ordenamiento constitucional*) / coord. por Daniel Terrón Santos; Ángel Sánchez Blanco (hom.), Marcos Matías Fernando pablo (dir.), Dionisio Fernández de Gatta Sánchez (dir.), Ricardo Rivero Ortega (dir.), 2017.

Rivero Ortega, R: *La reforma universitaria de 2023. Comentarios a la Ley 2/2023, de 22 de marzo del Sistema Universitario,* Aranzadi, 2023.

Shows, T.: *The Nine Elements of Sustainable Campus,* MIT University Press.

Schneider, S. L., Council, M. L.: "Distance learning in the era of COVID-19", *Archives of Dermatological Research,* 2020. doi:10.1007/s00403-020-02088-9.

Shulman, L. S.: "Those who understand: Knowledge growth in teaching", *Profesorado, 23*(3), 269–295. (2019. https://doi.org/10.30827/profesorado.v23i3.11230

Tomas Girón, B.: "*Introducción del Blockchain en el ámbito universitario: Plan de negocio de Unichain*", Universidad Pontificia de Comillas, ICADE, Madrid, Abril 2018.

Valero Torrijos, Julián: "Las garantías jurídicas de la inteligencia artificial en la actividad administrativa desde la perspectiva de la buena administración", *Revista Catalana de Dret Públic,* (58), 2019, 82-96.https://doi.org/10.2436/rcdp.i58.2019.3307

El uso de datos biométricos por las Administraciones Públicas [1]

MARTÍN MARÍA RAZQUIN LIZARRAGA
Catedrático de Derecho Administrativo
Universidad Pública de Navarra

1. INTRODUCCIÓN

La biometría es una ciencia que permite la identificación de las personas por sus características físicas. Tiene muchas variantes[2] siendo las más utilizadas actualmente la huella dactilar, el reconocimiento de voz y el reconocimiento facial.

Desde hace tiempo viene siendo utilizada tanto por las Administraciones Públicas como por las empresas privadas[3]. Las Administraciones Públicas utilizan datos biométricos (huella dactilar y foto) tanto en los documentos de identificación (DNI y pasaporte) como en diferentes operaciones de control de la identidad de las personas, como ocurre, por ejemplo, en los aeropuertos.

La identidad de las personas ha pasado de ser física o presencial y en papel (DNI o pasaporte) a ser electrónica (firma electrónica) y ahora su siguiente paso será el de la identidad digital, mediante datos biométricos.

---

1. Este trabajo se enmarca en el Proyecto "Biometría, Derecho Administrativo y Datos - BIODATA", PID2021-125170NB-I00, financiado por MCIN/AEI /10.13039/501100011033/ y por FEDER Una manera de hacer Europa, del que soy investigador principal.

2. Véase INCIBE, "Tecnologías biométricas aplicadas a la ciberseguridad: Una guía de aproximación para el empresario", donde se exponen las tecnologías biométricas tanto fisiológicas como de comportamiento (pp. 5-12) y E. Jurado (2021).

3. La Guía de INCIBE señala los beneficios del uso de datos biométricos en las empresas (pp. 13-15), que son trasladables también a las Administraciones Públicas.

La utilización de datos biométricos se encuentra regulada en la normativa sobre protección de datos personales, dado que aquellos son datos de carácter personal, en cuanto facilitan la identificación de personas.

Por eso, el primer aspecto que se va a abordar es la caracterización jurídica de los datos biométricos como datos personales, así como su diferente tipología, que obliga a darle una base jurídica diferente para su tratamiento. A ello seguirá la consideración de la identidad digital como un derecho de la persona. Y por último los problemas de los usos de datos biométricos por terceros que requiere la identificación de personas por diversos motivos u objetivos.

No debe olvidarse que el tratamiento de los datos biométricos está íntimamente unido al uso de la inteligencia artificial, que permite no sólo obtener una identidad del interesado por sí mismo, sino también un control del mismo fuera de su conocimiento. Y la inteligencia artificial, unida al *machine learning,* permite ajustar al máximo las certezas de identidad para pasar de una identidad presunta a una identidad real, como también formular estereotipos de las personas que pueden dar lugar no sólo a la segmentación por sesgos sino también a un cierto dominio de su conducta.

El concepto de inteligencia artificial excede notablemente del propio de los algoritmos de los que se nutre[4]. Cabe ver al respecto la definición que ofrece la propuesta de Reglamento Europeo de IA: "«Sistema de inteligencia artificial (sistema de IA)»: el *software* que se desarrolla empleando una o varias de las técnicas y estrategias que figuran en el anexo I y que puede, para un conjunto determinado de objetivos definidos por seres humanos, generar información de salida como contenidos, predicciones, recomendaciones o decisiones que influyan en los entornos con los que interactúa" (art. 3.1).

La normativa existente al respecto se mueve, en este momento, casi en exclusiva en el ámbito de la referida a la protección de datos de carácter personal, el Reglamento Europeo de 2016 (RGPD)[5] y la Ley Orgánica de

4. La Sentencia del Consiglio di Stato italiano de 25 de noviembre de 2021 expresa la distinción entre algoritmo, automatización e inteligencia artificial. Véase el comentario a la misma de G. Gallone (2022). También A. Huergo (2021) explica claramente el distinto significado de estos tres conceptos.

5. La propuesta de Reglamento Europeo relativo a la gobernanza europea de datos (de 25.11.2020) remite la regulación del tratamiento de datos de carácter personal a lo dispuesto en el RGPD (apartados 6 y 23).

2018 (LOPDGDD)[6]. La Unión Europea está a punto de aprobar un Reglamento sobre inteligencia artificial (RIA), que regulará de forma expresa el tratamiento de los datos biométricos. Por otro lado, España ha aprobado la Carta de Derechos Digitales, y la Unión Europea está a la espera de aprobar otra de similar objetivo. Asimismo, la Unión Europea está trabajando desde hace algún tiempo en la creación de un "wallet" de identidad digital.

La presente comunicación es el examen preliminar de un futuro estudio sobre los datos biométricos y su uso, en el que deberán efectuarse mayores consideraciones y precisiones en orden a analizar su uso y tratamiento, sus límites y posibilidades.

2. CARACTERIZACIÓN JURÍDICA DE LOS DATOS BIOMÉTRICOS

Los datos biométricos son datos de carácter personal, no cabe duda alguna, puesto que permiten la identificación de personas físicas (art. 4.1 RGPD).

La definición de los datos biométricos que ofrece el RGPD es la siguiente: "«datos biométricos»: datos personales obtenidos a partir de un tratamiento técnico específico, relativos a las características físicas, fisiológicas o conductuales de una persona física que permitan o confirmen la identificación única de dicha persona, como imágenes faciales o datos dactiloscópicos" (art. 4.14).

De esta definición puede extraerse la gran amplitud de los datos biométricos. Aunque principalmente se centren en las características físicas, de las que se dan los ejemplos de las imágenes faciales y la huella dactilar, también pueden alcanzar a otras características fisiológicas. Incluso, también cabe la biometría conductual, consistente en identificar a las personas en razón de sus conductas.

Esta gran amplitud de los datos biométricos, empero, no significa que todos ellos tengan el mismo carácter. El propio RGPD diferencia entre dos tipos de datos personales: los comunes y los de categoría especial o sensibles (art. 9).

Ello significa que no todos los datos biométricos son datos sensibles, sino sólo aquellos a los que el RGPD se refiere de forma expresa: datos biométricos dirigidos a identificar a una persona de forma unívoca (art. 9.1).

6. Téngase en cuenta la Directiva 2016/680, transpuesta en España por la Ley Orgánica 7/2021, de 26 de mayo, sobre protección de datos personales para fines de prevención, detección, investigación y enjuiciamiento de infracciones penales y de ejecución de sanciones penales.

La referencia y limitación del RGPD obliga a diferenciar dentro de los datos biométricos, dos tipos[7]:

1) Datos biométricos de verificación (1:1): que responden a la pregunta de ¿esta persona es quien dice ser? Se trata de una operación de contraste.

2) Datos biométricos de identificación (1:n): que se refieren a una cuestión distinta consistente en determinar ¿quién es esta persona? Se trata de obtener una determinada identidad personal de una base de datos de diferentes personas.

Debe tenerse en cuenta que los datos biométricos pueden ser tanto estáticos como dinámicos[8].

Por otra parte, se habla de modelos centralizados de datos, en los que los mismos están en poder del Estado o de una empresa, que los almacenan o de datos descentralizados donde estos datos se guardan por medio de un *blockchain* o *harsh* que puede permanecer en el control del propio interesado. Por otra parte, en esta segunda generación de datos biométricos se encuadran los datos referidos a comportamiento, que se incardinan dentro de lo que se ha llamado la vigilancia inteligente o el capitalismo de vigilancia (ZUBOFF).

En este sentido el futuro RIA se refiere a una gran diversidad de datos biométricos, que excede de la limitada consideración que los mismos reciben en el RGPD.

En primer lugar, define los datos biométricos transcribiendo textualmente la definición del RGPD, como se ocupa de resaltar el apartado 7 de su Preámbulo[9]. Las diferencias se encuentran en lo que el futuro RIA deno-

---

7. El Informe Jurídico de la AEPD 47/2021 resalta esta diferenciación entre verificación/ autenticación biométrica (uno-a-uno) e identificación uno-a-varios), para señalar que sólo la segunda tiene la consideración de categoría especial a los efectos del art. 9 del REGPD. Sin embargo, las Directrices 5/2022 del EDPB, de 12 de junio de 2022, parecen borrar esa diferenciación y considerar todos los datos biométricos como de categoría especial. Sánchez Soriano (2020: 2) diferencia tres finalidades: verificación, identificación y categorización.
8. Véase una amplia exposición de ambos tipos estáticos y dinámicos en L. Escajedo (2015: 80-118).
9. Este apartado dice así: "La noción de «datos biométricos» empleada en el presente Reglamento coincide con la noción de «datos biométricos» definida en el artículo 4, punto 14, del Reglamento (UE) 2016/679 del Parlamento Europeo y del Consejo; en el artículo 3, punto 18, del Reglamento (UE) 2018/1725 del Parlamento Europeo y del Consejo; y en el artículo 3, punto 13, de la Directiva (UE) 2016/680 del Parlamento Europeo y del Consejo, y debe interpretarse en consonancia con ella".

mina como sistemas, que pueden ser considerados como clases o tipos de datos biométricos. Así se definen los siguientes tipos:

> "34) «Sistema de reconocimiento de emociones»: un sistema de IA destinado a detectar o deducir las emociones o las intenciones de personas físicas a partir de sus datos biométricos.
>
> 35) «Sistema de categorización biométrica»: un sistema de IA destinado a asignar a personas físicas a categorías concretas, como un sexo, edad, color de pelo, color de ojos, tatuajes, origen étnico u orientación sexual o política, en función de sus datos biométricos.
>
> 36) «Sistema de identificación biométrica remota»: un sistema de IA destinado a identificar a personas físicas a distancia comparando sus datos biométricos con los que figuran en una base de datos de referencia, y sin que el usuario del sistema de IA sepa de antemano si la persona en cuestión se encontrará en dicha base de datos y podrá ser identificada.
>
> 37) «Sistema de identificación biométrica remota "en tiempo real"»: un sistema de identificación biométrica remota en el que la recogida de los datos biométricos, la comparación y la identificación se producen sin una demora significativa. Este término engloba no solo la identificación instantánea, sino también demoras mínimas limitadas, a fin de evitar su elusión.
>
> 38) «Sistema de identificación biométrica remota "en diferido"»: todo sistema de identificación biométrica remota que no sea un sistema de identificación biométrica remota «en tiempo real»" (art. 3).

De todo ello, puede efectuarse la siguiente clasificación de datos biométricos:

1) Datos biométricos de verificación.
2) Datos biométricos de identificación:
    i. Identificación próxima.
    ii. Identificación remota: en tiempo real o en diferido.
3) Datos biométricos emocionales.
4) Datos biométricos conductuales[10].

10. Puede verse al respecto el Estudio promovido por el Parlamento Europeo, y realizado en septiembre de 2021 por C. Wedehorst y Y. Duller, titulado "Biometric Recognition and Behavioural Detection" donde se analizan los aspectos de reconocimiento y detección de conductas, y se termina formulando unas modificaciones en la propuesta de RIA.

3. EL USO O TRATAMIENTO DE DATOS BIOMÉTRICOS

El tratamiento de datos biométricos recibe una regulación jurídica que se realiza bajo dos perspectivas bien diferentes en el RGPD y en el RIA[11]. En el primero, la perspectiva es la protección de datos personales, a fin de garantizar los derechos de los ciudadanos como interesados en sus datos y evitar su tratamiento sin su consentimiento o, en otro caso, con bases jurídicas limitadas. En el segundo, la perspectiva es el riesgo, de modo que en función de los riesgos se va desde su prohibición hasta su aceptación[12].

La regulación del RGPD se debe mover dentro de los principios del art. 5, que exige que el tratamiento sea lícito, finalista, adecuado, exacto, limitado y seguro. Y diferencia entre datos personales de categoría general o especial (arts. 6 y 9).

Los datos biométricos de categoría general (verificación) exigen la base jurídica del art. 6, cuyo primer fundamento es el consentimiento del interesado. Las Administraciones Públicas encuentran asimismo base jurídica para efectuar el tratamiento en los distintos apartados del art. 6.1, principalmente el establecido en su letra e): "el tratamiento es necesario para el cumplimiento de una misión realizada en interés público o en el ejercicio de poderes públicos conferidos al responsable del tratamiento".

Por su parte, cuando se trate de la identificación por medio de datos biométricos, en cuanto categoría especial, se impone la prohibición de su tratamiento, que puede ser salvada por el consentimiento explícito, que no se encuentre prohibido, así como cuando concurran las circunstancias de las demás letras del apartado 2 del art. 9, que referidas a las Administraciones Públicas pueden resumirse en que el tratamiento sea necesario en los tres siguientes supuestos: razones de un interés público esencial, razones

---

11. En cualquier caso, no cabe olvidar las tres leyes de la biometría establecidas por el Biometrics Institute: 1ª) "Policy": proporcionalidad y respeto de los derechos humanos; 2ª) "Process": establecer salvaguardas que aseguren tanto las operaciones como a los operadores; y 3ª "Technology": conocer el algoritmo, el sistema biométrico, la calidad de los datos y el entorno operativo, y mitigar las vulnerabilidades, limitaciones y riesgos.
12. La Guía de INCIBE se refiere a la gestión de riesgos en biometría señalando las amenazas y vulnerabilidad (pp. 25-28). Sánchez Soriano (2022:4-8) enumera los principales riesgos de la tecnología del reconocimiento facial: exactitud, privacidad, y ciberataques y suplantaciones de identidad.

de interés público en el ámbito de la salud pública, y fines de archivo de interés público[13].

La LOPDGDD se refiere de forma expresa en su art. 22 a los tratamientos con fines de videovigilancia, donde se produce la captura de datos biométricos, principalmente, imágenes de las personas.

En todo caso, el tratamiento de datos biométricos con el propósito de identificar de manera única a una persona física precisa de Evaluación de Impacto, como se ha ocupado de recordar la AEPD.

Como ya se ha adelantado, la perspectiva del RIA[14] es la de los riesgos, lo que provoca que existan tres tipos de datos biométricos en función del nivel de dicho riesgo:

a) Riesgo extremo: sistemas de identificación biométrica remota[15] en espacios de acceso público[16] (art. 5.1 d) y 2-4). Todos los demás sistemas no explicitados en este precepto pertenecen a los dos tipos siguientes.

---

13. El Informe Jurídico 47/2021 de la AEPD señala la exigencia bien de un consentimiento expreso con todos los requisitos para otorgar un consentimiento válido o bien de un interés público que sólo concurre cuando se trate de Administraciones Públicas y no de empresas privadas.
14. Téngase en cuenta el documento "Directrices para una IA fiable" del Grupo Independiente de Expertos de alto nivel sobre Inteligencia Artificial, publicado con fecha 8 de abril de 2019.
15. El apartado 8 del preámbulo define lo que debe entenderse como identificación biométrica remota: "La noción de «sistema de identificación biométrica remota» que se utiliza en este Reglamento debe definirse de manera funcional, como un sistema de IA destinado a identificar a distancia a personas físicas comparando sus datos biométricos con los que figuren en una base de datos de referencia, sin saber de antemano si la persona en cuestión se encontrará en dicha base de datos y podrá ser identificada, con independencia de la tecnología, los procesos o los tipos de datos biométricos concretos que se usen. Es preciso distinguir entre los sistemas de identificación biométrica remota «en tiempo real» y «en diferido», dado que tienen características distintas, se utilizan de manera diferente y entrañan riesgos distintos. En el caso de los sistemas «en tiempo real», la recogida de los datos biométricos, la comparación y la identificación se producen de manera instantánea, casi instantánea o, en cualquier caso, sin una demora significativa. En este sentido, no debe existir la posibilidad de eludir las normas contempladas en el presente Reglamento en relación con el uso «en tiempo real» de los sistemas de IA en cuestión generando demoras mínimas. Los sistemas «en tiempo real» implican el uso de material «en directo» o «casi en directo», como grabaciones de vídeo generadas por una cámara u otro dispositivo con funciones simi-

b) Riesgo alto: aquellos sistemas de identificación biométrica que reúnan las dos condiciones del art. 6.1 y se encuentren referidos en el Anexo III.

c) Riesgo bajo: aquellos sistemas de identificación no incluidos en los apartados anteriores (véase el apartado 81 del preámbulo).

Los sistemas de identificación remota de riesgo extremo están, en principio, prohibidos[17], aunque dicha prohibición puede ser salvada si se persigue alguno de los objetivos del art. 5.1 d), siempre que se tengan en cuenta los aspectos del apartado 2 y con la autorización judicial previa (apartado 4), para lo cual se exige también que la ley estatal lo permita.

Por el contrario, los datos biométricos de alto riesgo pueden ser objeto de sistemas de IA siempre que se tenga en cuenta su finalidad y se gestionen los riesgos conforme al sistema de gestión detallado en el art. 9.

El Anexo III incluye en este tipo de sistema de alto riesgo la "identificación biométrica y categorización de personas físicas: a) sistemas de IA destinados a utilizarse en la identificación biométrica remota «en tiempo real» o «en diferido» de personas físicas". Y seguidamente enuncia una serie de sistemas que son de alto riesgo y que afectan directamente a la actividad de las Administraciones Públicas:

- Gestión y funcionamiento de infraestructuras esenciales: tráfico rodado, suministro de agua, gas, calefacción y electricidad.

- Educación y formación profesional: acceso a centros de educación y formación de personas y evaluación de alumnos.

---

lares. En cambio, en los sistemas «en diferido» los datos ya se han recabado y la comparación e identificación se producen con una demora significativa. A tal fin se utilizan materiales, como imágenes o grabaciones de vídeo captadas por cámaras de televisión en circuito cerrado o dispositivos privados, que se han generado antes de aplicar el sistema a las personas físicas en cuestión".

16. El apartado 9 del Preámbulo explica qué se entiende por espacios de acceso público. Y el art. 3.39 recoge la siguiente definición: "«Espacio de acceso público»: cualquier lugar físico accesible para el público, con independencia de que deban cumplirse determinadas condiciones para acceder a él".

17. El apartado 9 del preámbulo justifica esta prohibición por la especial invasión de los derechos y libertades de las personas afectada, y la sensación de vigilancia constante y disuasión del ejercicio de libertad de reunión y otros derechos fundamentales, además de las consecuencias derivadas de ser en tiempo real.

- Empleo, gestión de los trabajadores y acceso al autoempleo: contratación, selección, promoción y evaluación de personal.
- Acceso y disfrute de servicios públicos y privados esenciales y sus beneficios: con una referencia expresa a las Administraciones Públicas: "sistemas de IA destinados a ser utilizados por las autoridades públicas o en su nombre para evaluar la admisibilidad de las personas físicas para acceder a prestaciones y servicios de asistencia pública, así como para conceder, reducir, retirar o recuperar dichas prestaciones y servicios".
- Asuntos relacionados con la aplicación de la ley: principalmente para el control de la comisión de infracciones penales, con una gran amplitud de contenidos.
- Gestión de la migración, el asilo y el control fronterizo, que efectúan las autoridades públicas.
- Administración de justicia y procesos democráticos: "sistemas de IA destinados a ayudar a una autoridad judicial en la investigación e interpretación de hechos y de la ley, así como en la aplicación de la ley a un conjunto concreto de hechos".

Todos los demás sistemas de IA que se refieren a datos biométricos pero no se encuentran incluidos en los apartados anteriores son de bajo riesgo, y por tanto se sujetan únicamente al cumplimiento de los códigos de conducta descritos en el Título IX del RIA.

4. EL NUEVO RUMBO DE LA IDENTIDAD DIGITAL Y EL USO DE DATOS BIOMÉTRICOS

No cabe duda de los grandes beneficios[18] que produce el uso de datos biométricos y de su continuada implantación, que requieren de un tratamiento adecuado y ajustado a las previsiones de la normativa vigente y futura. Las Administraciones públicas[19] pueden hacer asimismo un uso relevante, como ya se demostrado con ocasión de la pandemia del

18. La Guía de INCIBE resalta estos beneficios tanto propios como en comparación con otros sistemas de autenticación e identificación automática (p. 21-22). Destaca especialmente su implantación en el sector financiero incentivada por la entrada en vigor de la Directiva 2015/2366 de pagos, como ilustran D. Raya (2020:12-15) e I. Nabalón (2019).
19. Véase cómo el Comité Consultivo del Convenio 108 del Consejo de Europea ha indicado diversos ámbitos de uso de las tecnologías de reconocimiento facial en el sector público, en su Documento de 28 de enero de 2021.

COVID-19[20], con su aplicación en importantes sectores como el financiero y tributario, servicios públicos, pensiones, empleo público[21], subvenciones, etc. Incluso el principio de buena administración puede comportar su uso[22].

La regulación europea sobre protección de datos y sobre inteligencia artificial obliga a compaginar ambas perspectivas, de modo que el tratamiento de datos biométricos mediante sistemas de inteligencia artificial respete tanto los requisitos y base jurídica del RGPD como las prohibiciones y el análisis de riesgos del RIA.

El apunte que pretende aportar esta Comunicación radica en advertir la gran diferencia en el tratamiento y uso de los datos biométricos cuando son efectuados por los interesados o cuando son realizados por otros sujetos, aquí las Administraciones Públicas. Y ello requiere de un nuevo rumbo en su tratamiento jurídico.

Conviene diferenciar de forma relevante el uso que cada persona efectúe de sus datos biométricos para asegurar su identidad real sea por la vía de la verificación o de la identificación próxima o de la remota que no sea en tiempo real en espacios de uso público, de aquellas que se realicen mediante un tratamiento de los datos biométricos por las Administraciones Públicas en cumplimiento de sus competencias o por interés público.

En el primer caso, especialmente, cuando se trate de la verificación o de la identificación próxima realizada a instancia del propio interesado, puede hablarse de un derecho a la identidad digital[23]. Por el contrario, en el segundo es la Administración Pública la que procede a identificar al interesado.

Así la Declaración Europea sobre los Derechos y Principios Digitales para la Década Digital hecha por la Comisión con fecha 26 de enero de 2022 (COM/2022/28 final) enuncia que "Las personas constituyen el núcleo de la transformación digital de la Unión Europea. La tecnología debe servir y beneficiar a todos los europeos y empoderarles para que cumplan sus aspi-

20. Así lo indica J. Ammerman (2020) en referencia al uso de la tecnología biométrica de la voz.
21. La posición de la AEPD y de las Agencias Autonómicas denota una cierta imprecisión y es además excesivamente limitativa en cuanto al uso en las empresas privadas como control de sus trabajadores (D. García 2019).
22. Así lo indica en sus conclusiones (p. 33) el informe del FRA (European Union Agency por fundamental rights) titulado "Facial recognition technology: fundamental rights considerations in the context of law enforcement".
23. En este punto cabe destacar el documento del Grupo de Trabajo de Identidad Digital y Biometría de fecha 5 de octubre de 2021.

raciones, en total seguridad y con pleno respeto de sus derechos fundamentales" (Capítulo I). Por su parte el Capítulo III expresa que "Toda persona debería estar empoderada para beneficiarse de las ventajas de la inteligencia artificial a fin de tomar sus propias decisiones con conocimiento de causa en el entorno digital, así como protegida frente a los riesgos y daños a su salud, su seguridad y sus derechos fundamentales".

La identidad digital europea también puede incorporar datos biométricos, tal como señala la propuesta de Reglamento que tiende a establecer su Marco: "Las carteras de identidad digital europea deben garantizar el máximo nivel de seguridad para los datos personales utilizados con fines de autenticación, con independencia de si dichos datos se almacenan de forma local o utilizando soluciones en la nube, teniendo en cuenta los diferentes niveles de riesgo. La utilización de la biometría para la autenticación es uno de los métodos de identificación que proporcionan un nivel alto de confianza, en particular cuando se combinan con otros elementos de autenticación. Dado que la biometría representa una característica única de una persona, su uso requiere medidas organizativas y de seguridad proporcionales al riesgo que dicho tratamiento puede conllevar para los derechos y las libertades de las personas físicas y conformes al Reglamento 2016/679".

La Carta de los Derechos Digitales de España contiene tres apartados que inciden en la idea esbozada en este apunte final. El apartado II recoge el "derecho a la identidad en el entorno digital" que es un derecho subjetivo de cada persona, y que debiera permitir a ésta asegurar su identidad real frente a una identidad presunta. Por su parte, el apartado III se refiere a la protección de datos, con una remisión a la regulación del RGPD, que debe ser la base jurídica de todo tratamiento. Y en tercer lugar, el apartado XXV recoge los derechos ante la inteligencia artificial, que requieren que se asegure un enfoque centrado en la persona y su inalienable dignidad.

5. BIBLIOGRAFÍA

Ammerman Yebra, Julia (2020): "Notas sobre privacidad y Covid-19: especial referencia al uso de la voz humana y a su necesaria protección jurídica", en *Dereito*, n. 29, pp. 135-155.

Domaica Maroto, Juana María (2018): *Datos personales biométricos dactiloscópicos y derechos fundamentales*, tesis doctoral.

Domingo Jaramillo, Cristina (2021): "Utilización del sistema de reconocimiento facial para preservar la seguridad ciudadana", en *El Criminialista Digital. Papeles de Criminología* n. 9.

Escajedo San Epifanio, Leire (2015): *Reconocimiento e identificación de las personas mediante biometrías estáticas y dinámicas,* tesis doctoral.

Gallone, Giovanni (2021): "Il Commento" al "Il Consiglio di Stato marca la distinzione tra algoritmo, automazione ed intelligenza artificiale", en *Diritto di Internet,* n. 1, pp. 157-168.

Gracia García, David (2019): "El impacto de la privacidad en los sistemas biométricos de control de acceso y horario laboral tras el Dictamen 63/2018 de la Autoridad Catalana de Protección de Datos", en El Consultor de los Ayuntamientos n. 8.

Huergo Lora, Alejandro (2021): "Regular la inteligencia artificial en Derecho administrativo", en *El Blog, Revista de Derecho Público.*

Izquierdo Carrasco, Manuel (2020): "La utilización policial de los sistemas de reconocimiento facial automático", en *Ius et Veritas* n. 60, pp. 86-103.

Izquierdo Carrasco, Manuel (2021): "La utilización policial del reconocimiento facial automático en despliegues ocasionales en la vía pública y los derechos fundamentales", en Terrón Sánchez, D. y Domínguez Álvarez, J. L., *Inteligencia artificial y defensa. Nuevos horizontes,* pp. 63-77.

Jurado Cano, Luis (2021): "Biometría, identidad digital, documentos de identificación y autenticación personal digital: especial análisis a la problemática asociada al KYC y al eMRTD", en Ortega Burgos (dir.), *Derecho Penal 2021,* pp. 361-374.

Nabalón, Iván (2019): "La identificación electrónica: redefiniendo las reglas del sector financiero", en *Papeles de Economía Española* n. 162, pp. 162-174.

Raya Quero, Daniel (2020): "La diligencia de los usuarios y el papel de la biometría en la Directiva (UE) 2015/2366", en *La Ley Digital,* n. 9742.

Sánchez Soriano (2020): "Tecnología de reconocimiento facial: perspectivas, casos de uso y retos", en *Derecho Digital e Innovación,* n. 7.

Garantías de las personas y notificaciones electrónicas a la luz del Real Decreto 203/2021, de 30 de marzo, por el que se aprueba el Reglamento de actuación y funcionamiento del sector público por medios electrónicos: controversias y lagunas [1]

JOSÉ IGNACIO CUBERO MARCOS
Profesor Titular de Derecho Administrativo
Universidad del País Vasco/Euskal Herriko Unibertsitatea

1. INTRODUCCIÓN

De acuerdo con la exposición de motivos, el Real Decreto 203/2021, de 30 de marzo, por el que se aprueba el Reglamento de actuación y funcionamiento del sector público por medios electrónicos (RAFME), persigue como objetivo, entre otros, mejorar la seguridad jurídica. Ni una mención a las garantías de las personas en el procedimiento administrativo.

En este trabajo se exponen ciertas lagunas que presenta el Reglamento por lo que respecta a las garantías que deben otorgarse a las personas interesadas en un procedimiento administrativo. La notificación es la *conditio sine qua non* para impulsar el procedimiento y ofrecer la oportunidad de participar y de oponerse a las decisiones administrativas. Por ello, la afectación a un derecho fundamental, como la tutela judicial efectiva, requiere

1. Este trabajo se ha elaborado en el marco del proyecto titulado «Administración Electrónica, problemas jurídico-administrativos en su desarrollo y la intervención de la Administración en la Sociedad de la Información: aportaciones a cuestiones no resueltas», con referencia PID2020-116827RB-I00, y financiado por el Ministerio de Ciencia, Innovación y Universidades del Gobierno de España.

una regulación de calidad, precisa y que no suscite dudas a sus destinatarios.

A lo largo de la exposición se examinarán algunos supuestos que no han arrojado luz ni se ajustan a estándares de calidad en la regulación. Primero, se confunden los casos en que se emplea el papel o la comunicación electrónica; segundo, se altera el régimen de voluntariedad en la práctica de notificaciones electrónicas; tercero, el RAFME prevé una solución insuficiente para las incidencias técnicas; cuarto, la interoperabilidad entre registros también se traslada a los medios de notificación electrónica; y, por último, hoy la jurisprudencia no excluye definitivamente otros medios para la práctica de notificaciones electrónicas, como puede ser el correo electrónico u otros mecanismos técnicos de mensajería. A continuación, se abordan estas cuestiones en los siguientes apartados.

2. LA INDISOLUBLE RELACIÓN ENTRE EL PAPEL Y LOS MEDIOS ELECTRÓNICOS

2.1. EL ACCESO A LA NOTIFICACIÓN POR EL MEDIO NO ELEGIDO: ABRIR LA CAJA DE PANDORA

Supóngase que la persona interesada recibe un aviso de notificación en su bandeja de correo electrónico y que la Administración le advierte de que dispone en la sede electrónica de una notificación. Desconoce cuál es el motivo de la comunicación, o qué puede ser tan urgente o relevante como para que la Administración le envíe un mensaje. Dispone de certificación digital para acreditar su identidad o, en su caso, firmar digitalmente y, movida por la curiosidad, accede a su carpeta y al contenido de la notificación, o bien pulsa el botón para el rechazo de la misma por descuido o, simplemente, por falta de costumbre en el uso de estos medios electrónicos. En estos casos, el RAFME establece que la notificación tendrá plenos efectos jurídicos[2].

Si ha tenido oportunidad de abrir el archivo y leer el contenido de la notificación, el principio de buena fe nos obliga a concluir que no puede haber motivo alguno por el que no se le considere notificada a esa persona[3]. Por una parte, en el aviso la Administración le informó de que había

2. Art. 42.2 RAFME.
3. STSJ Castilla la Mancha de 8 de marzo de 2021, JUR/2021/157491, FD 3º. ECLI:ES:TSJCLM:2021:651. Se impone el principio antiformalista conforme a la STS de 11 de abril de 2019, rec. 2112/2017, RJ 2019\1712, ECLI:ES:TS:2019:1270. Asimismo, véase la SSTSJ Castilla la Mancha de 14 de abril de 2021, JUR/2021/184579, FD 3º. ECLI:ES:TSJCLM:2021:875 y 8 de julio de 2022, JUR 2022\310005, ECLI:ES:TSJCLM: 2022:2330, FD 2º.

una opción para rechazar, acceder al contenido o no hacerlo en un plazo determinado y sus consecuencias. Por otra, si esa persona ha sido capaz de navegar por los caminos correctos para alcanzar definitivamente el objetivo, es plausible presumir que se encuentra en condiciones de usar el medio electrónico de manera correcta. El aviso, de todos modos, debe contener datos que hagan referencia fidedigna al contenido del acto notificado[4].

Ahora bien, el principio de buena fe opera en las dos direcciones: de la persona a la Administración y viceversa. Eso significa que la Administración ha debido informarle a la persona de las consecuencias que conlleva el uso de un medio que no ha sido expresamente elegido por ella. Además, la plataforma debe garantizar que, en efecto, el archivo se ha abierto correctamente, es legible y que aquel que pretende acceder al mismo dispone de los medios técnicos necesarios para ello[5]. Así, la Administración puede responsabilizarse de la usabilidad o de la accesibilidad de su plataforma, incluido el adecuado funcionamiento de los sistemas de certificación[6]. Sin embargo, cuando una persona no ha elegido el medio electrónico, debe presumirse que esa decisión viene motivada porque carece de los conocimientos o de la competencia necesaria para ello. Es en este punto cuando la autoridad pública debe garantizar que, más allá de quedar constancia de que se ha accedido al archivo, este se ponga a disposición de la interesada en una versión o formato que asegure el cumplimiento de la finalidad de cualquier notificación: el conocimiento del acto administrativo por aquella[7].

Resulta desproporcionado reputar notificada a una persona sin que se haya certificado o se deje constancia de que la misma ha podido abrir el documento electrónico. En la mayoría de los casos se trata de un archivo en formato pdf., pero la Administración no puede asegurar con plena certeza que la persona interesada, lega en cuestiones informáticas, haya actualizado la versión de ese formato o haya incorporado correctamente el *software*

4. STSJ Andalucía (Sevilla) de 25 de octubre de 2021, JUR/2022/23371, FD 3º. ECLI:ES:TSJAND:2021:14441. Respecto al aviso, es sabido que su omisión carece de consecuencias de cara a la validez de la notificación. Véase STSJ Castilla la Mancha de 21 de diciembre de 2021, FD 2º. ECLI:ES:TSJCLM:2021:3057.
5. SSTS de 30 de mayo de 2022, RJ 2022/2787, FD 11º. ECLI:ES:TS:2022:2187; 16 de noviembre de 2016, FD 3º, RJ/2016/6459, ECLI:ES:TS:2016:4991 y 15 de noviembre de 2017, FD 2º. RJ/2017/5119. ECLI:ES:TS:2017:4167. La persona que accedió a la DEH y abrió el documento en cuestión, al encontrar las primeras páginas de la notificación en blanco, interpretó que era un error informático y no identificó dicho documento como acuerdo de liquidación derivado del acta del que dimana la providencia de apremio ahora impugnada. Véase también STSJ Castilla la Mancha de 28 de febrero de 2022, JUR/2022/109360, FD 2º. ECLI:ES:TSJCLM:2022:425. STSJ de Galicia de 15 de marzo de 2022, JUR/2022/131369, FD 2º. ECLI:ES:TSJGAL:2022:1833.
6. I. Martín Delgado (2017:2121 y 2122).
7. L. Cotino Hueso (2021:6).

necesario para acceder al documento[8]. Y, sin embargo, dado que las sedes electrónicas solo indican en qué momento se puso a disposición y cuándo se accedió al documento, no podrá garantizar con plena certeza si aquella persona ha podido leer o conocer el contenido de la notificación.

Si la destinataria fuera una persona jurídica o alguien obligado a comunicarse con la Administración por medios electrónicos, el principio de buena fe les obligaría a emplear mayor diligencia para evitar estas incidencias, manteniendo actualizadas las aplicaciones o el *software* necesario[9]. Lamentablemente, en cambio, la norma se refiere a una persona interesada en general, no necesariamente obligada al uso de medios electrónicos para comunicarse con la Administración, y que no ha elegido la vía electrónica. El acceso a la notificación abre una caja de pandora de impredecibles consecuencias: plazos que comienzan a computarse; incertidumbre acerca de si recibirá o no la notificación en papel; la carga adicional de pedir a la Administración que le notifique de nuevo y, sobre todo, la eterna zozobra en torno al motivo por el que ha recibido una comunicación.

¿Y se exime la Administración de notificarle en papel? Ha quedado constancia electrónica de la notificación que, en principio, ha tenido oportunidad de conocer. Aun así, precisamente para subsanar, siquiera de manera parcial, las posibles deficiencias que puede presentar la notificación practicada a través de la sede electrónica, la Administración debe proceder de acuerdo con las normas que desde el inicio regían en las relaciones con la persona interesada[10]. En otras palabras, el acceso accidental o puntual a la notificación por sede electrónica no reemplaza a la notificación en papel, como si operara una suerte de consentimiento tácito. Tanto esa como el resto de las notificaciones del procedimiento deben practicarse en papel, salvo que con posterioridad aquella manifieste de manera expresa lo contrario y lo comunique a la Administración[11].

2.2. LA NOTIFICACIÓN EN PAPEL PARA LOS PROCEDIMIENTOS INICIADOS DE OFICIO

En procedimientos iniciados de oficio, ¿qué sucede si las personas interesadas están obligadas a relacionarse con la Administración por medios

8. R. Martínez Gutiérrez (2009:541).
9. STSJ de Navarra de 29 de junio de 2021, JUR/2021/304782, FD 2º. ECLI:ES:TSJNA:2021:395.
10. STSJ de la Comunidad Valenciana de 19 de mayo de 2021, JUR/2021/270006, FD 3º. ECLI:ES:TSJCV:2021:3076. Pese a que había recibido notificaciones electrónicas, no manifestó expresamente su deseo de emplear ese cauce, por lo que continuó notificándosele en papel.
11. Art. 41.1 LPAC.

electrónicos? Según el RAFME, la Administración procederá a la notificación en papel de la primera notificación, en caso de que no disponga de datos de contacto electrónicos de las personas que pudieran resultar interesadas. Practicada la primera notificación en papel, las sucesivas se cursarán por vías electrónicas, tanto en la sede electrónica como en la Dirección Electrónica Habilitada única, y le solicitará la identificación del dispositivo o la dirección de correo electrónico para el envío de los avisos de notificación[12].

La norma trata de garantizar la notificación a las personas que probablemente desconozcan su situación jurídica, ya que la iniciativa para tramitar el procedimiento parte de la Administración. De hecho, el TS considera ajustada a la legalidad esa notificación en papel, y fundamenta esa decisión precisamente en la necesidad de reforzar el cumplimiento de las garantías establecidas en la LPAC[13]. No obstante, esta regulación puede producir el efecto contrario. Piénsese en pequeñas empresas cuya sede social a veces comparten con otras microempresas, o profesionales que no ocupan un lugar físico con habitualidad y que no disponen de personal suficiente para recoger las notificaciones en papel. Confían precisamente en el uso de medios electrónicos para relacionarse con sus clientes o con la Administración.

¿Debe considerarse válida la notificación practicada en papel únicamente, teniendo en cuenta que aquellas personas confían en la notificación por medios electrónicos, debido a que se ajustan al perfil de profesionales o son personas jurídicas? La jurisprudencia se ha pronunciado favorablemente al uso del papel cuando se inicia el procedimiento por esta vía, porque en ese momento no había entrado en vigor la obligación de relacionarse con la Administración por vías telemáticas[14]. Asimismo, reputa válida la notificación en papel a personas jurídicas, siempre que estas hubieran accedido a las mismas y no se hubieran opuesto ni manifestado la posible invalidez de las mismas[15]. Sin embargo, implantada la obligación para determinados colectivos, la Administración debe notificar por medios electrónicos, tal y como prevé la Ley.

12. Art. 43.2 RAFME.
13. STS de 25 de mayo de 2022, RJ 2022\3101, ECLI:ES:TS:2022:2286, FD 3º.
14. STSJ de Castilla la Mancha de 17 de marzo de 2021, JUR/2021/168507, FD 3º. ECLI:ES:TSJCLM:2021:735.
15. STS de 20 de julio de 2022, JUR 2022/257599, ECLI:ES:TS:2022:3139, FD 4º. La sentencia sustenta el fallo en el art. 41.1 LPAC, es decir, aplicando el régimen propio de las notificaciones en papel.

En estos casos, a fin de actuar con la diligencia debida en la práctica de las notificaciones, no sería ni mucho menos desproporcionado que la Administración consultase en buscadores de internet las direcciones electrónicas o, incluso, los portales *web*, a fin de contactar directamente con este tipo de personas y evitar las consecuencias de notificaciones infructuosas en procedimientos de indudable trascendencia, como los sancionadores, las subvenciones o los expropiatorios por poner algunos ejemplos. Asimismo, y en virtud del principio de interoperabilidad, tampoco parece desmedido exigir a la Administración que indague con cierta precisión para lograr la ubicación electrónica de estas personas.

2.3. NOTIFICACIONES EN PAPEL A PERSONAS OBLIGADAS A EMPLEAR MEDIOS ELECTRÓNICOS

En algunos casos ha sucedido que la Administración efectúa la notificación en papel a personas físicas o jurídicas obligadas a relacionarse con la Administración por medios electrónicos. La razón de esta deficiencia se derivaba de que se le notificaba en papel a la interesada la incorporación al sistema de DEHu[16], o bien se debía a que la misma Ley exigía la notificación en papel[17]. Eso significa que, a partir de esa comunicación, el régimen aplicable es el de las notificaciones electrónicas, tal y como ha reconocido la jurisprudencia[18].

Implantada la obligatoriedad para ciertos colectivos de personas, no puede afirmarse que la Administración actúa correctamente. Debe emplearse el cauce electrónico, lo que vincula a aquella y a la persona destinataria[19]. Sin embargo, en un reciente fallo invoca implícitamente el principio de buena fe, al validar una notificación en papel a una persona jurídica,

---

16. Cuando se le incorpora a ese sistema la DEHu debe asignarse a una persona en concreto e identificarse. Véase STSJ Comunidad Valenciana de 23 de junio de 2021, JUR/2021/346292, FD 2º. ECLI:ES:TSJCV:2021:4211. Véase STSJ Castilla y León de 17 de enero de 2014, JT/2014/473, FD 5º. ECLI:ES:TSJCL:2014:32.
17. STSJ de Extremadura de 31 de marzo de 2015, JT/2015/857, FD 4º. ECLI:ES:TSJEXT:2015:514.
18. STS de 11 de diciembre de 2017, RJ/2017/5366, FD 6º. ECLI:ES:TS:2017:4323. Asimismo, véase SSAN de 1 de julio de 2021, JUR/2021/306707, FD 2º. ECLI:ES:AN:2021:3788 y 25 de febrero de 2022, JUR/2022/99363, FD 3º. ECLI:ES:AN:2022:566. Incluso, aquí se admite que la incorporación al sistema de DEHu se indique en el sobre que acompaña a la liquidación tributaria. STSJ de Castilla la Mancha de 23 de enero de 2020, JUR/2020/108353, FD 3º. ECLI:ES:TSJCLM:2020:23. STSJ de Madrid de 16 de septiembre de 2019, JUR/2019/311709, FD 4º. ECLI:ES:TSJM:2019:8922.
19. Al respecto, véase ATS de 16 de marzo de 2022 entre muchos otros, en el que admite a trámite el recurso de casación por la existencia de pronunciamientos jurisprudenciales contradictorios en torno a la admisibilidad de la notificación en papel a las personas jurídicas.

debido a que las notificaciones precedentes habían sido practicadas por ese medio y habían sido aceptadas por la destinataria[20]. El TC ha validado la notificación previa en papel a personas obligadas a relacionarse por medios electrónicos, exigiendo una diligencia mayor a las administraciones para hacer llegar la notificación a sus destinatarios[21].

En caso de que no se hubieran recogido o la interesada no tuviera constancia de las mismas, estamos ante un defecto de forma que puede acarrear indefensión y la nulidad del acto. Pueden plantearse dos hipótesis: primera, la persona interesada recibe la notificación, con lo que se le considerará notificada a tenor de la LPAC. Incluso, se debe tomar en consideración, a efectos del cómputo de plazos, la primera notificación recibida, que puede ser en papel[22]. Esta solución viene respaldada por cierta jurisprudencia, que aduce la existencia de una irregularidad no invalidante y el principio de buena fe de la persona interesada que, con su comportamiento valida la notificación[23]. Sin embargo, algún pronunciamiento no se ha mostrado favorable, primando el principio formalista, que es el que predica la LPAC, frente a la buena fe[24].

Segunda, la destinataria no ha accedido a la notificación por ningún medio y, por tanto, no se le puede considerar notificada. Aquí se suscita la clásica controversia en torno a la presunción de notificación, cuando esta sea infructuosa y la Administración deba publicar su contenido o, al menos, un aviso en el BOE, previo depósito del aviso en el buzón ordinario del domicilio, y de la notificación en la oficina de correos más cercana. Si debe practicarse por medios electrónicos y la Administración ha optado por el papel, no pueden regir las normas aplicables a este tipo de notificaciones[25]. De lo contrario, se quiebran las reglas de la buena fe y la confianza legítima. Como ya señaló la STC 147/2022, debe incrementarse el grado de diligencia para asegurarse de la recepción de la notificación[26]. Ello invita a presumir que en estos casos no puede admitirse la notificación ficta por edictos o publicación en diarios oficiales.

20. STS de 20 de julio de 2022, JUR 2022/257599, ECLI:ES:TS:2022:3139, FD 4º.
21. STC 147/2022, de 29 de noviembre. ECLI:ES:TC:2022:147, FJ 5º A. Pese a que en otros casos habría dado por válida la notificación, en este caso no resultó suficiente su entrega a la hija del representante legal de la empresa.
22. Art. 41.7 LPAC.
23. STSJ de Castilla y León, de 31 de mayo de 2019, RJCA/2019/492, FD 5º. ECLI:ES:TSJCL:2019:2413. Asimismo, STSJ de Galicia de 9 de diciembre de 2021, JUR/2022/66257, FD 4º. ECLI:ES:TSJGAL:2021:7905.
24. STSJ de Madrid de 7 de junio de 2011, JT/2011/851, FD 4º. ECLI:ES:TSJM:2011:6028.
25. M.J. Gallardo Castillo (2021:148).
26. Véase STC 63/2021, de 15 de marzo, FJ 4º. ECLI:ES:TC:2021:63.

Las consecuencias materiales de la notificación, vinculadas a evitar la indefensión, deben prevalecer sobre otro tipo de consideraciones más formales. En consecuencia, en atención a la doctrina del TC acerca de la diligencia debida, la Administración debe intentar corregir las deficiencias o fallas para la notificación por vías electrónicas y emplear subsidiariamente el papel. La eficacia de la notificación en papel se limitará a los casos en que conste la recepción de la notificación, con arreglo al principio de buena fe. Debe rechazarse, en consecuencia, la publicación del acto como notificación *ficta* ante la hipótesis de una notificación infructuosa en papel, cuando la destinataria se halla obligada a relacionarse con la Administración por vías electrónicas[27].

3. LAS AVERÍAS, CAÍDAS DE LA CONEXIÓN O PROBLEMAS DE SEGURIDAD

Cuando una incidencia técnica imposibilite el funcionamiento ordinario de la Dirección Electrónica Habilitada única, una vez comunicada dicha incidencia a la Administración, esta podrá decidir la ampliación del plazo no vencido para comparecer y acceder a las notificaciones emitidas. En caso de que también pongan a disposición las notificaciones en su sede electrónica o sede electrónica asociada, deberán publicar en esta, tanto la incidencia técnica acontecida en la Dirección Electrónica Habilitada única como la ampliación concreta, en su caso, del plazo no vencido[28].

Resulta llamativo que una incidencia en el sistema de conexión o algún error en el *software* no conlleven una ampliación automática del plazo para recurrir, subsanar o presentar alegaciones[29]. Esto puede deberse a cierta desconfianza en la persona interesada, ya que ella ha podido provocar la incidencia[30]. Ahora bien, hasta que no se descubra el origen de la falla, lo más procedente es suspender los plazos o, en su caso, ampliarlos, puesto que la Administración desconoce de manera inmediata a quién puede atribuírsele la responsabilidad de la incidencia y, además, se ignora el tiempo en que tardará en solucionarse o arreglarse la posible avería. Se presupone que la DEHu acredita la existencia de una causa técnica que imposibilite la práctica de la notificación[31]. No obstante, es bien sabido que esos sistemas

27. A. Boix Palop (2019: 352).
28. Art. 44.4 RAFME.
29. L. Míguez Macho (2021: 444).
30. STSJ de Galicia de 18 de febrero de 2022, JUR/2022/111629, FD 2º. ECLI:ES:TSJGAL:2022:1339.
31. STSJ Comunidad Valenciana de 20 de junio de 2021, JUR/2021/349939, FD 2º. ECLI:ES:TSJCV:2021:4269. Véase también STSJ de Madrid de 5 de diciembre de 2019, FD 4º. ECLI:ES:TSJM:2019:12923.

también son falibles y pueden adolecer de defectos, errores o agujeros que necesiten de un diagnóstico o examen en profundidad[32].

El RAFME no ha solucionado y, a su vez, ha omitido el problema relativo a la carga probatoria para determinar la responsabilidad de la avería o incidencia[33]. Debe entenderse que la persona interesada puede presentar medios de prueba que acrediten el origen del funcionamiento deficiente o de la caída de las comunicaciones. De lo contrario, se ocasionaría una grave indefensión[34]. Sin embargo, no resulta nada sencillo para personas legas en comunicaciones electrónicas o en informática arrojar luz en torno a la causa de las incidencias[35]. Resulta llamativo que haya sido el Tribunal, en la sentencia misma, el que le haya indicado a la persona interesada la forma de acreditar la existencia de un error para el acceso a la plataforma, al objeto de invalidar la notificación electrónica[36].

En ese sentido, y dado que la Administración dispone de más medios que las personas interesadas, le corresponde asumir la carga de la prueba, tal y como sucede en las notificaciones en papel[37]. Recuérdese que, según la doctrina del TC, la Administración debe emplear la mayor diligencia posible en practicar una notificación[38]. Las electrónicas y las notificaciones en papel no pueden, desde el prisma de la tutela judicial efectiva, regirse por criterios diferentes[39]. Si el Tribunal de Garantías atribuyó a la Administración la *onus probandi*, carece de sentido desvirtuar esta doctrina solo

32. El Decreto vasco, en cambio, obliga a la Administración a ampliar el plazo no vencido para acceder y comparecer a las notificaciones emitidas (art. 88.9 Decreto vasco 91/2023).
33. L. Miguez Macho (2021:443).
34. STSJ Galicia de 10 de diciembre de 2021, JUR/2022/19181, FD 3º. ECLI:ES:TSJGAL:2021:6978. Véase también M.J. Gallardo Castillo (2021:155).
35. Por ejemplo, se le ha obligado a la persona interesada a solucionar sus problemas con la firma electrónica en el plazo de los diez días naturales de que dispone para acceder a la notificación, lo que puede resultar desproporcionado. Véase STSJ de Castilla la Mancha de 8 de marzo de 2021, JUR/2021/154813, FD 4º. ECLI:ES:TSJCLM:2021:690.
36. STSJ de Cataluña, de 10 de junio de 2022, JUR/2022/259514, ECLI:ES:TSJCAT:2022:5112, FD 3º. En concreto y, de manera literal, advierte lo siguiente: «[...] es el usuario que se ve perjudicado por el error quien, con una simple captura de pantalla, puede demostrar la veracidad de sus afirmaciones, y sin embargo en el caso presente la representación procesal del Sr. Luis Carlos, prefiere invocar una inversión de la carga de la prueba como justificación de lo que no son más que meras alegaciones frente a un sistema de notificación, no únicamente ajustado a la regulación, sino aceptado por el propio apelante».
37. J.I. Cubero Marcos (2017:243).
38. SSTC 59/1998, FJ 3º; 221/2003, FJ 4º; 55/2003, FJ 2º. STC 137/2014, FJ 4º.
39. M.J. Gallardo Castillo (2021:119).

por tratarse de notificaciones o comunicaciones practicadas por vía electrónica.

4. LA INTEROPERABILIDAD

El estado del trámite de notificación en la Dirección Electrónica Habilitada única se sincronizará automáticamente con la sede electrónica o sede electrónica asociada en la que, en su caso, la notificación también se hubiera puesto a disposición del interesado[40]. En caso de que la persona interesada acceda a través de ambos cauces, se producirán los efectos de la notificación desde el momento en que acceda a cualquiera de ellos en primer lugar[41].

La sincronización entre la sede electrónica y la DEHU conlleva la interoperabilidad entre los sistemas. La norma reglamentaria impone dicha conectividad permanente y automática, puesto que tanto para el cómputo de plazos como para considerar cumplida la obligación de resolver, ambas notificaciones deben ponerse a disposición de la persona interesada en el mismo momento[42]. En ese sentido, resulta indiferente la elección del medio para practicar notificaciones electrónicas[43]. El acceso puede producirse de cualquier modo y debe asegurarse que entre uno u otro medio no se ocasionan ventajas o perjuicios para las personas interesadas o para la Administración[44].

La interoperabilidad permanente se pone de manifiesto al prever la norma que se entiende cumplida la obligación de notificar en plazo por parte de la Administración con la puesta a disposición de la notificación en la sede o en la dirección electrónica habilitada única[45]. Elude dejar en manos de la persona interesada el medio y pone en el mismo plano la DEHu y la sede electrónica[46]. Eso significa que, en caso de que la interoperabilidad no funcione o lo haga defectuosamente, no puede entenderse notificada a una persona. Existirían discordancias que provocarían una enorme inseguridad jurídica.

40. Art. 44.6 RAFME.
41. Art. 42.1 RAFME.
42. SAN de 25 de enero de 2019, JT/2019/180, FD 2º. ECLI:ES:AN:2019:238. El intento de notificación se produce en el momento en se pone a disposición de la interesada el acto administrativo en la sede o dirección electrónicas.
43. L. De la Torre (2022: 244).
44. E. Davara Fernández de Marcos y M.A. Davara Rodríguez (2016).
45. Art. 45.3 RAFME. Al respecto, véase STS de 10 de noviembre de 2021, RJ/2021/5313, FD 4º. ECLI:ES:TS:2021:4105.
46. E. Menéndez Sebastián (2017: 40).

5. NOTIFICACIONES POR CORREO ELECTRÓNICO U OTROS MEDIOS

Algunos fallos del TS han validado notificaciones practicadas por cauces distintos a la DEHu y a la comparecencia en sede electrónica[47]. En concreto, las notificaciones por correo electrónico han servido para otorgar eficacia a actos administrativos, como requerimientos para el reintegro de subvenciones. En esos casos, el TS fundamentó esas sentencias en el principio de buena fe y, sobre todo, en la prueba pericial practicada en la instancia. Esta acreditaba que la persona interesada había accedido a los mensajes enviados por la Administración y que, incluso, los había respondido, con lo que se le debía considerar notificada a todos los efectos[48].

Tanto la LPAC como el RAFME no dejan resquicio alguno para el uso de correos electrónicos[49]. Una posición lógica, por otra parte, ya que ambas normas establecen requisitos estrictos y taxativos para la práctica de las notificaciones[50]. Más allá de que los correos electrónicos u otros sistemas de mensajería incorporen sistemas de verificación técnicos que garantizan la autenticidad y el origen del mensaje, la Ley ha prescindido de ellos y eso no puede considerarse un detalle menor[51].

Por un lado, la buena fe siempre opera en ambas direcciones y requiere el cumplimiento de normas uniformes. La razón por la que se han excluido otros sistemas de mensajería estriba en que no brindan suficientes garantías de seguridad, integridad y autenticidad[52]. Por otro, el excesivo antiformalismo y la incorporación, por vía jurisprudencial, de otros sistemas de notificación electrónica, abren un peligroso sendero hacia la casuística y la veri-

---

47. STS de 12 de febrero de 2020, RJ/2020/419, FD 2º. ECLI:ES:TS:2020:316. Se permite la notificación por correo electrónico, debido a que así se prevé en la legislación de contratos del sector público y, además, la interesada había consentido o validado las comunicaciones por ese medio.
48. STS de 15 de noviembre de 2017, RJ/2017/5119, FD 3º. ECLI:ES:TS:2017:4167.
49. R. Martínez Gutiérrez (2016: 222) y E. Menéndez Sebastián (2017: 39).
50. STSJ Comunidad Valenciana de 4 de noviembre de 2020, JT/2022/28, FD 3º. ECLI:ES:TSJCV:2020:7679. Se rechaza en este caso la notificación por correo electrónico, ya que la Ley obligaba a hacerlo en papel, para la inclusión en el sistema de DEHu.
51. Al respecto, véase la STSJ de Andalucía (Sevilla) de 20 de septiembre de 2021, JUR/2021/366387, FD 4º. ECLI:ES:TSJAND:2021:11893. Se empleó un sistema de comunicaciones electrónico entre docentes que no se ajusta a los requisitos de sede electrónica y DEHu y, sin embargo, se validó la notificación. Respecto al principio de buena fe, véase la STSJ de Andalucía (Sevilla) de 24 de marzo de 2021, JUR/2021/240095, FD 5º. ECLI:ES:TSJAND:2021:5680. Se le considera notificado porque llevó a cabo actos de los que se deducían el conocimiento del acto.
52. STS de 16 de noviembre de 2016, RJ/2016/6459, FD 3º. Al respecto, véase C. Barrero Rodríguez (2016:163).

ficación caso por caso, basándose en pruebas periciales[53]. Asistimos perplejos a una contradicción que requerirá una pronta solución: se promueve por los tribunales la flexibilidad de los medios de notificación, mientras que las autoridades públicas han ido construyendo plataformas, *software* o mecanismos avanzados de verificación y de seguridad, a los que se añaden los costes que tanto Administración como empresas han debido soportar en la tortuosa transición digital en el sector público[54]. En la Comunidad Autónoma vasca se ha acentuado la confusión, al permitir el uso de cualquier medio de notificación, siempre que hubiera constancia de la emisión y la recepción de la comunicación[55].

6. CONCLUSIONES

Primera. El Reglamento no se ajusta a la Ley, al considerar notificada a la persona que accede a una notificación por comparecencia en la sede electrónica, pues no se respeta el principio de voluntariedad y de libre elección, consagrados en la LPAC. La práctica de las notificaciones electrónicas debe seguir las pautas del TC respecto al empleo, por parte de la Administración, de los medios a su alcance para lograr que una persona sea notificada de acuerdo con la Ley.

Segunda. El RAFME no ha solucionado el problema de las incidencias y las averías y ha permitido que la Administración no suspenda los plazos o no los amplíe, pese a que se desconoce su origen. Del mismo modo, ha desperdiciado la ocasión de regular la carga de la prueba y de atribuir a la Administración la responsabilidad de demostrar la puesta a disposición y recepción de la notificación.

Tercera. La interoperabilidad entre sede electrónica y DEHu es imprescindible para evitar la distorsión o falta de certeza respecto a los efectos de las notificaciones. Por último, el Reglamento ha cerrado la posibilidad de notificación por medios alternativos a la comparecencia en sede electrónica o la DEHU, por lo que invalida la notificación el uso por la Administración de correos electrónicos u otros sistemas de mensajería.

---

53. Como ejemplo, véase la STSJ de Andalucía de 6 de mayo de 2021 (Sevilla), JUR/ 2022/107808, FD 6º. ECLI:ES:TSJAND:2021:18184. Se enviaron dos correos electrónicos y su autenticidad, así como la acreditación de emisión y recepción se suscitó mediante mecanismos probatorios a lo largo del proceso. Véase la mencionada STSJ de Madrid de 5 de diciembre de 2019, JUR 2020\77814, FD 4º. ECLI:ES:TSJM: 2019:12923.
54. F. Pleite Guadamillas (2017).
55. Art. 88.10 Decreto vasco 91/2023.

7. BIBLIOGRAFÍA

Barrero Rodríguez, Concepción (2016): "La notificación de los actos administrativos", en F. López Menudo, (Dir.), *Innovaciones en el procedimiento administrativo común y el nuevo régimen jurídico del sector público,* Sevilla, *Instituto García Oviedo,* pp. 162-170.

Boix Palop, Andrés (2019): "Reforma jurídico-administrativa, procedimiento electrónico y Administración local: análisis de la incidencia de las recientes transformaciones en las bases del procedimiento administrativo español sobre el régimen local", en *Revista Gallega de Administración Pública,* num. 58, 2019, pp. 315-360.

Cotino Hueso, L. (2021): "La preocupante falta de garantías constitucionales y administrativas en las notificaciones electrónicas", en *Revista General de Derecho Administrativo,* 57.

Cubero Marcos, José Ignacio (2017): *Las notificaciones administrativas,* Oñati, IVAP.

Davara Fernández de Marcos, Laura y Davara Rodríguez, Miguel Ángel (2016): "La Administración electrónica en la Ley 39/2015 de Reforma de la Ley de Régimen Jurídico de las Administraciones Públicas y del Procedimiento Administrativo Común", en *Actualidad administrativa,* num. 2.

De la Torre Martínez, Lourdes (2022): "Las notificaciones electrónicas", en F. Castillo Blanco, S. Fernández Ramos y J. M. Pérez Monguío (Dir.), *Las políticas de buen gobierno en Andalucía (I): digitalización y transparencia,* Instituto Andaluz de Administración Pública, Sevilla, pp. 233-254.

Gallardo Castillo, María Jesús (2021): *El nuevo régimen de las notificaciones electrónicas,* A Coruña, Colex.

Martín Delgado, Isaac (2017): "Ejecutividad y eficacia de los actos administrativos. Las notificaciones administrativas", en E. Gamero Casado y S. Fernández Ramos (Dirs.) y J. Valero Torrijos, Julián (coord.), *Tratado de Procedimiento administrativo común y régimen jurídico básico del sector público,* Valencia, Tirant lo Blanch, pp. 2172 y 2173.

Martínez Gutiérrez, Rubén (2009): *Administración pública electrónica,* Cizur Menor, Civitas-Thomson Reuters, 2009.

Martínez Gutiérrez, Rubén (2016): *El régimen jurídico del nuevo procedimiento administrativo común,* Cizur Menor, Thomson Reuters-Aranzadi.

Menéndez Sebastián, Eva María (2017): *Las garantías del interesado en el procedimiento administrativo electrónico: luces y sombras de las nuevas leyes 39 y 40 / 2015,* Valencia, Tirant lo Blanch.

Míguez Macho, Luís (2021): "Artículo 43", en M. C. Campos Acuña *et al., Comentarios a la ley 39/2015 de procedimiento administrativo común de las administraciones públicas*. 2ª edición, Las Rozas, (Madrid), Wolters Kluwer (El Consultor de los ayuntamientos), pp. 438-448.

Pleite Guadamillas, Francisco (2017): "¿La notificación electrónica es una auténtica notificación?", en *Actualidad Administrativa,* num. 2.

Las brechas en el acceso de personas desfavorecidas a las garantías de los derechos digitales

ALBERT LLADÓ MARTÍNEZ
Profesor Lector Serra Húnter de Derecho Administrativo
Universitat de Girona

1. INTRODUCCIÓN

La rápida aparición, implementación y evolución de soluciones informáticas y su aplicación a la actividad de las Administraciones públicas ha facilitado un abanico de nuevas posibilidades para sus interacciones, tanto entre las propias Administraciones como entre éstas y los ciudadanos. Existe un consenso prácticamente total a la hora de valorar las bondades y ventajas que aportan estas herramientas, que proveen mejoras y nuevas posibilidades en todos los campos de actuación administrativa. Sin embargo, unos cambios o adaptaciones de la envergadura que impone este nuevo paradigma pueden acarrear consecuencias negativas inesperadas, que es necesario corregir una vez detectadas.

Bajo la denominación de derechos digitales conviven diversos derechos de las personas que comparten la característica de ser aplicados en el entorno digital. Sin embargo, no toda persona conoce o hace uso de tales derechos: existen condicionantes que dificultan su acceso a determinados colectivos, por motivo de edad, género, discapacidades o por condiciones socioeconómicas. El legislador hasta ahora ha procurado actuar para corregir estas dificultades facilitando el acceso a Internet a las personas desfavorecidas e implementando medidas de formación digital en la administración educativa. Sin embargo, aunque estas acciones palian parcialmente las brechas, no son suficientes y dejan espacios sin atender; garantizar el acceso a Internet no equivale a su uso productivo, es necesario que la Administración sea proactiva a la hora de formar e informar a los ciudadanos social y económicamente excluidos o en riesgo de exclusión.

2. LOS DERECHOS DIGITALES

Como resultado, o más bien como continuación de los avances tecnológicos logrados durante el siglo pasado, y muy especialmente de aquellos derivados del tratamiento digital de la información, el mundo ha entrado de forma global en una nueva era, que ha sido teorizada desde distintas disciplinas científicas[1] pero con el rasgo común y global de suponer una disrupción absoluta respecto de la configuración de la sociedad hasta entonces.

Desde el punto de vista jurídico, el desarrollo de las nuevas formas de comunicación y de interacción se ha adoptado también en las Administraciones públicas, que han consolidado ya las relaciones por vías digitales, tanto entre las propias entidades públicas como entre las Administraciones y los ciudadanos y empresas. Estas nuevas formas de relación han dado lugar a modificaciones en el ejercicio de determinados derechos de los ciudadanos, así como a la aparición de nuevos derechos, anteriormente inexistentes, y directamente derivados de la aparición y utilización de las nuevas infraestructuras y relaciones digitales.

De una forma vanguardista en aquel momento y casi premonitoria, la Constitución de 1978 ya incluye una primera mención que incorpora una ligazón entre el desarrollo tecnológico y los derechos de los ciudadanos. Así, el artículo 18.4 estipula que *"La ley limitará el uso de la informática para garantizar el honor y la intimidad personal y familiar de los ciudadanos y el pleno ejercicio de sus derechos"*. Es cierto que el redactado parece más preocupado por proteger a las personas del *"uso de la informática"* y de sus posibles consecuencias, que por garantizar el ejercicio de derechos que se puedan derivar, precisamente, de su uso. Sin embargo, es innegable que la inclusión de este precepto a nivel constitucional es justificación y obligación para la regulación a nivel legal del uso de las herramientas tecnológicas en general (Barrio Andrés, 2021: 208) y, en lo que aquí nos ocupa, para su atención por parte de los poderes públicos, puesto que se incluyó en su día este mandato constitucional que así obliga a hacerlo y que además vincula esta regulación de forma directa a los derechos de los individuos.

1. Giovanni Sartori, desde el punto de vista de la Ciencia Política, con "Homo videns: La sociedad teledirigida", de 1998; Jeremy Rifkin, desde la Economía con "The Age of Access: The New Culture of Hypercapitalism", de 2001, o Manuel Castells desde la Sociología, con La sociedad red: Una visión global", de 2006, entre muchos otros.

Por otra parte, y aunque el texto constitucional se refiere a la protección de los derechos individuales ya existentes en aquel momento, es sabido que en las últimas décadas el desarrollo tecnológico ha promovido directa o indirectamente la reformulación de algunos de aquellos derechos[2], e incluso la aparición de algunos de nueva creación. Así, algunos autores (Barrio Andrés, 2021: 207) (Rallo Lombarte, 2020) hablan de una nueva generación de derechos digitales que se han concretado en parte a nivel de legislación orgánica, principalmente a través de la Ley Orgánica 3/2018, de 5 de diciembre, de Protección de Datos Personales y Garantía de Derechos Digitales (LOPDD), que derogó y actualizó la anterior Ley Orgánica 15/1999, de 13 de diciembre, de Protección de Datos de Carácter Personal. En el plano relativo al sector público, especialmente la Ley 39/2015, de 1 de octubre, del Procedimiento Administrativo Común de las Administraciones Públicas (LPACAP), pero también la Ley 40/2015, de 1 de octubre, del régimen jurídico del sector público (LRJSP), recogen y especifican los principios de actuación de las Administraciones y los derechos de las personas en tanto que administradas en lo que respecta a sus relaciones digitales con el sector público en general, aspectos desarrollados por el Real Decreto 203/2021, de 30 de marzo, por el que se aprueba el Reglamento de actuación y funcionamiento del sector público por medios electrónicos (RD 203/2021).

2.1. LOS DERECHOS DIRIGIDOS A PERSONAS DESFAVORECIDAS Y SUS GARANTÍAS

El título X de la LOPDD está dedicado a la garantía de los derechos digitales y se inicia con la indicación (art. 79) de que los derechos preexistentes, sea en la Constitución, sea en Tratados y Convenios internacionales firmados por España, son de plena aplicación en Internet. Más allá de esta aseveración dirigida a derechos ya existentes, los artículos siguientes se dedican a otros de reciente configuración y directamente derivados del mundo digital.

En lo que se refiere a garantizar los derechos digitales concretamente a personas desfavorecidas o en riesgo de exclusión, el artículo 81 especifica el derecho de *todos* a acceder a Internet, sea cual sea su condición personal, social, económica o geográfica. Este acceso será universal, asequible, de calidad y no discriminatorio para toda la población. El mismo artículo

2. Entre otros, el derecho a la privacidad, modulado por la protección de datos en el entorno digital, el de libertad de expresión y la responsabilidad de las empresas periodísticas, medios y publicaciones digitales o el derecho de propiedad intelectual ante las nuevas formas de comunicación, intercambio y reproducción (Ordóñez Solís, 2015).

dedica apartados específicos a las desigualdades relativas al género, la edad, los entornos rurales y las discapacidades.

La educación digital se aborda en el artículo 83, que se dirige de forma específica al sistema educativo, y hace alusión específica al carácter inclusivo de las actuaciones dirigidas a la inserción del alumnado en la sociedad digital, particularmente aquellos con necesidades educativas especiales. Fuera del sistema educativo, las únicas obligaciones que es establecen para las Administraciones son en referencia a la confección de temarios para el acceso a la función pública, y únicamente para los cuerpos superiores.

Las acciones que la LOPDD promueve como garantía de no dejar atrás a las personas desfavorecidas aparecen en el artículo 97, bajo la denominación de políticas de impulso de los derechos digitales. El redactado resalta el objetivo de superar las brechas digitales y garantizar el acceso a Internet de los colectivos vulnerables, garantía que para las personas con dificultades económicas o sociales se concreta en la existencia de un *bono social* de acceso a Internet. Este bono se concreta en la Ley 11/2022, de 28 de junio, General de Telecomunicaciones[3], especialmente en el artículo 38, en el que se prevén precios especiales en el acceso al servicio universal[4] para los consumidores con rentas bajas o con necesidades sociales especiales[5], unos precios que se definen como "asequibles"[6], que serán supervisados por La Comisión Nacional de los Mercados y la Competencia, en coordinación con los ministerios competentes en asuntos económicos, digitales y en protección de los consumidores y usuarios. No se contempla la gratuidad en ningún caso para los servicios definidos.

El resto de las actuaciones previstas en el art. 97 LOPDD son menos concretas: se impulsará la existencia de espacios de conexión de acceso

3. Previamente regulado en la anterior Ley 9/2014, de 9 de mayo, General de Telecomunicaciones, arts. 25 y siguientes, en términos similares a la presente norma.
4. El servicio universal se encuentra definido en el artículo 37 de la misma Ley 11/2022. Se trata de unos servicios garantizados para todos los consumidores, con un precio asequible, y que incluye el acceso "*adecuado y disponible*" a internet de banda ancha y servicio de comunicación por voz, ambos a través de una conexión fija.
5. Será mediante real decreto, previo informe de la Comisión Nacional de los Mercados y la Competencia, que se determinarán las características sociales y de poder adquisitivo correspondientes para determinar de que los consumidores tienen rentas bajas o necesidades sociales especiales.
6. Esta definición poco precisa del precio del servicio universal es la que emplea en su redactado la Directiva (UE) 2018/1972 del Parlamento Europeo y del Consejo, de 11 de diciembre de 2018, por la que se establece el Código Europeo de las Comunicaciones Electrónicas, que se transpone junto con otras directivas del sector de telecomunicaciones en esta Ley 11/2022.

público y se fomentarán medidas educativas que promuevan la formación en competencias y habilidades digitales básicas.

Todas ellas son previsiones que suponen una cierta concreción del horizonte marcado en el artículo 81 LOPDD de garantizar el acceso de todos a Internet. Sin embargo, facilitar el acceso a Internet no va a eliminar por sí solo las brechas que se derivan de la falta de una utilización informada, de la que hablaremos seguidamente. El fomento de la formación previsto en el artículo 97.1 c) es el hilo que debe recoger el sector público; estas medidas educativas del uso de Internet y de las tecnologías digitales en general han de constituir la vía para formar e informar a las personas en riesgo de exclusión digital de los servicios que las Administraciones ofrecen a partir de sus competencias y de las posibilidades que pueden suponer para sus situaciones personales concretas.

3. LAS BRECHAS SOCIALES EN EL ACCESO, INFORMACIÓN Y FORMACIÓN DIGITAL

Las llamadas brechas digitales se abren no solamente debido a aspectos que podemos llamar tradicionales, como son la edad, el territorio en cuanto a las diferencias rural-urbano, el género o, muy especialmente, las condiciones sociales y económicas. La época actual y sus circunstancias, tan duras para la economía en general y perniciosas para determinadas capas sociales, están provocando un incremento del número de personas en situación o en riesgo de pobreza, una tendencia que se muestra en los indicadores estadísticos de seguimiento, por ejemplo, la Encuesta Sociodemográfica de Barcelona (ESDB) 2020[7], en que se detecta más de un 20% de hogares en riesgo de pobreza, más de la mitad de la población de los barrios con una renta disponible muy baja, y un 8,6% de hogares en riesgo de pobreza severa. El acceso a los medios digitales, la disponibilidad de las herramientas necesarias, las posibilidades de formación, así como otros factores capacitadores se ven severamente mermados de forma simultánea en el momento en que los recursos económicos son escasos (Ruiz-Rodríguez et al., 2020: 69).

Otro aspecto, menos conocido, que contribuye a dificultar la disminución de la brecha digital y que complementa la explicación de los motivos por los que en algunos hogares no se utilizan las TIC es simplemente el desinterés en la tecnología. Así lo recoge el INE en su análisis a nivel estatal de la población que usa Internet, actualizado a diciembre de 2022[8], en la

7. Encuesta Sociodemográfica de Barcelona (ESDB) 2020: Informe de resultados (págs. 77-80): https://bit.ly/3MxksEf
8. INE: Población que usa Internet (en los últimos tres meses). Tipo de actividades realizadas por Internet: https://bit.ly/3Kbpi8r

cual detecta entre las causas de la brecha digital entre usuarios y no usuarios *"la falta de interés en lo que la sociedad de la información puede ofrecer"*. Se trata ésta de una aseveración que debería llamar a una actitud más activa de las Administraciones a la hora de comunicar la utilidad de la tecnología a determinados ciudadanos, y hacerles conocedores de los servicios que el sector público presta por estas vías.

En la misma línea, otro factor a tener en cuenta en el momento de interpretar encuestas de acceso, disponibilidad y utilización de dispositivos electrónicos es la diferenciación entre su uso con finalidades sociales y el dedicado al comercio, banca y Administración electrónica. Las diferencias de uso observadas a nivel europeo (Ruiz-Rodríguez et al., 2020: 68), en las que predominan los usos sociales frente a los administrativos, llevan a considerar la existencia de una nueva brecha, esta vez entre personas no carentes de habilidades digitales. Tal vez no haya que dar por hecho que todo aquel que disponga y tenga acceso a la tecnología sea capaz o tenga interés en relacionarse con el sector público. Así se concluye también en el estudio llevado a cabo sobre personas en situación de vulnerabilidad social en la ciudad de León, en el que se concluye que incluso en aquellos hogares vulnerables que disponen de herramientas y acceso a la tecnología *"sólo la mitad sabe usarlos y poco más de la tercera parte los han empleado para realizar trámites administrativos"* (Gutiérrez-Provecho et al., 2021: 134). Se trata sin duda de situaciones que afectan a un pequeño porcentaje de la población, pero que sin embargo representa un número importante de personas en términos absolutos y que, según los indicadores incluidos en tales estudios, presenta una cierta tendencia al alza.

3.1. LA RESPONSABILIDAD DE LAS AP EN LA REVERSIÓN DE LAS BRECHAS ECONÓMICA, DE INFORMACIÓN Y FORMACIÓN DIGITAL

Cuando focalizamos los derechos digitales en la relación de las personas con el sector público se observa que, tal como ha señalado Cotino Hueso (2021: 123), la LPACAP no incorpora principios de actuación relativos al ámbito electrónico. Además, en los derechos atribuidos a las personas en sus relaciones con la Administración recogidos en el art. 13, la ambición y contundencia son limitadas en su alcance; se trata en general de medidas dirigidas a personas que ya conocen, tienen a su disposición y utilizan medios digitales. Esto es, con la única excepción del derecho a ser asistidos en el uso de medios electrónicos en las relaciones con las Administraciones, un derecho que a su vez presupone un conocimiento previo del servicio o prestación que se pretenda obtener de la institución. Se trata ésta de una carencia de base, el dar por hecho que cualquier persona conoce las prestaciones de la Administración, así como los mecanismos y las vías para dirigirse a ella; una carencia que en la situación tecnológica actual debería poder ser cubierta de forma más proactiva por el sector público.

Por su parte, el RD 203/2021, que desarrolla el régimen de la Administración electrónica, sí que incorpora en su artículo 2 una serie de principios necesarios para una adecuada actuación por vías digitales. Sin embargo, la visión que se extrae de la formulación de principios como los de no discriminación o de accesibilidad, parece encaminada una vez más a facilitar la vía digital a personas ya conocedoras de los servicios a los que quieren acceder. Una asunción que se repite a la hora de ampliar los canales de asistencia para el acceso a los servicios electrónicos en el art. 4, una ampliación que en la práctica queda reducida a los nuevos canales telemáticos, puesto que la atención telefónica y presencial –especialmente en los últimos años con motivo de la situación de pandemia– es a menudo quimérica, con teléfonos saturados y una atención presencial que requiere de forma cada vez más habitual de cita previa, cita que habrá de ser obtenida a su vez por vía telemática.

El principio de personalización y proactividad, (art. 2.f) es el más prometedor en este sentido, aunque su redactado limita estos principios a personas ya conocidas por la Administración, puesto que tiene como objetivo anticipar las posibles necesidades de los administrados *"partiendo del conocimiento adquirido del usuario final del servicio"*. Como se ha señalado previamente existen personas que, por motivos diversos, son de difícil acceso por parte de las Administraciones. Se trata a menudo de colectivos de personas sin medios económicos, formación ni, muy especialmente, información sobre, entre otros aspectos, los derechos digitales que en estas normas se quieren garantizar, y de las posibilidades que el ejercicio de tales derechos les puede facilitar.

La línea a seguir para paliar estas diferencias pasa por la asunción de la responsabilidad que las Administraciones tienen a la hora de garantizar los derechos proclamados en las normas, y que debe implicar una mayor proactividad por su parte, en la línea dibujada por Cerrillo Martínez en su Guía para la prestación de servicios públicos (2021), en la que se pone en el centro el papel activo del ente público de salir a buscar al ciudadano e informarle de forma personalizada de los servicios a los que puede tener acceso. A este enfoque habría que sumarle la necesidad de dirigirse igualmente a personas que, por distintos motivos, no son detectadas en primera instancia por las Administraciones: errores en padrón, personas no inscritas, desplazadas, sin hogar o indocumentadas por cualquiera de las múltiples causas que provocan la exclusión social, residencial o administrativa.

3.2. LA CARTA DE DERECHOS DIGITALES Y LOS PLANES DE ACCIÓN

Como despliegue de las previsiones normativas, el Gobierno estatal ha elaborado y publicado una serie de documentos[9] que prevén marcar el futuro inmediato de la Administración electrónica en España. En lo relativo al presente trabajo, destaca especialmente la Carta de Derechos Digitales, elaborada por el grupo de expertos designados por la Secretaría de Estado de Digitalización e Inteligencia Artificial[10]. El propio texto se presenta como *descriptivo* de contextos y escenarios digitales determinantes de conflictos, *prospectivo* a la hora de anticipar futuros escenarios y *asertivo* en el sentido de revalidar y legitimar principios, técnicas y políticas que deberían aplicarse en el entorno digital.

Sin embargo, y a pesar de su intención de guiar futuros proyectos, no tiene carácter normativo, aunque ciertamente representa un paso adelante especialmente en lo relativo a la automatización y a la inteligencia artificial (Cotino Hueso, 2021: 131). En cambio, en el plano asertivo que se proclama, algunos de los derechos que debería revalidar no acaban de cerrarse completamente. Se garantizan derechos a personas en riesgo de exclusión, pero estas personas no necesariamente son conocedoras de que tienen tales derechos: es necesario que la Administración se dirija a ellas, ya que si no se hace así se perpetúa la discriminación informativa y, en consecuencia, de acceso y uso de los servicios por parte de los colectivos en riesgo de exclusión. Lo mismo ocurre en el Plan Nacional de Competencias Digitales, una de las medidas previstas en la Agenda España Digital 2025, que dirige esfuerzos de capacitación a colectivos en riesgo de exclusión digital (eje I.1), pero que va a focalizar sus esfuerzos fundamentalmente en personas mayores de 65 años que carecen de competencias digitales básicas (anexo 2.1), cuando existen otros colectivos menos identificables y, como reconoce el mismo texto, más heterogéneos, que necesitan también de capacitación y formación activa desde las Administraciones.

Es acertada la radiografía que hace Cerrillo Martínez (2020: 10) sobre las garantías de los derechos recogidos en la Carta de Derechos Digitales, constatando que ésta debería ser el instrumento que detallase los mecanismos de garantía, especialmente los que no están concretados en la normativa legal, indicando además el papel de los distintos actores en su funcionamiento y aplicación. Específicamente sobre el derecho a la igualdad y a la

9. Agenda España Digital 2025, Plan Nacional de Competencias Digitales, Plan de Recuperación, Transformación y Resiliencia (España Puede), Plan de Digitalización de las Administraciones Públicas 2021-2025, Estrategia Nacional de Inteligencia Artificial.

10. Accesible en: https://bit.ly/38lexTD

no discriminación en el entorno digital, Ponce Solé propone en el mismo documento (Cerrillo Martínez et al., 2020: 39) una mención específica a la desventaja socioeconómica como elemento de discriminación en el entorno digital, propuesta que no se incluyó en el texto final de la Carta.

Respecto a las brechas de acceso al entorno digital, que la Carta recoge en el apartado XII, se dan claros pasos adelante respecto a lo recogido en la normativa legal. De entrada, se asume el fomento, la facilitación y la capacitación del acceso de todos los colectivos a los entornos digitales y a su uso. Se trata sin duda de una traslación más inequívoca en cuanto a su alcance que las existentes hasta ahora; también en el apartado en que se describen las posibles brechas por discriminaciones que deberán abordar las políticas públicas se añade *"cualquier otra circunstancia personal o social"* que frene la plena ciudadanía digital de *"todos los colectivos en mayor riesgo de exclusión social"*, aunque seguidamente focaliza una vez más en la brecha por motivos de edad.

Al hilo de la mejora que la Carta de Derechos Digitales supone en relación a la configuración de la inteligencia artificial en el sector público (Cotino Hueso, 2021: 124), uno de sus múltiples usos compatibles con el cometido de las Administraciones sería su utilización a la hora de reducir las brechas y garantizar los derechos digitales mediante la búsqueda e identificación de situaciones de exclusión, de personas "fuera del sistema"[11], haciendo uso también de los datos en poder del sector privado, tal como defiende Valero Torrijos (2020: 116), para una más efectiva implementación de programas y mejor gestión de recursos a la hora de paliar tales situaciones.

La elaboración y ejecución de lo previsto en estos documentos se trata sin duda de un paso adelante, un paso más, que sin embargo queda corto especialmente por su condición de textos no normativos. En la práctica, la mayor o menor intensidad en la aplicación de lo previsto en la Carta de Derechos Digitales queda a merced de la voluntad de la Administración, al no encontrarse ésta sometida a obligación legal. En este sentido, queda por ver el recorrido que pueda tener lo previsto en el apartado sobre la garantía de los derechos de la Carta, apartado XXVII, en que se prevé promover la evaluación de las leyes administrativas y procesales vigentes y las reformas oportunas en garantía de los derechos digitales.

11. El simple recuento de personas sin hogar se revela una tarea dificultosa, por la imposibilidad de disponer de datos precisos. Las cifras apuntan a unas 33.000 personas en España (Sales, 2022: 33) para un fenómeno que se encuentra *"en claro crecimiento"*.

4. CONCLUSIÓN

Los llamados derechos digitales se encuentran aún en fase de desarrollo en muchos casos; es comprensible detectar carencias en su implementación, principalmente por la propia naturaleza de la materia que los sustenta, en rápida y continua evolución.

Aparece como necesaria una ligazón más clara entre los derechos garantizados de forma general en la LOPDD y la normativa que regula el régimen jurídico y la actuación del sector público, especialmente en lo relativo a universalizar y asentar de forma total y permanente aquellos derechos más básicos para las personas digitalmente excluidas o en riesgo de estarlo. La posibilidad de acceso de estas personas a Internet está en camino de estar asegurada, sin embargo, su conocimiento de las prestaciones y servicios ofrecidos por las Administraciones públicas y de cómo acceder a ellas es una carencia que necesita de la implicación activa del sector público, que ha de ser proactivo a la hora de localizar, informar y formar a estas personas. De otra manera ni siquiera van a conocer en muchos casos a qué servicios y prestaciones públicas pueden acceder, sea por falta de medios, por desinformación o por simple desmotivación.

5. BIBLIOGRAFÍA

Barrio Andrés, M. (2021). Génesis y desarrollo de los derechos digitales. Revista de las Cortes Generales, 110, 197-233. https://doi.org/10.33426/rcg/2021/110/1572

Cerrillo Martínez, A., Gamero Casado, E., Cotino Hueso, L., Martín Delgado, I., Ponce Solé, J., & Velasco Rico, C. (2020). Carta de Derechos digitales y sector público: Propuestas de mejora. Red de Derecho Administrativo e Inteligencia Artificial (DAIA). https://bit.ly/3yJ9bfn

Cotino Hueso, L. (2021). El nuevo reglamento de Administración electrónica, que no innova en tiempos de transformación digital. Revista Catalana de Dret Públic, 63, 118-136. https://doi.org/10.2436/rcdp.i63.2021.3672

Gutiérrez-Provecho, L., López-Aguado, M., García Llamas, J. L., & Quintanal Díaz, J. (2021). La brecha digital en población en riesgo de exclusión social. Pedagogía Social Revista Interuniversitaria, 39, 123-138. https://doi.org/10.7179/PSRI

Ordóñez Solís, D. (2015). La reformulación de los derechos fundamentales en la era digital: Privacidad, libertad de expresión y propiedad intelectual. Revista Europea de Derechos Fundamentales, 25, 401-433.

Rallo Lombarte, A. (2020). Una nueva generación de derechos digitales. Revista de estudios políticos, 187, 101-135. https://doi.org/10.18042/cepc/rep.187.04

Ruiz-Rodríguez, F., González-Relaño, R., & Lucendo-Monedero, Á. L. (2020). Comportamiento espacial del uso de las TIC en los hogares e individuos. Un análisis regional europeo. Investigaciones Geográficas, 73, 57-74. https://doi.org/10.14198/INGEO2020.RRGRLM

Sales, A. (2022). ¿Cuántas personas sin hogar hay en España? Revista Índice, 84, 33-36.

Valero Torrijos, J., & Cerdà Meseguer, J. I. (2020). Transparencia, acceso y reutilización de la información ante la transformación digital del sector público: Enseñanzas y desafíos en tiempos del COVID-19. EUNOMÍA. Revista en Cultura de la Legalidad, 19, Art. 19. https://doi.org/10.20318/eunomia.2020.5705

Teletrabajo en la nueva sociedad digital

SUSANA CASTILLO RAMOS-BOSSINI

1. INTRODUCCIÓN

En los últimos años hemos ido siendo testigos de que la tecnología avanza de forma abrumadora, obligando, tanto a organizaciones públicas como privadas, a ir adaptándose a los nuevos requerimientos que exige. En el ámbito de las Administraciones públicas, esta adaptación es más necesaria, aun si cabe, para mejorar la prestación de servicios públicos. Sin embargo, es preciso subrayar que no se trata de digitalizar la burocracia, sino de repensar y mejorar procesos y procedimientos con la vista puesta en las necesidades de los ciudadanos. Y ello tendrá, sin duda, consecuencias en los derechos de los empleados públicos y en la propia configuración de la selección y carrera de estos (Arrollo Yanes, 2018). También, lógicamente, en las propias modalidades de prestación de los servicios entre las que queda enmarcado el teletrabajo.

Sin embargo, y a pesar de que había habido algunos avances en torno a la llamada e-Administración o "administración electrónica", el verdadero cambio y acta de nacimiento en lo que se refiere al teletrabajo en el sector público, fue provocado por la situación excepcional derivada de la declaración de la pandemia de la COVID-19 por la Organización Mundial de la Salud (OMS) en marzo de 2020. El confinamiento decretado obligó a las organizaciones públicas y privadas a realizar un cambio no programado en sus modelos de funcionamiento, pero también en sus modelos organizativos, en un entorno en el que quedó en evidencia la necesidad de ceder el protagonismo absoluto al canal electrónico[1].

1. Como señala E. Gamero Casado (2022: 36) En una situación de confinamiento generalizado y forzoso como la que ha atravesado el planeta, la respuesta de las Administraciones públicas no puede ser el cierre de los servicios y la suspensión de la tra-

Si puede afirmarse sin ninguna duda el efecto acelerador de la COVID-19 en el proceso de transformación digital de las Administraciones públicas, la pandemia también puso de manifiesto la ausencia, no solo de un marco jurídico adecuado y suficiente para la prestación de servicios públicos en forma remota, sino también, y quizás de forma más relevante, la carencia de una estrategia y de un modelo de Administración pública que permitiese el desarrollo de procesos y procedimientos en esa nueva modalidad.

Y es que, aunque efectivamente se garantizó con carácter general el funcionamiento de los servicios y el ejercicio de los derechos de la ciudadanía y empresas mediante nuevas formas de organización y prestación de trabajo en modalidad no presencial, lo cierto es que la prestación de servicios públicos y la atención al ciudadano se resintió de forma notable. Falta de coordinación en la toma de decisiones de política pública, retraso en el reconocimiento de prestaciones –baste pensar en el ingreso mínimo vital–, la generalización y persistencia de la cita previa con notables carencias en distintos ámbitos de la prestación de servicios, etc.

Durante todo ese tiempo, y a pesar de las carencias apuntadas, la tecnología se convirtió en una herramienta clave para seguir trabajando ante la situación generada por la COVID-19, demostrando que favorece transformaciones que redundan en la mejora de la eficacia, el bienestar de empleadas/os y la creación de una administración digitalizada, más abierta y participativa.

Dio la impresión de que, con la llegada de las vacunas y de la nueva normalidad, la explosión de teletrabajo que habíamos tenido desde que el 14 de marzo de 2020 se decretase el estado de alarma (y el confinamiento general), se empezaba a disolver y a desaparecer como si dicho hecho un nunca hubiese existido. Para algunos, esta hipótesis se confirmaba con datos del Instituto Nacional de Estadística (INE): en el tercer semestre de 2021 la cuota de teletrabajadores habituales cayó hasta el 8 % de la población ocupada (aproximadamente 1.573.600 personas). Parecía, en esta forma, ponerse freno a un crecimiento espectacular de una nueva forma de trabajo que en España no había terminado de despegar. Nuevamente, y si acudimos

mitación de los procedimientos administrativos. No solo porque muchos servicios públicos no pueden dejar de prestarse, siquiera sea en línea, sino porque esa cancelación de actividad incrementa exponencialmente los devastadores efectos de la crisis económica asociada a la pandemia. Por ofrecer un solo dato, la contratación pública representa un peso muy importante en el PIB de cada país. Esto significa que la suspensión –y posterior retraso en la tramitación– de los procedimientos administrativos de contratación puede detraer esa cifra del capital circulante, agravando más aun la contracción económica.

a datos del INE, se pasó de una tasa de penetración del 4,8 % en 2019 (951.800 personas), a una del 16,2 % en el segundo trimestre de 2020 (3.015.200 personas). Es decir: de un año para otro España multiplicó por tres el número de personas que trabajaban desde casa de forma habitual.

El efecto pendular es claro. Antes de la pandemia apenas había teletrabajo en España; con un 15,4 %, estaba por debajo de la media de los países de la UE[2]. Durante el confinamiento ese porcentaje se multiplicó por dos hasta alcanzar el 30,2 % (cifra también por debajo de la media europea de 36,8 %). Y, acabando 2021, ya sin restricciones, el teletrabajo empezaría a situarse a mitad de esas cifras.

Fue tal el cambio que, en pocos meses, en el ámbito privado, tuvo que aprobarse el Real Decreto-ley 28/2020, de 22 de septiembre, de trabajo a distancia y en el ámbito público, tras el acuerdo de la Conferencia Sectorial de Administración Pública en su reunión de 21 de septiembre de 2020, ratificado a continuación mediante acuerdo de la Mesa General de Negociación de las Administraciones Públicas, se aprobó el Real Decreto-ley 29/2020, de 29 de septiembre, de medidas urgentes en materia de teletrabajo en las Administraciones Públicas y de recursos humanos en el Sistema Nacional de Salud para hacer frente a la crisis sanitaria ocasionada por la COVID-19. Dicha norma, en su artículo primero introduce un nuevo artículo 47 bis en el texto refundido de la Ley del Estatuto Básico del Empleado Público, aprobado por Real Decreto Legislativo 5/2015, de 30 de octubre, relativo al teletrabajo.

Afortunadamente, y atendiendo tanto a las reflexiones más arriba realizadas como a la estrategia digital de Europa, en el marco de la estrategia

2. Así, en el ámbito normativo, la situación en España hasta la llegada de la pandemia en cuanto a la utilización del teletrabajo, tanto en el sector privado como en el público, era meramente anecdótica. Solo con la reforma del mercado laboral realizada por la Ley 3/2012, de 6 de julio, se procedió a regular el trabajo a distancia en el artículo 13 del Estatuto de los Trabajadores en el que, como una modalidad del mismo, se otorga una primigenia regulación a este fenómeno. Por su parte, en la Administración General del Estado, el Plan Concilia y normas sucesivas sólo contemplaron este con carácter de experiencias piloto vinculado a la conciliación de la vida familiar y profesional y no ha sido hasta la pandemia cuando se han referido con mayor intensidad al mismo. En el ámbito local, y a salvo de su mención en algunos acuerdos o convenios colectivos o alguna experiencia piloto, son anecdóticas las experiencias que se han puesto en marcha. En el caso de las Comunidades Autónomas, la normativa sobre empleo público sí que había procedido a regular esta prestación de la jornada laboral, inclusive más allá de su previsión experimental en algunos casos, de forma previa a la pandemia como ha se ha puesto de relieve por la doctrina de necesaria referencia en este concreto punto (A. Villalba Sánchez, 2017: 223-244), si bien, ha sido a partir de la pandemia cuando se ha generalizado su regulación.

España Digital 2025 y del Plan de Recuperación, Transformación y Resiliencia, en su componente 11, en el que se integran tanto el Plan de Transformación Digital de la Administración General del Estado y sus Organismos Públicos (2015-2020), como el Plan de Digitalización de las AAPP (2021-2025), se ha señalado la necesidad de abordar el desarrollo de un proyecto transformador para la implantación del puesto de trabajo de nueva generación que integre tanto los componentes tecnológicos como los vinculados a las capacidades digitales de las empleadas y empleados públicos, así como los asociados a la gestión del cambio. En este sentido, el propio plan citado más arriba expresamente reconoce, entre otras herramientas, al teletrabajo como un medio para avanzar hacia una Administración del siglo XXI con el fin de modernizar de forma integrada las administraciones públicas para que puedan mejorar la atención a la ciudadanía y contribuir activamente al éxito de las políticas públicas destinadas a las grandes transformaciones de España (transformación digital, transformación medioambiental, cohesión social y cohesión territorial).

Por otro lado, el Grupo de Análisis y Propuestas de Reforma en la Administración Pública en las 13 propuestas formuladas para la transformación de la Administración Pública, ha puesto de relieve que el teletrabajo introduce una nueva modalidad de trabajo a distancia que inducirá un cambio muy significativo en los procesos de gestión de las personas. En definitiva, el compromiso adquirido con la transformación digital del sector público enmarcado en la estrategia España Digital 2025, así como la identificación de la Administración del Siglo XXI como una de las diez políticas palanca de reforma estructural para un crecimiento sostenible e inclusivo de las que se compone el Plan de Recuperación, Transformación y Resiliencia, evidencian cómo la generalización de los sistemas que permiten el teletrabajo supone un punto de partida sobre el que apoyar este impulso de la digitalización y la cohesión territorial.

En cualquier caso, ello requiere, de una parte, la regulación de las condiciones de teletrabajo y, de otra, la provisión de herramientas a los empleados públicos que les permitan realizar su trabajo de forma colaborativa según las necesidades de cada perfil. Asimismo, requerirá el empleo de infraestructuras y soluciones de conectividad de nueva generación que puedan dar soporte a dicho teletrabajo, pero, también de forma necesaria, disponer de una nueva organización y estructuración del empleo público que haga viable estas nuevas fórmulas en la prestación de los servicios públicos.

Asimismo, habremos de preguntarnos y resolver qué puestos de trabajo son más o menos proclives al teletrabajo. Según datos del Banco de España, los puestos más propensos al teletrabajo son aquellos ocupados por técnicos, profesionales, científicos e intelectuales (58,9 %); directores y gerentes (56,2 %); técnicos y profesionales de apoyo (53,2 %); y empleados, contables y administrativos de oficina (45,3 %). Pero, en este supuesto, la pregunta a resolver será ¿si esto resulta de aplicación también al empleo público? ¿cómo se han de articular? ¿qué modalidades de teletrabajo serán las más adecuadas? Junto a ello, habrá de resolverse otras cuestiones como el alcance y la fórmula adecuada para la prevención de riesgos laborales en este ámbito, cómo resulta afectado el estatuto de derechos y deberes de los empleados públicos, si se trata de un derecho disponible por éstos, un deber de los empleados públicos o se trata de un derecho-deber, ¿cómo y en qué forma y con arreglo a qué procedimientos ha de ser autorizado?, etc.

2. CONCEPTO Y REGULACIÓN DEL TELETRABAJO EN LA NORMATIVA BÁSICA DE EMPLEO PÚBLICO

Pero ¿en qué consiste el teletrabajo?[3] Básicamente, y en lo que resulta esencial, se trata del desarrollo de una actividad laboral remunerada por cuenta ajena para la que se utiliza, como herramienta básica de trabajo, las tecnologías de la información y telecomunicación y en el que no existe una presencia permanente ni en el lugar físico de trabajo de la empresa que ofrece los bienes o servicios ni tan siquiera en la empresa que demanda tales bienes o servicios. Es la característica de la ajenidad la que permite distinguirlo de otras modalidades de trabajo que también pueden desarrollarse a través de medios tecnológicos y de forma descentralizada.

El apartado bis al artículo 47 del TREBEP, por su parte, considera el teletrabajo como "aquella modalidad de prestación de servicios a distancia en la que el contenido competencial del puesto de trabajo puede desarrollarse, siempre que las necesidades del servicio lo permitan, fuera de las dependencias de la Administración, mediante el uso de tecnologías de la información y comunicación".

Es decir, se subrayan tres características en cuanto al concepto del mismo: la primera, ya nos hemos referido a ella, la ajenidad, es decir, se prestan en virtud de una relación laboral o funcionarial con la Administra-

3. La Organización Internacional del Trabajo (OIT) lo define como aquella forma de trabajo efectuada en un lugar alejado de la oficina central o del centro de producción y que implica una nueva tecnología que permite la separación y facilita la comunicación. Por su parte, el Acuerdo Marco Europeo sobre Teletrabajo (2002) se refiere a él como: "forma de organización y/o de realización del trabajo, con el uso de las tecnologías de la información, en el marco de un contrato o de una relación de trabajo, en la que un trabajo, que hubiera podido ser realizado igualmente en los locales del empleador, se efectúa fuera de estos locales de manera regular".

ción pública; en segundo lugar, que se desarrolla fuera de las dependencias de la Administración; y, por último, que se utilizan las tecnologías de la información y la comunicación.

Pero, junto a estas características, la regulación establece otras particularidades:

a) Es de aplicación tanto al personal funcionario como laboral que preste sus servicios a la Administración (este último queda excluido de la regulación establecida por por la Ley 10/2021, de 9 de julio, de trabajo a distancia, dictada para el sector privado y ha de sujetarse a la que se establezca en desarrollo de la misma por la negociación colectiva en cada ámbito territorial o funcional. Bien es cierto que resulta dudoso que a este personal laboral le sea de aplicación regulación sustantiva dictada por el legislador autonómico en desarrollo de las bases establecidas, dada la carencia de competencia de este en materia laboral, dejando a salvo las materias organizativas)[4].

b) Se establece con una naturaleza voluntaria y reversible, salvo en supuestos excepcionales debidamente justificados.

c) El ejercicio del trabajo bajo esta modalidad deberá ser expresamente autorizada y se dispone su compatibilidad con la modalidad presencial. Bien es cierto que se impone, con carácter preceptivo, que han de establecerse criterios objetivos en el acceso a esta modalidad de prestación de servicio.

d) El personal que preste sus servicios mediante teletrabajo tendrá los mismos deberes y derechos, individuales y colectivos, recogidos en el Estatuto que el resto del personal que preste sus servicios en

4. La norma no aclara expresamente si el mismo puede ser de aplicación al personal eventual y al personal que desarrolle su prestación laboral en puestos de naturaleza directiva. En mi opinión la norma no obstaculiza en ningún caso que este personal, ni el eventual ni el directivo, preste sus servicios en dicha modalidad. En efecto, de acuerdo con lo previsto en el artículo 12.5 TREBEP, referido al personal eventual, al que le es de aplicación en lo que sea adecuado a la naturaleza de su condición el régimen general de los funcionarios de carrera, no imposibilita que las prestaciones laborales de estos pueda ser objeto de desarrollo en modalidad de teletrabajo. Tampoco lo impide el artículo 13, referido al personal directivo, aunque respecto de este, el apartado 4º de dicho precepto establece como una condición de empleo que no podrá ser objeto de negociación colectiva, por lo que, en el supuesto de que así se prevea, habrá de buscarse otro instrumento o indicar, en forma expresa, en los instrumentos regulatorios que la Administración podrá aplicar dicho régimen al personal directivo cuando los servicios que estos prestan puedan ser desarrollados bajo dicha modalidad.

modalidad presencial, incluyendo la normativa de prevención de riesgos laborales que resulte aplicable, salvo aquellos que sean inherentes a la realización de la prestación del servicio de manera presencial.

e) La norma establece, asimismo, que "habrá" de contribuir a la identificación de objetivos y la evaluación de su cumplimiento. No debe confundirse la evaluación del cumplimiento de la prestación del servicio mediante el teletrabajo que menciona el artículo 47 *bis*.2 del EBEP con la evaluación del desempeño que mide y valora la conducta del empleado público y la obtención de resultados a que hace referencia el artículo 20 del EBEP (J. Mauri, 2021:58).

f) La Administración deberá hacerse cargo de los gastos que genere dicha modalidad de prestación de servicios, si bien únicamente en lo relativo a los medios tecnológicos necesarios para su actividad. Esto es una clara traslación de lo establecido el Acuerdo Marco Europeo sobre Teletrabajo, que mantiene la posición de que será el empresario quien deba facilitar, instalar y mantener los equipamientos necesarios para el teletrabajo, corriendo también con los costes vinculados a las comunicaciones. Lo que significa que no es sino una manifestación de la ajenidad en los medios que caracteriza la prestación laboral por cuenta ajena.

El objeto de la regulación es, por tanto, configurar un marco normativo mínimo y esencial, tanto desde la perspectiva del régimen jurídico de las Administraciones públicas como desde el punto de vista, más concreto y específico, de los derechos y deberes del personal empleado público (J. Mauri, 2021: 6). Es por ello que, por último, se remite a la legislación autonómica y a la negociación colectiva para su regulación. Este hecho, aunque ha sido criticado por alguna parte de la doctrina[5], desde mi punto de vista, resulta más que lógico dado, por una parte, que se trata de una modalidad de prestación de la jornada laboral; y de otra que, al ser un tema íntimamente vinculado con lo organizativo, es en cada ámbito de prestación donde puede, salvados esos criterios mínimos antes aludidos, adecuarse la regulación a las características y circunstancias propias de cada organización. La adaptación a cada organización, salvado el respeto a aquellas materias que deben ser reguladas con rango de ley y de forma uniforme y que reconduce a la unidad la dispersión, puede ser una de las claves del éxito de dicha regulación. Asimismo, la legislación autonómica, aunque deba ser más pre-

5. R. Jiménez Asensio (2020: 11) lo califica de despropósito, por la posible existencia de numerosas regulaciones sobre el teletrabajo.

cisa, debería de dejar un espacio normativo suficiente al resto de Administraciones en el ámbito de cada Comunidad Autónoma.

La norma tiene algunos interrogantes y cuestiones que merecen una reflexión más profunda.

Por un lado, una cuestión que requiere consideración es la técnica autorizatoria empleada para la prestación de los servicios en dicha modalidad. En mi opinión, una vez definido en la relación de puestos de trabajo como susceptible de prestación bajo esta modalidad, la autorización debe ceñirse a constatar si los requisitos para la prestación en régimen de teletrabajo concurren en el caso concreto. Es decir, si se tienen o no las competencias digitales precisas, si el puesto tiene establecidos objetivos evaluables en cuanto al régimen de su prestación, si quedan perfectamente asegurados los requisitos materiales para su desarrollo o, en fin, si quedan suficientemente garantizados los derechos –tanto los digitales como los relativos a la prevención de riesgos laborales– para que pueda ser autorizada las tareas atribuidas al puesto bajo dicha modalidad.

Y, por otro, hay que dos ideas que tienen que ver con el enfoque de derechos que preside la norma y no con el proceso de transformación de una Administración burocrática a una Administración digital: una, su carácter voluntario y reversible, que estimo es un paso atrás en dicha regulación; la segunda, relativa a establecer como un simple deseo el establecimiento de objetivos y la evaluación de los mismos.

3. A MODO DE CONCLUSIÓN: TELETRABAJAR NO ES SOLO TRABAJAR DESDE CASA

La improvisación con que hubieron de adoptarse las decisiones sobre el teletrabajo en la mayoría de las Administraciones ha mostrado diferentes desajustes en su implementación. En este sentido, encontramos grandes diferencias entre los distintos organismos públicos que se ha traducido, en numerosos casos, en que a lo más que se pudo llegar fue al acceso remoto al correo electrónico, falta de formación específica de los empleados, etc. Desde esta perspectiva, es quizá ahora el momento de abordar reflexivamente este reto siempre postergado, con otra visión.

Y es que el teletrabajo, en definitiva, puede incidir en una importante cantidad de aspectos de la vida laboral, familiar y cotidiana e introduce novedades en los modos tradicionales de gestión y organización del trabajo. Puede constituir un importante estímulo en el tránsito de una Administración analógica a una Administración digital. Asimismo, debe recalcarse que la efectiva puesta en marcha de esta forma de trabajar supone, necesariamente, un cambio importante en cuestiones culturales sumamente arraigadas y exige una adecuada planificación y diseño de su implantación que, como se ha puesto de manifiesto durante la pandemia, ha brillado por su ausencia en muchas de nuestras Administraciones públicas insuficientemente preparadas para atender y ordenar esta nueva modalidad de trabajo y que debiera enfrentar, a propósito de esta crisis, su definitiva y siempre postergada reforma, entre las cuales no debería olvidarse estas nuevas fórmulas de prestación de servicios.

Esta regulación, con sus luces y sus sombras, tiene una gran virtud. Y es que es una gran oportunidad para emprender políticas de modernización y cambio en la gestión de nuestras Administraciones públicas en el tránsito hacia una auténtica Administraciones digital. Eso sí, si somos capaces de trascender (no olvidar, claro está) de las políticas de conciliación de la vida personal y profesional y de un enfoque exclusivamente de derechos.

4. BIBLIOGRAFÍA

Arroyo Yanes, Luis Miguel (2018): "La digitalización de las Administraciones Públicas y su impacto sobre el régimen jurídico de los empleados públicos", en *Revista Vasca de Gestión de Personas y Organizaciones Públicas*, núm.15, pp. 82-99.

Gamero Casado, Eduardo (2022): "Reflexiones introductorias: de la administración electrónica a la digital (o la historia interminable)", *La Administración digital* (dirigido por Agustí Cerrillo i Martínez), Dykinson. Madrid.

Jiménez Asensio, Rafael (2020): "La nueva regulación sobre el teletrabajo: análisis del marco normativo. Protección de los derechos digitales de los empleados públicos y de los ciudadanos en el sistema del trabajo a distancia", Ponencia presentada en la sesión del día 29 de septiembre de 2020 en el *Seminari de Relacions Colectives* organizado por la Federació de Municipis de Catalunya. URL: https://rafaeljimenezasensio.files.wordpress.com/2020/10/fmc-ponencia-teletrabajo.pdf

Mauri Majós, Joan (2021): "La regulación del teletrabajo en las entidades locales", en *Revista Vasca de Gestión de Personas y Organizaciones Pública*, núm. especial 4.

Villalba Sánchez, Alicia (2017): "El teletrabajo en las Administraciones Públicas", *en Lan harremanak, Revista de relaciones laborales*, núm. 36.

Guía de uso

¡ENHORABUENA!

ACABAS DE ADQUIRIR UNA OBRA QUE **INCLUYE LA VERSIÓN ELECTRÓNICA.**
APROVÉCHATE DE TODAS LAS FUNCIONALIDADES.

ACCESO INTERACTIVO A LOS MEJORES LIBROS JURÍDICOS

FUNCIONALIDADES

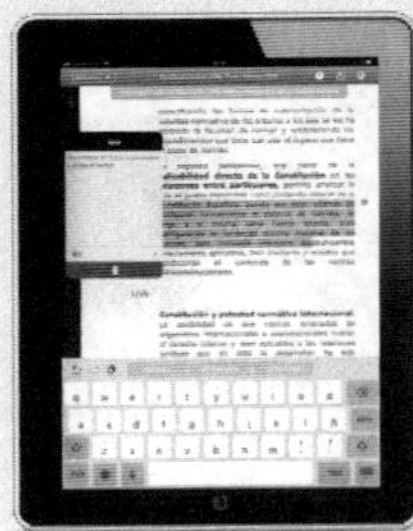

SELECCIONA Y DESTACA TEXTOS

Crea anotaciones y escoge los colores para organizar tus notas y subrayados.

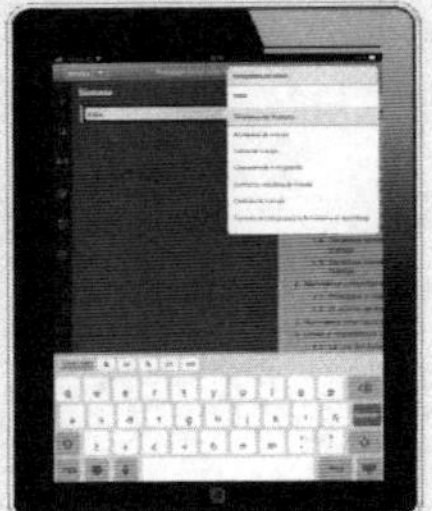

USA EL TESAURO PARA ENCONTRAR INFORMACIÓN

Al comenzar a escribir un término, aparecerán las distintas coincidencias del índice del Tesauro relacionadas con el término buscado.

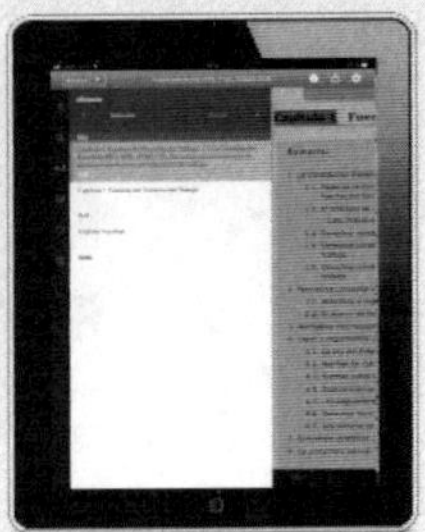

HISTÓRICO DE NAVEGACIÓN

Vuelve a las páginas por las que ya has navegado.

ORDENAR

Ordena tu biblioteca por:
Título (orden alfabético),
tipo (libros y revistas), editorial,
jurisdicción o área del Derecho.

CONFIGURACIÓN Y PREFERENCIAS

Escoge la apariencia de tus libros y revistas cambiando la fuente del texto, el tamaño de los caracteres, el espaciado entre líneas o la relación de colores.

MARCADORES DE PÁGINA

Crea un marcador de página en el libro tocando en el icono de Marcador de página situado en el extremo superior derecho de la página.

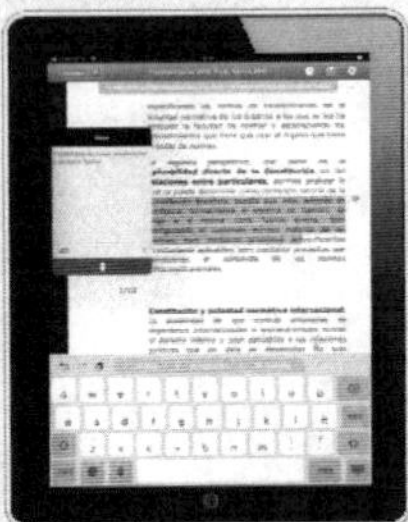

BÚSQUEDA EN LA BIBLIOTECA

Busca en todos tus libros y obtén resultados con los libros y revistas donde los términos fueron encontrados y las veces que aparecen en cada obra.

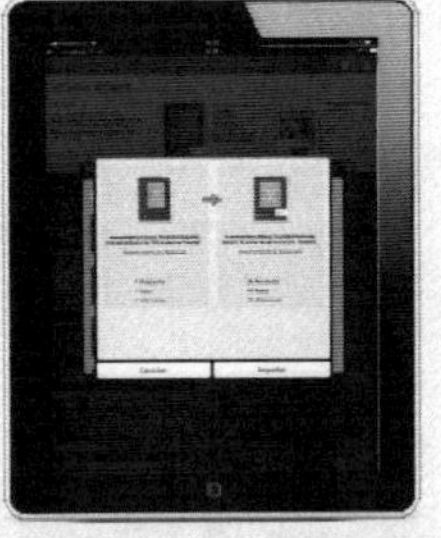

IMPORTACIÓN DE ANOTACIONES A UNA NUEVA EDICIÓN

Transfiere todas sus anotaciones y marcadores de manera automática a través de esta funcionalidad.

SUMARIO NAVEGABLE

Sumario con accesos directos al contenido.

INFORMACIÓN IMPORTANTE: Si has recibido previamente un correo electrónico deberás seguir los pasos que en él se detallan.

Estimado/a cliente/a,

Para acceder a la versión electrónica de este libro, por favor, accede a **http://onepass.aranzadi.es** Tras acceder a la página citada, introduce tu dirección de correo electrónico (*) y el código que encontrarás en el interior de la cubierta del libro.

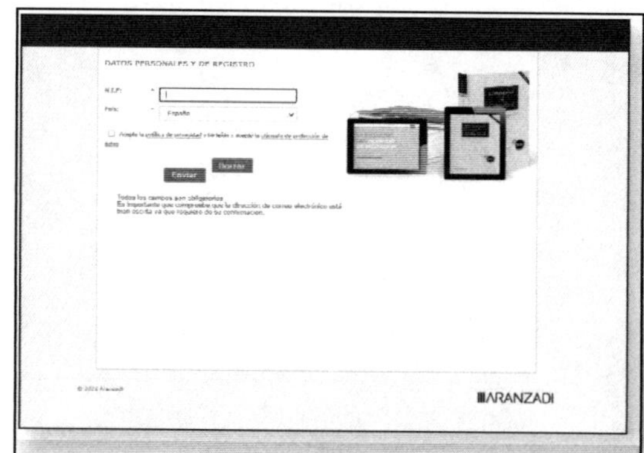

A continuación pulsa enviar.

Si te has registrado anteriormente en OnePass, en la siguiente pantalla se te pedirá que introduzcas el NIF asociado al correo electrónico.

Finalmente, te aparecerá un mensaje de confirmación y recibirás un correo electrónico confirmando la disponibilidad de la obra en tu biblioteca.

Si es la primera vez que te registras en **OnePass,** deberás cumplimentar los datos para crear tu cuenta y poder acceder a tu libro electrónico.

- Los campos **"Nombre de usuario"** y **"Contraseña"** son los datos que utilizarás para acceder a las obras que tienes disponibles a través del navegador en la ruta www.proview.thomsonreuters.com

Servicio de Atención al Cliente

Ante cualquier incidencia en el proceso de registro de la obra no dudes en ponerte en contacto con nuestro Servicio de Atención al Cliente. Para ello accede a nuestro Portal Corporativo y una vez allí en el apartado del Centro de Atención al Cliente selecciona la opción de Acceso a Soporte para no Suscriptores (compra de Publicaciones).